Von der Barmherzigkeit zur Sozialversicherung /
De l'assistance à l'assurance sociale

Schweizerische Gesellschaft für Wirtschafts- und Sozialgeschichte
Société Suisse d'histoire économique et sociale

Band 18, 18. Jg. / Volume no 18, 18ᵉ année

Hans-Jörg Gilomen, Sébastien Guex, Brigitte Studer (Hg.)

Von der Barmherzigkeit zur Sozialversicherung

Umbrüche und Kontinuitäten vom Spätmittelalter bis zum 20. Jahrhundert

De l'assistance à l'assurance sociale

Ruptures et continuités du Moyen Age au XXe siècle

Cette publication a reçu l'appui des institutions suivantes /
Gedruckt mit Unterstützung der folgenden Institutionen:
Fondation Chuard-Schmid (Lausanne)
Schweizerische Akademie der Geistes- und Sozialwissenschaften
Stiftung zur Förderung der wissenschaftlichen Forschung der Universität Bern
Zürcher Hochschulstiftung

© 2002 Chronos Verlag, Zürich
ISBN 3-0340-0558-X

Inhaltsverzeichnis / Table des matières

Teil 1 / Partie 1
Armenfürsorge im Wandel vom Spätmittelalter zur frühen Neuzeit /
L'assistance aux pauvres dans la transition du Bas Moyen Age
à l'époque moderne

Hans-Jörg Gilomen
Bemerkungen zu einem Paradigmenwechsel in der Erforschung
der vormodernen Armenfürsorge   11

Martin Dinges
Neues in der Forschung zur spätmittelalterlichen und frühneuzeitlichen
Armut?   21

Erika Flückiger Strebel
«Des Standes sanfter Wohlthats-Strom». Staatliche Armenfürsorge auf der
Berner Landschaft im 18. Jahrhundert   45

Mitchell Hammond
From Pilgrims to Patients. Care for the Sick in Sixteenth-Century Augsburg   59

Frank Hatje
Kommunalisierung und Kommunalismus. Frühneuzeitliche Armenfürsorge
als «Politikum»   73

Olivia Hochstrasser
Die Armen und die Unzucht. Überlegungen zum Armutsdiskurs
des 17. Jahrhunderts   91

Stefan Jäggi
Das Luzerner Armenwesen in der frühen Neuzeit — 105

Kay Peter Jankrift
Herren, Bürger und Bedürftige in Geldern. Aspekte kleinstädtischer Hospitalgründungen im Spätmittelalter — 117

Oliver Landolt
«... ich acht, das kaum ein ort sei, do die armen mehr not liden dann im Schwitzer land ...». Zur Ausgrenzung mobiler Armut in der spätmittelalterlichen Eidgenossenschaft — 127

Ralf Lusiardi
Caritas – Fraternitas – Solidarität. Überlegungen zur kollektiven Daseinsvorsorge in spätmittelalterlichen Zünften und Gesellenvereinigungen — 139

Katharina Simon-Muscheid
Missbrauchte Gaben. Überlegungen zum Wandel des obrigkeitlichen Armutsdiskurses vom 14. zum 16. Jahrhundert — 153

Sven Tode
Von der Fürsorge zur Verwaltung. Frühneuzeitliche Fürsorgepolitik in Danzig — 167

Kathrin Utz Tremp
Barmherzigkeit und Versicherung zugleich. Die Armenfürsorge der Freiburger Heiliggeistbruderschaft an der Wende vom Spätmittelalter zur frühen Neuzeit — 183

Teil 2 / Partie 2
Der Sozialstaat in der Schweiz (1880–1970) /
L'Etat social en Suisse (1880–1970)

Sébastien Guex, Brigitte Studer
L'Etat social en Suisse aux XIXe et XXe siècles. Notes sur quelques pistes de recherche — 201

Giovanna Procacci
Pour une généalogie de l'Etat social — 213

Daniel Gredig
Von der «Gehilfin» des Arztes zur professionellen Sozialarbeiterin.
Professionalisierung in der sozialen Arbeit und die Bedeutung der Sozialversicherungen am Beispiel der Tuberkulosefürsorge Basel (1911–1961) 221

Nicole Schaad
Medizin in der Fabrik. Die Rolle der Fabrikärzte in der Basler
Chemieindustrie (1874–1940) 243

Martin Lengwiler
Expertise als Vertrauenstechnologie. Wissenschaft, Politik und
die Konstitution der Sozialversicherungen (1880–1914) 259

Daniela Saxer
Klinik des Sozialen und frühe Sozialwissenschaft. Das Beispiel der
gescheiterten Akademisierung der Armenpflege in Zürich (1900–1914) 271

Rainer Egloff
Schweizer Modelle im internationalen Diskurs sozialstaatlicher Expertise
um 1900. Das Beispiel des amerikanischen Soziologen Charles Richmond
Henderson 287

Luca Pellegrini
Les enjeux du financement de l'assurance vieillesse, survivants et invalidité
(1918–1920) 297

Matthieu Leimgruber
«Réaliser le progrès social sans solutions étatistes». Les caisses de pension
face à l'assurance vieillesse et survivants (1920–1950) 307

Jean-Jacques Monachon
Le plan Beveridge et les débats sur la sécurité sociale en Suisse entre 1942
et 1945 321

Philippe Ischer
Die AHV-Diskussion in der FDP. Die Genese des Sozialliberalismus und
die Bemühungen des Freisinns um Orientierung in den 1940er-Jahren 331

Jean-Pierre Tabin
L'importance de la question des destinataires de l'assistance publique
pour la construction de l'identité nationale. L'exemple de la Suisse　343

Gérald et Silvia Arlettaz
L'Etat social et la politique suisse d'immigration et d'intégration
(1918–1931). La situation des Italiens　357

Regula Stämpfli
Von der Grenzbesetzung zum Aktivdienst. Geschlechterpolitische
Lösungsmuster in der schweizerischen Sozialpolitik (1914–1945)　373

Chantal Magnin
Der Alleinernährer. Eine Rekonstruktion der Ordnung der Geschlechter im
Kontext der sozialpolitischen Diskussion von 1945 bis 1960 in der Schweiz　387

Auswahlbibliographie zum Schweizer Sozialstaat /
Bibliographie indicative sur l'Etat social suisse　401

Abstracts / Résumés　415

Teil 1 / Partie 1

Armenfürsorge im Wandel vom Spätmittelalter zur frühen Neuzeit

L'assistance aux pauvres dans la transition du Bas Moyen Age à l'époque moderne

Hans-Jörg Gilomen

Bemerkungen zu einem Paradigmenwechsel in der Erforschung der vormodernen Armenfürsorge

Im Spätmittelalter ist ein Wandel in der Wahrnehmung der Randständigen, der Armut und des Bettels unverkennbar. Sozioökonomische Entwicklungen einerseits, aber auch innerkirchlicher Streit um Bettelorden und Beginen veränderten den theologischen Diskurs über Arbeit, arbeitslose Existenz und Armut.[1] Angesichts der als krisenhaft empfundenen ökonomischen Probleme übertrugen breitere Kreise diesen zunächst klerikalen Diskurs und die damit verbundene Deutung der Realität in den politischen Alltag. Dieser Vorgang ist insbesondere für Frankreich,[2] Italien[3] und das Reich[4] schon in einigen Aspekten erforscht worden. Dabei wurde auch die Frage aufgeworfen, in welchem Verhältnis diese neue Wahrnehmung zu quantitativen und qualitativen Veränderungen der Bedürftigkeit selbst steht.[5] Jede Wahrnehmung wird ja durch die Vorstellungen, Deutungsschemata und Stereotypen der in einer bestimmten Zeit herrschenden und möglichen Diskurse vorgeprägt. Diese können bewusst oder auch in Mentalitäten «verinnerlicht» sein.[6] Die neuere Kritik der Historie am so genannten «linguistic turn»,[7] mit dem insbesondere die deutsche Geschichtswissenschaft angesichts der davon befürchteten Aufweichung des Faktischen schon immer ihre liebe Mühe hatte,[8] verengt den Diskursbegriff und stellt ihm dann eine «lebensweltliche Erfahrung» entgegen, die eben mehr sei als ein blosser Diskurs.[9] Dabei wird von nachdenklicheren Kritikern indessen durchaus eingeräumt, dass diese Erfahrung nicht «authentisch» sei, nicht unmittelbar, sondern geprägt durch präexistente «diskursive Formationen» (Michel Foucault).[10]
Wenn es denn zentrale Aufgabe der Geschichtswissenschaft ist, das Handeln der Menschen in der Vergangenheit zu verstehen, dann gibt es wohl trotz Kritik kein Zurück hinter die linguistische Wende, die aber nicht eng auf Texte und Intertextualität zu reduzieren ist, sondern mit einem weit gefassten Diskursbegriff verbunden werden muss. Die Menschen handeln nicht aufgrund des unmittelbaren Erlebens nackter Fakten, sondern aufgrund ihrer wahrnehmenden Verarbeitung des Erlebens im Rahmen der zeitgenössisch verfügbaren unterschiedlichen Dis-

kurse.[11] Deshalb ist auch die Frage wichtig, wer zwischen zulässigen und tabuisierten Diskursen entscheiden kann. Erst aufgrund der Kenntnis der innerhalb diskursiver Grenzen eingeschränkten Wahrnehmungsmöglichkeiten lassen sich dann auch die Handlungsoptionen in einer bestimmten Zeit erkennen, interpretieren und allenfalls bewerten.[12] Auch nach der «kulturwissenschaftlichen Wende» ist daran als einer grundlegenden theoretischen und methodischen Errungenschaft festzuhalten.[13] Das bedeutet übrigens keineswegs, dass der Historiker damit zum blossen Apologeten des faktisch Geschehenen würde. Die voreilige ideologiekritische Dekonstruktion von Diskursen hingegen geht wie das bescheidener daherkommende «Hinterfragen» davon aus, es eh schon immer besser zu wissen als die Beteiligten, was ja einer wertenden Einordnung des Hinterfragten erst den unzulässig abgekürzten Weg öffnet,[14] zugleich aber das Verstehen des Handelns der Beteiligten, die es eben nicht so gut wussten, die vor allem den Ausgang des Ganzen nicht kannten, gerade erschwert, wenn nicht verunmöglicht.

In der neueren Literatur sind vor allem jene älteren Deutungen fragwürdig geworden, welche den Wandel der Armenfürsorge und Armenpolitik als Teil umfassenderer historischer Prozesse zu fassen versuchten. Insbesondere sind Erklärungen im Rahmen der Modernisierungstheorie oder des Zivilisationsprozesses unter starken Beschuss gekommen.[15] Das geschichtsteleologische Modernisierungsparadigma ist mit dem Schwinden des Vertrauens auf einen Fortschritt und selbst auf die Möglichkeit, einen solchen überhaupt zu definieren, schon lange in den Geistes- und Gesellschaftswissenschaften allgemein unter Druck geraten.[16] Die Deutung der spätmittelalterlichen und frühneuzeitlichen Armenfürsorge unter dem mit der Modernisierungsthese verbundenen Paradigma der Sozialregulierung beziehungsweise der Sozialdisziplinierung hat dabei besonders viele und heftige Kritiker gefunden.[17] Die Ambivalenz normativer und faktischer Komponenten des Begriffs, mangelnde Präzision der zeitlichen Struktur des Prozesses, ungeklärtes Verhältnis von Teilprozessen zum Vergesellschaftungsprozess insgesamt, Tendenz zur Verdinglichung von «Disziplinierung», tendenzielle Staatsüberschätzung und einseitige Deutung des historischen Disziplinbegriffs wurden bemängelt.[18] Auch wenn der Wille der Obrigkeit zur Sozialdisziplinierung unbestritten bleibt, wird ihr Scheitern aufgrund von Vollzugsdefiziten bemängelt.[19]

Besonders die in dem Begriff angelegte Betonung einer erzieherisch und disziplinierend von oben nach unten erfolgenden Einwirkung, von der Obrigkeit auf die Untertanen also, findet den Widerspruch einer emanzipatorischen Geschichtsschreibung, die Handlungsspielräume und Gestaltungskraft der kleinen Leute herausstellen will. Es ist denn auch bezeichnend, dass auch der Verlust einer nostalgisch verklärten eigenständigen Volkskultur einem mit Gewalt durchgesetzten elitären Fortschritt angelastet worden ist.[20]

Der Begriff der Disziplinierung beinhaltet gewiss ein Einwirken, das ein Machtbeziehungsweise Autoritätsgefälle voraussetzt. Indessen entstehen gemäss Michel Foucault Machtbeziehungen bei jedem Begegnen von Menschen: «Die Möglichkeitsbedingung der Macht oder zumindest der Gesichtspunkt, der ihr Wirken bis in die ‹periphersten› Verzweigungen erkennbar macht und in ihren Mechanismen einen Erkenntnisraster für das gesellschaftliche Feld liefert, liegt nicht in der ursprünglichen Existenz eines Mittelpunktes, nicht in einer Sonne der Souveränität, von der abgeleitete oder niedere Formen ausstrahlen; sondern in dem bebenden Sockel der Kraftverhältnisse, die durch ihre Ungleichheit unablässig Machtzustände erzeugen, die immer lokal und instabil sind. Allgegenwart der Macht: nicht weil sie das Privileg hat, unter ihrer unerschütterlichen Einheit alles zu versammeln, sondern weil sie sich in jedem Augenblick und an jedem Punkt – oder vielmehr in jeder Beziehung zwischen Punkt und Punkt – erzeugt […]. […] die Macht […] ist nicht eine Mächtigkeit einiger Mächtiger.»[21]

Nimmt man diese Ubiquität von Machtbeziehungen bei allen menschlichen Interaktionen ernst, so steht bei der sozialen Disziplinierung nicht eine Obrigkeit mit ihren Organen den Untertanen gegenüber, sondern es ist das Mittun Gleichgestellter in Gruppen ganz selbstverständlich zu berücksichtigen. Disziplinieren können zum Beispiel auch die Zünfte ihre Genossen, weil sie als Korporation Macht über den einzelnen Genossen ausüben beziehungsweise weil der Zunftvorstand diese im Namen der Korporation ausübt.[22] Disziplinieren können auch die Nachbarn und die Verwandten, und sie taten es mit oder ohne Auftrag der Obrigkeit, mit und ohne Rekurs auf deren Regelungen und Institutionen.[23] Sie halfen dabei mit, obrigkeitliche Normen durchzusetzen, und sie setzten auch informelle eigene Normen, die zu den obrigkeitlichen kontrastieren konnten, durch.

Besonders bei der Erforschung der Repression von Delinquenz und abweichendem Verhalten hat die Zurücknahme der obrigkeitlichen Komponente zur Bevorzugung des Begriffs der Sozialkontrolle geführt,[24] worunter «Massnahmen, die darauf abzielen, abweichendes Verhalten eines Mitgliedes einer Gesellschaft zu verhindern oder einzuschränken»,[25] bis hin zum «Versuch des sozialen Ausschlusses durch Beleidigungen oder durch den Klatsch der Nachbarn»[26] zu verstehen seien. Das Unbehagen an der obrigkeitlichen Konnotation des Sozialdisziplinierungsparadigmas, das angeblich «gesellschaftliche Entwicklung nur als von oben gesteuerten Integrations- und Repressionsprozess zu konzipieren vermag», ist auch der Grund für den Vorschlag eines Perspektivenwechsels der Forschung: Selbsthilfe als lebensweltliche Strategie und philanthropischer Charakter eines grossen Teils der Armenfürsorge seien in den Mittelpunkt zu stellen, denn Selbsthilfe habe real im Vordergrund gestanden: die Lösung der Armutsproblematik vor allem in Familien und Haushalten. Danach sei private Wohltätigkeit gekommen, erst zuletzt dann Gemeindefürsorge für Bedürftige. Die Subsidiarität der obrigkeitlichen Armenfürsorge sei kennzeichnend für die vormoderne Zeit gewesen.[27] Es kann nicht bezweifelt werden, dass mit diesem Postulat zu Recht ein Forschungsdefizit bezeichnet wird. Schon aufgrund der Quellenlage ist es insbesondere für frühere Epochen sehr viel einfacher, über obrigkeitliche und kirchliche Massnahmen und Institutionen der Fürsorge zu arbeiten. Private Wohltätigkeit ist oft durch Kirche oder Obrigkeit vermittelt, etwa in der Form von Stiftungen an deren Institutionen, und damit allerdings gleichfalls in deren disziplinierende Didaxe eingebunden. Die sozialkaritative Tätigkeit von Zünften und Bruderschaften ist schon in der älteren Literatur durchaus thematisiert worden; gerade bezüglich der Gesellenbruderschaften, wo sie angesichts fehlender familiärer Netze von besonderer Wichtigkeit gewesen wäre, allerdings mit eher ernüchternden Ergebnissen.[28] Noch enttäuschender ist die äusserst seltene Begünstigung der Dienstboten in den Testamenten oder Legaten ihrer Arbeitgeber.[29] Selbst über den Tod hinaus ist in den Jahrzeitstiftungen wenig oder keine Fürsorge der Haushaltvorstände für Mägde und Knechte fassbar.[30] Hingegen nahmen private Stiftungen zugunsten von unspezifizierten Armen seit dem Spätmittelalter zu.[31] Gerade die Idee, dass in Stiftungen für das Seelenheil eher Arme bedacht werden sollten als religiöse Zwecke, wurde damals von den Obrigkeiten gefördert[32] und selbst von hohen Klerikern unterstützt.[33] Die Selbsthilfe hat in den Quellen aus früheren Zeiten nur sehr wenig Spuren hinterlassen; erst seit dem 17. Jahrhundert wird die Quellenlage etwas günstiger. Eine Verzerrung aufgrund dieser einseitigen Überlieferungschancen ist gar nicht zu bezweifeln. Sie findet sich übrigens auch in der völligen Überschätzung der Caritasleistungen der Kirche gegenüber denjenigen des Adels und der Laien überhaupt für das gesamte Mittelalter.[34]

Unsere Tagung thematisierte nicht die Armut, sondern die Armenfürsorge, ihre Institutionen und Motivationen. Das Verhalten und die Strategien der Armen und Bedürftigen selbst und die Nachfrage nach Unterstützungsleistungen wurden deshalb nur am Rande berührt. Gewiss hatten Bedürftige auch Möglichkeiten, die Formen und den praktischen Vollzug der Fürsorge im Einzelnen zu beeinflussen. Die These, die Betroffenen hätten obrigkeitliche Armenfürsorge nach ihren Kalkülen geschickt zu nutzen gewusst, könnte allerdings auch Sozialromantik befördern. Wenn der langfristige Wandel seit dem Spätmittelalter eher in der Logik der Entwicklung zur Obrigkeit über Untertanen und der Ausbildung frühmoderner Staatlichkeit lag,[35] dann erscheint das in einzelnen Aspekten freilich in der angegebenen Richtung der Sozialkontrolle zu revidierende Disziplinierungsparadigma wohl weiter von heuristischem Wert.

Auch die Krisenthese, nach der eine weit verbreitete Verunsicherung aufgrund krisenhafter Entwicklungen in vielen Bereichen im Spätmittelalter zu zunehmender Kontrolle und Repression gegenüber allen Randständigen geführt habe, rechnet mit Disziplinierung, wenngleich aber eben gerade nicht nur von oben, sondern aufgrund eines von der breiten Bevölkerung getragenen Anliegens. František Graus hat diese These besonders umfassend formuliert: Die aus der Erschütterung zuvor sicherer Werte geborene Furcht vor überall lauernden Gefahren bildete danach den Nährboden für die sich steigernden Abwehrreaktionen der städtischen Gesellschaften gegen alles Abweichende, für die Ausgrenzung der Randgruppen: Kennzeichnung von Juden, Aussätzigen, Dirnen, Bettlern durch Trachten und Abzeichen, Brandmarkung und stigmatisierende Verstümmelung von Kriminellen, Abdrängung an den Rand bis zur Ghettoisierung in Leprosorien, Bordellen, Judengassen, zunehmende Kriminalisierung abweichenden Verhaltens, Differenzierung der Armen in unterschiedlich zu unterstützende oder zu reprimierende Gruppen. Das Entstehen randständiger Gruppen sei aus diesem Grunde eine Erscheinung erst des Spätmittelalters. Erst die dumpfe Angst der Krisenzeit und erst der Wandel personalisierter Sozialbeziehungen zur anonymsozialen echten Gesellschaft der Städte habe die Voraussetzungen und die Notwendigkeit der Randgruppen geschaffen, denn – so die an Emile Durkheim erinnernde These von Graus – eine geschlossene Gesellschaft konnte sich nicht ohne Abgrenzung nach aussen und ohne die Schaffung von Randgruppen im Inneren konstituieren.[36]

Daneben lebt die alte, schon seit dem 19. Jahrhundert zunächst konfessionspolemisch umstrittene These eines grundlegenden Wandels der Fürsorge durch die Reformation in veränderter Form weiter. Da neuere Untersuchungen bei der Fürsorge zwischen reformierten und katholisch gebliebenen Städten und Ländern keine grundlegenden Unterschiede feststellen konnten,[37] wurde eine gleichartige Entwicklung aufgrund konfessioneller Konkurrenz postuliert: die Konfessionalisierungsthese, die indessen gleichfalls den Begriff der Disziplinierung verwendet.[38]

Für das Gebiet der Schweiz ist der Wandel der Wahrnehmung der Armut und der Fürsorge in dieser Übergangszeit noch kaum in dieser neuen Sicht problematisiert worden, obwohl hier auf kleinem Raum konfessionelle und sprachregionale Unterschiede zu untersuchen wären. Der Vergleich mit angrenzenden Gebieten kann hier erstaunliche Unterschiede zutage fördern. So hat die Eidgenossenschaft schon seit dem letzten Viertel des 15. Jahrhunderts und damit früher als die angrenzenden südwestdeutschen Gebiete den Versuch unternommen, durch die Tagsatzungen in ihrem gesamten Gebiet eine einheitliche Armenpolitik durchzusetzen.[39]

Von der Barmherzigkeit, die dem Armen gibt, ohne zu fragen, ob er das Almosen auch verdiene, über die Kategorisierung der Armen nach den Ursachen ihrer Bedürftigkeit, aufgrund von Selbstverschulden oder von Schicksalsschlägen, über Galeere und Arbeitshaus bis hin zur Versicherung kurrikulärer und aleatorischer Risiken und bis zur modernen Sozialversicherung ist es zu unterschiedlichen

Erscheinungsformen und Lösungsversuchen der im Kern immer gleichen «sozialen Frage» gekommen.[40] Die Epochengrenzen, welche den Blick auf diese Kontinuität verstellen, sollten an unserer Tagung überwunden werden. Aber es war keine Entwicklung in kontinuierlicher linearer Gleichförmigkeit, sondern ein Wandel in unterschiedlicher Beschleunigung und auch in Brüchen und Perspektivenwechseln. Gerade dies sollte in den hier vorgelegten Beiträgen thematisiert werden.

Anmerkungen

1 Hans-Jörg Gilomen, «Eine neue Wahrnehmung arbeitsloser Armut in der spätmittelalterlichen Eidgenossenschaft», *traverse* (1996/2), S. 117–128. Zum Zusammenhang mit dem Beginenstreit Ders., «Kirchliche Theorie und Wirtschaftspraxis. Der Streit um die Basler Wucherpredigt des Johannes Mulberg», *Itinera* 4 (1986), S. 34–62; siehe auch Jean-Claude Schmitt, *Mort d'une hérésie. L'Eglise et les clercs face aux béguines et aux béghards du Rhin supérieur du XIV*e *au XV*e *siècle,* Paris 1978 (Civilisations et sociétés 56), mit den Einwänden von Robert E. Lerner, *Speculum* 54 (1979), S. 842–844. Jetzt Sabine von Heusinger, *Johannes Mulberg OP († 1414). Ein Leben im Spannungsfeld von Dominikanerobservanz und Beginenstreit,* Berlin 2000 (Quellen und Forschungen zur Geschichte des Dominikanerordens N. F. 9).
2 Bronislav Geremek, *Truands et misérables dans l'Europe moderne (1350–1600),* Paris 1980 (Collections archives 84).
3 Piero Camporesi (Hg.), *Il libro dei vagabondi. Lo «Speculum cerretanorum» di Teseo Pini, «Il vagabondo» di Raffaele Frianoro e altri testi di «furfanteria»,* Turin 1973, Einleitung.
4 Robert Jütte, *Abbild und soziale Wirklichkeit des Bettler- und Gaunertums zu Beginn der Neuzeit. Sozial-, mentalitäts- und sprachgeschichtliche Studien zum Liber Vagatorum (1510),* Köln, Wien 1988.
5 Diese Frage ist so neu nicht. So hat der zeitgenössischen Wahrnehmung einer Zunahme fremder Bettler im Spätmittelalter etwa schon widersprochen Ingomar Bog, «Über Arme und Armenfürsorge in Oberdeutschland und in der Eidgenossenschaft im 15. und 16. Jahrhundert», *Jahrbuch für fränkische Landesforschung* 34/35 (1975), S. 983–1001.
6 František Graus, «Mentalität – Versuch einer Begriffsbestimmung und Methoden der Untersuchung», in: Ders. (Hg.), *Mentalitäten im Mittelalter. Methodische und inhaltliche Probleme,* Sigmaringen 1987 (Vorträge und Forschungen 35), S. 9–48, bes. S. 10–17.
7 Siehe jetzt vor allem Gabrielle Spiegel, *The Past as Text. The Theory and Practice of Medieval Historiography,* Baltimore 1997.
8 Siehe schon früh Otto Gerhard Oexle, «Die funktionale Dreiteilung der ‹Gesellschaft› bei Adalbero von Laon. Deutungsschemata der sozialen Wirklichkeit im früheren Mittelalter», *Frühmittelalterliche Studien* 12 (1978), S. 1–54; Ders., «Deutungsschemata der sozialen Wirklichkeit im frühen und hohen Mittelalter. Ein Beitrag zur Geschichte des Wissens», in: Graus (Hg.), *Mentalitäten* (wie Anm. 6), S. 65–117; Peter Schöttler, «Wer hat Angst vor dem ‹linguistic turn›?», *Geschichte und Gesellschaft* 23 (1997), S. 134–151.
9 So etwa programmatisch an der 11. Schweizerischen HistorikerInnentagung 2002 «Erfahrung: Alles nur Diskurs?», 15./16. Februar 2002, Universität Zürich. Es erscheint selbstverständlich, dass die Extrempositionen der Literaturtheorie von der Geschichtswissenschaft nicht übernommen wurden. Die Sprache wurde in der semiologischen Theorie als ein System von Zeichen aufgefasst, deren Bedeutung allein durch ihr Verhältnis zueinander und nicht zu einem aussersprachlichen Gegenstand oder Subjekt bestimmt werde. Roland Barthes, Michel Foucault und Jacques Derrida haben diesen Ansatz zugespitzt. Die Sprache ist danach ein in sich geschlossenes Regelsystem ohne stabile referentielle Beziehungen zur Aussenwelt. Da jeder Text auf dieser Sprache beruht, hat auch er keinen Bezug auf die Wirklichkeit. Jacques Derrida

hat formuliert: «Il n'y a pas de hors-texte» (man könnte übersetzen: «es gibt nichts ausserhalb des Textes»). Für Roland Barthes gibt es folglich auch keinen Unterschied zwischen Faktischem und Fiktivem, zwischen Imaginärem und Wirklichem. Das angeblich Wirkliche ist genauso imaginär wie das Imaginäre. Man kann auch formulieren: Die Welt existiert für den Menschen nur als Text beziehungsweise als sprachlich gefasste Vorstellung. Die Wirklichkeit erscheint als ein reines sprachliches Konstrukt. Siehe Roland Barthes, *Das semiologische Abenteuer*, Frankfurt a. M. 1988, S. 7–12; Ders., «Le discours de l'histoire», *Informations sur les sciences sociales* 6/4 (1967), S. 65–75; Jacques Derrida, «Die Struktur, das Zeichen und das Spiel im Diskurs der Wissenschaften vom Menschen», in: Ders., *Die Schrift und die Differenz*, Frankfurt a. M. 1972 (Originalausgabe: *L'écriture et la différence*, Paris 1967), S. 422–442; Robert Jütte, «Moderne Linguistik und ‹Nouvelle Histoire›», *Geschichte und Gesellschaft* 16 (1990), S. 104–120; Georg G. Iggers, «Zur ‹Linguistischen Wende› im Geschichtsdenken und in der Geschichtsschreibung», *Geschichte und Gesellschaft* 21 (1995), S. 557–570.

10 Siehe etwa Ute Daniel, *Kompendium Kulturgeschichte. Theorien, Praxis, Schlüsselwörter*, Frankfurt a. M. 2001, bes. S. 353–358 und passim. Siehe auch John Toews, «Intellectual History after the Linguistic Turn. The Autonomy of Meaning and the Irreducibility of Experience», *American Historical Review* 92 (1987), S. 879–907.

11 Georges Duby, «Histoire social et idéologie des sociétés», in: Jacques Le Goff, Pierre Nora (Hg.), *Faire de l'histoire*, Bd. 1: *Nouveaux problèmes*, Paris 1974, S. 147–168, hier S. 147 f.: «En effet, pour comprendre l'ordonnance des sociétés humaines et pour discerner les forces qui les font évoluer, il importe de prêter une égale attention aux phénomènes mentaux, dont l'intervention est incontestablement tout aussi déterminante que celle des phénomènes économiques et démographiques. Car ce n'est pas en fonction de leur condition véritable, mais de l'image qu'ils s'en font et qui n'en livre jamais le reflet fidèle, que les hommes règlent leur conduite. Ils s'efforcent de la conformer à des modèles de comportement qui sont le produit d'une culture et qui s'ajustent tant bien que mal, au cours de l'histoire, aux réalités matérielles.» Deutsch in: Max Kerner (Hg.), *Ideologie und Herrschaft im Mittelalter*, Darmstadt 1982 (Wege der Forschung 530), S. 332–355, hier S. 332 f.: «Um die Ordnung der menschlichen Gesellschaften zu verstehen und um diejenigen Kräfte zu erkennen, die ihre Weiterentwicklung bewirken, ist es in der Tat unerlässlich, den geistigen Phänomenen, deren Mitwirkung unbestreitbar ebenso entscheidend ist wie diejenige der ökonomischen und demographischen Phänomene, eine gleichrangige Aufmerksamkeit zu widmen. Denn die Menschen richten ihr Verhalten nicht etwa nach ihren tatsächlichen Lebensbedingungen, sondern vielmehr nach dem Bild, das sie sich davon machen und das niemals deren getreues Spiegelbild ist. Sie geben sich alle Mühe, diese [-s, denn gemeint ist la conduite, das Verhalten] mit den Verhaltensmustern in Einklang zu bringen, die das Produkt einer Kultur sind und die sich im Laufe der Geschichte, so gut es eben geht, den materiellen Realitäten anpassen.»

12 Das ist eigentlich schon den Vorläufern der Mentalitätsgeschichte bekannt gewesen, etwa Lucien Febvre, *Le problème de l'incroyance au XVIᵉ siècle. La religion de Rabelais*, Paris 1942 (L'évolution de l'Humanité). Febvre arbeitete mit dem Begriff des «outillage mental», also des «mentalen Handwerkszeugs» oder der «mentalen Ausstattung», welche in jeder Epoche anders sei. Febvre bewies in seinem Buch, dass Rabelais im 16. Jahrhundert kein Atheist sein konnte, weil ganz einfach in seiner Zeit dazu die Sprache fehlte. Zwar waren die Wörter vorhanden, aber sie waren nicht Begriffe in einem Textzusammenhang: wenn Wörter nicht Teil eines Diskurses wurden, so konnten sie auch nicht wirksam werden.

13 Otto Gerhard Oexle, «Geschichte als Historische Kulturwissenschaft», in: Wolfgang Hardtwig, Hans-Ulrich Wehler (Hg.), *Kulturgeschichte heute*, Göttingen 1996 (Geschichte und Gesellschaft, Sonderheft 16), S. 14–40, hier S. 14, definiert Kultur als das «Ganze des wechselseitigen Zusammenspiels von Denkformen, Formen des Sich Verhaltens und sozialen Handelns und den wiederum daraus entstehenden Objektivationen».

14 František Graus, «Die Ohnmacht der Wissenschaft gegenüber Geschichtsmythen», *Wissenschaft in der Öffentlichkeit*, Heidelberg 1984 (Sammelband der Vorträge zum Studium Generale an der Universität Heidelberg im Wintersemester 1982/83), S. 30–42, hier S. 37.

15 Norbert Elias, *Über den Prozess der Zivilisation,* Basel 1939, und Nachdrucke.
16 Interessant dazu etwa die Ausführungen des Volkskundlers Norbert Schindler, «Spuren in die Geschichte einer ‹anderen› Welt. Probleme und Perspektiven einer historischen Volkskulturforschung», in: Richard van Dülmen, Norbert Schindler (Hg.), *Volkskultur. Zur Wiederentdeckung des vergessenen Alltags,* Frankfurt a. M. 1984, S. 13–76.
17 Gerhard Oestreich, «Policey und Prudentia civilis in der barocken Gesellschaft von Stadt und Staat», in: Ders., *Strukturprobleme der frühen Neuzeit. Ausgewählte Aufsätze,* hg. von Birgitta Oestreich, Berlin 1980, S. 367–379. Kritisch: Winfried Schulze, «Gerhard Oestreichs Begriff ‹Sozialdisziplinierung› in der frühen Neuzeit», *Zeitschrift für historische Forschung* 14 (1987), S. 265–302; Stefan Breuer, «Sozialdisziplinierung. Probleme und Problemverlagerungen eines Konzepts bei Max Weber, Gerhard Oestreich und Michel Foucault», in: Christoph Sachsse und Florian Tennstedt (Hg.), *Soziale Sicherheit und soziale Disziplinierung. Beiträge zu einer historischen Theorie der Sozialpolitik,* Frankfurt a. M. 1986 (Edition Suhrkamp N. F. 323), S. 45–69; Martin Dinges, «Frühneuzeitliche Armenfürsorge als Sozialdisziplinierung? Probleme mit einem Konzept», *Geschichte und Gesellschaft* 17 (1991), S. 5–29; Peter Blickle, «Gute Polizei oder Sozialdisziplinierung», in: Theo Stammen, Heinrich Oberreuter, Paul Mikat (Hg.), *Politik – Bildung – Religion. Hans Meier zum 65. Geburtstag,* Paderborn 1996, S. 97–107; Manfred Groten, «In glückseligem Regiment. Beobachtungen zum Verhältnis Obrigkeit – Bürger am Beispiel Kölns im 15. Jahrhundert», *Historisches Jahrbuch* 116 (1996), S. 303–320; Martin Dinges, «Normsetzung als Praxis? Oder: Warum werden die Normen zur Sachkultur und zum Verhalten so häufig wiederholt und was bedeutet dies für den Prozess der ‹Sozialdisziplinierung›?», in: *Norm und Praxis im Alltag des Mittelalters und der frühen Neuzeit,* Wien 1997 (Forschungen des Instituts für Realienkunde des Mittelalters und der frühen Neuzeit, Diskussionen und Materialien 2), S. 39–53; Heinrich Richard Schmidt, «Sozialdisziplinierung? Ein Plädoyer für das Ende des Etatismus in der Konfessionalisierungsforschung», *Historische Zeitschrift* 265 (1997), S. 639–682; Gerd Schwerhoff, «Zivilisationsprozess und Geschichtswissenschaft. Norbert Elias' Forschungsparadigma in historischer Sicht», *Historische Zeitschrift* 266 (1998), S. 561–605.
18 Dinges, «Frühneuzeitliche Armenfürsorge» (wie Anm. 17), S. 7.
19 Ebd., S. 11.
20 Besonders ausgeprägt und teilweise völlig überzogen bei Robert Muchembled, *Culture populaire et culture des élites dans la France moderne (XVe–XVIIe siècle),* Paris 1978, deutsch: *Kultur des Volks – Kultur der Eliten. Die Geschichte einer erfolgreichen Verdrängung,* Stuttgart 1982. Etwa die Gesamtthese S. 9: «Die Volkskultur ist keine Erfindung von Historikern, die nach originellen Forschungsgegenständen Ausschau halten, sondern vielmehr ein wahres Atlantis, das vermutlich nur deshalb erst in jüngster Zeit entdeckt wurde, weil es zu den Besiegten der Geschichte gehört. In einem erbittert geführten Kampf um die kulturelle Hegemonie, der am Ende des Mittelalters begann und bis in die Gegenwart hineinreicht, wurde die Volkskultur zerstört und hat, wie alle Besiegten, nur wenig Spuren hinterlassen.» Siehe dazu Hans-Jörg Gilomen, «Volkskultur und Exempla-Forschung», in: Joachim Heinzle (Hg.), *Modernes Mittelalter. Neue Bilder einer populären Epoche,* Frankfurt a. M., Leipzig 1994, 2. Aufl., Frankfurt a. M., Leipzig 1999 (Insel Taschenbuch 2513), S. 165–208.
21 Michel Foucault, *Sexualität und Wahrheit,* Bd. 1: *Der Wille zum Wissen,* Frankfurt a. M. 1977, S. 114.
22 Besonders interessant ist die Stigmatisierung des Henkers, die in der frühen Neuzeit stark zugenommen hat, wobei diese nicht etwa die Obrigkeiten betrieben haben, sondern das Zunftbürgertum, siehe Joachim Gernhuber, «Strafvollzug und Unehrlichkeit», *Zeitschrift für Rechtsgeschichte,* GA 74 (1957), S. 119–177.
23 Siehe Pascale Sutter Grassi, *Von guten und bösen Nachbarn. Nachbarschaft und Nachbarschaftsbeziehungen im spätmittelalterlichen Zürich,* Diss. Zürich 2001, erscheint Zürich 2002, bes. Teil 5: «Sozialkontrolle innerhalb der Nachbarschaft».
24 Gerd Schwerhoff, *Aktenkundig und gerichtsnotorisch. Einführung in die Historische Kriminalitätsforschung* (Historische Einführungen 3), Tübingen 1999, S. 11–14. Siehe auch Stanley

Cohen, Andrew Scull (Hg.), *Social Control and the State – Historical and Comparative Essays*, Oxford 1983.
25 Martin Dinges, *Der Maurermeister und der Finanzrichter. Ehre, Geld und soziale Kontrolle im Paris des 18. Jahrhunderts* (Veröffentlichungen des Max-Planck-Instituts für Geschichte 105), Göttingen 1994, S. 174.
26 Schwerhoff (wie Anm. 24), S. 11 f.
27 Dinges, «Frühneuzeitliche Armenfürsorge» (wie Anm. 17), S. 11 und 27: «Wegen der erheblichen Bedeutung der Selbsthilfe in der frühneuzeitlichen Gesellschaft ist deshalb das Sozialdisziplinierungsparadigma als einseitig und verzerrend zurückzuweisen. Es ist einseitig, weil es gesellschaftliche Entwicklung nur als von oben gesteuerten Integrations- und Repressionsprozess zu konzipieren vermag.» Siehe auch Martin Dinges, *Stadtarmut in Bordeaux 1525–1675. Alltag – Politik – Mentalitäten* (Pariser Historische Studien 26), Bonn 1988.
28 Knut Schulz, *Handwerksgesellen und Lohnarbeiter. Untersuchungen zur oberrheinischen und oberdeutschen Stadtgeschichte des 14. bis 17. Jahrhunderts*, Sigmaringen 1985, S. 196–208. Zu den Zünften siehe den Beitrag von Ralf Lusiardi in diesem Band.
29 Zum Beispiel Werner Bosshard, *Familie, Verwandtschaft, Vermögen. Eine sozialgeschichtliche Untersuchung der letztwilligen Verfügungen in den Zürcher Gemächtebüchern der Jahre 1428–1438*, Lizentiatsarbeit Universität Zürich 1998 (masch.).
30 Das ist selbst auf dem Land so. Siehe dazu Mireille Othenin-Girard, *Ländliche Lebensweise und Lebensformen im Spätmittelalter. Eine wirtschafts- und sozialgeschichtliche Untersuchung der nordwestschweizerischen Herrschaft Farnsburg*, Liestal 1994, S. 121 f.: abgesehen von einem Dorfpfarrer hat kein einziger Stifter und keine einzige Stifterin einen Knecht oder eine Magd in die Jahrzeit mit eingeschlossen!
31 Die Ergebnisse der neueren Untersuchungen dazu referiert der Beitrag von Martin Dinges in diesem Band.
32 Der Rat von Zürich verfügte zum Beispiel 1480 die Amortisationspflicht von Stiftungen an geistliche Institutionen für Pfründen, Jahrzeiten, Vigilien, Kirchenbau und Bruderschaften: «Was aber zuo spenden armen lüten gesetzt ist, sol man nit schuldig sin zuo lösen ze gebent.» Hans Nabholz (Hg.), *Die Zürcher Stadtbücher des XIV. und XV. Jahrhunderts*, Bd. 3, Leipzig 1906, S. 229, Nr. 147, 21. August 1480. Siehe Hans-Jörg Gilomen, «Renten und Grundbesitz in der toten Hand. Realwirtschaftliche Probleme der Jenseitsökonomie», in: Peter Jezler (Hg.), *Himmel, Hölle, Fegefeuer. Das Jenseits im Mittelalter. Katalog zur Ausstellung des Schweizerischen Landesmuseums in Zürich und des Schnütgen-Museums in Köln 1994*, Zürich 1994, S. 135–148, hier S. 138.
33 Der Zürcher Chorherr Felix Hemmerli hat unter Berufung auf das Basler Konzil dazu aufgerufen, das Geld statt für neue Stiftungen an den kirchlichen Aufwand besser zur Unterstützung der Armen zu verwenden. Siehe *Clarissimi viri Juriumque doctoris Felicis Hemmerlin cantoris quondam Thuricensis varie oblectationis opuscula et tractatus. Ex Basilea Jdibus Augusti M ccccxcvij* [1497], fol. 61v–73v, hier fol. 73r. Siehe Hans-Jörg Gilomen, «Der Traktat ‹De emptione et venditione unius pro viginti› des Magisters Felix Hemmerlin», in: Johannes Helmrath und Heribert Müller (Hg.), *Studien zum 15. Jahrhundert. Festschrift Erich Meuthen*, München 1994, S. 583–605.
34 Siehe dazu Robert Hugh Snape, *English Monastic Finances in the Later Middle Ages*, Cambridge 1926 (Cambridge Studies in Medieval Life and Thought 6), S. 111 ff.
35 Diese These vertritt prägnant etwa Jacques Chiffoleau, *Les justices du pape. Délinquence et criminalité dans la région d'Avignon au XIVe siècle*, Paris 1984.
36 František Graus, *Pest – Geissler – Judenmorde. Das 14. Jahrhundert als Krisenzeit*, Göttingen 1987 (Veröffentlichungen des Max-Planck-Instituts für Geschichte 86), 4. Aufl., Göttingen 1998; siehe auch Ders., «Randgruppen der städtischen Gesellschaft im Spätmittelalter», *Zeitschrift für Historische Forschung* 8, 1981, S. 385–437.
37 Robert Jütte, *Obrigkeitliche Armenfürsorge in deutschen Reichsstädten der Frühen Neuzeit. Städtisches Armenwesen in Frankfurt am Main und Köln*, Köln 1984.
38 Siehe zum Beispiel Lyndal Roper, «Drinking, Whoring and Gorging: Brutish Indiscipline and

the Formation of Protestant Identity», in: Dies., *Oedipus and the Devil. Witchcraft, Sexuality and Religion in Early Modern Europe,* London, New York 1994, S. 145–167, hier S. 146: Konfessionalisierung sei «the formation of religious ideologies and institutions in Lutheranism, Calvinism and Catholicism. This, too, can be seen as part of the process of social disciplining». Eingeschlossen ist «moral behaviour, cultural forms and the increasing power of the religiously zealous state». «It applies not just to particular confessions but stresses the similarity of developments in states of differing religious character.» S. 147: «Discipline, however, was not an early modern invention. The origins of Discipline Ordinances lay in the late medieval period [...].» «The Reformations's achievement was to link the concept of discipline with evangelical fervour, creating a far more compelling and integrated vision of a disciplined society.» «When people became truly Calvinist, so the argument would seem to run, they gave up drinking, whoring and gambling and whole communities began to live godly lives [...].»
39 Gilomen (wie Anm. 1), bes. S. 123 ff.
40 Wolfram Fischer, *Armut in der Geschichte: Erscheinungsformen und Lösungsversuche der «sozialen Frage» in Europa seit dem Mittelalter,* Göttingen 1982. Als Gesamtdarstellung nenne ich Bronislav Geremek, *Geschichte der Armut: Elend und Barmherzigkeit in Europa,* München 1988, im italienischen «Original» (da polnisch unveröffentlicht) mit dem bezeichnenden Titel: *La pietà e la forca.*

Martin Dinges

Neues in der Forschung zur spätmittelalterlichen und frühneuzeitlichen Armut?[1]

Im Call for Papers für die Tagung, aus der dieser Sammelband hervorgegangen ist, wurden bisherige Versuche, die langfristigen Entwicklungen des Themenfeldes Armut und Fürsorge «theoretisch» zu fassen, genannt: Krisenthese, Sozialdisziplinierungs- und Konfessionalisierungsparadigma. Ihnen ist gemeinsam, dass der Umgang mit Armut das Explanandum ist. Dies wird allgemeineren Entwicklungen zu- beziehungsweise nachgeordnet. So wird die Entstehung von Armenfürsorge und die zunehmende Repression von Armen als Folge der spätmittelalterlichen Krise konzeptualisiert; Fürsorgemassnahmen werden als Teilaspekt der frühmodernen Obrigkeits- und späteren Staatsentstehung oder als Ausdruck der wachsenden konfessionellen Konkurrenz gedeutet. Institutionalisierung sowie der tendenziell repressive Charakter von Fürsorge sind in allen drei Konzeptualisierungen Hauptgegenstand des Interesses und normative Implikation; ausserdem enthalten diese Ansätze Aussagen über längerfristige, zielgerichtete historische Entwicklungen.

In dem folgenden Forschungsreferat möchte ich zeigen, wie sich die Forschung zur Armut während der letzten fünfzehn Jahre ansatzweise von den einschränkenden Wirkungen der genannten Paradigmata befreit hat. Die folgenden Schwerpunkte und Arbeiten sind deshalb danach ausgewählt, inwieweit sie weiterführende Fragestellungen, insbesondere in methodisch innovativer Weise aufgreifen.[2] Der Schwerpunkt liegt trotzdem auf deutschsprachiger oder Literatur zu deutschsprachigen Ländern.

Armutsdefinition und Armutsbilder

Die bekannten Schwierigkeiten der Definition von Armut haben sich nicht verringert. Gerade die wenigen neueren semantischen Untersuchungen zum Deutschen und Französischen haben eher noch die Vielfalt der Bezüge von Armut unterstrichen.³ Deshalb möchte ich den Vorschlag in Erinnerung rufen, zwischen Armut und Bedürftigkeit zu unterscheiden. Armut ist demnach eine Lebenslage, in der man am Existenzminimum noch ohne fremde Hilfe überlebt. In normalen Zeiten können Arme ihre Subsistenz sicherstellen, bei Verlust der Erwerbstätigkeit, bei besonders hohem oder niedrigem Alter, bei Krankheit oder Invalidität sowie in allgemeinen Krisenzeiten sind sie schnell vom Absinken in die Bedürftigkeit bedroht. Arme versuchen durch Selbsthilfe, nicht bedürftig zu werden. Selbsthilfe ist deshalb die wichtigste Strategie, Armut zu bekämpfen.

Bedürftig wird jemand, wenn er zumindest teilweise von Fremdhilfe abhängt. Bedürftigkeit ist oft ein vorübergehendes Phänomen. Dies spricht gegen ein statisches Bild von Armut, das an bestimmten, zumeist ökonomisch definierten Kriterien festgemacht wird.

Seit Ende der 1980er-Jahre sind geschlechtergeschichtliche Überlegungen zur Armut einer der wichtigsten Beiträge zur Erneuerung des Feldes.⁴ Mit der Genderdebatte wurde die ältere Reflexion über die Fassbarkeit von Armut zugespitzt. War man sich auch früher klar darüber, dass Armut für Historiker immer nur das ist, was in den Quellen als solche definiert wird – also zum Beispiel Steuerarmut oder von einer Institution «bekämpfte» Armut –, so hat die Genderdebatte darüber hinaus geschlechtsspezifische Verzerrungen des Armutsbildes herausgearbeitet. Wir sind uns deshalb heute wesentlich weniger sicher, ob die vielfach unterstützten Witwen und Waisen tatsächlich so viel bedürftiger waren als andere Gruppen von Frauen beziehungsweise ob sie wesentlich bedürftiger als die Männer und Witwer in der gleichen Lage waren. Nicht nur amerikanische Historikerinnen hegen den Verdacht, dass hier die paternalistische Fürsorgeabsicht auch das Bild vom schwächeren Weibe stabilisieren wollte.⁵ Ich füge hinzu, dass sich diese Fürsorgepräferenzen gegen die männlichen Geschlechtsgenossen gerichtet haben könnten. Diese Diskussion ist offen – und es wird schwer zu entscheiden sein, ob Frauen tatsächlich zwei Drittel aller Bedürftigen stellten.⁶ Die Genderdebatte hat jedenfalls unser Gespür für die Konstruiertheit von Armutslagen geschärft.

Damit wird die Macht gesellschaftlicher Vorstellungen von Armut erkennbar. Deren praktische, diskursive und rituelle Einübung innerhalb der Londoner Stadtgesellschaft des 13. Jahrhunderts hat Rexroth beispielhaft beschrieben.⁷ Schon nach der zweiten Pestwelle entstand dort das komplette Muster zur Diskriminierung der Armen. Im «Milieu der Nacht» wurden spezifische Zuschreibungen wie die Gewaltbereitschaft, sexuelle Freizügigkeit und die Arbeitsscheu zu einem Stereotyp zusammengefasst, das in dieser Vollständigkeit ein Produkt von Ausgrenzungsbedürfnissen einer politisch noch nicht gesicherten Obrigkeit ist. Die Schamhaftigkeit «guter» Armer war das Korrelat zur «Schamlosigkeit» ausgegrenzter Randgruppen.

In diesem Zusammenhang ist auf die weiterbestehende Forschungslücke der bildlichen Dar- und Vorstellungen hinzuweisen. Auch eine neuere Frankfurter Dissertation kommt nicht weit über eine Deskription der spätmittelalterlichen Tafelbilder hinaus.[8] In Publikationen zur Geschichte der Armut werden Abbildungen zwar illustrativ eingesetzt, es fehlt aber an einer neueren Untersuchung, die Veränderungen der Armutsrepräsentation auf der Basis eines Quellenkorpus systematisch verfolgt. Von einer Mediengeschichte der Armutsdarstellung sind wir noch weiter entfernt. Insgesamt setzt die Forschung zu einseitig auf sprachliche Texte, ignoriert aber – bis auf Impressionen – die zeitgenössische Bildwelt.

Armutsursachen

Demgegenüber fühlten sich Historiker bei den als handfeste «Realitäten» geltenden Armutsursachen schon immer viel sicherer. Unstreitig ist weiterhin, dass Armut als Ergebnis einer ungünstigen Konstellation von Geschlecht, Arbeitsfähigkeit, Arbeitsplatz und Arbeitsmöglichkeit entsteht.[9] Einmalige Ereignisse wie Raub oder Brand sind weniger wichtig als die lebenszyklischen Ursachen, die Frauen und Männer weitgehend ähnlich betreffen, allerdings wegen des unterschiedlichen Heiratsalters teilweise mit einigen Jahren Verzögerung.[10] Das Verarmungsrisiko ist bei Kindern, in den ersten Ehejahren und bei alternden Menschen besonders hoch. Ungewollte Schwangerschaften waren ein zusätzliches erhebliches Armutsrisiko für Frauen. Daneben sind als strukturelle Armutsursachen die ökonomischen Zyklen insbesondere als Ursache für Unterbeschäftigung fundamental.
In den letzten Jahren wurde die grosse Bedeutung von Krankheiten als Verarmungsursache genauer erforscht.[11] Dabei wurde zum Beispiel der Zusammenhang von Erkrankungen mit dem Lebenszyklus erkennbar.[12] Mittlerweile gibt es Forschung zu kranken Kindern in Spitälern[13] und zu Krankheitserfahrungen in Egodokumenten – die wegen ihrer sozial eher exklusiven Herkunft in der frühen Neuzeit allerdings nur selten direkt auf Armutserfahrungen verweisen.[14] Allerdings fehlen umfassende Untersuchungen zur Berufsinvalidität in der frühen Neuzeit sowie zu den Armutsfolgen von Kriegsverletzungen.[15] Die wenigen Arbeiten zu Invalidenspitälern können diese Lücken nicht füllen. Viele Quellen – von den mittelalterlichen Mirakelbüchern bis zu den Armenlisten des Vormärz – zeigen, dass Krankheit oft der entscheidende Schritt in die Bedürftigkeit war.
Ansonsten sind hinsichtlich der Armutsursachen die Zeiten der statistischen Sicherheiten zu Massenarmut, mehr oder weniger kompressiblen Anteilen der Haushaltsausgaben etc. vorbei. Gegen den Optimismus jener Jahre brachte Groebner die Kritik auf den Punkt: «Ein grossflächiger statistischer Ansatz, der

mit hochgerechneten Jahreseinkommen und mehrjährig gleitenden Durchschnittspreisen arbeitet, wird einer solchen stark saisonabhängigen Ökonomie nicht gerecht: Bei der Berechnung mehrjähriger Jahresdurchschnitte ebnet er die heftigen Bewegungen der Preise und der Einkommen ein und bringt sie zum Verschwinden. Damit gerät aber ein [...] prägendes Element spätmittelalterlicher Wirtschaftsrealität überhaupt ausser Sicht, nämlich die Prekarität und Instabilität der Lebens- und Einkommensverhältnisse. Es sind gerade die Wechsellagen der städtischen Ökonomie, die den Beziehern kleiner Einkommen eine besondere ökonomische Logik aufzwingen.»[16] Man wird deshalb mit der Aporie leben müssen, dass die Entwicklung der Armut in Spätmittelalter und früher Neuzeit schwerlich auf dem Niveau gehobener historischer Statistik zu fassen ist. Groebner empfiehlt als Ausweg, den Verhaltenslogiken nachzuspüren, mit denen die Betroffenen Armut bewältigten.

Leben in Armut, Selbsthilfe und Überlebensstrategien

Groebner selbst hat am Beispiel Nürnbergs im ausgehenden 15. Jahrhundert unser Wissen um die «Erfahrungen der arbeitenden Stadtarmut» entscheidend erweitert. Zugang zu Silber- und Goldmünzen, die dauerhaft wertbeständig waren, hatten die Betroffenen nicht.[17] Da sie nur schlechtes Geld für den alsbaldigen Verbrauch hatten, waren die Sachwerte entscheidend für die Thesaurierung; ausserdem verflüssigte man sie in jeder Notlage. Unstetheit war das Hauptkennzeichen der Arbeitsbeziehungen: Doppel«berufs»tätigkeiten, Mehrfachtätigkeiten und Winterarbeit waren üblich. Gleiches galt auf dem Land wie etwa Schnyder-Burghartz für die Basler Landschaft um 1700 gezeigt hat. Er deutet dies unter dem Gesichtspunkt der bewussten Risikominderung treffend so: «Für Angehörige der Unterschicht war es sinnvoll und ergab sich zugleich aus ihrer permanenten Unterbeschäftigung(-sgefahr), ihre ökonomischen Aktivitäten auf möglichst verschiedene Bereiche auszudehnen, so dass ein Ausfall in einem Bereich einen relativ kleineren Mangel erzeugte und das Risiko grösseren Mangels vermieden oder verkleinert werden konnte.»[18]

Der Lohn in Nürnberg schwankte stark, war kompliziert unter anderem aus Naturalleistungen oder Kleidergaben zusammengesetzt, die als wesentlicher Lohnanteil zu betrachten sind. Die Verpfändung von Arbeitsgerät und Kleidung – manchmal auch von zur Bearbeitung überlassenem Material – waren notwendige Taktiken, um sich über Teuerungskrisen zu retten.[19] Ansehnliche Kleidung war nicht nur Voraussetzung für viele Arbeitsverhältnisse, sie wies den Träger auch als ökonomisch erfolgreich aus, denn sie zeigte, dass er das gute Stück – bisher – noch nicht versetzen musste. Damit werden symbolische Dimensionen der

Armutsökonomie erkennbar, die sich genauso im vormärzlichen Berlin wiederfinden.

Der entscheidende Schritt von der Armut in die Bedürftigkeit wird oft durch Krankheit ausgelöst. Deshalb ist eine Untersuchung zu den Selbsthilfenetzwerken von armen Frauen im Paris der 1280er-Jahre besonders interessant: Sie zeigt erstens, dass auch für wesentlich frühere Zeiten Selbsthilfestrategien erforschbar sind. Zweitens erschliesst sie der Armutsforschung mit den Mirakelbüchern eine wohl bekannte Quelle neu, die entsprechend kontextualisiert zu wichtigen Erkenntnissen führt. Farmer nennt vier Selbsthilfenetze – familiären und ausserfamiliären Beistand, Beginenzusammenschlüsse, Arbeitsbeziehungen, Nachbarschaft beziehungsweise Gemeinde – und als einzige Fremdhilfeform die karitativen Institutionen. Bereits für das ausgehende 13. Jahrhundert sind sämtliche gegenseitigen Hilfen – unter Geschwistern und zwischen Eheleuten, zwischen Eltern und Kindern, Arbeitgebern und Bediensteten, Meistern und Gesellen, Nachbarn und Zunftgenossen – nachweisbar.[20] Diese Beziehungen können sich teilweise gegenseitig ersetzen,[21] ansonsten ergänzen und überlagern. Dementsprechend kam es weniger darauf an, in bestimmten Wohn- oder zum Beispiel handwerklichen Arbeitsverhältnissen zu leben, als vielmehr, eine gewisse Anzahl solcher Beziehungen aktualisieren zu können, denn sie alle leisteten Ähnliches.[22] Dieses «Sozialkapital» konnte einen Armen über besondere Notlagen retten. Die Handwerker hatten durch Zünfte etc. lediglich zusätzliches «Sozialkapital», das aber nicht überschätzt werden sollte.

An den von Farmer beobachteten Selbsthilfenetzen ist besonders wichtig, dass diese auch bei Migrantinnen – und zwar sowohl am Zuwanderungsort Paris als auch durch Rückkoppelung mit dem Herkunftsort – tragfähig waren, zum Beispiel bei der Pflege im länger dauernden Krankheitsfall oder bei der Aufnahme Bedürftiger in einen anderen Migrantenhaushalt. Was anhand von Florentiner und Londoner Steuerrollen schon lange zu ahnen war, lässt sich anhand der Mirakelbücher nun als Selbsthilfepraxis explizit belegen.

Farmer fasst ihre nach Geschlechtern differenzierten Ergebnisse wie folgt zusammen: «Männer wurden viel häufiger von Gilden unterstützt als Frauen, beide wurden aber gelegentlich von den Arbeitgebern unterstützt, bei denen sie wohnten. Obwohl insbesondere alleinstehende Frauen häufiger als solche Männer Objekt karitativer Hilfen bis zur Gründung von Spezialeinrichtungen waren, halfen derartige Institutionen letztlich nur unzureichend den alleinstehenden und verwitweten Frauen. Alleinstehende oder verwitwete Wohngenossinnen (compagnions) scheinen sich eher während langdauernder Krankheiten gegenseitig geholfen zu haben als alleinstehende oder verwitwete Gesellen. Verheiratung mit Handwerksmeistern und Kaufleuten verschaffte diesen Frauen Vorteile gegenüber einer Singleexistenz; das gilt aber in der Regel nicht für die Heirat unter arbeitenden Armen. Alleinstehenden Frauen konnte es besser gehen, während verheiratete nicht selten zur Erhöhung des Haushaltseinkommens betteln mussten. Alleinstehende Frauen waren ausserdem keineswegs isoliert, etliche hatten Freundinnen, auf die sie sich im Krankheitsfall verlassen konnten.»[23] Bemerkenswert ist, dass alleinlebende Personen keineswegs ohne Netze gegenseitiger Hilfe waren. Eheschliessung war nur unter sehr eingeschränkten Bedingungen für Frauen ein sicherer Weg zur «Versorgung».[24] Geschlechtergeschichtlich wäre anzumerken, dass sie für Männer eine ähnlich wichtige Vorsorgestrategie sein konnte; das gilt ganz sicher für die Wiederverheiratung von Witwern. Mancher erklärt sie explizit als Haushaltsstrategie.[25] Ansonsten ist das oft längerfristige Zusammenleben ohne formelle Eheschliessung ein Muster armer Paare, das sich über die Jahrhunderte verfolgen lässt.[26] Dabei konnten die Interessen besser verdienender Frauen oder Männer gegenüber ihren schlechter verdienenden Partnern ebenso im Vordergrund stehen wie der gemeinsame Wunsch, Kosten für die Formalitäten und Festivitäten zu sparen. Auch deshalb ist Signori zuzustimmen, dass man das Modell bürgerlicher Paar- und Familienvorstellungen nicht zu schnell als Zentrum einer Normalität definieren soll, der gegenüber die Alleinlebenden oder Kinderlosen dann Abweichungen sind, die vorschnell als minderwertig erscheinen könnten.[27]

Die Pariser Ergebnisse sind schliesslich deshalb so bedeutsam, da diese Stadt für 100 000 Arme, die im Lebenszyklus immer wieder bedürftig werden konnten, vor dem Jahr 1300 höchstens 1000 bis 1200 Plätze in allen Institutionen anbot. Es zeigt sich daran erneut sehr deutlich, dass sich Armutsforschung vorrangig mit diesen Selbsthilfemustern zu befassen hätte, wenn sie verstehen will, wie die Zeitgenossen das Problem Armut lösten.[28]

Für England sind darüber hinaus die Reaktionsweisen armer Haushalte unter den Zwängen der Subsistenzökonomie insgesamt besser erforscht. Dort gaben Personen nach Verwitwung oder bei Arbeitslosigkeit ihren eigenen Haushalt nicht selten auf und zogen zu ihren Verwandten, um so eine als vorübergehend erachtete Partner- oder Arbeitslosigkeit zu überbrücken. Auch der Wechsel aus der Stadt auf das Land oder umgekehrt war offenbar viel verbreiteter, als bisher angenommen. Jedenfalls legen die Daten aus der Analyse von Vermietungen und dem Wechsel von Bewohnern diesen Schluss nahe. Ausserdem verweisen sie auf eine hohe innerstädtische Mobilität, die nicht zuletzt ein Mittel sein konnte, nicht mehr bezahlbaren Mietschulden zu entfliehen und das eigene Budget zu entlasten.

Grossräumige Spekulationen wurden über die Wirkung von Haushaltssystemen auf die Sicherung gegen Bedürftigkeit angestellt. Die Entwicklung von Kernfamilien soll angeblich die Chancen der Nichtverheirateten oder Alten entscheidend verschlechtert (Laslett) haben. Das scheint nach dem neuesten Stand der Forschung nicht mehr zuzutreffen, da Alleinlebende keineswegs Hilflose waren.

Demnach ist auch die Vorstellung, dass die in Südeuropa üblicheren, zum Beispiel mit unverheirateten Geschwistern erweiterten Haushalte sowie die Dreigenerationenhaushalte eine höhere Selbsthilfefähigkeit erbracht hätten, unzutreffend.[29] So integrierten ländliche arme Haushalte in Essex am Ende der frühen Neuzeit alleinlebende Grossmütter: Die genaue demographische Betrachtung erweist, dass hier offensichtlich Selbsthilfestrategien wirksam wurden, so dass die alten Grossmütter praktisch nie allein wohnen mussten.[30] Die ärmsten Haushalte waren in Essex etwas grösser als die wohlhabenderen und folgten häufiger einem Mehrgenerationenmuster: Nicht die Haushaltsgrösse determiniert also Selbsthilfepotentiale, sondern umgekehrt führen Selbsthilfestrategien zu veränderten Haushaltsgrössen.

Selbst eine einfache demographische Untersuchung des prokreativen Verhaltens armer Ehepaare nach Pest- oder anderen Seuchenzügen – wie im 17. Jahrhundert in Basel[31] – zeigt, dass die armen Haushalte vorsorgend die Familienentwicklung planten: Ihre Kinderzahl blieb in einem vernünftigen Verhältnis zu ihren materiellen Ressourcen. Die pestbedingte Bereicherung durch Erbschaften regte zwar die Oberschichten zur Radikalisierung armenfeindlicher Diskurse an, die Betroffenen hingegen behielten selbst im Bett offenbar kühlen Kopf.

Die englischsprachige Forschung hat intensiv die Frage nach der Möglichkeit von Solidaritäten unter den Armen diskutiert, um Tendenzen zur Sozialromantik entgegenzutreten. Zu Recht wird darauf hingewiesen, dass die wichtige sozialgeschichtliche Erkenntnis der internen Spannungen, zum Beispiel im Dorf, nicht vergessen werden sollte. Immerhin spricht aber der Befund, dass Verwandte sich bei Grundstücksverkäufen gegenseitig begünstigten, für Solidarität innerhalb weiterer Familienverbände.[32] Warum sollten dann nicht andere, der Vermeidung von Bedürftigkeit geltende Solidaritäten existieren?

Ausgangspunkt der englischen Diskussion waren die so genannten Helpbeers, also Feste, bei denen vom Absinken in die Bedürftigkeit Betroffene Bier brauten, alle Freunde einluden und diesen das Bier zu überhöhten Preisen verkauften. Allen Beteiligten war klar, dass dies eine Wohltätigkeitsveranstaltung für den Einladenden war, dem die Erträge zufliessen sollten. Dieser konnte sicher kein ganz Armer sein – gleichwohl scheint es sich hier um eine der sozialen Praktiken zu handeln, die dem Überschreiten der Bedürftigkeitsgrenze erfolgreich gegensteuern konnten.[33] Im Kern trugen die Zeitgenossen der Tatsache Rechnung, dass «poverty is a permanent condition for some and a periodic problem for many».[34] Der Solidarisierungseffekt innerhalb einer sozialen Gemeinschaft ist wohl unstreitig – und die Helpbeers sind in vielen Gegenden nachweisbar. Das Beispiel ist eine der denkbaren Antworten auf die Frage nach Solidaritäten. Aufgabe der Forschung wäre es, solche Spuren in den Quellen zu entdecken und ihnen nachzugehen: Was zunächst unscheinbar als Strafzahlung für nicht beim Bannherrn gebrautes Bier in entsprechenden Registern auftauchte, erwies sich bei näherem Hinsehen als sozialgeschichtlich höchst interessante Form der präventiven Selbsthilfe. Dank der präziseren Kenntnis der Leistungen des Haushaltes für die Armutsbewältigung werden nun in zwei Richtungen neue Probleme aufgeworfen: Einerseits werden nicht nur Strategien *der* Haushalte – als Einheiten –, sondern auch von einzelnen Personen *in* Haushalten genauer beachtet: Zum Beispiel können ein arbeitsfähiger Jugendlicher oder ein anspruchsberechtigter Mann sehr wohl den Haushalt verlassen und nichts mehr zum gemeinsamen Budget beitragen, wenn es ihnen nutzt. Dann verändert sich die bisherige Einheit Haushalt. So erweist sich die zunächst vorausgesetzte demographische Einheit Haushalt als durchaus verhandelbar.[35]

In den Überlegungen zur Selbsthilfe wurde immer wieder auf einzelne Gruppen von Armen hingewiesen. Etliche der dazu in den letzten Jahren entstandenen Studien arbeiteten die Handlungsmöglichkeiten der historischen Subjekte heraus. Das gilt – wie oben gezeigt – für Frauen, die alleinstehenden Frauen sowie die Witwen oder Kinder.[36] Dabei werden geschlechtsspezifisch unterschiedliche Chancen der Armutsbewältigung von Jungen und Mädchen sichtbar.[37] Die ältere Tendenz zu einem gewissen Ökonomismus der Armutsforschung ist durch die genauere Beachtung der geschlechtsspezifischen und der Lebenslaufrisiken weitgehend ersetzt worden.

Bettel war oft die einzige verbleibende Selbsthilfestrategie. Die Grenzen zwischen den verschiedenen Formen sind fliessend. Kranken- und Rekonvaleszenzbettel verweisen noch auf Krankheit, Ankunfts-, Saison- und arbeitsmarktbedingter Bettel auf Unterbeschäftigung, etataufbessernder oder Überbrückungsbettel auf vorübergehende Knappheiten, die allerdings über den temporären schliesslich zum permanenten Bettel führen können.[38] Man sieht bereits an diesen verschiedenen Bettelformen, wie selbstverständlich das Betteln als Zusatzverdienst genutzt werden musste, so dass wohl bis in das 19. Jahrhundert zu Recht eine weitgehend akzeptierte Bettelkultur festgestellt wurde. Dies stand nicht nur in Berlin im Gegensatz zu den seit Jahrhunderten geltenden Bettelverboten, die offenbar weitgehend wirkungslos waren.[39]

Dank der parallelen Auswertung der Wiener Bettelregister und Stattzeichnerbücher durch Bräuer ist der Bettel nun für das letzte Drittel des 17. Jahrhunderts wesentlich besser erforscht.[40] Naheliegenderweise betonen die Antragsteller ihre zumeist altersbedingten Gebrechen, denn die Bettelzeichen sollten vorrangig unter dieser Bedingung erteilt werden. So sind hier die Werte von über 40% für beide Geschlechter erwartbar.[41] Demgegenüber sind die entsprechenden Angaben in 1500 Verhörprotokollen festgenommener Bettler wesentlich niedriger. Krankheit war einfach kein vorrangiges Thema für den verhörenden Spitalmitarbeiter. Dieser wollte vielmehr wissen, warum die Gefassten bettelten, statt zu arbeiten. Die

Bettler und Bettlerinnen erläuterten ihre Notlage, Lebenskrisen und Scheitern, Arbeitslosigkeit und zerbrochene Hoffnungen. Auffallend ist insgesamt der hohe Anteil sehr alter Bettler, der die grosse Bedeutung des nach dem 40. Lebensjahr sinkenden Einkommens der meisten Ärmeren bestätigt.[42] Für Frauen beginnt dieser Abstieg in den Bettel durchschnittlich etwas früher als für Männer. Zum Migrationsverhalten bestätigt sich, dass viele Bettler immer wieder Versuche unternahmen, sesshaft zu werden. Auch hierin zeigt sich der häufige Wechsel von Einzelpersonen oder Familien zwischen «arbeitender Armut» und Bedürftigkeit. Rückkopplungen an die Heimatorte und Herkunftsfamilien sind – wie schon Schindler zeigte – nicht selten.[43] Schliesslich gibt es in den Städten mehr als einen Haushalt, der den Bettlern Unterschlupf und teilweise Sesshaftigkeit bot. Das stand im krassen Widerspruch zu geltenden Bettelmandaten und war gelegentlich durchaus mit kleinkriminellen Machenschaften verbunden.[44]

Für die «Innenseite der Armutserfahrung» sind wir nicht mehr ausschliesslich darauf angewiesen, aus den Praktiken der Betroffenen Rückschlüsse zu ziehen oder retrospektiv die deprivatorischen Aspekte der Armutserfahrung zu extrapolieren.[45] Was der Schweizer Student Grunholzer in teilnehmender Beobachtung im Gespräch mit den von ihm besuchten Bewohnern des Berliner Voigtlandes über deren Selbstwahrnehmung um 1840 erfahren konnte, geben zwar weder die Selbstzeugnisse noch die Supliken – selbst des späten 18. Jahrhunderts – her.[46] Gleichwohl sind Gesuche um Unterstützung Texte, die auch dann die Meinung und Interessen der Betroffenen artikulieren, wenn sie gezielt auf die Empfänger hin formuliert sind. Schliesslich müssten sie ganz offensichtlich plausibel sein. Man wird deshalb solche Aussagen nicht nur auf die diskursprägenden Wirkungen der Verhörsituation zurückführen können, in der bestimmte Selbstdeutungen geboten waren.

Die Wiener Bettler machen in ihren Verhöräusserungen sehr deutlich, dass sie aus Not gezwungen waren zu betteln. Arbeitswilligkeit wird also bei der Mehrheit der Bettler zu unterstellen sein. Die eigene Lage wurde als aufgezwungen empfunden. Erforschte Einzelfälle differenzieren diesen Befund zusätzlich.[47] Insgesamt belegt die jüngere Forschung eindrucksvoll, dass es sich lohnt, vom Studium der Armut zum Studium der Selbsthilfestrategien beziehungsweise -taktiken der Armen überzugehen.

Organisierte Selbsthilfe

Wegen ihrer quellenmässig leichteren Erforschbarkeit ist organisierte Selbsthilfe seit langem besser untersucht. Schulz hat für die oberrheinischen Handwerker ein Entwicklungsmodell gezeichnet, nach dem im 15. Jahrhundert die Zunftmitglieder im Krankheitsfall lediglich als Kredit eine Art Zusatzversorgung erhielten. Diese sollte immer subsidiär gegenüber der Versorgung im eigenen oder Meisterhaushalt sein. Erst um ca. 1500 seien die Gesellen – zunächst bestimmter Berufsgruppen – gezielter auf die örtlichen Spitäler zugegangen, um sich dort Betten für den Krankheitsfall zu sichern. Gegen Ende des 16. Jahrhunderts scheint Ernüchterung hinsichtlich der tatsächlich zu erwartenden Spitalleistungen eingetreten zu sein, so dass auch die Spitalbruderschaften weniger attraktiv wurden.[48]

In Sachsen wurden im 17. Jahrhundert die immer aufwendigeren Beerdigungssitten zu einer zusätzlichen Verarmungsursache. Durch entsprechende Leichen- und Sterbekassen versuchten die Gesellen, dies aufzufangen.[49] Hier reagierten also Unterschichtsangehörige selbst organisiert auf die Anforderungen eines Konsummodells, das auch von ihnen mehr sichtbaren Aufwand verlangte, um die eigene ehrbare Stellung in der Gesellschaft zu verteidigen. Das Beispiel ist gleichzeitig ein weiterer Hinweis auf die «Modernisierung» der Armut in der frühen Neuzeit: Drückten schon steigende Abgaben des entstehenden frühmodernen Staates auf die ländlichen Unterschichten, so hatten die städtischen Armen zusätzlich den Finanzdruck des demonstrativen Aufwands aufzufangen, der die Ständegesellschaft symbolisch stabilisieren sollte.[50]

Bruderschaften mit karitativen Zielen waren insbesondere in den romanischen Mittelmeerländern wichtig bei der Armutsbekämpfung.[51] Ihre Leistungsfähigkeit in der Fürsorge und ihre Fähigkeit zur Anpassung an neue Armutslagen zum Beispiel nach Seuchenzügen lassen sich für viele Städte seit dem 13. Jahrhundert zeigen.[52] Während der frühen Neuzeit relativiert der Ausbau des Spitalwesens die Bedeutung der Bruderschaften. Auffallend ist die zeitliche Parallelität der gegenreformatorischen Renaissance katholischer Bruderschaften und der Gründung handwerklicher Leichen- und Sterbekassen in protestantischen Städten im 17. Jahrhundert.[53] Beide kollektiven Selbsthilfeformen entwickeln ein mittelalterliches Erbe weiter, allerdings mit wesentlich geringerer Reichweite bei den Gesellenkassen.

Stiftungen und private Wohltätigkeit

Stiftungen und private Wohltätigkeit gelten nicht nur als ein Mittel, der Armut entgegenzutreten, sondern ihre Analyse ist auch ein Schlüssel zu den kollektiven Mentalitäten. Der vielschichtige religiöse Kontext ist kürzlich für die spätmittelalterliche Hansestadt Stralsund untersucht worden.[54] Die Vielfalt der Stiftungszwecke, Leistungen und Zielgruppen zeigen Forschungen zu Osnabrück und Köln für das Spätmittelalter sowie für Münster auch während der frühen Neuzeit.[55] Ein Vergleich von über 4000 Testamenten aus sechs Städten Mittelitaliens erbrachte, dass sich die Einstellung zur Armut erst nach dem zweiten Pestzug, also ab 1363, in allen untersuchten Städten in die gleiche Richtung ändert.[56] Überall konzentrieren sich erstens die früher weit gestreuten milden Gaben auf Aussteuerstiftungen. Zweitens sollten die grösseren Einzelgaben nunmehr die Erinnerung an den Stifter besser sicherstellen als bisher. Entscheidend für diese Entwicklung war die stärkere Orientierung an männlicher Erbfolge und entsprechendem Familiendenken.

Für Deutschland existieren nur Studien zu einzelnen Städten. Klosterberg hat für das spätmittelalterliche Köln anhand geschickt ausgewählter Stichproben das Stiftungsverhalten von Männern und Frauen, Laien und Klerikern für die Zeit von 1250–1500 verglichen.[57] Danach enthielten im 14. Jahrhundert ca. zwei Drittel aller Testamente karitative Stiftungen, wobei die Kleriker etwas grosszügiger sein konnten. Im 15. Jahrhundert sinkt die Gebebereitschaft beider Gruppen stetig, um 1500 fällt sie massiv. Laien bevorzugen zunehmend die offene Armenfürsorge und die Hausarmen, während Kleriker den – oft kirchlich geleiteten – Hospitälern länger treu bleiben. Im Unterschied zu Italien werden erst im 15. Jahrhundert die Stiftungen gezielter. Diese langfristigen Trends zeigen den Zusammenhang zwischen der gesellschaftlichen Position des Stifters und den begünstigten Gruppen mit der Pfarrgemeinde sowie der Verwaltungsform der Institution. Um 1550 überholen in Münster in Westfalen die Armen als Empfängergruppe alle anderen frommen Zwecke; auch werden nun Personen gegenüber Institutionen bevorzugt.[58] Um 1570 konzentriert man sich bei Legaten stärker auf die Armen des eigenen Kirchspiels. Dieses Muster ist gleichzeitigen Trends in Bordeaux sehr ähnlich.[59] Bedauerlicherweise fehlen ansonsten Studien auf gleichem methodischen Niveau für das frühneuzeitliche Deutschland.[60] Für Frankreich oder Italien zeigt die wesentlich bessere Forschungslage, dass solche Trends sich in den drei Jahrhunderten bis 1800 mehrfach ändern konnten.[61] Auch lassen diese Forschungen Rückschlüsse auf die Einstellung der Bürgerschaft zur Armenpolitik zu, die nach wie vor unzureichend erforscht ist. Die neuere Forschung verknüpft Stiftungen für die Armen also differenzierter mit den wandelbaren Interessenlagen der Stifter. International steht derzeit weniger die Frage nach den Leistungen für die Bedürftigen im Vordergrund als das Problem: Was nützt die Stiftung den Stiftenden? Der entscheidende historische Bruch in der Memorialfunktion der Stiftungen scheint weniger die Reformation zu sein, die lediglich die Begründungen ändert, als die Intervention aufklärerischer Stadtverwaltungen oder säkularisierender Territorialherrschaften, die eigenmächtig die Zwecke verschieben.[62]

Nachfrage nach Fürsorgeleistungen

Die Nachfrage nach Fürsorgeleistungen ist für das Frankreich des 17. und 18. Jahrhunderts mittlerweile ansatzweise erforscht. Angeblich fand dort durch die Generalspitäler seit dem letzten Drittel des 17. Jahrhunderts eine zunehmende «grosse Einschliessung» («grand enfermement») der Armen statt. Was als Arbeits- und Umerziehungsprogramm für gesellschaftliche Randgruppen gedacht war, geriet unter dem schwer abweisbaren Nachfragedruck der Lebenslaufarmen, also der Witwen und Waisen sowie der Invaliden, zu einer Ausweitung des Fürsorgeangebotes für diese traditionelle Klientel. Mit entsprechender Unterstützung durch die Gemeindepfarrer gelang es ihr, die Ressourcen der Generalspitäler weitgehend umzulenken, so dass schliesslich nur wenige Prostituierte oder Landstreicher dort eingesperrt waren.[63]

Diese Art der Umnutzung von Institutionen durch Nachfrage von unten ist kein Einzelfall. In Turin ist die tatsächliche Insassenschaft des Generalspitals ebenfalls weit von den Planungen entfernt. In London sorgten im 17. Jahrhundert die Armen durch gezielte «Bearbeitung» ihnen wohl gesinnter Armenpfleger dafür, dass die Poor-Law-Zahlungen an sie über dem eigentlich vorgesehenen Niveau lagen.[64] Ähnlich war es in Köln um 1800.[65] Englischen Bürgerkriegswitwen gelang es im 17. Jahrhundert sogar, eigentlich für die Männer vorgesehene Invalidenrenten durch nachhaltiges Petitionieren vom Parlament zu ergattern.[66] Wir müssen also davon ausgehen, dass erstens die frühneuzeitlichen Fürsorgeangebote von den Bedürftigen in ihrem eigenen Sinne abgerufen wurden, und dadurch zweitens öffentliche Mittel in Privathaushalte umgesteuert wurden, die eigentlich gar keine Gelder erhalten sollten. Entsprechende Einzelfälle aus dem Mittelalter und aus Lepraspitälern erstaunen vor diesem Hintergrund weniger.[67]

Schliesslich zeigen neuere Untersuchungen den Wechsel der Bedürftigen zwischen Inanspruchnahme von institutionellen Fürsorgeleistungen und Selbsthilfe. So ist etwa bei Halbwaisen in italienischen Städten die Überweisung in ein entsprechendes Spital, insbesondere bei grösseren Familien (mit mehr als drei Kindern) und nach dem Tod eines Elternteils üblich.[68] Nach einiger Zeit kehren sie jedoch in die Familien zurück. Die vorübergehende Inanspruchnahme von Fürsorgeleistungen war auch sonst ein gängiges Phänomen, denn sie entsprach den Brüchen im Lebenslauf und damit den Bedürfnissen. Eine systematische Auswertung von Aufnahmegesuchen in Spitäler fehlt allerdings.[69] Jedenfalls verweist der Wechsel zwischen Institutionen und Selbsthilfe gleichzeitig auf Verhandlungspotentiale der Familien gegenüber den Institutionen, deren teilweise unterstellte Disziplinierungschancen dadurch reduziert wurden.

Fürsorgeinstitutionen

Fürsorgeinstitutionen gelten als traditioneller Kern des Feldes. Deshalb ist die Zahl der Studien zu Spitälern in einzelnen Städten endlos. Der lokalgeschichtliche Ertrag ist unstreitig und teilweise erbringen diese Untersuchungen differenzierte Einblicke in die Innenwelt des Spitals.[70] In systematischer Hinsicht wäre es interessant, gezielt die Leistungen dieser Institutionen zu erforschen. Die Entstehung der medizinischen Leistungen rückt derzeit stärker in den Blick.[71] Zur Spitalernährung zeigt die einzige einschlägige deutsche Spezialstudie, welche Pflegeklassen bestanden und was gegessen wurde.[72] Selbst bei bettlägerigen Kranken in Hamburg waren die Leistungen nur subsidiär.[73] Beim englischen Poor Law entsprachen die tatsächlich vergebenen Beträge im 17. Jahrhundert höchstens einem Drittel des Minimalbedarfs des Bedürftigen, so dass ebenfalls nur Zusatzzahlungen zum Lebensunterhalt geboten wurden.[74] Disziplinierungseffekte – selbst der Arbeitshäuser – schätzt die Forschung vor diesem Hintergrund mittlerweile einhellig als gering ein.[75]

Neben den untersuchten Grossstädten wie Augsburg, Lyon oder Köln fehlt es weiterhin völlig an Regionalstudien, die uns über die regionale Verteilung von Fürsorgeangeboten informieren könnten.[76] Schon im Bereich der Kartierung der Spitalinfrastruktur ist nur sehr wenig geschehen – das gilt ähnlich für die Kartierung von Leprahäusern.[77] Aufgrund dieser Forschungslage bleibt weiterhin im Dunkeln, wie dünn oder dicht die Chancen gesät waren, Hilfen auf dem Land zu erhalten.[78] Ein wesentlicher Faktor für die Migration von Bedürftigen in die Städte bleibt damit ungeklärt.[79]

Noch schwerwiegender ist, dass Vergleichsstudien zum Fürsorgeangebot, das offene und geschlossene Formen einbezieht, fast völlig fehlen.[80] Positivistische Anhäufung von Wissen kontrastiert unvermittelt mit nicht entwickelten Kategorien des Vergleichs.[81] Die Schweiz wäre wegen ihrer Kleinräumigkeit und der konfessionellen Differenzierung für komparatistische Forschung ein ideales Terrain. Das gilt umso mehr, als sie aufgrund der linguistischen Gegebenheiten auch an recht unterschiedlichen armenpolitischen Diskursgemeinschaften und institutionellen Kulturen partizipiert.

Fürsorge zwischen Reformation, Konfession und Staatsbildung

Zum Abschluss dieser Tour d'Horizon möchte ich auf die «grossen Fragen» des Call for Papers zurückkommen.
1. Die mittelalterliche Fürsorge war keineswegs durchgehend ungezielt, sondern reagierte durch Spezialisierung, zum Beispiel nach der Pest in Florenz, auf neue

Anforderungen.⁸² Dies zeigt sich dort insbesondere an einer Bevorzugung der Witwen und Waisen aus durch Seuchensterblichkeit zerrissenen Familien gegenüber den Working Poor. Es ist also ein historiographisch teilweise weitergetragener Mythos der Reformationszeit, dass die Fürsorge im Mittelalter durchgehend schlecht organisiert gewesen sei.

2. Die Reformimpulse für die Armenfürsorge entstammen auch nördlich der Alpen spätestens dem 15. Jahrhundert und werden durchgehend bereits vor der Reformation wirksam.⁸³ Ein Mehrstädtevergleich zu den Niederlanden hat zum Beispiel kürzlich belegt, dass die folgende Liste struktureller Änderungen bereits im ausgehenden Mittelalter umgesetzt war: Bettelregulierung, die Unterscheidung in arbeitsfähige versus arbeitsunfähige beziehungsweise berechtigte und unberechtigte Arme, die Durchsetzung ziviler statt kirchlicher Aufsicht über das Fürsorgewesen sowie oft bereits eine Zentralisierung unter Ratsaufsicht und schliesslich die Einschränkung der Leistungen auf die Ortsansässigen.⁸⁴ Neu ist in einer zweiten Reformwelle lediglich das Arbeitshaus, das allerdings erst am Ende des 16. Jahrhunderts disziplinierende Arbeitsangebote für die Arbeitsfähigen institutionalisieren sollte – und sich damit von der mittelalterlichen Tradition absetzte.

3. Die institutionellen Reformprozesse ähneln sich in den grundlegenden Entwicklungen über Länder- und Konfessionsgrenzen hinweg erheblich. Historiographisch ist dabei zu beachten, dass die Fixierung auf Hospitäler und obrigkeitlich organisierte Angebote zu einer Missachtung intermediärer Formen der Fürsorge geführt hat, wie sich etwa an Studien zu Turin, zu den Bruderschaften im katholischen Europa, zum Stiftungswesen oder zur Gemeindearmenfürsorge immer deutlicher zeigt.⁸⁵ Ansonsten prägten überall in Europa die mittelalterlichen kirchlichen Gemeindevorstellungen noch im 17. Jahrhundert die obrigkeitliche Fürsorgepraxis stark mit.⁸⁶ Der Wandel durch die Reformation sollte also nicht überschätzt werden.

4. Die Bedeutung der institutionellen, insbesondere durch die Konfession begründeten Unterschiede, also Fürsorgesysteme mit oder ohne Bruderschaften, mit oder ohne Gemeindefürsorge, mit Kommunalisierung oder dezentraler gemeindlicher Fürsorge ist noch unzureichend unter dem für mich einzig entscheidenden Gesichtspunkt ihres Outputs untersucht: Es kommt doch darauf an, wie hoch die materielle und symbolische Leistungsfähigkeit des Fürsorgesystems zur «Armutsbekämpfung» war. Geschätzte Fürsorgebudgets pro Stadtbewohner liegen aus einigen deutschen und englischen Städten für die frühe Neuzeit zwar vor.⁸⁷ Es gibt aber weiterhin erheblichen Mangel an Budgetanalysen.⁸⁸ Die Erforschung der Armenpolitik muss meines Erachtens viel häufiger durch entsprechende Finanzanalysen begleitet werden.

5. Hinsichtlich der Konfessionalisierung ist wohl die Frage interessanter: Wie nützt die Fürsorge den Konfessionen? Sie stärkt bekanntlich die Gruppenkohäsion

gegenüber der konfessionellen Konkurrenz. Das gilt besonders im Fall der Minderheitenkonfessionen.[89] Viel zu wenig wissen wir immer noch über die konfliktreiche Abwerbung von Fremdkonfessionellen mit Hilfe lukrativer Fürsorgeangebote, obwohl seit langem bekannt ist, dass alle Konfessionen in diesem Feld recht aktiv waren.[90]

6. Politikgeschichtlich ist die Frage «Wie nützt die Fürsorgeaktivität den Wohlhabenden und Herrschenden?» beantwortet: Sie eignet sich hervorragend zur lokalen Klientelbildung, sei es beim Adel auf dem Land oder bei den Patriziern in den Städten. Bei Veränderungen in der Zusammensetzung von Eliten bietet sie eine Bühne für Prestigedarstellung. Das barocke Spital bietet dafür besonders gute Möglichkeiten, aber das ist keine Erfindung dieser Epoche.[91] Ansonsten ist es banal, dass die Entwicklung der Fürsorge Ressourcen zur Ausbildung von Obrigkeit oder Staatlichkeit bereitstellt.

7. Auch ist ein Muster sichtbar, wie die Armutsbekämpfung den verschiedenen politischen Ebenen innerhalb einer sich ausbildenden Obrigkeit oder eines «Zentralstaates» nützt. Die Forschungslage, etwa zu London im 14. oder später im 17. Jahrhundert, zu Turin im 16.–18. Jahrhundert, Holland im 16./17. Jahrhundert oder zu Frankreich in der frühen Neuzeit ist recht eindeutig:[92] Immer streiten mehr oder minder starke lokale Führungsgruppen untereinander oder mit Eliten des entstehenden Zentralstaates um dieses Politik- und Einflussfeld. Es gelingt mal der lokalen, mal der zentralen Ebene, sich durchzusetzen und damit ihre Macht zu steigern – die übergeordneten Herrschaftsträger hatten nach der Mitte des 17. Jahrhunderts oft die besseren Karten, um eine Zentralisierung der Institutionen und gleichzeitig die Entmachtung der dezentralen Fürsorgeformen durchzusetzen. Aber auch im angeblich so absolutistischen Frankreich gelang es aktiven lokalen Eliten selbst in kleineren Städten, die Fürsorgeinstitutionen in ihrer Hand zu behalten und gegen die Interessen der Zentrale noch im 18. Jahrhundert als eigene Machtbasis weiter auszubauen.[93] Hickeys Vergleich mehrerer Städte und Regionen zeigt, dass dies keine Ausnahme war.

8. Eine bewahrenswerte Erkenntnis hat diese Forschungsrichtung allerdings gesichert: Armenpolitik entwickelt sich immer Stück für Stück und vor Ort, sie ist empirisch und gradualistisch. Nirgendwo folgte sie irgendwelchen Masterplänen von Sozialdisziplinierung oder Ähnlichem. Mit Gribaudi wäre deshalb die Beachtung von Diskontinuitäten heuristisch als viel interessanter zu beurteilen als Staatsbildungsgeschichte.[94] Auf diese Weise könnte man verschiedene Gegenwarten jeweiliger Fürsorgesysteme in ihrem sozialen Kontext verorten. Die dabei entschlüsselten Konfigurationen und Konfliktlagen zeigen, dass die Fürsorge für Personen unterschiedlichen Geschlechts und sozialer Lage sehr Unterschiedliches bedeuten konnte.

9. Dabei wären insbesondere Unterschiede zwischen den Geschlechtern weiterzu-

verfolgen. Frauen haben sich in diesem Feld Freiräume für Finanztransfers und öffentliche Aktivitäten geschaffen, die manchmal quer zu familiären Ansprüchen und sonstigen geschlechtsspezifischen Zuschreibungen lagen.[95] Beispiele bietet die Studie Hüchtkers zu Geschlechterverhältnissen und Armenpolitik in Berlin für die Zeit von 1770–1850. Sie zeigt nachdrücklich, wie Geschlechterbilder und Armenpolitik miteinander verknüpft sind. Sowohl bei der Ein- und Ausgrenzung bestimmter Gruppen von Frauen und Männern in die Fürsorgeberechtigung als auch bei der Partizipation von Frauen und Männern an der Fürsorgeaktivität werden die Geschlechter sehr unterschiedlich positioniert.[96] Armut und Fürsorge nutzten (und schadeten) offenbar den Geschlechtern ganz unterschiedlich. Methodisch könnte Hüchtkers Anregung weiterführen, Armenfürsorge anhand der besonderen Konflikte, die um sie geführt werden, zu untersuchen.[97]

Fazit

1. Eine sozialgeschichtlich inspirierte Auflösung des Gegenstandes Armut ist zu beobachten. Das Thema Armut taucht in Sozialgeschichten des Haushaltes, der Frauen usw. wieder auf.
Folgende drei Verschiebungen des Forschungsschwerpunktes sind bemerkenswert:
– von globalen Armutsursachen und Erscheinungsformen hin zur Untersuchung lebenslaufspezifisch variabler Armutslagen, die insbesondere Krankheit als Verarmungsursache stärker beachtet;
– von der Analyse der Armutslagen zu den Selbsthilfestrategien der Armen und Bedürftigen;
– von einer institutionellen Betrachtung der Fürsorge zur Frage nach dem Nutzen der Ressourcen Armut und Fürsorge für diejenigen, die sie ertragen, nutzen oder organisieren.
Insofern folgt die Armutsforschung fachimmanenten Ausdifferenzierungsprozessen und der stärkeren Beachtung von Praktiken gegenüber Strukturen.
2. Das wird gedoppelt durch einen insbesondere in der Geschlechtergeschichte starken dekonstruktivistischen Impetus. Tendenzen zu einer vagen Diskursgeschichte scheinen das aufzugreifen. Allerdings wird immer zu prüfen sein, was die sich mit dem Diskursbegriff schmückenden Studien tatsächlich von der alten Ideengeschichte unterscheidet.
3. Die allgemeine und zunehmende Zurückhaltung gegenüber den Grosserzählungen von Sozialdisziplinierung, Konfessionalisierung und Modernisierung ist auffallend. Keinesfalls sollte aber gleichzeitig das «Säurebad des Vergleichs» vergessen werden.

4. Dementsprechend scheint es mir sinnvoll, die vorhandenen Ansätze jeweils als Beiträge zu einer Geschichte des Aushandelns von Armut zu betrachten: Sowohl die Bedürftigen als auch die Bürger und selbst die Obrigkeiten und die Könige sind mit ihren Praktiken und Diskursen jeweils nur Teil einer Beziehung, an der andere partizipieren. Jeder hat – natürlich ganz unterschiedliche – Mittel und Möglichkeiten, um Armut zu ertragen oder zu nutzen, zu erklären oder zu diskursivieren. Die Ressourcen sind materieller, symbolischer (zum Beispiel sprachlicher) und politischer Art. Selbsthilfe ist die nächstliegende, Fürsorge eine nachrangige Strategie. Das Verhältnis beider ändert sich im Zeitablauf. Um die angestrebten Lösungen wird konfliktreich gerungen. Das beginnt mit den der Armut zugeschriebenen Bedeutungen (von geheiligt bis verflucht), die bereits das Feld der möglichen Handlungsoptionen und Hilfen vorstrukturieren: Mit säkular abgewerteten oder verrufenen Armen wird man anders als mit «Vertretern Christi» umgehen. Jede institutionelle Lösung beinhaltet Ausschliessungen und Einschliessungen, mit denen sich die Betroffenen wieder auseinander zu setzen haben. Das hat Rückwirkungen auf die Institutionen der Fürsorge. In einer solchen offenen Konzeptualisierung mag dann die zunehmende institutionelle und diskursive Verfestigung der Armutsbekämpfung vom Spätmittelalter bis zur Gegenwart unstreitig als wichtige Entwicklung gelten. Sie bleibt aber offen für recht unterschiedliche Interventionen der historischen Subjekte. An Diskontinuitäten und Brüche sollten wir uns auch in der Geschichte von Armut und Bedürftigkeit gewöhnen.

Anmerkungen

1 Dieser Beitrag behält den Vortragsstil weitgehend bei.
2 Einführungen in das mittlerweile konstituierte Forschungsfeld bieten Robert Jütte, *Arme, Bettler, Beutelschneider. Eine Sozialgeschichte der Armut,* Weimar 2000 (Übersetzung der englischen Ausgabe von 1994) (für ganz Europa) und Wolfgang von Hippel, *Armut, Unterschichten, Randgruppen in der Frühen Neuzeit,* München 1995 (Römisches Reich). Im Folgenden wird vorwiegend auf neuere Literatur verwiesen, die noch nicht in diese Einführungen eingehen konnte.
3 Robert Jütte, *Abbild und soziale Wirklichkeit des Bettler- und Gaunertums zu Beginn der Neuzeit. Sozial-, mentalitäts- und sprachgeschichtliche Studien zum «Liber vagatorum» (1510),* Köln, Weimar 1988; Daniel Roch, *Les mots aussi sont de l'histoire: vocabulaire de la pauvreté et marginalisation (1450–1550),* Diss. phil. Paris IV, 1986.
4 Brigitte Schnegg, «Armut und Geschlecht», in: Anne-Lise Head, Brigitte Schnegg (Hg.), *Armut in der Schweiz (17.–20. Jh.) – La pauvreté en Suisse (17e–20e s.),* Zürich 1989, S. 9–17.
5 Sharon Farmer, «Down and Out and Female in Thirteenth-Century Paris», *American Historical Review* 102 (1998), S. 345–372.
6 Zahlenzusammenstellung bei Jütte (wie Anm. 2), S. 53; vgl. Zahlenkritik bei Dietlind Hüchtker, *«Elende Mütter» und «liederliche Weibspersonen». Geschlechterverhältnisse und Armenpolitik in Berlin (1770–1850),* Münster 1999, S. 70 ff.
7 Frank Rexroth, *Das Milieu der Nacht. Obrigkeiten und Randgruppen im spätmittelalterlichen London,* Göttingen 1999, S. 334.

8 Wolfgang Glüber, *Darstellung von Armut und bürgerlicher Armenfürsorge im Spätmittelalter und Frühneuzeit: Kunsthistorische Interpretation von Tafelbildern, Almosentafeln und Illustrationen*, Frankfurt 2000 (CD-ROM); zu Bildern in Druckschriften vgl. Lee P. Wandel, *Always Among Us: Images of the Poor in Zwingli's Zurich*, Cambridge 1990, S. 77 ff.

9 Martin Dinges, *Stadtarmut in Bordeaux (1525–1675) – Alltag, Politik, Mentalitäten*, Bonn 1988, S. 55.

10 Diese Dynamik der Armut betont auch die neuere empirische soziologische Forschung, vgl. Udo Neumann, *Struktur und Dynamik von Armut. Eine empirische Untersuchung für die Bundesrepublik Deutschland*, Freiburg 1999; Hans-Jürgen Andress, *Leben in Armut. Analysen der Verhaltensweisen armer Haushalte mit Umfragedaten*, Opladen 1999, S. 187 ff.

11 Annemarie Kinzelbach, *Gesundbleiben, Krankwerden, Armsein in der frühneuzeitlichen Gesellschaft. Gesunde und Kranke in den Reichsstädten Überlingen und Ulm, 1500–1700*, Stuttgart 1995.

12 Margaret Pelling, *The Common Lot. Sickness, Medical Occupations and the Urban Poor in Early Modern England*, London 1998, S. 76 (der Aufsatz ist von 1988). Versuch einer Gewichtung der Krankheit als Armutsursache bei Jütte (wie Anm. 2), S. 53. Krankheit ist die Hauptursache für Almosen in Langenzenn; vgl. Frank Präger, *Das Spital und die Armen. Almosenvergabe in der Stadt Langenzenn im 18. Jahrhundert*, Regensburg 1997, S. 153; Ausgaben für medizinische Hilfe waren mit 38% auch der höchste Ausgabenposten, S. 156; siehe auch Robert Jütte, «Health Care Provision and Poor Relief in Early Modern Hanseatic Towns. Hamburg, Bremen and Lübeck», in: Ole Peter Grell, Andrew Cunningham (Hg.), *Health Care and Poor Relief in Protestant Europe 1500–1700*, London 1997, S. 108–128, 114.

13 Hans-Uwe Lammel, Heinz-Peter Schmiedebach, «Das kranke Kind in Pommerschen Fürsorgeeinrichtungen (17.–19. Jahrhundert). Das Beispiel des Stralsunder Waisenhauses», in: Werner Buchholz (Hg.), *Kindheit und Jugend in der Neuzeit. 1500–1900*, Stuttgart 2000, S. 159–175; vgl. Markus Meumann, *Findelkinder, Waisenhäuser, Kindsmord. Unversorgte Kinder in der Frühneuzeitlichen Gesellschaft*, München 1995; Jürgen Helm, «‹Kein Bürger tractiret seine Kinder so›. Das kranke Kind in den Anstalten des Halleschen Waisenhauses», in: Josef N. Neumann, Udo Sträter (Hg.), *Das Kind in Pietismus und Aufklärung*, Halle 2000, S. 183–199, bes. S. 193 ff.; Christina Vanja, «Die Versorgung von Kindern und Jugendlichen in den hessischen Hohen Hospitälern der Frühen Neuzeit», in: Udo Sträter (Hg.), *Waisenhäuser vor und nach August Hermann Franckes Gründung 1698*, Halle 2000.

14 Gudrun Piller, «Krankheit schreiben. Körper und Sprache im Selbstzeugnis von Margarethe E. Milow-Hudtwalcker (1748–1794)», *Historische Anthropologie* 7 (1999), S. 213–235; vgl. auch die Einleitung von Kaspar von Greyerz, Hans Medick, Patrice Veit (Hg.), *Von der dargestellten Person zum erinnerten Ich. Europäische Selbstzeugnisse als historische Quelle (1500–1800)*, Göttingen 2001, S. 3–31, bes. S. 16 ff.

15 Einzelbelege bei Ernst Schubert, *Arme Leute, Bettler und Gauner im Franken des 18. Jahrhunderts*, 2. Aufl., Neustadt an der Aisch 1990, S. 143 ff.; Claus Kappl, *Die Not der kleinen Leute. Der Alltag der Armen im 18. Jahrhundert im Spiegel der Bamberger Malefizakten*, Bamberg 1984, S. 343 ff.; Präger (wie Anm. 12), S. 111 f.

16 Valentin Groebner, *Ökonomie ohne Haus. Zum Wirtschaften armer Leute in Nürnberg am Ende des 15. Jahrhunderts*, Göttingen 1993, S. 158.

17 Vgl. Albert Schnyder-Burghartz, *Alltag und Lebensformen auf der Basler Landschaft um 1700*, Liestal 1992, S. 150.

18 Schnyder-Burghartz (wie Anm. 17), S. 151. Bei unterbäuerlichen Schichten herrschte neben dem Mischerwerb oft der Zwang zur Arbeitswanderung (Hollandgänger, Reislauf). Rainer Beck, *Unterfinning: Ländliche Welt vor Anbruch der Moderne*, München 1993, hat in seiner «naturalen Ökonomie» daneben auch für die Hofstelleninhaber gezeigt, wie diese durch Mischerwerb und die geschickte Partizipation an den entstehenden Märkten versuchten, zu überleben. Die Erfindung neuer, zumeist jahreszeitlich ausgeübter Formen des Nebenerwerbs dienten insbesondere der Bezahlung der steigenden Abgaben- und Steuerlasten.

19 Groebner (wie Anm. 16), S. 123 ff., 207, 212, 242; vgl. zu den «Taktiken» Armer: Martin

Dinges, «Materielle Kultur und Alltag. Die Unterschichten in Bordeaux im 16./17. Jahrhundert», *Francia* 15 (1987), S. 257–279.
20 Vgl. Martin Dinges, «Self-Help and Reciprocity in Parish Assistance», in: Peregrine Horden, Richard Smith (Hg.), *The Locus of Care: Communities, Caring and Institutions in History,* London 1997, S. 111–125; jetzt auch Jütte (wie Anm. 2), S. 106 ff. Der Extremfall von Selbsthilfewilligkeit sind die Armenhausinsassen, die sich (unerlaubt) Geld für ihre Begräbniskosten erbetteln, damit ihre Leiche nicht an die Anatomie für Sektionen vergeben wird; siehe dazu Karin Stukenbrock, *«Der zerstückte Cörper»*. *Zur Sozialgeschichte der anatomischen Sektionen in der frühen Neuzeit (1650–1800),* Stuttgart 2001, S. 53 ff.
21 Für einen unsolidarischen Ehemann konnte im Krankheitsfall der Gattin zum Beispiel ihr Bruder einspringen.
22 Davon ist der neuere Begriffsgebrauch von «Sozialkapital» zu unterscheiden, der eine gesamtgesellschaftliche Kapitalsorte bezeichnet; vgl. Wissenschaftliche Arbeitsgruppe für weltkirchliche Aufgaben der Deutschen Bischofskonferenz (Hg.), *Das soziale Kapital. Ein Baustein im Kampf gegen Armut von Gesellschaften,* Bonn 2000.
23 Farmer (wie Anm. 5), S. 368 f.
24 Simone Stannek, «Armut und Überlebensstrategien von Frauen im sächsischen Zunfthandwerk des 16.–18. Jahrhunderts», in: Katharina Simon-Muscheid (Hg.), *«Was nützt die Schusterin dem Schmied?» Frauen und Handwerk vor der Industrialisierung,* Frankfurt a. M. 1998, S. 99 bis 109. Auf bestimmte Berufsgruppen bezogen, die Handwerkerfrauen in Sachsen, hat Simone Stannek das Bündel von Optionen dargestellt, mit dem diese unter dem Genderbegriff gefasste Gruppe ihr Überleben sichern wollte: 1. Versorgung durch Heirat; 2. Erwerbstätigkeit zur eigenen Versorgung oder für einen Beitrag zum Lebensunterhalt der Haushaltsgemeinschaft; 3. Kampf um ihnen zustehende, jedoch verweigerte materielle Leistungen oder Versorgungsleistungen; 4. Einfordern von Unterstützung im Rahmen des entstehenden frühneuzeitlichen Systems sozialer Sicherung. Das ist ein – relativ beliebig herausgegriffenes – Beispiel, das einerseits sicher auf andere Berufsgruppen verallgemeinerbare Strategien aufzeigt, andererseits mit Punkt 3 frauenspezifische Verarmungsursachen, nämlich die Zurechnung der ausserehelichen Schwangerschaft benennt. «Versorgung durch Heirat» war erstens nur teilweise erfolgreich, zweitens müsste man genauer herausarbeiten, in wie hohem Masse das – jenseits der Frage des Zugangs zum formellen Arbeitsmarkt – auch eine existentielle Strategie von Männern – nicht nur Gesellen – war. Wer wen in welchen Lebensphasen wie «versorgt», ist nicht immer so klar ausgemacht, wie es der Versorgungsbegriff – des 19. Jahrhunderts – nahe legt.
25 Jürgen Schlumbohm, «‹Weder Neigung noch Affektion zu meiner Frau› und doch ‹zehn Kinder mit ihre gezeugt›. Zur Autobiographie eines Nürnberger Schneiders aus dem 18. Jahrhundert», in: Axel Lubinski, Thomas Rudert, Martina Schattkowsky (Hg.), *Historie und Eigen-Sinn. Festschrift für Jan Peters zum 65. Geburtstag,* Weimar 1997, S. 485–499, hier S. 488.
26 Helmut Bräuer, *«... und hat seithero gebetlet». Bettler und Bettelwesen in Wien und Niederösterreich zur Zeit Kaiser Leopolds I.,* Wien, Köln u. a. 1996, S. 99, 108 ff.; John Henderson, Richard Wall, «Introduction», in: Dies. (Hg.), *Poor Women and Children in the European Past,* London, New York 1994, S. 1–28, hier S. 13.
27 Gabriela Signori, *Vorsorgen – Vererben – Erinnern. Kinder- und familienlose Erblasser in der städtischen Gesellschaft des Spätmittelalters,* Göttingen 2001, S. 362.
28 Das gilt bei einer angenommenen Bevölkerung unter 200 000 Einwohnern; siehe Farmer (wie Anm. 5), S. 360.
29 Henderson/Wall (wie Anm. 26), S. 16 ff.
30 Thomas Sokoll, *Household and Family among the Poor. The Case of Two Essex Communities in the Late Eighteenth and Early Nineteenth Centuries,* Bochum 1993, S. 180 f., 258 f.: von 700 in armen Haushalten lebenden Personen nur ein einziger Fall.
31 Frank Hatje, *Leben und Sterben im Zeitalter der Pest. Basel im 15. bis 17. Jahrhundert,* Basel, Frankfurt a. M. 1992, S. 94 ff., 104 f.
32 Giovanni Levi, *Das immaterielle Erbe. Eine bäuerliche Welt an der Schwelle zur Moderne,* Berlin 1986, S. 80 ff.; Schnyder-Burghartz (wie Anm. 17), David W. Sabean, *Property,*

Production, and Family in Neckarhausen, 1700–1870, Cambridge 1990, S. 202, 371 ff., 394, 413.
33 Maria Moisà, Judith M. Bennett, «Debate Conviviality and Charity in Medieval and Early Modern England», *Past and Present* 154 (1997), S. 223–242.
34 Dyer, zitiert nach Benett (wie Anm. 33), S. 236.
35 Laurence Fontaine, Jürgen Schlumbohm, «Household Strategies for Survival: An Introduction», *International Review of Social History* 45 (2000), S. 1–17, hier S. 5; vgl. das anschauliche Beispiel bei Robert Jütte, «Household and Family Life in Late Sixteenth Century Cologne: The Weinsberg Family», *The Sixteenth Century Journal* 17 (1986), S. 165–181, hier S. 169.
36 Siehe den Band von Henderson/Wall (wie Anm. 26), Joel F. Harrington, «‹Singing for his supper›: The Reinvention of Juvenile Streetsinging in Early Modern Nuremberg», *Social History* 22 (1997), S. 27–45, vgl. auch Pelling (wie Anm. 12), Kapitel 5.
37 Schlumbohm/Fontaine (wie Anm. 35), S. 9; Jütte (wie Anm. 2), S. 52.
38 Bräuer (wie Anm. 26), S. 137 ff.; empirisch sehr dicht ist auch Ingeborg Titz-Matuszak, «Mobilität der Armut. Das Almosenwesen im 17. und 18. Jahrhundert im südniedersächsischen Raum», *Plesse-Archiv* 24 (1988), S. 9–338.
39 Hüchtker (wie Anm. 6), 26 ff., 49 ff., 81 ff.
40 Vgl. auch Präger (wie Anm. 12), S. 32–138.
41 Bräuer (wie Anm. 26), S. 98 f.
42 Margaret Pelling, Richard M. Smith (Hg.), *Life, Death, and the Elderly. Historical Perspectives,* London 1991.
43 Norbert Schindler, «Die Entstehung der Unbarmherzigkeit. Zur Kultur und Lebensweise der Salzburger Bettler am Ende des 17. Jahrhunderts», in: Ders., *Widerspenstige Leute. Studien zur Volkskultur in der frühen Neuzeit,* Frankfurt a. M. 1992, S. 258–314, hier S. 288 ff.
44 Vgl. die Milieuanalyse für Moskau bei Christoph Schmidt, *Sozialkontrolle in Moskau. Justiz, Kriminalität und Leibeigenschaft 1649–1785,* Stuttgart 1996, S. 228 f., 265 f.
45 Vgl. zum Beispiel Rabanal César Rodriguez, *Überleben im Slum. Psychosoziale Probleme peruanischer Elendsviertel,* Frankfurt a. M. 1990; Selbstaussagen zum Beispiel auch in Thomas Karsch, Carlos Plastino, Hermann Sautter, *Interdependente Armutsbekämpfung. Das Beispiel Brasiliens,* Hamburg 1992, S. 65 f.
46 Bettina von Arnims Armenbuch, Werner von Vordtriede, Frankfurt a. M. 1969, enthält im Anhang Grunholzers Notizen.
47 Siehe neben Schlumbohm (wie Anm. 25) Otto Ulbricht, «Die Welt eines Bettlers um 1775. Johann Gottfried Kästner», *Historische Anthropologie* 2 (1994), S. 371–398.
48 Knut Schulz, *Handwerksgesellen und Lohnarbeiter. Untersuchungen zur oberrheinischen und oberdeutschen Stadtgeschichte des 14. bis 17. Jahrhunderts,* Sigmaringen 1985, S. 196–208; vgl. Kinzelbach (wie Anm. 11), S. 336 f.
49 Simone Stannek, «Armut und Überlebensstrategien von Frauen im sächsischen Zunfthandwerk des 16.–18. Jahrhunderts», in: Katharina Simon-Muscheid (Hg.), *«Was nutzt die Schusterin dem Schmied?». Frauen und Handwerk vor der Industrialisierung,* Frankfurt a. M. 1998, S. 99–118, hier S. 108. Ein derzeit in Sachsen laufendes Projekt untersucht die Armut im frühneuzeitlichen Handwerk. Das wird in dieser handwerksfleissigen Gegend hoffentlich regional vergleichende und kompakte Informationen zur frühen Neuzeit erbringen; vgl. Kathrin Keller, «Armut und Tod im alten Handwerk. Formen sozialer Sicherung im sächsischen Zunftwesen des 17. und 18. Jahrhunderts», in: Peter Johanek (Hg.), *Städtisches Gesundheits- und Fürsorgewesen vor 1800,* Köln 2000, S. 199–223.
50 Zu Reaktionen auf den Abgabedruck vgl. Anm. 18; zum – durchaus veränderlichen – Kleidungsverhalten auf dem Land vgl. Hans Medick, *Weben und Überleben in Laichingen 1650–1900. Lokalgeschichte als Allgemeine Geschichte,* Göttingen 1996, Kapitel 5.
51 Die Bruderschaften waren zwar selbstverwaltet, trotzdem ist die Grenze zur Obrigkeit durch Personalunion von Bruderschaftsvorständen und regierenden Eliten fliessend. Vgl. verschiedene Beiträge zu diesen Ländern in Ole Peter Grell, Andrew Cunningham, Jon Arrizabalaga (Hg.), *Health Care and Poor-Relief in Counter-Reformation Europe,* London 1999; zu Portugal

siehe auch Laurinda Abreu, *Memórias da Alma e do corpo: A Misericórdia de Setúbal na Modernidade,* Viseu 1999, S. 262 ff.; Maureen Flynn, *Sacred Charity. Confraternities and Social Welfare in Spain, 1400–1700,* Houndmills 1989. Zum Versuch, durch eine obrigkeitlich gegründete Armenbruderschaft die Münsteraner Stadtarmut in den Griff zu bekommen, siehe Thomas Küster, *Alte Armut und neues Bürgertum. Öffentliche und private Fürsorge von der Ära Fürstenberg bis zum Ersten Weltkrieg (1756–1914),* Münster 1995, S. 44 ff.

52 John Henderson, *Piety and Charity in Late Medieval Florence,* Oxford 1994, Kapitel 8; Ders., «Women, Children and Poverty in Florence at the Time of the Black Death», in: Henderson/Wall (wie Anm. 26), S. 160–179, hier S. 177.

53 Keller (wie Anm. 49), S. 222.

54 Ralf Lusiardi, *Stiftung und städtische Gesellschaft. Religiöse und soziale Aspekte des Stiftungsverhaltens im spätmittelalterlichen Stralsund,* Berlin 2000.

55 Wenig analytisch ist leider Hermann Queckenstedt, *Die Armen und die Toten. Sozialfürsorge und Totengedenken im spätmittelalterlichen und frühneuzeitlichen Osnabrück,* Osnabrück 1997, zum Beispiel S. 121 ff. Bei der Liste der Mehrfachbegünstigten einer Kleiderspende, die sich im Lauf der Jahre an unterschiedliche Ratsherren gewandt hatten, hätte man sich zumindest die Frage stellen können, welche Gründe dieses Verhalten hatte: Zufall, Nutzung unterschiedlicher Ansprechpartner zur Erhöhung der Chancen, Nutzung der Kleiderspende als Mittel der Einflusssicherung und Klientelstabilisierung durch die vermittelnden Ratsherren. Die unregelmässigen Zeitspannen könnten auf die lediglich vorübergehende Bedürftigkeit verweisen.

56 Samuel K. Cohn jr., *The Cult of Remembrance and the Black Death. Six Renaissance Cities in Central Italy,* Baltimore 1992, S. 17 ff., 282.

57 Brigitte Klosterberg, *Zur Ehre Gottes und zum Wohl der Familie. Kölner Testamente von Laien und Klerikern im Spätmittelalter,* Köln 1995, S. 99, 160 ff., 164.

58 Ralf Klötzer, *Kleiden, Speisen, Beherbergen. Armenfürsorge und soziale Stiftungen in Münster im 16. Jahrhundert (1535–1588),* Münster 1997; siehe auch Franz-Josef Jakobi, Hannes Lambacher et al. (Hg.), *Stiftungen und Armenfürsorge in Münster vor 1800,* Münster 1996. Vgl. die teilweise abweichenden Ergebnisse bei R. Po-chia Hsia, «Civic Wills as Sources for the Study of Piety in Muenster, 1530–1618», *The Sixteenth Century Journal* 14 (1983), S. 321–348, hier S. 335 ff.

59 Dinges (wie Anm. 9), S. 510 ff.

60 Friedrich Arnold Lassota, *Formen der Armut im späten Mittelalter und zu Beginn der Neuzeit. Untersuchungen vornehmlich an Kölner Quellen des 14. bis 17. Jahrhunderts,* Diss. phil. Freiburg i. Br. 1984, ist mangels Bildung von Samples leider ganz unergiebig.

61 Martin Dinges, «Health Care and Poor Relief in Regional Southern France in the Counter Reformation», in: Grell/Cunningham/Arrizabalaga (wie Anm. 51), S. 240–279. Vgl. zu Münster Küster (wie Anm. 51), S. 23 ff.

62 Queckenstedt (wie Anm. 55), 268.

63 Siehe Dinges (wie Anm. 61) mit weiterer Literatur.

64 Henderson/Wall (wie Anm. 26), S. 18.

65 Norbert Finzsch, *Obrigkeit und Unterschichten. Zur Geschichte der rheinischen Unterschichten gegen Ende des 18. und zu Beginn des 19. Jahrhunderts,* Stuttgart 1990. Das setzt solidarische Kommunikation unter den Armen darüber voraus, bei wem man am besten ankommt. Diese Praxis deckt sich mit dem Antragsverhalten bei Justiznutzungen, vgl. Martin Dinges, «Justiznutzungen als soziale Kontrolle in der Frühen Neuzeit», in: Andreas Blauert, Gerd Schwerhoff (Hg.), *Kriminalitätsgeschichte. Beiträge zur Sozial- und Kulturgeschichte der Vormoderne,* Konstanz 2000, S. 503–544.

66 Geoffrey L. Hudson, «Negotiating for Blood Money: War Widows and the Courts in Seventeenth Century England», in: Jennifer Kermode, Walker Garthine (Hg.), *Women Crime and the Courts in Early Modern England,* Chapel Hill 1994, S. 146–169, bes. S. 157 ff.

67 Kay-Peter Jankrift, Jost Heerde, «Das Schicksal eines Lepraverdächtigen in Münster», *Die Klapper* 6 (1998), S. 3–5; Aufnahmeanträge von nicht leprösen Kranken in Lepraspitäler bei Kinzelbach (wie Anm. 11), S. 360, 399.

68 Eugenio Sonino, «Between the Home and the Hospice. The Plight and Fate of Girl Orphans in Seventeenth- and Eighteenth-Century Rome», in: Henderson/Wall (wie Anm. 26), S. 94–116; siehe auch Meumann (wie Anm. 13), S. 342 f.
69 Vgl. die interessanten Einzelfälle bei Frank Hatje, *Das Gast- und Krankenhaus in Hamburg 1248–1998,* Hamburg o. J. [1998], S. 122 f.
70 Siehe zum Beispiel zu Ravensburg Andreas Schmauder (Hg.), *Macht der Barmherzigkeit – Lebenswelt Spital,* Konstanz 2000 (Begleitband zur Ausstellung); Hatje (wie Anm. 69).
71 Hatje (wie Anm. 69), S. 121; Hammond in diesem Band.
72 Barbara Krug-Richter, *Zwischen Fasten und Festmahl. Hospitalverpflegung in Münster 1540 bis 1650,* Stuttgart 1994; Einzelhinweise zum Beispiel bei Hatje (wie Anm. 69), S. 150 ff.
73 Hatje (wie Anm. 69), S. 110.
74 Henderson/Wall (wie Anm. 26), S. 18.
75 Finzsch (wie Anm. 65), S. 152–155; Bernhard Stier, *Fürsorge und Disziplinierung im Zeitalter des Absolutismus. Das Pforzheimer Zucht- und Waisenhaus und die badische Sozialpolitik im 18. Jahrhundert,* Sigmaringen 1988, S. 215; Kinzelbach (wie Anm. 11), S. 398 f.; Wolfgang Wüst, «Die gezüchtigte Armut. Sozialer Disziplinierungsanspruch in den Arbeits- und Armenanstalten der ‹vorderen› Reichskreise», Zeitschrift des Historischen Vereins für Schwaben 89 (1996), S. 95–124, hier S. 121 f.
76 Robert Jütte, *Obrigkeitliche Armenfürsorge in deutschen Reichsstädten der Frühen Neuzeit. Städtisches Armenwesen in Frankfurt am Main und Köln,* Köln 1984; Bernd Roeck, *Eine Stadt in Krieg und Frieden. Studien zur Geschichte der Reichsstadt Augsburg zwischen Kalenderstreit und Parität,* Göttingen 1989.
77 Hans Otto Brans, *Hospitäler, Siechen- und Krankenhäuser im früheren Regierungsbezirk Aachen von den Anfängen bis 1971. Hospitäler und Siechenhäuser bis zum Ende des 18. Jahrhunderts,* Herzogenrath 1995, S. 289, 323 ff.
78 Ausnahme sind die systematischen Angaben bei Brans (wie Anm. 77).
79 Zur Nutzung städtischer Spezialhospitäler durch Landbewohner vgl. Kinzelbach (wie Anm. 11), S. 338 f., 352, 361; Adelige Wohltätigkeit als Alternativressource für die Landbewohner ist in Einzelhinweisen dokumentiert; vgl. zum Beispiel Beate Spiegel, *Adliger Alltag auf dem Land. Eine Hofmarksherrin, ihre Familie und ihre Untertanen in Tutzing um 1740,* Münster 1997, S. 480 f.
80 Die Ausnahme ist Kinzelbach (wie Anm. 11), bes. S. 300–390, unter dem (zentralen) Gesichtspunkt der Armenversorgung im Krankheitsfall; vgl. den Versuch, einen Fürsorgehaushalt für Bordeaux zu schätzen, bei Dinges (wie Anm. 9), S. 473.
81 Zu Möglichkeiten eines derartigen Vergleichs siehe den Versuch von Martin Dinges, «Süd-Nord-Gefälle in der Pestbekämpfung. Italien, Deutschland und England im Vergleich», in: Wolfgang U. Eckart, Robert Jütte (Hg.), *Das europäische Gesundheitssystem. Gemeinsamkeiten und Unterschiede in historischer Perspektive,* Stuttgart 1994, S. 19–51, sowie die Kritik von Kinzelbach (wie Anm. 11), S. 237 ff.
82 Henderson (wie Anm. 52) in Henderson/Wall (wie Anm. 26), S. 176 f.
83 Vgl. zuletzt Rexroth (wie Anm. 7), S. 338 f.
84 Charles H. Parker, *The Reformation of Community: Social Welfare and Calvinist Charity in Holland, 1572–1620,* Cambridge 1998; siehe auch Timothy Fehler, *Poor Relief and Protestantism. The Evolution of Social Welfare in Sixteenth-Century Emden,* Aldershot 1999, S. 70, 94, 107.
85 Sandra Cavallo, *Charity and Power in Early Modern Italy. Benefactors and Their Motives in Turin, 1541–1789,* Cambridge 1995, S. 253; vgl. Anm. 51.
86 Parker (wie Anm. 84).
87 Jütte (wie Anm. 2), S. 188.
88 Zu den (Klein- und Mittel-)Stadtbudgets siehe jetzt aber Andreas Bingener, Gerhard Fouquet, Bernd Fuhrmann, «Almosen und Sozialleistungen im Haushalt deutscher Städte des späten Mittelalters und der Frühen Neuzeit», in: Peter Johanek (Hg.), *Städtisches Gesundheits- und Fürsorgewesen vor 1800,* Köln 2000, S. 41–62.
89 So nützen Fürsorgeaktivitäten zum Beispiel auch bei der Personalvermittlung, siehe Martin

Dinges, «Huguenot Poor Relief and Health Care in the Sixteenth and Seventeenth Century», in: Raymond Mentzer, Andrew Spicer (Hg.), *Society and Culture in the Huguenot World, 1559–1685,* Cambridge 2001, S. 157–174, hier S. 168.

90 Cavallo (wie Anm. 85), Dinges (wie Anm. 89), S. 157 f., 168; Dinges (wie Anm. 9), S. 467; vgl. auch Fehler (wie Anm. 84), S. 225 ff. Zur jüdischen Armenfürsorge in der frühen Neuzeit siehe zuletzt Andreas Reinke, *Judentum und Wohlfahrtspflege in Deutschland. Das jüdische Krankenhaus in Breslau 1726–1944,* Hannover 1999, mit weiterer Literatur, bes. S. 11 ff.

91 Cavallo (wie Anm. 85), 99 ff.

92 Ebd., zum Beispiel S. 44; Rexroth (wie Anm. 7); Paul Slack, *Poverty and Policy in Tudor and Stuart England,* London 1986; Stephen Macfarlane, «Social Policy and the Poor in the Later Seventeenth Century», in: A. L. Baier, R. Finlay (Hg.), *The Making of the Metropolis. London 1500–1700,* London 1986, S. 252–277; Parker (wie Anm. 84).

93 Daniel Hickey, *Local Hospitals in Ancient Regime France: Rationalization, Resistance, Renewal 1530–1789,* Montreal 1997.

94 Maurizio Gribaudi, «Des micro-mécanismes aux configurations globales: Causalité et temporalité historiques dans les formes d'évolution et de l'administration française au XIXe siècle», in: Jürgen Schlumbohm (Hg.), *Mikrogeschichte – Makrogeschichte: komplementär oder inkommensurabel?,* Göttingen 1998, S. 83–128, hier S. 89.

95 Cavallo (wie Anm. 85), S. 167 ff., 175 ff.

96 Hüchtker (wie Anm. 6), S. 103 ff.

97 Das war auch schon der Ansatz von Cavallo (wie Anm. 85).

Erika Flückiger Strebel

«Des Standes sanfter Wohlthats-Strom»

Staatliche Armenfürsorge auf der Berner Landschaft im 18. Jahrhundert

«So hatt dann in dem Jahr, das jetzo hingefloßen,
deß Standes Wohlthats-Strohm sich wider sanfft ergossen»,[1]
so konnte der Schreiber der bernischen Almosenkammer zu Ende des Jahres 1748 befriedigt im Sitzungsprotokoll die Leistungen der Kammer resümieren. Über mehrere Jahre hinweg pflegte er deren Manuale zum Jahreswechsel mit selbst gezimmerten Reimen einzuleiten und zu beenden. Wenn sie auch keine Meisterwerke der Dichtkunst sind, so vermögen sie doch inhaltlich erste aussagekräftige Hinweise zum Wohltätigkeitsverständnis der bernischen Obrigkeit und zur Rolle zu liefern, welche sich diese in der Armenfürsorge zusprach. Dass die Almosenkammer – und mit ihr die bernische Obrigkeit – ihr Engagement nicht völlig uneigennützig verstand und mit ihrer sanften landesväterlichen Wohltätigkeit weiter reichende staatspolitische Motive verfolgte, wird aus folgenden Zeilen des Schreibers offensichtlich:
«Herr! Der Du an dem Erbarmen, So man heget für die Armen
Stäts ein Wohlgefallen hast! Füll' der gütigen Bärin Brüste;[2]
Mach daß's keinen Feind gelüste, Ihr zu schaden. Laß die Last
Theürer Zeiten bald verschwinden, Laß Uns Deine Huld empfinden.»[3]
Staatliche Wohltätigkeit diente nach diesem Verständnis letztlich dem staatsutilaristischen Motiv der inneren Ordnung und Sicherheit. Sie war gottgewollte Mildtätigkeit und Gnadenakt und erwartete von den bedürftigen Untertanen Dankbarkeit und Genügsamkeit. Oder wie es der Schreiber ausdrückt:
«O, Ihr vielen Gegenstände Unsrer Bärin Mildigkeit!
Hebt gehn Himmel eüre Hände, Aber dankt Insonderheit
dem, durch deßen reichen Segen, Ihre Muttermilch noch jetzt,
eben wie ein milder Regen Eürer Armuth Tröckne netzt.»[4]
Mit welchen Mitteln die bernische Obrigkeit ihre Vorstellungen von landesväterlicher Wohltätigkeit in die Praxis umsetzte, was sie damit erreichte und welchen Widerständen sie sich dabei gegenübersah, aber auch welche Konsequen-

zen ihr wohltätiges Engagement für den Staatshaushalt und die allgemeine Verwaltungsentwicklung auf staatlicher und kommunaler Ebene hatte, soll nachfolgend dargelegt werden.

Bei der besagten Almosenkammer handelt es sich um einen neuen Typus in der bernischen Verwaltung. Bern trieb seit Mitte des 17. Jahrhunderts die Konsolidierung und Straffung seiner Territorialverwaltung mittels Delegation verschiedenster Aufgabenbereiche an neu geschaffene Verwaltungskammern voran und setzte 1672 im Rahmen dieser Bemühungen die Almosenkammer als eine der ersten Kammern ein. Sie setzte sich zusammen aus Vertretern des Kleinen und des Grossen Rates von Bern. Unter ihnen befanden sich einerseits ehemalige Landvögte, die über einschlägige Verwaltungserfahrungen und differenzierte Kenntnisse über die regionalen Besonderheiten des grossflächigen bernischen Territoriums verfügten. Andererseits gehörten ihr auch so genannte Nonhabuisten an,[5] die erst am Anfang ihrer Grossratskarriere standen, noch über keine Verwaltungserfahrung verfügten und ihren Einsitz in die Kammer als ersten Karriereschritt in Richtung Landvogteiamt nutzten. Diese karrieristisch motivierte Mitarbeit junger Angehöriger der politischen Elite in sozialen Institutionen der staatlichen Verwaltung entsprach einem gesamteuropäisch zu beobachtenden Phänomen. Ein solches Engagement bot die Möglichkeit, Verwaltungserfahrung zu sammeln und ein soziales Netzwerk aufzubauen.[6] Daneben gab es aber besonders unter den ehemaligen Landvögten, also den älteren Kammermitgliedern, doch einige, deren Motivation für die zeitraubende Kammermitarbeit auf einem sozialpolitischen Interesse gründen musste, stellten sie doch der Kammer ihre Arbeitskraft und ihr Wissen während ungewöhnlich langer Amtszeiten und bis ins hohe Alter zur Verfügung. Erstaunen mag dagegen, dass die sich am physiokratischen Gedankengut orientierende Ökonomische Gesellschaft Berns, die sich ab den 1760er-Jahren intensiv mit sozialpolitischen Fragen auseinander setzte, in der Almosenkammer bis zum Ende des 18. Jahrhunderts eher eine marginale Vertretung fand.[7] Dies hing einerseits damit zusammen, dass der Anteil von Mitgliedern der Ökonomischen Gesellschaft unter den Kleinräten weit höher war als unter den Grossräten, die bis auf den Präsidenten sämtliche Mitglieder der Almosenkammer stellten. Eine weitere Erklärung dürfte auch in der eher reaktiven Politik der Almosenkammer zu suchen sein, die sich nicht wie beispielsweise der 1687 entstandene Kommerzienrat oder die 1764 geschaffene Landesökonomiekommission mit einer gezielten Gesetzestätigkeit der aktiven Förderung neuer Landverteilungsmodelle oder von Beschäftigungsprojekten annahm.[8]

Dass die Schaffung der Almosenkammer nicht nur mit dem Einfluss kameralistischer Verwaltungstheorien zu erklären ist,[9] die sich mit der Einführung des Kammersystems eine rationellere und straffere Territorialverwaltung versprachen, lässt sich aus ihrer im Vergleich zu anderen bernischen Kammern frühzeitigen Einsetzung schliessen. Um die obrigkeitliche Motivation zu verstehen, ausgerechnet in den 1670er-Jahren mit der Almosenkammer eine neue oberste Kontrollinstanz im Armenwesen einzusetzen, ist der Einbezug mentalitätsgeschichtlicher Überlegungen unabdingbar: Mit der Argumentation, wonach die bernische Bevölkerung mit umherziehenden und sesshaften, einheimischen und fremden Armen und Bettlern zu stark belastet sei, hatte die bernische Obrigkeit seit jeher ihre zahlreich erlassenen Bettelordnungen legitimiert. Die darin jeweils vorgeschlagenen, sich mehr oder weniger wiederholenden Massnahmen gegen die Armenlast blieben jedoch meist auf der normativen Ebene stehen. Dass Bern gerade jetzt neue Verwaltungsstrukturen schuf, die den normativen Grundsätzen einer geregelten Armenversorgung auf der ganzen Landschaft zum Durchbruch verhelfen sollten, hängt auch mit einer veränderten Haltung gegenüber der Armut zusammen. Sie wurde nicht mehr als christliches Ideal angesehen, sondern als selbst verschuldet und lästig. Die Menschen des ausgehenden 17. Jahrhunderts fühlten sich immer weniger der christlichen Caritas des Mittelalters verpflichtet, die den grosszügigen Spendern von Almosen an die Armen noch das Seelenheil im Jenseits versprochen hatte. Beispielhaft lässt sich dieser Wandel an der Haltung gegenüber den Armen aus dem Oberland erkennen, die bisher im Unterland zur Erntezeit als Tagelöhner sehr willkommen gewesen waren und nun als faule Ährenleser und Bettler verschrien wurden.[10] Dieser veränderten Wahrnehmung trug die Almosenkammer 1675 Rechnung, als sie ihre Umfrage zum Zustand der kommunalen Armenfürsorge auf der bernischen Landschaft im Oberland startete, weil «von dort der Schwall der armen Leute kommt».[11]

Normativ basierte die bernische Armenversorgungspolitik des 18. Jahrhunderts auf den Bettelordnungen von 1672 und 1690. Diese waren keine inhaltlichen Neuschöpfungen, sondern setzten sich im Wesentlichen aus den Forderungen früherer Ordnungen zusammen, die nun in einer umfassenden Ordnung vereint wurden. Sie regelten, knapp zusammengefasst, folgende Punkte:[12]

– Jeder Staatsbürger Berns, der noch nicht im Besitz eines Heimatrechtes war, sollte das Heimatrecht desjenigen Ortes erhalten, in dem er geboren oder seit langer Zeit ansässig war. Die Heimatgemeinden wurden verpflichtet, für ihre verarmten Gemeindeangehörigen zu sorgen.

– Um diese Versorgung zu sichern, sollten die bisher auf der Landschaft praktizierten Formen der Armenfürsorge ergänzt werden durch die Anlage von monetären Armengütern, die mit regelmässigen Armensteuern durch die Gemeindeangehörigen zu speisen waren. Damit wurden die Gemeinden nicht nur aufgefordert, sich eine finanzielle Reserve zur Gewährleistung einer krisenunabhängigen Armenfürsorge anzulegen, sondern auch genauestens Buch über die Einnahmen und Ausgaben ihres Armengutes zu führen.

– Die traditionellen Formen der ländlichen Armenfürsorge wie die Verdingung, die Getreide- und Holzspende oder die Zurverfügungstellung von Allmendland sollten daneben weiterhin Bestand haben. Verboten werden sollte dagegen die Versorgung der Armen im so genannten Umgang oder Kehr, wo sie in Abständen von wenigen Tagen oder Wochen von einer Haushaltung zur andern geschoben und oft völlig vernachlässigt wurden.

1675 förderte die bereits erwähnte Umfrage der Almosenkammer bei den kommunalen Armengütern der deutschbernischen Gebiete grosse Lücken zutage. Wohl nicht zuletzt deswegen versuchten zahlreiche Gemeinden, den Kreis der zu unterstützenden Gemeindegenossen durch die Verweigerung des Burgerrechtes möglichst klein zu halten. Es war nun an der Almosenkammer, all denjenigen, die bereits lange an einem Ort ansässig waren, aber noch über kein Burgerrecht verfügten, ein solches zu verschaffen. Eine Aufgabe, die sie besonders in den ersten Jahren ihrer Existenz zeitlich stark beanspruchte. Parallel dazu entwickelte sie neue Verfahrensformen zur verbesserten Kontrolle der staatlichen und kommunalen Almosenverteilung und setzte sich damit an die Spitze eines dreistufigen Unterstützungssystems mit ihr als zentraler Kontrollinstanz sowie den Landvogteien und den Gemeinden als ausführenden Instanzen. Um die primäre Versorgungspflicht der Gemeinden zu betonen, sollte sich der bisher unkontrolliert aus staatlichen Kassen und Getreidelagern fliessende Wohltatsstrom nur noch subsidiär zu den kommunalen Hilfeleistungen ergiessen. Deshalb begann die Kammer mit dem Aufbau eines strikt einzuhaltenden Bewilligungsverfahrens, das alle Fürsorgeleistungen der Landvögte auf bernischem Territorium ihrer zentralen Kontrolle unterstellte: Jeder Landvogt hatte bei der Kammer zuerst eine Bewilligung einzuholen, bevor er einem oder einer Unterstützungsbedürftigen seiner Landvogtei einen Beitrag in Geld oder Getreide auszahlte. Um den subsidiären Charakter dieser staatlichen Leistungen zu unterstreichen, musste er gleichzeitig einen Beleg der Gemeinde vorlegen, der nicht nur die Unterstützungswürdigkeit des bedürftigen Haushaltes, sondern auch die Versorgungsleistungen der Gemeinde attestierte. Verfasst wurden diese Gesuche grösstenteils von den Pfarrern der Gemeinde, die oft auch das Armengut verwalteten. Die Verpflichtung zum Nachweis sowohl von Bedürftigkeit wie kommunaler Hilfe machte die Pfarrer und Landvögte als Verfasser der Gesuche zu zentralen Figuren des bernischen Armenwesens. Sie waren es denn auch, welche die Hauptlast der von der Almosenkammer vorangetriebenen Bürokratisierung trugen. Die Konzentration der Entscheidungsgewalt über sämtliche Landvogteialmosen in der zentralen Almosenkammer zog für die Amtleute vor Ort einen erheblichen administrativen Mehraufwand nach sich und verlangsamte die Auszahlung der Hilfeleistungen. Die Bedürftigen wiederum sahen sich nun einer doppelten Hürde gegenüber, um in den Genuss von Armenhilfe der öffentlichen Hand zu gelangen: Ohne positive Beurteilung der Armengutsverantwortlichen liessen sich nicht nur in der Gemeinde, sondern auch beim Landvogt keine Almosen mehr beziehen.

Der Nachwelt hat das Kontrollbedürfnis der Almosenkammer zu einem einzigartigen Quellenfundus verholfen, da die Kammer sämtliche Unterstützungsentscheide konsequent in ihren Manualen archiviert und damit die Grundlage für die quantitative Erfassung einer auf territorialer Ebene agierenden Armenfürsorge geliefert hat. Dieser quantifizierende Ansatz wurde zu einem methodischen Schwerpunkt der diesem Artikel zugrunde liegenden Untersuchung.[13]

Die statistische Auswertung sämtlicher Unterstützungsentscheide der Almosenkammer in den Jahren 1730–1732 und 1780–1782 liefert Aufschluss über Leistungsumfang, geographische Verteilung sowie strukturelle und diachrone Unterschiede der landesweit von den Landvogteien und der Kasse der Almosenkammer ausgezahlten Unterstützungen. Zusätzlich erfasst eine detaillierte Konjunkturanalyse sämtliche Unterstützungsentscheide für die Seeländer Landvogteien Nidau und Büren zwischen 1730 und 1797 und ermöglicht damit eine Beurteilung der Einflüsse von Ernte- und Preiskrisen sowie von administrativen Reorganisationsschritten auf die staatliche Almosenpraxis. Nicht über die Almosenkammer liefen die Almosen der säkularisierten Klostervogteien, die weiterhin eine unbestimmte Zahl von einheimischen und fremden Armen versorgten, allerdings auch sie nur noch mit einer festgelegten und kontrollierten Menge an jährlich verbackenem Getreide. Diese Leistungen wurden in die Berechnung des Leistungsumfangs der staatlichen Armenfürsorge mit einbezogen.

Die qualitative Untersuchung der Kammermanuale von 1672 bis 1797 liefert ergänzend zur seriellen Analyse einen Querschnitt des Verwaltungsalltages der Kammer, der nebst den besagten Unterstützungsentscheiden auch mit der Klärung strittiger Burgerrechte, der Zurechtweisung widerspenstiger, sich den normativen Vorgaben zur kommunalen Armenfürsorge entziehender Gemeinden und der Ausarbeitung neuer Richtlinien und Reorganisationsschritte beladen war. Sie bietet Einblick in Argumentationen, Diskurse und unterschiedliche Wahrnehmungen von Armut, Bedürftigkeit und Unterstützungswürdigkeit durch Obrigkeit, Gemeindevertreter und bedürftige Bittsteller.

Die quantitative Untersuchung ermöglicht es, den eindrücklichen Leistungsausbau der territorialen Armenfürsorge Berns im 18. Jahrhundert erstmals wissenschaftlich zu belegen. Die Zahl der vom Staat unterstützten Bedürftigen stieg im Laufe des Jahrhunderts nicht nur absolut, sondern auch relativ zur Gesamtbevölkerung um ein Vielfaches an: Die durchschnittliche Unterstützungsquote[14] erhöhte sich im gesamten Territorium durch den Anstieg der Zahl staatlicher Unterstützungsbeiträge um 520% von 0,6% in den 1730er-Jahren auf 5% in den 1780er-Jahren. Die zur Unterstützung bereitgestellten Geld- und Getreideleistungen aus den staatlichen Kassen und Getreidelagern nahmen um 360% zu. Die Ausgaben für die

Armenversorgung stiegen weit stärker an als die Kennzahlen auf der Einnahmenseite des bernischen Finanzhaushaltes, was die Verstärkung des wohltätigen Engagements des Staates eindrücklich dokumentiert.
Der Leistungsausbau erfolgte in konjunkturellen Schüben und nicht als linearer Prozess, wie dies die Detailanalyse der Armenhilfe in den Seeländer Landvogteien Nidau und Büren deutlich macht.[15] Eine besondere Bedeutung kommt dabei der Versorgungskrise von 1770/71 zu, die sich in Bern im Gegensatz zu anderen Regionen der Schweiz nicht zur Hungerkrise ausweitete, was sicher zu einem guten Teil auf das obrigkeitliche Krisenmanagement zurückzuführen ist, das auf einer kurzfristigen und starken Erhöhung der Fürsorgeetats sowie auf Engrosverkäufen aus staatlichen Getreidelagern zur Dämpfung der Getreidepreiskonjunktur basierte. Die zu beobachtende Bereitschaft der staatlichen Organe, auf Versorgungsengpässe mit einer Erhöhung der Armenfürsorgeetats zu reagieren, weist auf die tragende Rolle hin, die der paternalistische Staat zu übernehmen bereit war, um damit die konjunkturelle Armut einzudämmen und ein Abdriften in Verwahrlosung und ungezügelte Bettelei zu verhindern. Nach einer auf die 1770er-Krise folgenden kurzfristigen Erholung setzte in den 1780er-Jahren ein rasches und ungebrochenes Wachstum der Bedürftigenzahlen ein. Dieses kam massgeblich durch die verstärkte Unterstützung von existenzgefährdeten Familien zustande und ist damit als Indiz für den sich ankündigenden Pauperismus zu werten.
Setzt man die erhobenen Daten der 1730er- und der 1780er-Jahre kartographisch um, so wird der räumliche Ausbau der staatlichen Armenfürsorge Berns zu einem flächendeckenden, territorialen Versorgungsnetz offensichtlich.[16] Ein in den 1730er-Jahren noch eher lückenhaftes Angebot an staatlichen Leistungen, das die Gebiete in Zentrumsnähe stärker berücksichtigte als periphere Räume, wurde bis in die 1780er-Jahre von einer flächendeckenden Zentrenstruktur abgelöst, die das vorherige Zentrum-Peripherie-Gefälle wenn auch nicht ausgleichen, so doch sichtlich abschwächen konnte. Die Stärkung der Landvogteien als Mittelzentren in diesem Verteilsystem diente vornehmlich der Entlastung der bisher stark frequentierten Anlaufstellen im städtischen Zentrum. Durch die gezielte Hilfe vor Ort erhoffte sich die Obrigkeit eine verminderte Mobilität der Armut und damit letztlich auch eine Erhöhung der inneren Sicherheit. Trotz dieser Ausbauschritte betrieb der Staat keine regionale Strukturförderung im heutigen Sinn, da die pro Landvogtei bewilligten Leistungen wesentlich von deren wirtschaftlicher Einträglichkeit und der Art und Höhe ihrer Einnahmen abhingen. Den Rotstift setzte sie vorab bei grossen, bevölkerungsreichen Landvogteien an, die dementsprechend meist grössere Etats von Unterstützungsbedürftigen zur Bewilligung vorlegten, während sie die Fürsorgeausgaben der kleineren Ämter kaum je kritisierte, selbst wenn diese die Höhe ihrer einzelnen Almosenbeiträge weit grosszügiger bemassen als andere Landvogteien.

Graphik 1: *Anzahl staatlich unterstützter Haushalte pro Jahr in den Landvogteien Nidau und Büren (1730–1797)*

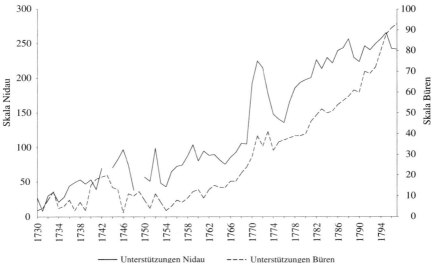

Welche Ursachen verbargen sich hinter der markanten Zunahme der staatlichen Fürsorgelasten? Sie kann zum einen als Resultat einer Ressourcenverknappung und damit einer wachsenden Bedürftigenzahl in der Bevölkerung angesehen werden. Dies äussert sich auch in der bereits erwähnten Veränderung der Klientel, wo sich zu den traditionell unterstützungswürdigen Witwen, Waisen, Alten und Gebrechlichen nun auch zunehmend Labouring Poor, also erwerbstätige, aber nicht existenzfähige Familien gesellten. Der Wandel zu dieser eher familienorientierten Fürsorgepolitik lässt sich mit dem Einfluss der Populationisten auf die bernische Obrigkeit erklären. Besonders aus den Kreisen der Ökonomischen Gesellschaft war seit Mitte des 18. Jahrhunderts wiederholt auf die Gefahr einer Bevölkerungsstagnation hingewiesen und die Notwendigkeit betont worden, im Interesse einer starken Nationalökonomie eine zahlreiche und arbeitsame Landbevölkerung mit allen Mitteln zu fördern.[17] Die Fürsorgepolitik konnte ihr Scherflein dazu beitragen, indem sie existenzgefährdete Familien mit ihren Beiträgen vor dem Abstieg in ein unstetes Bettlerleben bewahrte.

Zum andern dokumentiert die beobachtete Zunahme auch die landesweite Durchsetzung einer neuen, nach administrativen Minimalstandards funktionierenden Armenfürsorge in den Landgemeinden, da die staatlichen Leistungen ja lediglich subsidiär zu denjenigen der Gemeinden ausgezahlt wurden. Diese Entwicklung wurde weniger durch harte staatliche Druckversuche als durch eine Art Anreizpolitik vorangetrieben, die einer Gemeinde staatliche Zuschüsse an die Unterstützung eines oder einer Bedürftigen versprach, sobald sie ihre eigenen Hilfeleistungen belegen konnte.

Um mit dieser Anreizpolitik den bernischen Staatshaushalt nicht in ein finanzielles Fiasko zu führen, senkte die Almosenkammer angesichts des stark steigenden Unterstützungsbedarfes die Höhe der durchschnittlich ausgezahlten Leistungen. Parallel dazu setzte sie eine Standardisierung ihrer Beiträge und damit eine Beitragspolitik durch, die kaum mehr Rücksichten auf individuelle Bedürfnisse der bedürftigen Haushalte nahm. Konkret bedeutete dies, dass sich mit den durchschnittlichen Getreidebeiträgen der 1780er-Jahre nur noch ca. 18 kg Schwarzbrot herstellen liessen, gegenüber ungefähr 60 kg in den 1730er-Jahren.[18] Etwas weniger drastisch waren die Kürzungen bei den Geldbeiträgen, deren Wert sich von elf auf acht Taglöhne eines Landarbeiters senkte. Der ausschliessliche Zuschusscharakter der staatlichen Leistungen wird angesichts dieser Werte offensichtlich. Parallel dazu unterzog die bernische Obrigkeit auch die Klostervogteien einer gründlichen Reform, da sie ihrer Ansicht nach mit ihren täglichen Brotspenden die Armen aus der näheren und weiteren Umgebung anzogen und von der Arbeit abhielten. Sie wandelte deshalb die Brotspenden grösstenteils in Geldrenten für einen ausgewählten Kreis von Armen aus den umliegenden Gemeinden um, die sie als unterstützungswürdig erachtete.[19] Das Backen und Verteilen von Armenbrot wurde grösstenteils eingestellt. Das dadurch in grossen Mengen eingesparte Getreide lagerte man in den Kornhäusern ein und setzte es teilweise durch Engrosverkauf auf den Getreidemärkten zur Dämpfung der Preiskonjunktur und damit wiederum auf indirekte Weise als Armenhilfe ein.

Mit der Reduktion der staatlichen Leistungen auf solch absolute Minimalbeträge setzte die Almosenkammer ein klares Zeichen gegenüber den Gemeinden, sich stärker und vor allem nachweislich in der Armenhilfe zu engagieren. Der Erfolg dieser angestrebten Umverteilung der messbaren Fürsorgelasten hing wesentlich vom einzelnen Landvogt ab, der die Gemeinden von der Notwendigkeit einer neuen, verschriftlichten und mit Armensteuern finanzierten Armenverwaltung zu überzeugen hatte. Tatsächlich kann zumindest für die Landvogteien Nidau und Büren eine Lastenumverteilung nachgewiesen werden, die sich bis zum Ende des 18. Jahrhunderts in einem Anstieg des kommunalen Anteils auf zwei Drittel aller messbaren öffentlichen Armenfürsorgeleistungen äusserte. Staat und Gemeinden konnten und wollten mit ihren messbaren Leistungen jedoch keine Existenzsicherung der bedürftigen Haushalte garantieren. Diese blieben entweder auf weitere nicht messbare Leistungen der Gemeinden, wie zum Beispiel auf die Vergabe von Allmendland, auf spontane Getreide- und Brotspenden und die Versorgung von Kindern, Gebrechlichen und Alten im Verding und Umgang, oder dann auf familiäre und nachbarschaftliche Hilfe angewiesen.

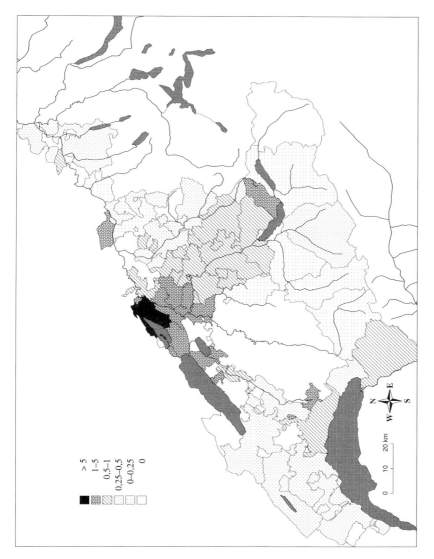

Karte 1: *Die Unterstützungsleistungen der bernischen Landvogteien 1730 (Unterstützungsquote in % der Haushalte)*

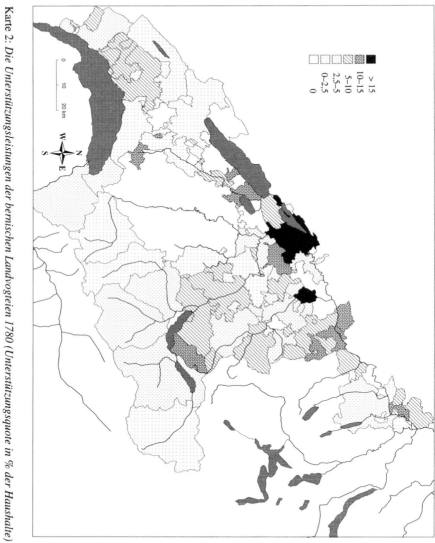

Karte 2: *Die Unterstützungsleistungen der bernischen Landvogteien 1780 (Unterstützungsquote in % der Haushalte)*

Trotz erster Erfolge in der Umverteilung der finanziellen Fürsorgelasten gab es in vielen Gemeinden Berns Widerstände gegen das Ansinnen des Staates, die kommunale Armenfürsorge auf eine monetäre Basis zu stellen und Armengüter anzulegen, aus denen regelmässige Unterstützungen an die Armen fliessen sollten. Gerade im Amt Nidau musste der Landvogt in den 1740er-Jahren in einem langjährigen Streit gegen den Widerstand mehrerer Gemeinden ankämpfen, die sich gegen die Umsetzung der nunmehr seit 70 Jahren geltenden gesetzlichen Vorgaben sträubten.[20] Kaum eine der Nidauer Gemeinden konnte zu diesem Zeitpunkt ein Armengut oder eine regelmässige und schriftlich festgehaltene Armenverwaltung vorweisen. Die Gründe hiefür waren mannigfaltig. Einerseits weigerten sich die Gemeinden aus prinzipiellen Überlegungen, dem Landvogt Einblick in ihre Interna zu gewähren, um einer dadurch befürchteten staatlichen Einflussnahme auf Angelegenheiten, die als alleiniges Gemeinderecht angesehen wurden, entgegenzuwirken. Andererseits widersetzten sich viele Gemeindegenossen einer Armensteuer, was nicht einfach bloss mit dem Geiz der Vermögenden, sondern vor allem mit der generellen Ablehnung einer vom Staat erzwungenen Besteuerung zu erklären ist.[21] Der Wechsel zu einer von den Almosnern eingezogenen Armensteuer liess zudem eine Anonymisierung der Armenfürsorge befürchten: christliche Nächstenliebe konnte man mittels einer Spende für den an der Haustür vorsprechenden Bedürftigen weit direkter leben als mit einer anonymen Steuer. Letztlich war aber auch die Überforderung vieler Gemeinden mit den administrativen Anforderungen einer korrekten Armengutsverwaltung ein wichtiger Grund für die nur zögerliche Umsetzung der gesetzlichen Vorgaben.
Zusammenfassend ist eine ambivalente Bilanz der bernischen Armenfürsorge im 18. Jahrhundert zu ziehen. Es ist dem staatlichen Ordnungsanspruch zuzuschreiben, dass sich die Armenfürsorge in den ländlichen Gemeinden von einem freiwilligen Akt christlicher Nächstenliebe zu einem faktischen Rechtsanspruch wandelte. Die Einbindung der Gemeinden in ein obrigkeitliches Gesamtkonzept einer geregelten Armenversorgung erfolgte aber nur selten mittels harter Disziplinierungsmassnahmen des Staates, sondern basierte primär auf einer Politik der finanziellen Anreize, welche die Basis für eine Kooperation zwischen Gemeinden und Staat lieferte. Bis zum Ende des 18. Jahrhunderts hatten die meisten Berner Gemeinden zu ersten finanziellen und administrativen Strukturen einer geregelten Armenfürsorge gefunden. Damit einher ging eine Rationalisierung des staatlichen Verwaltungsablaufes. In Staat und Gemeinden wurden Verwaltungsstrukturen geschaffen, die bis weit ins 19. Jahrhundert hinein unangetastet blieben. Die Armenfürsorgepolitik des bernischen Staates kann damit auch als zentraler Anstoss zur Entstehung erster Verwaltungsstrukturen auf Gemeindeebene angesehen werden. Damit wird die Bedeutung offensichtlich, die dem 18. Jahrhundert nicht nur in der Geschichte der Armenfürsorge, sondern auch allgemein in der Verwaltungsgeschichte Berns zukommt.

Im Gegensatz zu diesen Neuerungen steht die Persistenz traditioneller, nicht messbarer und teilweise den Ideen der Aufklärung widerstrebender Versorgungsformen. So blieb beispielsweise die Versorgung der Bedürftigen im Umgang in vielen Gemeinden bis weit ins 19. Jahrhundert eine zentrale Form der Armenfürsorge. Dass sich viele Gemeinden gegen eine verschriftlichte und monetär abgesicherte Armenverwaltung sträubten, lag nebst ihrer administrativen Überforderung auch oft an ihrer grundsätzlichen Ablehnung von Steuern im Allgemeinen und Armensteuern im Besonderen. Zudem befürchteten sie mit der Einführung einer Armenverwaltung eine Anonymisierung der christlichen Nächstenliebe.

Auch aus staatsökonomischer Sicht war die von der bernischen Obrigkeit verfolgte Politik der Armenfürsorge ambivalent. Trotz aller Umverteilungsbemühungen und Sparmassnahmen führte die steigende Zahl unterstützter Haushalte zu einer zunehmenden Belastung der Staatsfinanzen. Damit geriet ein Bereich unter Druck, der im kameralistischen Wohlfahrtsverständnis von ebenso zentraler Bedeutung war wie die Wohltätigkeit. Es ist deshalb kaum erstaunlich und erinnert auch sehr an aktuelle Diskussionen um den modernen Wohlfahrtsstaat, wenn die bernische Obrigkeit im 18. Jahrhundert dezidiert darauf verwies, dass jegliche Wohltätigkeit letztlich auf einer gesunden Staatsökonomie basiere, oder, um es mit den Worten der Almosenkammer auszudrücken, die sie 1753 in einem Rundschreiben an die Landvögte richtete: «Nicht ein verschwenderisches und achtloses Dahingeben, sondern eine nachdenkende und sorgsame Economie ist die Nährmutter einer rühmlichen Beneficentz und Freygebigkeit.»[22]

Anmerkungen

1 Staatsarchiv des Kantons Bern [StABE], BXII.80, Manual der Ausburger- und Landesalmosenkammer, Ende Dezember 1748.
2 Das Wappentier des Standes Bern, das sich als säugendes Muttertier metaphorisch der schutzlosen und armen Untertanen annimmt, ist nicht als Sinnbild eines naturrechtlichen Anspruchs auf Schutz des Einzelnen durch eine wohltätige Obrigkeit anzusehen. Die offensichtliche Anlehnung an die säugende Wölfin des antiken Roms dokumentiert vielmehr die nach wie vor starke Beeinflussung der bernischen Führungsschicht des 17. und 18. Jahrhunderts durch das humanistische Gedankengut.
3 StABE, BXII.83, S. 189, Manual der Ausburger- und Landesalmosenkammer, Anfang Januar 1753.
4 StABE, BXII.83, S. 188, Manual der Ausburger- und Landesalmosenkammer, Ende Dezember 1752.
5 Der Begriff stammt unter anderem aus dem Gutachten einer 1763 eingesetzten Revisionskommission, die sich mit der Arbeitsüberlastung der Almosenkammer auseinander zu setzen hatte. StABE, Responsa Prudentium, Nr. 18, S. 201–206.
6 Vgl. dazu die Ausführungen van Leeuwens, der das soziale Engagement der Eliten im frühneuzeitlichen Europa mit Bourdieus Habitusmodell zu erklären versucht und dabei bisher kaum beachtete Aspekte der frühneuzeitlichen Armenfürsorge herausarbeitet: Marco H. D. van Leeuwen, «Logic of Charity. Poor Relief in Preindustrial Europe», *Journal of Interdisciplinary History* 24, 1994, S. 589–613, hier S. 596 f.

7 Mit nur einem Sechstel aller Kammermitglieder zwischen 1764 und 1792 war die personelle Verflechtung der Ökonomischen Gesellschaft mit der Almosenkammer zwar erstaunlich gering, doch brachte sie es immerhin zuwege, ab 1772 stets mindestens einen der Kammersitze mit einem ihrer Mitglieder zu besetzen und damit den physiokratischen Ideen in der Almosenkammer zumindest Gehör zu verschaffen.

8 Der Handlungsradius und die personellen Verflechtungen der Ökonomischen Gesellschaft mit den politischen Kreisen Berns harren noch einer akteur- und handlungsorientierten Aufarbeitung.

9 Die Lehren der Kameralisten waren nicht nur der bernischen, sondern auch den Obrigkeiten der übrigen eidgenössischen Orte bestens bekannt: Martin Körner, «Utilitaristische Ansätze im Spätmittelalter und in der Frühen Neuzeit», in: Beat Sitter-Liver, Pio Caroni (Hg.), *Der Mensch – ein Egoist? Für und wider die Ausbreitung des methodischen Utilitarismus in den Kulturwissenschaften*, Freiburg i. Ue. 1998 (Kolloquium der Schweizerischen Akademie der Geistes- und Kulturwissenschaften 15), S. 67–78.

10 Noch 1782 musste der Kleine Rat feststellen, dass entgegen den mehrmals öffentlich wiederholten Forderungen der Bettelordnungen eine «menge Oberländer arme während der erndzeit [...] mit unbescheidenem ährensamlen, betteln und nachtlager fordern dem landmann, ohne ihm hülfe zu leisten, äußerst beschwärlich» falle. Vgl. Hermann Rennefahrt, *Die Rechtsquellen des Kantons Bern*, Teil I: *Stadtrechte*, Bd. X: *Polizei, behördliche Fürsorge*, Aarau 1968 (Sammlung Schweizerischer Rechtsquellen II), S. 603.

11 Auftrag der Vennerkammer an die Bettelcommitierten 1675, zitiert in Karl Geiser, *Geschichte des Armenwesens im Kanton Bern von der Reformation bis auf die neuere Zeit, im Auftrag der bernischen Armendirektion dargestellt*, Bern 1894 (Zeitschrift für Schweizerische Statistik, 1893, 94), S. 116.

12 Rennefahrt (wie Anm. 10), S. 523–27 (1672) und 549–552 (1690).

13 Erika Flückiger Strebel, *Zwischen Wohlfahrt und Staatsökonomie. Armenfürsorge auf der bernischen Landschaft im 18. Jahrhundert*, Zürich 2002.

14 Die Unterstützungsquote, die auch von Untersuchungen zur heutigen Armut als aussagekräftige Kennzahl verwendet wird, bezeichnet den Prozentanteil der unterstützten Haushalte an der Gesamtheit der Haushalte in einem Untersuchungsgebiet.

15 Siehe Graphik 1, S. 51.

16 Siehe Karten 1 und 2, S. 53 und 54.

17 Laut Christian Pfister beruhten diese Befürchtungen allerdings auf einer «Fehldeutung der demographischen Signale». Christian Pfister, *Im Strom der Modernisierung. Bevölkerung, Wirtschaft und Umwelt im Kanton Bern 1700–1914*, Bern, Stuttgart, Wien 1995, S. 46–50, hier S. 50.

18 In damaligen Massen gerechnet waren dies 35 Schwarzbrote à 520 Gramm gegenüber 116 Schwarzbroten à 520 Gramm.

19 Eine solche Reformation der Spendordnung erfuhr 1768 – zusammen mit weiteren Klostervogteien – auch die an die Ämter Nidau und Büren angrenzende Seeländer Klostervogtei Gottstatt. StABE, BXII.205, Mütschen-Reformation in den Clösteren Fraubrunnen, Königsfelden, Gottstatt und Thorberg, item Buchsee 1767–1768.

20 Flückiger Strebel (wie Anm. 13), S. 150–154 und 289–297.

21 Diese Auflehnung der Landschaft gegen eine regelmässige fiskalische Erfassung durch die städtische Obrigkeit war nicht ein ausschliesslich bernisches, sondern ein in allen eidgenössischen Stadtstaaten zu beobachtendes Phänomen. Vgl. Martin Körner, «Stadt und Land in der frühen Neuzeit», in: Ulrich Pfister (Hg.), *Stadt und Land in der Schweizer Geschichte. Abhängigkeiten – Spannungen – Komplementaritäten*, Basel 1998 (Itinera 19), S. 49–88, hier S. 66.

22 StABE, BXII.83, S. 312, Missiven Manual der Ausburger- und Landesalmosenkammer vom 10. 7. 1753.

Mitchell Hammond

From Pilgrims to Patients

Care for the Sick in Sixteenth-Century Augsburg

Few developments in the German lands of the sixteenth century have had more lasting consequences than the changes in attitudes and treatment of poor city residents. While scholars widely recognize that poor relief in many cities was reorganized under central Alms Offices, it is less well known that most poor relief programs also included provisions for caring for the sick poor, either through the distribution of medicines or enclosed care. Reformers from every vantage point were in broad agreement that medical care should be included in poor relief programs. The influential Spanish author Juan Vives, for example, considered the city doctor as analogous to the father in a household; and Martin Luther asserted that medicine was a gift of God that people should provide for each other. All across the Empire, cities such as Nuremberg, Strasbourg, Zürich and Hamburg incorporated various forms of medical poor relief into the new poor ordinances of the 1520s and 1530s.[1]

While it is clear enough that reformers were prepared to invest in the health of their residents, the origins and ultimate consequences of medical care for the poor have proven difficult to define. For some, discussion of medical poor relief has revived the question of the impact of Reformation theology and practice on early forms of social welfare. Ole Grell's work on northern European communities, for example, argues for the significance of a Lutheran ethic of brotherly love as a motivating force for ministering to the sick poor. In recent years, however, the most pressing scholarly question has been the extent to which care for the sick and the indigent also served a disciplining function as an instrument of growing state control. Drawing from the theories of Gerhard Oestreich and Michel Foucault, scholars such as Robert Jütte and Thomas Fischer have suggested that cities used enclosed institutions, such as pox houses, asylums, and hospitals, to control deviant members of society. However, this focus on *Sozialdisziplinierung* has not gone unquestioned. Martin Dinges has recently suggested that we should not overstate the agency of early modern governments or their ability to coerce and control behavior. With regard to medical poor relief in France, Colin Jones has suggested that the extension of medical authority was more gradual than the followers of Foucault would suggest.[2]

We may fruitfully address this issue by considering the changes to enclosed poor relief that took place in German cities after 1550, a topic that has received much less attention than the earlier wave of poor relief ordinances. Although the second half of the sixteenth century has been characterized by Christoph Sachsse and Florian Tennstedt as a period of rigidity and decline in poor relief measures, it was at this time that some cities experimented with new kinds of houses for the sick poor.[3] Unlike the enforcement of begging laws, which could take place almost overnight, cities needed time to raise funds for large charitable works such as an orphanage or hospital. Moreover, in these years after the Schmalkaldic War and the Protestant Interim, a series of epidemics and famines struck at the health of all city dwellers, and forced a dramatic response from city councils and alms offices. Many cities either expanded their residential facilities for the poor or created new ones, in the process changing the nature of the houses to meet the new demands of a growing poor population.

One of the most important changes was that civic alms offices enlisted barber surgeons and physicians to provide extensive, ongoing medical care for the sick. In some cases, doctors were commissioned to oversee houses that were exclusively for the sick poor. This was not simply a matter of moving beds and people so that all of the sick lay side by side in one room or building. As medical practitioners assumed responsibility for these facilities, they changed the criteria for entrance, administered medicines and food, and monitored the activities of the house staff and the sick. They gave care to a new category of recipient, to patients *(Patienten),* defined as those who were under the authority of a doctor, rather than to those who were simply poor and sick *(arm und krank).* The growing influence of the medical professions in poor relief programs thus had important consequences for the treatment and perception of thousands of poor city residents.

This essay investigates this shift with an analysis of residential medical care in the imperial city of Augsburg, which, in 1522, was one of the first cities to create a civic Alms Office.[4] It was also one of the largest of the cities affected by the Reformation, and Protestants initiated religious reforms and abolished several cloisters before the city defeated in the Schmalkaldic War in 1548. In 1555, Augsburg was designated as a biconfessional city in which Protestants and Catholics had equal legal rights, although city policy was then controlled by a small, wealthy Catholic minority.

I will focus on the evolution of one institution, the so-called Augsburg Pilgrim House, which was endowed by a pious bequest from a wealthy couple in the 1420s. In accord with its founding charter, for over a century the house took in pilgrims and wayfarers for two or three nights before the city Alms Office assumed responsibility for it in the 1550s. In the 1570s, the Alms Office expanded the facility and renamed it the Alms House. During the last twenty years of the sixteenth century, several thousand sick residents were treated there for periods ranging from a few days to several months. Such an undertaking naturally required huge sums of money, careful scrutiny of the sick poor, and regulation of conditions within the facility. There was, however, little effort to use the Alms House as an instrument of confinement or social control; indeed, the facility's administrators did everything they could to exclude unsuitable applicants and keep their costs from spiralling out of control.

Like other German cities, Augsburg faced growing problems of poverty and disease after 1550, and initially had fewer resources with which to combat them. After the end of the Schmalkaldic War, Charles V abolished the constitutions in the cities that opposed him and stripped the guilds of their houses and holdings. As a result, these guilds had many fewer resources to protect their members when they became ill. The Alms Lords in Augsburg felt the consequences of this almost immediately because the dissolution of guilds, combined with the earlier abolition of cloisters, drastically reduced the flow of charitable monies to the Alms Office. The situation was complicated by religious differences in this city where Lutherans and Catholics lived side by side but attended different churches and supported different causes. After 1548, the Alms Office was allowed to remain under the leadership of Lutheran Alms Lords, in all likelihood because the vast majority of Augsburg's poor were themselves Protestant. But Catholic foundations administered Augsburg's other charities for the sick and elderly – which included a house for sufferers with the pox *(Blätterhaus)*, several houses for lepers *(Siechenheüser)* and the city's Hospital of the Holy Ghost – and this led to competition for scarce resources. In 1550, the Alms Lords complained to the city council that certain unnamed churches refused to give the money collected during services to the Alms Office as had been the earlier practice. "Except for Holy Cross," the Alms Lords noted, "none of the cloisters [donate] anything, nor do the former guilds, which in previous years gave an annual contribution."[5]

Practitioners who treated the sick were constantly confronted with questions they could not answer and people they could not help. An excellent example is the puzzle Dr. Gereon Sailer faced in May 1556, when he was asked by the Alms Office to examine Agnes Schaippen, a woman with cancerous growths on her face. Her disease was so disfiguring she could find no one who would attend her at home and she had petitioned to receive care in one of the city's charitable houses. In his reply, Sailer reminded the Alms Office that Agnes' case was only one of many difficult conundrums. There were often people who "have special diseases and thereby are intolerable among the healthy," and he was not always sure where they would pose the least risk to their neighbors.[6] In cold weather, Sailer had to defend the charity houses from the "lazy and unworking people" *(fauler vnarbaitsam leut)* who begged for help and complained when others received it and they did not.[7]

The situation prompted the Alms Lords to suggest that the city make provisions for poor people who were sick but who did not suffer from the pox or leprosy. The rationale was simple: as they explained in a brief to the city council from May 1552, the Alms Lords believed they could care for ten people together as cheaply as they could treat one person at home. The city council eventually responded by handing over the Pilgrim House, which previously had served as a way station where travelers could stay for a maximum of three nights. Initially, however, there were no funds available for a barber surgeon or necessary medical supplies, and the facility had to be run by a tradesman who tended to his own affairs most of the time. The house also continued its function as a shelter for travellers. After visiting the building in 1569, three Alms Lords complained that affairs inside the house had fallen into disarray. The current manager sold beer to his lodgers and "thus he has made a charity house into a tavern where one has drinking and carousing day and night."[8]

This kind of administrative grumbling about loose living in city facilities was a commonplace in bureaucratic correspondence that was certainly not unique to Augsburg. Hospital occupants in Frankfurt were accused of the same thing in 1578 and a London hospital was labeled "a common taphouse of stronge Beere" at the turn of the seventeenth century.[9] But in Augsburg, and perhaps elsewhere, the conflict was not simply between unruly boisterousness and discipline; rather, it seems that the council's effort to reform the house cut against an established pattern of providing hospitality, food, and lodgings in tandem with other forms of assistance.[10] What the Alms Lords increasingly had in mind was a facility for the exclusive use of the sick poor who could not be taken into facilities where they would receive care and not endanger the healthy.

The three Alms Lords pursued the matter and in 1570 the city council interviewed a physician, Dr. Hieronimus Märtz, and a barber surgeon, Hans Brigel, who were responsible for the pox house. The council clearly hoped that they would serve the Pilgrim House as well but the pair indicated that they could not serve two houses at the same time; although they recommended other doctors, the Alms Lords fretted that the payment of two new officials, as well as extra apothecary services, would be too great a burden.[11] There were also social costs to consider, for the city's plans soon aroused opposition from the nearby residents on Judenberg hill, which sloped above the poor artisan quarter where the Pilgrim House lay. On 23 May 1570, a letter from neighborhood residents objected that the council was intending to use the building in a way other than its original purpose, and that the new house would burden the neighborhood with an unbearable odor, unsanitary wash, and daily scenes of death.[12] To city residents, it appeared that the Alms Office was violating one of the first rules of civic hygiene by placing a house for the sick in the midst of the community rather than on its outskirts by the wall.

This process of deliberation and experimentation was disrupted by a another challenge to the city's poor, a severe drought and famine which struck large regions of the Empire in the early 1570s. In Augsburg, as prices for food tripled and quadrupled, every relief agency was strained beyond its capacity. A poet even recorded the suffering, lamenting that many men killed themselves in desperation and that children with shrunken stomachs lay exhausted on the street.[13] Claus Peter Clasen has recorded that 3371 people, around 8% of the entire population, received alms that year, a figure well over double that of the previous year.[14] The Pilgrim House, which at the time housed only about a dozen beds, was overwhelmed by the demand. An Alms Office official who counted the Pilgrim House occupants on 14 August 1571 found 41 people crammed into six small rooms, with another eight camped out on the ground under the roof and eight more in the food stall.[15]

This terrible crisis apparently galvanized the city council to accelerate the pace of expansion for the new Pilgrim House. The city hired a physician, Dr. Marx Wind, and the barber surgeon, Master Hans Schaller, and gave them annual salaries of 40 gulden each to visit and treat the sick on a daily basis. The Alms Office also made some improvements to the Pilgrim House building, which included installing a small bath chamber. However, the problem of secure funding persisted, especially since the Lutherans of the Alms Office could not expect any money from Catholic foundations or the endowments of former cloisters. Funds were cobbled together from charitable bequests, some of which were specifically designated for Lutheran poor, others which were for the poor and sick in general. One of the earliest gifts came in May 1574 from the renowned and wealthy Lutheran physician Adolph Occo, who earmarked 1000 gulden for people supported by the Alms Office who at any time were supported in the Pilgrim House.[16] Others contributed more modest amounts, in some cases changing their wills to give money that was intended for other charitable purposes. For example, Georg Christoff Schwinnenbach originally allocated 10 gulden to go to each house for the infirm, the Pox House and the Pilgrim House. In November 1577, he revised his will to give 50 gulden to the Pilgrim House and 40 gulden to the Pox House, retaining his donation to the Houses for the Infirm at 10 gulden each.[17] The biggest gift of all came from Martin Zobel, a wealthy merchant and devout Lutheran who purchased a house valued at over 4000 gulden and donated it to the Alms Office.[18] The city council added another 7000 gulden, bringing the total money raised to 39,000 gulden.[19]

According to the Pilgrim House entry and exit register from May 1578, roughly 40 occupants moved from one building to the other.[20] The new facility was substantially larger, with enough space for at least seventy occupants and separate quarters for men and women. With the new building came an opportunity for the Alms Office and the council to rearticulate the mission of its property. As a description of the building written in 1585 explained: "In the (aforementioned) new Alms House there will be no healthy people, but solely poor sick and injured people will be taken in, old and young, men and women [...]."[21] Or, as the marble inscription in marble next to the entrance announced, the building was for the sick poor of Augsburg: "purchased and designated for them in perpetuity, so that they may have recourse to medicine, so that such patients may properly offer praise and thanks to the Lord their God."[22] It bears emphasizing that the occupants of the facility were not referred to as the sick, feeble, or poor; they were now referred to explicitly as "Patienten," patients who would accept medicine as charity. It had taken over twenty-five years to accomplish, but the building's rechristening as the Alms House reflected the shift in its function from house for poor wayfarers to civic house of healing.

The building's new function was reflected in its furnishings as well.[23] Like the former Pilgrim House, the Alms House was in the middle of the city's poorer artisan section at the corner of Mittlerer Lech and the Sachsengasse. A sketch of the facility from summer 1592 depicts a building with three full stories, with its adjoining small bath house and series of sheds between them.[24] The Alms House's furnishings further confirm that patients received medical treatment as well as custodial care. One room was outfitted as a barber surgeon's work area with a marble table and a four-footed stool for cutting and binding wounds. Another was a bath chamber with an oven, copper kettles, buckets, and four stools. Over the next fifteen years, the staff added ten medical books, urine vials, three bandaging boards and barber-surgeon and apothecary supplies. The remaining rooms consisted of a kitchen and storeroom. The modest furnishings were accompanied by a few devotional books that might be read aloud and some images of the Virgin Mary. Meals were prepared in a kitchen and a menu from 1586 specified the different foods to be given to the *"Eehalten"* (staff) and the *"Patienten"* (patients).[25] The staff included a barber surgeon, a house father and mother, and a physician who requested medicine from a designated apothecary shop.

By 1580, the Alms House was a large undertaking that offered care to a substantial section of Augsburg's poor residents. In assessing the scale of the facility, we are assisted by the survival of detailed account books for the years 1569–1590. These documents illustrate the growing number of patients as well as the increasing investment in medical care (table 1).

The Alms Office also began to record the number of recoveries in the Pilgrim House/Alms House against the number of deaths at the end of each year. At the bottom of a table summarizing the costs of the Alms House from 1568 to 1582, the

Table 1: *Costs for Pilgrim/Alms House Staff (Gulden:Kreutzer)*

Date	Physician salary	Doctor/ barber salary	House parents	Bath costs	Apothecary costs	Number of patients per year
1569–70	40:	***	18:	***	30:–	58*
1573–74	60:	60:	30:	***	84:38	146*
1577–78	80:	100:	30:	38:27	176:56	238
1581–82	80:	110:	54:	62:00	187:50	304
1585–86	80:	110:	82:	54:09	117:–	367
1589–90	80:	110:	62:	89:48	279:36	***

* Estimated stay of twelve weeks, based on occupancy registers from 1577–78 and 1581–82.

Sources: 1. StAA, Funffzechen Almuß Rechnungen von A°. 1568 Bis A°. 1582, 15 v–16 r; 2. StAA, Almosen Amt. Pilgerhaus Rechnungen, 1569–1590.

scribe wrote that "In these thirteen years, 3557 people were taken in, of whom 814 have passed away [...] and 2743, may God be praised, have become healthy."[26] In other words, three quarters (77%) of the people who entered the house in these years departed better off than when they came. With this claim, the account books held the facility to a standard of success and failure that differed from facilities such as the Hospital of the Holy Ghost, where residents usually purchased prebends that lasted for the remainder of their lives. The Alms House administrators were conscious of the distinction and frequently noted that their facility was a place for healing, not for those who required life-long care.

The Alms House considered petitions from a wide range of people: widows who were sick, young children who were injured, and tradesmen who were physically incapacitated. To regulate the entrance and exit of occupants, one of the Alms Lords held a session twice a week at which petitions for admission and other matters would be considered. Prospective occupants would then be examined by a physician who would also determine when the person was sufficiently healthy to leave. In contrast to all other houses for the sick in Augsburg, the Alms Office insisted that occupants normally stay only twelve weeks; and vagrants and others found on the streets were allowed to stay for the usual one to three days. A typical case of an applicant from October 1593 was a man named Ruedall who petitioned to the Alms Lords with the help of his overseer who was a gatekeeper. Ruedall's wife had been accepted to the Hospital of the Holy Ghost. He was described as "completely helpless and poor, and now for thirteen weeks has lain down sick, exhausted in all his limbs."²⁷ Ruedall had received money from the Alms Office but he did not believe this would be enough to improve his condition.

While a wide range of applicants were considered, there was a limit to who could get in because of the great demand. The Alms Lords were particularly anxious to make sure that no one was admitted to the Alms House without first being examined during one of the two weekly meetings. In January 1602 the city council received an angry complaint from the Alms Lords after mayor Lucas Stenglin sent several sick people to the Alms House without consulting anyone. In their view, Stenglin had not only overstepped his authority, he had created a health risk; a doctor, or at least the house father or mother had to be present "to diligently examine the patients, to sensibly examine their sicknesses and conditions, so that the house is not burdened, because of an inaccurate report, with someone who has a congenital disease *(Erbsucht)* or other sickness that cannot be healed."²⁸ The people who came to the house needed to come through the proper channels, with appropriate notice from the neighborhood chiefs. Otherwise, everyone who was there to get well would be endangered since people lived in close quarters and had to share utensils and eat the same food.²⁹

This concern over access was further reflected the Alms Lords' ceaseless efforts to restrict care to citizens and long-term residents of the city. In this respect, Augsburg differed from some other towns, cities, and lordships in which provision of medical care was one means of maintaining ties with the surrounding territory. The nearby imperial city of Memmingen, for example, had a semi-official relationship with clerics at the large Ottobeuren monastery and often received petitions from sick residents in its surrounding territory.³⁰ Augsburg, in contrast, rejected applicants from elsewhere almost without exception unless they had a financial or legal tie to the city. For example, Elisabeth Widemann wrote in October 1602 from the nearby village of Oberhausen to ask for help for her daughter, whose eye was badly swollen. While she claimed that a barber surgeon there urged her to seek treatment, the Alms Lords replied that helping in this case did not fall under the purview of the Alms House ordinance, and that residents from Oberhausen would only be helped at the pox house, and even then under limited circumstances.³¹ Indeed, petitions to the facilities took on some of the qualities of an application for employment, as lower tradesmen and servants would enlist their masters as sponsors to vouch for the urgency of their need and for their upright character.³²

People with chronic conditions were also referred elsewhere since the Pilgrim House would not take "those who have to be supported in bed their whole lives, as in a hospital."³³ There were not enough resources even for those who were qualified to receive them. A case in point is Regina Brunner, a preacher's servant, who was taken into the Alms House first for eleven weeks and then for twelve more weeks in December and January 1589. Doctors attended to her and she was given twelve medications from an apothecary but her health was not fully restored. When her father Hans asked for additional aid it was denied on the grounds that "right now the degree of distress among the poor is so great, and the house has 95 sick people, more than ever before; and matters are such that as soon as one is released three or four others are there to ask the city for help and assistance of their conditions for a short time."[34]

The overall vigilance with which the Alms Lords restricted admission strongly suggests that they defined the Alms House role narrowly, and used the facility for the sick, not as a place of enclosure for the deviant and disorderly. Caring for the sick was expensive enough: between 1570 and 1575, the expenses of the Pilgrim House averaged 6.6% of the Alms Office's total budget for charitable works, but by the early 1580s, the figure for the Alms House had risen to 16%. The city retained this level of funding into the first decades of the seventeenth century. By 1620, the Alms House claimed 19.2% of the city's poor relief budget. Together with the distribution of apothecary goods and other expenses, the city's provision of medical poor relief accounted for well over a quarter of its Alms Office budget. Thus, the Alms House was the cornerstone of a large-scale effort that first took shape decades after Augsburg first passed its poor relief ordinance in 1522. By the time the Alms House was rededicated to the sick in 1578, it operated amid many wealthier charities with long Catholic traditions and powerful supervisors. Since it was the only house for the sick poor in which Lutherans exerted a major influence, we may well ask how "confessionalized" the Alms House was and if one's religious faith affected the experience there. Formally, as in Augsburg's other civic institutions, all residents were to be treated the same. The facility did not record the confession of its applicants, and there was no evidence that the actual medical care was any different. But the atmosphere was without question confessionally charged. According to its ordinances, the house provided more resources for the spiritual care of Lutherans. A description and roster of employees from 1585 noted that Pastor Nicola Palek was paid 5 gulden a week for the following services: "He gives a sermon every week at the Alms House and serves the Holy Communion and comforts the sick as often as he is asked [...]."[35] Catholic sick, on the other hand, had to be content with the cool assurance that if they asked for a priest, "he will likewise be summoned to them immediately and without protest."[36] There is also some later evidence that the facility favored Protestant workers and services. In the late seventeenth century, a Catholic writer noted that the last seven apothecaries who served the Alms House had been Lutheran, which was a violation of the formal legal parity between the confessions. This was an economic as well as a religious issue since the contract with the Alms House was one of the most lucrative opportunities for an apothecary in the city.

Confessional tensions simmered among the occupants to the point that Lutherans and Catholics were periodically put in separate rooms. In September 1611, an administrator recorded that under current conditions, "those of the same faith can have no practical opportunity for confession, praying, communion, comforting and other appropriate necessities; rather out of such mixing [comes] much impurity and great ignorance, as well as in some cases a strengthening of a sickness or prevention of health, with the development of other inconveniences."[37] The report went on to note that "separation of patients of both faiths" *(separation beder* [sic] *Religion patienten)* had been tried, but the room set aside for the Catholics was not suitable for the sick.[38] In 1621, a city council member who supervised the facility noted that Catholic men and women, young and old, lived in one large room.[39] By that time, it was more important to avoid religious disputes than it was to maintain the propriety of separate quarters for men and women.

Religious and institutional divisions also complicated the issue of caring for people whose symptoms or behavior were unusual or unpredictable. Sufferers from epilepsy, or the "falling sickness" *(fallende Kranckheit),* for example, oscillated between normal behavior and violent spasms and dementia that terrified family and neighbors as well as residents. Ostensibly, the Hospital of the Holy Ghost assumed responsibility for these people but at times it turned them away or insisted that the Alms Office share the load. In February 1577, the Alms Lords complained to the city council that a young girl with the disease had stunned the other residents of the Alms House with a violent outburst. A young boy who was being treated in the same room was so shaken by the episode that the Alms Lords feared that he would succumb to the falling sickness himself. In response, the hospital director replied that all of the current beds were full and that he would not create new space for such sufferers.[40] Even when religious issues were not directly at stake, as in this case, such disputes over jurisdiction affected the daily administration of charity and the provision of medical care to the poor.

Without question, Augsburg's Alms House was one of the largest houses of healing in the entire Empire, and its staff probably attended to well over 5000 patients between 1580 and 1600. However, it would be a mistake to overstate the novelty or the uniqueness of this facility. In Strasbourg, for example, in the early 1570s the Alms Office took control of the city's pox house, which had been funded in 1538 by the endowment of a dissolved monastery. This house was staffed full time by a barber surgeon and each year cared for over 100 patients with various ailments. Ulrich Knefelkamp has argued that there was a similar development in the Nuremberg city hospital at the end of the sixteenth century. Elsewhere in the Empire, the Julius Spital was founded in Würzburg in 1578; Erik Midelfort has suggested that the medical activities there were characterized by a similar "therapeutic optimism."[41] In Munich, Bavarian court officials decided in 1618 to allocate funds at the hospital of St. Catherine for "poor patients *(Patienten)* which one could certainly cure."[42] These examples, from territorial states as well as cities, suggest that we have much to learn about efforts to heal the sick and the role of health care in the poor relief of the sixteenth century.

The case of Augsburg's Alms House, however, is a particularly illuminating example of the impact of confessional pressures on civic institutions and the social function of enclosed poor relief in large urban centers. First, the house's history suggests that long-term institutional divisions between Protestants and Catholics were at least as significant as the initial impulse for poor relief reform that accompanied the early Protestant movement. In this biconfessional city, the Alms House was tolerated and financially supported by a city council dominated by Catholics. But in its early years it also relied almost largely on Protestant donations and was administered by Lutheran Alms Lords. While this apparently did not affect medical care directly, the Alms House's confessional identity clearly framed the experience of its occupants and created tensions between the Catholic and Protestant sick. Augsburg's case thus suggests that Protestantism's ultimate legacy to civic health care was institutional pluralism rather than a distinctive theology of brotherly love or care for one's neighbor.

Second, we may justly question the extent to which Augsburg's medical charity was intended to serve, or actually did serve, as social discipline as it has been defined in the recent scholarly literature. Certainly the occupants of the Alms House were poor and they had more problems than power, but the vast majority of them actively petitioned, even begged, to receive care from the city. From the Alms Lord's point of view, each person in the Alms House was a cost to be minimized or at best avoided altogether; indeed, the initial justification for reform to the Pilgrim House was that it would be much cheaper to care for sick residents in one place rather than dispersed in their home. At the same time, because of the overlapping social imperatives of public order and Christian charity, there was a genuine interest in helping the deserving poor. The city treated its sick poor in a more medicalized and strategic fashion but otherwise did not attempt to control behavior or use the facility to extend its authority over Augsburg's poor. In discussions of the role of social discipline in the early modern city, we must distinguish between attempts to discipline society at large and pragmatic attempts to use charitable funds to their greatest advantage.

Perhaps the most significant contribution of medical poor relief was the change it brought in the criteria for assessing the deserving poor. As doctors and alms officials read the petitions of the poor, examined their bodies and diagnosed their illnesses, they reserved medical charity for a new kind of recipient, "the patient." In the inscription at the entrance to the Alms House, the house ordinances, and in bureaucratic discussions of the institution, the term identified those who received consultation and care: the sick poor *and only* the sick poor. After 1578, thousands of residents were evaluated case by case, to be accepted as patients or sent away. This strategic approach to medical care, and the conceptual category it created, is one of the most enduring legacies of civic health care in the early modern period.

Notes

1 Juan Vives, *De Subventione Pauperum,* Reprint Florence 1973, p. 78; Martin Luther, *Luthers Werke,* Weimarer Ausgabe, vol. 23, p. 359–360.
2 Ole Grell, "The Protestant Imperative of Christian Care and Neighborly Love", in: Ole Grell, Andrew Cunningham (eds.), *Health Care and Poor Relief in Protestant Europe,* London 1997, p. 43–65; Thomas Fischer, *Städtische Armut und Armenfürsorge im 15. und 16. Jahrhundert,* Göttingen 1979; Martin Dinges, "The Reception of Foucault's Ideas on Social Discipline, Mental Asylums, Hospitals, and the Medical Profession in German Historiography", in: Roy Porter, Colin Jones (eds.), *Reassessing Foucault. Power, Medicine, and the Body,* London 1994, p. 181–212; Colin Jones, "The Construction of the Hospital Patient in Early Modern France", in: Norbert Finzsch, Robert Jütte (eds.), *Institutions of Confinement. Hospitals, Asylums and Prisons in Western Europe and North America 1500–1950,* Cambridge 1996, p. 55–74.
3 Christoph Sachsse, Florian Tennstedt (eds.), *Geschichte der Armenfürsorge in Deutschland,* vol. 1, 2nd ed., Stuttgart 1998, p. 39.
4 Otto Winckelmann, "Die Armenordnung von Nürnberg (1522), Kitzingen (1523), Regensburg (1523) und Ypern (1523)", *Archiv für Reformationsgeschichte* IX (1911–1912), p. 256–271. For an overview of Augsburg's charitable facilities, see Max Bisle, *Die öffentliche Armenpflege der Reichsstadt Augsburg,* Paderborn 1904. For general information on Augsburg in this period the standard work is Bernd Roeck, *Eine Stadt in Krieg und Frieden. Studien zur Geschichte der Reichsstadt Augsburg zwischen Kalenderstreit und Parität,* Göttingen 1989.
5 "So geb[en] vnns die Closter, ausserhalb hailig + [Kreuz] deßglaich[en] die gewes[en] zunfft[e], welche vor jaren auch jerliche handtraichung gethon gar nichts." Stadtarchiv Augsburg [StadtAA], Almosenamt. Bittschriften 1530–1831, 1550.
6 "Es pegebt sich offt das ain person mit sundersiech vnd dannoch pey den gesunden vnleidlich." StadtAA, Collegium Medicum. Ärzte, Ordnungen und Dekreta, 2 May 1556.
7 Ibid.
8 "[…] ietz vom hauß ainem weinschenk[en] verleicht […] vnd also auß ainem Gotthaus ain Zechhaus gemacht, do man frue vnd spatt täglich würtschafft vnd gastungen hat […]." StadtAA, Bittschriften 1530–1581 (see note 6), Nov 1569.
9 Robert Jütte, *Obrigkeitliche Armenfürsorge in deutschen Reichsstädten der frühen Neuzeit,* Köln 1984, p. 169.
10 David Kauffman, the last tradesman to oversee the Pilgrim House, resigned over the issue. StadtAA, Almosenamt. Pilgerhaus 1564–1699, Tom. I, 28 Jul 1571.
11 StadtAA, Almosenamt. Generalia 1548–1763, 18 Nov 1569.
12 StadtAA, Almosenamt. Pilgerhaus 1564–1699 (see note 10), 23 Mar 1570.
13 Sachsse and Tennstedt (see note 3), p. 43 and 46.
14 Claus Peter Clasen, "Armenfürsorge im 16. Jahrhundert", in: Gunther Gottlieb et al. (eds.), *Geschichte der Stadt Augsburg,* Stuttgart 1984, p. 339.
15 StadtAA, Almosenamt. Pilgerhaus 1564–1699 (see note 10), 14 Aug 1571.
16 StadtAA, Kleinere Stiftungen A–Z. Adolph Occo, 1 May 1574.
17 Ibid., Georg Christoff Schwinnenbach, 22 May 1570 and 14 Oct 1577.
18 Trometer, Johann, *Das Augsburger Pilgerhaus,* Diss. Universität Augsburg 1997, p. 57.
19 StadtAA, Almosenamt. Pilgerhaus 1564–1699 (see note 10), no. 4.
20 StadtAA, Almosenamt. Pilgerhaus Register 1578–79.

21 "In obgemelt neü Allmusenhaus wirdet kein gesunde Person, sondern allain arme kranke vnd schadhaffte Leüth, alt vnd Jung, Mannes- und Weibspersonen, inn vnd ausserhalb deß gemainen Allmusensekels auf vnd eingenommen." StadtAA, Almosenamt. Acta des Pilgerhauses 1575–1729, no. 1.

22 "Kaufft und ihnen geignet zu allen zeiten damit si zu ihrer arznei ir fuegliche wart haben kinden, darum solche Patienten billich Got dem Herrn darfür Lob und Danck sagen […]." Ibid., no. 5.

23 Inventories of the house's furnishings survive from 1597, 1598, 1613, and 1616. StadtAA, Almosenamt. Rechnungen.

24 Trometer (see note 18), p. 136.

25 StadtAA, Almosenamt. Generalia 1543–1786, Was die Patienten und Ehehalten vor Speise zu geniessen haben, 1586.

26 "Inn welchem 13. Jaren [1569–1582] seind 3557 krancke personen eingenomen, von denen seind 814 im herrn entschlaffen […] vnd 2743 seind Gott lob gesund worden." StadtAA, Almosenamt. Rechnungen (see note 23), 1568–1582.

27 StadtAA, Almosenamt. Pilgerhaus 1564–1699, Tom. I, 26 Oct 1593.

28 "[…] die *Patienten* mit fleiss zubesichtigen vnnd ir kranckheit vnd anligen nach notturft zuerforschen, damit auf ungleichen bericht niemanndt so mit ainicher Erbsucht, oder anndern kranckheiten, so der orten nit Curiert werden können, behafft, dasselbsten eingeschlaicht vnnd das hauß verunrainiget werden mochte." Ibid., Jan 1602.

29 Ibid.

30 Stadtarchiv Memmingen. Reichsstadt, 408/2. 1539–1617.

31 StadtAA, Almosenamt. Pilgerhaus 1564–1699, Tom. I, 10 Oct 1602.

32 See, for example, the petition for the goldsmith apprentice Jacob Walther who "sich ganz wol vnd gar vfrecht gehalten," and asks to be admitted into "das Pilgram oder Kranckenhaus alhie." StAA, St. Martin's Stiftung. VI, Karton 52, 28 Feb 1587.

33 "[…] die man ir lebenlang wie im spital im bett erhalten mieste." Ibid., 10 Jun 1600.

34 "[…] so ist diser zeit die nott unnder den armen und khrankhen so groß und den hauß mit 95 khrankhen als noch nie gewesen beladen, der gestalt so bald ains ab dannckht 3. in 4. andere verhannden so an die Statt umb hilff und rath ires anligens für ain khürtze zeit begern […]." StadtAA, Almosenamt. Bittschriften und Berichte 1529–1741, 16 Jan 1589.

35 "[…] thut alle wochen ob dem Allmußhauß ein Predigt, vnd reicht das H. Abendmahl vnd spricht den kranken zu so offt seiner begehrt wird […]." StadtAA, Almosenamt. Acta des Pilgerhauses 1575–1729, 22 Mar 1585.

36 Ibid.

37 "[…] ein vnnd anderer Religion verwandte mit beicht[en], *communiciern*, betten, zusprechen, vnd anderer gebürenden notturft, kein fuegliche gelegenheit haben könd[en], sondern vil mer aus sollicher vermischung vil unrainigkait, vnd grossen vnwissen, auch wol etwan mit v[er]mehrung eines kranckheit oder verhinderung dessen gesundheit, sambt and[er]n *inconvenienten* mehr entstanden […]." StadtAA, Almosenamt. Pilgerhaus 1564–1699, 31 Jan 1612.

38 Ibid.

39 Trometer (see note 18), p. 137.

40 StadtAA, Spitalarchiv. Supplicationen, 5 Feb 1577.

41 For these examples, see Otto Winckelmann, *Das Fürsorgewesen der Stadt Strassburg*, Leipzig 1922, p. 173–179; Ulrich Knefelkamp, *Das Heilig-Geist-Spital in Nürnberg vom 14.–17. Jahrhundert*, Nürnberg 1989, p. 203–204; Erik Midelfort, *A History of Madness in sixteenth-century Germany*, Stanford 1999, p. 245.

42 Bayerisches Hauptstaatsarchiv, Litteralien General (GL), No. 617, 18 Nov 1618.

Frank Hatje

Kommunalisierung und Kommunalismus

Frühneuzeitliche Armenfürsorge als «Politikum»

«Kommunalisierung» gehört zu den Kategorien, auf die die Forschung zurückgreift, wenn sie die langfristigen Prozesse des Wandels in der Armenfürsorge des Spätmittelalters und der frühen Neuzeit zu beschreiben versucht. Mit der Überführung kirchlicher Institutionen der Almosenvergabe in die Zuständigkeit der städtischen Obrigkeit und der Ausbildung einer örtlich definierten Zuständigkeit bei gleichzeitiger Ausgrenzung Fremder sei eine Rationalisierung und Bürokratisierung bei der Definition, Finanzierung und Verteilung von Unterstützungsleistungen einhergegangen, die mittels Individualisierung der Hilfen und Formulierung einer Arbeitspflicht die Voraussetzungen zur Sozialdisziplinierung der Unterschichten geschaffen habe. Kommunalisierung wird so zur Frühform einer Verstaatlichung der Armenfürsorge und das Armenwesen selbst Teil der Säkularisierung.[1] Wie alle modernisierungstheoretischen Perspektiven, deren Fluchtpunkt implizit oder explizit in der zweiten Hälfte des 19. Jahrhunderts liegt, verbindet auch diese unbezweifelte Einsichten mit unzulässigen Vereinfachungen. Die viel beschworene «Gleichzeitigkeit des Ungleichzeitigen» hat jedoch auch im Armenwesen der frühen Neuzeit ihren Platz. Der Parameter «Bürokratisierung» führt zu einer Vernachlässigung des Faktors der Ehrenamtlichkeit[2] und teilweise zu einer Überschätzung der Rolle, die das subalterne Personal spielte. Der normativ formulierten Zentralisierung der Stiftungen und Vermögen standen umfangreiche Defizite bei der tatsächlichen Durchsetzung entgegen,[3] ganz abgesehen von den Kontinuitäten in der Stiftungspraxis und auf dem Gebiet der «Selbsthilfe». Der Grad der Kontrolle über die einheimischen Armen und die Praxis der Ausgrenzung fremder Bettler darf nicht isoliert von Durchsetzungswillen und -möglichkeiten und insbesondere vom Versorgungsangebot der jeweiligen Stadt betrachtet werden. Die örtliche Zuständigkeit bewahrt selbst dort, wo das Armenwesen eine gesamtstädtisch orientierte Struktur erhält, den Bezug zu den Parochien.
Insofern fällt es schwer, Kommunalisierung der Armenfürsorge als «Verstaatli-

chung» und «Säkularisierung» zu begreifen,[4] zumal sie ihrer Genese nach im Kontext der Kommunalisierung des Kirchenwesens steht. Dass ein Hospital, eine Almosenstiftung, ein Kloster oder eine Pfarrkirche der Aufsicht des Rats unterstellt oder der Pflegschaft von Bürgern anvertraut wird, bedeutet nicht, dass die entsprechende Institution desakralisiert würde.[5] Vielmehr muss dies – genauso wie die Neugründungen unter bürgerlichem oder städtischem Vorzeichen – vor dem Hintergrund einer intensivierten Sorge der Bürger und ihrer Städte um den Heilserwerb und um die Sicherung ihrer diesbezüglichen «Investitionen» gesehen werden. Mehr noch: Es ist Ausdruck einer Konvergenz zwischen Stadt- und Kirchengemeinde, die der spätmittelalterlichen Stadt über deren personelle Identität hinaus die Qualität einer «verdichteten Sakralgemeinschaft» zuwachsen lässt – einer Qualität, die in der Reformationszeit eher noch eine Stärkung erfährt.[6]

In der Stadt des Spätmittelalters und der frühen Neuzeit bestand im Idealfall eine Balance zwischen dem Herrschafts- und Gehorsamsverhältnis zwischen Rat und Bürgern einerseits und dem bürgerlichen Einungs- oder Genossenschaftsprinzip andererseits. Sie basierte auf den politischen und sozialen Grundwerten von Recht und Gerechtigkeit als Vorbedingung von Friede und Eintracht, die im Dienst des «gemeinen Nutzen» standen und wurde im Bürgereid vergegenwärtigt.[7] Nun war die Stadt des 14. bis 17. Jahrhunderts keine konfliktfreie Zone. Mochten Unruhen und Aufstände jeweils andere aktuelle Auslöser haben, so kommt hinter den Auseinandersetzungen meist sehr bald zum Vorschein, dass es darum ging, die durch Aneignung von Zuständigkeitsbereichen sukzessive verlagerten Gewichte zwischen Herrschaftsrechten und obrigkeitlichen Ansprüchen des Rats einerseits und den einungsrechtlichen Grundlagen und Forderungen nach politischer Partizipation der Bürgerschaft andererseits in eine neue «alte» Balance zu bringen, die Rückbindung des Rats an die Bürgerschaft wiederherzustellen.[8] Dies galt nicht minder für die innerstädtischen Konflikte der Reformationszeit.[9]

In diesem Kontext – so soll im Folgenden argumentiert werden – kam dem Armenwesen eine politische Funktion zu, unbeschadet aller Fragen nach den sozioökonomischen Notwendigkeiten und religiösen Grundlegungen. Die Fürsorge für die *pauperes* hatte ihren festen Platz im Herrscherethos. Doch fiel sie mit der Kommunalisierung nicht a priori in die exklusive Zuständigkeit der Ratsobrigkeit, sondern konnte ebenso gut der Selbstregelungskompetenz der Bürgergemeinde zugerechnet werden. Dieser Schluss liegt schon deshalb nahe, weil Gilden und Bruderschaften die politische und soziale Praxis der Kommunen in mehr als einer Hinsicht präformierten – man denke etwa an das Verhältnis von *conjuratio* und Bürgereid oder an die *confraternitas*, die jeweils situationsbezogen ihre Entsprechung im Appell an die *mutua caritas* der Bürger als Synonym für die politischen und sozialen Grundwerte finden konnte.[10] Für die Bürger ergab sich in diesem Zusammenhang ein besonderes Potential, ihre Position gegenüber dem Rat zu

verbessern. Denn zum einen war das Armenwesen eng mit dem ohnehin zur Verhandlung stehenden kirchlich-religiösen Komplex und dem Problem des Heils verknüpft, genoss also eine spezielle Dignität und liess sich zugleich als Zwischenschritt zur Durchsetzung der Reformation einsetzen. Zum anderen berührte es Belange des «gemeinen Nutzens» und damit des Gemeinwesens insgesamt, bot also für diejenigen, die nicht am Ratsregiment beteiligt waren, die Chance zur Profilierung, die Ambitionen auf den Zugang zu politischen Ämtern oder eine Ausweitung beziehungsweise Festigung von Partizipationsrechten begründen helfe konnte.
Im Folgenden soll anhand der Beispiele Hamburg, Lübeck, Braunschweig, Frankfurt am Main, Würzburg und Augsburg untersucht werden, a) wann und wie eine Reform des Armenwesens in den Gang der Auseinandersetzungen zwischen Rat und Bürgerschaft um die Reformation eingeführt wurde, b) von welcher Ausgangslage in puncto Kommunalisierung und politischer Partizipation der Bürger her dies geschah, c) ob aus einer Reform eine Stärkung der Partizipation oder wenigstens ein erleichterter Zugang zu politischen Ämtern resultierte, und d) inwieweit das reformierte Armenwesen am Gemeindeprinzip orientiert war oder einen obrigkeitlichen Charakter annahm. Die Auswahl der Städte versucht, eine gewisse Bandbreite in Bezug auf die Leitfragen zu präsentieren und eine gewisse geographische Streuung zu berücksichtigen, kann aber nicht beanspruchen, repräsentativ zu sein. Den Vergleich in einen europäischen Horizont zu stellen, muss gleichfalls ein Desiderat bleiben. In diesem Rahmen geht es vorerst nur darum, mit einem genaueren Blick auf die «politische» Dimension des Armenwesens im 16. Jahrhundert Korrekturen und Differenzierungen an der etablierten, jedoch vielfach eingeengten Sicht auf die Geschichte der frühneuzeitlichen Armenfürsorge anzuregen.[11]

«In deme namen der werdigenn hilligenn dreuoldicheytt/ hebbenn de borger vnde Inwaner des kerspels sancti Nicolaj bynen hamborgh vth rechter berichtinge des ghotlikenn wordes/ dardorch ße ghelert/ dat ße de bordenn eres negestenn/ dorch christlike leue mede to dragende vorplichtet synn [...] angefangen/ de armenn notrofftigenn Hueß szetenn wanafftigenn, Oek de by frame luden Inn demsuluigenn kerspell gedenet hebben, vnde sunder erhe vorsatige vnd arth/ dorch gades vorhencknusse Inn armoet gefallen synn/ Vth ener gemenen Kisten/ de to vorsamelinge der christlikenn myldenn ghiffte/ ßo to vnderholdinge der armoeth geuen werden/ Inn dersuluenn kerckenn angericht vnde vor ogen gestellet is/ to besorgende.»[12]
Mit diesen Worten beginnt die «Kistenordnung», die die Bürger des Hamburger St. Nikolaikirchspiels 1527 verabschiedeten.[13] Die Einleitung reflektiert zwar auch die aus der lutherischen Rechtfertigungslehre resultierende Umkehrung in der Begründung der Armenfürsorge, dass nämlich die «guetten werck» als «werck

der liebe» aus dem «recht[en] glaub[en]» fliessen, wie die Apostel und Christus selbst dazu vermahnten.[14] Stärker noch bezieht sie sich auf die paulinische Vorstellung (1. Kor. 12, 12–31), dass die Glieder der Gemeinde aufeinander verwiesen seien wie die Gliedmassen eines Körpers und dass demzufolge alle – auch die Schwachen – dem Ganzen dienen. Das Gemeindeprinzip zieht sich durch die gesamte Ordnung.[15] Es gilt für den Kreis der Bedürftigen wie für die Finanzierung. Als unterstützungsberechtigt werden explizit die eingesessenen Bewohner des Kirchspiels genannt, und zwar sowohl diejenigen, die einen eigenen Haushalt führen, als auch deren Bedienstete, soweit ihre Dienstherren nicht für sie aufkommen, dazu Witwen und Waisen – kurzum: in Not geratene Glieder der Gemeinde. Fremde Bettler dagegen können eine Unterstützung erhalten, sofern sie in der Gemeinde sesshaft werden.[16] Witwen und Waisen ausgenommen versteht sich die Gemeinde als eine arbeitende, was sich auch in der Finanzierung des Gotteskastens durch milde Gaben und Kollekten widerspiegelt. Wohlgewonnenes, das heisst durch Arbeit erworbenes Gut der gesamten Gemeinde floss im Gotteskasten zusammen.[17] Besonders eingeschärft wurde das Sammeln der Kollekten durch die von der Gemeinde gewählten Vorsteher. Nachdem die Gebrechen der Bedürftigen nicht mehr jedermann vor Augen seien, sollten die Vorsteher stellvertretend für die Bedürftigen und aufgrund ihres sozialen Rangs umso effektvoller um das Almosen bitten.

Zu Vorstehern («Diakonen») wählte die Gemeinde St. Nikolai zwölf Mitbürger. Ihnen oblag ferner die Verwaltung des Gotteskastens, die Visitation der Armen und die wöchentliche Austeilung der Almosen. Dazu kam die Besoldung der Geistlichen, Lehrer und Kirchendiener sowie die Vergabe von Stipendien, wobei kein Zweifel daran gelassen wurde, dass alle diese Personen ihr Amt im Sinne der lutherischen Lehre auszuüben hätten. Auch die Kontrolle der Lehr- beziehungsweise Predigtinhalte war damit implizit den Diakonen zugewiesen. Die Finanzierung dieses Bereichs sollte aus Testamenten, Memorien usw. erfolgen, deren Einnahmen auf den Gotteskasten zu übertragen waren.[18]

Noch 1527 wurde die Kistenordnung auch in den drei übrigen Kirchspielen Hamburgs eingeführt – beschlossen von den Bürgern und nun auch genehmigt durch den Rat. Damit war nicht nur ein neues System der Armenfürsorge aus der Taufe gehoben, sondern auch ein höheres Niveau der Kommunalisierung im Kirchenwesen erreicht. Schon im Spätmittelalter gab es an jeder der vier Kirchspielskirchen zwei bürgerliche Juraten, die im Auftrag des Domkapitels die jeweilige Kirchenfabrik verwalteten, daneben zwei ebenfalls bürgerliche Leichnamsgeschworene. Ihnen übergeordnet waren die Kirchspielsherren, die im jeweiligen Kirchspiel ansässigen Ratsherren.[19]

1522 hatten die Juraten der vier Kirchspiele im Streit mit dem Domscholaster um die Bürgerschule an St. Nikolai einen Vertrag auf gegenseitigen Beistand gegenüber Rat und Domkapitel geschlossen, der erneut mit Erfolg aktiviert wurde, als der Rat den Versuch unternahm, den evangelischen Prediger Johannes Zegenhagen der Stadt zu verweisen und rechtliche Schritte gegen die Kaufleute einzuleiten, die Zegenhagen als Prediger nach St. Katharinen geholt hatten. Daraufhin schufen wiederum Juraten und Bürger von St. Nikolai Fakten hinsichtlich der Pfarrerwahl, indem sie Zegenhagen gegen die Rechte des Domkapitels und am mehrheitlich altgläubigen Rat vorbei zum Pfarrer wählten. Mit dem Rat einigten sich die Bürger im Nachhinein über die Beteiligung der Kirchspielsherren in künftigen Fällen, was dann auch bei den nächsten Vakanzen geräuschlos vonstatten ging.[20] Als die Kistenordnung von den Bürgern beschlossen wurde, war die evangelische Predigt im Prinzip gewährleistet, aber noch nicht gesichert.[21] Die entscheidende Disputation sollte erst im April 1528 folgen. Doch war auf dem Umweg über die Armenfürsorge eine Struktur etabliert worden, die nicht nur einer reformatorischen Kirchenordnung vorgriff, sondern schon zu diesem Zeitpunkt eine bürgerliche Leitung der Gemeinde institutionalisierte.

Am 26. August 1528 einigten sich die Diakone der vier Kirchspiele auf einen Vertrag, der mit der Fundation einer «Hauptkiste» das Armenwesen von der Kirchspielsebene auf die gesamtstädtische heben sollte.[22] Die Verwaltung dieser Hauptkiste wurde einem Kollegium übertragen, das aus den jeweils drei ältesten Diakonen, den zwölf «Oberalten» bestand. Doch die Ambitionen gingen weiter: Der Hauptkiste sollten vier der fünf Hospitäler, die Bruderschaftsvermögen und die beiden Bettelordensklöster zugeschlagen werden. In den Verhandlungen mit dem Rat, unter dessen Oberaufsicht die Hospitäler standen, wurde erreicht, dass das Heilig-Geist-Hospital und das Hospital St. Ilsaben den Oberalten unterstellt wurden, dazu das für die reformatorische Bewegung so bedeutende Franziskanerkloster St. Marien Magdalenen.[23] Indessen händigten nur 22 der 99 Bruderschaften bis 1534 ihr Vermögen aus,[24] und selbst diese hörten deswegen nicht notwendig auf zu existieren.[25] Die zentrale «Hauptkiste» bedeutete also keine Verschiebung zuungunsten der genossenschaftlichen Elemente im Armenwesen, sondern eine Stärkung der Kommunalisierung auf bürgerlicher Basis.

Der Vertrag war bereits vollzogen, bevor Johannes Bugenhagen in Hamburg eintraf. Seine Kirchenordnung postulierte zwar erheblich mehr auf dem Gebiet des Armenwesens und der Kirchenverwaltung, hatte aber realiter keinen Einfluss auf die geschaffenen Fakten. Im Gegenteil: Bis 1538 wurde die Zentralisierung der Gotteskastenordnung wieder rückgängig gemacht, doch blieben die Vermögenswerte der Hauptkiste unter der Verwaltung der Oberalten – und damit auch der nennenswerte Landbesitz des Heilig-Geist-Hospitals, in dem die Oberalten alle Rechte ausser der hohen Gerichtsbarkeit besassen.[26]

Aber noch in anderer Hinsicht erhielten die Diakone eine gesamtstädtische Verantwortung. Der Rat musste sich im Langen Rezess vom Februar 1529 gefallen lassen, dass die Rolle der 48 Diakone und der hinzugewählten 96 «Subdiakone» als ständige Mandatare der Bürgerschaft auf den Feldern des Kirchenwesens, der Gerichtsbarkeit und Rechtsetzung, der Wahrung von Friede und Eintracht sowie in Fragen des Handels und der Zölle festgeschrieben wurde.[27] Zwar konnte der Rat vorerst seine Politik fortsetzen, sich als Obrigkeit zu etablieren und die genossenschaftlichen Elemente der Verfassung auszuhöhlen,[28] weil die Oberalten und Diakone mit der Fülle ihrer Aufgaben überlastet waren, zumal ihnen für ihre armenpflegerischen Obliegenheiten kaum besoldetes Personal zur Verfügung stand. Doch wuchsen nach 1563 die Bemühungen der Oberalten, den Erwartungen der Bürgerschaft gerecht zu werden, und spätestens vom Beginn des 17. Jahrhunderts an übten sie ihre Funktion als ständiges Gegenüber des Rats auch aus.[29] Damit war aus der Reform des Armenwesens eine erheblich gefestigte politische Partizipation der Bürgerschaft erwachsen. Überdies eröffnete das Ehrenamt einen beschleunigten Zugang zum Rat, in den zumindest während der ersten Jahrzehnte nach Etablierung der «Kistenordnung» fast ausnahmslos Diakone gewählt wurden.[30]

Weniger erfolgreich war das Bemühen der Lübecker Bürger, das Armenwesen für die politische Partizipation zu instrumentalisieren. Hier war jedoch das Ratsregiment sehr viel stärker ausgeprägt,[31] die Kommunalisierung im Kirchen- und Armenwesen hatte entsprechende Ergebnisse gezeigt. An den Pfarrkirchen fungierten Ratsherren als «provisores», seit der Mitte des 14. Jahrhunderts leiteten die beiden ältesten Bürgermeister die Hospitäler zum Heiligen Geist und zu St. Jürgen, von denen vor allem das Heilig-Geist-Hospital über einen ausgedehnten Streubesitz verfügte und zu den wichtigen Darlehensgebern des Rates gehörte.[32] Anders als in Hamburg, wo sich zunächst die Kirchgeschworenen als Speerspitze der reformatorischen Bewegung und bürgerschaftlicher Anliegen konstituierten, waren es Finanz- und Steuerfragen, die eine kontinuierliche Abfolge von Bürgerausschüssen hervorriefen, die in der Regel Patrizier, Kaufleute und Handwerker umfassten.
Von 1526 an stellten diese Bürgerausschüsse ein Junktim zwischen Steuerbewilligung und reformatorischen Forderungen her.[33] Erst nachdem dem Rat Anfang 1530 wenigstens die schriftgemässe Predigt und die Teilhabe an der Predigerwahl abgerungen werden konnte, erhob die Bürgerschaft – übrigens ohne Vorwissen des Bürgerausschusses – Forderungen nach erweiterter Partizipation und Reform des Armenwesens. Neben der Abschaffung der Messe, dem Bürgerrechtserwerb durch den Klerus, der Inventarisierung von Kirchen- und Klostervermögen sowie der Auflösung der Bettelordensklöster umfasst der Katalog vom 30. Juni 1530 die feste Institutionalisierung des 64er-Ausschusses, der knapp drei Monate zuvor gebildet worden war, als Mittler zwischen Rat und

Bürgerschaft, die Wahl von je vier Kirchgeschworenen an den Pfarrkirchen statt der Ratsherren, ferner die Einsetzung von Armenpflegern und die Rechenschaftspflicht der Hospitalvorsteher gegenüber dem 64er-Ausschuss. Wie in Hamburg wurde auch hier die Einrichtung eines neuen Hospitals mit Akzent auf der Krankenpflege postuliert.[34] Im Oktober 1530 schliesslich konnten die Bürger durchsetzen, dass Klöster, Bruderschaften und andere geistliche Stiftungen unter Pflegschaft von Bürgern gestellt wurden und ihre Einkünfte «yn eyn yder kercken gadeskysten vleten». Diese Gotteskisten hatten ähnliche Aufgaben wie in Hamburg.[35] Das Domkapitel übertrug schliesslich in einem Vertrag, in dem Rat *und* Bürgerschaft für die Stadt zeichneten, alle Rechte an den Kirchspielskirchen der Stadt.[36] Die «Christliche Ordnung» vom 27. Mai 1531, die Bugenhagen zusammen mit einem Verfassungsausschuss erarbeitete, verbreiterte noch einmal die Basis für die Partizipation der Bürger am Gemeinwesen im Hinblick auf die Verwaltung der Kirchen und der Armenfürsorge. 20 «kerckvedere» (vier aus jeder Kirchspielskirche) verwalteten den zentralen «Schat Casten», aus dem die Kirchendiener einschliesslich der Pastoren und Kapläne besoldet und die Gebäude unterhalten werden sollten.[37] 15 Armendiakone waren für den «höuet Caste der armen» zuständig, aus dem übergeordnete Aufgaben finanziert wurden (Hospital und Armenhaus im Burgkloster, Hebammen, Darlehen), weitere 45 Diakone für die jeweiligen «almissen Casten» in den Kirchspielskirchen für das Sammeln der Kollekten und die Austeilung der Armenunterstützung. Sie alle wurden durch Rat und 64er-Ausschuss gewählt, und Bugenhagen versuchte durch ein ausgeklügeltes System von Amtszeiten zu erreichen, dass die Bürger mit ihren Aufgaben nicht überlastet würden und dennoch eine kontinuierliche Arbeit der Kollegien gewährleistet blieb. Damit zog er Konsequenzen aus den Erfahrungen in Hamburg, die das bürgerliche Element erheblich stärken mussten. Denn selbst wenn Kirchväter und Armendiakone aufgrund ihrer Vermögens- und Einkommensverhältnisse das Kriterium der Abkömmlichkeit erfüllten, konnten und wollten nicht einmal die Grosskaufleute darauf verzichten, ihre Handelsgeschäfte zu betreiben.[38] Zur Kontrolle wurden den Kirchvätern und Armendiakonen nur je zwei Ratsherren beigeordnet.[39] Die Ägide Jürgen Wullenwevers, dessen Bruder übrigens in Hamburg Oberalter war, beendete den Widerstand des Rats gegen die auch von ihm beschlossenen Formen bürgerlicher Partizipation und verhalf ihnen zur vollen Geltung; die Restauration nach Wullenwevers Sturz 1534/35 und die Rückkehr der «Hardliner» des alten Rats machte das Kirchen- und Armenwesen de facto zu einem Teil des Ratsregiments.[40]

Damit ist die Geschichte in Lübeck noch nicht beendet. 1598 kommt es über aussenpolitischen Verwicklungen und ihren Folgen für den Handel zu Unruhe in der Bürgerschaft. «Conventicula» bilden sich, Verhandlungen mit dem Rat werden geführt, bis die Bürgerschaft am 11. Oktober 1599 einen Ausschuss von 50 beziehungsweise 70 Mitgliedern bevollmächtigt, in dem vor allem die Grosskaufleute der Fahrergesellschaften vertreten sind, der aber auch die Unterstützung der Handwerker gewinnen kann. Er übergibt dem Rat eine Liste der drängendsten Gravamina. Sie betrafen neben den aktuellen handelspolitischen Fragen vor allem die Reform des Bürgerrechts und Bürgereids sowie die Forderung nach einer Reform des Armenwesens.[41] Dem liess der Bürgerausschuss im Juni 1600 den 80-seitigen Entwurf für eine Armenordnung folgen, worin der Rat unter anderem aufgefordert wurde, die Verwaltung der Hospitäler in bürgerliche Hände zu legen, da anders die Missstände vor allem am Heilig-Geist-Hospital nicht zu beheben seien. Die Bürger betonten, dass ihr Entwurf mit den Reichsabschieden und der Kirchenordnung in Einklang stehe, und erreichten schliesslich im Herbst 1601 in zähen Verhandlungen mit dem Rat die Institutionalisierung von zehn «Provisoren der gemeinen Armut» und die Gründung eines Werk- und Armenhauses im ehemaligen St.-Annen-Kloster,[42] das sechs bürgerlichen Provisoren unterstellt wurde, die der Rat auf Vorschlag der Bürgerschaft wählte. Gegen die Beteiligung an der Leitung des Heilig-Geist-Hospitals indes leistete der älteste Bürgermeister und Vorsteher Gotthard von Hövelen hartnäckigen Widerstand. Für den Rat wie für die Bürgerschaft war die Frage der Partizipation eine Prestigefrage: Die Stiftung war reich an Kapital- und Grundbesitz und «geadelt» durch ihr Alter.[43]

Weder der Erlass einer Hausordnung, noch das Angebot des Rats, die Finanzen des Hospitals offen zu legen,[44] beschwichtigten die Bürger: Wenn der Rat, so die Stellungnahme vom Januar 1602, lieber *einem* Bürgermeister als der *ganzen* Bürgerschaft zu Gefallen handle, so wolle die Bürgerschaft dem Rat nicht allein auftragen, «am gestrengen Gerichte Gottes», wo es keine Standesunterschiede geben werde, die Rechenschaft über alle Armenhäuser und deren Güter abzulegen, sondern auch «von einem jeden armen Menschen, der bisher in Hunger, Jammer und Elend gestorben und verdorben».[45]

Im Rezess und der Hospitalordnung vom Mai 1602 wurde immerhin erreicht, dass den zwei ältesten Bürgermeistern, die die Rechnungsführung und Gerichtsbarkeit behielten, vier Bürger beigeordnet wurden, denen die «administratio oeconomica» übertragen und eine generelle Mitsprache eingeräumt wurde. Von Hövelen dagegen tat etwas für Lübeck Typisches: Er behinderte die Arbeit der bürgerlichen Mitvorsteher und erwirkte ein kaiserliches Mandat, dass die Abschaffung der Hospital- und der Armenordnung befahl. Nur ein um des Friedens in der Stadt willen demonstrativ zur Schau gestelltes Einvernehmen von Rat und Bürgerschaft konnte verhindern, dass die Umsetzung des Mandats durch kaiserliche Gesandte erzwungen wurde.[46] Zwar wurden in der Folge regelmässig bürgerliche Hospitalvorsteher in den Rat gewählt. Doch machte eine stillschweigende Änderung des Wahlmodus es möglich, dass die Vorsteherschaft zeitweise gleichsam in den Familienbesitz der Ratsfamilien Rodde und Tesdorpf überging.[47] Ob demgegenüber die übrigen Ämter im Armenwesen tatsächlich einen Beitrag zur Elitenzirkulation leisteten wie in Hamburg, lässt sich beim gegenwärtigen Stand der Forschung nicht sagen.

Auch in Braunschweig und Frankfurt am Main gelangte die Forderung nach einem «gemeinen Almosenkasten» aus der Mitte der Bürgerschaft an den Rat. Abweichend von den Verhältnissen in Hamburg und Lübeck lässt sich hier auch ein sozioökonomischer Kontext erkennen. Doch damit enden bereits die Gemeinsamkeiten. In Braunschweig bildete sich im März 1528 ein Bürgerausschuss von 140 Verordneten aus den fünf städtischen Weichbildern. Vermutlich auf dessen Initiative hin proponierte der Rat einen Kompromiss, der auf eine konfessionelle Koexistenz hinausgelaufen wäre. In ihren kritischen Stellungnahmen drängten jedoch vor allem die Handwerker, insbesondere die handwerklich geprägte Alte Wiek, aber auch der eher von der weniger alteingesessenen Kaufmannschaft dominierte Hagen auf Schritte zur Einführung der Reformation, die Einsetzung ständiger Bürgerausschüsse und verbanden dies mit einzelnen sozialen und wirtschaftlichen Forderungen. Im Nachgang unterbreiteten Hagen und Alte Wiek ein Reformprogramm, an dessen erster Stelle die Einrichtung eines gemeinen Kastens genannt wurde und das insgesamt die Agenda vorwegnahm, die von Bugenhagen formuliert, in Gilden und Gemeinden diskutiert und schliesslich als Kirchenordnung am 5. September 1528 angenommen wurde.[48] Die Verwaltung der Hospitäler konnte unverändert bleiben. Der Altstadtrat wählte nämlich die Provisoren der Hospitäler Beatae Mariae Virginis und St. Thomae zu mehr als einem Drittel aus der Bürgerschaft[49] – ein Befund, der zu Braunschweigs komplexer Verfassungsstruktur mit breiter Basis der Partizipation stimmt. Die vorreformatorisch institutionalisierte Vertretung der Gemeinde durch je 28 Gildemeister und Bürgerhauptleute, die Praxis der alljährlichen Entgegennahme bürgerlicher Gravamina durch den Rat und die Aussicht, auf dem Wege der Reformation die Unabhängigkeit der Stadt von ihrem Landesherrn auszubauen, dürfte die Konsensbildung innerhalb des Rats sowie zwischen Rat und Bürgerschaft gefördert haben.[50] Hinzuzufügen bleibt, dass von den 140 «Verordneten Bürgern» 17 über das Amt des Armen- oder Kirchenkastenpflegers in den Rat gelangten.[51] Obschon einige von ihnen gesellschaftlich den Ratskreisen nahe standen, befanden sich auch – anders als in Hamburg, wo überwiegend Angehörige der kaufmännischen Oberschicht von ihrer Wahl zum Diakon profitierten – wohlhabende Handwerker und Neubürger darunter.

In Frankfurt dagegen findet sich der «gemeine Kasten» in den 46 Artikeln, die die aufständischen Zunfthandwerker im April 1525 dem Rat übergaben.[52] Wie 1526 in Hamburg erscheint der «gemeine Kasten» als der Ort, an dem man die Kapitalien, die durch die Kirchenreformation «freiwürden», deponieren konnte.[53] Entscheidend aber ist, dass hier weit deutlicher als in Braunschweig sozialpolitische Massnahmen, Schutz der Nahrung etc. eingefordert wurden. Die Reform des Armenwesens wurde hier von denen angemahnt, die der Armut sozial näher standen als die Hamburger, Lübecker und grossenteils auch Braunschweiger Bürger. Bemerkenswert ist, wie rasch sich der Rat dieses Anliegens annahm und wie rasch er es nach dem Ende der Zunfunruhen wieder fallen liess – umso mehr als er schon 1523 eine Reform nach Nürnberger Vorbild erwogen, den Plan aber wieder aufgegeben hatte, weil er seiner Strategie, die Schaffung von Fakten in Richtung auf die Reformation zu vermeiden, zuwidergelaufen wäre.[54] Dass er dann im Frühjahr 1530 dem Drängen der Bürger in der Abendmahlsfrage nachgab und die Errichtung des Almosenkastens ins Auge fasste, verfolgte ein doppeltes Ziel: die Lage zu beruhigen und die Ratsautorität in der Stadt wiederherzustellen.[55] Zwar erreichte der Rat keine vollständige Zentralisierung aller Armenfonds, konnte aber über das Nicolai-Almosen und den Gutleuthof hinaus, die wie das Heilig-Geist-Spital seit dem 15. beziehungsweise 13. Jahrhundert bereits dem Rat unterstanden, private und genossenschaftliche Stiftungen inkorporieren.[56] Doch geriet das Armenwesen dadurch, dass die Kastenherren aus dem Rat gewählt wurden, desto eindeutiger in die Zuständigkeit der Ratsobrigkeit, ohne den Bürgern Partizipationsmöglichkeiten zu eröffnen.

Um die Autorität des Rats ging es auch in Würzburg, wo 1524 die Kitzinger Bettelordnung an die örtlichen Verhältnisse angepasst wurde – diesmal jedoch um die Autorität des Rats gegenüber dem Stadtherrn, dem man diese Zuständigkeit abspenstig machen wollte. Realistischerweise sah der Entwurf eine zwar gemeindebezogene, aber gemischt kirchlich-obrigkeitliche und bürgerlich-genossenschaftliche Verwaltung der Armenkasten in den fünf Pfarrkirchen durch den Pfarrer, die Ältesten des Rats und die Viertelmeister vor.[57] Dass die Kastenordnung nicht über das Entwurfsstadium hinausgedieh, dürfte daran gelegen haben, dass Almosenkasten und Reformation für die Zeitgenossen zu dicht beieinander lagen. So wurden etwa in Hamburg die Anhänger der reformatorischen Bewegung von den Altgläubigen als «Kistenlüde» apostrophiert.[58] Bezeichnend ist, dass der Würzburger Fürstbischof 1533 seinerseits eine Almosenordnung erliess, die trotz ihrer vorreformatorischen Akzente wichtige Aspekte des Entwurfs von 1524 wieder aufgriff.[59] Während der Rat im Interesse der Gemeindeautonomie seine Rechte gegenüber dem Stadtherrn auszudehnen versucht hatte, erwiderte der Stadtherr dieses Ansinnen mit der Repräsentation seiner bischöflichen *auctoritas*.[60]

Auch in Augsburg ergriff der Rat von sich aus die Initiative. Jörg Rogge hat unter Einbeziehung der Bettel- und Almosenordnungen seit 1459 die Sozialpolitik des Rats für Augsburg als «Indikator für den Fortschritt der Herrschaftsintensivierung» interpretiert. Er hat aber ergänzend darauf verwiesen, dass die vom Rat reklamierte

Zuständigkeit Erfolge zeitigen musste, um von den Bürgern als rechtmässig anerkannt zu werden.[61] Ähnlich kann man übrigens für Strassburg argumentieren.[62] Für Augsburg fehlt uns der schlüssige Beweis, dass die Almosenordnung von 1522 als Handlung des Rats in Richtung auf die Reformation gemeint war.[63] Auffälliger ist ohnedies die Koinzidenz mit der Reglementierung der Zünfte. Denn schon ein knappes Jahr später erging das Verbot eigenmächtiger Versammlungen, um handgreiflichen Diskussionen und Protesten vorzubeugen, was deutlich misslang, wie der «Aufruhr» um die Rückberufung des evangelischen Predigers Johannes Schilling von 1524 zeigt. Gerade Schilling hatte der latenten «zünftisch-gemeindlichen Tradition»[64] zu besonderer Virulenz verholfen, indem er der Gemeinde einen höheren Rang zusprach als dem Rat.[65]

Die Spannungen in der Stadt hatten jedoch bereits seit 1518 erheblich zugenommen, wie sich schon aus der Anordnung erkennen lässt, dass ohne Genehmigung des Rats keine Schriften gedruckt werden durften, die sich auf die Streitigkeiten zwischen Geistlichen und Theologen bezogen oder ehrverletzend seien.[66] Die Publikation der Bannandrohungsbulle 1520 und des Wormser Edikts 1521 – vom Rat in richtiger Einschätzung der Lage hinausgezögert – führte letztlich zur Festigung der reformatorischen Bewegung.[67] In der Auseinandersetzung um den Besitz lutherischer Schriften trat dem Rat Anfang 1521 das Unruhepotential unter den Handwerkern erneut vor Augen.[68]

Vor diesem Hintergrund brachte die Almosenordnung insbesondere eine Besserstellung der Hausarmen, die fortan aus den Kollekten der sechs Armenpfleger, die sie in Kirchen, Klöstern und nach Bedarf auch in den Häusern der Wohlhabenden anstellten, ihr Almosen bezogen. Alternativ dazu durften Bettler mit einem Bettelzeichen vor den Kirchentüren direkt um Almosen bitten, waren aber von Unterstützungen aus dem Ertrag der Kollekten ausgeschlossen.[69] Als eine Legitimation der Almosenordnung ex post gab Konrad Peutinger, der mutmassliche (Mit-)Gestalter der Ordnung, 1523 eine Schrift in den Druck, in der zwischen «obrigkeitlicher» und «privater» Armenfürsorge unterschieden wurde. Bemerkenswert ist, dass «obrigkeitlich» hier auf die Verpflichtung der Bischöfe zur Fürsorge für die Armen bezogen wird. Da diese aber hierin versagten, sei die Zuständigkeit anderen, frommen Männern zu übertragen, deren Aufgabe es sei, das Wohl der ganzen Gemeinde im Auge zu behalten und, um Schaden zu verhüten, auf die Würdigkeit der Almosenempfänger zu achten. Private Mildtätigkeit dagegen gebe ohne Ansehen der Person und Prüfung ihrer Bedürftigkeit nicht nur vom Überfluss, sondern vom ganzen Vermögen ohne Rücksicht auf standesgemässen Aufwand.[70] Insofern bedeutete die Reglementierung des Bettelns auch eine Fürsorge für die Geber.

Der Rat behauptete also die Kompetenz, dem Armenwesen seine Form zu geben, gegenüber den Bürgern wie gegenüber dem Bischof und demonstrierte damit, dass er seine Aufgaben als «fürsorglich» im Interesse der Gemeinde Handelnder erfüllte. Durch seine Selbstinszenierung an diesem Punkt des Geschehens mochte er überdies hoffen, den Druck der reformatorischen Bewegung zu mindern. Doch wäre es nicht ganz richtig, dem Armenwesen Augsburgs deswegen das Etikett «obrigkeitlich» anzuheften. Nicht übersehen sollte man nämlich, dass der Rat die Ausführung seiner Ordnung an Repräsentanten der Gemeinde delegierte. Die Armenpfleger wurden zwar vom Rat auf zwei Jahre gewählt, durften aber weder dem Rat angehören noch Richter sein.[71] Ob dieses Amt zu einem Entréebillet für den Rat wurde, bedürfte weiterer Untersuchungen. Doch bedeutete es ein Stück bürgerlicher Partizipation am Stadtregiment trotz begrenzter Reichweite des Amts. Jüngst ist überzeugend argumentiert worden, dass die formale Teilhabe im Grossen Rat trotz seiner geringen Möglichkeiten, an der Tagespolitik mitzuwirken, von seinen Mitgliedern, deren Grad von Abkömmlichkeit keine höhere Sitzungsfrequenz zuliess, durchaus als Partizipation begriffen wurde. Der Grosse Rat war – analog zu den ständigen Bürgerausschüssen, die sich als Repräsentanten der gesamten Gemeinde verstanden – ein Instrument der Vermittlung zwischen Gemeinde und Kleinem Rat im Dienste der Friedenswahrung.[72] Wenn dies so stimmt, dann kommt auch den Ämtern im Armenwesen partizipativer Charakter zu, und zwar umso mehr, als sie der Vermittlung zwischen arm und reich dienten.

Fassen wir zusammen: Die Reform des Armenwesens im Übergang vom Spätmittelalter zur frühen Neuzeit wurde fast durchgängig aus dem Konflikt geboren, und zwar aus Konflikten, die vordergründig um die Einführung der Reformation kreisten, im Kern aber immer auch das Verhältnis von Ratsautorität und Gemeinderechten betrafen. Das Armenwesen wurde in den Städten der frühen Neuzeit zum «Politikum», weil es entweder dem Rat über die Kommunalisierung des Kirchenwesens dazu verhelfen konnte, seine Position als «christliche Obrigkeit» auszubauen, oder weil es den Bürgern dazu dienen konnte, ihre genossenschaftlichen Rechte zu stärken und sich als – analog formuliert – «christliche Gemeinde» zu konstituieren. In beiden Fällen jedoch blieb das Armenwesen der kirchlichen Sphäre zugehörig – verfassungssystematisch wie alltagsgeschichtlich. Und ihm eigneten gemeindlich-genossenschaftliche Qualitäten.
Aus der Reform des Armenwesens ging in der Mehrheit der untersuchten Städte eine Erweiterung bürgerlich-gemeindlicher Partizipation am Stadtregiment hervor. Der Grad der Erweiterung war freilich unterschiedlich und nicht zuletzt von der Ausgangslage abhängig. In Einzelfällen konnte die im armenpflegerischen Ehrenamt gewonnene Reputation den Zugang zu im engeren Sinne politischen Ämtern erleichtern. Die Reformen des späten 18. Jahrhunderts unter dem Banner des «Patriotischen» und Gemeinnützigen im Licht der Aufklärung werden an diesen in der Reformationszeit etablierten armenpflegerischen Kommunalismus anknüpfen.

Anmerkungen

1 Christian Sachsse, Florian Tennstedt, *Geschichte der Armenfürsorge in Deutschland. Vom Spätmittelalter bis zum Ersten Weltkrieg,* Stuttgart 1980, S. 30–38 et passim. Vgl. Robert Jütte, *Obrigkeitliche Armenfürsorge in deutschen Reichsstädten der frühen Neuzeit. Städtisches Armenwesen in Frankfurt am Main und Köln,* Köln 1984, S. 356–367; Alexander Klein, *Armenfürsorge und Bettelbekämpfung in Vorderösterreich 1753–1806, unter besonderer Berücksichtigung der Städte Freiburg und Konstanz,* Freiburg 1994, S. 53 ff. et passim. Die Begriffsbildung beruht auf den Grundzügen, mit denen Hans Scherpner den Wandel vom spätmittelalterlichen zum frühneuzeitlichen Armenwesen beschrieb: Hans Scherpner, *Theorie der Fürsorge,* hg. von Hanna Scherpner, Göttingen 1962, S. 169 ff. Allerdings sind die Begriffe – insbesondere der Begriff der Rationalisierung – bei Scherpner und Sachsse/Tennstedt nicht identisch. Während Scherpner Kommunalisierung, Zentralisierung, Individualisierung, Bürokratisierung und Arbeitspflicht als Aspekte eines übergeordneten, langfristigen Rationalisierungsprozesses in der Fürsorge versteht und dabei implizit Anleihen bei Max Weber macht, sehen Sachsse und Tennstedt die Rationalisierung als Folge beziehungsweise als einen gleichrangigen Parameter neben der Kommunalisierung.
2 Vgl. Frank Hatje, «Ehrenamt und ‹Gemeinnützigkeit› zwischen Familientradition und Geselligkeit (Hamburg 1740–1840)», in: Anja Victorine Hartmann, Malgorzata Morawiec, Peter Voss (Hg.), *Eliten um 1800. Erfahrungshorizonte, Verhaltensweisen, Handlungsmöglichkeiten,* Mainz 2000, S. 201–229.
3 Zu den grundsätzlichen wie praktischen Problemen bei der Umwidmung von Kirchengut siehe Anton Schindling, «Die Reformation in den Reichsstädten und die Kirchengüter. Strassburg, Nürnberg und Frankfurt im Vergleich», in: Jürgen Sydow (Hg.), *Bürgerschaft und Kirche,* Sigmaringen 1980, S. 67–88. Vgl. auch Thomas Brück, «Stellung und Aufgaben von Bootsleutebruderschaften vom Ende des 15. bis zum Ende des 17. Jahrhunderts», in: Peter Johanek (Hg.), *Einungen und Bruderschaften in der spätmittelalterlichen Stadt,* Köln 1993, S. 45–70; Ludwig Remling, *Bruderschaften in Franken. Kirchen- und sozialgeschichtliche Untersuchungen zum spätmittelalterlichen und frühneuzeitlichen Bruderschaftswesen,* Würzburg 1986.
4 Vgl. Peter Blickle, *Gemeindereformation. Die Menschen des 16. Jahrhunderts auf dem Weg zum Heil,* München 1987, S. 98; Schindling (wie Anm. 3), S. 84 ff.
5 Vgl. Ludwig Feuchtwanger, «Geschichte der sozialen Politik und des Armenwesens im Zeitalter der Reformation (I)», *Jahrbuch für Gesetzgebung, Verwaltung und Volkswirtschaft im Deutschen Reich* N. F. 32 (1908), Heft 4, S. 167–204, hier S. 170.
6 Berndt Hamm, *Bürgertum und Glaube. Konturen der städtischen Reformation,* Göttingen 1996, S. 68 ff., 80 f. Peter Blickle verwendet den Begriff «Kommunalisierung» insofern nicht unberechtigt in einem übergreifenden Sinn von «Gemeindewerdung». Blickle, Gemeindereformation (wie Anm. 4), S. 111, 179 ff. et passim; vgl. auch Ders.: «Die Reformation vor dem Hintergrund von Kommunalisierung und Christianisierung. Eine Skizze», in: Ders., Johannes Kunisch (Hg.): *Kommunalisierung und Christianisierung. Voraussetzungen und Folgen der Reformation 1400–1600,* Berlin 1989, S. 9–28. So bereits im Grundsatz über den Zusammenhang von Recht und Religion im Selbstverständnis der Bürgergemeinde Heinrich Schmidt, *Die deutschen Städtechroniken als Spiegel des bürgerlichen Selbstverständnisses im Spätmittelalter,* Göttingen 1958, bes. S. 82–101.
7 Vgl. Hans-Christoph Rublack, «Political and Social Norms in Urban Communities in the Holy Roman Empire», in: Kaspar von Greyerz (Hg.), *Religion, Politics and Social Protest. Three Studies on Early Modern Germany,* London 1984, S. 24–60; Hamm (wie Anm. 6), S. 38 ff.
8 Vgl. Rhiman A. Rotz, «‹Social Struggles› or Price of Power? German Urban Uprisings in the Late Middle Ages», *Archiv für Reformationsgeschichte* 76 (1985), S. 64–95; Olaf Mörke, «Der ‹Konflikt› als Kategorie städtischer Sozialgeschichte der Reformationszeit. Ein Diskussionsbeitrag am Beispiel der Stadt Braunschweig», in: Bernd Diestelkamp (Hg.), *Beiträge zum spätmittelalterlichen Städtewesen,* Köln 1982, S. 144–161; Wilfried Ehbrecht, «Verlaufsformen innerstädtischer Konflikte in nord- und westdeutschen Städten im Reformationszeitalter»,

in: Bernd Moeller (Hg.), *Stadt und Kirche im 16. Jahrhundert,* Gütersloh 1978, S. 27–47; Reinhard Hildebrand, «Rat contra Bürgerschaft. Die Verfassungskonflikte in den Reichsstädten des 17. und 18. Jahrhunderts», *Zeitschrift für Stadtgeschichte, Stadtsoziologie und Denkmalpflege* 1 (1974), S. 221–241.

9 Zwar wurden die Konfliktlinien nicht selten von der Auseinandersetzung mit dem zuständigen Bischof, Domkapitel oder Klerus überlagert. Doch erhielten sie insofern eine besondere Pointe, als zumindest in den Städten Nord- und Nordwestdeutschlands der Rat nicht selten als Parteigänger der altgläubigen kirchlichen Machthaber auftrat. Vgl. dazu Heinz Schilling, «Die politische Elite nordwestdeutscher Städte in den religiösen Auseinandersetzungen des 16. Jahrhunderts», in: Wolfgang J. Mommsen (Hg.), *Stadtbürgertum und Adel in der Reformation. Studien zur Sozialgeschichte in England und Deutschland,* Stuttgart 1979, S. 235–308.

10 Rublack (wie Anm. 7), S. 34, 41; Otto Gerhard Oexle, «Armut, Armutsbegriff und Armenfürsorge im Mittelalter», in: Christoph Sachsse, Florian Tennstedt (Hg.), *Soziale Sicherheit und soziale Disziplinierung,* Frankfurt a. M. 1986, S. 73–100, hier S. 80 f., 83 ff., 87; Ders., «Die mittelalterlichen Gilden: Ihre Selbstdeutung und ihr Beitrag zur Formung sozialer Strukturen», in: Albert Zimmermann (Hg.), *Soziale Ordnungen im Selbstverständnis des Mittelalters,* Berlin 1979 (Miscellanea Mediaevalia 12/1), S. 203–226.

11 Obschon in den Studien zur Städtereformation immer wieder auf die Bedeutung der nicht primär theologischen Faktoren wie Verfassungs- und Sozialstruktur, Verhältnis von Ratsoligarchien und aufstrebenden Eliten usw. eingegangen wird, ist die Reform des Armenwesens und ihre Rolle in diesem Kontext bisher nicht eigens thematisiert worden, soweit ich sehe. Im Hinblick auf einen europäischen Vergleich siehe unter anderem Sandra Cavallo, *Charity and Power in Early Modern Italy. Benefactors and their Motives in Turin, 1541–1789,* Cambridge 1995; Daniel Hickey, *Local Hospitals in Ancien Régime France. Rationalization, Resistance, Renewal 1530–1789,* Montreal 1997; Craig Ross, «Politics and the London Royal Hospital 1683–92», in: Lindsay Granshaw, Roy Porter (Hg.), *The Hospital in History,* London 1989, S. 123–148.

12 Staatsarchiv Hamburg [StAHH], St. Nikolaikirche XIII.1, fol. 2v.

13 Erstmals wurde die Forderung nach einem «gemeinen Kasten» 1526 erhoben, als die Bürgerschaft zur Finanzierung des Alster-Trave-Kanals, dem Ausbau der Verteidigungsanlagen und der Sanierung der Stadtkasse vorschlug, das Domkapitel und den Klerus zu Leistungen heranzuziehen. Rainer Postel, *Die Einführung der Reformation in Hamburg 1517–1528,* Gütersloh 1986, S. 218 ff.

14 Vgl. Johannes Bugenhagen, *Von dem Christlichen glauben/ vnd rechten gueten wercken/ wider falschen glauben/ vnn erdichte guete werck. Darzue/ wie man es sol anrichten mit gueten Christlichen Predigern/ das solcher glaub vnd werck recht predigt werden. An die Erenreich Stat Hamburg,* Nürnberg 1527, S. 17, 103 f. Das Sendschreiben war in der ursprünglichen Fassung von 1526 niederdeutsch geschrieben.

15 Insofern irreführend Blickle, Gemeindereformation (wie Anm. 4), S. 200.

16 StAHH, St. Nikolaikirche XIII.1, fol. 4v–6v, 13r–14v.

17 StAHH, St. Nikolaikirche XIII.1, fol. 2v, 15. Zu den Bedingungen für die Vergabung von Erbgut siehe Johann Heinrich Bartels (Hg.), *Supplementband zu dem neuen Abdrucke der Grundgesetze der Hamburgischen Verfassung und dessen Nachtrage,* Hamburg 1825, hier S. 59 ff.

18 StAHH, St. Nikolaikirche XIII.1, fol. 9r–13r, 15r–16v.

19 Postel (wie Anm. 13), S. 57 f. Die Kirchspiele und ihre Juraten erfüllten schon seit dem 13. Jahrhundert zusätzlich «kommunale» Aufgaben. Burchard Scheper, *Frühe bürgerliche Institutionen norddeutscher Hansestädte. Beiträge zu einer vergleichenden Verfassungsgeschichte Lübecks, Bremens, Lüneburgs und Hamburgs im Mittelalter,* Köln 1975, S. 62 ff.

20 Postel (wie Anm. 13), S. 157–181, 221–226. Schon 1524 hatten Juraten und Bürger von St. Nikolai eigenmächtig einen Pfarrer gewählt, und zwar niemand Geringeren als Johannes Bugenhagen. Doch konnte der Rat die Berufung Bugenhagens hintertreiben. Ebd., S. 204–209.

21 Zur Bedeutung der Prädikaturen als «Brückenköpfe der reformatorischen Bewegung» und der

Durchsetzung der «reinen Lehre» als ersten Schritt im Prozess der Stadtreformation siehe Blickle, Gemeindereformation (wie Anm. 4), S. 94, 97.

22 Bartels (wie Anm. 17), S. 39, 42, 45; Vertragstext StAHH, St. Nikolaikirche XIII.1, fol. 23v bis 26v, abgedruckt bei Nicolaus Staphorst, *Hamburgische Kirchen-Geschichte,* II. Theil, 1. Band, Hamburg 1729, S. 122 f. Der endgültige Vertrag datiert vom 29. September.

23 Johann Klefeker, *Sammlung der Hamburgischen Gesetze und Verfassungen,* Bd. 1, Hamburg 1765, S. 245 ff. (St. Georg), 239 ff. (St. Hiob); Wolfgang Berger, *Das St. Georgs-Hospital zu Hamburg. Die Wirtschaftsführung eines mittelalterlichen Grosshaushalts,* Hamburg 1972; Helmut Puff, «Das Hamburger Hiobshospital in der frühen Neuzeit», *Hamburger Zustände. Jahrbuch zur Geschichte der Region Hamburg* 1 (1988), S. 183–207.

24 Dies schloss die Verantwortung für 69 Arme ein. StAHH, Heilig-Geist-Hospital II.C.I.1, fol. 27–64, bes. fol. 27v, 29v, 32r, 35v. Vgl. Gertrud Brandes, «Die geistlichen Brüderschaften in Hamburg während des Mittelalters», *Zeitschrift des Vereins für Hamburgische Geschichte* 34 (1934), S. 75–176; 35 (1936), S. 57–98; 36 (1937), S. 65–110.

25 So zum Beispiel die Bruderschaft St. Sylvestri der Brauer: StAHH, Senat Cl. VII Lit. Qb, No. 3, vol. 17; Cl. XI Spec. Lit. B, No. 8, vol. 1, Fasc. 23 und 27.

26 Vgl. dazu ausführlich Frank Hatje, *«Gott zu Ehren, der Armut zum Besten». Das Hospital zum Heiligen Geist und Marien-Magdalenenkloster in der Geschichte Hamburgs vom Mittelalter bis ins 20. Jahrhundert* (im Druck).

27 Bartels (wie Anm. 17), S. 55, 71, 72 f., 78 ff., 103–107.

28 Postel (wie Anm. 13), S. 59; Ders., «Obrigkeitsdenken und Reformation in Hamburg», *Archiv für Reformationsgeschichte* 70 (1979), S. 169–201, hier S. 171, 173, 175 f.

29 Hatje, Hospital (wie Anm. 26).

30 Postel (wie Anm. 13), Anhang 5.

31 Jürgen Asch, *Rat und Bürgerschaft in Lübeck 1598–1669,* Lübeck 1960, hier S. 40–55; Scheper (wie Anm. 19), S. 141, 157–180, der deutlich macht, dass die «Gemeinde» in Lübeck bereits seit dem 13. Jahrhundert nur wenige Möglichkeiten zur politischen Mitwirkung hatte, die zudem meist ad hoc durch eigens dazu bestimmte Personen wahrgenommen wurden.

32 Wilhelm Jannasch, *Reformationsgeschichte Lübecks vom Petersablass bis zum Augsburger Reichstag 1515–1530,* Lübeck 1958, S. 183 f.; Wilhelm Plessing, *Das Heilige Geist Hospital in Lübeck im 17. und 18. Jahrhundert. Beiträge zur Geschichte seiner Verfassung, Verwaltung und Einrichtung,* Lübeck 1914, S. 12 f.; Harald Schulz, *Studien zur Wirtschafts- und Sozialgeschichte des Heilig-Geist-Hospitals zu Lübeck,* Diss. phil. Göttingen 1993, S. 28 ff., 143–147.

33 Jannasch (wie Anm. 32), S. 211 ff., 256, 261–266, 273 f., 275 ff.; Wolf-Dieter Hauschild, «Frühe Neuzeit und Reformation. Das Ende der Grossmachtstellung und die Neuorientierung der Stadtgemeinschaft», in: Antje Grassmann (Hg.), *Lübeckische Geschichte,* Lübeck 1988, S. 341–434, hier S. 377–384. Auf die besondere Rolle der Bürgerausschüsse weist bereits Ehbrecht (wie Anm. 8) hin.

34 Jannasch (wie Anm. 32), S. 278 f., 295 ff., 309, 317–319, 328 f. Zur Hospitalfrage in Hamburg siehe StAHH, St. Nikolaikirche XIII.1, fol. 7v–8r. Vgl. Robert Jütte, «Health Care Provision and Poor Relief in Early Modern Hanseatic Towns: Hamburg, Bremen and Lübeck», in: Ole Peter Grell, Andrew Cunningham (Hg.), *Health Care and Poor Relief in Protestant Europe 1500–1700,* London 1997, S. 108–128.

35 Jannasch (wie Anm. 32), S. 337–339. Zusätzlich wurde ein 100er-Ausschuss eingesetzt, der die Interessen der Bürgerschaft zwischen den Bürgerkonventen wahrnehmen sollte.

36 Hauschild (wie Anm. 33), S. 385–388, 392.

37 Die Aufgabe nahmen in Hamburg die Juraten und Leichnamsgeschworenen wahr, weswegen der «Schatkasten» dort nicht zur Ausführung kam.

38 Vgl. Hatje, Ehrenamt (wie Anm. 2).

39 Wolf-Dieter Hauschild (Hg.), *Lübecker Kirchenordnung von Johannes Bugenhagen 1531. Text mit Übersetzung, Erläuterungen und Einleitung,* Lübeck 1981, S. 155–185.

40 Georg Waitz, *Lübeck unter Jürgen Wullenwever und die europäische Politik,* 3 Bände, Berlin

1855/56, Bd. 2, S. 159 ff., 362 ff. Plessing (wie Anm. 32), S. 16; Hauschild (wie Anm. 33), S. 405 ff.
41 Asch (wie Anm. 31), S. 56 ff., 61 ff. Der Forderungskatalog bezog noch eine Reihe weiterer Materien ein und wuchs noch im Laufe der Auseinandersetzungen: ebd., S. 65–77. Zur Problematik von Bürgerrecht und Bürgereid siehe ebd., S. 13–20, 78–91. Zu den Reiserschen Unruhen vgl. zusammenfassend Antje Grassmann, «Lübeck im 17. Jahrhundert. Wahrung des Erreichten», in: Dies. (Hg.): *Lübeckische Geschichte,* Lübeck 1988, S. 435–490, hier S. 441–445.
42 Vgl. Ortwin Pelc (Hg.), *Gründliche Nachricht des St. Annen-Armen- und Werck-Hauses in Lübeck von 1735,* Lübeck 1990; Dirk Brietzke, *Arbeitsdisziplin und Armut in der Frühen Neuzeit. Die Zucht- und Arbeitshäuser in den Hansestädten Bremen, Hamburg und Lübeck und die Durchsetzung bürgerlicher Arbeitsmoral im 17. und 18. Jahrhundert,* Hamburg 2000, bes. S. 108–128.
43 Vgl. Plessing (wie Anm. 32), S. 17 f. Zu den einzelnen Verhandlungsschritten ebd., S. 17–22.
44 Die Affäre um die Offenlegung legt den Schluss nahe, dass die Gravamina der Bürger berechtigt waren. Ebd., S. 20 ff.
45 Ebd., S. 19; vgl. Asch (wie Anm. 31), S. 76 f.
46 Plessing (wie Anm. 32), S. 26 ff.
47 Die turnusgemässe Wahl wurde auf lebenslange Amtszeit und Kooptation umgestellt, bürgerliche Vorsteher behielten ihr Amt auch nach der Wahl in den Rat und schieden erst aus, wenn sie die Wahl zum Bürgermeister traf. Plessing (wie Anm. 32), S. 32 ff. et passim. In der ersten Hälfte des 18. Jahrhunderts sassen regelmässig zwei oder drei Vertreter der Familien Rodde und Tesdorpf gleichzeitig im Kollegium.
48 Olaf Mörke, *Rat und Bürger in der Reformation. Soziale Gruppen und kirchlicher Wandel in den welfischen Hansestädten Lüneburg, Braunschweig und Göttingen,* Hildesheim 1983, S. 128 bis 143; Klaus Jürgens, «Die Reformation in der Stadt Braunschweig von den Anfängen bis zur Annahme der Kirchenordnung», in: *Die Reformation in der Stadt Braunschweig. Festschrift 1528–1978,* Braunschweig 1978, S. 25–70, hier S. 44–70. Zu den nach dem Braunschweiger Vorbild gestalteten Kirchenordnungen siehe Ludwig Feuchtwanger, «Geschichte der sozialen Politik und des Armenwesens im Zeitalter der Reformation (II)», *Jahrbuch für Gesetzgebung, Verwaltung und Volkswirtschaft im Deutschen Reich* N. F. 33 (1909), Heft 1, S. 191–228, hier S. 198 ff.
49 Annette Boldt, *Das Fürsorgewesen der Stadt Braunschweig in Spätmittelalter und Früher Neuzeit. Eine exemplarische Untersuchung am Beispiel des St. Thomae-Hospitals,* Braunschweig 1988, S. 73, 88.
50 Schilling (wie Anm. 9), S. 259 ff. Zur Rolle der Gilden bei der schrittweisen Ausbildung des Gemeinwesens und der bürgerlichen Partizipation siehe Manfred R. W. Garzmann, «Zum Korporationsproblem im spätmittelalterlichen Braunschweig», in: Johanek (wie Anm. 3), S. 71 bis 110.
51 Mörke (wie Anm. 48), Anhang 5. Dies entspricht den Befunden in Bezug auf die personellen Veränderungen des Rats im Kontext der Reformation bei Schilling (wie Anm. 9), S. 264–271.
52 Sigrid Jahns, *Frankfurt, Reformation und Schmalkaldischer Bund. Die Reformations-, Reichs- und Bündnispolitik der Reichsstadt Frankfurt am Main 1525–1536,* Frankfurt a. M. 1976, S. 36 ff.; Günter Franz, *Der deutsche Bauernkrieg,* 11. Aufl., Darmstadt 1977, S. 227 ff.; Karl Bauer, «Der Bekenntnisstand der Reichsstadt Frankfurt a. M. im Zeitalter der Reformation (I)», *Archiv für Reformationsgeschichte* 19 (1922), S. 194–251, hier S. 222–226, der auf Dr. Gerhard Westerburg, den Schwager Karlstadts, als Verfasser und die Nähe zu den zwölf Artikeln der Bauern hinweist. Der Artikel selbst sind abgedruckt bei Günter Franz (Hg.), *Quellen zur Geschichte des Bauernkrieges,* Darmstadt 1963, S. 455–461.
53 Vgl. Schindling (wie Anm. 3), S. 74, 77 ff.
54 Werner Moritz, *Die bürgerlichen Fürsorgeanstalten der Reichsstadt Frankfurt a. M. im späten Mittelalter,* Frankfurt a. M. 1981, S. 222 f.; Jütte (wie Anm. 1), S. 90 f., der Augsburg als Vorbild nennt. Indessen ist sehr wahrscheinlich, dass Hamann von Holzhausen, der nicht nur 1523 und 1530 eine zentrale Rolle in der Frage des Almosenkastens spielte, sondern Frankfurt

auch auf den Reichstagen in Nürnberg 1522/23 und 1524 sowie auf den Städtetagen in Speyer und Esslingen 1523 vertrat, die Nürnberger Armenordnung aus eigener Anschauung kannte und im Frankfurter Rat propagierte. Vgl. Jahns (wie Anm. 52), S. 35. Wie sehr die Errichtung eines «gemeinen Kastens» bei den Zeitgenossen mit der reformatorischen Bewegung verknüpft war, zeigt sich nicht nur an den 46 Artikeln, sondern auch daran, dass sowohl in der Kommission, die 1530 über den Almosenkasten beriet, als auch unter den Kastenpflegern, die am 24. Mai 1530 gewählt wurden, langjährige Anhänger der Reformation tonangebend waren, ganz abgesehen davon, dass etliche von ihnen als Pfleger der wichtigsten Institutionen des Armenwesens amtiert hatten. Vgl. Jütte, S. 93; vgl. ferner Moritz, S. 223 mit S. 228–257. Zur Charakterisierung der Ratspolitik bis 1530 siehe Bauer (wie Anm. 52), S. 220, und Jahns (wie Anm. 52), S. 217 et passim.

55 Jahns (wie Anm. 52), S. 139 f., 202, 204 ff.; Jütte (wie Anm. 1), S. 92 f. In diesem Sinne muss man wohl auch die Wittenberger Ordnung vom 24. Januar 1522 verstehen, die unmittelbar auf die Vorgänge vom Dezember reagierte. Robert W. Scribner, «The Reformation as a Social Movement», in: Wolfgang J. Mommsen (Hg.), *Stadtbürgertum und Adel in der Reformation. Studien zur Sozialgeschichte in England und Deutschland*, Stuttgart 1979, S. 49–79, hier S. 50 bis 53.
56 Jütte (wie Anm. 1), S. 94–97; Moritz (wie Anm. 54), S. 115–124.
57 Hans-Christoph Rublack, *Gescheiterte Reformation. Frühreformatorische und protestantische Bewegungen in süd- und westdeutschen geistlichen Residenzen*, Stuttgart 1978, S. 45 ff.
58 Johann Martin Lappenberg (Hg.), *Hamburgische Chroniken in niedersächsischer Sprache*, Hamburg 1861 (Nachdruck Niederwalluf 1971), S. 568. Vgl. auch Jörg Vögeli, *Schriften zur Reformation in Konstanz 1519–1538*, bearb. von Alfred Vögeli, 1. Halbband, Tübingen 1972, S. 61–78, bes. S. 71 f., 425 f., S. 484; Blickle, Gemeindereformation (wie Anm. 4), S. 87 f.
59 Rublack (wie Anm. 57), S. 131 ff.
60 Vgl. zum theoretischen Hintergrund Frank Hatje, *Repräsentationen der Staatsgewalt. Herrschaftsstrukturen und Selbstdarstellung in Hamburg 1700–1900*, Basel 1997, S. 43–74.
61 Jörg Rogge, *Für den Gemeinen Nutzen. Politisches Handeln und Politikverständnis von Rat und Bürgerschaft in Augsburg im Spätmittelalter*, Tübingen 1996, S. 218–230.
62 Thomas Fischer, *Städtische Armut und Armenfürsorge im 15. und 16. Jahrhundert. Sozialgeschichtliche Untersuchungen am Beispiel der Städte Basel, Freiburg i. Br. und Strassburg*, Göttingen 1979, S. 165, 178 ff., 266 ff.; Otto Winckelmann, *Das Fürsorgewesen der Stadt Strassburg vor und nach der Reformation bis zum Ausgang des sechzehnten Jahrhunderts. Ein Beitrag zur deutschen Kultur- und Wirtschaftsgeschichte*, Leipzig 1922, S. 75–87. Zu den Anfängen der reformatorischen Predigt Miriam Usher Chrisman, *Strasbourg and the Reform. A Study in the Process of Change*, New Haven 1967, S. 100 ff.; zur Armenordnung als Ausfluss der Reformation auf der Basis humanistischer Wegbereitung ebd., S. 275–283. Thomas A. Brady, *Ruling Class, Regime and Reformation at Strasbourg 1520–1555*, Leiden 1978, S. 205 bis 208, reiht die Armenordnung ein in Massnahmen wie Reduzierung von Steuern und Auflösung der Klöster, deren Ziel für den Rat darin bestand, die reformatorische Bewegung unter Kontrolle zu bringen.
63 Zum Stand der Kommunalisierung des Kirchenwesens zu Beginn des 16. Jahrhunderts vgl. Rolf Kiessling, *Bürgerliche Gesellschaft und Kirche in Augsburg im Spätmittelalter. Ein Beitrag zur Strukturanalyse der oberdeutschen Reichsstadt*, Augsburg 1971.
64 Rolf Kiessling, «Städtischer Republikanismus. Regimentsformen des Bürgertums in oberschwäbischen Stadtstaaten im ausgehenden Mittelalter und der beginnenden Neuzeit», in: Peter Blickle (Hg.), *Politische Kultur in Oberschwaben*, Tübingen 1993, S. 175–205, hier S. 196.
65 Rogge (wie Anm. 61), S. 229, 249–268; Friedrich Roth, *Augsburgs Reformationsgeschichte 1517–1530*, 2., völlig überarbeitete Aufl., München 1901, S. 157 f., 160 ff.
66 Andreas Gössner, *Weltliche Kirchenhoheit und reichsstädtische Reformation. Die Augsburger Ratspolitik des «milten und mitleren weges» 1520–1534*, Berlin 1999, S. 35 ff., zur Armenordnung ebd., S. 39 ff.
67 Roth (wie Anm. 65), S. 51–62, 67 ff. Die erste öffentliche Eheschliessung eines Priesters

erfolgte 1522. Der Rat versuchte vergeblich, die Eheschliessung zu unterbinden, stellte aber alle dabei Anwesenden unter Strafe: ebd., S. 115 f.
68 Wilhelm Rem, «Cronica newer geschichten (1512–1527)», in: *Die Chroniken der deutschen Städte,* Bd. 25 (Augsburg, Bd. 5), Leipzig 1896, S. 3–268, hier S. 144.
69 Roth (wie Anm. 65), S. 117; sehr knapp dagegen Claus Peter Clasen, «Armenfürsorge im 16. Jahrhundert», in: Gunther Gottlieb et al. (Hg.), *Geschichte der Stadt Augsburg,* 2. Aufl., Stuttgart 1985, S. 337–342, hier S. 337.
70 Roth (wie Anm. 65), S. 117 ff. Bei «Von vßtheilung des Almusens» handelt es sich um die deutsche Übersetzung der Schrift «De non habendo pauperum delectu» (Basel 1523), die der Basler Reformator Oekolampad auf Anregung des Augsburger Kanonikus und Domscholasters Bernhard Adelmann verfasste.
71 Rogge (wie Anm. 61), S. 226.
72 Ebd., S. 231–248; vgl. Kiessling, Republikanismus (wie Anm. 64), S. 182 f. Grosser Rat und ständiger Bürgerausschuss waren überdies Foren der öffentlichen Meinung und auch auf diese Weise «wichtigste Träger der Integration der Gesamtbürgerschaft».

Olivia Hochstrasser

Die Armen und die Unzucht

Überlegungen zum Armutsdiskurs des 17. Jahrhunderts

Im Jahr 1517 erliess der Rat der Stadt Freiburg im Breisgau eine erste Bettelordnung, welche noch wenig von den zeittypischen Reformen der Armenpolitik erkennen lässt.[1] Sie legt die Aufgaben eines Bettlergerichtes fest und soll die «Unzucht» der hausarmen Bettler abstellen. Der Begriff der Unzucht wird hier noch in einer eher spätmittelalterlichen Bedeutung gebraucht, als Unzucht allgemein Verstösse gegen das friedliche Zusammenleben bezeichnete.[2] Betteln in der Kirche, Gotteslästerei, Kuppelei, Spielen, Trunkenheit und andere «Buebereien» sollten mit der Abnahme des Bettelzeichens geahndet werden. Die Kategorie der Unzucht wird damit zu einem Differenzierungskriterium zwischen würdiger und unwürdiger Armut – züchtiges und unzüchtiges Verhalten konnte über den Zugang zur Almosenvergabe entscheiden.
Diese frühe Bettelordnung stellt eine dezidierte Beziehung zwischen den Kategorien der Armut und der Unzucht her. Die Frage nach der Art dieser Beziehung löst eine Reihe von Assoziationen aus: Wir wissen, dass sich wenige Jahre nach 1517 beide Begriffe – Armut und Unzucht – zu Kernthemen des reformatorischen Diskurses entwickelten.[3] Die Armenpolitik wie auch die Ehe- und Sittlichkeitspolitik wurden zu zentralen Politikfeldern der reformatorischen und nachreformatorischen Obrigkeiten, auf beiden wurde mit beträchtlichem Reformeifer gesellschaftliche Ordnung definiert, organisiert und symbolisch hergestellt.
Beide Begriffe unterlagen im Laufe des 16. und 17. Jahrhunderts einem Bedeutungs- und Bewertungswandel. Die «Unzucht» wurde immer mehr zum Synonym für geschlechtliche Beziehungen ausserhalb der Ehe und zu einem strafrechtlichen Delikt. Die «Armut» verlor immer mehr von ihrer Wertschätzung als Handlungsfeld für gottgefällige Caritas und erschien zunehmend als gesellschaftliches Problem und als persönlicher Makel.
In letzter Zeit wird versucht, den Begriff der Armut weniger als Beschreibung ökonomischer Bedingungen aufzufassen und stärker als soziale Konstruktion, als etwas, was zwischen den Armen, der Bürgerschaft und der Obrigkeit «ausgehan-

delt» wird.[4] Es scheint nahe liegend, diese Konstruktionsprozesse rund um die frühneuzeitliche «Armut» gemeinsam mit denen der «Unzucht» in den Blick zu nehmen – die Freiburger Bettelordnung ist nur ein Dokument unter vielen, das Beziehungen zwischen beiden herstellt.

Freiburg im Breisgau – Musterbeispiel armenpolitischer Reformen

Die vorderösterreichische Landstadt Freiburg im Breisgau ist alles andere als ein weisser Fleck in der Armutsforschung: Thomas Fischer charakterisiert Freiburg als typisches Beispiel katholischer Reformentwicklungen während des 16. Jahrhunderts.[5] Die charakteristische Zentralisierung und Bürokratisierung des Armenwesens fand hier ebenso statt wie in den reformierten Nachbarstädten Basel und Strassburg, allerdings mit Verzögerung und in abgemilderter Form. Die obrigkeitlichen Reformbemühungen setzten hier erst in den 1550er-Jahren ein, die Armenordnung von 1582 zeigt dann die Züge einer «modernen» Armenpolitik: die Errichtung einer zentralen Almosenkasse unter städtischer Kontrolle, ein generelles Bettelverbot, die Zentralisierung des Almoseneinzugs in Gestalt des «Bettelkarrens», die Formulierung der Kriterien der physischen Arbeitsunfähigkeit und des Heimatprinzips zur klaren Unterscheidung würdiger und unwürdiger Armut. Diese Rationalisierungsbestrebungen erscheinen aber doch durch katholische Traditionen gemildert: Fremde Arme, die offensichtlich krank waren, wurden vom Bettelverbot ausgenommen und Bettelorden durften weiterhin Almosen erbitten.

Die Arbeiten Alexander Kleins zeigen, wie Freiburg ab 1750 zum Experimentierfeld einer aufgeklärt-absolutistischen Reformpolitik wurde.[6] Hier durchlief die Armenpolitik Maria Theresias und Josephs II. eine Art Testlauf, bevor sie im übrigen Vorderösterreich zum Einsatz kam. Die effizientere Umsetzung der Bürokratisierungsbemühungen, die klarere Grenzziehung zwischen verschiedenen Kategorien von Armen, die Umsetzung einer gleichermassen fürsorgerischen wie repressiven Arbeitserziehung waren die Grundlinien dieser weithin diskutierten Politik. So entstanden in Freiburg eine Reihe neuer Armenordnungen, ab 1762 ein Spinn- und Arbeitshaus, 1782 die Freiburger Armenanstalten mit ihrer modernen Einteilung in Bezirke und schliesslich eines der ersten modernen Krankenhäuser.

Das Beispiel Freiburgs zeigt im Spiegel dieser beiden Arbeiten fast idealtypisch die Veränderungen der Armenfürsorge zwischen Spätmittelalter und 19. Jahrhundert. Es zeigt ebenso die Konzentration der Armutsforschung auf die reformintensiven Phasen des frühen 16. zum einen, des späten 18. Jahrhunderts zum anderen.[7] Die Epoche des «langen 17. Jahrhunderts», Brücke oder Übergang zwischen diesen, wird dagegen kaum thematisiert. Es ist nicht zufällig, dass die wenigen Ausnahmen sich von einer institutionen- und obrigkeitsfixierten Perspektive eher distanzieren und explizit die Kultur der Armen zum Fokus machen.[8] Es wäre zu überlegen, inwieweit der an den Reformdiskursen des 16. und 18. Jahrhunderts entwickelte Begriff von Armenpolitik nicht zwangsläufig eine gewisse Blindheit gegenüber der spezifischen Situation des 17. Jahrhunderts mit sich bringt und damit gegenüber den vielfältigen Facetten des Armutsdiskurses, die sich nicht mit den Kategorien der Reform erfassen lassen.

Das 17. Jahrhundert – armenpolitische Leerstelle

Dass die materielle Not breiter Schichten während des 17. Jahrhunderts weiterhin das zentrale gesellschaftliche Problem blieb, lassen die Rahmenbedingungen der Freiburger Stadtgeschichte zumindest vermuten.[9] Wie das gesamte Oberrheingebiet hatte Freiburg unter den Kampfhandlungen des Dreissigjährigen Krieges gelitten. Die Stadt wurde nach dem Verlust des Elsass zum Sitz der vorderösterreichischen Regierung und blieb als Vorposten des Reiches im Brennpunkt der politischen Konflikte. Ein wirtschaftlicher Neuanfang wurde durch die Zerstörungen, die Dezimierung der Bevölkerung, den Niedergang der städtischen Wirtschaft und die Schuldenlast, zusätzlich durch den Ausbau der Festungsanlagen und die ständige Militärpräsenz erschwert. 1677 wurde Freiburg von französischen Truppen erobert und blieb zwanzig Jahre lang unter deren Besatzung. Das 17. Jahrhundert erscheint in der Freiburger Stadtgeschichte als eine Art Ausnahmezustand, bestimmt von Kriegs-, Garnisons- und Besatzungssituationen und ihren Auswirkungen: Die wirtschaftlichen Belastungen waren immens, das soziale Gefüge durch die ständige Präsenz und Einquartierung von Truppen sowie durch starke Zuwanderung geprägt.[10] Hungerkrisen und Massenarmut blieben ein zentrales Thema auch dieses Kapitels der Stadtgeschichte.[11]
Mit «Stagnation und Krise des Armenwesens» überschreibt die Freiburger Stadtgeschichte diese Epoche der Freiburger Armenpolitik.[12] Tatsächlich weisen die Quellenbestände aus dem 17. Jahrhundert eine vergleichsweise spärliche Überlieferung zum Thema der Armenpolitik auf. Nach wie vor gab es damals in Freiburg eine ganze Reihe von wohltätigen Institutionen:[13] Das Heiliggeistspital beherbergte bürgerliche Pfründner, Armenspital, Seelhaus und Blatternhaus einheimische wie fremde Arme und Kranke, das Gutleuthaus diente als Leprosenheim. Diese meist im Mittelalter gegründeten Stiftungen nahmen ihre Aufgaben mindestens bis zu ihrer Zerstörung 1677 wahr, und erhöhten danach weiterhin die Einnahmen der Almosenkasse.
Aus einem Ratsspeculum des Jahres 1657 geht hervor, dass die Almosenvergabe zu diesem Zeitpunkt noch den Richtlinien von 1582 folgte:[14] Alle Vierteljahre entschieden die Almosenpfleger im Seelhaus, welche der dort versammelten

städtischen Armen «des almusens vehig» seien. Ein identisches Verfahren scheint noch in den Jahren 1672 und 1682 in Kraft gewesen zu sein.[15] Den durch ein Bettelzeichen ausgewiesenen Almosenberechtigten wurde dann zweimal wöchentlich im Seelhaus Brot oder eine Geldsumme ausgehändigt.[16]
Auch die Bettelbekämpfung blieb, wenn auch eher am Rande, ein Thema in den Freiburger Quellen. Es überrascht wenig, dass das Bettelverbot von 1582 nicht durchgesetzt wurde. Um 1613 versuchten Stadt und vorderösterreichische Regierung, der hohen Zahl an Vagierenden mit regelmässigen Streifen im Umland Herr zu werden, und der Rat mahnte die Abschaffung der zahlreichen müssiggehenden Bettler an.[17] 1624 wurde der Wachdienst an den Toren neu organisiert und erneut die Abweisung aller fremden Bettler gefordert.[18] 1637 und 1664 erliess die vorderösterreichische Regierung Mandate gegen Strassenräuber und Vagierende, Zigeuner und Bettler.[19] Kontinuierlich bemühte sich der Rat um die Begrenzung des Zuzugs von Fremden: Torwachen und Wirte mussten fremde Übernachtungsgäste sofort mittels so genannter Nachtzettel auf dem Rathaus melden.[20] Die nicht genehmigte Beherbergung von Fremden wurde mit Geldstrafen geahndet.[21]
Nach dem Ende der französischen Besatzungszeit setzte die vorderösterreichische Regierung in der wiedergewonnenen Stadt Freiburg eine neue Reformphase in Gang.[22] Gleich 1699 beklagte sie beim Rat die Zunahme der Armut in der Stadt und mahnte eine effizientere Abwehr fremder Bettler und eine Neuordnung des Almoseneinzugs an. 1705 entstand eine Strumpffabrik zur Versorgung der Armen, 1713 eine neue Bettelordnung, nach der arbeitsfähige Arme zur Arbeit angehalten und arbeitsunfähige mit Almosen versorgt werden sollten und die fremden Bettlern immerhin freitags den Zugang zur Stadt gestattete – die Arbeitsunfähigkeit der Armen wurde damit zum Kriterium für den Erhalt der Almosenberechtigung und des Stadtzeichens. 1721 übergab die Stadt der Regierung eine detaillierte Spezifikation über die Bettler und Hausarmen und wurde für ihre armenpolitischen Bemühungen gelobt. Von 1735 datiert eine neue Armenordnung, die die Beschlüsse von 1582 zur Durchführung bringen sollte, das Bettelverbot und die Ausweisung auswärtiger Bettler aber immer noch mit dem Zugeständnis einer Spitalübernachtung und eines Almosens milderte.
Eine effektive Zentralisierung des Almoseneinzugs und die Steigerung der Einnahmen blieb den aufklärerischen Reformen nach 1750 überlassen. Die ganze Zeit über bildete wohl die traditionelle Caritas der Freiburger Klöster eine wichtige Unterstützung für die Armen Freiburgs – noch im 18. Jahrhundert wurde deren regelmässige Spendentätigkeit und die Klosterspeisung von Bettlern beklagt.[23]
Die geringe armen- und bettelpolitische Überlieferung zwischen 1600 und 1700 ist möglicherweise durch Freiburgs exponierte politische Situation bedingt. Vergleichbare Untersuchungen über andere Städte sind jedoch selten:[24] Martin Dinges diagnostiziert in Bordeaux zur selben Zeit einen durch konfessionelle Konkurrenz

bedingten zweiten Reformschub in der städtischen Armenfürsorge, die Arbeiten von Helmut Bräuer über Österreich verweisen auf die Intensivierung einer restriktiven Bettelpolitik und schliesslich setzte zeitgleich die bekannte Gründungswelle von Zucht- und Arbeitshäusern ein. Unter der Perspektive des Reformdiskurses erscheint das 17. Jahrhundert als eine Art Übergangszeit, in der die Reformentwicklungen des 16. Jahrhunderts entweder eine Konsolidierung erfuhren oder in Krise und Stagnation gerieten und in der gleichzeitig erste kameralistische Überlegungen zu wirken begannen.

Perspektivenwechsel – Armenpolitik und Ordnungspolitik

Es scheint mir aber genau dieser Fokus auf Institutionen, Reformen und Konzepte zu sein, der das 17. Jahrhundert als eine Art «armenpolitischer Zwischenzeit» mit eher blassen Konturen erscheinen lässt. Nicht einmal im Falle der Freiburger Obrigkeit lässt sich das Erlahmen des armenpolitischen Engagements mit den Kriegs-, Not- und Besatzungssituationen hinreichend erklären – die Quellenbestände des Freiburger Stadtarchivs dokumentieren jedenfalls eine kontinuierliche Verwaltungstätigkeit in anderen Bereichen.
Unterschichten- und Armutsproblematik waren durchaus ein Thema in dieser Zeit, sie wurden allerdings nicht nur in explizit armenpolitischen Kontexten behandelt, wie etwa der Themenkatalog der verschiedenen an die Freiburger Stadtbevölkerung gerichteten Mandate und Polizeiordnungen zeigt. Eine Vielzahl von Wirtschafts- und Zollverordnungen erwähnt die wirtschaftliche Notsituation der Bevölkerung.[25] In den charakteristischen Luxus- und Sittenmandaten gegen zu üppige Hochzeits- und Tauffeste, gegen Trinken, Spielen, unbefugten Weinausschank und zu üppige Kleidung werden die unteren Schichten der städtischen Gesellschaft thematisiert. In den bekannten Stereotypen formuliert dieser Diskurs den Zusammenhang von Notsituationen, göttlicher Strafe und sündigem Verhalten oder nennt explizit die Prasserei und die Leichtfertigkeit der Armen als Ursache für Hungerkrisen.[26]
Spannend ist der manchmal frappierend erscheinende Mix ordnungspolitischer Problemfelder in diesen Texten, der nicht immer nur zufällig scheint: Eine Polizeiordnung aus dem Jahr 1624 beklagt, dass in den schwierigen Teuerungs- und Kriegszeiten immer noch zu üppige Hochzeiten gehalten würden, und betont die Genehmigungspflicht von Eheschliessungen durch den Rat. Dann geht der Text unvermittelt zur Festlegung von Taglohnsätzen für die Weinernte über, die mit dem Problem der hohen Zahl der müssiggehenden Almosenempfänger in der Rebleutezunft begründet wird. Folgerichtig thematisiert er im Anschluss die fehlende Arbeitsmoral und Kinderzucht dieser Armen sowie die Zunahme der

Gartknechte, Bettler und Vagierenden, beschwört die dadurch drohende Gefahr von Seuchen und regelt im Abspann noch die Wachtdienste neu.[27] Ordnungspolitische Problemsituationen werden so auf vielfältige Weise miteinander verflochten und gleichzeitig mit städtischen oder fremden Unterschichten in Zusammenhang gebracht.

Eine dezidierte ordnungspolitische Funktion hatten die Tax- und Lohnlisten, die der Freiburger Rat immer wieder erliess.[28] Sie richteten sich teils an fremde Bettler, teils an die einheimischen Unterschichten, dienten aber keineswegs der Sicherung von Mindestlöhnen: Ein Text des frühen 17. Jahrhunderts leitet die Festlegung der Taglohnsätze mit einer Forderung nach Abschaffung fremder Bettler ein, die sich «umb ein gebüerend Pfenig zu Arbeitten (.) waigern und stattdessen dem faulenzen und mießiggang obligen», und droht, wer mehr Lohn fordere, solle gefangen gesetzt und ausgewiesen werden.[29] Auch die Polizeiordnung von 1624 begründet die Lohnregelungen mit den «sich allein im almoußen ernerende holtzschädliche miesig gehende Rebleüth». Unter «billigen», das heisst angemessenen Löhnen verstand man in Freiburg hinreichend niedere Lohnsätze, die die Armen am schädlichen Müssiggang hindern sollten.

Vor den Freiburger Gerichten: Strafverfolgung und Delinquenz

Noch dichter ist das armenpolitische Denken und Handeln der Freiburger Obrigkeiten auf dem Feld der Strafgerichtsbarkeit dokumentiert, das von der Armutsforschung bislang nur zögernd in den Blick genommen wird. In Gerichtsquellen nach dem Verhältnis von Unterschichten und Obrigkeit zu suchen, bietet sich an – gehörten die von den Strafgerichten vorgeladenen Angeklagten doch überwiegend zu den unteren Bevölkerungsschichten.[30]

Statistische Auswertungen von Gerichtsquellen sind in mehrerlei Hinsicht problematisch:[31] Die Defizite der frühneuzeitlichen Strafverfolgung und die unvollständige Überlieferung verbieten es von vornherein, aus den überlieferten Gerichtsverfahren auf die tatsächlich geübte Delinquenz zu schliessen. Noch problematischer ist es, aus Entwicklungen der Deliktstruktur reale Verhaltensänderungen – etwa im Sinne einer Zivilisierung oder Disziplinierung – abzuleiten. Berücksichtigt man noch das verbreitete aussergerichtliche Schlichtungs- und Konfliktverhalten und Überlegungen, wie sie das Konzept der Justiznutzung vorschlägt, wird sogar die Ableitung eines obrigkeitlichen Verfolgungswillens gegenüber bestimmten Verhaltensweisen aus solchen Zahlen problematisch.

Dennoch kann die aussergewöhnlich dichte und vielfältige Freiburger Gerichtsüberlieferung einige Entwicklungen deutlich machen. Ein knapper Überblick darüber, welche Personen und Personengruppen zu welchen Zeiten wegen welcher

Vergehen von den Freiburger Gerichten zur Rechenschaft gezogen wurden, erlaubt Rückschlüsse auf die Verfolgungsinteressen des städtischen Rates und auf die Wahrnehmung und Bewertung von Armut innerhalb des städtischen Sozialgefüges. Ausgewertet wurde dafür die Überlieferung der Freiburger Hoch- und Niedergerichtsbarkeit: Das Urgichtbuch verzeichnet zwischen 1550 und 1600 die Geständnisse der von der Freiburger Hochgerichtsbarkeit Verurteilten, die Criminalia versammeln reichhaltige, aber heterogene Materialien zu den Verhandlungen des Blutgerichtes, die Urfehden die zahlreichen Haftentlassungen und die Straf- und Frevelbücher die von der Niedergerichtsbarkeit verhängten Geldstrafen.[32] Die zentralen Veränderungsmuster und Tendenzen in der gerichtlich erfassten Delinquenz in Freiburg thematisieren auch Peter Wettmann-Jungbluts Arbeit über Eigentumskriminalität und Andreas Blauerts Untersuchung über südwestdeutsche Urfehden:[33] Beide beschreiben in groben Zügen eine Entwicklung, in der die Dominanz der Gewaltverbrechen im Spätmittelalter seit der Reformation von einer immer stärkeren Zunahme von Eigentums- und Sittlichkeitsdelikten abgelöst wird, bis im 18. Jahrhundert Eigentumsdelikte klar die Kriminalitätsstatistiken dominieren.

Die Gesamtauszählung aller erhaltenen hochgerichtlichen Quellen Freiburgs bestätigt und differenziert dieses Ergebnis: Das Urgichtbuch verzeichnet zwischen 1550 und 1600 den markanten Anstieg der Eigentumsdelikte auf insgesamt 50% aller vom Freiburger Hochgericht verurteilten Straftaten, die Sittlichkeit spielt dagegen mit gerade 10% keine grosse Rolle.[34] Ab 1700 verschiebt sich diese Statistik deutlich: In der nach 25-Jahres-Blöcken zusammengefassten Auszählung der Criminalia dominieren zwischen 1600 und 1625 mit etwa 40% noch ganz die Diebstahlsdelikte. Diese nehmen zwischen 1625 und 1650 mit 33%, zwischen 1650 und 1675 mit 11% und zwischen 1675 und 1700 mit 26% nach wie vor eine wichtige Rolle ein. Daneben boomen nun jedoch die Vergehen gegen die Moral: Sittlichkeitsdelikte spielen im Vergichtbuch und den Criminalia bis 1625 mit ca. 10% noch keine grosse Rolle. Im zweiten Viertel des Jahrhunderts nahmen sie schon 20% der Criminalia-Überlieferung ein, zwischen 1650 und 1675 16%, ab 1675 wurden sie dann mit 36% zum zentralen Thema in den Gerichtsakten. Selbst unter den Geldstrafen der niederen Gerichtsbarkeit steigen die in den ersten drei Jahrhundertvierteln mit 10%, 6% und 5% eher marginalen Unzuchtsvergehen ab 1675 auf gut 14% an.

Besonders drastisch zeigen die Urfehden, die bei der Haftentlassung von Angeklagten angefertigt wurden, den Aufstieg dieser neuen Form der Delinquenz:[35] Im ersten Jahrhundertviertel waren Diebstahl mit 29% und die Sittlichkeit mit 27% die wichtigsten Anlässe für den Schwur einer Urfehde. Im zweiten und dritten Jahrhundertviertel dominieren die Diebstähle gegenüber den Sittlichkeitsdelikten mit 52% zu 24% beziehungsweise mit 42% zu 21% ganz eindeutig die Statistik. Im vierten Jahrhundertviertel aber hat sich das Verhältnis mit 33% zu 66% endgültig zugunsten der Sittlichkeitsvergehen umgekehrt. Noch klarer wird diese Entwicklung, wenn man die Anzahl der ausgestellten beziehungsweise erhaltenen Urfehden nennt: Aus der Zeit zwischen 1640 und 1680 sind insgesamt nur 27, zwischen 1680 und 1700 dagegen 79 Urfehden erhalten. Unter den insgesamt 51 Urfehden der 1680er-Jahre betreffen 38, das heisst 75%, Unzuchtsdelikte! Ganz offensichtlich war das Rechtsmittel der Urfehde im Verlauf des 17. Jahrhunderts fast ausser Gebrauch geraten und wurde mit einem Mal als Mittel der Moralpolitik wieder entdeckt.[36] Der Hintergrund ist recht eindeutig, es ist die 1679 beginnende und zwanzig Jahren dauernde Zeit der französischen Besatzung, in der die Freiburger Obrigkeit eine solche moralpolitische «Obsession», wie sie Wettmann-Jungblut nennt, entwickelte.[37] Der Aufstieg der Unzucht in der Freiburger Gerichtsüberlieferung spiegelt einen allgemeinen Trend: Seit der Reformationszeit interessierten sich die Gerichte immer mehr für aussereheliche Sexualität, im 17. Jahrhundert führte das Vergehen der Unzucht fast überall die Kriminalitätsstatistiken an.[38]

«Starke Bettler» und «liederliche Weibspersonen»

Diese karge Kriminalstatistik, die eher heterogene Überlieferungsreste methodisch nicht unproblematisch abstrakten Deliktkategorien zuordnet, scheint zunächst wenig zu einer Geschichte der Armut beitragen zu können. Ein genauerer Blick auf die Delikte und die Täter und Täterinnen macht den Zusammenhang deutlicher. Die Kriminalitätsforschung geht davon aus, dass seit der Reformation ein zunehmender Teil der Delinquenz eine unterschichtige war.[39] Vor allem die unter den angespannten ökonomischen Verhältnissen zunehmenden Eigentumsdelikte waren überwiegend Armutsdelikte. Im Freiburger Urgichtbuch des späteren 16. Jahrhunderts begegnet häufig ein ganz bestimmter Typus von Dieben: eher junge Männer, seit langem vagierend und mit weitem Wander- und Aktionsradius, vorwiegend in Gruppen oder mit Genossen unterwegs.[40] Dieser Typus des fremden, professionellen, männlichen Diebs begegnet nicht nur bei den Bandendiebstählen, sondern auch in den zeittypischen Mordbrenner- und Falschmünzerprozessen.[41] Die Diebstahlsklientel des 17. Jahrhunderts dagegen erscheint vielfältiger und weniger professionell. Die Täterinnen und Täter agieren allein, stammen oft aus dem Vagierendenmilieu, häufiger aber aus den städtischen Unterschichten – der Diebstahl erscheint weniger als «Beruf» denn als eine unter vielen Erwerbsquellen einer «Ökonomie der Not», und der Frauenanteil ist deutlich angestiegen.[42]
Bei den Sittlichkeitsdelikten findet sich die entgegengesetzte Entwicklung einer Fokussierung des Delikt- wie Täterprofils: Zwischen 1500 und 1600 sind im

Urfehdbuch Strafen für sexuelle Belästigung, Sodomie, Inzest, Vergewaltigung, Kindsmord, Kuppelei, Exhibitionismus, Gewalt in der Ehe, Ehebruch und Unzucht in bunter Mischung verzeichnet.[43] Im Verlauf des 17. Jahrhunderts konzentrierte sich die hochgerichtliche Moralpolitik immer stärker auf den ausserehelichen Geschlechtsverkehr Unverheirateter. Der Anteil der Unzuchtsvergehen an allen Sittlichkeitsdelikten lag bis 1650 um die 25%, zwischen 1650 und 1675 dann bei 46% und ab 1675 bei 90%.[44]

Betroffen waren von Sittlichkeitsstrafen zunächst Angehörige verschiedener Schichten und Gruppen – fremde Vagierende, Freiburger Zünftige, Hintersassen und Dienstboten. Auch der Geschlechterproporz war ausgeglichen und häufig wurden Paare für ihr aussereheliches Vergehen gemeinsam abgestraft.[45] Seit Mitte des 17. Jahrhunderts lassen sich häufiger Knechte, Mägde, Soldaten, Tagelöhner und Angehörige der ärmeren Freiburger Zünfte identifizieren. Gemeinsame Unzuchts- oder Ehebruchstrafen für Paare kommen nur noch selten vor. Vor allem aber wird das Vergehen der Unzucht immer mehr zu einem weiblichen Delikt.[46] Die Entwicklung kulminiert bis zum bereits erwähnten Boom an aktenkundigen Unzuchtsdelikten der 1680er-Jahre, der nun fast ausschliesslich Frauen der ärmeren Schichten betrifft. Sie waren in der Regel allein stehend, jung und noch nicht lange zugezogen, häufig aus dem Elsass oder den katholischen Gebieten der Schweiz. Auch im Bereich der Niedergerichtsbarkeit wurden ab 1675 fast 80% der insgesamt nicht sehr zahlreichen Unzuchtsstrafen von Frauen bezahlt, in der ersten Jahrhunderthälfte nur ein Drittel.[47]

Armenpolitik, Moralpolitik, Geschlechterpolitik?

Moralpolitik wie Armenpolitik erweisen sich als eng verflochtene Stränge desselben Ordnungsdiskurses. Während Armenpolitik bislang nur selten Gegenstand expliziter diskursanalytischer Zugänge war, ist diese Perspektive in den neueren Forschungen zur Moralpolitik fast selbstverständlich.[48] Armenpolitisches Reden und Handeln von Obrigkeiten wie bürgerlichen Gruppen stärker als Diskurse zu betrachten, würde vielleicht gewisse Parallelen zwischen dem Armuts- und Fürsorgediskurs zum einen, dem Sittlichkeits- und Unzuchtsdiskurs zum anderen sichtbar machen: Vielleicht speiste sich auch der frühneuzeitliche Armutsdiskurs nicht zuvorderst aus realen gesellschaftlichen Problemlagen, sondern auch aus einer gewissen diskursiven Dynamik mit sehr vielfältigen Ursachen. Vielleicht zielte auch der Armutsdiskurs, wie der über die Unzucht, nicht primär auf die Veränderungen von «Realität», auf die Beseitigung der Massenarmut ab. Vielleicht waren beide gleichermassen darauf angewiesen, dass ihr Gegenstand eben nicht abgeschafft wurde – gerade der Weiterbestand von Bettel und Unzucht ermöglicht die beständige Rede über Ordnung, die ein zentraler Bestandteil frühneuzeitlicher Staatlichkeit war. Und vielleicht erweist sich die langfristige Bedeutung und der «Erfolg» auch des Armutsdiskurses weniger in der Verminderung ökonomischer Notlagen als in der Verschiebung von Bedeutungsfeldern und der Etablierung neuer Denk- und Bewertungsmuster.

Ein Kerngedanke der Arbeiten von Susanna Burghartz, Isabel Hull, Ulrike Gleixner und anderen ist jedenfalls, dass die permanente Rede von gesellschaftlicher Ordnung nicht die Eliminierung von Unordnung beabsichtigt,[49] sondern die Inszenierung von guter, christlicher Obrigkeit, die Legitimierung und Selbstvergewisserung von Herrschaft.[50] Die Errichtung eindeutiger Grenzen und die Etablierung polarer Denkmuster spielen eine zentrale Rolle in diesen Ordnungsdiskursen des 16. und 17. Jahrhunderts. Susanna Burghartz hat das Reinheitskonzept der Ethnologin Mary Douglas in die Diskussion eingebracht, die die Bedeutung von Reinheitsvorstellungen für die Herstellung von gesellschaftlicher Ordnung und für die Durchsetzung von Machtansprüchen analysiert.[51] Douglas bescheinigt dem polaren Gegensatz von Reinheit und Unreinheit ein besonders hohes Potential für die Formulierung von Ordnungsvorstellungen zum einen und für die Dynamik von Ordnungsdiskursen in Auseinandersetzungen zwischen Orthodoxie und Häresie zum anderen. Dies erklärt die Bedeutung des Themenfeldes Reinheit, Sexualität und Ehe während der Reformationszeit ebenso wie die Virulenz des Unzuchtsdiskurses während der konfessionellen Auseinandersetzungen des 16. und 17. Jahrhunderts.

Die diskursive Technik der Etablierung polarer Denkmuster und der immer schärferen Grenzziehung findet sich in der Differenzierung zwischen guten und schlechten, würdigen und unwürdigen Armen ebenso wie in der zwischen ehelicher und unehelicher Sexualität, Reinheit und Unzucht.[52] Es bietet sich an, obrigkeitliches Reden über Armenfürsorge und Bettelbekämpfung auch als Teil des frühneuzeitlichen Ordnungsdiskurses betrachten und in seinen Wechselwirkungen mit dem Ehe- und Unzuchtsdiskurs zu analysieren.

Die Strafgerichtsbarkeit ist ein zentrales Feld dieses frühneuzeitlichen Ordnungsdiskurses, hier werden Vorstellungen von gesellschaftlicher Ordnung und Unordnung verhandelt, Wahrnehmungsweisen und Interessen der Obrigkeit wie der städtischen Bevölkerung thematisiert. Dieses Feld und seine Veränderungen bilden weniger reale Verhaltensweisen ab, als das, was eine bestimmte Gesellschaft als Bedrohung ihrer Ordnung imaginiert. Im Spiegel ihrer Gerichtsquellen scheint die Freiburger Gesellschaft sowohl im 16. wie im 17. Jahrhundert eine potentielle Gefährdung dieser Ordnung in den Unterschichten zu verorten. Anders als im 16. Jahrhundert aber personifizieren sich diese Ängste nicht mehr in den «starken» Bettlern, den Angehörigen von Diebes- und Räuberbanden, sondern in bestimmten «leichtfertigen» Frauen der Unterschichten.

Die Grenzziehungen zwischen den guten und den bösen Armen wurden um eine neue ergänzt: Seit dem Spätmittelalter polarisierte die Wahrnehmung der Armut zwischen dem Stereotyp des unwürdigen Armen – männlich, fremd, im besten Alter, arbeitsfähig, aber faul – und dem um die Witwe oder die allein stehende Mutter zentrierten Bild der guten Armut – weiblich, sehr alt oder sehr jung, einheimisch und nicht arbeitsfähig. Im Verlauf des 17. Jahrhunderts wirkte die Dynamisierung des Unzuchtsdiskurses auch auf das Gendering dieser Armutsstereotypen ein. Es wurde ein neuer Typus negativer Armut konstruiert: weiblich, aber ebenfalls fremd, jung und von suspekter Arbeitsmoral, dazu unverheiratet und sexuell aktiv. Das Motiv der Arbeitsfähigkeit ist hier jedoch neu konnotiert: Beargwöhnt wurde nicht generell die Faulheit und Verschwendungssucht, sondern die Unabhängigkeit und Mobilität weiblicher Erwerbstätigkeit, die fehlende Einbindung in den Arbeits- und Ordnungszusammenhang eines Haushalts.[53]

Dieser verdächtige Typus der unterschichtigen, fremden, ledigen und «herrenlosen» Weiblichkeit wurde nicht nur vor Gericht thematisiert. 1652 versuchte der Freiburger Rat, die unzünftigen Personen in der Stadt zu erfassen, besonders «die jenige mägdt, welche umb pilligen lohn nit dienen, sonder ihres gefallens eigen leben und haußen wollen».[54] Auch die genannten fremdenpolizeilichen Massnahmen konzentrieren sich auf arme, auswärtige, junge und ledige Frauen: Die Geldstrafen wegen unerlaubter Beherbergung bezogen sich oft dezidiert auf die Beherbergung von «fremden Weibspersonen».[55]

Die Kategorien der Arbeit und der Moral, der Fremdheit und des Geschlechts scheinen in den Armutsdiskursen des 16. und des 17. Jahrhunderts eine je spezifische und sehr unterschiedliche Konstellation zu bilden, sie blieben aber durch die Zeiten hindurch die Kernelemente dieses Diskurses und die Kriterien für die Polarisierung zwischen würdiger und unwürdiger Armut.[56] Im 18. Jahrhundert konnte das sexuelle Verhalten von Frauen dann gelegentlich in direkten Zusammenhang mit deren Almosenberechtigung gestellt werden. 1789 räsonierte das Directorium der «Freiburger Armenanstalten» über das drohende Scheitern des weithin beachteten Reformprojekts.[57] Als ein Grund für die Verweigerung der Armensteuer durch die Bürgerschaft erschien ihm das in dieser verbreitete Vorurteil, «liederliche und unsittliche Weibsleute bekämen mit ihren Kindern Almosen».[58]

Anmerkungen

1 Stadtarchiv Freiburg (im Folgenden StadtAF), A 1 X a 1517 April 29, nach Anton Retzbach, «Die Armenpflege der Stadt Freiburg im 16. Jahrhundert, besonders die Bettelordnung vom 29. 4. 1517», *Zeitschrift der Gesellschaft für Beförderung der Geschichts-, Altertums- und Volkskunde von Freiburg* 33 (1917), S. 107–158, hier S. 141–143.

2 Egon Conrad Ellrichshausen, *Die uneheliche Mutterschaft im altösterreichischen Polizeirecht des 16. bis 18. Jahrhunderts dargestellt am Tatbestand der Fornication*, Berlin 1988, S. 53 f.
3 Wolfgang von Hippel, *Armut, Unterschichten, Randgruppen in der Frühen Neuzeit*, Oldenbourg 1995, S. 44–49 und 101–107; Robert Jütte, *Poverty and Deviance in Early Modern Europe*, Cambridge 1994, S. 100–107 und 158–170; Lyndal Roper, *Das Fromme Haus. Frauen und Moral in der Reformation*, Frankfurt a. M., New York 1995; Ulrike Gleixner, *Das Mensch und der Kerl: Die Konstruktion von Geschlecht in Unzuchtsverfahren der frühen Neuzeit (1700 bis 1760)*, Frankfurt a. M., New York 1994; Susanna Burghartz, *Zeiten der Reinheit – Orte der Unzucht. Ehe und Sexualität in Basel während der Frühen Neuzeit*, Paderborn u. a. 1999.
4 Martin Dinges, «Aushandeln von Armut in der Frühen Neuzeit: Selbsthilfepotential, Bürgervorstellungen und Verwaltungslogiken», *Werkstatt Geschichte* 10/4 (1995), S. 7–15; Valentin Groebner, «Mobile Werte, informelle Ökonomie. Zur ‹Kultur der Armut› in der spätmittelalterlichen Stadt», in: Michael Borgolte, Gerhard Oexle (Hg.), *Armut im Mittelalter*, Stuttgart 2001 (im Druck).
5 Thomas Fischer, *Städtische Armut und Armenfürsorge im 15. und 16. Jh. Sozialgeschichtliche Untersuchungen am Beispiel der Städte Basel, Freiburg i. Br. und Strassburg*, Göttingen 1979.
6 Alexander Klein, *Armenfürsorge und Bettelbekämpfung in Vorderösterreich 1753–1806*, Freiburg, München 1989.
7 Hippel (wie Anm. 3), S. 57.
8 Martin Dinges, *Stadtarmut in Bordeaux 1525–1675*, Bonn 1988; Helmut Bräuer, «... und hat seithero gebetlet». *Das Bettelwesen in Wien und Niederösterreich während der Zeit Kaiser Leopolds I.*, Wien, Köln, Weimar 1996; Ders., «Armut und Arme aus der Perspektive obersächsischer Städtechroniken des 17. Jahrhunderts», in: Uwe Schirmer (Hg.), *Sachsen im 17. Jahrhundert. Krise, Krieg und Neubeginn*, Benda 1998, S. 115–130; Norbert Schindler, «Die Entstehung der Unbarmherzigkeit. Zur Kultur und Lebensweise der Salzburger Bettler am Ende des 17. Jahrhunderts», in: Ders., *Widerspenstige Leute. Studien zur Volkskultur in der frühen Neuzeit*, Frankfurt a. M. 1992, S. 258–314 und 394 ff.
9 Im Folgenden vgl. Horst Buszello, Hans Schadek, «Alltag der Stadt – Alltag der Bürger, Wirtschaftskrisen, soziale Not und neue Aufgaben der Verwaltung zwischen Bauernkrieg und Westfälischem Frieden», in: Heiko Haumann, Hans Schadek (Hg.), *Geschichte der Stadt Freiburg im Breisgau*, Bd. 2: *Vom Bauernkrieg bis zum Ende der Habsburgischen Herrschaft*, Stuttgart 1994, S. 69–251; Ulrich Ecker, Heiko Haumann, «‹Viel zu viele Beamte› und ‹Freiheitsapostel›. Festungsleben, absolutistische Stadtreform und republikanische Pläne zwischen Dreissigjährigem Krieg und Übergang an Baden», in: ebd., S. 354–370; Ulrich Ecker, «Wirtschafts- und Sozialgeschichtliches aus der Festungszeit», in: Hans Schadek, Ulrich Ecker (Hg.), *Stadt und Festung Freiburg 2: Aufsätze zur Geschichte der Stadtbefestigung*, Freiburg i. Br. 1988, S. 145–167; Clemens Bauer, «Freiburgs Wirtschaft im 17. und 18. Jahrhundert», in: Wolfgang Müller (Hg.), *Freiburg in der Neuzeit*, Bühl 1972, S. 69–93.
10 Bauer (wie Anm. 9), S. 83–85.
11 Vgl. etwa die Beispiele bei F. L. Dammert, «Freiburg in der 2. Hälfte des 17. Jahrhunderts», *Zeitschrift der Gesellschaft für Beförderung der Geschichts-, Alterthums- und Volkskunde von Freiburg* 4 (1875–1878), S. 1–193 und 347–449.
12 Alexander Klein, «‹Den armen Nottürftigen ... gepüerliche Handraichung ton›. Das Freiburger Armenwesen in der frühen Neuzeit», in: Haumann/Schadek (wie Anm. 9), S. 354–370, hier S. 359.
13 Im Folgenden nach Klein (wie Anm. 12), S. 127–132.
14 Zitiert nach Anton Retzbach, «Die Freiburger Armenpflege vom 17. bis 19. Jahrhundert», *Zeitschrift der Gesellschaft für Beförderung der Geschichts-, Altertums- und Volkskunde von Freiburg im Breisgau* 34 (1918), S. 61–116, hier S. 61 f., Anm. 1; Fischer (wie Anm. 5), S. 297, geht dagegen davon aus, dass diese Praxis ab 1600 nicht mehr in Gebrauch war.
15 StadtAF, C 1 Armensachen, Nr. 8 (Liste mit Almosenberechtigten von 1682) enthält eine Anmerkung zu ebendiesem Verfahren.
16 StadtAF, C 1 Armensachen 2, Nr. 8 (Newe allmuoßen und Bettel Ordnung 1582).

17 StadtAF, C 1 Polizeisachen 19, Nr. 5 (Streifen gegen Bettler und Diebsgesindel 1611–1758).
18 Polizeiordnung 8. September 1624 (wie Anm. 26).
19 StadtAF, C 1 Militaria 94, Nr. 1 (Schreiben der v. ö. Regierung 25. Mai 1637); StadtAF, C 1 Polizeisachen 19, Nr. 3 (V. ö. Zigeuner- und Bettlermandat 1664); ebd., C 1 Polizeisachen 19, Nr. 4 (Errichtung einer Stadtmauer zum Schutz vor Bettlern und herumstreifendem Diebsgesindel o. D.).
20 StadtAF, C 1 Polizeisachen 21, Nr. 27 (Schreiben der v. ö. Regierung an die Stadt Freiburg 25. Oktober 1673); ebd., C 1 Polizeisachen 17, Nr. 4 (Schreiben der v. ö. Regierung an die Stadt Freiburg 9. Februar 1617); ebd., C 1 Polizeisachen 17, Nr. 2 (Nachtzettel von 1675).
21 Straf- und Frevelbücher 1599–1700: StadtAF, B 5 III c.8, Nr. 7, Fasz. 1 f.; ebd., B 5 III c.8, Nr. 8, Fasz. 1 f.
22 Im Folgenden nach Klein (wie Anm. 6), S. 134 f.; Retzbach (wie Anm. 14), S. 62–64.
23 Klein (wie Anm. 6), S. 135 f.
24 Im Folgenden Dinges (wie Anm. 8); Bräuer (wie Anm. 8); Hannes Stekl, «‹labore et fame› – Sozialdisziplinierung in Zucht- und Arbeitshäusern des 17. und 18. Jahrhunderts», in: Christoph Sachsse, Florian Tennstedt (Hg.), *Soziale Sicherheit und soziale Disziplinierung. Beiträge zu einer historischen Theorie der Sozialpolitik*, Frankfurt a. M. 1986, S. 119–147.
25 Zum Beispiel StadtAF, M 30 Mandate 1600–1649 (V. ö. Mandat 5. April 1623).
26 Zum Beispiel StadtAF, C 1 Polizeisachen 23, Nr. 6 (Polizeiordnung 8. September 1624); ebd., C 1 Polizeisachen 23, Nr. 8 (Polizeiordnung 27. Juni 1637); ebd., C 1 Polzeisachen 23, Nr. 15 (Fragment 1643).
27 Polizeiordnung 8. September 1624 (wie Anm. 26).
28 StadtAF, C 1 Polizeisachen 17, Nr. 25 (Taxliste o. D., vor 1617); Polizeiordnung 8. September 1624 (wie Anm. 26); StadtAF, C 1 Polizeisachen 19, Nr. 4 (Verordnung 17. Jhd.); ebd., C 1 Polizeisachen 23, Nr. 3 (Taxliste 1643).
29 StadtAF, C 1 Polizeisachen 19, Nr. 5 (Verordnung o. D., 1. Hälfte 17. Jahrhundert). Eine ebenso dezidierte Formulierung findet sich in Polizeiordnung 8. September 1624 (wie Anm. 26).
30 Gerd Schwerhoff ordnet ca. 80% der Kölner Delinquenten des späten 16. Jahrhunderts den Unterschichten und Randgruppen zu: Gerd Schwerhoff, *Köln im Kreuzverhör. Kriminalität, Herrschaft und Gesellschaft in der frühneuzeitlichen Stadt*, Bonn, Berlin 1991, S. 184. Siehe auch Ulinka Rublack, *Magd, Metz' oder Mörderin. Frauen vor frühneuzeitlichen Gerichten*, Frankfurt a. M. 1998, S. 136; Peter Wettmann-Jungblut, «‹Stelen um rechter Hungersnodt›. Diebstahl, Eigentumsschutz und strafrechtliche Kontrolle im vorindustriellen Baden 1600 bis 1850», in: Richard van Dülmen (Hg.), *Verbrechen, Strafe und soziale Kontrolle*, Frankfurt a. M. 1990, S. 133–177, hier S. 154 f.
31 Zur Diskussion quantitativer Ansätze in der Kriminalitätsforschung zum Beispiel Gerd Schwerhoff, «Falsches Spiel: Zur kriminalhistorischen Auswertung der spätmittelalterlichen Nürnberger Achtbücher», *Mitteilungen des Vereins für Geschichte der Stadt Nürnberg* 82 (1995), S. 23–35.
32 Vergichtbuch 1550–1628: StadtAF, B 5 II.c.4 (Kundschaften), Nr. 7; Criminalia 1600–1700: ebd., C 1 Criminalia 22–30; Urfehden 1600–1700: ebd., A 1 XI f. Urfehden; Straf- und Frevelbücher 1599–1706 (wie Anm. 21).
33 Andreas Blauert, *Das Urfehdewesen im deutschen Südwesten im Spätmittelalter und in der Frühen Neuzeit*, Tübingen 2000; Peter Wettmann-Jungblut, *Der nächste Weg zum Galgen? Studien zur Eigentumskriminalität in Südwestdeutschland 1550–1850*, unveröffentlichte Diss. Saarbrücken 1997. Eine knappe Zusammenfassung des Kapitels «Freiburgs Weg in die Moderne: Gewalt, Diebstahl und die Sünden des Fleisches» findet sich bei Blauert, S. 99–101.
34 Auch im Folgenden wie Anm. 32.
35 Wie Anm. 32. Vgl. auch Blauert (wie Anm. 33).
36 Ebd., S. 94.
37 Wettmann-Jungblut (wie Anm. 33), S. 119. Vgl. auch Sully Roecken, Carolina Brauckmann, *Margaretha Jedefrau*, Freiburg 1989.
38 Wolfgang Behringer, «Mörder, Diebe, Ehebrecher. Verbrechen und Strafen in Kurbayern vom

16. bis 18. Jahrhundert», in: Richard van Dülmen (Hg.), *Dynamik der Tradition,* Frankfurt a. M. 1990, S. 85–132; Burghartz (wie Anm. 3), S. 111–132, 235–285; Blauert (wie Anm. 33), S. 118–136.
39 Vgl. Anm. 30.
40 Die folgenden Beobachtungen spiegeln meinen Eindruck bei der Lektüre der Quellen, sie lassen sich aufgrund der uneinheitlichen Belegdichte nur teilweise quantifizieren.
41 Unter den 135 verurteilten DiebInnen, die das Vergichtbuch zwischen 1550 und 1600 verzeichnet, sind 65 männlich und offensichtlich Vagierende, darunter reisen 28 nachweislich in Gruppen. Vergichtbuch (wie Anm. 32). Der Frauenanteil beträgt 12%. Zu den Mordbrennerbanden des 16. Jahrhunderts: Monika Spicker-Beck, *Räuber, Mordbrenner, umschweifendes Gesind. Zur Kriminalität im 16. Jahrhundert,* Freiburg i. Br. 1995.
42 In 42 (22%) der 193 in den Criminalia dokumentierten Diebstahlsfällen zwischen 1600 und 1700 sind Frauen angeklagt, die meisten dieser Fälle werden ab 1680 verhandelt. Zum Anstieg der weiblichen Kriminalitätsrate im 17. Jahrhundert vgl. Robert Jütte, «Geschlechtsspezifische Kriminalität im Späten Mittelalter und in der Frühen Neuzeit», *Zeitschrift der Savigny-Stiftung für Rechtsgeschichte. Germanistische Abteilung* 108 (1991), S. 86–116, hier S. 94 f., 98 und 106.
43 So zum Beispiel die 41 im Vergichtbuch in der Zeit von 1550–1608 verzeichneten Sittlichkeitsdelikte, unter denen nur ein Unzuchtsfall und zwei Ehebruchsfälle verzeichnet sind.
44 Die Ehebruchsfälle sind nicht mitgerechnet. Grundlage der Berechnung sind sämtliche in Criminalia, Urfehden, Vergichtbuch und Kundschaften erfassten Fälle.
45 Männer sind gegenüber Frauen bis 1625 mit 25 zu 20, zwischen 1625 und 1650 mit 17 zu 15 leicht überrepräsentiert. Der Anteil der gemeinsam abgestraften Paare an allen Sittlichkeitsfällen nimmt von 21% im ersten Viertel kontinuierlich auf 5% im letzten Viertel des Jahrhunderts ab.
46 In der ersten Jahrhunderthälfte wurden sieben (allein angeklagte) Frauen, fünf Männer und sechs Paare angeklagt, zwischen 1650 und 1675 13 Frauen, vier Männer und vier Paare, zwischen 1675 und 1700 120 Frauen, 13 Männer und sieben Paare.
47 Vollständige Auswertung der Straf- und Frevelbücher 1599–1706 (wie Anm. 21).
48 So zum Beispiel explizit die Arbeiten von Gleixner und Burghartz (wie Anm. 3). Für kulturgeschichtliche und diskursanalytische Ansätze in der Armutsforschung stehen Groebner und Dinges (Anm. 4).
49 Burghartz (wie Anm. 3).
50 Dezidiert dazu Burghartz (wie Anm. 3), S. 127; Gleixner (wie Anm. 3); Isabel V. Hull, *Sex, State and Civil Society in Germany 1700–1815,* Ithaca 1996.
51 Mary Douglas, *Reinheit und Gefährdung. Eine Studie zu Vorstellungen von Verunreinigung und Tabu,* Berlin 1985 (engl. 1966).
52 Thematisiert wird diese Parallele von Burghartz (wie Anm. 3), S. 291.
53 Rublack (wie Anm. 30), S. 326, weist in ihrer ebenfalls auf Gerichtsquellen beruhenden Arbeit darauf hin, wie bestimmte Bereiche unterschichtiger weiblicher Erwerbsarbeit zunehmend mit Unzucht verbunden und abgewertet wurden.
54 StadtAF, C 1 Polizeisachen 19, Nr. 6 (Konzept Ratserkanntnus 2. Juli 1652).
55 Sehr häufig erscheinen diese Strafen in den Jahren 1623–1625, 1654–1669 und ab 1697.
56 Ein weiteres Beispiel aus der aufklärerischen Armenpolitik des 18. Jahrhunderts: Olivia Hochstrasser, «Armut und Liederlichkeit. Aufklärerische Sozialpolitik als Disziplinierung des weiblichen Geschlechts – das Beispiel Karlsruhe», in: Ulrike Weckel, Claudia Opitz et al. (Hg.), *Ordnung, Politik und Geselligkeit der Geschlechter,* Göttingen 1998, S. 323–345.
57 Klein (wie Anm. 6), S. 208–213.
58 Mitteilungen der Armendirection vom 31. März 1789, zitiert nach Retzbach (wie Anm. 14), S. 78.

Stefan Jäggi

Das Luzerner Armenwesen in der frühen Neuzeit

Vorbemerkung

Die folgenden Ausführungen stehen im Zusammenhang mit einem Thema, das mich seit einiger Zeit beschäftigt und sich etwa so formulieren lässt: Wer waren die so genannten «einheimischen» Armen in der frühneuzeitlichen Stadt Luzern? Wer wurde als unterstützungswürdiger Armer akzeptiert? Bildeten die Armen eine Randgruppe oder waren sie in der städtischen Gesellschaft integriert? Welche Formen der Unterstützung wurden von der Obrigkeit im konkreten Fall angeboten? Es geht mir also nicht in erster Linie um die institutionellen Aspekte des Problems «Armut» beziehungsweise «Bedürftigkeit», sondern ich folge eher einem sozialgeschichtlichen beziehungsweise anthropologischen Ansatz.[1] Hier möchte ich aber das Thema «Armut in Luzern» nicht aus dieser Sicht angehen, sondern in einem Überblick darzustellen versuchen, wie die Stadt Luzern in der frühen Neuzeit mit diesem Problem umging.[2]

Luzern am Ende des 16. Jahrhunderts

Die Territoriumsbildung des eidgenössischen Orts Luzern war gegen Ende des 15. Jahrhunderts im Wesentlichen abgeschlossen. Um die Stadt am Ausfluss der Reuss aus dem Vierwaldstättersee lag die in 15 Landvogteien organisierte Landschaft, über welche die städtische Obrigkeit die Herrschaftsrechte wahrnahm. Die politische Führung lag beim 36-köpfigen Kleinen Rat, aus dem der Schultheiss bestimmt wurde. Der aus 64 Mitgliedern bestehende Grosse Rat hatte im 16. Jahrhundert nur noch beschränkte Kompetenzen, ebenso die Gemeinde der Bürger. Die Einwohnerzahl der Stadt wird um 1600 gegen 4000 betragen haben, die der Landschaft rund 26 000. In wirtschaftlicher Hinsicht waren Handel, Handwerk und Gewerbe auf Luzern und die Kleinstädte auf seinem Territorium

(Willisau, Sursee, Sempach) konzentriert, während die Landschaft weitgehend agrarisch ausgerichtet war. Zu einem wesentlichen Wirtschaftsfaktor entwickelten sich seit dem späten 15. Jahrhundert die fremden Dienste, von denen allerdings praktisch nur das städtische Patriziat profitierte. In der Reformation blieb Luzern beim alten Glauben; bei der Durchführung der katholischen Reform seit dem Konzil von Trient nahm es in der katholischen Eidgenossenschaft eine Führungsrolle wahr, was sich unter anderem in der Errichtung der Nuntiatur in Luzern niederschlug.[3]

Seit der Mitte des 16. Jahrhunderts lassen sich für den Staat Luzern eine Intensivierung, Normierung und Zentralisierung der obrigkeitlichen Herrschaft feststellen; parallel dazu verlief die Ausbildung des städtischen Patriziats. Konkret manifestierte sich diese Entwicklung in einer Reorganisation und Straffung des Staatsapparats, einer verstärkten Verschriftlichung der Verwaltung und im Einbezug des gesamten wirtschaftlichen und gesellschaftlichen Lebens in den staatlichen Einflussbereich. Für die Untertanen in Stadt und Land bedeutete dies einen praktisch alle Lebensbereiche umfassenden Regulierungs- beziehungsweise Disziplinierungs- und Pädagogisierungsprozess, verbunden mit einer zunehmenden Bürokratisierung.[4] Eine wesentliche Rolle bei der konkreten Ausgestaltung dieses Prozesses der «normativen Zentrierung»,[5] seiner theoretischen Untermauerung und nicht zuletzt im Hinblick auf die Verschriftlichung der administrativen Abläufe, spielte der Stadtschreiber Renward Cysat, seit 1575 im Amt.[6]

Armenfürsorge in Luzern vor 1590

Mit dem Phänomen Armut, sei es in der Gestalt einheimischer Armer oder fremder Bettler, wurde die Stadt Luzern nicht erst im 16. Jahrhundert konfrontiert. Im Rahmen einer dezentral organisierten und zu einem guten Teil von privater Seite getragenen Fürsorge, zu der auch die Krankenpflege gehörte, bildeten sich im Spätmittelalter Strukturen aus, die bis ins 16. Jahrhundert folgende Formen angenommen hatten:[7]
– Spital: Beim Luzerner Heilig-Geist-Spital handelte es sich ursprünglich um eine kirchliche Stiftung, die aber schon früh von der Stadt übernommen und verwaltet wurde. Sie diente vor allem der Betreuung von Pfründnern und der Krankenpflege, daneben auch der kurzfristigen Beherbergung durchziehender Armer und der Speisung einheimischer Bedürftiger (Austeilung von Mus und Brot).[8]
– Spend: wie der Spital eine kirchliche Stiftung, deren nicht unbeträchtliches Vermögen aus Jahrzeitstiftungen und anderen kirchlichen Einkünften geäufnet wurde. Auch sie wurde seit dem 15. Jahrhundert durch den städtischen Rat kontrolliert. Ihre Erträge wurden in der Regel nicht in Geld, sondern in Form von

Brot ausgeteilt. Spenden wurden aber auch von Pfarrkirchen und Klöstern beziehungsweise Stiften unterhalten; vor allem Letztere waren nicht zuletzt bei vagierenden Bettlern sehr begehrt, da sie häufig und regelmässig ausgeteilt wurden.[9]

– Gemeines Almosen: Als Ergänzung zur Spende richtete der Rat seit der ersten Hälfte des 16. Jahrhunderts Unterstützungsbeiträge aus, die als «gemeines Almosen» aus dem Umgeld finanziert wurden. Die Unterstützung erfolgte in Form von Geld, Getreide und Salz.

– Gemeinbrett: ein Konto des städtischen Rates, aus dem vor allem Beiträge zur Überbrückung akuter Notlagen und für Heilungskosten (Arztkosten, Medikamente, Badenfahrten) gewährt wurden. Wie das gemeine Almosen wurde das Gemeinbrett aus dem Umgeld finanziert.

– Tuch-, Kleider- und Schuhverteilung: Diese Unterstützung war vor allem auf kinderreiche Familien ausgerichtet und wurde in der Regel Anfang November durchgeführt. Berücksichtigt wurden nicht nur Familien aus der Stadt, sondern auch aus den umliegenden Gemeinden.

– Bruderschaften: Im Zusammenhang mit dem Totengedächtnis ihrer verstorbenen Mitglieder richteten die Bruderschaften Almosen aus, die nicht an ein bestimmtes Publikum gebunden waren, sondern Einheimischen und Fremden zugute kamen. Angesichts der Vielfalt der teils spätmittelalterlichen, teils frühneuzeitlichen Bruderschaften[10] war hier mit zahlreichen Austeilungen zu rechnen.

– Feiertagsalmosen: An bestimmten Feiertagen konnte die Kirche spezielle Almosen ausrichten, für die eine Kollekte erhoben wurde. In Luzern war dies in erster Linie das Allerseelenalmosen, das am 2. November ausgeteilt wurde und bei Armen und Bettlern sehr beliebt war.

– Begräbnisse und Jahrzeiten: Anlässlich von Begräbnissen, Siebten, Dreissigsten und Jahresgedächtnissen liessen es sich vor allem Begüterte nicht nehmen, Almosen austeilen zu lassen. Hier spielt die Vorstellung vom Almosengeben als einem für das Seelenheil wichtigen guten Werk immer noch eine grosse Rolle.

– Bettel: Die Vergabe privater Almosen im Zusammenhang mit dem «Gassenbettel» dürfte für viele Bedürftige nach wie vor die regelmässigste Einnahmequelle gewesen sein, in der Stadt wie auf dem Land.

– Soziales Netz: Die städtische Obrigkeit legte grossen Wert darauf, dass vor der Ausrichtung von Fürsorgebeiträgen alle Möglichkeiten der Unterstützung durch Angehörige, Verwandte und Freunde ausgeschöpft wurden, notfalls auch von ausserhalb der Stadt und Landschaft Luzern.

Allen diesen Unterstützungsformen war gemeinsam, dass sie nicht auf das reale Ausmass der Bedürftigkeit ausgerichtet waren, sondern von den Kapazitäten und oft der momentanen Stimmung der Spender abhingen. Die Austeilung erfolgte nicht gezielt, sondern nach dem Zufallsprinzip. Das machte sie unberechenbar.

Wirklich Bedürftige konnten nicht sicher damit rechnen, dass sie ausreichend unterstützt wurden. Dieser Missstand wurde von den politisch Verantwortlichen durchaus erkannt; ihm abzuhelfen war ein Ziel der Reorganisation der Fürsorge.

Reorganisation des Fürsorgewesens um 1590

In den Rahmen der im ersten Teil skizzierten Reorganisation des Staatswesens Luzern ist die Neuordnung des «Almosenwesens» beziehungsweise der Armenfürsorge zu stellen: Im Vergleich mit anderen städtischen Orten der Eidgenossenschaft recht spät nahm Luzern – unter der Federführung Renward Cysats – gegen Ende des 16. Jahrhunderts eine umfassende Reorganisation des Fürsorgebereichs in Angriff. Es ist anzunehmen, dass Cysat dabei auch von jesuitischem Gedankengut beeinflusst wurde; er selbst hatte massgeblich dazu beigetragen, dass die Gesellschaft Jesu 1577 in Luzern ein Kolleg begründete.[11]

Die Neuordnung begann mit verschiedenen Reformansätzen, die in Ratsbeschlüssen von 1585 und 1589 ihren Niederschlag fanden;[12] dabei handelte es sich jedoch lediglich um die mehr oder weniger gelungene Einführung verschiedener Einzelmassnahmen als Reaktionen auf konkrete Missstände. So sah etwa der Beschluss von 1589 folgende Massnahmen vor:
– bessere Kontrolle der fremden Bettler auf der Landschaft,
– Durchsetzung des Heimatprinzips,
– Eltern sollen ihre Kinder nicht zum Betteln schicken, sondern zur Arbeit erziehen,
– zentrale Austeilung des Almosens im Spital,
– Regelung der privaten Almosen,
– Beherbergung fremder Bettler nur über Nacht,
– Überwachung durch Brudermeister und Bettelvogt,
– quartalsweise Aufzeichnung der Armen,
– Straffung des Spendwesens,
– Wirtshausverbot für Spendbezüger.

Die Almosenordnung von 1590

Dieser nicht sehr systematische, jedoch wichtige neuralgische Punkte enthaltende Beschluss von 1589 scheint für Cysat der Anstoss gewesen zu sein, eine umfassende Regelung der Armenfürsorge vorzuschlagen. Einen offiziellen Auftrag des Rats hat er offenbar nicht erhalten, da in den Ratsprotokollen davon nie die Rede ist. Er muss jedoch nach seiner eigenen Aussage insbesondere durch

Leutpriester Johannes Müller und Grossrat Jost Pfyffer tatkräftig unterstützt worden sein.

Innerhalb weniger Monate legte Cysat drei Entwürfe für eine umfassende Almosenordnung vor. Zwei erste Fassungen[13] erwiesen sich als entweder zu wenig systematisch oder zu lückenhaft. Zudem enthielten sie Themenbereiche, die zwar Cysat am Herzen lagen, aber eigentlich nicht in eine Almosenordnung gehörten. So versuchte die erste Fassung zwar, den Umgang mit den drei Kategorien städtische Arme, Arme von der Landschaft und Fremde zu regeln, wollte aber gleichzeitig das Bruderschaftswesen in der Stadt reformieren, indem alle Bruderschaften in die Heilig-Geist-Bruderschaft integriert werden sollten.

Die zweite Fassung regelte nur noch die Armenfürsorge in der Stadt, enthielt aber neben diversen, unsystematisch aufgelisteten neuen Punkten einen Vorschlag für eine Reorganisation des Heilig-Geist-Spitals; so hätten zum Beispiel die Schwestern des Klosters St. Anna zu Spitalschwestern umfunktioniert werden sollen. Weder die Reform der Bruderschaften noch die Spitalreorganisation wurden jedoch im Zusammenhang mit der Almosenordnung realisiert.

Eine dritte Fassung wurde schliesslich vom Rat für gut befunden und im Januar 1590 in Kraft gesetzt. In 56 Artikeln lag vor, wie Luzern in Zukunft die Armenfürsorge organisieren wollte. In der Einleitung bringt Cysat klar zum Ausdruck, dass die Ausrichtung der neuen Ordnung nicht nur karitativ, sondern auch pädagogisch verstanden wurde: «Dies alles ist geschehen zur Ehre und zum Lob Gottes und zur Wohlfahrt des gemeinen Nutzens, damit den Bedürftigen und Kranken das Almosen zugeteilt werde, die Starken und Gesunden aber zur Arbeit gewiesen und die jungen Kinder, die sonst das Betteln und Umherziehen gewohnt und in einem leichtfertigen und boshaften Leben aufgewachsen sind, nun zur Gottesfurcht und Arbeit erzogen werden.»[14]

Almosenordnung von 1590: Übersicht

Einleitung

Organisation	Almosenkommission	1
Stadt	Spezielle Kategorien von Bedürftigen	2–7
	Zentralisierung der Austeilung	8
	Verzeichnung und Taxierung	9, 11 f., 19
	Finanzierung	10, 21
	Kranke und Spital	13–15
	Naturalgaben	16 f.
	Fremde Bettler	18

	Pflichten der Armen	20
	Massnahmen gegen Armut und Bettel	22–29
Landschaft	Instruktion für den Klerus	30
	Aufnahme des Verzeichnisses	31–34
	Beschäftigung Armer in der Landwirtschaft	35 f.
	Taxierung	37
	Finanzierung	38–43
	Verteilung des Almosens	44 f.
	Pflichten der Armen	46
	Abzeichen	47
	Pflichten der Pfarrer und Geschworenen	48 f.
Fremde	Eidgenössischer Abschied	50
	Massnahmen zur Abwehr der Fremden	51–54
	Kontrolle	55
	Allerseelenalmosen	56

Einer vierköpfigen Kommission, zusammengesetzt aus Vertretern des Kleinen und Grossen Rats, der Bürgerschaft und des Klerus, wurde die Verantwortung für die Realisierung und Kontinuität der neuen Ordnung übertragen. Die Kommission trat einmal in der Woche zur Beratung der Geschäfte zusammen.
In drei Hauptteilen wurden die Verhältnisse in der Stadt, auf dem Land und bei den Fremden geregelt. Greifen wir die wichtigsten Punkte heraus, beginnend mit der Stadt:
– Die Zentralisierung der Austeilung bedeutete, dass der Bettel und die private Verteilung von Almosen aller Art verboten wurden. Nur noch die Almosenkommission war befugt, Unterstützungsbeiträge auszurichten. Die Höhe dieser wöchentlich ausbezahlten Beiträge wurde ebenfalls von der Kommission festgelegt.
– Damit nur noch die wirklich Bedürftigen in den Genuss der Unterstützung kamen, wurden die Armen quartierweise aufgezeichnet und taxiert; jedes der vier neu definierten Quartiere wurde einem Mitglied der Kommission zur Betreuung zugewiesen.
– Die Finanzierung wurde völlig neu gestaltet. Erstmals wurde nicht einfach verteilt, was gerade zur Verfügung stand, sondern aufgrund einer Erhebung wurden der Bedarf berechnet und die benötigten Mittel für eine langfristige Finanzierung der Fürsorge bereitgestellt. Zu den bisherigen Quellen von kirchlicher Seite und privater Herkunft, die in den Sammelbüchsen in den Wirtschaften und Zunftstuben und den Opferstöcken der Kirchen zusammenflossen, kamen nun feste Beiträge der Obrigkeit aus den Überschüssen der Spitalrechnung und aus dem Umgeld. Quartalsweise wurde Rechnung abgelegt.

– Besondere Aufmerksamkeit wurde der Betreuung der Kranken und Arbeitsunfähigen geschenkt. Die Stadt stellte einen Wundarzt an, der nur für die Armen zuständig war, sie übernahm auch die Arzneikosten und Beiträge für Badenfahrten. Dazu kamen spezielle Leistungen des Spitals.
– Natürlich vergass man nicht, die Armen auf ihre Pflichten aufmerksam zu machen: Beanspruchung des Almosens nur in wirklicher Not, Erziehung der Familie zu Gottesfurcht und Arbeit, Verzicht auf Glücksspiel und Wirtshausbesuch, ehrbarer Lebenswandel.
– Schliesslich machte sich Cysat Gedanken über die Ursachen der Armut, denen mit geeigneten Massnahmen entgegengewirkt werden sollte: Nur wer sich aus dem Ertrag seines Vermögens erhalten konnte, sollte nicht arbeiten müssen. Handwerker sollten erst bei genügender finanzieller Abstützung einen eigenen Betrieb eröffnen können. Den Hauseigentümern wurde verboten, ohne Erlaubnis der Obrigkeit Arme als Mieter aufzunehmen. Tagelöhnern und Arbeitern wurde das Spielen und Zechen untersagt. Nicht zu übersehen waren die Auswirkungen der fremden Dienste. Diese wurden jedoch nicht in Frage gestellt; die Massnahmen beschränkten sich darauf, Heimkehrern den Müssiggang zu verbieten und neu Verpflichteten zu befehlen, vor der Abreise genügend Mittel zum Unterhalt ihrer Familien zu hinterlegen.

Für die Landschaft sah der Luzerner Rat ein weitgehend paralleles Vorgehen zu dem in der Stadt vor, soweit es die Publizierung der neuen Ordnung, die Erhebung von Armenverzeichnissen und die Taxierung der Bedürftigen, die Zentralisierung der Almosenausteilung und die Finanzierung betraf. Grosses Gewicht wurde auf die strikte Einhaltung des Heimatprinzips gelegt. Als spezielle Massnahmen wurden die bevorzugte Beschäftigung Einheimischer in der Landwirtschaft und die Einführung von pfarreibezogenen Abzeichen vorgesehen. Die Verantwortung wurde in erster Linie den Pfarrern übertragen, die von den Geschworenen der Gemeinden unterstützt werden sollten.

Der Umgang mit den zahlreichen fremden Bettlern beschränkte sich weitgehend auf Abwehr und Kontrolle. Allerdings wurde die Verantwortung für die Organisation und Durchführung der geplanten, von vornherein unzulänglichen Massnahmen (Wachen und Patrouillen an den Grenzen, Betteljagden) und deren Finanzierung den Landsassen überlassen. Dies dürfte ein wichtiger Grund für das Scheitern der neuen Ordnung in dieser Hinsicht gewesen sein.[15]

Die städtischen Bedürftigen

Für die Jahre 1590–1593 haben sich in den Protokollen der Almosner[16] mehrere Listen erhalten, die in allen Einzelheiten Auskunft über die Zusammensetzung

dieser Bevölkerungsgruppe geben. In der ersten und ausführlichsten Liste erscheinen 231 Gesuchsteller, die rund 600 Personen oder ungefähr 15% der Stadtbevölkerung repräsentierten. Als Unterstützungswürdige anerkannt wurden davon rund zwei Drittel; allerdings rechnete die Kommission mit einer Dunkelziffer so genannt verschämter Armer, die sich nicht aus eigenem Antrieb meldeten.
Die anerkannten Bedürftigen wurden mit einem festen wöchentlichen Beitrag, dem Wochenalmosen, unterstützt, dessen Höhe sich vor allem nach der Anzahl der nicht erwerbsfähigen Familienmitglieder (Kinder, Betagte, Kranke, Invalide, Behinderte) richtete. Daneben erscheinen in den Protokollen zahlreiche weitere Einzelpersonen und Familien, die vor allem aus gesundheitlichen Gründen ein- oder mehrmalige Unterstützungsbeiträge erhielten.
Aufgrund der gemachten Angaben lässt sich ein Profil der «typischen Bedürftigen» erstellen: In der Mehrzahl der Fälle handelte es sich um allein erziehende Frauen,[17] vorwiegend zwischen 30 und 50 Jahren alt, in der Regel mit mehreren unmündigen Kindern und ohne regelmässiges Erwerbseinkommen oder Unterstützung durch das soziale Umfeld. Weitere Informationen betreffen die geographische Herkunft (selbst wenn die Familie bereits seit Jahrzehnten in Luzern ansässig war), Familienstrukturen, Rechtsstatus (Bürger, Hintersassen), wirtschaftliche Verhältnisse, Gesundheit, Sozialtopographie, Mietzins usw. Zieht man zusätzliche Quellengruppen (Ratsprotokolle, Akten, Burger- und Hintersässenverzeichnisse, Turmbücher, Gerichtsprotokolle usw.) heran, ergibt sich ein recht anschauliches Bild dieser städtischen Bevölkerungsgruppe.
Bezüglich der Arbeit der Almosenkommission lassen sich folgende Feststellungen machen:
– Die Abklärungen der Kommission wurden intensiv geführt. Nur «echte» Einheimische konnten mit der Aufnahme in die Liste der Unterstützungsberechtigten rechnen, und die Notlage musste offensichtlich und möglichst unverschuldet sein.
– Wer als wirklich bedürftig anerkannt wurde, konnte auf langfristige Unterstützung zählen. Auch Personen mit belasteter Vergangenheit beziehungsweise ihre Familien konnten in den Genuss des Almosens kommen.
– Obwohl sich gewisse Tendenzen zu einer Marginalisierung der Armen und Bedürftigen (vor allem topographisch) erkennen lassen, möchte ich nicht generell von einer Randgruppe sprechen: Weitaus die meisten Betroffenen erscheinen als integrierender Bestandteil der städtischen Gesamtbevölkerung mit den entsprechenden sozialen, wirtschaftlichen und rechtlichen Beziehungen.
– Die Massnahmen der Obrigkeit zielten denn auch darauf ab, die Integration zu wahren und zu fördern: Die Wiederherstellung der Gesundheit (und damit der Arbeitsfähigkeit), Schulbesuch für die Kinder (vor allem für die Knaben; Begabten wurde das Theologiestudium ermöglicht), Abschluss und Finanzierung von Lehrverträgen und Verdingen für Jugendliche gehörten neben der Gewährung des

Wochenalmosens, Zuteilung von Mus und Brot aus dem Spital und dem Verteilen von Tuch, Kleidern und Schuhen zu den häufigsten Massnahmen.
– Nicht in seiner vollen Bedeutung wahrgenommen wurde das Problem der fremden Dienste, die vielen Männern die Möglichkeit boten, sich misslichen wirtschaftlichen und familiären Situationen zu entziehen und ihre Familien dem Schicksal zu überlassen. 1590 befanden sich die Familienväter von 47 bedürftigen Familien in fremden Diensten (meist in Frankreich) oder waren im Kriegsdienst gestorben.[18]

Das Scheitern der neuen Ordnung auf der Landschaft

In der abgeschlossenen, überschaubaren und kontrollierbaren Stadt liess sich die neue Ordnung relativ problemlos durchsetzen, und zumindest in den ersten Jahren funktionierte das System zur Zufriedenheit des Luzerner Rates. Die neue Ordnung sollte jedoch auch auf dem Land gelten; nicht weniger als 20 von 56 Artikeln betrafen die Einführung und Durchsetzung der Ordnung in den Landvogteien. Eine wichtige Rolle war dabei dem Klerus zugedacht, der mit der Organisation und Überwachung des Unternehmens betraut wurde. Die Kontrolle sollte durch ein Berichtswesen gewährleistet werden, das von den Pfarrern über die Dekane zum Luzerner Leutpriester lief.

In der Theorie sah dies alles vernünftig aus; als zur Einführung der neuen Ordnung geschritten werden sollte, begannen die Schwierigkeiten. Die Geistlichkeit reagierte zwar durchaus positiv, meldete aber gleich zu Beginn Bedenken an gegen die Idee, das Almosen zu zentralisieren und nur noch in Geld auszurichten. Im Allgemeinen meinten die Pfarrer, dass es in ihren Pfarreien nur wenige einheimische Arme gebe (was sicher nicht stimmte). Allgegenwärtig war hingegen die Klage über die vielen fremden Bettler.

Es zeigte sich bald, dass die Einschätzung des Klerus richtig war. Die Geschworenen der Gemeinden hatten keine grosse Lust, die neue Aufgabe anzugehen. In der Bevölkerung wurde sofort Widerspruch gegen die vorgeschriebene Zentralisierung des Almosensammelns laut. Die Armen dagegen beklagten sich, dass die Zentralisierung nicht eingehalten werde.

Trotz verschiedener Anstrengungen liess sich nicht vermeiden, dass die Obrigkeit dem Widerstand nachgeben musste. Immer mehr Gesuche einzelner Gemeinden, ja ganzer Ämter, man möge doch die Armen wieder von Haus zu Haus betteln lassen, mussten bewilligt werden. Als im Frühling 1591 die Pfarrer über den Stand der Dinge in ihren Pfarreien berichteten, schienen die grundsätzlichen Probleme auf:[19] Die ländliche Bevölkerung scheint nicht viel von der Autorität ihrer Pfarrer gehalten zu haben, wenn diesen die nötige – nicht nur verbale – Rückendeckung durch die Obrigkeit fehlte. Die Gemeinden beschuldigten sich gegenseitig, die eigenen Armen zum Betteln in die Nachbargemeinden zu schicken. An manchen Orten beklagte man sich dagegen über die frechen Armen und befürchtete, dass es diesen unter der neuen Ordnung bald besser gehen würde als den Bauern, indem sie zu Rentnern würden. Dazu kamen die ewigen Klagen über die allgegenwärtigen fremden Bettler, vor allem in den Pfarreien an den Grenzen zu Bern und den Freien Ämtern. Die Schuld wurde hier zum Teil den Klöstern zugeschoben, die mit ihren regelmässigen Spenden viele fremde Bettler anzogen. So hiess es vom Zisterzienserkloster St. Urban, dass dort dreimal pro Woche die Spend ausgeteilt werde, wobei jedes Mal 400 Personen hinkämen, von denen keine 50 Luzerner seien. Aber auch die inneren eidgenössischen Orte, in erster Linie Nidwalden, wurden beschuldigt, fremde Bettler einfach über den See auf Luzerner Boden abzuschieben. Die vorgesehenen Abwehr- und Kontrollmassnahmen, das heisst regelmässige Patrouillen vor allem in den grenznahen Gebieten, erwiesen sich als viel zu wenig griffig, zumal sie von der Landbevölkerung selbst finanziert werden mussten.

Da sich die Reaktion des städtischen Rats in Ermahnungen an die Adresse der Pfarrer, der Geschworenen und der Bevölkerung erschöpfte, änderte sich auch in der Folgezeit nichts an der unbefriedigenden Situation. Die Verunsicherung in der Bevölkerung nahm eher noch zu, und man fühlte sich von den Gnädigen Herren im Stich gelassen. 1592 wurde auf einer Versammlung des Landklerus gemeldet, innert Monatsfrist sei in 14 Pfarrhäusern eingebrochen worden.[20] 1596 musste der Dekan von Willisau berichten, sein Kapitel habe befunden, dass es unmöglich sei, die neue Ordnung auf der Landschaft zu halten, obwohl man alles versucht habe.[21] Dem Protokoll einer Konferenz mit Vertretern der Landschaft von 1613[22] entnehmen wir schliesslich, dass auch fast 25 Jahre nach der Einführung der neuen Almosenordnung immer noch dieselben Missstände herrschten, denen man mit denselben unzulänglichen Massnahmen beizukommen versuchte. Das Ancien Régime hat es nicht geschafft (und war dazu auch gar nicht in der Lage), das ländliche Armen- und Bettlerproblem grundlegend anzugehen und zu lösen. Eine Enquete in der Helvetik zeigte, dass es noch um 1800 Gemeinden im Kanton Luzern gab, die ihre Armen wie zur Zeit Renward Cysats behandelten.[23]

Anmerkungen

1 Geplant ist die Publikation der Forschungsergebnisse in der Reihe *Luzerner Historische Veröffentlichungen.*
2 In der Forschung hat die Reorganisation des Luzerner Fürsorgewesens im 16. Jahrhundert eher wenig Beachtung gefunden. Vgl. Philipp Anton von Segesser, *Rechtsgeschichte der Stadt und Republik Luzern,* III/13, Luzern 1857, S. 195 ff.; Sebastian Grüter, *Geschichte des Kantons Luzern im 16. und 17. Jahrhundert,* Luzern 1945, S. 478–481. Für das 18. Jahrhundert dagegen

ausführlicher Hans Wicki, *Bevölkerung und Wirtschaft des Kantons Luzern im 18. Jahrhundert,* Luzern, München 1978, S. 81–92. Unergiebig und fehlerhaft sind die Ausführungen über Luzern bei Ingomar Bog, «Wachstumsprobleme der oberdeutschen Wirtschaft 1540–1618», in: *Oberdeutschland. Das Heilige Römische Reich des 16. bis 18. Jahrhunderts in Funktion,* Idstein 1986, S. 1–42, vor allem S. 9–13.

3 Einen kurzen Abriss der Geschichte Luzerns mit den entsprechenden Literaturhinweisen gibt Fritz Glauser, Anton Gössi, Max Huber, Stefan Jäggi, *Das Staatsarchiv Luzern im Überblick. Ein Archivführer,* Luzern, Stuttgart 1993, S. 11–23. Zur Ausbildung der Luzerner Landeshoheit Fritz Glauser, Jean Jacques Siegrist, *Die Luzerner Pfarreien und Landvogteien,* Luzern, München 1977, vor allem S. 6–38. Zur Bevölkerungsentwicklung Martin Körner, *Luzerner Staatsfinanzen 1415–1798,* Luzern, Stuttgart 1981, S. 407–410. Zur Wirtschaftsgeschichte Anne-Marie Dubler, *Geschichte der Luzerner Wirtschaft,* Luzern, Stuttgart 1983; Dies., *Handwerk, Gewerbe und Zunft in Stadt und Landschaft Luzern,* Luzern, Stuttgart 1982. Zu den fremden Diensten Rudolf Bolzern, «In Solddiensten», in: *Bauern und Patrizier. Stadt und Land Luzern im Ancien Régime,* Luzern 1986, S. 30–42. Zur Entstehung und Entwicklung des Patriziats Kurt Messmer, Peter Hoppe, *Luzerner Patriziat,* Luzern, München 1976. Zur Kirchengeschichte Urban Fink, *Die Luzerner Nuntiatur 1586–1873,* Luzern, Stuttgart 1997, vor allem S. 19 ff.

4 Die Entwicklung des frühneuzeitlichen Staats Luzern beschreibt Anton Gössi, «Das Werden des modernen Staates: Luzern von 1550 bis 1650», in: *Renaissancemalerei in Luzern 1560–1650,* Luzern 1986, S. 13–31.

5 Vgl. Berndt Hamm, «Normative Zentrierung im 15. und 16. Jahrhundert», *Zeitschrift für historische Forschung* 26 (1999), S. 163–202.

6 Zur Biographie Cysats siehe Josef Schmid (Bearb.), *Renward Cysat. Collectanea chronica und denkwürdige sachen pro chronica Lucernensi et Helvetiae,* I/1.1, Luzern 1969, S. XIX–XLIII.

7 Peter Karrer, *Von den armen lüten so das allmůsen nemend. Armut und Armenfürsorge in der Stadt Luzern im ausgehenden Spätmittelalter,* Lizentiatsarbeit Zürich 1997.

8 Josef Brülisauer, «Der Heilig-Geist-Spital in Luzern bis 1500», in: *Luzern 1178–1978,* Luzern 1978, S. 151–170.

9 Auf der Luzerner Landschaft waren es vor allem die Klöster St. Urban (Zisterzienser) und Rathausen (Zisterzienserinnen) sowie das Chorherrenstift Beromünster, deren Spenden viele Auswärtige anzogen.

10 Cysat belegt für 1590 in der Stadt Luzern die Existenz von 16 Bruderschaften; StALU (Staatsarchiv Luzern), COD 5145, fol. 52v–61. Vgl. auch Dubler, Handwerk (wie Anm. 3), S. 69–75.

11 Helvetia Sacra, Abt. VII, S. 114 ff.

12 StALU, RP 39, fol. 250–250v, 305, 325v; RP 41, fol. 327.

13 StALU, COD 5145/1, fol. 1–10, 11–25.

14 StALU, COD 5150, fol. 27v.

15 Siehe unten.

16 StALU, COD 5145, COD 5175.

17 Es handelt sich in allen dokumentierten Fällen um Witwen oder Frauen, deren Ehemänner landesabwesend waren. Unverheiratete Mütter kommen in den Listen der Bedürftigen beziehungsweise Unterstützten nicht vor.

18 Als Fallbeispiel vgl. Stefan Jäggi, «Ein Tag im Leben eines Luzerner Söldners», *Der Geschichtsfreund* 152 (1999), S. 149–159.

19 StALU, COD 5145, fol. 267 ff.

20 StALU, COD 5175, fol. 235.

21 StALU, AKT A1 F7 SCH 888.

22 Ebd.

23 StALU, AKT 27/81C. Heidi Bossard-Borner, *Im Bann der Revolution. Der Kanton Luzern 1798–1831/50,* Luzern, Stuttgart 1998, S. 49–53.

Kay Peter Jankrift

Herren, Bürger und Bedürftige in Geldern

Aspekte kleinstädtischer Hospitalgründungen im Spätmittelalter

Perspektiven der Erforschung spätmittelalterlicher Hospitalgründungen in Kleinstädten

Formen, Strukturen und Entwicklungen mittelalterlicher Caritas offenbaren sich vor allem im Spiegel einer sich zusehends verdichtenden städtischen Schriftlichkeit in facettenreichem Licht. Es sind deshalb in der Regel die grösseren Städte, in denen sich die Entfaltung einzelner karitativer Institutionen oder eines bisweilen komplexen Institutionsgefüges anhand der Quellen mehr oder weniger detailliert rekonstruieren lassen, auf die sich das mediävistische Forschungsinteresse konzentriert hat und noch immer konzentriert.[1] Die Gegebenheiten in kleinen Städten hingegen – Städten, deren geschätzte Einwohnerzahl sich auf weniger als 2000 belief – werden sowohl aufgrund ihrer oftmals unbefriedigenden Überlieferungssituation wie aufgrund ihrer vergleichsweise geringen Bedeutung für den grossen politisch-wirtschaftlichen Rahmen, nicht zuletzt aber auch aufgrund ihrer tendenziell geringen Forschungsattraktivität bis heute zumeist ignoriert.[2] Die einseitige und isolatorische Betrachtung des mittelalterlichen Wohlfahrtswesens hat indes zur Folge, dass räumlich übergeordnete Netzwerke, die Hospitallandschaften, in die sich Einzelinstitutionen ebenso wie karitative Gesamtgeflechte der Städte eingliedern, weitgehend aus dem Blickfeld geraten. Dieses Phänomen wird dadurch verstärkt, dass karitative Systeme grosser Gemeinwesen in sich selbst umso abgeschlossener wirken, je zahlreicher und differenzierter die an ihnen beteiligten hospitalischen Institutionen sind.[3] Entsprechend erscheint die Berücksichtigung hospitalischer Institutionsbildungen und ihrer Mechanismen in kleinen Städten unerlässlich für eine tiefenscharfe Erschliessung der Gestalt von Hospitallandschaften und der ihnen möglicherweise gar zugrunde liegenden Konzeptionen zwischen Kontinuität und Wandel.[4] Ihre Bedeutung für die strukturellen Eigenarten unterschiedlicher Hospitallandschaften ergibt sich dabei wenn auch nicht allein, so doch vor allem aus dem Umstand, dass die Zahl kleiner Städte die der grossen und bedeutenden innerhalb der politischen Grenzen eines Territoriums häufig übertraf. Die monolithische Untersuchung eines einzelnen kleinstädtischen Hospitals in der für Einrichtungen grösserer Städte vielfach praktizierten Weise wäre – vorausgesetzt die Quellenlage liesse eine solche überhaupt zu – dementsprechend nur wenig aussagekräftig. Vielmehr bedarf es zur Gewinnung eines differenzierten Gesamtbildes der vergleichenden Betrachtung einer möglichst grossen Zahl hospitalischer Einrichtungen in Kleinstädten.

Einschränkend sei bemerkt, dass eine derart umfassende Untersuchung im Rahmen der vorliegenden Studie weder beabsichtigt noch zu leisten ist. Sie wird sich trotz des nachdrücklichen Plädoyers für eine komparatistische Analyse kleinstädtischer Hospitalgründungen im sozialen und gesellschaftspolitischen Kontext im Wesentlichen auf eine Rekonstruktion der Entstehung des ersten Hospitals in der niederrheinischen Kleinstadt Geldern zu Beginn des 15. Jahrhunderts konzentrieren und dabei vor allem der Frage nach dem Nutzen der Institution für Bedürftige, Bürger und Landesherren nachgehen. In diesem Sinne zielt das gewählte Beispiel nicht darauf ab, nach klassischem Muster eine weitere Hospitalgründungsgeschichte nachzuzeichnen. Vielmehr soll anhand der exemplarischen Untersuchung eine mögliche Vorlage für weiterführende Vergleiche kleinstädtischer Wohlfahrtsinstitutionen wie auch der Hintergründe und sozialen Wirkung ihrer Ausbildung aufgezeigt werden.

Die Überlieferungssituation

Im Gegensatz zu den reichen spätmittelalterlich-frühneuzeitlichen Archivbeständen in den meisten süddeutschen Städten nimmt sich die Überlieferung am Niederrhein oder in Westfalen ungleich bescheidener aus. Selbst grosse Gemeinwesen wie Dortmund, Westfalens einzige freie Reichsstadt, haben nicht zuletzt infolge der Einwirkungen des Zweiten Weltkrieges umfangreiche Bestandsverluste zu verzeichnen.[5] Während Dortmund nahezu seinen kompletten mittelalterlich-frühneuzeitlichen Aktenbestand einbüsste, blieben dem niederrheinischen Wesel nur wenige Urkunden erhalten. Einzigartig wirkt vor diesem Hintergrund die Quellenlage für die spätmittelalterliche Kleinstadt Geldern, die aufgrund dieser ausnehmend günstigen Voraussetzungen für eine exemplarische Untersuchung prädestiniert erschien. Die in der niederrheinischen Stadt erhaltenen Dokumente aus dem Umfeld der Gründung des Heilig-Geist-Hospitals fügen sich zu einem kompletten Mosaik zusammen, das in anderen Kleinstädten ähnlich gestaltet war, von dem sich in den meisten Fällen jedoch nur noch einzelne Fragmente erhalten haben. Das geldrische Beispiel bildet insofern eine Art Idealtypus, der zwar nicht zwingend allgemein gültige Antworten auf die grundlegenden Fragen nach den

Unterschieden zwischen Hospitalgründungen in kleinen und grösseren Städten, nach der Funktion hospitalischer Einrichtungen in territorialer Perspektive und nach deren Rolle für die Ausbildung eines kleinstädtischen Selbstverständnisses liefert, aber zumindest eine Annäherung an die entsprechenden niederrheinischen Verhältnisse bietet. Es steht zu vermuten, dass in anders strukturierten Herrschaftsräumen und Städtelandschaften das vor diesem Hintergrund im Laufe der folgenden Ausführungen entstehende Bild entsprechend anders ausfallen könnte.

Die Gründung des Heilig-Geist-Hospitals in Geldern

Zwischen der zweiten Hälfte des 14. und dem Ausgang des 15. Jahrhunderts lässt sich im Niederrheingebiet eine auffällige Häufung kleinstädtischer Hospitalgründungen beobachten.[6] Verfügten grössere Städte zu dieser Zeit bereits über ein mehr oder weniger umfassendes und häufig noch weiter wachsendes Geflecht institutionalisierter Caritas, so richteten kleinere Gemeinwesen wie Rees, Sonsbeck, Uedem, Dülken, Geich oder Roetgen, gelegen in den Territorien Jülich und Kleve, auf landesherrliche wie kirchliche, bisweilen auch auf eigene oder private Initiative in Anlehnung an inzwischen bewährte Stiftungsmuster nun erstmals hospitalische Institutionen ein. Lässt sich in Jülich wie in Kleve eine Spitze der Gründungsaktivitäten nach 1400 erkennen, so ging diese im benachbarten Geldern um einige Dekaden voraus. So entstanden beispielsweise in Doesburg vor 1354, Wageningen 1357, Goch 1358, Doetinchem vor 1364 und Groenlo 1387 erste Hospitäler und Gasthäuser.[7] Diese Häufung von Hospitalgründungen in geldrischen Kleinstädten steht in unmittelbarem Zusammenhang mit dem Seuchengeschehen während der zweiten Hälfte des 14. Jahrhunderts.[8] Nachdem der Schwarze Tod zur Jahrhundertmitte über Europa hinweggefegt war, folgten ihm in geringem zeitlichem Abstand mehrere Wellen der Pest nach.[9] Dem bekannten Bericht des Chronisten Tilemann Elhen von Wolfhagen zufolge wütete die Seuche in Limburg an der Lahn während der Jahre 1356, 1365, 1383 und 1395.[10] Befunde aus verschiedenen Städten im Nordwesten des Reichsgebiets belegen, dass sich ein Auftreten der Pest in diesem zeitlichen Umfeld dort ebenfalls nachweisen lässt.[11] Durch das Massensterben zerbrachen traditionelle familiäre Strukturen.[12] Der Tod zahlreicher Familienmitglieder, besonders der arbeitenden Ernährer des Haushalts, wirkte sich in einem Mass existenzgefährdend aus, das den Bedarf an Fremdversorgung allgemein steigen liess. Kleine Städte, die bisher über keinerlei hospitalische Institutionen verfügten, sahen sich nun vor die Notwendigkeit gestellt, den gewandelten strukturellen Anforderungen durch die Gründung entsprechender Einrichtungen zu begegnen.
Vergleichsweise spät erfolgte angesichts dessen die Gründung einer hospitalischen

Einrichtung in Geldern. Bis 1343 war die Stadt, in der Schätzungen zufolge um 1500 nicht mehr als 1600 Einwohner auf einer Fläche von rund 22 Hektar intra muros lebten, Residenz der Grafen und späteren Herzöge des gleichnamigen, sich vornehmlich auf das Gebiet der heutigen Niederlande erstreckenden Herzogtums.[13] Am 10. Januar 1415 wurde nun im Namen der Bürgermeister, der Schöffen, des Rates sowie der gemeinen Bürgerschaft die Gründungsurkunde für das Heilig-Geist-Hospital ausgestellt.[14] Das Dokument, in welchem die Institution gleichermassen als Hospital und Gasthaus qualifiziert wird, zeugt von einer programmatischen Multifunktionalität der Einrichtung, deren Leistungen sich auf den gesamten Kreis der klassischen Hilfsbedürftigen – mit der selbstverständlichen Ausnahme von Lepra- und Seuchenkranken – erstrecken sollte. Nach dem Willen der Aussteller durften Pilger, wandernde auswärtige Bettler, Hausarme und auch Kranke dort künftig Obdach und, wie es heisst, die «werke der barmherticheit» geniessen. Die in der Gründungsurkunde getroffenen Verfügungen zu Aufgaben, geistlicher Versorgung und Verwaltung des Hauses unterscheiden sich nicht von gängigen Mustern. Für die im Hospital aufgenommenen Kranken, die aufgrund ihrer Befindlichkeit keine Messe in einer Kirche besuchen könnten, so wird festgelegt, solle bei dem Hospital eine dem Heiligen Geist, der Gottesmutter und dem heiligen Bekenner Antonius geweihte Kapelle errichtet werden. Zur Abfassungszeit des Schriftstücks bestand ein solches, gewöhnlich zu einem Hospitalkomplex gehöriges Gotteshaus demnach noch nicht. Hingegen hatte der Bau des Gebäudes zur Unterbringung der Bedürftigen bereits begonnen. Dies wird aus der Siegelbitte an die Herzogin von Jülich und Geldern, Maria von Harcourt, ersichtlich, die der Urkunde zufolge «den ersten steen mit haere hant in dat hospitael end gasthuys gelacht heft». In dem zu errichtenden Gotteshaus sollte ein vom Rat bestellter weltlicher Priester zunächst auf Kosten der Urkundenaussteller so lange die Messe für deren Seelen, die ihrer verstorbenen Verwandten und die der Armen lesen, bis die finanzielle Ausstattung der Einrichtung zur Bezahlung dieser seelsorgerischen Dienste ausreichend war. Die Verwaltung der wirtschaftlichen Belange des Hauses wollten die Aussteller jährlich zwei ehrbaren Bürgern überantworten, die als Provisoren turnusmässig vor dem Rat Rechenschaft über dessen Einkünfte und Ausgaben ablegen sollten.

Eine Hospitalgründung im Spannungsfeld landesherrlicher Territorialpolitik und bürgerlichen Selbstverständnisses

Präsentiert sich den groben Zügen des Urkundentexts zufolge die Gründung des Heilig-Geist-Hospitals als eine Initiative unter der Federführung der städtischen Obrigkeiten, so sprechen die Details eine andere Sprache. So geht die Bitte an den

Landesherrn Herzog Rainald IV. um Billigung und Bestätigung des Gründungsaktes mit dem offensichtlich weit weniger selbstverständlichen Gesuch einher, den Priester der Hospitalkapelle auf ewige Zeiten eigenständig einsetzen zu dürfen. Darin heisst es, bei der Einsetzung solle weder auf Güter und Parteien noch auf andere weltliche Sachen, sondern nur auf die Gerechtigkeit geschaut werden. Auf diese Weise könnten die Werke der Barmherzigkeit umso besser erfüllt werden. Es lässt sich nicht belegen, aber doch vermuten, dass dieses Recht, das die Position des Rates in Bezug auf massgebliche Dienstleistungen des Hospitals entschieden stärkte, Resultat mehr oder weniger intensiver Verhandlungen gewesen sein dürfte. Die praktische Umsetzung jenseits der vereinbarten Norm lässt sich anhand der erhaltenen Dokumente nicht nachvollziehen. Auf die Finanzverwaltung der Einrichtung nahm der herzogliche Hof unzweifelhaft Einfluss. So erscheint beispielsweise im Spiegel der Dokumente Johan van Vossum, Oberkämmerer der Herzogin, neben dem amtierenden Bürgermeister Gerit Opstrait als einer der Provisoren des Hospitals.[15] Auch der äussere Eindruck der Gründungsurkunde vermag nicht recht mit der Vorstellung initiativgebender Stadtväter zu korrelieren. Die Beteiligung von Bürgermeistern und Rat als Vertretern der Einwohnerschaft Gelderns manifestiert sich lediglich durch das grosse Stadtsiegel. Bürgermeister, einzelne Ratsherren oder Bürger treten bei der Besiegelung des Dokuments nicht gesondert hervor. Hingegen wird die Urkunde neben dem Siegel der Maria von Harcourt, der Cousine Karls VI. von Frankreich, mit den Siegeln von zehn Angehörigen der Ritterschaft geziert, von denen die meisten dem engen Umfeld der Herzogin zuzuordnen sind – darunter auch der bereits erwähnte Johan van Vossum.[16] Charakteristisch für das Wechselspiel zwischen landesherrlichen Interessen und kleinstädtischem Selbstverständnis wirkt auch die von den Urkundenausstellern für die Fundation ins Feld geführte Begründung. Darin heisst es, nirgends im Umkreis von zwei Meilen um Geldern gebe es eine karitative Einrichtung, in der elende Pilger, wandernde Bettler oder Hausarme Herberge und Versorgung finden könnten, wie dies aus anderen Gemeinwesen inner- und ausserhalb Gelderlands bekannt sei. Diese Formulierung wirft zugleich ein Schlaglicht auf die Gestalt niederrheinischer Hospitallandschaften. Die Kleinstadt Geldern, so geht hieraus hervor, strahlte trotz ihrer bescheidenen Grösse in einem gewissen Radius in ihr Umland aus. Dies schliesst zum einen die Bereitstellung von Möglichkeiten zur hospitalischen Versorgung für den entsprechenden Bereich des Territoriums ein. Es bedeutet zum anderen eine Definition für die Maschengrösse des Hospital- und Gasthausnetzwerkes im Niederrheingebiet des 15. Jahrhunderts. Mobile Bedürftige – wandernde Bettler und arme Pilger – waren auf die möglichst grosse Nähe von Versorgungsinstitutionen angewiesen. Im Falle vagierender Leprakranker wird dieser Gedanke anhand der allerdings noch unzureichend erforschten Verteilung der so genannten Hagioskope demonstriert.[17] Durch diese

Öffnungen in den Aussenmauern mancher Gotteshäuser, die den Blick auf den Altar und das Verfolgen der Messhandlungen ermöglichten, war auch in ländlichen Gegenden mit schwach ausgeprägten Versorgungsstrukturen zumindest die geistliche Pflege sichergestellt. Mit dem Verweis auf die Gegebenheiten in anderen Städten inner- und ausserhalb Gelderns – ohne Bezug auf deren Grösse zu nehmen – reiht sich die niederrheinische Kleinstadt nach eigenem Selbstverständnis in den Kreis der übrigen mit Stadtrecht ausgestatteten Kommunen ein. Der Existenz eines Hospitals in einer Kleinstadt kam im Vergleich zu einem grösseren Gemeinwesen eine deutlich gesteigerte Bedeutung zu. Während das Provisorenamt unterschiedlicher karitativer Einrichtungen in grösseren Städten einen mehr oder weniger bedeutsamen Platz auf der ratsherrlichen Karriereleiter einnahm, übte in Geldern etwa der Bürgermeister diese Funktion in Personalunion aus. In gleicher Weise wird deutlich, dass die Institution des Hospitals in ihren unterschiedlichen Formen spätestens bis zum Beginn des 15. Jahrhunderts zu einem städtekonstituierenden Element avanciert war, das sich in die Kette von entsprechendem Rechtsstatus, Rathaus, Kirche und Stadtmauer einreihte. Vor diesem Hintergrund erfuhren die niederrheinischen Kleinstädte durch die Gründung hospitalischer Einrichtungen gewissermassen eine zeitgemässe Aufwertung, die zugleich den institutionellen Landesausbau vorantrieb.

Tatsächlich scheint es bei der Einrichtung des Heilig-Geist-Hospitals erst in zweiter Linie um die Schaffung einer Versorgungsinstitution für Bedürftige gegangen zu sein. Die erhaltenen Urkunden verdeutlichen, dass soziale Belange für die Gründung des Hospitals eine eher untergeordnete Rolle spielten. Ausser in der Gründungsurkunde ist in keinem der Dokumente von den Bedürftigen und ihrer Rolle mehr die Rede. Der hospitalische Alltag im Haus lässt sich in Ermangelung geeigneter Dokumente ebenso wenig nachvollziehen wie die Umsetzung des multifunktionalen Leistungsanspruchs in die Praxis. Die Aufnahmekapazitäten dürften ohnedies gering gewesen sein und sich auf wenige Personen beschränkt haben.

Vom Gründungsakt zur funktionsfähigen Institution

Zwischen dem Gründungsakt und der Ausprägung einer in rechtlicher, wirtschaftlicher und seelsorgerischer Hinsicht voll funktionsfähigen Institution lagen in Geldern nicht weniger als zehn Jahre. Für die Umsetzung der Stiftungsverfügungen und die Schaffung einer finanziellen Grundlage zum längerfristigen Überleben des Hospitals spielten die Landesherren und Angehörige der Ritterschaft – in der Anfangsphase insbesondere aus dem engen Umfeld der Herzogin – die entscheidende Rolle, die in der Gründungsurkunde bereits anklingt. Wunschgemäss bestätigte der Gemahl Marias von Harcourt, Herzog Rainald IV. von Jülich und Geldern, Graf von Zutphen, die Stiftung des Heilig-Geist-Hospitals am 29. April 1415.[18] Zugleich erklärte er, dass er die Institution als ein Werk der Barmherzigkeit ansehe, das er stets mit Rat und Tat unterstützen müsse, zumal es der höheren Ehre Gottes diene. Er forderte all seine Untertanen, geistlich und weltlich, mit Nachdruck auf, der Stiftung nicht hinderlich zu sein, sondern diese im Gegenteil nach Kräften zu fördern. Zu Beginn des darauf folgenden Jahres scheint der Bau des Hospitalgebäudes vollendet gewesen zu sein. Zu Pfingsten 1416 fand die Weihe des Hauses durch den Kölner Weihbischof statt.[19] Die Einrichtung der Kapelle dauerte scheinbar zwei weitere Jahre. Am 27. November 1418 bestätigte dann der Kölner Erzbischof Dietrich von Moers die Gründung von Hospital mitsamt Kapelle, die er zugleich zu einem geistlichen Lehen und Beneficium erhob.[20] Mit der gleichen Urkunde erhielt der in der Kapelle wirkende Priester das Recht, den im Hause untergebrachten Kranken die Beichte abzunehmen. Als abträglich für die junge Institution erwies sich aber die Verfügung des Kölner Oberhirten, dass die während der in der Hospitalkapelle gehaltenen Messen eingehenden Opfer der Pfarrkirche zufliessen sollten, damit deren Einkünfte durch die Stiftung nicht beeinträchtigt würden.

Nahezu zeitgleich mit der Aufnahme des seelsorgerischen Betriebs setzten die Zuwendungen an das Hospital ein, die in dieser Etablierungsphase ausnahmslos von der Ritterschaft getätigt worden zu sein scheinen.[21] Zumindest findet sich kein Indiz für die Übertragung von Renten oder Gütern durch geldrische Bürger. Der Rat tritt zu keinem Zeitpunkt durch finanzielle Unterstützung der neuen Einrichtung in Erscheinung. Sein Beitrag erschöpfte sich augenscheinlich in der Bezahlung des Siegelwachses und der Boten, die die Dokumente überbrachten.[22] Aus dem Kreis der Schenkungen, die gemäss der Gründungsurkunde auf die Kumulation eines Vermögensstandes abzielten, der ein Funktionieren der Einrichtung in der geplanten Weise gewährleistete, sticht die der Herzogin hinsichtlich ihres Umfanges deutlich heraus. Am 2. Dezember 1419 verfügte Maria von Harcourt auf der Burg Grave in Gegenwart zahlreicher Geistlicher und Angehöriger der ihr nahe stehenden Ritterschaft ihr Testament.[23] Hierin übergab sie den städtischen Obrigkeiten und den beiden Hospitalprovisoren Johan van Vossum und Gerrit Opstrait den zuvor erworbenen Haffmanshof, aus dessen Einkünften von nun an der Rektor der Hospitalkapelle entlohnt wurde. Unter den umfangreichen, fast ausschliesslich den geistlichen Dienst betreffenden Bestimmungen fällt besonders jene ins Auge, die das nur wenige Jahre zuvor in der Gründungsurkunde von der Stadt erstrittene Recht auf Einsetzung des Priesters entscheidend beschränkte. Maria von Harcourt forderte, dass im Falle eines Streits um die Bestellung des Rektors die um Geldern wohnende Ritterschaft schlichtend eingreifen und mit den Ratsvertretern durch Stimmmehrheit einen geeigneten Geistlichen für dieses Amt vorschlagen solle.

Dass das Testament der grössten Förderin des Hospitals daneben auch Anweisungen über die Pflege ihrer Memoria und der ihres Gemahls enthält, erscheint selbstverständlich. Die enge persönliche Bindung der Herzogin an das Hospital von Geldern erfuhr einen jähen Bruch nach dem Ableben Rainalds IV. am 23. Juni 1423. Vermählt mit Ruprecht, dem einzigen Sohn Herzog Adolfs von Berg, trat sie fern ihres einstigen Territoriums bis zu ihrem Tode im Jahr 1427 nicht mehr zugunsten des Heilig-Geist-Gasthauses in Erscheinung.[24] Dennoch setzte sich die wohlwollende Politik der geldrischen Landesherren gegenüber der Einrichtung fort. Am 14. Mai 1425 stiftete Herzog Arnold einen zweiten Altar, der der Heiligen Dreifaltigkeit, der Jungfrau Maria, den heiligen Marschällen Cornelius, Hubertus und Quirinus sowie den Heiligen Johannes, Michael und Georg geweiht war.[25] Um 1450 erhielt die Kapelle sogar noch einen dritten Altar.[26] Eine Hospitalrechnung des Jahres 1456 zeigt, dass die Einkünfte von Kapelle und Hospital zu diesem Zeitpunkt gesichert waren.[27] Die Einrichtung bezog zu dieser Zeit Einnahmen aus nicht weniger als 33 Höfen im Amte Geldern. Beim Blick auf die finanzielle Ausstattung des neuen Hospitals ergibt sich ein Bild, das für die Situation kleinstädtischer Hospitalgründungen symptomatisch erscheint. Zuwendungen in Form von Renten und Gütern flossen nahezu ausschliesslich während der ersten zwei Dekaden nach der Stiftung der neuen Einrichtung. Landesherr und Ritterschaft trugen Sorge dafür, dass das Hospital noch zu ihren Lebzeiten eine ausreichende finanzielle Fundierung erhielt. Daraus wird deutlich, dass Geldern – wie wahrscheinlich die meisten kleinen Städte – im Gegensatz zu grossen Kommunen nicht über eine ausreichende Zahl finanzkräftiger Bürger verfügte, die allein aus ihren Mitteln eine hospitalische Institution lebensfähig halten konnten. Demzufolge ist die Zahl der für ein kleinstädtisches Hospital ausgestellten Urkunden stets gering, auch wenn sich mit der Existenz einer karitativen Einrichtung die Möglichkeit zur Sicherung der eigenen Memoria für die Einwohner von Kleinstädten erheblich erweiterten.

Selten entfalten sich die Hintergründe kleinstädtischer Hospitalgründungen im Spiegel der Überlieferung so umfassend, wie dies im Vorangegangenen konturenhaft für das niederrheinische Geldern aufgezeigt wurde. Es gilt im Ergebnis festzuhalten, dass eine kritische Prüfung der Gründungsumstände kleinstädtischer Hospitalinstitutionen, insbesondere der Gründungsurkunden, detailreichen Aufschluss über das Beziehungsgeflecht von kommunalem Selbstverständnis, landesherrlicher Politik und Institutionalisierung des Wohlfahrtswesens vermitteln. Nicht zuletzt die Strukturen von Hospitallandschaften beginnen im Licht eines möglichst weit gespannten Vergleichs aus den Nebeln hervorzuscheinen, die sie noch immer umgeben.

Anmerkungen

1 Unter den neueren Studien aus dem deutschen Sprachraum seien stellvertretend genannt: Brigitte Pohl-Resl, *Rechnen mit der Ewigkeit. Das Wiener Bürgerspital im Mittelalter,* Wien 1996; Hermann Queckenstedt, *Die Armen und die Toten. Sozialfürsorge und Totengedenken im spätmittelalterlich-frühneuzeitlichen Osnabrück,* Osnabrück 1997; Ralf Klötzer, *Kleiden, Speisen, Beherbergen. Armenfürsorge und soziale Stiftungen in Münster im 16. Jahrhundert,* Münster 1997; Beate Sophie Gros, *Das Hohe Hospital in Soest (ca. 1178–1600). Eine prosopographische und sozialgeschichtliche Untersuchung,* Münster 1999.

2 Zur Typologisierung mittelalterlicher Kleinstädte Hektor Ammann, «Wie gross war die mittelalterliche Stadt?», *Studium Generale* 9 (1956), S. 503–506; Peter Johanek, «Landesherrliche Städte – kleine Städte. Umrisse eines europäischen Phänomens», in: Jürgen Treffeisen, Kurt Andermann (Hg.): *Landesherrliche Städte in Südwestdeutschland,* Sigmaringen 1994, S. 9–25; Franz Irsigler, «Städtelandschaften und kleine Städte», in: Helmut Flachenecker, Rolf Kiessling (Hg.), *Städtelandschaften in Altbayern, Franken und Schwaben,* München 1999, S. 13–38; Carl Haase, «Stadtbegriff und Stadtentstehungsgeschichten in Westfalen», in: Ders. (Hg.), *Die Stadt des Mittelalters,* Bd. 1, Darmstadt 1969, S. 67–101; Heinz Stoob, «Minderstädte. Formen der Stadtentstehung im Spätmittelalter», in: Ders. (Hg.), *Forschungen zum Städtewesen in Europa,* Bd. 1: *Räume, Formen und Schichten der mitteleuropäischen Städte,* Köln, Wien 1970, S. 225–245.

3 Der Verfasser verwendet den Begriff der hospitalischen Institutionen zur kollektiven Bezeichnung sämtlicher Einrichtungen, die unabhängig von Qualität und Umfang der gewährten Leistungen gemäss ihrem Anspruch in irgendeiner Form der Unterstützung kranker oder gesunder Bedürftiger dienen sollten. Dies schliesst auch Institutionen ein, in denen phasenweise oder dauerhaft keine praktische Umsetzung der eigentlichen Zweckbestimmung erfolgte.

4 Grundlegend für die Reflexion über mittelalterliche Institutionsbildung und Institutionalisierung Gert Melville (Hg.), *Institutionen und Geschichte. Theoretische Aspekte und mittelalterliche Befunde,* Köln, Weimar, Wien 1992.

5 Horst-Oskar Swientek, Willy Timm, *Gesamtinventar des Stadtarchivs Dortmund,* Dortmund 1964, S. 8 f.

6 Jutta Grimbach, *Das mittelalterliche Hospitalwesen in den niederrheinischen Territorien Jülich und Kleve. Arbeit zur Erlangung des Magistergrades,* Universität Trier, Trier 1999 (unveröffentlicht). Ich danke der Autorin für die freundliche Gewährung der Einsichtnahme in ihr Manuskript.

7 Klaus Flink, Bert Thissen, «Gelderns Städte im Mittelalter. Daten und Fakten – Aspekte und Anregungen», in: Johannes Stinner, Karl-Heinz Tekath (Hg.), *Gelre – Geldern – Gelderland. Geschichte und Kultur des Herzogtums Geldern,* Geldern 2001, S. 211.

8 Hierzu demnächst Kay Peter Jankrift, *«Up dat god sich aver uns verbarmen wolde». Formen, Strukturen und Entwicklungen der Auseinandersetzung mit Seuchen in westfälischen und rheinischen Städten (9.–16. Jahrhundert).*

9 Leo Noordegraaf, Gerrit Valk, *De gave gods. De pest in Holland vanaf de late Middeleeuwen,* Bergen 1988.

10 Arthur Wyss (Hg.), *Die Limburger Chronik des Tilemann Elhen von Wolfhagen,* Hannover, Leipzig 1883, S. 90.

11 Kay Peter Jankrift, «Der apokalyptische Reiter in Dortmund. Seuchenbekämpfung in einer spätmittelalterlichen Reichsstadt», *Beiträge zur Geschichte Dortmunds und der Grafschaft Mark* 89 (1998), S. 109 f.; Ders., «‹... multe pestilencie interim fuerunt›. Streiflichter auf die Seuchenbekämpfung in Paderborn bis zum Ende des 16. Jahrhunderts», *Mitteilungen des Vereins für Geschichte der Universität-GH Paderborn* 11 (1998), S. 95 f.

12 Grundlegend Neithard Bulst, «Der Schwarze Tod. Demographische, wirtschafts- und kulturgeschichtliche Aspekte der Pestkatastrophe von 1347–52. Bilanz der neueren Forschung», *Saeculum* 30 (1979), S. 45–67.

13 Flink/Thissen (wie Anm. 7), S. 211; Wilhelm Janssen, «Die Geschichte Gelderns bis zum Traktat von Venlo 1543. Ein Überblick», in: Stinner/Tekath (wie Anm. 7), S. 13 ff.

14 Stadtarchiv Geldern, A Urk., Nr. 26.
15 Stadtarchiv Geldern, A Urk., Nr. 35 und 37; Leopold Henrichs, *Das alte Geldern. Gesammelte Schriften zur Stadtgeschichte,* Geldern 1971, S. 112.
16 Stefan Frankewitz, *Die geldrischen Ämter Geldern, Goch und Straelen im späten Mittelalter,* Geldern 1986; Ralf G. Jahn, «Die Genealogie der Vögte, Grafen und Herzöge von Geldern», in: Stinner/Tekath (wie Anm. 7), 1, S. 36 f.
17 Kay Peter Jankrift, «Hagioskope, Unbeachtete Zeugnisse der Leprageschichte», *Die Klapper. Mitteilungen der Gesellschaft für Leprakunde* 7 (1999), S. 1 ff. Jetzt auch die Übersichtskarte bei Martin Uhrmacher, *Leprosorien in Mittelalter und früher Neuzeit,* Köln 2000.
18 Stadtarchiv Geldern, A Urk., Nr. 29.
19 Henrichs (wie Anm. 15), S. 112.
20 Stadtarchiv Geldern, A Urk., Nr. 34.
21 Stadtarchiv Geldern, A Urk., Nr. 33.
22 Wilhelm Kuppers, *Die Stadtrechnungen von Geldern 1386–1423. Einführung, Textausgabe, Register,* Geldern 1993, S. 326 und 330.
23 Stadtarchiv Geldern, A Urk., Nr. 37–40.
24 Henrichs (wie Anm. 15), S. 114.
25 Stadtarchiv Geldern, A Urk., Nr. 47.
26 Stefan Frankewitz, Petra Janssen, *Von der Gasthauskapelle zur Heilig-Geist-Kirche in Geldern. Katalog zur Ausstellung des Stadtarchivs Geldern,* Geldern 1990, S. 20.
27 Ebd., S. 13.

Oliver Landolt

«... ich acht, das kaum ein ort sei, do die armen mehr not liden dann im Schwitzer land ...»

Zur Ausgrenzung mobiler Armut in der spätmittelalterlichen Eidgenossenschaft

1531 unternahm der Strassburger Armendiakon Alexander Berner im Auftrag des Strassburger Rates eine Rundreise durch Süddeutschland und das Gebiet der heutigen Schweiz, um Erkundigungen über die Praxis der Armenversorgung in verschiedenen Städten einzuziehen. Sein Urteil über die Armenfürsorge in den eidgenössischen Städten war vernichtend: «Ich kan warlich nit vil guts vom Schwitzerland uberal schreiben, ich hett nit geglaubt, das es so ubel darinnen stund [...] der armen halber [...].»[1] Weiter bemerkte er in besonderer Betrachtung der erbarmungswürdigen Zustände in den Städten Zürich und Basel, «das kaum ein ort sei, do die armen mehr not liden dann im Schwitzer land» – zumal das eidgenössische Gebiet einst «aller bettler schmalzgrub ist gewest».[2] Kritisch vermerkt Josias Simler in seiner in der zweiten Hälfte des 16. Jahrhunderts entstandenen Chronik besonders die Freigebigkeit der einheimischen Bevölkerung gegenüber den «armen Leuthen und Bättleren», welche dafür verantwortlich gemacht werden könne, dass «die Zahl der Bättleren gemehret wird».[3] Die Vorstellung, dass das Gebiet der Eidgenossenschaft als Bettlerparadies gelte und deshalb von auswärtigen Bettlern überschwemmt werde, findet sich auch in der Chronik des Johannes Stumpf. Dieser bemerkt, dass nur «wenig bättler auss Helvetien» ausserhalb des eidgenössischen Territoriums sich fänden, «aber Helvetia laufft all zeyt voll frömbder armen» über.[4] Verschiedene Chronisten wie etwa der St. Galler Johannes Rütiner sahen in der Rückschau vor allem die Burgunderkriege beziehungsweise die Zeit unmittelbar danach als Anfang der «Bettlerplage».[5] Wie jüngere Forschungen gezeigt haben, machte das Gebiet der Eidgenossenschaft tatsächlich in der zweiten Hälfte des 15. Jahrhunderts einen tief greifenden wirtschaftlichen Wandel mit gewaltigen sozialen Auswirkungen durch: Wirtschaftliche Umstrukturierungen in der Landwirtschaft und krisenhafte Entwicklungen vor allem in einzelnen Exportgewerbestädten setzten Arbeitskräfte frei; zumindest teilweise konnten diese frei gewordenen Arbeitskräfte durch den damals im Aufschwung begriffenen Solddienst absorbiert werden.[6] Schon die spätmittelalterlichen Zeitgenossen beklagten allerdings die sozialen Folgen dieser Entwicklung. Die zumeist nur auf das blutige Geschäft des Kriegshandwerks spezialisierten jungen Männer fanden nur in den seltensten Fällen ins Alltagsleben zurück; ihre im Krieg erlernten gewalttätigen Methoden zur Gewinnung des Lebensunterhaltes fanden in Friedenszeiten mittels Wegelagerei ihre Fortsetzung.[7] Nicht wenige Personen hatten aber – sei es aus Gründen der Gesundheit, des Geschlechts, des Alter oder anderen – kaum die Möglichkeit, als Reisläufer ihr Glück zu versuchen, sondern waren gezwungen, von einem Ort zum anderen ziehend, mittels Gelegenheitsarbeiten, häufig auch Bettelei und gelegentlicher Kleinkriminalität ihren Lebensunterhalt zu verdienen. Diese Ansicht verkennt allerdings die schon mit dem 14. Jahrhundert einsetzenden krisenhaften Entwicklungen mit ihren grossen sozioökonomischen Auswirkungen, die besonders auch im Gebiet der heutigen Schweiz zu einem massiven Anstieg der mobilen Schar sozial entwurzelter Menschen führten.[8] Diesen durch die wirtschaftliche Not mobil gewordenen, zumeist arbeitsfähigen Vaganten begegneten vor allem die städtischen Obrigkeiten wie auch allgemein die sesshafte Bevölkerung mit zunehmendem Misstrauen und bisweilen sogar Ablehnung. So bemerkte etwa der Leutpriester von Stein am Rhein, Konrad von Ammenhausen, bereits zu Beginn des 14. Jahrhunderts in seinem «Schachzabelbuch», dass «man vint an den lantlöfern vil untrüwe».[9]

Massnahmen in den Städten gegenüber auswärtigen Bettlern

Von entscheidender Bedeutung bei diesen Entwicklungen war eine unter dem Einfluss theologischer Diskussionen zustande gekommene Neubewertung von Armut und Arbeit, die vor allem in den Städten, wo sich die sozialen Probleme in besonderem Masse auswirkten, schon früh rezipiert und praktisch umgesetzt wurde:[10] Die mittelalterliche Praxis der Almosenvergabe an alle Armen ohne Ansehen der Bedürftigkeit nach dem «Giesskannenprinzip» wurde durch die Ansicht ersetzt, dass Sozialunterstützung nur noch wirklich Bedürftigen zukommen sollte oder, wie dies in einer Berner Spendordnung von 1449 formuliert wird: Nur diejenigen sollten Spenden erhalten, welche «des notdürftig sint vnd durch die gott geeret vnd nit in vnbekantnüsse vnd vndankender wise verzeret werden».[11] Konkret hiess dies, dass Almosen nur die ehrlichen, fleissigen, kranken oder invaliden, zumeist sesshaften Armen erhalten sollten, während die so genannten starken Bettler, denen Müssiggang und Betrug vorgeworfen wurde, von Unterstützung ausgeschlossen wurden. Ausgegrenzt wurden auch die häufig mit den «starken Bettlern» gleichgesetzten Vaganten, die in zunehmendem Masse als eine eigentliche Landplage und als eine Bedrohung für die wirtschaftliche Existenz der

einheimischen Armen angesehen wurden. Besonders eindrücklich wird dies in einem Berner Ratsbeschluss vom Januar 1490 formuliert: Die fremden Bettler sollen ausgewiesen werden, «daumit unser armen lüt und besunder uff dem land ungemügt und die in den stetten aun sorgen leben und beliben mogen».[12]
In den spätmittelalterlichen Städten wurden schon frühzeitig die fremden Vaganten von einer Unterstützung durch die städtischen Sozialinstitutionen ausgeschlossen: So wurden etwa Fürsorgeleistungen in den ursprünglich in der Regel allen Bedürftigen offen stehenden Spitälern mit der Kommunalisierung dieser Institutionen häufig auf die ortsansässigen Bedürftigen beschränkt. Dies war eine Entwicklung, welche sich durch die gestiegene wirtschaftliche Potenz dieser Spitäler erklären lässt: Schliesslich stellten die Spitäler nicht nur einen wichtigen Kredit- wie Arbeitgeber dar, sondern über diese Institutionen finanzierten einzelne Kommunen auch ihre Territorialpolitik, wie dies für verschiedene Städte untersucht worden ist.[13] Die Spitäler wie auch die Stadträte hatten angesichts einer solchen wirtschaftlichen Bedeutung kaum ein Interesse an einem Ressourcenabfluss an auswärtige Bettler. Besonders drastisch wird diese Ausgrenzung auswärtiger Bedürftiger etwa in einem Eintrag in den Schaffhauser Stadtrechnungen vor Augen geführt: 1422 zahlte der Rat einer auswärtigen schwangeren Frau 3 Schilling als Almosen aus der Stadtkasse, um sie auf diese Weise loszuwerden, damit sie «nit in den spital kom».[14] Selbst die vor allem seit dem 14. Jahrhundert in verschiedenen Städten entstehenden Elendenherbergen, welche für die Versorgung durchreisender Pilger und auswärtiger Bedürftiger geschaffen worden waren, wurden nicht selten zugunsten der einheimischen Stadtbevölkerung genutzt:[15] So geht etwa aus den seit der zweiten Hälfte des 15. Jahrhunderts überlieferten Rechnungen der Elendenherberge der Stadt Bern hervor, dass aus dieser Institution wiederholt städtische Hausarme mit Getreidespenden und mit Geldbeträgen unterstützt wurden.[16] Aus der Schaffhauser Elendenherberge ist überliefert, dass hier arme einheimische Kindbetterinnen wie gelegentlich auch «ander bresthaft arm lüt» aus der städtischen Bürgerschaft versorgt wurden.[17] Einzelne Elendenherbergen erliessen auch genaue Aufnahmebestimmungen und grenzten einzelne Vaganten aus: Beispielsweise wurde in St. Gallen 1511 die Aufnahme von Kesselflickern, Landstreichern und Leuten mit Hunden in der städtischen Elendenherberge verboten.[18] 1519 wurden hier sogar Übernachtungsgebühren verlangt.[19] Weitgehend auf die Unterstützung der Hausarmen ausgerichtet waren auch die im Gebiet der Schweiz seit dem 14. Jahrhundert in verschiedenen Städten entstehenden Spend- und Almosenämter: Zwar sollten gemäss der in Bern 1449 erlassenen Spendordnung Almosen an alle «armen lüten, si syen [...] jung oder alt, frömd oder kund» ausgeteilt werden,[20] doch fand eine zunehmende Beschränkung der Almosenausteilungen auf die eigenen Hausarmen statt, wie dies etwa aus Schaffhausen aus der «gemeine[n] Spend armer Lüte» Ende des 15. Jahrhunderts belegt

ist: Dort waren die wöchentlich rund drei aus dem Amt ausgezahlten Almosenausteilungen auf die in die städtische Steuerpflicht eingebundenen, bedürftigen Bürger und Stadteinwohner beschränkt.[21] Ähnliche, weitgehend auf die Unterstützung der städtischen Hausarmen beschränkte Einrichtungen sind auch für Luzern und St. Gallen belegt.[22] Gerade in solchen Ämtern sahen sich die Verantwortlichen schon frühzeitig vor das Problem gestellt, zwischen den als unterstützungswürdig betrachteten Bedürftigen und den als unwürdig angesehenen Elementen zu unterscheiden, wobei in Anlehnung an das Beispiel grösserer Städte im Reich auch im Gebiet der heutigen Schweiz zur Kennzeichnung der ortsansässigen, offiziell anerkannten Sozialhilfeempfänger Bettelabzeichen ausgegeben wurden: So führte beispielsweise Basel Bettelmarken in der zweiten Hälfte des 15. Jahrhunderts ein,[23] während St. Gallen 1479 zu dieser Massnahme griff.[24] 1495 wurden Bettelabzeichen erstmals in Zürich,[25] 1498 auch in Freiburg im Uechtland eingeführt.[26] In breitem Masse kamen Bettelabzeichen dann in den 1520er-Jahren angesichts der unter dem Einfluss der Reformation vorgenommenen Armenfürsorgereformen in vielen Städten der Eidgenossenschaft auf.[27] Angesichts solcher Ausgrenzungsbestrebungen gegenüber auswärtigen Bedürftigen wurden die vor allem für mobile Arme ausgestellten Bettelbriefe zu einem überlebensnotwendigen Ausweisdokument, um überhaupt noch an auswärtigen Orten in den Genuss von Fürsorgeleistungen zu kommen. Solche durch kirchliche wie weltliche Obrigkeiten ausgestellten Bettelbriefe stellten für die mobilen Bedürftigen ein eigentliches Äquivalent zu den an die städtischen Hausarmen ausgegebenen Bettelmarken dar. So verwundert es denn auch kaum, dass sich im Laufe des Spätmittelalters ein eigentliches Gewerbe von Bettelbrieffälschern ausbildete, deren Dienste von verschiedenen Vaganten in Anspruch genommen wurden.[28]

Als restriktive Massnahme gegenüber den auswärtigen Bettlern wurden im Laufe des 15. Jahrhunderts auch Aufenthaltsbeschränkungen erlassen, wobei in den meisten Städten als erlaubte Aufenthaltsdauer ein bis drei Tage die Regel waren.[29] Vereinzelte Beschränkungen oder sogar Verbote des Bettels lassen sich bereits für das 14. Jahrhundert belegen: Zürich verbot erstmals 1343 das Betteln innerhalb der Stadt,[30] während St. Gallen in der zweiten Hälfte des 14. Jahrhunderts das Almosensammeln fremder Bettler von der Erlaubnis des Rates abhängig machte.[31] Gänzlich verboten wurde dann der Bettel sowohl für die auswärtigen wie die einheimischen Bedürftigen in den städtischen Armenordnungen der 1520er-Jahre.[32]

Seit dem 15. Jahrhundert kam es wiederholt auch zur Ausweisung fremder Bettler aus den Städten: 1443 wurden die «frömden bettler und die starcken gutzer» aus Basel vertrieben;[33] Bern wies seit den 1480er-Jahren immer wieder die fremden Bettler aus Stadt und Land aus,[34] während Zürich in den 1490er-Jahren ähnliche Massnahmen ergriff.[35] Luzern entschloss sich 1494 zur Vertreibung von auswärtigen Bettlern aus seinem Territorium.[36]

Zur besseren Überwachung auswärtiger wie einheimischer Bettler errichteten auch im schweizerischen Raum verschiedene Städte mit der Einführung des Amtes von Bettelvögten eine eigentliche Bettelpolizei, wobei sich dieses Amt allerdings zumeist nicht vor Beginn des 16. Jahrhunderts feststellen lässt (Zürich 1519, Schaffhausen 1522/23).[37] Die häufig selbst den städtischen Unterschichten entstammenden Bettelvögte wurden vor allem für die Kontrolle fremder Bettler in Pflicht genommen: Innerhalb wie auch ausserhalb der Stadtmauern hatten sie Kontrollgänge zu unternehmen und die aufgegriffenen Bettler zu überprüfen und allenfalls auszuweisen.[38]

In Anbetracht der häufig ungenügenden Überwachungsmöglichkeiten in den spätmittelalterlichen Städten wurden auch die Stadtbewohner im Rahmen ihrer Bürgerpflicht in Verantwortung genommen, verdächtige Personen anzuzeigen: Zu Beginn des 16. Jahrhunderts legte der St. Galler Rat etwa fest, dass die städtischen Einwohner «argwöhnig» herumgehende fremde Bettler dem Bürgermeister anzuzeigen hätten.[39] Angesichts der Tatsache, dass auswärtige Bettler nicht selten Unterschlupf und Herberge bei einheimischen Stadtbewohnern fanden, für welche diese Vaganten eine nicht unwichtige Verdienstquelle waren, darf der Erfolg bei der Inpflichtnahme der Stadtbewohner in der Bekämpfung der fremden Bettler bezweifelt werden.[40] Private Beherbergung von auswärtigen Personen wurde deshalb – nicht nur aus wirtschaftlichen Interessen der Gastwirte – durch die Ratsobrigkeiten in zunehmendem Masse eingeschränkt oder ganz verboten; auswärtige Bedürftige sollten zur besseren Kontrolle nur noch in Elendenherbergen übernachten dürfen. Selbst die vermögenderen, in den besseren städtischen Wirtshäusern absteigenden Gäste wurden auf ihre Personalien hin überprüft.[41]

Im späten 15. und beginnenden 16. Jahrhundert nahm auch die Akzeptanz gegenüber den bisher privilegierten auswärtigen Bedürftigen, den Pilgern und Wallfahrern sowie den fahrenden Schülern und Studenten, ab; dies war eine Entwicklung, welche sich nicht zuletzt auf den Missbrauch des privilegierten Status dieser Personen durch zahlreiche Delinquenten zurückführen lässt.[42]

Mit der zunehmenden Kriminalisierung des Vagantentums gerieten nicht wenige auswärtige Bedürftige in die Mühlen der städtischen Justiz und wurden wegen tatsächlich begangener oder mittels der Folter «verifizierter» Straftaten schliesslich auch hingerichtet. Studien zur historischen Kriminalitätsforschung der letzten Jahre weisen den überdurchschnittlichen Anteil auswärtiger Personen nach, welche der Blutjustiz spätmittelalterlicher und frühneuzeitlicher Städte zum Opfer fielen; ein nicht geringer Prozentsatz dieser hingerichteten Personen gehörte der Gruppe der mittellosen Vaganten an: Wie aus den Geständnissen dieser zumeist sehr mobilen Delinquenten hervorgeht, suchten diese Personen mittels Diebstahles oder Raubes selbst kleinster Geldbeträge, Nahrungsmitteln oder Kleidungsstücken ihr Leben zu fristen. Bestätigt wird die Mittellosigkeit durch die aus der zweiten Hälfte des 15. Jahrhunderts überlieferten Stadtrechnungen Schaffhausens, in welchen die Hinterlassenschaft der hingerichteten Delinquenten zugunsten der Stadtkasse verbucht wurden: Zumeist umfasste der Besitz der Hingerichteten wenige Schillinge; nur in den seltensten Fällen überstieg er wenige Pfunde Geldes.[43]

Massnahmen der Tagsatzung gegenüber auswärtigen Bettlern

Den Zeitgenossen erschien eine Bekämpfung der auswärtigen Bettler und Landstreicher auf bloss kommunaler Ebene immer weniger praktikabel, wenn nicht gleichzeitig überregional Vorkehrungen und Massnahmen getroffen wurden. Vor allem Städte waren an einer überregionalen Lösung des Problems interessiert, weswegen sie einander gegenseitig vor betrügerischen Vaganten und Kriminellen warnten.[44]
Städte mit Territorium suchten die Gültigkeit ihrer gegen fremde Bettler und Vaganten gerichteten Verordnungen auch auf ihre Herrschaftsgebiete auszuweiten: 1429 gestattete beispielsweise der Zürcher Rat den in der Stadt und seinen Untertanengebieten lebenden «stirnenstössel, giler und gutzler» den Aufenthalt im zürcherischen Herrschaftsgebiet nur noch, wenn diese nicht mehr «uff den gutz noch bettel» gingen.[45] Wesentlich schärfer wies der Berner Rat seine Amtleute seit Beginn der 1480er-Jahre wiederholt an, fremde Bettler und «ander varend ußländig lüt» aus dem Territorium Berns auszuweisen.[46]
Seit Beginn der 1470er-Jahre wurden Beschlüsse zur Abwehr von vagierenden Bettlern und Landstreichern auf gemeineidgenössischer Ebene an den Tagsatzungen gefasst. Treibende Kräfte waren wahrscheinlich vor allem die Städteorte.[47] Die konkrete Umsetzung der Beschlüsse war jeweils den einzelnen Bündnispartnern überlassen, wobei diese je nach Sachlage Ergänzungen oder Abstriche in ihren getroffenen Massnahmen festlegten.[48]
In Zeiten wirtschaftlicher Krisen griff die Tagsatzung in besonderem Masse zu restriktiven Beschlüssen gegenüber den auswärtigen Bettlern: So wurden in der durch Missernten und Teuerungen geprägten zweiten Hälfte der 1470er- wie auch zu Beginn der 1480er-Jahre wiederholt Massnahmen gegen die angebliche Bedrängung durch auswärtige Bedürftige ergriffen. Im Gegensatz hierzu sucht man in der im Grossen und Ganzen durch gute Ernten gesegneten Zeit der zweiten Hälfte der 1480er-Jahre in den eidgenössischen Abschieden vergeblich gegen Bettler oder Landstreicher gerichtete Beschlüsse. Auch in Zeiten aussenpolitischer Bedrohungen hatten gegen fremde Bettler und Müssiggänger gerichtete Massnahmen Konjunktur; diese wurden bisweilen verdächtigt, durch auswärtige, der Eidgenossenschaft feindlich gesinnte Mächte bestochen zu sein, Höfe, Dörfer und Städte niederzubrennen.[49] Diese vor allem für den deutschen Südwesten des 16. Jahrhun-

derts beschriebene, bisweilen hysterische Furcht vor «Mordbrennern» lässt sich in der Eidgenossenschaft bereits seit den 1470er-Jahren feststellen: 1474 und 1475, zur Zeit der Burgunderkriege, beschäftigten sich die eidgenössischen Tagsatzungsboten wiederholt mit der angeblichen Bedrohung durch auswärtige Bettler, welche nicht nur des Verrats, sondern auch der Brandstiftung verdächtigt wurden.[50] 1491 wurde der Fall von vier gefangenen Bettlern verhandelt, welche gestanden hatten, dass sie sich von verschiedenen Herren des süddeutschen Raumes hätten bestechen lassen, um im Gebiet der Eidgenossenschaft Städte und Dörfer niederzubrennen.[51] Ebenso wurde zu Beginn des Schwabenkrieges 1499 auf verschiedenen Tagsatzungen der Beschluss gefasst, auswärtige Bettler nicht in eidgenössisches Gebiet hereinzulassen.[52]

Die betrügerischen Bettler wurden im Rahmen der allgemeinen Verbrechensbekämpfung auf der Tagsatzung ebenfalls verschiedentlich thematisiert: So wurde auf der Tagsatzung zu Luzern im März 1483 nach einem sich als Kirchenbettler ausgebenden Betrüger gefahndet, welcher vorgab, für die Kapelle des im Ruch der Heiligkeit stehenden Klaus von Flüe Almosen zu sammeln.[53] Auf der in Zürich im Dezember 1514 stattfindenden Tagsatzung wurden Massnahmen gegen Personen, welche «claffen tragend und doch nit malazig syent», also sich als Leprösen ausgebende Leute, ergriffen.[54] 1515 liess der eidgenössische Stand Appenzell auf der Tagsatzung eine Fahndung gegen Personen ausschreiben, welche in betrügerischer Weise für den Bau einer Kirche Almosen sammelten.[55]

Als Lösung des Problems der mobilen Armut sahen die Zeitgenossen vor allem die Versorgung der Bedürftigen durch die Heimatgemeinden an, wobei die nicht aus der Eidgenossenschaft stammenden Bettler ausgewiesen werden sollten. Diese Idee der Versorgung der Bedürftigen durch die Heimatgemeinden wurde unter möglicher Rezeption römisch-rechtlicher Grundsätze nicht nur durch zeitgenössische Theologen wie Johannes Geiler von Kaysersberg oder Humanisten wie Erasmus von Rotterdam diskutiert,[56] sondern auch der Lindauer Reichstag von 1497 sah die Versorgung der Bedürftigen durch die Heimatgemeinden als optimale Lösung an.[57] In der Eidgenossenschaft nahm das so genannte Heimatprinzip bereits seit Beginn der 1490er-Jahre Gestalt an. So ergriff die Tagsatzung im Jahr 1490 besondere Massnahmen gegenüber den herumwandernden Sondersiechen: Während die nicht aus dem eidgenössischen Gebiet stammenden Leprösen ausgewiesen werden sollten, sollten die einzelnen Bundesorte dafür sorgen, dass ihre eigenen Siechen ebenfalls nicht mehr bettelnd herumziehen dürften, sondern die Heimatgemeinden für diese aufzukommen hätten.[58] Bereits im folgenden Jahr, 1491, wurde das Prinzip der Versorgung durch die Heimatgemeinden auf alle aus der Eidgenossenschaft stammenden Bettler und Bedürftigen ausgedehnt und zu einem Grundsatz gemacht,[59] der in der folgenden Zeit des öfteren auf Tagsatzungen wiederholt, modifiziert und präzisiert wurde.[60]

Um den Zutritt auswärtiger Vaganten in das eidgenössische Gebiet zu verhindern, wurden die einzelnen Orte wiederholt aufgefordert, an Passstrassen, Flussübergängen und bei Fähren besondere Vorsichtsmassnahmen zu treffen (1499, 1502, 1504, 1516).[61] Allerdings funktionierte die Überwachung dieser besonders neuralgischen Punkte nicht besonders gut: Klagen des Standes Zürich aus dem Jahr 1574 referieren das Hereinströmen des «Schwabenvolkes» und «aller fremder Landstreicher» über die Rheinübergänge zu Stein, Diessenhofen, Schaffhausen und Rheinau.[62] Auch in den folgenden Jahren reissen die Klagen nicht ab.[63]

Zusammenfassung

Ähnlich wie in anderen Regionen Europas lassen sich seit dem 14. Jahrhundert gegen fremde Bettler gerichtete Massnahmen auch in den Städten des schweizerischen Raumes feststellen, die auf eine zunehmende Einschränkung des Aufenthaltsrechtes dieser Vaganten in den Kommunen abzielten. Städte wie Bern oder Zürich, denen im Laufe des Spätmittelalters der Aufbau eines Territoriums gelang, suchten ihre auf kommunaler Ebene gegen fremde Bettler gerichteten Beschlüsse im Laufe des 15. Jahrhunderts auch auf territorialer Ebene durchzusetzen. Seit den 1470er-Jahren wurde – wahrscheinlich vor allem auf Initiative der Städteorte – auch auf der eidgenössischen Tagsatzung erstmals eine in ihren Grundzügen auf das Gebiet der gesamten Eidgenossenschaft abzielende Armenpolitik formuliert, welche als Prinzipien die Versorgung der einheimischen Bedürftigen durch die Heimatgemeinden und die Abwehr beziehungsweise Ausweisung nichteidgenössischer Vaganten aus dem schweizerischen Territorium aufstellte.

Anmerkungen

1 Otto Winckelmann, *Das Fürsorgewesen der Stadt Strassburg vor und nach der Reformation bis zum Ausgang des sechzehnten Jahrhunderts. Ein Beitrag zur deutschen Kultur- und Wirtschaftsgeschichte,* Leipzig 1922 (Quellen und Forschungen zur Reformationsgeschichte, Bd. V), Nr. 204, S. 279.
2 Ebd.
3 Josias Simler, *Von dem Regiment der loblichen Eydgenossenschaft,* hg. von Hans Jacob Leu, Zürich 1735, S. 416 f., zitiert nach Leo Zehnder, *Volkskundliches in der älteren schweizerischen Chronistik* (Schriften der Schweizerischen Gesellschaft für Volkskunde, Bd. 60), Basel 1976, S. 365 f.
4 Johann Stumpf, *Gemeiner loblicher Eydgnoschaft Stetten, landen und völckeren Chronick wirdiger thaaten beschreybung,* Zürich 1548, fol. 263v, zitiert nach Zehnder (wie Anm. 3), S. 366.
5 Johannes Rütiner, *Diarium 1529–1539,* Textband II, 1. Diarium II, Abschnitt 1–275. Lateinischer Text und Übersetzung, hg. von Ernst Gerhard Rüsch, St. Gallen 1996, Nr. 157, S. 217 f.
6 Zusammenfassend zur wirtschaftlichen Entwicklung in der spätmittelalterlichen Schweiz Hans Conrad Peyer, «Die Schweizer Wirtschaft im Umbruch in der zweiten Hälfte des 15. Jahrhun-

derts», in: Historischer Verein Nidwalden und Historisch-Antiquarischer Verein Obwalden (Hg.), *500 Jahre Stanser Verkommnis. Beiträge zu einem Zeitbild,* Stans 1981, S. 59–70.

7 Werner Meyer, «Eidgenössischer Solddienst und Wirtschaftsverhältnisse im schweizerischen Alpenraum um 1500», in: Stefan Kroll, Kersten Krüger (Hg.), *Militär und ländliche Gesellschaft in der frühen Neuzeit,* Hamburg 2000 (Herrschaft und soziale Systeme in der Frühen Neuzeit 1), S. 23–39, hier S. 35.

8 Allgemein zur spätmittelalterlichen Krise František Graus, *Pest – Geissler – Judenmorde. Das 14. Jahrhundert als Krisenzeit,* 2. Aufl., Göttingen 1988 (Veröffentlichungen des Max-Planck-Instituts für Geschichte, Bd. 86); zu den Auswirkungen im Gebiet der heutigen Schweiz zusammenfassend Hans-Jörg Gilomen, «Die Schweiz in der spätmittelalterlichen Krisenzeit», in: Die Schweizerische Volksbank (Hg.), *Die Schweiz: Gestern – heute – morgen,* Bern 1991 (Die Orientierung 99), S. 12–18.

9 Ferdinand Vetter (Hg.), *Das Schachzabelbuch Kunrats von Ammenhausen. Nebst den Schachbüchern des Jakob von Cessole und des Jakob Mennel,* Frauenfeld 1892 (Bibliothek der älteren Schriftwerke der deutschen Schweiz, Ergänzungsband).

10 Allgemein hierzu für das Gebiet der heutigen Schweiz Hans-Jörg Gilomen, «Eine neue Wahrnehmung arbeitsloser Armut in der spätmittelalterlichen Eidgenossenschaft», *traverse* (1996/2), S. 117–128.

11 *Sammlung Schweizerischer Rechtsquellen,* II. Abteilung: *Die Rechtsquellen des Kantons Bern,* 1. Teil: *Stadtrechte,* Bd. 1: *Das Stadtrecht von Bern I (1218–1539),* bearb. von Friedrich Emil Welti, Aarau 1902 [RQ Bern 1,1], Nr. 217, S. 136.

12 *Sammlung Schweizerischer Rechtsquellen,* II. Abteilung: *Die Rechtsquellen des Kantons Bern,* 1. Teil: *Stadtrechte,* Bd. 10: *Das Stadtrecht von Bern X: Polizei, behördliche Fürsorge,* bearb. von Hermann Rennefahrt, Aarau 1968 [RQ Bern 1,10], Nr. 125, Bemerkungen 1, S. 459.

13 Jürgen Sydow, «Spital und Stadt in Kanonistik und Verfassungsgeschichte des 14. Jahrhunderts», in: Hans Patze (Hg.), *Der deutsche Territorialstaat im 14. Jahrhundert,* Bd. 1, Sigmaringen 1970 (Vorträge und Forschungen 13), S. 175–195, hier S. 191. Zusammenfassend zu den vielfältigen Funktionen des städtischen Spitals Eberhard Isenmann, *Die deutsche Stadt im Spätmittelalter, 1250–1500. Stadtgestalt, Recht, Stadtregiment, Kirche, Gesellschaft, Wirtschaft,* Stuttgart 1988, S. 183–187.

14 Stadtarchiv Schaffhausen, A II 05.01, Bd. 27 (1422), S. 53.

15 Allgemein zur Institution der Elendenherberge Ernst von Moeller, *Die Elendenbrüderschaften. Ein Beitrag zur Geschichte der Fremdenfürsorge im Mittelalter,* Leipzig 1906.

16 Hans Morgenthaler, *Geschichte des Bürgerspitals der Stadt Bern,* Bern 1945, S. 31–48.

17 Johann Jakob Rüeger, *Chronik der Stadt und Landschaft Schaffhausen,* Bd. 1, Schaffhausen 1884, S. 333 f.

18 Bernhard Milt, *Vadian als Arzt,* St. Gallen 1959 (Vadian-Studien 6), S. 40; Carl Moser-Nef, *Die freie Reichsstadt und Republik Sankt Gallen. Geschichte ihrer Verfassung und staatsrechtlichen Entwicklung,* Bd. 3, Zürich, Leipzig 1934, S. 949 f.

19 Ebd., S. 40.

20 RQ Bern 1,1 (wie Anm. 11), Nr. 217, S. 136. Zum Berner Spendamt Urs Martin Zahnd, *Die Bildungsverhältnisse in den bernischen Ratsgeschlechtern im ausgehenden Mittelalter. Verbreitung, Charakter und Funktion der Bildung in der politischen Führungsschicht einer spätmittelalterlichen Stadt,* Bern 1979, S. 45 f. Zahnd sieht diese Einrichtung als Vorläuferinstitution der Berner Mushafenordnung von 1529.

21 Staatsarchiv Schaffhausen, RP III, S. 34. Allgemein zum Schaffhauser Spendamt Hans Wilhelm Harder, «Das Armenwesen und der Spendfond, bis einhundert Jahre nach der Reformation», in: Ders. (Hg.), *Beiträge zur Schaffhauser-Geschichte,* 2. Heft, Schaffhausen 1868, S. 48–72.

22 Zum Luzerner Spendamt Alice Denzler, *Jugendfürsorge in der alten Eidgenossenschaft. Ihre Entwicklung in den Kantonen Zürich, Luzern, Freiburg, St. Gallen und Genf bis 1798,* Glarus 1925, S. 185–188; Martin Körner, *Luzerner Staatsfinanzen 1415–1798. Strukturen, Wachstum, Konjunkturen,* Luzern, Stuttgart 1981 (Luzerner Historische Veröffentlichungen 13), S. 248 f.; zum Spendamt in St. Gallen Denzler (wie oben), S. 376 f.

23 Thomas Fischer, *Städtische Armut und Armenfürsorge im 15. und 16. Jahrhundert. Sozialgeschichtliche Untersuchungen am Beispiel der Städte Basel, Freiburg i. Br. und Strassburg*, Göttingen 1979 (Göttinger Beiträge zur Wirtschafts- und Sozialgeschichte 4), S. 234, Anm. 3.

24 *Schweizerisches Idiotikon. Wörterbuch der schweizerdeutschen Sprache*, Bd. 10, Frauenfeld 1939, Sp. 348 f.; Joachim von Watt (Vadian), *Deutsche historische Schriften*, Ernst Götzinger, Bd. 2: *Chronik der Äbte des Klosters St. Gallen*, 2. Hälfte, St. Gallen 1877, S. 292.

25 Alice Denzler, *Geschichte des Armenwesens im Kanton Zürich im 16. und 17. Jahrhundert*, Diss. Zürich 1920, S. 13.

26 Jeanne Niquille, «Les premières institutions sociales», in: *Fribourg – Freiburg 1157–1481*, Fribourg 1957, S. 230–259, hier S. 241.

27 Beispielsweise werden Bettelabzeichen für die hierzu berechtigten Armen erstmals in der 1524 erlassenen Schaffhauser Armenordnung erwähnt *(Johannes Stumpfs Schweizer- und Reformationschronik,* 1. Teil, hg. von Ernst Gagliardi, Hans Müller, Fritz Büsser, Basel 1952 [Quellen zur Schweizer Geschichte N. F., I. Abteilung: Chroniken, Bd. 5], S. 194).

28 Oliver Landolt, «Delinquenz und Mobilität im Spätmittelalter. Beispiele aus Schaffhauser und Zürcher Justizakten», in: Hans-Jörg Gilomen, Anne-Lise Head-König, Anne Radeff (Hg.), *Migration in die Städte. Ausschluss – Assimilierung – Integration – Multikulturalität*, Zürich 2000 (Schweizerische Gesellschaft für Wirtschafts- und Sozialgeschichte 16), S. 77–92, hier S. 86.

29 Claudia Seiring, *Fremde in der Stadt (1300–1800). Die Rechtsstellung Auswärtiger in mittelalterlichen und neuzeitlichen Quellen der deutschsprachigen Schweiz*, Frankfurt a. M. 1999, S. 303 f.

30 Denzler (wie Anm. 25), S. 11.

31 *Sammlung Schweizerischer Rechtsquellen*, XIV. Abteilung: *Die Rechtsquellen des Kantons St. Gallen*, 2. Teil: *Die Stadtrechte von St. Gallen und Rapperswil*, 1. Reihe: *Die Rechtsquellen der Stadt St. Gallen*, Bd. 1: *Die Stadtbücher des 14. Jahrhunderts bis frühen 17. Jahrhunderts*, bearb. von Magdalen Bless-Grabher, Aarau 1995 [RQ St. Gallen 2, 1, 1], Nr. 36, S. 13; Nr. 107, S. 30; Nr. 229, S. 169.

32 Allgemein hierzu Thomas Fischer, «Armut, Bettler, Almosen. Die Anfänge städtischer Sozialfürsorge im ausgehenden Mittelalter», in: Cord Meckseper (Hg.), *Stadt im Wandel. Kunst und Kultur des Bürgertums in Norddeutschland 1150–1650*, Stuttgart, Bad Cannstadt 1985, S. 271 bis 286, hier S. 275 ff.

33 Gilomen (wie Anm. 10), S. 123.

34 RQ Bern 1, 10 (wie Anm. 12), Nr. 125, S. 459; Nr. 126, S. 459 f.; Nr. 127, S. 460 f. etc.

35 Denzler (wie Anm. 25), S. 11; Lee P. Wandel, *Always Among Us. Images of the Poor in Zwingli's Zurich*, Cambridge 1990, S. 126.

36 Anton Philipp von Segesser, *Rechtsgeschichte der Stadt und Republik Lucern*, Bd. II, Lucern 1854, S. 398.

37 Zu Zürich Emil Egli (Hg.), *Actensammlung zur Geschichte der Zürcher Reformation in den Jahren 1519–1533,* Zürich 1879, Nr. 43, S. 7; zu Schaffhausen C. A. Bächtold, «Die Stadt Schaffhausen zur Zeit ihres Eintritts in den Schweizerbund», in: *Festschrift der Stadt Schaffhausen zur Bundesfeier 1901,* Schaffhausen 1901, S. 1–127, hier S. 100.

38 Allgemein zur sozial wenig geachteten Stellung der Bettelvögte Arthur Richel, «Armen- und Bettelordnungen. Ein Beitrag zur Geschichte der öffentlichen Armenpflege», *Archiv für Kulturgeschichte* 2 (1904), S. 393–403, hier S. 395–397; Robert Jütte, *Abbild und soziale Wirklichkeit des Bettler- und Gaunertums zu Beginn der Neuzeit. Sozial-, mentalitäts- und sprachgeschichtliche Studien zum Liber Vagatorum (1510),* Köln, Wien 1988 (Beihefte zum Archiv für Kulturgeschichte 27), S. 42.

39 RQ St. Gallen 2,1,1 (wie Anm. 31), S. 271, Nr. 90,1.

40 Katharina Simon-Muscheid, «Randgruppen, Bürgerschaft und Obrigkeit. Der Basler Kohlenberg, 14.–16. Jahrhundert», in: Susanna Burghartz, Hans-Jörg Gilomen, Guy P. Marchal, Rainer C. Schwinges, Katharina Simon-Muscheid (Hg.), *Spannungen und Widersprüche. Gedenkschrift für František Graus*, Sigmaringen 1992, S. 203–225, hier S. 204 f.

41 Landolt (wie Anm. 28), S. 87. Allgemein zu der durch Gastwirte ausgeübten Fremdenpolizei Theodor von Liebenau, *Das Gasthof- und Wirthshauswesen der Schweiz in älterer Zeit*, Zürich 1891, S. 208 ff.
42 Im zeitgenössischen Liber Vagatorum werden die einzelnen Bettelbetrugstypen dargestellt: «Der hochdeutsche Liber Vagatorum», in: Friedrich Kluge, *Rotwelsch. Quellen und Wortschatz der Gaunersprache und der verwandten Geheimsprachen*, Bd. 1: *Rotwelsches Quellenbuch*, Strassburg 1901, S. 37–58. Siehe auch Landolt (wie Anm. 28), S. 86. Zu falschen Pilgern im Besonderen Louis Carlen, *Wallfahrt und Recht im Abendland*, Freiburg 1987 (Freiburger Veröffentlichungen aus dem Gebiete von Kirche und Staat 23), S. 221–224.
43 Die spätmittelalterlichen Stadtrechnungen Schaffhausens dokumentieren dies besonders eindrücklich: Stadtarchiv Schaffhausen, A II 05.01, Bd. 128 (1464/65), S. 3; Bd. 131 (1465/66), S. 3; Bd. 132 (1466/67), S. 3 (Ausnahme: 34 Gulden); Bd. 138 (1480/81), S. 3. Siehe aber auch Simon-Muscheid (wie Anm. 40), S. 211–220, über die grosse Spannweite des Besitzes randständiger Personen in Basel, welche sich in Nachlass- und Beschlagnahmeinventaren spiegelt.
44 Landolt (wie Anm. 28), S. 88.
45 Hans Nabholz (Hg.), *Die Zürcher Stadtbücher des XIV. und XV. Jahrhunderts*, Bd. 3, Leipzig 1906, Nr. 1, S. 123 f.
46 Siehe Anm. 34.
47 Die bisweilen zögerliche Haltung der Länderorte ist für das 16. Jahrhundert dokumentiert bei E. Wymann, «Die Haltung Unterwaldens gegen Banditen und Bettler 1567 und 1570», *Anzeiger für Schweizerische Geschichte* N. F. 9 (1902–1905), S. 305–308.
48 Allgemein zur eidgenössischen Tagsatzung Niklaus Bütikofer, «Zur Funktion und Arbeitsweise der eidgenössischen Tagsatzung zu Beginn der Frühen Neuzeit», *Zeitschrift für historische Forschung* 13 (1986), S. 15–41.
49 Allgemein zu den «Mordbrennern» Bob Scribner, «The Mordbrenner Fear in Sixteenth-Century Germany: Political Paranoia or the Revenge of the Outcast?», in: Richard J. Evans, *The German Underworld. Deviants and Outcasts in German History*, London, New York 1988, S. 29–56; Monika Spicker-Beck, *Räuber, Mordbrenner, umschweifendes Gesind. Zur Kriminalität im 16. Jahrhundert*, Freiburg i. Br. 1995; Dies., «Mordbrennerakten. Möglichkeiten und Grenzen der Analyse von Folterprozessen des 16. Jahrhunderts», in: Mark Häberlein (Hg.), *Devianz, Widerstand und Herrschaftspraxis in der Vormoderne. Studien zu Konflikten im südwestdeutschen Raum (15.–18. Jahrhundert)*, Konstanz 1999 (Konflikte und Kultur – Historische Perspektiven 2), S. 53–66.
50 *Amtliche Sammlung der ältern Eidgenössischen Abschiede: Die Eidgenössischen Abschiede aus dem Zeitraume von 1421 bis 1477,* bearb. von Anton Philipp Segesser, Bd. 2, Luzern 1863 [EA 2], Nr. 756c, S. 50; Nr. 772e, S. 523. In der ersten Landesordnung des Herzogtums Württemberg von 1495 wurde ebenfalls ein besonderes Aufsehen gegenüber auswärtigen Bettlern wie auch anderen «frembd unerkant personen» erlassen, welche der Brandstiftung verdächtigt wurden: G. Zeller (Hg.), *Sammlung der württembergischen Regierungs-Gesetze, Erster Theil, enthaltend die Regierungs-Gesetze vom Jahre 1489 bis zum Jahre 1634,* Tübingen 1841, Nr. 4, S. 14.
51 *Amtliche Sammlung der ältern Eidgenössischen Abschiede: Die Eidgenössischen Abschiede aus dem Zeitraume von 1478 bis 1499,* bearb. von Anton Philipp Segesser, Bd. 3, Abt. 1, Luzern 1858 [EA 3/1], Nr. 412r, S. 385.
52 EA 3/1, Nr. 633b, S. 592; Nr. 637l, S. 594; Nr. 640y, S. 599 f.
53 EA 3/1, Nr. 177m, S. 149.
54 *Amtliche Sammlung der ältern Eidgenössischen Abschiede: Die Eidgenössischen Abschiede aus dem Zeitraume von 1500 bis 1520,* bearb. von Anton Philipp Segesser, Bd. 3, Abt. 2, Luzern 1869 [EA 3/1], Nr. 584i, S. 843.
55 EA 3/2, Nr. 611h, S. 885.
56 Christoph Sachsse, Florian Tennstedt, *Geschichte der Armenfürsorge in Deutschland*, Bd. 1: *Vom Spätmittelalter bis zum 1. Weltkrieg*, 2., verb. und erw. Aufl., Stuttgart, Berlin, Köln 1998, S. 56; Ernst Schubert, «‹Hausarme Leute›, ‹Starke Bettler›: Einschränkungen und Umformun-

gen des Almosengedankens um 1400 und um 1500», in: Konstanzer Arbeitskreis für Mittelalterliche Geschichte, Protokoll Nr. 366 über die Arbeitstagung auf der Insel Reichenau vom 31. März–3. April 1998, Thema: «Armut im Mittelalter», S. 73–75, hier S. 74.
57 Robert Jütte, *Arme, Bettler, Beutelschneider. Eine Sozialgeschichte der Armut in der Frühen Neuzeit,* Weimar 2000, S. 139.
58 EA 3/I, Nr. 395q, S. 365; Nr. 399cc, S. 370 f.
59 EA 3/I, Nr. 413b, S. 386.
60 Zur weiteren Entwicklung in der Eidgenossenschaft knapp Jütte (wie Anm. 57), S. 145 f. Siehe auch Rudolf Waltisbuehl, *Die Bekämpfung des Landstreicher- und Landfahrertums in der Schweiz,* Diss. Zürich 1944.
61 EA 3/1, Nr. 640y, S. 599 f.; *Die Eidgenössischen Abschiede aus dem Zeitraume von 1500 bis 1520,* bearb. von Anton Philipp Segesser, Bd. 3, Abt. 2, Luzern 1869, Nr. 89g, S. 166; Nr. 186d, S. 289; Nr. 665b, S. 983i.
62 Ingomar Bog, «Über Arme und Armenfürsorge in Oberdeutschland und in der Eidgenossenschaft im 15. und 16. Jahrhundert», *Jahrbuch für fränkische Landesforschung* 34/35 (1975), S. 983–1001, hier S. 1000.
63 Ebd.

Ralf Lusiardi

Caritas – Fraternitas – Solidarität

Überlegungen zur kollektiven Daseinsvorsorge
in spätmittelalterlichen Zünften und Gesellenvereinigungen

In der Geschichte der Armut gilt das ausgehende Mittelalter als eine Zeit einschneidender Veränderungen. Der Beginn einer obrigkeitlichen Armenpolitik fällt ebenso in diese Zeit wie ein elementarer Wandel im Armutsverständnis. Die genauere Beschreibung, Deutung und Datierung dieser Veränderungen bilden nach wie vor den Gegenstand lebhafter Kontroversen. So wurde in jüngerer Zeit nachdrücklich vor einer Überschätzung der Reichweite und «Modernität» stadtobrigkeitlicher Armenfürsorge in Spätmittelalter und Frühneuzeit gewarnt und die Bedeutung individueller und kollektiver Selbsthilfe betont.[1] Zweifellos stellte das ganze Mittelalter hindurch die in sozialen Gruppen geleistete gegenseitige Hilfe eine besonders verbreitete und wirksame Form der Unterstützung in sozialen Notlagen dar. Besonders häufig wurden die Praktiken kollektiver Selbsthilfe in spätmittelalterlichen Zünften und Gesellenvereinigungen untersucht. Dies liegt sicherlich nicht allein an der vergleichsweise günstigen Überlieferungslage, sondern vor allem auch daran, dass Entstehung und Charakter dieser Gruppen, insbesondere der Handwerkszünfte, seit langem immer wieder kontrovers diskutiert worden sind.[2] In jüngerer Zeit wurde namentlich von Otto Gerhard Oexle die Auffassung vertreten, dass Zünfte wie Gesellenvereinigungen dem Gruppentypus der «Gilde» zuzurechnen seien;[3] «Gilden» seien demnach als eine Sonderform von geschworenen Einungen anzusehen, die ihr Zustandekommen einem wechselseitig geleisteten promissorischen Eid verdankten und das Ziel verfolgten, umfassenden Schutz und gegenseitige Hilfe religiöser, wirtschaftlicher und sozialer Art zu leisten; die geistig-religiösen Leitgedanken, die das Verhalten der Gildemitglieder untereinander prägten, seien *caritas* und *fraternitas* gewesen.[4] Diese Merkmale von «Gilden» waren an den Gruppenphänomenen des Frühmittelalters gewonnen worden;[5] sie wurden dann auch auf Gruppenbildungen des Spätmittelalters übertragen, indem etwa studentische *universitates,* Bettlergemeinschaften und eben auch Zünfte und Gesellenvereinigungen als «Gilden» aufgefasst wurden.[6]

Betrachtet man die Formen kollektiver Daseinsvorsorge in Zünften und Gesellenvereinigungen genauer, stellt sich indes die Frage, ob neben die zweifellos vorhandenen Kontinuitäten mittelalterlicher Gruppenkultur im Spätmittelalter nicht auch markante neue Entwicklungen treten. Auskunft über die Selbsthilfepraktiken erhält man in erster Linie aus den in grosser Zahl überlieferten Statuten der einzelnen Genossenschaften. In ihnen kommt bekanntlich ein breites Spektrum regelungsbedürftiger Belange zur Sprache, etwa der Eintritt in die Genossenschaft, die innere Organisation und Gerichtsbarkeit, die Sorge um das Begräbnis und die Memoria verstorbener Mitglieder und – bei den Zünften – auch Bestimmungen zur Ausübung des Handwerks, zu Qualitätssicherung und Marktzugang.

Regelungen zur materiellen Hilfe für in Not geratene Genossen finden sich keineswegs immer darunter; im Gegenteil: Von den von Heinrich von Loesch publizierten 43 Kölner Zunftstatuten bis zum Jahr 1500 enthalten lediglich zwei derartige Bestimmungen.[7] Andernorts mag dieses Verhältnis weniger eklatant ausfallen, aber davon unberührt bleibt der allgemeine Eindruck, dass nur eine Minderheit spätmittelalterlicher Genossenschaftsstatuten im deutschen Sprachraum solche Regelungen beinhaltet.[8] Sie betreffen dann vor allem die Unterstützung für Genossen, die durch eine Krankheit oder einen Unfall auf kurze oder längere Zeit arbeitsunfähig geworden waren.[9] Hinzu treten bei den Gesellenvereinigungen vornehmlich die bekannten Hilfsmassnahmen für Gesellen auf Wanderschaft, also das Zehrgeld und die Gewährung von Unterkunft und Verpflegung.[10] Die Zunftstatuten wiederum sehen vereinzelt auch Massnahmen für die dauerhafte Unterstützung von Meistern vor, die durch ihre Arbeitsunfähigkeit im Alter unter Verarmung leiden mussten, und beinhalten des öfteren Hilfen für erkrankte Gesellen und Lehrlinge.[11] Die am häufigsten erwähnten Formen solcher genossenschaftlichen Hilfe sind – neben der direkten Krankenversorgung durch andere Mitglieder und neben der Stellung von Gesellen für arbeitsunfähige Meister oder für Meisterwitwen – die Unterbringung pflegebedürftiger Genossen in einem Spital[12] und die Gewährung eines Darlehens, das primär wohl subsidiäre Funktion hatte, trotzdem aber bei den Gesellenvereinigungen die Höhe eines mehrfachen Wochenlohnes erreichen konnte.[13]

Aufmerksamkeit gebührt aber nicht nur den Formen der genossenschaftlichen Selbsthilfe, sondern besonders auch der Art und Weise, in der diese Hilfe im Einzelnen geregelt wurde. Eher selten und vorwiegend in der Frühzeit der berufsständischen Vereinigungen findet man nämlich so allgemein gehaltene Formulierungen wie die in den Bruderschaftsstatuten der Trierer Eisenhändler und -schmiede von 1285, dass die Mitglieder verarmten Brüdern und Schwestern «de communibus bonis dicte fraternitatis subvenient iuxta qualitatem et quantitatem bonorum fraternitatis antedicte».[14] Weitaus häufiger wurde die Höhe einmaliger oder regelmässiger Unterstützungszahlungen genau fixiert; so wollte die Strassburger Baderbruderschaft 1477 jeweils ein einmaliges Darlehen von drei Schilling an kranke Mitglieder zahlen,[15] die Lübecker Russfärberzunft laut ihrer Ordnung von 1500 wöchentlich vier Schilling lübisch an jeden Genossen, der «van armodes, olders offte kranckheit wegen zin ampt nicht mer bruken konde edder wolde».[16] Manche Statuten sahen indes vor, zusätzlich zu einer derart limitierten Hilfe im Bedarfsfall weitere Unterstützung zu gewähren; so bestimmte die Ordnung der Frankfurter Schuhmacherknechte von 1528, dass man einem kranken Gesellen einen halben Gulden leihen solle, «und ob er damit nit gnug hette, sol man ime noch mehe auf gutten glawben leihen».[17]

War die finanzielle Unterstützung als Darlehen gedacht, und dies war bei den Zünften häufig der Fall und bei den Gesellenvereinigungen die Regel, dann wurde mitunter nicht nur dessen Höhe geregelt, sondern zur Sicherung der Rückzahlung auch ein Pfand verlangt. Entsprechende Vorkehrungen trafen vor allem die Gesellenvereinigungen, deren grössere Besorgnis um die Rückzahlung angesichts schmaler Kassen und der Mobilität der Gesellen nur zu verständlich erscheint. So vergaben die Strassburger Kürschnergesellen an ihre kranken Genossen nur Kredite in Höhe des gestellten Pfandes, gewährten bei völliger Mittellosigkeit aber immerhin noch ein Basisdarlehen von drei Schilling, dessen Rückzahlung der Empfänger dann zumindest feierlich versprechen musste.[18] Etwas grosszügiger waren die Frankfurter Schuhmachergesellen, die auf Treu und Glauben einen halben Gulden verliehen und bei Bedarf gegen ein Pfand nochmals den gleichen Betrag.[19] Rigider fiel dagegen die Ordnung der Strassburger Leinenweberknechte von 1479 aus; danach sollte man nämlich «hinfurme kein gelt us der brüderschaft busse lihen, es were dann sach das einer siech were, doch nit on der meister [Büchsenmeister] erloubung; doch sullent sy besser pfande haben, don das gelt sy, so sy hinweg lihent».[20] Liess die Rückzahlungsmoral zu wünschen übrig, so standen den Gesellenvereinigungen durchaus weitere wirksame Mittel zur Verfügung, vor allem natürlich die soziale Ächtung durch die Genossen,[21] aber auch die Arbeitsaussperrung vor Ort und – mittels Verrufens und Nachschickens – in der weiteren Umgebung.[22]

Mit den Regelungen über die Höhe und gegebenenfalls die Rückzahlung der Hilfe war das in den Statuten wirkende Normierungsbedürfnis noch keineswegs erschöpft. Mitunter beggenen auch Klauseln über die persönlichen Voraussetzungen, die ein hilfesuchender Genosse zu erfüllen hatte: In erster Linie sollte er tatsächlich bedürftig sein und dies auch nachgewiesen beziehungsweise nachgeprüft werden;[23] dies konnte heissen, dass er nur dann unterstützt werden sollte, so die Kölner Böttcherordnung von 1397, «asverre hei dat sin neit tuischlichen noch boisslichen hinbracht en hedde»,[24] oder dass er, wie die Hamburger Bartscherer 1452 forderten, «syn gelt nicht vordobelt [verspielt] noch unnutliken tobrocht hadde».[25] Zwei weitere Anforderungen gehen erst seit dem 16. Jahrhundert in die

Statuten ein: zum einen die Schuldlosigkeit an Krankheit oder Unfall,[26] zum anderen die Ehrbarkeit des Bedürftigen.[27]

Hinter all diesen Regelungen und Auflagen darf man als eine wichtige Triebkraft die Sorge um die Bezahlbarkeit der genossenschaftlichen Hilfe vermuten. Und tatsächlich wurde ein «Haushaltsvorbehalt» manches Mal mehr oder minder klar expliziert;[28] die Bruderschaftsordnung der Gesellen von neun kleineren Handwerken zu Freiburg im Breisgau verband dies 1415 mit dem Hinweis auf die als vorrangig angesehene Zweckbestimmung der Büchse, denn man solle darauf achten, «ob so vil darinne sie, daz man die kertzen daz kúnftige jare damit in eren gehaben und gebessern möge. were denn útzit úberiges, uß dem sol man dem, der siech were, lihen, ob er sin begerte, oder geben, were, daz er sin als notdúrftig were, nach dem als denn geltz in der búchsen vere».[29]

Sucht man nach einem Grundprinzip, nach dem in spätmittelalterlichen Zünften und Gesellenvereinigungen Genossen in Not geholfen wurde, dann kommt dem modernen Betrachter leicht eine Assoziation in den Sinn, die denkbar weit von den Grundgedanken mittelalterlicher *caritas* entfernt ist: das Versicherungs- oder Solidaritätsprinzip, das seinen Ausdruck findet in der gegenseitigen Selbsthilfe einer Versichertengemeinschaft, wobei jedes Mitglied durch feste Pflichtbeiträge den Anspruch auf bestimmte Versicherungsleistungen in ebenfalls feststehendem Umfang erwirbt.[30] Auf den ersten Blick ergeben sich tatsächlich bemerkenswerte Parallelen: Denn auch in den spätmittelalterlichen Handwerkervereinigungen erscheinen die Hilfen für bedürftige Genossen in ihrer Höhe begrenzt und wurden meist aus der allgemeinen Kasse bezahlt, also vornehmlich von Eintrittsgebühren, Mitgliedsbeiträgen und Bussgeldern;[31] aber auch direkte Umlagen der Genossen bei knapper Kassenlage waren vorgesehen,[32] und seit dem Ausgang des Mittelalters begegnen schliesslich – wenn auch noch sehr sporadisch – separat geführte Armenkassen,[33] womit der Konnex zwischen Beitrag und solidarischer Hilfe noch enger wurde. In dieselbe Richtung musste im Übrigen auch eine Politik wirken, die seit dem Ende des 15. Jahrhunderts in oberdeutschen Städten wie Strassburg und Freiburg durch die Stadträte verfolgt wurde: die Assoziierung ärmerer Bevölkerungskreise an bestehende Zünfte mittels abgestufter Zunftmitgliedschaften; gedacht vor allem zur politischen und sozialen Integration und Kontrolle der Armen, hatte deren – oft gegen den Willen der Zünfte durchgesetzte – Aufnahme zu geringeren Gebühren den Nebeneffekt, dass diese Personen von den zünftigen Fürsorgeleistungen ausgeschlossen wurden.[34]

Allerdings ist hier bereits ein erster Einwand gegen eine moderne Interpretation der genossenschaftlichen Selbsthilfe zu formulieren. Denn oft kam es eben nicht zu einer genauen Fixierung des Umfangs der sozialen Leistungen, und auch da, wo dies der Fall ist, bleibt zu fragen, ob die konkrete Entscheidung im Einzelfall nicht dennoch nach Kassenlage erfolgte.

Ein zweiter problematischer Aspekt schliesst sich direkt daran an: Ergab sich aus den jeweiligen Statuten ein unabweisbarer Anspruch des Bedürftigen auf eine bestimmte Hilfeleistung, wie dies ja zu den Merkmalen der modernen Solidarversicherung gehört? Auch hier fällt die Antwort eher negativ aus:[35] Zum einen deuten sich in den Statuten selbst ja des öfteren Vorbehalte und Entscheidungsspielräume der Kassenhüter an, wenn dies auch selten so detailliert festgeschrieben wurde wie bei der Strassburger Schifferbruderschaft; wenn nämlich ein durch Krankheit verarmter Genosse, so deren Statuten aus dem 15. Jahrhundert, bitte, «das man im durch gotteswillen uf der brůderschaft zů stůre komme, so sůllent die vier bůssenmeister zůsammen gon und sůllent noch zwen redeliche manne oder viere zů in nehmen, die ouch in der brůderschaft sint, und sůllent do miteinander eins werden was dem armen brůder, durch got, zů stůre geben wöllent us der bůssen; und was das merteil unter inen (eins) wurt, das soll vollzogen und gehalten werden».[36] Zum zweiten darf hier das Fehlen von Unterstützungsregelungen in der Mehrzahl der Statuten nicht ausser Acht gelassen werden. Dieses ist zwar keinesfalls so zu interpretieren, dass notleidenden Genossen keinerlei Hilfe gewährt wurde; vielmehr liegt die Annahme nahe, dass die Genossen beziehungsweise deren Meister in Ansehung der bestehenden Gewohnheiten, der jeweiligen Notlage und der aktuellen Kassenlage über konkrete Massnahmen befanden und dass man keine hinreichende Notwendigkeit sah, eine schriftliche Fixierung der genossenschaftlichen Hilfe zu initiieren.[37] Drittens ist damit erneut nach der sozialen Praxis der kollektiven Selbsthilfe zu fragen, also auch danach, ob denn Genossenschaften, die in ihren Statuten präzis umrissene Massnahmen vorsahen, diese im «Ernstfall» auch tatsächlich so umsetzten. Konkrete Aufschlüsse hierüber sind allerdings für den deutschsprachigen Raum bislang noch kaum möglich. Denn diejenigen jüngeren Studien regionalen Zuschnitts, die dieser Frage Aufmerksamkeit schenkten, mussten konstatieren, dass entsprechende Rechnungsbelege nicht überliefert sind.[38] Damit ist nicht gesagt, dass andernorts nicht doch noch vereinzelte auskunftsfähige Unterlagen erhalten sind; sie harren dann allerdings noch der Auswertung.

Eine gewisse Skepsis in der Frage der Umsetzung statutarischer Fürsorgebestimmungen legen immerhin jüngere Forschungen zu den englischen Gilden des Spätmittelalters nahe.[39] Im Mittelpunkt des Interesses standen hier immer wieder die Auskünfte der Gilden über ihre Aktivitäten und ihre Vermögensverhältnisse, die sie in einer reichsweiten königlichen Umfrage von 1388/89 zu erteilen hatten. Nach Ausweis der detaillierten Gildeantworten standen *caritas* und *memoria* zugunsten der eigenen Mitglieder generell im Mittelpunkt des Gruppenlebens. Die punktuelle Überprüfung der sozialen Hilfeleistungen anhand einzelner Rechnungsbelege ergab jedoch, dass wiederholt gar keine oder geringere Beträge als die in den Gildeauskünften ausgewiesenen gezahlt wurden.[40]

Auch in einem weiteren Punkt kann der Blick auf die englischen Verhältnisse die Aufmerksamkeit schärfen: Die Umfrage von 1388/89 brachte die englischen Gilden durchaus in gewisse Kalamitäten, denn sie hatten guten Grund, hinter der königlichen Umfrage fiskalische Begehrlichkeiten und vielleicht auch einen diffusen *coniuratio*-Argwohn zu vermuten,[41] und mussten in ihren Selbstdarstellungen beiden Gefahren zu entgehen versuchen. Insofern ist die Herausstreichung karitativer und memorialer Aktivitäten nicht zuletzt als Legitimationsstrategie gegenüber der königlichen Anfrage und auch ihrem konkreten sozialen Umfeld gegenüber zu verstehen.[42]

Im Vergleich dazu verdanken die genossenschaftlichen Statuten im deutschsprachigen Raum ihre Entstehung und ihre Inhalte zweifellos vielfältigeren Ursachen und Einflüssen. Dennoch scheinen mir auch diese Statuten mit Blick auf unsere Problemstellung noch intensiverer quellenkritischer Untersuchungen zu bedürfen, als dies bislang geschehen ist[43] – und als es an dieser Stelle geschehen kann. Bekanntlich kamen die genossenschaftlichen Statuten ja häufig im – durchaus spannungsreichen – Zusammenwirken mit dem städtischen Rat oder im Falle der Gesellenvereinigungen mit der jeweiligen örtlichen Zunft zustande und sind also dann nicht als gänzlich autonome und nur nach innen gerichtete Satzungen anzusehen.[44] Genauer zu untersuchen wäre demnach die Frage, ob und in welchem Masse solche Entstehungsbedingungen die Aufnahme von sozialfürsorgerischen Bestimmungen beeinflusst haben. Denn die Hervorkehrung karitativer Aktivitäten, sei es zugunsten der eigenen Genossen oder auch externer Bedürftiger, versprach doppelten Imagegewinn: Die Genossenschaft konnte derart ihre Übereinstimmung mit den religiös-sozialen Normen und zugleich ihre soziale Nützlichkeit unterstreichen.[45] Und in der Tat war ja neben der Totenfürsorge die brüderliche Hilfe für notleidende Genossen immer wieder das zentrale Argument, wenn Gesellenvereinigungen die Genehmigung zur Einrichtung und Selbstverwaltung einer eigenen Büchse zu erreichen suchten.[46]

Die genossenschaftlichen Statuten dürfen also nicht von vornherein als buchstäbliches Zeugnis der sozialfürsorgerischen Praxis genommen werden. Wenngleich sich aus ihnen für den notleidenden Genossen kein einklagbarer Rechtsanspruch ableiten liess, so dürfen sie gleichwohl als aus der sozialen Praxis geronnene und auf diese wiederum rückwirkende Normen gelten. Dafür sprechen insbesondere deren zunehmende Konkretheit und Zweckrationalität, die ja sichtbar unter dem Diktat des Machbaren standen und die dazu beitragen sollten, die Folgen sozialer «Not» für die Gemeinschaft wie für den Einzelnen kalkulierbar zu machen. Und gerade diese deutliche Tendenz zur Konkretisierung, zur Begrenzung und Bedarfsprüfung dürfte eine entsprechende Erwartungshaltung der Genossen verstärkt haben, dürfte den Anspruch genährt haben, dass die derart limitierte Solidarität im konkreten Notfall auch tatsächlich geübt würde, dürfte damit schliesslich den

Konnex zwischen den Pflichten der Mitgliedschaft, insbesondere also der Beitragspflicht, und den konkreten Vorteilen verstärkt haben. Dass die gedankliche Verbindung zwischen Beitragsleistung und solidarischer Hilfe seit dem Ausgang des Mittelalters zunehmend enger wurde, erweisen die bereits erwähnten, separat geführten Armenkassen, aber etwa auch eine Initiative wie die der Basler Webergesellenbruderschaft, die 1605 eine Zwangsmitgliedschaft aller Gesellen vor Ort zu erreichen suchte, um die kostenintensive Spitalversorgung erkrankter Genossen finanzieren zu können.[47]

In Anbetracht dieser Entwicklungstendenzen lassen sich die genossenschaftlichen Selbsthilfepraktiken in Verbindung bringen mit Formen der individuellen Daseinsvorsorge, die zur selben Zeit eine zunehmende Präzisierung von Leistung und Gegenleistung wie auch Massnahmen zu deren rechtlicher Absicherung erfuhren. Dazu sind die Leibrentenverträge zu zählen, die sich bei den wohlhabenderen Stadtbürgern im Spätmittelalter wachsender Beliebtheit erfreuten, weil sie sich in den Vertragskonditionen als sehr variables und, einen geeigneten Rentenverkäufer vorausgesetzt, auch risikoarmes Instrument der Altersvorsorge erwiesen.[48] Des weiteren sind die von Einzelpersonen erworbenen Spitalpfründen zu nennen, deren konkrete Konditionen im Hinblick auf Unterbringung und Verpflegung ebenfalls, je nach Geldbeutel, individuell ausgehandelt werden konnten;[49] hier wurde eine Erfolgsgeschichte geschrieben, die bekanntermassen den Wandel zahlreicher städtischer Spitäler zu reinen Pfründneranstalten nach sich zog. In diese Reihe gehören drittens die bislang noch wenig beachteten Leibgedingevereinbarungen zwischen Eltern und ihren erwachsenen Kindern. Bekannt vor allem als Instrument zur einvernehmlichen Übergabe bäuerlicher Höfe an die nächste Generation,[50] erfuhren sie auch in städtischen Familien eine gewisse Verbreitung, wobei hier ebenfalls – dies als Hypothese – eine Tendenz zur genauen Fixierung der Versorgungsleistungen und zugleich zur rechtlichen Absicherung des Vereinbarten zu erkennen ist.[51]

All diese Elemente fügen sich zum Gesamtbild einer zunehmend rationaleren und planvolleren Daseinsvorsorge, die vor allem natürlich von Angehörigen städtischer Oberschichten geübt wurde, deren Instrumentarium im Rahmen der jeweiligen Möglichkeiten aber auch von weniger wohlhabenden Stadtbewohnern genutzt wurde. Die sich hier ausprägenden Denk- und Handlungsformen mussten aber auch in den städtischen Genossenschaften wirksam werden, und die oben angestellten Beobachtungen bestätigen meines Erachtens diese Hypothese.[52] Die kollektive Selbsthilfe spätmittelalterlicher Zünfte und Gesellenvereinigungen hatte noch nicht die Merkmale einer modernen solidarischen Versicherungsgemeinschaft entwickelt, aber bereits erste deutliche Schritte in diese Richtung unternommen.

Damit musste sie aber in Widerspruch – oder zumindest in eine beträchtliche Spannung – geraten zu den christlichen Normen, die die Fremd- und die

Selbstsicht der Genossenschaften in erheblichem Masse prägten: *caritas* und *fraternitas* nämlich.[53] *Caritas,* das umfassende Liebesgebot Jesu an die Gemeinschaft der Christen, schloss die spontane und vorbehaltlose Hilfe für jeden Notleidenden ein.[54] Die Radikalität dieses Gebots, zumal unter den Vorzeichen einer christlich werdenden Gesellschaft, hatte allerdings bereits bei den Kirchenvätern zu divergenten Äusserungen über mögliche Einschränkungen der Almosenvergabe und bei den Dekretisten schliesslich zu Bemühungen um eine kohärente Almosenlehre geführt.[55] Waren hier Kriterien der Bedürftigkeit und der Würdigkeit von Almosenempfängern gleichsam «salonfähig» geworden, so behielt die religiöse Norm der brüderlichen Liebe innerhalb der gildeförmigen Sozialgruppen zweifellos länger ihre ursprüngliche Kraft, worauf ja auch die Benennungen einzelner hochmittelalterlicher Gilden als *caritas* und zahlloser Gruppen auch noch des Spätmittelalters als *fraternitas* hindeuten.[56] Der christliche Gedanke der *fraternitas,* der umfassenden brüderlichen Beistand und Hilfe beinhaltete, vertrug sich allerdings schlecht mit dem, was wir bei den spätmittelalterlichen Genossenschaften immer wieder beobachten konnten: der genauen Fixierung der Voraussetzungen und Grenzen genossenschaftlicher Unterstützung. Dieser Widerspruch führte im Spätmittelalter freilich noch nicht dazu, dass Reflexionen und Selbstaussagen den christlich geprägten Denkhorizont verliessen. So wurden immer wieder die – nicht im Darlehensmodus gewährten – Hilfen für notleidende Genossen wörtlich oder sinngemäss als «Almosen» bezeichnet, die «um Gottes willen» gegeben würden; beispielsweise sollte nach der Ordnung der Emdener Schuhmacherzunft von 1491 jeder Meister vierteljährlich je einen halben Krummstert zahlen «in soedaenen maneren, oft we in den ampte vorarmde, den sal men van den ghelde bewysen de wercke der barmherticheit, eme to hulpe to komene unde to den karchove to brengene, dat loen van den almachtigen Gode to ontfangene».[57]
Gleichwohl konnten die Zwänge und Formen der kollektiven Selbsthilfe nicht ohne Wirkung auf die allgemeineren Auffassungen christlicher Normen bleiben. Bedenkt man vor allem, dass neben der tatsächlichen Hilfsbedürftigkeit allmählich auch das Nichtverschulden der Misere und die allgemeine Würde des Hilfesuchenden zur Voraussetzung gemacht wurden, dann lassen sich diese Vorgänge einordnen in den tief greifenden Wandel der Auffassungen von Armut und Arbeit im Spätmittelalter,[58] der bekanntlich im städtischen Zunftbürgertum einen wichtigen sozialen Träger hatte.
Nicht zuletzt werfen – was sich hier nur noch andeuten lässt – die Praktiken genossenschaftlicher Selbsthilfe ein Schlaglicht auf den historischen Wandel, den gildeförmige Sozialgruppen im Spätmittelalter erfuhren.[59] Mit diesen Praktiken musste eine Abschwächung des Gedankens umfassender Brüderlichkeit einhergehen, und im Gefolge eine differenziertere Wahrnehmung der Vor- und Nachteile einer Gruppenzugehörigkeit, also auch eine stärkere Zweckorientierung der

Beteiligten. Damit dürfte sicherlich eine stärkere Selbstwahrnehmung des Einzelnen in der Gruppe verbunden gewesen, mithin ein weiterer Faktor spätmittelalterlicher Individualisierung markiert sein.[60] Vor diesem Hintergrund fällt es schwer, berufsständische Genossenschaften des ausgehenden Mittelalters noch uneingeschränkt als «Gilden» im eingangs erläuterten Sinn anzusehen.

Anmerkungen

1 Martin Dinges, *Stadtarmut in Bordeaux 1525–1675. Alltag – Politik – Mentalitäten*, Bonn 1988, S. 523–528; Wolfgang von Hippel, *Armut, Unterschichten, Randgruppen in der frühen Neuzeit*, München 1995, S. 44–51, 109–111. Die Selbsthilfe- und Überlebensstrategien von Armen untersuchte Valentin Groebner, *Ökonomie ohne Haus. Zum Wirtschaften armer Leute in Nürnberg am Ende des 15. Jahrhunderts*, Göttingen 1993.
2 Die wissenschaftsgeschichtliche Verortung der Zunftkontroversen bei Otto Gerhard Oexle, «Die mittelalterliche Zunft als Forschungsproblem. Ein Beitrag zur Wissenschaftsgeschichte der Moderne», *Blätter für deutsche Landesgeschichte* 118 (1982), S. 1–44; vgl. zu den Zünften zuletzt (mit weiterer Literatur) Gerhard Dilcher, «Die Rechtsgeschichte der Stadt», in: Karl Siegfried Bader, Ders., *Deutsche Rechtsgeschichte. Land und Stadt – Bürger und Bauer im Alten Europa*, Berlin, Heidelberg, New York 1999, S. 249–827, hier S. 504–519. Die wichtigsten jüngeren Studien zur Geschichte der spätmittelalterlichen Gesellenvereinigungen von Knut Schulz, *Handwerksgesellen und Lohnarbeiter. Untersuchungen zur oberrheinischen und oberdeutschen Stadtgeschichte des 14. bis 17. Jahrhunderts*, Sigmaringen 1985; Winfried Reininghaus, *Die Entstehung der Gesellengilden im Spätmittelalter*, Wiesbaden 1981; Kurt Wesoly, *Lehrlinge und Handwerksgesellen am Mittelrhein. Ihre soziale Lage und ihre Organisation vom 14. bis ins 17. Jahrhundert*, Frankfurt a. M. 1985.
3 Otto Gerhard Oexle, «Die mittelalterlichen Gilden: Ihre Selbstdeutung und ihr Beitrag zur Formung sozialer Strukturen», in: Albert Zimmermann (Hg.), *Soziale Ordnungen im Selbstverständnis des Mittelalters*, 1. Halbbd., Berlin, New York 1979, S. 203–226, bes. S. 216 f.; vgl. auch Ders. (wie Anm. 2), S. 38–44.
4 Oexle, Gilden (wie Anm. 3), bes. S. 204–215; Ders., «Gilde und Kommune. Über die Entstehung von ‹Einung› und ‹Gemeinde› als Grundformen des Zusammenlebens in Europa», in: Peter Blickle (Hg.), *Theorien kommunaler Ordnung in Europa*, München 1996, S. 75–97, bes. S. 85.
5 Otto Gerhard Oexle, «Gilden als soziale Gruppen in der Karolingerzeit», in: Herbert Jankuhn et al. (Hg.), *Das Handwerk in vor- und frühgeschichtlicher Zeit*, Teil 1, Göttingen 1981, S. 284 bis 354, bes. S. 332 f.; Ders., «Conjuratio und Gilde im frühen Mittelalter. Ein Beitrag zum Problem der sozialgeschichtlichen Kontinuität zwischen Antike und Mittelalter», in: Berent Schwineköper (Hg.), *Gilden und Zünfte. Kaufmännische und gewerbliche Genossenschaften im frühen und hohen Mittelalter*, Sigmaringen 1985, S. 151–214.
6 Dazu Oexle, Gilden (wie Anm. 3), S. 216–221; zu Gesellenvereinigungen im Anschluss an Oexle Reininghaus (wie Anm. 2), bes. S. 76 f.
7 Heinrich von Loesch (Bearb.), *Die Kölner Zunfturkunden nebst anderen Kölner Gewerbeurkunden bis zum Jahre 1500*, Bd. 1: *Allgemeiner Teil*, Bonn 1907, S. 133* f. Ausgeklammert wurden bei der Zählung die Statuten der Gesellschaft Aren und der Gesellschaft Eisenmarkt.
8 Vgl. Sigrid Fröhlich, *Die Soziale Sicherung bei Zünften und Gesellenverbänden*, Berlin 1976, S. 60.
9 Vgl. ebd., S. 81–91, 136–152; Reininghaus (wie Anm. 2), S. 144–152; Schulz (wie Anm. 2), S. 196–208; Wesoly (wie Anm. 2), S. 329–335.
10 Vgl. Fröhlich (wie Anm. 8), S. 132–136; Reininghaus (wie Anm. 2), S. 152–161.
11 Fröhlich (wie Anm. 8), S. 60–62, 77–80, 91–99.

12 Vgl. Schulz (wie Anm. 2), S. 196–208; Reininghaus (wie Anm. 2), S. 150–152; Wesoly (wie Anm. 2), S. 330–334; Fröhlich (wie Anm. 8), S. 79, 88–91, 155–160; Thomas Fischer, *Städtische Armut und Armenfürsorge im 15. und 16. Jahrhundert. Sozialgeschichtliche Untersuchungen am Beispiel der Städte Basel, Freiburg i. Br. und Strassburg,* Göttingen 1979, S. 86 f.
13 Vgl. Reininghaus (wie Anm. 2), S. 147 f.; Wesoly (wie Anm. 2), S. 329 f.; Schulz (wie Anm. 2), S. 198–201.
14 Theodor Josef Lacomblet (Hg.), *Archiv für die Geschichte des Niederrheins,* 1. Abteilung: *Sprach- und Rechtsalterthümer* 1 (1832), S. 270 f.
15 Johann Karl Brucker, *Strassburger Zunft- und Polizei-Verordnungen des 14. und 15. Jahrhunderts,* Strassburg 1889, S. 83.
16 Carl Wehrmann (Hg.), *Die älteren Lübeckischen Zunftrollen,* 2., verb. Aufl., Lübeck 1872, S. 399.
17 Benno Schmidt (Hg.), *Frankfurter Zunfturkunden bis zum Jahre 1612,* Bd. 2, Frankfurt a. M. 1914, S. 340. Ähnliche Regelungen begegnen recht häufig; vgl. Reininghaus (wie Anm. 2), S. 146 f.; Fröhlich (wie Anm. 8), S. 137–141; Wesoly (wie Anm. 2), S. 329; Schulz (wie Anm. 2), S. 198.
18 Georg Schanz, *Zur Geschichte der Deutschen Gesellen-Verbände. Mit 55 bisher unveröffentlichen Documenten aus der Zeit des 14.–17. Jahrhunderts,* Leipzig 1877, S. 171.
19 Schmidt (wie Anm. 17), S. 336.
20 Schanz (wie Anm. 18), S. 219.
21 Nach der Bruderschaftsordnung der Strassburger Gerberknechte von 1477 sollte mit einem rückzahlungsunwilligen Genossen «kein gesell noch niemans essen oder drinken, er habe dann solliches gelt wider geben oder geschickt»; Schanz (wie Anm. 18), S. 216; vgl. Reininghaus (wie Anm. 2), S. 100–104.
22 Vgl. Reininghaus (wie Anm. 2), S. 104–108, 146; Fröhlich (wie Anm. 8), S. 140.
23 So legte die Rolle der Hamburger Apen- und Grapengiessergesellen von 1541 fest: «wen eyn geselle dusser twyer ampte in kranckheyt worde bevallen unde dat bewyeslich were, he nychtes hedde to vorteren, schal me ohne na vormogenheyt uth der bussen vorleggen»; Otto Rüdiger, «Aeltere Hamburgische und Hansestädtische Handwerksgesellendocumente», *Zeitschrift des Vereins für Hamburgische Geschichte* 6 (1875), S. 526–592, hier S. 563; vgl. auch Fröhlich (wie Anm. 8), S. 77 f., 83–85, 94–97, 138 f.; Reininghaus (wie Anm. 2), S. 147.
24 Loesch (wie Anm. 7), S. 14.
25 Otto Rüdiger (Bearb.), *Die ältesten Hamburgischen Zunftrollen und Brüderschaftsstatuten,* Hamburg 1874, Nachdruck Glashütten i. T. 1976, S. 9.
26 Bei den Hamburger Maler- und Glasergesellen sollte nur demjenigen geholfen werden, «den Gott krenkete undt nicht sulven dat mit siner schalkheit verwracht hedde»; Johann Martin Lappenberg, «Beiträge zur älteren Kunstgeschichte Hamburgs», *Zeitschrift des Vereins für hamburgische Geschichte* 5 (1866), S. 224–366, hier S. 324.
27 Die nach 1573 entstandene Nürnberger Schreinergesellenordnung versprach nur demjenigen kranken Gesellen Hilfe, «welcher sich gegen meister und gesellen wohl und fromm gehalten»; Bruno Schoenlank, «Zur Geschichte altnürnbergischen Gesellenwesens», *Jahrbücher für Nationalökonomie und Statistik* 53 (1889), S. 337–395, 588–615, hier S. 593; vgl. Fröhlich (wie Anm. 8), S. 139; Reininghaus (wie Anm. 2), S. 147.
28 Vgl. oben bei Anm. 14 die bereits zitierte Regelung der Trierer Eisenschmiedezunft; auch nach der Rolle der Hamburger Apen- und Grapengiessergesellen sollte man kranken Gesellen «na vormogenheyt uth der bussen vorleggen»; Rüdiger (wie Anm. 23), S. 563.
29 Franz Joseph Mone, «Zunftorganisation (Schluss)», *Zeitschrift für die Geschichte des Oberrheins* 18 (1865), S. 12–33, hier S. 17.
30 Vgl. Gerhard Weisser, Art. «Soziale Sicherheit», in: *Handwörterbuch der Sozialwissenschaften,* Bd. 9, Göttingen 1956, S. 396–412; Manfred Partsch, *Prinzipien und Formen sozialer Sicherung in nicht-industriellen Gesellschaften,* Berlin 1983, S. 126–131; Johannes Wilder, *Über das Wesen der Versicherung. Ein methodologischer Beitrag zur Diskussion um den Versicherungsbegriff,* Berlin 1971.

31 Vgl. zu den Einnahmequellen von Zünften und Gesellenvereinigungen Fröhlich (wie Anm. 8), S. 39–51, 116–123; Wesoly (wie Anm. 2), S. 320–325; Reininghaus (wie Anm. 2), S. 227–232.
32 So sollte die lebenslängliche Rente, die die Kölner Böttcherzunft für nicht mehr arbeitsfähige Meister vorsah, «us irme schrijne, of da asvil in is, of antwer van in gemeinligen» gezahlt werden; Loesch (wie Anm. 7), S. 14; vgl. Reininghaus (wie Anm. 2), S. 145.
33 Ein frühes Beispiel bietet die Ordnung der Emdener Schuhmacherzunft von 1491; siehe unten bei Anm. 57. Weitere Fälle zünftiger Separatkassen aus dem 16. Jahrhundert sind aufgeführt bei Fröhlich (wie Anm. 8), S. 61.
34 Vgl. Fischer (wie Anm. 12), S. 77–79.
35 Vgl. dagegen die «positive» Einschätzung von Wesoly (wie Anm. 2), S. 329, dass «ein kranker Geselle Anspruch darauf [hatte], dass ihm aus der Büchse eine bestimmte, in den Ordnungen fixierte Summe gezahlt wurde».
36 Brucker (wie Anm. 15), 439.
37 Vgl. Fröhlich (wie Anm. 8), S. 60.
38 Vgl. Wesoly (wie Anm. 2), S. 321; Reininghaus (wie Anm. 2), S. 27, der immerhin auf ein Einnahmen- und Ausgabenregister der Braunschweiger Kürschnergesellen (1441–1453) als «ein für das 15. Jahrhundert singuläres Dokument» hinweist (ebd., S. 232).
39 Ben R. McRee, «Charity and Gild Solidarity in Late Medieval England», *Journal of British Studies* 32 (1993), S. 194–225; Miri Rubin, *Charity and Community in Medieval Cambridge*, Cambridge 1987, bes. S. 250–259; Gervase Rosser, «Solidarités et changement social: Les fraternités urbaines anglaises à la fin du Moyen Age», *Annales E. S. C.* 48 (1993), S. 1127 bis 1143; Jan Gerchow, «Memoria als Norm. Aspekte englischer Gildestatuten des 14. Jahrhunderts», in: Dieter Geuenich, Otto Gerhard Oexle (Hg.), *Memoria in der Gesellschaft des Mittelalters,* Göttingen 1994, S. 207–266.
40 Rubin (wie Anm. 39), S. 255; McRee (wie Anm. 39), S. 213–223; Caroline M. Barron, «The Parish Fraternities of Medieval London», in: Dies., Christopher Harper-Bill (Hg.), *The Church in Pre-Reformation Society. Essays in Honour of F. R. H. Du Boulay,* Woodbridge, New Hampshire 1985, S. 13–37, hier S. 26 f.
41 Zur komplexen Vorgeschichte der Umfrage zusammenfassend Gerchow (wie Anm. 39), S. 211 bis 223.
42 Vgl. dazu ausführlich Gerchow (wie Anm. 39), bes. S. 245–254.
43 Vgl. aber die Hinweise bei Reininghaus (wie Anm. 2), S. 26 f.; allgemein zum Quellentypus der Gildestatuten auch Sylvia Thrupp, «The Gilds», in: M. M. Postnan, E. E. Rich, Edward Miller (Hg.), *The Cambridge Economic History of Europe,* vol. 3: *Economic Organization and Policies in the Middle Ages,* Cambridge et al. 1979, S. 230–280, hier S. 232 f.; siehe auch die ältere rechtshistorische Studie von Friedrich Dieling, *Zunftrecht. Eine Rechtsquellenstudie mit besonderer Berücksichtigung des Schneiderhandwerks,* Diss. jur., Heidelberg 1932.
44 Vgl. Gerhard Dilcher, «Die genossenschaftliche Struktur von Gilden und Zünften», in: Berent Schwineköper (Hg.), *Gilden und Zünfte. Kaufmännische und gewerbliche Genossenschaften im frühen und hohen Mittelalter,* Sigmaringen 1985, S. 71–111, hier S. 111; Ders. (wie Anm. 2), S. 517–519; Dieling (wie Anm. 43), S. 10–37.
45 Ein weiteres Motiv für die soziale Selbsthilfe konnte sicherlich darin liegen, sozialen Rang und «Ehre» der Genossenschaft zu behaupten, indem man bedürftige Mitglieder vor dem Betteln bewahrte; vgl. mit entsprechenden expliziten Selbstaussagen englischer Gilden Rosser (wie Anm. 39), S. 1135 f.; zu den Gesellen ebenso Wesoly (wie Anm. 2), S. 334 f.
46 Vgl. zum ältesten Zeugnis dieser Art, dem Antrag der Züricher Wollenschlager- und -webergesellen von 1336 auf Einrichtung einer Kranken- und Sterbekasse, Schulz (wie Anm. 2), S. 197. Misstrauen von Seiten der Zunftmeister und Stadträte konnte den Gesellenvereinigungen auch bei dem Bemühen um eigene Häuser für die Krankenversorgung und Beherbergung von Gesellen entgegenschlagen; vgl. ebd., S. 206.
47 Schulz (wie Anm. 2), S. 208.
48 Vgl. zum Leibrentenkauf Werner Ogris, *Der mittelalterliche Leibrentenvertrag. Ein Beitrag zur Geschichte des deutschen Privatrechts,* Wien, München 1961; Partsch (wie Anm. 30), S. 150–153.

49 Siehe dazu besonders Ulf Dirlmeier, *Untersuchungen zu Einkommensverhältnissen und Lebenshaltungskosten in oberdeutschen Städten des Spätmittelalters (Mitte 14. bis Anfang 16. Jahrhundert),* Heidelberg 1978, S. 462–490, 526–529.
50 Vgl. zur ländlichen Altersversorgung durch Altenteilsverträge Partsch (wie Anm. 30), S. 142 bis 145; David Gaunt, «Formen der Altersversorgung in Bauernfamilien Nord- und Mitteleuropas», in: Michael Mitterauer, Reinhard Sieder (Hg.), *Historische Familienforschung,* Frankfurt a. M. 1982, S. 156–191, hier S. 158 f.
51 Zum Vergleich zwischen den ländlichen und städtischen Verhältnissen Michael Mitterauer, «Familie und Arbeitsorganisation in städtischen Gesellschaften des späten Mittelalters und der frühen Neuzeit», in: Alfred Haverkamp (Hg.), *Haus und Familie in der spätmittelalterlichen Stadt,* Köln, Wien 1984, S. 21–27; dessen Feststellung, dass die «Einrichtung des Ausgedinges [...] in städtischen Gesellschaften überhaupt» fehle (ebd., S. 26), geht allerdings zu weit; vgl. etwa die im Stralsunder *Liber memorialis* überlieferten Altenteilsverträge: Horst-Diether Schroeder (Bearb.), *Der Stralsunder Liber memorialis,* Teil 2: *Fol. 61–120. 1410–1422,* Weimar 1969, Nr. 293, S. 63 (1417); Teil 5: *Fol. 241–300. 1426–1471,* Weimar 1982, Nr. 7, S. 18 (1427), Nr. 115, S. 58 f. (1442), Nr. 297, S. 114 f. (1448).
52 In diesen Kontext fügen sich auch die zunehmend detaillierteren Spitalverträge der Genossenschaften ein; siehe Schulz (wie Anm. 2), S. 199–208, der in der Reformationszeit mit dem Wandel, den die Spitalbruderschaften der Gesellen in religiöser Hinsicht erfahren, die «schon früher spürbare Tendenz zur Versachlichung, ja Kommerzialisierung der Beziehungen voll zum Durchbruch» kommen sieht; ebd., S. 204.
53 Auf die Bedeutung der «Diskursgeschichte» sozialer Gruppen hat unlängst der Neuzeithistoriker Wolfgang Hardtwig mit Nachdruck verwiesen und dabei «Brüderlichkeit» als einen der zentralen Begriffe identifiziert, die die Fremd- und Selbstsicht der freien Einungen des Mittelalters entscheidend prägten; Wolfgang Hardtwig, *Genossenschaft, Sekte, Verein in Deutschland,* Bd. 1: *Vom Spätmittelalter bis zur Französischen Revolution,* München 1997, S. 13–24, 29 f., 70–72; vgl. dazu auch Otto Gerhard Oexle, «Soziale Gruppen in der Ständegesellschaft: Lebensformen des Mittelalters und ihre historischen Wirkungen», in: Ders., Andrea von Hülsen-Esch (Hg.), *Die Repräsentation der Gruppen. Texte – Bilder – Objekte,* Göttingen 1998, S. 9–44, hier S. 32 f.
54 Zum Christentum als gruppenfreundlicher Religion Oexle (wie Anm. 53), S. 36 f. Die Bedeutung der urchristlichen Gemeinde für die mittelalterliche (Stadt-)Gemeindebildung ist bereits von Max Weber erkannt worden; siehe dazu zusammenfassend Gerhard Dilcher, «Max Webers ‹Stadt› und die historische Stadtforschung der Mediävistik», in: Hinnerk Bruhns, Wilfried Nippel (Hg.), *Max Weber und die Stadt im Kulturvergleich,* Göttingen 2000, S. 119–143, hier S. 126. Zum Spannungsverhältnis von gruppenbezogener und allgemeiner *caritas* Oexle, Conjuratio (wie Anm. 5), S. 171–173.
55 Brian Tierney, «The Decretists and the ‹Deserving Poor›», *Comparative Studies in Society and History* 1 (1958/59), S. 360–373.
56 Vgl. zu *caritas*-Bezeichnungen Oexle, Gilden (wie Anm. 3), S. 215; Pierre Michaud-Quantin, *Universitas. Expressions du mouvements communautaire dans le moyen âge latin,* Paris 1970, bes. S. 197; allgemein auch Dilcher (wie Anm. 2), S. 512–515; Ders., Die genossenschaftliche Struktur (wie Anm. 44), S. 105–107.
57 Ernst Friedlaender (Hg.), *Ostfriesisches Urkundenbuch,* Bd. 2: *1471–1500,* Emden 1881, S. 334; siehe auch oben bei Anm. 36 die Statuten der Strassburger Schifferbruderschaft mit demselben Tenor; weitere Beispiele bei Gerhard Uhlhorn, *Die christliche Liebestätigkeit,* 2., verb. Aufl., Stuttgart 1895, S. 482–489.
58 Vgl. Otto Gerhard Oexle, «Armut, Armutsbegriff und Armenfürsorge im Mittelalter», in: Christoph Sachsse, Florian Tennstedt (Hg.), *Soziale Sicherheit und soziale Disziplinierung. Beiträge zu einer historischen Theorie der Sozialpolitik,* Frankfurt a. M. 1986, S. 73–100, bes. S. 88–93; Hippel (wie Anm. 1), S. 101–107.
59 Dieser Wandel ist bislang noch nicht im Zusammenhang erörtert worden; vgl. aber aus ideengeschichtlicher Perspektive Anthony Black, *Guilds and Civil Society in European Political*

Thought from the Twelfth Century to the Present, Ithaca 1984. Auf zwei weitere wesentliche Momente sei zumindest hingewiesen: zum einen die Veränderungen, die hochmittelalterliche Gilden in ihren Funktionen und ihrer Autonomie durch die Ausbildung der Stadtgemeinde erfuhren; vgl. dazu Dilcher (wie Anm. 2), S. 508; zum anderen der Einfluss auf die Gruppenidentitäten und -kohäsion, der durch die Gruppenvielfalt in spätmittelalterlichen Städten und die Vermehrung der Gruppenmitgliedschaften des Einzelnen bewirkt wurde; vgl. zum Leben des Menschen in verschiedenen Gruppen «abgestufter Exklusivität» (Konrad Lorenz) allgemein Otto Gerhard Oexle, «Gruppenbindung und Gruppenverhalten bei Menschen und Tieren. Beobachtungen zur Geschichte der mittelalterlichen Gilden», *Saeculum* 36 (1985), S. 28–45, hier S. 36 f.

60 Vgl. zu dieser Thematik auch Gerhard Dilcher, «Die städtische Kommune als Instanz des europäischen Individualisierungsprozesses», in: Ders., *Bürgerrecht und Stadtverfassung im europäischen Mittelalter,* Köln 1996, S. 295–334; Oexle (wie Anm. 59); daneben Anthony Black, «The Individual and Society», in: James H. Burns (Hg.), *The Cambridge History of Medieval Political Thought c. 350–c. 1450,* Cambridge 1988, S. 588–606, bes. S. 589; Hardtwig (wie Anm. 53), S. 30.

Katharina Simon-Muscheid

Missbrauchte Gaben

Überlegungen zum Wandel des obrigkeitlichen
Armutsdiskurses vom 14. zum 16. Jahrhundert

Gabe und Gegengabe

Das Konzept des «Gabentausches» und der wechselseitigen Verpflichtungen, die aus dem Akt des Gebens und der Annahme der Gabe folgten, wurde 1925 von Marcel Mauss anhand von Beobachtungen über «archaische» Gesellschaften entwickelt. Dieses Konzept beruhte auf zwei Prinzipien, nämlich der Freiwilligkeit des Spenders und der impliziten Verpflichtung des Empfängers, und diente zur Erklärung eines Gütertransfers, dessen Sinn und Funktionsweise ausserhalb moderner «rationaler» ökonomischer Vorstellungen lagen.[1] Dieses einfache Modell des «Gabentausches», das Mauss strikte ausserhalb «moderner» ökonomischer Kreisläufe lokalisiert hatte, wurde in der Folge von Ethnologinnen und Ethnologen unter dem Begriff der «reziproken Gaben» weiter ausdifferenziert. Bloch, Duby, Gurjewitsch und Davis machten dieses Konzept für die Gesellschaften des frühen Mittelalters bis ins 16. Jahrhundert und damit für die Geschichtswissenschaft nutzbar und zeigten, dass sich «moderne» Ökonomie und «archaischer» Gabentausch keineswegs grundsätzlich ausschliessen müssen, sondern parallel nebeneinander existieren und sich sogar überkreuzen können. In ihren Studien wiesen sie die verschiedenen Manifestationen des mittelalterlichen und frühneuzeitlichen Gabentausches und die vielfältigen Bindungen nach, die dadurch geschaffen oder gefestigt wurden, so zum Beispiel in der klassischen Form von Geschenken, die im diplomatischen Verkehr zwischen Fürstenhäusern von noch kostbareren Gegengaben übertroffen werden sollten, aber auch im Austausch materieller Gaben gegen immaterielle, wie der von Gütern gegen verpflichtende Treuebindungen und sonstige Leistungen.[2]
In dieses System der «reziproken Gaben» lassen sich auch die Beziehungen zwischen Almosen Spendenden und Almosen Empfangenden einordnen. Wir gehen dafür aus von den christlichen Wertvorstellungen, in denen «arm» und «reich» funktional aufeinander bezogen und theoretisch durch reziproke Gaben

verbunden waren, das heisst von einem Modell, das auf gegenseitigen Verpflichtungen und der Gleichwertigkeit der Gaben basierte. Durch diese «Austauschbeziehung» konnten die sonst inkompatiblen Wertvorstellungen (Ideal der Armut, Legitimation des Reichtums) der mittelalterlichen Gesellschaft miteinander in Einklang gebracht werden. Damit verbanden sich im Modell nicht nur die beiden entgegengesetzten Pole der Gesellschaft, sondern auch der materielle und der spirituelle Bereich, dem die jeweiligen Gaben angehörten. In dieser Austauschbeziehung waren beide Teile Geber und Nehmer zugleich, beide erhielten damit gleichwertige Funktionen und Verpflichtungen zugewiesen: Der materiellen Gabe entsprach die spirituelle Gegengabe in Form von Gebeten. In diesem System hatte das Almosen als verbindliche Verpflichtung der Reichen die Funktion, die existentielle Not der Armen im Diesseits zu lindern und gleichzeitig für das eigene Seelenheil im Jenseits vorzusorgen. Die spirituelle Gegengabe der Armen bestand in Gebeten für ihre Wohltäter, wobei die Gebete der Armen als besonders wirksam galten.[3]

Die doppelte Funktion der Armen als Empfänger von Almosen und Fürbitter ermöglichte damit den «reichen» Gebern den Zugang zum Seelenheil. Umgekehrt waren die Reichen zur Caritas verpflichtet. Der Reichtum wurde dadurch als potentielles Mittel zur Erlangung des Seelenheils legitimiert.

Dieses Modell setzte «gute» Arme voraus, die die ihnen zugewiesene «göttliche» Funktion in der Gesellschaft wahrnahmen, indem sie ihr Los geduldig und demütig, ohne Klagen, Neid und Aufbegehren ertrugen und den Reichen bei der Erlangung ihres Seelenheils behilflich waren. Die Armen wurden in diesem Modell, das ausserhalb jeglicher sozialen Realität angesiedelt war, zu Instrumenten des Seelenheils für die Reichen, für die das Himmelstor bekanntlich schwieriger zu passieren ist als ein Nadelöhr für ein Kamel.[4]

In seinen «Sermones ad status» formuliert dies Honorius von Autun (Augustodunensis) mit folgenden Worten, in denen er die Austauschbeziehung aus der Perspektive der Armen mit den Verben «accipere» und «reddere» umschreibt. Als Modell des guten Armen, der seinen Lohn im Jenseits empfängt, dient ihm Lazarus: «Pauperes paupertatis onus patienter ferant, ut cum Lazaro indeficientes divitias accipiant. Sciant se peccata hominum in elemonsinis accipere, et ideo pro eis satagant orationem reddere, et quod eis superavit aliis pauperibus distribuere.»[5]

Die Bewertung der Armut war bis zum hohen Mittelalter nie eindeutig gewesen. Sie hatte sich je nach Kontext und Epoche zwischen der antiken Verachtung der Armut und Mitleid bewegt, bis sie im 11./12. Jahrhundert als besonderer spiritueller Wert verklärt wurde. Die gegenläufigen und widersprüchlichen Tendenzen, die die verschiedenen politischen, theologischen und literarischen Diskurse prägten, verschoben sich gegen das späte Mittelalter hin definitiv zu Ungunsten der Armen. Die scholastische Theologie bewertete die Arbeit im 13. Jahrhundert neu. Die (theoretische) Überhöhung der Armut und des Almosens geriet damit zunehmend in Widerspruch. Diese Neubewertung von Erwerbsarbeit legte definitiv die einzige legitime Art und Weise fest, für den Lebensunterhalt aufzukommen: Er musste durch Arbeit gewonnen werden. Gleichzeitig diente sie dazu, den erwirtschafteten Gewinn in Anpassung an die neuen ökonomischen Gegebenheiten zu legitimieren. Die damit verbundene Neudefinition von Armut und Bettel stellte gängige Lebensformen und Praktiken in Frage, die bis anhin als Modell für ein besonders gottgefälliges Leben gegolten hatten. Sie lockerte auch das Band, das die Gesellschaft über die gegenseitige «Austauschbeziehung» zwischen «arm» und «reich» modellhaft zusammenhalten sollte, indem sie die Legitimation milder Gaben hinterfragte.[6]

Die schon längst existierende Unterscheidung von «guten» und «schlechten» Armen erfuhr jetzt ihre definitive Ausgestaltung. Die Trennlinie verlief entlang einer willkürlich gezogenen Grenze, die «echte» Arme, das heisst die nichtarbeitsfähigen «invalides mendicantes», von den «falschen» Armen, den «valides mendicantes», schied. Körperlich gesunde, junge, arbeitsfähige Menschen fielen damit in die Kategorie der «starken Bettler», der «faulen Müssiggänger», die von milden Gaben lebten. Arbeitsfähigen Männern und Frauen, die nicht arbeiteten, um ihren Lebensunterhalt zu verdienen, sondern sich auf den Bettel verlegt hatten, wurde die Legitimation, sich durch milde Gaben über Wasser zu halten, abgesprochen.

Mit der Kommunalisierung und Neukonzeption der Armenfürsorge nach städtischökonomischen Kriterien im 14./15. Jahrhundert war der letzte Schritt dieser tief greifenden Verschiebung traditioneller Werte abgeschlossen. Die bestehenden Diskurse über Armut und Arbeit, über erlaubten Bettel und widerrechtlich erschlichene Gaben mussten nur noch weiter ausdifferenziert werden. Sie beeinflussten nicht nur die Wahrnehmung von Armen, Nichtarbeitenden, Nichtsesshaften und Bettlern, kurz: von «guten» und «schlechten» Armen, sondern auch die theoretischen Konzepte und die Praxis der obrigkeitlichen Fürsorgepolitik.

Der Prozess der Marginalisierung bis hin zur Kriminalisierung all jener Armen, die nicht dem Modell der «guten» Armen entsprachen, ist von Graus und Geremek analysiert worden.[7]

Die neuen Diskurse überlagerten die traditionelle Vorstellung von der systemimmanenten Funktion der Armen (als Instrumente des Seelenheils für die Reichen) und damit auch das traditionelle christliche Modell der Einbindung von «reich» und «arm» über ihre jeweiligen Gaben. Damit verschob sich die Austauschbeziehung zwischen gleichwertigen Gebenden und Empfangenden endgültig zu einer rein hierarchischen Beziehung. Die neu definierten Kategorien schlossen wie gesagt zahlreiche Gruppen von Armen als legitime Empfängerinnen und Empfänger von Almosen aus und stigmatisierten sie als «starke Bettler» und «faule

Betrüger». Die «guten» Armen, die zum Empfang eines Almosens und zum Bettel berechtigt waren, wurden zum Objekt obrigkeitlicher Fürsorgepolitik. Sie wurden insofern auch zum Gegenstand obrigkeitlicher Disziplinierungsbemühungen, als ihre Legitimation als «echte» Arme und «berechtigte» Almosenempfänger dauernd in Frage gestellt wurde.

Die städtische Armen- und Fürsorgepolitik reduzierte das Modell des Gabentauschs, in dem eine materielle Gabe durch eine gleichwertige spirituelle Gegengabe abgegolten werden sollte, auf eine einseitige materielle Spende, die mit der ständigen Kontrolle der Empfänger und der Verwendung der Gabe verbunden war. «Falsche Arme», «betrügerische Bettler» und «missbrauchte Gaben» wurden zu Schlagworten des späten 15. und des 16. Jahrhunderts, in denen sich die Furcht vor Bettelbetrug niederschlug. Genährt wurde diese Furcht ebenso von polizeilichen praktischen Massnahmen wie von der am Ende des 15. Jahrhunderts aufblühenden «Gaunerliteratur», die in suggestiver Absicht bettelnde Personen mit Betrügerinnen und Betrügern assoziierte.

Die Reformatoren schliesslich demontierten das Modell der reziproken Gaben, das reiche Spender und arme Empfänger materiell und spirituell miteinander verbunden hatte, indem sie grundsätzlich den Almosen ihren Wert für die Erlangung des Seelenheils absprachen. Wie diese neue radikale reformatorische Botschaft bei den Gläubigen «unten» ankam, ob und wie schnell sich die jahrhundertealte Möglichkeit, das Seelenheil durch Almosen und sonstige «Gaben» an die Kirche (Seelgerät, Legate etc.) beeinflussen zu können, durch die neuen Vorstellungen ablösen liess, ist ein spannendes, weites Forschungsfeld.

Hinter diesen tief greifenden Veränderungen steht ein Bündel von Faktoren, das bewirkte, dass spätestens an der Wende vom 15. zum 16. Jahrhundert Armut keine positiven Konnotationen mehr aufwies. Dazu trugen «objektiv messbare» Faktoren bei wie die Zunahme der Armen als Folge soziökonomischer und politischer Veränderungen, auf die wir hier nicht eintreten werden, sowie Veränderungen auf der Ebene der kollektiven Vorstellungen und der (neuen) gesellschaftlichen Werte, die Armut durch Arbeit ersetzte. Auf diesen neuen Diskurs und die daraus resultierenden Veränderungen werden wir im folgenden Abschnitt zu sprechen kommen.

So yemand nicht will arbeiten, der soll auch nicht essen:[8] «starke Bettler» und «faule Müssiggänger»

Sobald Arbeit als wichtigster Wert propagiert wurde, verschob sich auch die traditionelle Bewertung von Arbeit und Armut in dem Sinn, dass der Armut nun jeder eigenständige Wert abgesprochen wurde. Wer nicht arbeitete, galt grundsätzlich als «Müssiggängerin» oder «Müssiggänger», die nicht arbeiten wollten, sondern sich auf Kosten der «wahren» Armen aufs Betteln verlegten.

«Müssiggang» und «Vagabundieren» in Verbindung mit unerlaubtem Bettel waren die beiden neu geschaffenen Deliktkategorien, denen die englischen und französischen Obrigkeiten nach der Pest den Kampf ansagten. In beiden Ländern hatte sich als Folge der Pest die ökonomische Situation durch den Mangel an ländlichen Arbeitskräften und das Emporschnellen der Saläre, die die Handwerker und Gesellen forderten, drastisch verschärft. Zahlreiche Landleute suchten ein besseres Auskommen in den grossen Städten. Durch ihre Abwanderung entzogen sie ihre Person und Arbeitskraft ihren Herren. Auf dem Land vergrösserte sich durch diese Art der Mobilität der ohnehin existierende Mangel an ländlichen Arbeitskräften, in der Stadt vergrösserte sich die Anzahl der arbeitslosen «starken» Bettlerinnen und Bettler, die sich durch Gelegenheitsarbeiten, Bettel und mitunter Diebstahl über Wasser zu halten suchten.

Wer als gesunder Mensch seinen Lebensunterhalt nicht durch Arbeit verdiente, entzog sich seiner theologisch und wirtschaftspolitisch begründeten Pflicht. Wer dazu über keinen festen Wohnsitz verfügte, entzog sich sämtlichen Kontrollbestrebungen und liess sich in keine gesellschaftlichen Strukturen einbinden. Um dieser unerwünschten Tendenz einen Riegel zu schieben, gingen die englischen und französischen Autoritäten mit aller Härte gegen diese mobilen, arbeitsfähigen Männer und Frauen vor, die von milden Gaben lebten.

Die englischen «Statutes of Labourers» von der Mitte des 14. Jahrhunderts und die nicht viel später einsetzende Serie der französischen königlichen «Ordonnances» widerspiegeln die zunehmende Kriminalisierung «müssiggehender Vagabunden».[9] Im Gebiet der Eidgenossenschaft lassen sich solche Massnahmen gegen die mobile, arbeitslose Armut auf der Ebene der Tagsatzung erst für die zweite Hälfte des 15. Jahrhunderts nachweisen.[10]

Die Trias von «Müssiggang», Nichtsesshaftigkeit und unzulässigem Bettel wurde in den «Statutes» zusätzlich noch mit «Sünden» und «Diebstahl» verbunden, die man dieser Kategorie der «starken» Bettlerinnen und Bettler unterstellte. Deutlich formuliert wurde in den «Ordonnances» ein Zusammenhang zwischen Arbeitsverweigerung, Müssiggang, liederlichem Lebenswandel, Tavernenbesuch und Glücksspiel. Fortan prägten diese Merkmale das Bild «starker» Bettlerinnen und Bettler. Um sie in den Städten loszuwerden und sie dazu zu bringen, als Landarbeiter wieder aufs Land zurückzukehren, drohten ihnen die «Statutes» und die «Ordonnances» mit Ausweisung und schliesslich Zwangsarbeit. Dabei begnügten sich die «Ordonnances» nicht mit Strafandrohungen gegen die «müssiggehenden Vagabunden», um ihre Anzahl zu reduzieren, sondern versuchten, ihnen ihre Lebensgrundlage zu entziehen. Dies geschah, indem sie den potentiellen Spenderinnen und Spendern kurzerhand verboten, ihre christliche Mildtätigkeit an ihnen zu üben und sie durch milde Gaben zu unterstützen. Wer sich über dieses Verbot hinwegsetzte, sollte selbst mit Gefängnis bestraft werden. Damit wurden erstmals rechtliche Bestimmungen geschaffen, die sich nicht nur gegen «falsche» Bettlerinnen und Bettler richteten, sondern die gleichzeitig auch «falsches Spenden» unter Strafe stellten und damit die Almosengeber in ihrem Sinn zu beeinflussen suchten.

Als weitere Folge der neuen Wertschätzung von Arbeit gegenüber Armut wandelte sich auch die Wahrnehmung all jener Personen und Gruppen, deren religiöse oder semireligiöse Lebensweise immer noch dem hochmittelalterlichen Ideal der Armut verpflichtet war, die auf christlicher Mildtätigkeit basierte. Von dieser Stigmatisierung betroffen waren die geistigen Nachfahren der «freiwilligen Armen», die die hochmittelalterliche, insbesondere von weiblichen Laien getragene Armutsbewegung initiiert und getragen hatten. Diese Männer und Frauen hatten bewusst auf materielle Güter verzichtet und von milden Gaben gelebt, um die Armut als gewählte Lebensform zu praktizieren. Doch genau diese Formen der Existenz, die nicht auf Arbeit, sondern auf Almosen, Bettel und selbst gewählter Armut gründeten, galten jetzt als parasitär.

Betroffen waren die Bettelorden, deren Identität und Legitimation im so genannten Armutsstreit von zahlreichen Kritikern in Frage gestellt wurden. Zu ihren vehementesten Gegnern zählte der Pariser Kanoniker Guillaume de St. Amour, der bereits um die Mitte des 13. Jahrhunderts die Bettelorden in seinen (posthum verbreiteten) Schriften scharf angriff. So polemisierte er unter anderem in seiner Schrift «Quaestio de valido mendicante» grundsätzlich gegen die Existenzform der Bettelorden und der von ihnen beschützten Beginen, die beide für ihn den Prototyp der «valides mendicantes» verkörperten.[11] Wenn er sich auch vehement gegen die arbeitsfähigen Bettler wandte, so schlug bei ihm doch eine ältere Vorstellung durch, die ihn zu einer Ausnahme veranlasste: Er privilegierte die Angehörigen der höheren Stände, die in die Armut abgeglitten waren und gleichzeitig mit dem Verlust ihrer Güter einen Statusverlust erlitten hatten. Diese Gruppe von Armen nahm er aus Rücksicht auf ihren verlorenen früheren Status und ihre Erziehung vom Bettelverbot für Arbeitsfähige und vom Arbeitszwang für Gesunde aus.[12]

Das Verdikt, als «valides mendicantes» die «echten» Bedürftigen zu schädigen, traf auch die spätmittelalterlichen Beginen, die teils von Bettel und Almosen, teils von Krankenpflege und Totenwache lebten und als «Seelfrauen» eine zentrale Funktion in den Ritualen von Totenklage und Begräbnis erfüllten. Sie galten nicht mehr länger als «fromme Frauen»,[13] sondern als faule Müssiggängerinnen, die wie andere arbeitsfähige Personen den «wahren» Armen das Almosen wegstählen.[14]

Der Streit um die alleinige Gerichtskompetenz in Erbsachen, der in Basel und Strassburg zwischen Bischof und Rat vehement geführt wurde, flammte über

Jahrhunderte hinweg immer wieder auf. Besonders den Franziskanern als den «Spezialisten des Todes» flossen aufgrund ihrer Tätigkeit als Seelsorger und Beichtväter reiche Legate zu. Dies provozierte heftige Reaktionen sowohl bei der geistlichen Konkurrenz als auch bei den weltlichen Autoritäten, wenn auch aus unterschiedlichen Motiven. Einer der Hauptstreitpunkte betraf die Gaben (Legate und Stiftungen), die den Beichtvätern auf dem Sterbebett zugesagt wurden.

Die Polemik griff den stereotypen Vorwurf der «valides mendicantes» gegen die Franziskaner und die Beginen auf und bezichtigte sie zudem der gemeinsamen Erbschleicherei unter dem Deckmantel der Krankenbetreuung. Der Kernpunkt der Polemik lautete, sie missbrauchten ihren Einfluss als Beichtväter, um sich auf Kosten der direkten Erben auf unlautere Weise zu bereichern. Doch trotz all dieser neu ausgebrochenen Polemik und der erbrechtlichen Beschränkungen gelang es den Basler und Strassburger Obrigkeiten nicht, das Vertrauen der Gläubigen in die Mendikanten zu untergraben.[15]

Die Polemik gegen die Mendikanten riss nicht ab. Als «unwürdige» Arme, deren Habgier ebenso sprichwörtlich sei wie ihr Reichtum, wurden sie während der Reformation wiederum zur Zielscheibe der Polemik.[16] In ihrem Fall lieferte die von Kritikern immer wieder denunzierte Diskrepanz zwischen dem propagierten Armutsideal und der Anhäufung materieller Güter, die den Orden durch Spenden und Legate zuflossen, den Anlass dazu.[17]

Bettelbetrug und missbrauchte Gaben: Obrigkeit, Gaunerliteratur und die Professionalisierung der Bettler

Die realen und imaginären Formen von Bettelbetrug stellten die städtischen Obrigkeiten vor besondere Probleme. Es galt nicht nur die arglosen Spender gegen betrügerische Machenschaften zu wappnen, sondern zu verhindern, dass «Unwürdige» unter Vorspiegelung falscher Tatsachen milde Gaben erschlichen, die nur dazu dienen konnten, einer Lebensweise Vorschub zu leisten, die die Obrigkeiten mit allen Mitteln zu bekämpfen suchten. Doch wie erkannte man professionelle Betrüger?

Eine Professionalisierung des Bettels scheint im Verlauf des späten Mittelalters erfolgt zu sein. Professionalisierung bedeutet in diesem Kontext, dass mobile, berufsmässige Bettlerinnen und Bettler (unter Einbezug ihrer Kinder) sich auf bestimmte Bettlertypen spezialisierten, von denen sie annehmen konnten, dass sie besonders stark an das Mitleid ihrer Mitmenschen appellierten. Unter Vortäuschung bestimmter Notsituationen und Krankheiten nutzten sie auf diese Weise die Mildtätigkeit aus und lebten von milden Gaben, wobei sie sich durch eigene Codes und einen eigenen Soziolekt gegen aussen abschirmten.

Die obrigkeitlichen Bemühungen konzentrierten sich auf zwei Aspekte: Zum einen versuchten sie, sich Informationen über äussere Kennzeichen und innere Strukturen zu verschaffen und Sprache und Kommunikationsformen dieser professionellen Bettlerinnen und Bettler zu entschlüsseln, die in ihrer Wahrnehmung als wohl organisierte Gegengesellschaft auftraten. Zum andern ging es darum, besser gegen die professionellen «starken» Bettlerinnen und Bettler vorgehen zu können, die durch betrügerische Machenschaften milde Gaben erschlichen.

Erste Hinweise auf professionellen Betrugsbettel und die entsprechenden Argotbezeichnungen dafür sind im Augsburger Achtbuch von 1343 enthalten, in dem erstmals neun verschiedene Kategorien von Betrugsbettel unterschieden werden. Es sind dies Männer, die Epilepsie und andere Krankheiten vortäuschten, falsche Kleriker, falsche Rompilger und angebliche Verwandtenmörder auf Sühnewallfahrten, des weiteren «kranke» Mönche, «Pilger», «getaufte Juden» und – als einziger weiblicher Typus – Frauen, die eine Geisteskrankheit vortäuschten.[18] Der Versuch, den organisierten Bettelbetrug durch die Bildung weiterer Kategorien in den Griff zu bekommen und auf diese Weise weiter zu entschärfen, hat sich in den «Basler Betrügnissen» aus der ersten Hälfte des 15. Jahrhunderts niedergeschlagen, die laut Jütte auf eine Strassburger Urfassung vom Beginn des 15. Jahrhunderts zurückgehen. Darin werden bereits 26 verschiedene Bettlertypen beschrieben und ebenso viele Bettelpraktiken identifiziert, mit denen professionelle Bettlerinnen und Bettler auf betrügerische Weise Almosen erschlichen. Weiter ausdifferenziert wird das Spektrum der betrügerischen Bettelpraktiken mit rund 42 Typen im italienischen «Speculum cerretanorum» aus dem Jahr 1484.[19]

Der Zweck dieser immer differenzierteren Listen ging über die Klassifizierung für den Eigengebrauch hinaus. Vielmehr sollten die gesammelten Informationen über die Bettelpraktiken und ihre sprachlichen Codes auch benachbarten Obrigkeiten zugute kommen, damit auch sie die nötigen Massnahmen ergreifen konnten. So warnte die Stadt Basel bereits 1410 in einem Sendschreiben Bern vor den Tricks der Bettelbetrüger, über die sie ihrerseits von Strassburg informiert worden war: «Wir senden üch ouch der Gilern ufsätz, damitte si der Welte Ir gelt abertriegent, verschriben als uns daz unser liebe fründ und Eitgnossen die von Straßburg ouch In geschrift geschikt hand, umb daz Ir üch vor Ihrem betriegen dest baß gehûten können.»[20]

Tief greifende Auswirkungen auf die obrigkeitliche Wahrnehmung von Bettelnden und damit auch auf die obrigkeitliche Armen- und Fürsorgepolitik hatte die so genannte Gaunerliteratur, die am Ende des 15. Jahrhunderts einsetzte und im 16./17. Jahrhundert einen Höhepunkt erreichte. Sie thematisierte das Problem der Almosenvergabe und die Beziehung zwischen Spendern und Empfängern auf ihre Weise, indem sie das Bild der professionellen, auf bestimmte Tricks spezialisierten Bettlerinnen und Bettler propagierte. Die Gaunerliteratur und die entspre-

chende Ikonographie schufen auf diese Weise ein Negativbild der Bettelnden, das sich immer mehr demjenigen der organisierten, professionellen Bettelbetrüger anglich. Sie verbreitete das Schreckbild von Bettelnden, die unter Vorspiegelung von Krankheiten, Gebrechen und weiteren almosenwürdigen Situationen an die christliche Mildtätigkeit appellierten und auf deren Tricks die barmherzigen Spenderinnen und Spender hereinfallen mussten.
Die Gaunerliteratur suggeriert zudem einen doppelten Missbrauch der Gaben, die nicht nur durch Betrug erschlichen, sondern auch noch in einer Art und Weise verprasst würden, die den Zweck des Almosens pervertierte und die Spendenden als übertölpelte Dummköpfe abstempelte.[21]

Almosenwürdige «gute» Arme: eine Restkategorie

Von Sozialdisziplinierung der Armen zu sprechen, ist zumindest für mittelalterliche Verhältnisse nicht sinnvoll. Was die mittelalterlichen Obrigkeiten tun konnten und auch taten, war Folgendes: Sie bemühten sich, die als bedrohlich empfundene und immer stärker anschwellende Masse der Armen zu klassifizieren und zu kategorisieren und sie auf diese Weise in kleinere, überschaubarere Einheiten zu zerlegen. Dieser Prozess, der immer neue Kategorien von «unwürdigen Armen» schuf, die vom Almosenempfang ausgeschlossen wurden, ist im Spätmittelalter deutlich fassbar und lässt sich bis tief in die frühe Neuzeit verfolgen. Bräuer umschreibt ihn wie folgt: «Denkmodelle und politische Konzepte vollführten dabei eine eigentümliche Bewegung, die wohl formal schlüssig zu sein schien, jedoch den Widerspruch in sich trug, der eine ‹Problemlösung› von vornherein ausschloss: Indem diese Erwägungen in ihrem Kern darauf hinausliefen, vorrangig die Absonderung des Bösen, Verderbten, Schädigenden und Mutwilligen des Bettels vom Unverschuldeten, Mitleidheischenden, Unabwendbaren und Hilfsbedürftigen des Armseins vorzunehmen, sorgten sie de facto für das beschleunigte Weiterwachsen des Bettels, für zunehmende Migration und die Ausformung radikaler Überlebensstrategien. Dabei fühlte sich das ordnungspolitische Denken und Handeln herausgefordert und reagierte mit sich steigernder Schärfe, mit Repressalien, mit Marginalisierung und Kriminalisierung.»[22]
Als «starke» Bettlerinnen und Bettler galten jene Männer und Frauen geistlichen wie weltlichen Standes, die sich trotz «Arbeitsfähigkeit» der Pflicht, ihren Lebensunterhalt zu verdienen, entzogen und sich aufs Betteln verlegten. Ihnen wurde die Berechtigung, vom Bettel zu leben und milde Gaben zu heischen, grundsätzlich abgesprochen. Allerdings waren körperlich gesunde «Vagabunden» und «faule Müssiggänger» leichter zu identifizieren als die professionellen Bettelbetrügerinnen und -betrüger, deren Äusseres den Kriterien entsprach, die

zum Almosenheischen legitimierten, wie Alter, körperliche und geistige Gebrechen, Krankheiten, Sühnewallfahrten, Pilgerschaft etc.
Mit Repressalien bedroht wurden nicht nur der Missbrauch, den die «starken» und die «betrügerischen» Bettler mit den Gaben trieben, die sie unter falschen Voraussetzungen und in betrügerischer Absicht heischten, sondern mitunter auch die Spender, die eine Lebensform unterstützten, die die Obrigkeiten nicht (mehr) tolerierten.
Neben den «starken Bettlern», «Vagabunden», «Müssiggängern», «Betrügern», «selbst verschuldeten Armen», denen die Almosenberechtigung (privat und obrigkeitlich) abgesprochen wurde, waren noch diejenigen Armen auszugrenzen, die als Fremde keinen Anspruch auf Unterstützung hatten. Übrig blieb zuletzt die Restkategorie der «guten» Armen und «wahren» Bedürftigen, die den immer enger werdenden Definitionen entsprach: Nur wer «wirklich» arbeitsunfähig und ohne eigenes Verschulden in Not geraten war, wer den moralisch-sittlichen (geschlechtsspezifisch ausdifferenzierten) Kriterien genügte, galt fortan als «almosenwürdig».[23]
Um die privilegierte Kategorie armer Männer und Frauen, denen das Recht, Almosen zu heischen, zugestanden wurde, abzugrenzen, teilten ihnen die städtischen Obrigkeiten des Spätmittelalters Bettelabzeichen als «rechtserhebliche Kennzeichen» aus, die sie gut sichtbar an ihrer Kleidung tragen mussten und die sie zum Heischen von Almosen legitimieren sollten. Doch für die privilegierten Almosenberechtigten erwies sich dieser wohlmeinende Versuch, sie als «gute» Arme kenntlich zu machen, als generell ambivalent, im schlimmsten Fall sogar als Stigmatisierungszeichen, das seinen Trägerinnen und Trägern als «Almosenempfängern» und «Armen» die Suche nach einer Arbeit erschwerte. Verschiedentlich baten diese «ausgezeichneten» Armen denn auch ihre Obrigkeiten, ihnen das sichtbare Tragen des Zeichens zu erlassen.[24]
«Gute» Arme waren einheimisch, sesshaft und arbeitsunfähig, ihre Lebensführung entsprach den geforderten sittlichen Kriterien und konnte kontrolliert werden. Sie belästigten keine Bürgerinnen und Bürger durch aggressives Heischen von Almosen, wenn diese nach der Messe aus der Kirche traten. «Gute» Arme schämten sich in einer Welt, in der ehrbare Menschen ihren Lebensunterhalt durch Arbeit verdienten, ihrer Armut und empfingen demütig ihr Almosen, für das ihre Gebete nicht mehr eine gleichwertige Gegengabe darstellten.

Fazit

Mit der Neukonzeption der obrigkeitlichen Fürsorgepolitik in den Städten des 14. und 15. Jahrhunderts verband sich ein tief greifender Wandel: Zum einen wurde das Modell der «reziproken Gaben» zwischen Almosenspender und Almosenempfänger, in dem materielle Almosen spirituellen Gegengaben entsprachen, zunehmend aufgebrochen. Dieses Modell hatte den Armen als Instrumenten zur Erlangung des Seelenheils ihrer reichen Geber eine gesellschaftliche Funktion zugewiesen und damit gleichzeitig den Besitz von Reichtum unter dieser Bedingung als Mittel zum Seelenheil gerechtfertigt. Zum andern verlor das hochmittelalterliche Konzept der «freiwilligen» Armut durch die neuen scholastischen Theorien über den Wert der Arbeit an Berechtigung. Damit verloren auch auf Armut und freiwillige Besitzlosigkeit ausgerichtete Lebensmuster ihre Legitimation. Unter den neuen sozioökonomischen Bedingungen nach der Pestwelle kriminalisierten auch zunächst die englischen, dann die französischen Autoritäten die «starken», «arbeitsfähigen» Bettlerinnen und Bettler, die vom Land in die grösseren Städte abgewandert waren und sich dort über Wasser hielten als «Müssiggänger» und «Vaganten», die, anstatt zu arbeiten, Almosen missbrauchten. Mit der grundsätzlichen Infragestellung der «Almosenpolitik» und der ordnungspolitischen Einteilung in handhabbare Kategorien veränderte sich die Beziehung zwischen Spendern und Empfängern von Almosen grundsätzlich. Die traditionelle Problematik der «starken Bettler» wurde im späten Mittelalter zusätzlich angeheizt durch das Auftreten von professionell Bettelnden, wobei die Suggestion der «Gaunerliteratur» zusätzlich die Grenze zwischen Bettelnden und Betrügern verwischte. Dadurch rückten die mildtätige Gabe als Kernpunkt christlicher Verpflichtungen sowie die Beziehung zwischen Gebern und Empfängern in den Mittelpunkt kirchlicher und obrigkeitlicher Diskurse. Sie beeinflussten die Wahrnehmung der Armen und die Armenpolitik: Aus Armen, deren spirituelle Gegengabe der materiellen entsprach, wurden zunehmend Objekte obrigkeitlicher Fürsorgepolitik.

Anmerkungen

1 Marcel Mauss, «Essai sur le don. Forme et raison de l'échange dans les sociétés archaïques», *L'Année Sociologique, n. s.* 1 (1923/24), S. 30–186.
2 Zu den theologischen, gesellschaftlichen und politischen Funktionen und Implikationen von Gaben im frühneuzeitlichen Frankreich und mit umfassender Literaturdiskussion grundlegend Natalie Z. Davis, *The Gift in Sixteenth-Century France,* Oxford 2000; siehe auch George Duby, *Guerriers et paysans, 7e–12e siècle. Premier essor de l'économie européenne,* Paris 1973, S. 60–69; Jean Starobinsky, *Largesse,* Paris 1994; Jean-Louis Roche, «Le jeu de l'aumône au Moyen âge», *Annales E. S. C.* 44 (1989), S. 505–527; ferner Jürgen Hannig, «Ars donandi. Zur Ökonomie des Schenkens im früheren Mittelalter», in: Richard van Dülmen (Hg.), *Armut, Liebe, Ehre. Studien zur historischen Kulturforschung,* Frankfurt a. M. 1988, S. 11–37; Valentin Gröbner, *Gefährliche Geschenke. Ritual, Politik und die Sprache der Korruption in der Eidgenossenschaft im späten Mittelalter und am Beginn der Neuzeit,* Konstanz 2001.
3 Zu den Bedeutungsfeldern von «arm» und «reich» («pauper» und «potens») Wim Blockmans, «Circumscribing the Concept of Poverty», in: Thomas Riis (Hg.), *Aspects of Poverty in Early Modern Europe,* Stuttgart u. a. 1981, S. 39–456; Karl Bosl, «Potens und Pauper», in: Ders., *Frühformen der Gesellschaft im mittelalterlichen Europa,* München, Wien 1964, S. 106–134.

4 Grundlegend Bronislaw Geremek, *La potence ou la pitié. L'Europe et les pauvres du Moyen Age à nos jours,* Paris 1987, bes. Kapitel 1: «A quoi servent les pauvres», S. 23–96: «Le don, moyen universel de lien des relations humaines et message traduisant l'intention d'un rapprochement d'homme à homme ou d'un groupe à l'autre, reçoit dans le christianisme une signification nouvelle, tant du point de vue spirituel qu'institutionnel. L'aumône y apparaît comme un instrument permettant le rachat des péchés; par conséquent la présence des pauvres dans ce monde est considérée comme s'inscrivant tout naturellement dans le plan du salut», S. 29; als Klassiker immer noch Michel Mollat, *Les pauvres du Moyen Age,* Paris 1978; zum Armutsbegriff Otto Gerhard Oexle, «Armut, Armutsbegriff und Armenfürsorge im Mittelalter», in: Christoph Sachsse, Florian Tennstedt (Hg.), *Soziale Sicherheit und soziale Disziplinierung. Beiträge zu einer historischen Theorie der Sozialpolitik,* Frankfurt a. M. 1986, S. 73–100; für Forschungsüberblick und Literaturdiskussion Wolfgang von Hippel, *Armut, Unterschichten, Randgruppen in der frühen Neuzeit,* München 1995; Robert Jütte, *Poverty and Deviance in Early Modern Europe,* Cambridge 1994.
5 Zitiert nach Jean Batany, «Les pauvres et la pauvreté dans les revues des ‹Etats du monde›», in: *Etudes sur l'histoire de la pauvreté,* recueil édité sous la direction de Michel Mollat, Paris 1974, S. 469–486, Zitat S. 471.
6 Jacques Le Goff, «Le travail dans les systèmes de valeur de l'Occident médiéval», in: Jacqueline Hamesse, Colette Muraille-Samaran (Hg.), *Le travail au Moyen Age. Une approche interdisciplinaire,* Louvain-la-Neuve 1990, S. 7–21; Bronislaw Geremek, «Le refus du travail dans la société du bas Moyen Age», in: ebd., S. 379–394.
7 František Graus, *Pest – Geissler – Judenmorde. Das 14. Jahrhundert als Krisenzeit,* Göttingen 1987, S. 101 ff.; Ders., «Randgruppen in der städtischen Gesellschaft des Spätmittelalters», *Zeitschrift für Historische Forschung* 4 (1981), S. 385–437; Geremek (wie Anm. 4).
8 2. Thess. 3, 10.
9 Dazu Geremek (wie Anm. 6); Ders., «La lutte contre le vagabondage à Paris aux XIVe et XVe siècles», in: *Richerche storiche ed economiche in Memoria di Corrado Barbagallo,* Napoli 1979, S. 213–236 mit Edition der einschlägigen Stellen aus den «Statutes» und den «Ordonnances».
10 Hans-Jörg Gilomen, «Eine neue Wahrnehmung arbeitsloser Armut in der spätmittelalterlichen Eidgenossenschaft», *traverse* (1996/2), S. 117–129; siehe den Beitrag von Oliver Landolt in diesem Band.
11 Jean-Claude Schmitt, *Mort d'une hérésie. L'Eglise et les clercs face aux béguines et aux béghards du Rhin supérieur du XIVe au XVe siècle,* Paris 1978, S. 56–58; M.-M. Dufeil, *Guillaume de Saint-Amour et la polémique universitaire parisienne 1250–1259,* Paris 1972.
12 Giovanni Ricci, «Naissance du pauvre honteux: entre l'histoire des idées et l'histoire sociale», *Annales E. S. C.* 38 (1983), S. 158–177, hier S. 163.
13 Zur Historisierung dieses häufig missverstandenen Begriffs Heide Wunder, «Von der frumkeit zur Frömmigkeit. Ein Beitrag zur Genese bürgerlicher Weiblichkeit (15.–17. Jahrhundert)», in: Ursula A. J. Becher, Jörn Rüsen (Hg.), *Weiblichkeit in geschichtlicher Perspektive,* Frankfurt a. M. 1988, S. 174–188.
14 Zu den Funktionen der Seelfrauen Peter Jetzler (Hg.), *Himmel, Hölle, Fegefeuer. Das Jenseits im Mittelalter,* Bern 1994, S. 407; zur Polemik gegen die Beginen Kathrin Utz Tremp, «Zwischen Ketzerei und Krankenpflege. Die Beginen in der spätmittelalterlichen Stadt Bern», in: Sophia Bietenhard et al. (Hg.), *Zwischen Macht und Dienst. Beiträge zur Geschichte und Gegenwart von Frauen im kirchlichen Leben der Schweiz,* Bern 1991, S. 27–52; Dorothee Rippmann, «Archäologie und Frauengeschichte? Beginenverfolgung und Franziskaner im 14. Jahrhundert. Historische Aspekte eines archäologischen Befundes in Basel», in: *Auf den Spuren weiblicher Vergangenheit,* Zürich 1988, S. 95–106; Schmitt (wie Anm. 11).
15 Gabriela Signori, *Vorsorgen, Erben und Erinnern. Letztwillige Verfügungen kinder- und familienloser Erblasser in einer spätmittelalterlichen Stadtgesellschaft. Basel 1450–1500,* Göttingen 2001, weist nach, dass trotz intensiver Polemik durch Rat und geistliche Konkurrenz im 14. und 15. Jahrhundert rund 20% der Testatoren und Testatorinnen die Mendikanten in ihren Testa-

menten bedachten; Hans-Jörg Gilomen, «Renten und Grundbesitz in der Toten Hand. Realwirtschaftliche Probleme der Jenseitsökonomie», in: Jetzler (wie Anm. 14), S. 135–148.

16 Christoph Ocker, «‹Rechte› Arme und ‹Bettelorden›. Eine neue Sicht der Armut und die Delegitimierung der Bettelmönche», in: Bernhard Jussen, Craig Koslowsky (Hg.), *Kulturelle Reformation. Sinnformation im Umbruch 1400–1500,* Göttingen 1999, S. 129–157.

17 Als besonders stossend hatten die Bauern des oberen Ariège den Widerspruch zwischen der Selbstdarstellung der Bettelorden und den rigiden Massnahmen, mit denen «die reichen Mendikanten» unerbittlich Steuern und Abgaben von «der armen bäuerlichen Bevölkerung» eintrieben, empfunden, siehe die Verhöre wegen Zehntverweigerung in Jean Duvernoy, *Inquisition à Pamiers. Cathares, Juifs, Lépreux devant leurs juges,* Toulouse 1966, S. 99–110.

18 Robert Jütte, *Abbild und soziale Wirklichkeit des Bettler- und Gaunertums zu Beginn der Neuzeit. Sozial-, mentalitäts- und sprachgeschichtliche Studien zum Liber Vagatorum (1510),* Köln, Wien 1988, S. 59.

19 Jütte (wie Anm. 18), S. 60 f., S. 108 mit weiterführender Literatur; Graus (wie Anm. 7); Überblick über die deutsche Randgruppenforschung Frank Rexroth, «Mediävistische Randgruppenforschung in Deutschland», in: Michael Borgolte (Hg.), *Mittelalterforschung in Deutschland nach der Wende, Historische Zeitschrift,* Beiheft 20, München 1995, S. 427–451.

20 Jütte (wie Anm. 18), S. 109.

21 Dazu Katharina Simon-Muscheid, «La fête des mendiants: fictions et réalités au bas Moyen Age (Bâle et Cologne)», in: Marc Boone, Peter Stabel (Hg.), *Shaping Urban Identity in Late Medieval Europe,* Leuven, Appeldorn 2000, S. 183–200; Dies., *Reden und Objekte im Alltag. Beziehungsnetze in der städtischen Gesellschaft des Oberrheins (14.–16. Jahrhundert),* Göttingen 2003 (im Druck).

22 Helmut Bräuer, «Nachdenken über den Bettel um die Mitte des 18. Jahrhunderts. Ein Beispiel aus Wien», in: *Europa in der Frühen Neuzeit. Festschrift G. Mühlpfort,* Köln u. a. 1999, S. 365–390, Zitat S. 365.

23 Zum Wandel der obrigkeitlichen Armen- und Almosenpolitik Jütte (wie Anm. 4) mit weiterführender Literatur, Bräuer (wie Anm. 22); für Zürich Wandel Lee Palmer, *Always among us. Images of the Poor in Zwingli's Zurich,* Cambridge 1990; speziell zum Oberrhein Thomas Fischer, *Städtische Politik und Armenfürsorge im 15. und 16. Jahrhundert. Sozialgeschichtliche Untersuchungen am Beispiel der Städte Basel,* Freiburg i. Br. und Strassburg, Göttingen 1979.

24 Zuletzt Helmut Bräuer, «Bettel- und Almosenzeichen zwischen Norm und Praxis», in: Gerhard Jaritz (Hg.), *Norm und Praxis im Alltag des Mittelalters und der frühen Neuzeit,* Wien 1997, S. 75–93, mit weiterführender Literatur zu diesem Aspekt; Katharina Simon-Muscheid, «‹Und ob sie schon einen dienst finden, so sind sie nit bekleidet dernoch›. Die Kleidung städtischer Unterschichten zwischen Projektion und Realität», in: Neithard Bulst, Robert Jütte (Hg.), *Zwischen Sein und Schein, Speculum* 44 (1994), S. 47–64.

Sven Tode

Von der Fürsorge zur Verwaltung

Frühneuzeitliche Fürsorgepolitik in Danzig

I

Die Qualität gemeindlicher Strukturen zeigt sich – damals wie heute – nicht zuletzt im Umgang mit den Rändern der Gesellschaft, die somit zu einem Gradmesser werden in Bezug auf formativ produktive Vorgehensweisen wie für bürgerliche Fürsorge und demokratische Strukturen. Dabei ist nach wie vor hervorzuheben, dass die Armenfürsorge im Rahmen der zunehmenden Verdichtung von Herrschaft eine Instrumentalisierung beim Aufbau von Staatlichkeit erfuhr.
Anhand eines Exempels aus dem nordosteuropäischen Raum, aus der Hansestadt Danzig, soll die grundlegende Frage aufgegriffen werden, in welchen Bezugsrahmen Armenfür- und -vorsorge sowie die Versorgung von Bedürftigen zu stellen sind, ohne sie abschliessend beantworten zu können.
Dabei stellt sich erstens die Frage, inwieweit die Armenversorgung – neben einer möglichen Instrumentalisierung zum Zweck der Herrschaftspartizipation bis dato ausgeschlossener «bürgerlicher» Kreise – aufgrund einer sich verdichtenden Oligarchisierung von Stadtobrigkeit einer mittelalterlichen Kollektivpatronage zuzuordnen ist. Sie würde somit zur Fiktion eines von der Ratsoligarchie propagierten geschlossenen urbanen Genossenschaftsverbandes beitragen. Zwar wurden durch die Reformation die politische und kirchliche Gemeinde einerseits getrennt, andererseits bot aber die politische Kontrolle der Armenfürsorge der städtischen Ratsoligarchie die Möglichkeit einer Verifizierung jener Fiktion des einheitlichen urbanen Genossenschaftsverbandes.
Zweitens bleibt zu fragen, inwieweit die Armenversorgung durch die Fürsorge breiter «bürgerlicher» Schichten zur Ausbildung eines «bürgerlichen» Selbstbewusstseins, zur Kreation von individuellen Abhängigkeitsverhältnissen führte, um in eine modernisierte, unselbständige Einzelpatronage zu münden und im aufkommenden Staatsbildungsprozess als Verführungsmasse zu fungieren – ohne hier von einer Vor- oder Frühproletarisierung sprechen zu wollen.

Anhand der Ordnung für das Elisabeth-Hospital und das Heilig-Geist-Hospital in Danzig von 1546 soll versucht werden aufzuzeigen, wie es Bürgern gelang, im Rahmen der Armenversorgung politische Partizipationsmöglichkeiten zu erlangen, indem sie sich von der sich oligarchisierenden Ratsobrigkeit Rechte ertrotzten, die den Anspruch des Rates, uneingeschränkte Herrschaft im Genossenschaftsverband der Gemeinde auszuüben, unterminierten.

II

Nachdem die Kreuzherren nicht nur Danzig, sondern auch Pommerellen unterworfen hatten, besannen sie sich auf die Pflicht ihres Ordens, Notleidende zu versorgen. Wahrscheinlich kurz nach 1311 begannen die Ordensherren mit dem Bau einer Kapelle und eines Hospitals, um Kranke, Notleidende und Pilger aufzunehmen und zu versorgen. Die Stiftung des Heilig-Geist-Hospitals wurde mit umfangreichen Schenkungen versehen, aus denen sich die Hospitalgüter bis in die Neuzeit vornehmlich speisten. Zudem waren die Hospitalgüter von Abgaben befreit.[1] Zunächst bestand die Schenkung aus dem «Heilig-Geist-Land», einem kleinen Gelände, welches das Hospital umgab. 1332 schenkte Hochmeister Werner[2] dem Hospital das Dorf Rambeltsch, 1333 kam das Dorf Schüddelkau durch Schenkung des Hochmeisters Luderus[3] mit der niederen und höheren Gerichtsbarkeit in den Besitz des Heilig-Geist-Hospitals.[4] Das Lepitzer Land rundete seit 1350, das Land zu Kramplitz seit 1449 den Hospitalbesitz ab.[5]

Das Elisabeth-Hospital, in alter Zeit auch «Elenden Hof» genannt, war möglicherweise bereits vor der Einflussnahme des Deutschen Ordens in Danzig zur Versorgung der Armen und Kranken vorgesehen. Es erhielt seinen Namen aber erst durch die Errichtung einer Kapelle, die der Heiligen Elisabeth geweiht wurde.[6] Hochmeister Konrad von Jungingen (Hochmeister von 1393–1407) stellte das Hospital als «freyes» Hospital 1394/95 unter seinen besonderen Schutz.[7] So gewährte er dem Hospital, das bis dato der Pfarrkirche St. Katharinen und dem Deutschen Orden abgabenpflichtig gewesen war, Zinsfreiheit. Durch einen Dispens von Papst Bonifacius wurde das Elisabeth-Hospital 1396 weiter privilegiert und in seiner Stellung herausgestellt.[8] Die Beantwortung der Frage, inwieweit eine Konkurrenz zwischen den Hospitälern bestand, die sich beispielsweise in sozialen Abstufungen oder auch im Schenkungsverhalten ablesen liesse, muss einer anderen Studie vorbehalten bleiben.[9] Jedenfalls wurde das Elisabeth-Hospital mit einigen Schenkungen bedacht, so zur Versorgung der Vorsteher, Spittler genannt, 1399 mit dem Gut Zanckentzin/Zankoczin.[10] Wann das Gut Lappin an das Hospital gelangte, bleibt unklar.[11] Im Juni 1428 gehörte es offensichtlich unter die Verwaltung des Elisabeth-Hospitals.[12] Lappin wurde 1437 durch den Komtur

Niklas Postes mit dem wüsten Bauernhof Mankoczin vereinigt.[13] Das Gut Fidlin war 1441 eine Schenkung des Ehepaars Winterfeld an das Hospital. Durch Kauf gelangte unter dem Probst Johann Königsberg 1445 das Gut Pietzendorf[14] in Hospitalbesitz.[15] 1448 rundete der Erwerb des halben Lapiner Sees mit dem anliegenden Kriegswald den Hospitalbesitz ab.[16] Auffällig ist zumindest, dass das Hospital über genügend Mittel verfügte, seinen Territorialbesitz zu vergrössern.
Im Gegensatz zum Heilig-Geist-Hospital blieb das Elisabeth-Hospital bis zum Ende der Ordensherrschaft in Danzig immer unter der Verwaltung des Komturs in Danzig. Er war oberster Vorsteher des Hospitals, Untervorsteher wurden ernannt. Der Probst der Elisabeth-Kirche war zugleich Vorsteher des Elenden Hofes.[17] Möglicherweise lässt sich hieraus schliessen, dass die Verwaltung des Hospitalbetriebes und des Elenden Hofes eine Zeit lang getrennt war. Hospital und Hospitalbesitz standen unter der Gerichtsbarkeit des Komturs. Nach der Vertreibung des Ordens aus der Stadt ging die Verantwortung für die Hospitäler wie die gesamte Jurisdiktion und Administration an die preussischen Städte, mithin die Ratsobrigkeit, über. Ausgenommen von der gemeinsamen Verwaltung blieb das Siechenhaus, nach der 1415 errichteten Kapelle des heiligen Jakobus auch St.-Jakob-Hospital genannt.[18]

III

Mit dem Ende der Ordensherrschaft über Danzig waren die Bürger selbst verantwortlich für die Versorgung ihrer kranken, notleidenden, hilflosen und armen Mitbürger. Sie mussten sich einer Verantwortung stellen, die bisher durch die Vertreter des Ordens und der Kirche wahrgenommen worden war und der man sich hatte entziehen können, während das Gewissen mit wohlgefälligen Spenden und Schenkungen beruhigt wurde. Die Versorgung von Armen und Kranken kann aber auch als Gradmesser für die Wahrnehmung der Fürsorge durch die Stadtobrigkeit angesehen werden, zumal in Zeiten von Seuchen und Pestepidemien.
Welche Bedeutung der Armenversorgung im gesamten Genossenschaftsverband zukam, wird im Forderungskatalog der Gemeinde von 1525 deutlich. Eine der ersten Forderungen im Artikelbrief vom 25. Januar 1525 lautete denn auch, es sei «eyn ordenunge von den armen leuthen zu machen».[19] Obschon der neue Rat kaum ein Jahr im Amt war, hatte er bereits eine Armenordnung erlassen, die als Abschrift überliefert ist.[20] Ganz im lutherischen Sinn, der formulierte: «Es solt yhe niemand unter den Christen betteln gahn, es were auch ein lechte ordnung drob zu machen [...] nemlich das ein yglich stadt yhr arm leut vorsorgt, und keynen fremden betler zu liesse.»[21]
Unklar bleibt, wann Bettlerzeichen in Danzig eingeführt wurden; sind sie in der

ersten Armenordnung von 1525 noch nicht erwähnt, werden sie in der Ordnung von 1551 bereits als existent vorausgesetzt.[22] 1546 scheinen einige Änderungen in der Armenversorgung vorgenommen worden zu sein, so unter anderem die Bestimmung der sonntäglichen Kollekte für die Armen.[23] Wahrscheinlich wurden damals auch die Bettlerzeichen endgültig etabliert. Die Vermutung von Freytag[24] – und nach ihm von Simson[25] – allerdings, dass erst 1546 das System mit vier Hospitalherren und vier Vorstehern geschaffen wurde, erscheint wenig überzeugend. Bereits in der Armenordnung von 1525 finden sich Hinweise auf Vertreter der Bürgermeister in der Wahrnehmung ihrer Pflichten im Bereich des Armenwesens: «Item einem jeglichen Herrn Bürgermeister soll eine Person des Rates zugefügt werden, der, so der Bürgermeister aus der Stadt zöge oder in Krankheit fiele, das der Ratsherr ohne weiteren Verzug die Strafen liesse im Namen der Herrn Bürgermeisters fortgehen.»[26] Die Hospitalherren waren also beauftragte Ratsmitglieder, die mit der Wahrnehmung der Amtsgeschäfte betraut worden waren.

Dass es um 1546 grössere Probleme in der Armenversorgung gab, davon zeugen nicht nur die damaligen katastrophalen Zustände der Hospitäler, sondern auch die Armenordnung von 1551. Zudem ist überliefert, wie es um die Hospitäler wirtschaftlich und sozial stand. Verstärkte Bemühungen des Vincentius Anholt machten es beispielsweise erst möglich, das St.-Gertruden-Hospital vor dem Kollaps zu retten.

Rationalisierungsansätze sind in der Zusammenlegung des Heilig-Geist-Hospitals und Elisabeth-Hospitals[27] unter einer Verwaltung zu sehen.[28] Beide Hospitäler blieben weiterhin von allen Abgaben und bürgerlichen Pflichten befreit, wie ein Privileg Sigismunds noch 1553 bestätigte.[29]

IV

Seit dem Mittelalter kamen den Hospitälern eine entscheidende Fürsorge- und Versorgungsfunktion im Armenwesen zu.[30] In der frühen Neuzeit mehrten sich, besonders in den protestantischen Regionen, die Kontrollbestimmungen. Vorgaben des Arbeitsethos sowie des Regionalprinzips kamen hinzu. Die Bedürftigkeit wurde fixiert und kontrolliert, Wohlverhalten gefordert, Unterstützung von der Erfüllung diverser Auflagen abhängig gemacht. Die Bettler wurden gekennzeichnet: zur Kontrolle, Verfolgung des genossenschaftlichen Versorgungsprinzips, Diskreditierung. Hatte Franz von Assisi noch formuliert, «den ihr um ein Almosen bittet, den bittet ihr um die Liebe Gottes»,[31] und damit nicht nur das altkirchliche Ideal der Gabe für die Armen formuliert, änderte sich mit der Reformation die Stellung gegenüber den Armen. In der altgläubigen Kirche wurde der Bettler gar zum Wohltäter seines Wohltäters, indem er ihm durch seine blosse Existenz und die Bitte um eine Gabe die Gelegenheit bot, eine gute Tat zu tun, damit dem christlichen Ideal zu folgen und so schliesslich die Vergebung der Sünden zu erreichen. Die Versorgung der Armen, die Spende an den Bettler, an Kranke und Aussätzige war somit auch eine Wohltat für den Gebenden; er tat durch die Spende auch etwas für sich. Mit der Reformation änderte sich dieses Verständnis durch die individuelle Wahrnehmung des Einzelnen, durch die Zurückstellung der guten Werke und deren Funktionalisierung, durch die Ablehnung der anmassenden Hoffnung auf Vergebung der Sünden im Diesseits, welche als Eingriff in die göttliche Vorsehung angesehen wurden. Folglich war die Spende an Bedürftige nicht mehr mit dem eigenen Seelenheil verknüpft. Sie war vielmehr vom Spendenden entfremdet und nützte einzig und allein dem Bedürftigen. In der Danziger «ordenung der Hussarmen: vnnd armen elende Kinder tho Dantzigk durch de gnade Jesu Christi vnd befehl eines erbaren Rades fort gestellet» 1551[32] findet sich dieses protestantische Ethos in vielerlei Bestimmungen.

Aber auch in den katholischen Regionen findet sich die Entwicklung zur Kontrolle, Disziplinierung und Stigmatisierung der Armen und Bettler. So hat zuletzt Ralf Klötzer[33] für Münster überzeugend derartige Tendenzen nachgewiesen. Auch dort wurden Bettelzeichen ausgegeben, Bettler registriert, Auswärtige durch Armenaufseher ausgegrenzt, Bedürftige geprüft und kontrolliert. Wenn auch zeitlich etwas verschoben, lassen sich auch im katholischen Bereich Disziplinierungstendenzen gegenüber Bedürftigen feststellen. Einzig einen wichtigen Unterschied gab es doch: den Armen war das Betteln – im Gegensatz zu protestantischen Regionen – nicht generell verboten. Dies erklärt sich aus der Tatsache, dass im katholischen Münster der Rat keine «öffentliche Sozialverwaltung»[34] installierte. Der Rat verzichtete damit zugleich auf die Erweiterung seiner administrativen Kompetenz in einem zentralen Feld städtischer Politik innerhalb des Genossenschaftsverbands, welcher sich weitgehend in klerikaler Hand – und damit ausserhalb des Politikfeldes der Ratsverwaltung – befand. Der Versuch, die Armenversorgung vollständig in den Verantwortungsbereich des Rates von Münster zu integrieren, unterblieb. Damit wurden Rat und Stadtkasse von Verantwortung und finanziellen Belastungen zunächst entlastet, und die Versorgung der Bedürftigen fiel dem Wohlwollen individueller Freigebigkeit anheim.

Wurde mithin im Protestantismus die Armenversorgung entpersonifiziert und in eine obrigkeitliche Versorgungspolitik integriert, woraus sich eine eingeschränkte, variable, aber auch zuweilen einklagbare und verlässliche Versorgungsstruktur ergab, überliessen katholische Stadtobrigkeiten den Bereich der Armenversorgung individueller Spendefreudigkeit. Aus diesen Grundkonstanten ergibt sich aber auch, dass die Armenpolitik in katholischen Städten den Bürgern keine Möglichkeit bot, etwaige oligarchische Ratsherrschaft zu untergraben.

V

Die Danziger Bettler mussten sich regelmässig versammeln, mussten Predigten besuchen, wurden gekennzeichnet und zur Arbeit verpflichtet. Selbst die Hospitalbewohner wurden zur Arbeit angehalten, sofern es ihnen möglich war. Zur Durchsetzung und Kontrolle der Bestimmungen wurden mindestens acht Bettelvögte berufen und den einzelnen Hospitälern zugeordnet: einer dem Heilig-Geist-Hospital, drei dem Elisabeth-Hospital und je einer dem Hospital Zu aller Gottes Engel, dem Pockenhaus, dem St.-Gertruden-Hospital sowie den Hospitälern St. Jakob und St. Barbara.[35]

Für die Altstadt waren die Vögte von Alle Gottes Engel und dem Pockenhaus zuständig, für die Rechtsstadt die vom Elisabeth-Hospital und St. Jakob, und die Vorstadt stand unter der Aufsicht der Vögte von St. Gertrud und St. Barbara. Die Vögte sollten für drei Jahre ihres Amtes walten, und nur gegen eine hohe Geldbusse war es möglich, sich dem Amt zu verweigern.[36] Hier zeigt sich wiederum, dass der Rat Zwang ausüben musste, um Bürger zu benennen, die sich der Pflege des Armenwesens widmeten.

Während das Pockenhaus alle Schwerkranken aufnehmen sollte, wurden die kranken Seefahrer im St.-Jakobs-Hospital versorgt. Alte und Gebrechliche fanden in St. Gertrud, Zu Alle Gottes Engel und im Heilig-Geist-Hospital eine Bleibe. St. Barbara war für die kranken Polen und für die Geisteskranken vorgesehen, während im St.-Elisabeth-Hospital die «natürlich Kranken» versorgt werden sollten, so dass das St. Elisabeth sowohl von der finanziellen Ausstattung wie der Reputation her als das renommierteste unter den Danziger Hospitälern angesehen werden darf.

Die Zuständigkeiten waren regional und sachlich geordnet. Zur Verwaltung der Hospitäler setzte der Rat aus seiner Mitte vier Hospitalherren ein, die die Verwaltung des Hospitalbesitzes koordinieren und überwachen sollten. Das Amt eines Hospitalherrn war ein Ehrenamt. Die Inhaber hätten zwar einen nicht unerheblichen Machtzuwachs aus diesen Ämtern ziehen können, sie zogen es aber vor, ihrerseits wiederum Unterverwalter für die Hospitäler, «Stiftler» oder «Spittler» genannt, einzusetzen. Ihnen oblag es, die Ausgaben und Einnahmen der Hospitäler so zu verwalten, dass der Stiftungszweck, die Versorgung von Kranken, Armen und Notleidenden, erfüllt werden konnte. Obschon sich die Klagen wegen schlechter Verwaltung häuften, deckten die Hospitalherren und mit ihnen der gesamte Rat ihre «Stiftler» bis zu einer Ratsrevision 1546, die unhaltbare Zustände in der Hospitalsverwaltung zutage förderte. Die Gebäude der Hospitäler befanden sich in einem erbärmlichen Zustand, Bargeld war ebenso wenig vorhanden wie bewegliches Gut oder Vorräte. Im Elisabeth-Hospital sollen sich um 1546 45 Personen, im Heilig-Geist-Hospital 28 Personen befunden haben. Um deren

Unterhalt zu sichern und um den 1547 durch Brand des Kinderhauses beim St.-Elisabeth-Hospital entstandenen Schaden zu beheben, wurden Haussammlungen durchgeführt, von denen 1547 aus der Rechtsstadt 154 Mark und 1551 220 Mark erbracht wurden. Die gesamten Einnahmen der Haussammlung von 1551 betrugen 244 Mark, wobei der grosse Anteil der Rechtsstadt an der Sammlung deutlich wird.[37] Die Stiftler hatten sich um die Versorgung der Armen «gar wenig bekümmert, sondern sich und ihre Familien bereichert. Die Landgüter und Häuser der Hospitäler waren ganz ruiniert und verfallen, die Armen in den Hospitälern waren zum Teil für Hunger und Elend umgekommen».[38] Die Stiftler Bartholomäus Friedrich und Peter Lutenberg[39] wurden bestraft und abgesetzt. Die sie beaufsichtigenden Hospitalherren blieben hingegen unbehelligt.

Der Rat stand nun vor der Aufgabe, dem sich entladenden Unwillen der Bürgerschaft, der sich in den Forderungen der Dritten Ordnung von 1545 manifestierte,[40] ein Konzept der Befriedung entgegenzustellen, in welchem die Frage der Armenversorgung verantwortungsvoll geregelt werden sollte. In welche Schwierigkeiten sich der Rat durch die Vernachlässigung seiner Fürsorgepflicht gebracht hatte, wird durch die weiteren Ereignisse deutlich. Der Rat hielt an seinem alten Konzept fest, weiterhin vier Hospitalherren aus seiner Mitte zu bestimmen und vier Bürger als Stiftler mit der alltäglichen Wahrnehmung der Geschäfte zu betrauen. Die vier als Stiftler auserkorenen Kandidaten weigerten sich aber, ein solches Amt auszuüben, sollten ihnen nicht gewisse Vorrechte eingeräumt werden.

Ist es an sich schon ein unerhörter Vorgang, dass sich Bürger dem Willen der Stadtobrigkeit widersetzen, wird hier zugleich zweierlei deutlich: einerseits, welche undankbare Aufgabe es zu übernehmen galt, anderseits, welche Bedeutung der Rat der Lösung des Problems zumass, liess er sich doch nicht nur durch die Forderung brüskieren, sondern sich durch die Hospitalherren, mithin Mitglieder der Ratsobrigkeit, mit in die Verantwortung einbinden.

Im Danziger Stadtarchiv findet sich eine Abhandlung über das Heilig-Geist-Hospital und das Elisabeth-Hospital mit dem Titel «Kurze Nachricht von der Stiftung und Einsetzung der beyden vereinbarten Hospitäler zum Heil. Geist und St. Elisabeth in Dantzig, von Ihren Vorstehern von den verschiedenen Verwaltungsarten, von dem Verfall, von der Verbesserung und dem Beistand derselben bis auf die gegenwärtige Zeit; so viel nach den vorhandenen alten Urkunden, Handschriften und Privilegien besagter Hospitalinn, welche bey dem zbeymahligen Abbrennen des St.-Elisabeth-Hospitals gerettet und übrig geblieben sind, ausgemittelt werden können. Im Decembris Anno 1790».[41] Auf 26 Folioseiten folgt eine kurze Abhandlung der Geschichte der Danziger Hospitäler. Als Anhang sind auf 48 Folioseiten Rechnungslegungen beigegeben sowie auf drei Folioseiten ein «Verzeichnis Der Vorsteher bey den Hospitalen zum Heil. Geist und St. Elisabeth seit der Abschaffung der Spitäler von Anno 1546 bis 1788».[42] Nachfolgend soll aber vor allem eine Interpretation der Übereinkunft zwischen dem Rat und den avisierten Vorstehern der Hospitäler von 1546 erfolgen, die sich auf den Folioseiten 14–17 besagter Quelle befindet.

Die Forderungen der vier Bürger, die als Stiftler vorgesehen waren, waren dabei im Einzelnen:

1. Sie wollten die Gerichtsbarkeit in den Hospitälern und auf den Landgütern ausüben und Bedienstete ein- und absetzen dürfen.
2. Sie erkannten die vier Hospitalherren als Oberherren an und wollten sie in wichtigen Fragen konsultieren.
3. Die vier Hospitalherren sollten die Hospitäler bei etwaigen Rechtsstreitigkeiten vor hiesigen oder fremden Gerichten vertreten, damit die Vorsteher nicht alle Last allein tragen.
4. Sie forderten, von allen bürgerlichen Lasten und Pflichten befreit zu werden, solange sie ihr Amt ausführten.
5. Ein ausscheidender Vorsteher sollte durch Vorschlag der verbleibenden zwei Personen ausgewählt werden, von denen die Hospitalherren dann eine ernennen sollten.
6. Auf immer und ewig sollten vier Bürger die Hospitäler verwalten.
7. Kein Eigentum der Hospitalgüter sollte veräussert werden dürfen.
8. Die Vorsteher wollten nur den Hospitalherren Rechenschaft über ihre Amtsführung ablegen müssen und sonst niemandem.

Der Rat sicherte alle Forderungen zu. Die ernannten Bürger traten daraufhin ihr Amt – ohne zeitliche Begrenzung – an.

VI

Es sind nicht Bürgerunruhen oder gewaltsame Umstürze allein, die Ausdrucksmomente von Konflikten oder Herrschaftsverschiebungen sein können. Der vorgestellte Forderungskatalog der vier avisierten Stiftler der Hospitäler birgt versteckte und offene Forderungen an Herrschaftspartizipation und -kontrolle, die es wert sind, hier einer eingehenden Untersuchung unterzogen zu werden.

Dass sich Bürger das Recht herausnehmen, die Entscheidungen ihrer Stadtobrigkeit nicht nur zu kommentieren, sondern gar zu hinterfragen und schliesslich mit einem Forderungskatalog zu beantworten, ist aus den Augen der sich im 16. Jahrhundert zusehends oligarchisierenden Ratsobrigkeit an sich bereits eine Ungeheuerlichkeit. Sich dann aber zudem gleich im ersten Artikel noch Rechte anzumassen, die allein dem Rat oder dessen Vertretern zustehen, ist dann eine weitgehende Forderung, die über eine blosse Mitsprache bei Entscheidungen des

Rates hinausgeht. Die Bürger fordern hier für sich das Gerichtsrecht – wenn auch für einen klar definierten und abgegrenzten Bereich – und das Recht, Bedienstete ein- und abzusetzen, ohne den Rat oder dessen Vertreter, die Hospitalherren, auch nur zu konsultieren. Damit wird der allumfassende Herrschaftsanspruch des Danziger Rates, über Stadt wie Landgebiet unumschränkt Herrschaft auszuüben, beschädigt. Wir können zudem davon ausgehen, dass es in der Ratsoligarchie handfeste ökonomische Interessen an der Verwaltung der Hospitalgüter gegeben hat. Hier werden die Bürger in Form der avisierten Hospitalvorsteher als Bürger eingebunden und erhalten Entscheidungsbefugnisse.

Man wolle, so heisst es zwar im zweiten Artikel, die Hospitalherren in die Entscheidungen mit einbinden und bei wichtigen Fragen konsultieren, und doch dreht diese Formulierung nur allzu deutlich die Verhältnisse, wie sie bis dato in der Verwaltung der Hospitäler und der Stadt vorgesehen waren, um. Waren es zunächst die Hospitalherren, also Mitglieder des Rates, die die Vorsteher lediglich mit der Wahrnehmung der Aufgaben betraut haben, so treffen die Vorsteher nun selbständig und unabhängig Entscheidungen, von denen sie – aus eigenem Ermessen und Entschluss – die Hospitalherren in Kenntnis setzen und von Fall zu Fall konsultieren wollen. Äusserst geschickt werden die de facto entmachteten Hospitalherren in das System eingebunden, indem sie als Vertreter bei Rechtsstreitigkeiten hinzugezogen werden sollen. Wiederum bestimmen die Vorsteher, welche Aufgaben den Hospitalherren zugewiesen werden. Zugleich machen sich die Vorsteher die Erfahrung und den Einfluss der Hospitalherren als Ratsherren für die Verwaltung und die Angelegenheiten der Armenfürsorge zunutze. Mithin werden die Hospitalherren in ein System eingebunden, indem ihnen praktisch nur noch eingeschränkte Mitbestimmungsmöglichkeiten gegeben sind und sie die Entscheidungen der Vorsteher zu vertreten haben.

Durch den vierten Artikel erreichen die avisierten Vorsteher eine Statuserhöhung. Lediglich Kleriker und Ratsmitglieder sind von den bürgerlichen Pflichten befreit. Gewährt der Rat auch den vier Vorstehern der Hospitäler dieses Privileg, kommt dies unweigerlich einer Rangerhöhung gleich. Durch die Festschreibung, dass immer vier Bürger zu Vorstehern der Hospitäler ernannt werden müssen (Art. 6), und die Tatsache, dass die Vorsteher selbst ein eingeschränktes Kooptationsrecht zugesichert bekommen (Art. 5), erreichen die Bürger eine Rangerhöhung über den Tag hinaus.

Dass die Vorsteher sich nur gegenüber den Hospitalherren verantworten müssen, greift wiederum in die generelle Gerichtshoheit des Rates ein und beschneidet diese. Diese Forderung ist aber zu verstehen als eine Einbindung der Hospitalherren in die Verantwortung, da sie ja zumindest formal weiterhin als Ratsvertreter die Oberaufsicht über das Armenwesen ausüben. Bei etwaigen Unstimmigkeiten müssten sie befürchten, selbst in die Kritik zu geraten, und sich gegebenenfalls den

Vorwurf gefallen lassen, ihre Aufgabe der Kontrolle nicht adäquat wahrgenommen zu haben.

Es erstaunt den Betrachter, dass sich überhaupt Ratsmitglieder für das Ehrenamt eines Hospitalherrn gefunden haben und dass der Rat sich derartigen Forderungen aus der Bürgerschaft gestellt und ihre Erfüllung zugesichert hat. Aber die Lage war offensichtlich desolat.

VII

Beim Amtsantritt der neuen Vorsteher 1546 waren die Hospitäler verfallen und die Landgüter weitgehend wüst. Die Hospitalkasse war geplündert, der Unterhalt für die Armen nicht gesichert. Die Vorsteher mussten aus ihrem Vermögen die grösste Not lindern. Dass die finanziellen Belastungen für die Vorsteher in ihrem Amt gross wurden, lässt sich aus der Bitte an den Rat von 1549 ablesen, jeweils an Ostern einen von ihnen zu ersetzen, worin der Rat zunächst einwilligte. Das eigentliche Problem war damit aber immer noch nicht gelöst. Die Einnahmen zur Versorgung der Armen reichten bei weitem nicht aus. Vielmehr mussten die Vorsteher weiterhin erhebliche Summen aus ihrem Privatvermögen aufbringen, um die Not zu lindern. Insofern ist es nicht verwunderlich, dass sich etliche Bürger weigerten, das Vorsteheramt anzunehmen. Einige kauften sich mit Geschenken von 100 Talern frei.[43]

Zunehmend wurde es schwierig, überhaupt noch einen Bürger für die Ämter der Armenversorgung zu finden. 1583 erliess der Rat ein Mandat, in dem er den Freikauf vom Vorsteheramt verbot. Jeder Bürger wurde verpflichtet, das Amt – so es ihm angetragen werden würde – auszufüllen. Bei Weigerung drohte der Rat mit Entzug des Bürgerrechtes![44]

Allein die Versorgung des Pfarrers in Rambeltsch verdeutlicht, wie prekär die Lage gewesen sein muss. Mehrfach sind Suppliken überliefert, in denen der Pfarrer den Rat um finanzielle Unterstützung bittet. Diese Bittschriften, an die Dritte Ordnung weitergereicht, gelangten schliesslich mit dem Zuständigkeitsvermerk an die Hospitalverwalter, die keine Abhilfe schaffen konnten.[45] Wenn es dem Pfarrer bereits schlecht ging, was steht dann über das Schicksal der Armen und Kranken in den Hospitälern zu vermuten?

1601/03[46] wurde die Zahl der Vorsteher schliesslich auf acht erhöht, durch «die viele Arbeit und die Vorschüsse, die sie zahlten»,[47] war es notwendig geworden, die Last auf mehrere Schultern zu verteilen. Da sich einer auf den anderen verliess «und manches verabsäumt wurde»,[48] reduzierte sich die Zahl der Vorsteher 1607 auf fünf. Aufgrund der Notwendigkeit, die Verwaltung der Hospitäler zu optimieren, wurden die bereits 1546 eingerichteten Verwaltungsämter wieder belebt

(Dorf-, Hof-, Bau-, Speiseamt), um so auch eine gewisse Zuständigkeitsabgrenzung zu erreichen. Einen Buchhalter gab es seit 1604, ein Amtsschreiber wurde einige Jahre später hinzugezogen.[49]

VIII

Mit dem Einzug der Reformation änderte sich auch die Einstellung zu Almosen, Armenversorgung und Fürsorgeverpflichtung gegenüber Bedürftigen. Dies sollte Rückwirkungen auf die Spendenbereitschaft der Bürger und die Bereitschaft, die Verwaltung der Danziger Hospitäler zu übernehmen, haben. Durch die zunehmende Auseinandersetzung in der Stadt zwischen Lutheranern und Calvinisten[50] geriet die Armenversorgung auch in die konfessionellen Auseinandersetzungen. Während das Heilig-Geist-Spital lutherisch blieb, war die St.-Elisabeth-Kapelle neben den Kirchen Trinitatis und Peter und Paul unter calvinistische Verwaltung gelangt. Die Verwaltung des Landgebietes, wozu auch das Patronat über die im Hospitalbesitz befindlichen Dorfkirchen gehörte, bot genügend Zündstoff für die inter- und intrakonfessionelle Auseinandersetzung. Für die Calvinisten war dabei die Versorgung ihrer Pfarrer von nicht unerheblicher Bedeutung. Ein Blick auf die Pfarrerlisten für Trinitatis, Peter und Paul und Elisabeth zeigt deutlich die vergleichsweise hohe Fluktuation und die Notwendigkeit, neu ausgebildete Pfarrer zu versorgen. Da die Calvinisten nur über die drei Kirchen im Stadtgebiet verfügten, waren die Dorfstellen, die unter dem Patronatsrecht des Elisabeth-Hospitals standen, von vergleichsweise hoher Bedeutung. Auf Gut Krampitz – unter Verwaltung des Heilig-Geist-Hospitals stehend – konnten sich seit 1622 Mennoniten niederlassen.[51]

IX

Die ursprüngliche Privilegierung der Hospitäler durch Landbesitz zur Versorgung der Armen und Bedürftigen, wie sie im Mittelalter vorgesehen war, hatte sich im Laufe der frühen Neuzeit – nicht zuletzt durch die veränderte Wahrnehmung von Armut – gewandelt. Die Landgüter wurden nicht mit der sonstigen Armenversorgung der Stadt, die seit 1550 über das Spendamt abgewickelt wurde,[52] vereinigt. Dies ist umso verwunderlicher, als die Einkünfte der Landgüter die Not der Armen hätten lindern können. Dabei scheint es Vorstösse der Dritten Ordnung gegeben zu haben, in die Selbstverwaltung der Hospitalgüter einzugreifen. Die Ernennung der Hospitalherren lag allerdings allein im Verantwortungsbereich des Rates und war somit der Einflussnahme der Dritten Ordnung entzogen. Dies gilt auch und insbesondere für die Verwaltung der Güter auf dem Lande, die unter der Verwaltung der Hospitäler standen. Das Privileg Sigismund Augusts von 1570 verbot der Dritten Ordnung ausdrücklich – unter Strafandrohung von 2000 Dukaten –, sich in die Belange der Hospitäler einzumischen.[53] Dabei war sich die Dritte Ordnung bewusst, dass die Hospitalgüter für sie quasi exterritoriales Gebiet waren – zumindest solange Forderungen an sie gestellt wurden, wie es im Fall des Pfarrers von Rambeltsch war, der um eine Erhöhung seiner Besoldung nachsuchte und den die Dritte Ordnung zuständigkeitshalber abwies.[54] Demgegenüber scheint es Übergriffe der Dritten Ordnung in die Belange der Hospitäler gegeben zu haben, die so weit gingen, einzelne Vorsteher – ohne jegliche juristische Legitimation – abzusetzen.[55] Insofern bot die Armenversorgung, und hier insbesondere die Verwaltung der Hospitalgüter, einen Konfliktpunkt zwischen Ratsoligarchie und Dritter Ordnung. Die Einschätzung Simsons, der davon ausgeht, dass der Rat «weiter die oberste Aufsicht über das Armenwesen, wie es in der Armenordnung von 1525 vorgesehen war»,[56] behielt, führt in die Irre. Vielmehr hat der Rat gerade in der Armenversorgung – und hier vor allem in der Verwaltung der Hospitalgüter – wichtige Einschnitte in seinen Herrschafts- und Kontrollbereich zulassen müssen.

War die Versorgung der Armen ohnehin schon ein Politikum, wie sich nicht nur im Artikelbrief von 1525 zeigte, sondern auch in den nachfolgenden Bestimmungen von 1546 und 1551 deutlich wurde, ist es besonders erwähnenswert, dass die Politik gegenüber den Bedürftigen nicht in einer Hand lag oder unter eine Verwaltung gestellt wurde. Der Verdacht, dass der Hospitalbesitz zuweilen zur eigenen Bereicherung durch die Hospitalherren zweckentfremdet wurde, ist nicht ganz von der Hand zu weisen. Dies gilt insbesondere für die 1546 abgesetzten Spittler, die sich «und ihre Freunde aus den Einkünften der Hospitäler [bereicherten]» und die «gar keine oder falsche Rechnungen [vorlegten]».[57] Obschon die Vorsteher seit 1546 häufig genug durch Vorschüsse aus eigenem Vermögen Finanzierungslücken bei der Armenversorgung durch die Hospitäler schliessen mussten, ist doch deutlich, dass nicht zuletzt der Rat als kollektives Interessenorgan die Exterritorialität des Hospitalbesitzes und seiner Verwaltung wahrte und dessen Sonderrechte zur Abgrenzung gegenüber der Dritten Ordnung nutzte. Dennoch gelang einzelnen Bürgern, die das Amt eines Hospitalvorstehers bekleideten, eine Rangerhöhung – mit der Wahl ins Schöffengericht konnte das Amt eines Hospitalvorstehers niedergelegt werden[58] –, wie sie bereits durch die Annahme der Forderungen von 1546 durch den Rat indirekt festgelegt wurde.

Für den einzelnen Ratsherrn, der zur Übernahme des Ehrenamtes eines Hospitalherrn genötigt wurde[59] – desgleichen gilt für die Spittler –, mag die Amtsübernahme eine unangenehme Belastung gewesen sein, für das Kollektiv war sie eine politische Notwendigkeit. Die Bedeutung der Armenversorgung für das soziale Gefüge im Genossenschaftsverband ist nicht zu verkennen.

X   Thesen

1. Es sind nicht Bürgerunruhen oder gewaltsame Umstürze allein, die Ausdrucksmomente von Konflikten oder Herrschaftsverschiebungen sein können. Der vorgestellte Forderungskatalog der vier avisierten Vorsteher der Hospitäler birgt versteckte und offene Forderungen an Herrschaftspartizipation und -kontrolle, die die Basis der bisher oligarchischen Ratsherrschaft über den Genossenschaftsverband erweiterten.
2. Wurde im Protestantismus die Armenversorgung entpersonifiziert und in eine obrigkeitliche Versorgungspolitik integriert, woraus sich eine eingeschränkte, variable, aber auch zuweilen einklagbare und verlässliche Versorgungsstruktur ergab, überliessen katholische Stadtobrigkeiten den Bereich der Armenversorgung individueller Spendefreudigkeit. Aus diesen Grundkonstanten ergibt sich aber auch, dass die Armenpolitik in katholischen Städten den Bürgern kaum Möglichkeit bot, oligarchische Ratsherrschaft zu untergraben.
3. Die Analyse der erfolgten Partizipation an politischen Entscheidungsprozessen – hier am Beispiel der Armenversorgung dargestellt – offenbart eine zumindest partielle immanente Flexibilität oligarchischer Strukturen städtischer Genossenschaftsverbände, Krisen zu bewältigen und von der politischen Macht ausgeschlossene Gruppen zu integrieren. Dies ist umso bedeutender, als es sich bei der städtischen Armenpolitik um ein für die Stadtobrigkeiten sensibles Thema handelt, wie nicht zuletzt die diversen Gemeindesuppliken zur Armenversorgung belegen.

Anmerkungen

1 Eine Übersicht über den Erwerb der Hospitalgüter findet sich bei Ernst Bahr, *Das Territorium der Stadt Danzig und die Danziger Hospitalgüter bei der Preussischen Landesaufnahme von 1793*, Bd. 2: *Danziger Nehrung, Scharpau Hela, Hospitalgüter*, (Sonderschriften des Vereins für Familienforschung in Ost- und Westpreussen e. V., Nr. 57), Hamburg 1987, S. 327–336. Dort ist auch eine detaillierte Übersicht über Hofstellen, Viehbestand, Landbesitz und Abgabenhöhe zu finden, wie sie sich 1793 darstellte. Für prosopographische Untersuchungen hilfreich ist die dort nachzulesende namentliche Erfassung der Bewohner nach Siedlungsorten.
2 Diese Angabe findet sich in der dieser Abhandlung zugrunde liegenden Quelle im Stadtarchiv Danzig [StAD] unter der Signatur APG 300 R/Rr9, fol. 1: «*Kurze Nachricht von der Stiftung und Einsetzung der beyden vereinbarten Hospitäler zum Heil. Geist und St. Elisabeth in Dantzig, von Ihren Vorstehern von den verschiedenen Verwaltungsarten, von dem Verfall, von der Verbesserung und dem Beistand derselben bis auf die gegenwärtige Zeit; so viel nach den vorhandenen alten Urkunden, Handschriften und Privilegien besagter Hospitalinn, welche bey dem zbeymahligen Abbrennen des St. Elisabeth Hospitals gerettet und übrig geblieben sind, ausgemittelt werden können. Im Decembris Anno 1790*». Hochmeister Werner von Orseln versah sein Amt von 1324–1330 (vgl. Hartmut Boockmann, *Der Deutsche Orden. Zwölf Kapitel aus seiner Geschichte*, München 1981, S. 290), so dass die Datierung der Schenkung auf 1332 zumindest fragwürdig erscheint. Bahr (Anm. 1), S. 329, präzisiert, indem er von einer Abspra-

che zwischen dem pommerellischen Gutsherrn Andreas Radbiaz und dem inzwischen verstorbenen Hochmeister Werner von Orseln berichtet.
3 StAD, APG 300 R/Rr9, fol. 1. Gemeint ist Hochmeister Luther von Braunschweig, Hochmeister von 1331–1335.
4 Eine entsprechende Datierung findet sich in StAD, APG 300 R/Rr9, fol. 2, und bei Bahr (wie Anm. 1), S. 327.
5 «Im Jahre 1449 kaufte das inzwischen wohlhabend gewordene Hospital das an der Mottlau gelegene Gut Krampitz.» Bahr (wie Anm. 1), S. 328. Auffällig ist hier, dass Krampitz keine Schenkung war. Vielmehr kaufte das Hospital das Gut von Joachim von der Breke, dem Sohn des Bürgermeisters von der Breke. Es wäre interessant zu eruieren, wer zu dieser Zeit Hospitalherr war und welche familiären Verbindungen bei diesem Verkauf gegebenenfalls eine Rolle spielten. Leider reicht die StAD, APG 300 R/Rr9, beigegebene Liste der Vorsteher nur bis ins Jahr 1546 zurück.
6 Erich Keyser, *Die Baugeschichte der Stadt Danzig*, Köln, Wien 1972, S. 80.
7 Vgl. auch die Handfeste von 1394, die in StAD, APG 300 R/Rr9, fol. 5, in Auszügen wiedergegeben ist.
8 Auszug des Privilegs in StAD, APG 300 R/Rr9, fol. 6. Zum Elisabeth-Hospital vgl. auch John Muhl, «St. Elisabeth zu Danzig», *Mitteilungen des Westpreussischen Geschichtsvereins* 34 (1902), S. 5–14.
9 Die Bemerkung bei Bahr (wie Anm. 1), S. 327, dass der Vorsteher des Heilig-Geist-Hospitals die angesehenste Stellung unter den Hospitalkirchen in der Stadt einnahm, wäre diesbezüglich zu verifizieren.
10 Entsprechende Handfeste auf Deutsch in Abschrift in StAD, APG 300 R/Rr9, fol. 7. Es soll bereits 1334 eine Handfeste durch den Komtur Johann von Veken ausgestellt worden sein. Bahr (wie Anm. 1), S. 331.
11 Zu Lappin vgl. auch H. Schuch, *Nachrichten über Lappin und andere Hospitalgüter von Danzig,* Danzig 1894, S. 9 ff. Angabe laut Bahr (wie Anm. 1), S. 332.
12 Bahr (wie Anm. 1), S. 331.
13 Dies lässt sich zumindest aufgrund des Eintrages in StAD, APG 300 R/Rr9, fol. 8, «Der Komtur zu Danzig Niclas Posster aus dem damals verfallenen Dorf Mankozin den Hof Lappin», schliessen.
14 Pietzkendorf, in einer Urkunde Herzog Swantopolks von Pommerellen von 1238 erwähnt, kam 1283 an das Kloster Oliwa und ist später an den Deutschen Orden gefallen. 1439 an den Danziger Bürger Jacob Czan verliehen, damals mit 36 Gärten, verkaufte dieser Pietzkendorf 1645 an das Elisabeth-Hospital. Der Probst Johann Königsberg tritt dabei als Käufer auf (vgl. Quelle [wie Anm. 2], fol. 8, mit Auszügen aus der Handfeste auf Deutsch). Am 16. Juni 1445 genehmigte Hochmeister Konrad von Erlichshausen den Verkauf. 1577 wurde das Dorf im Danziger Krieg durch Stephan Bathory vollständig zerstört. Die Lage auf der Höhe verhalf Pietzkendorf zu einer Beliebtheit als Gartenhof für Danziger Bürger. Bahr (wie Anm. 1), S. 334.
15 Schenkungen und Käufe lassen sich jeweils durch Abschriften der entsprechenden Dokumente aufgrund der Quelle (wie Anm. 2) und durch die Darstellung bei Bahr (wie Anm. 1) nachvollziehen.
16 Paul Simson, *Geschichte der Stadt Danzig,* Bd. 1, Danzig 1913, S. 115, 217 f.
17 Zumindest für die Zeit von 1430–1448 belegt. Vgl. StAD, APG 300 R/Rr9, fol. 9.
18 Bahr (wie Anm. 1), S. 335 f.
19 Der Artikelbrief ist als Beilage abgedruckt bei Theodor Hirsch, *Die Oberpfarrkirche St. Marien in Danzig,* Danzig 1843, Bd. I, Beilage X. Hier zitiert nach Hermann Freytag, «Zwei Danziger Armenordnungen des 16. Jahrhunderts», *Zeitschrift des Westpreussischen Geschichtsvereins* 39 (1899), S. 101–130, hier S. 107.
20 Angaben nach Freytag (wie Anm. 19), S. 107. Die Ordnung soll sich im Danziger Stadtarchiv MS681, Bl. 128a–129b, befinden. Abgedruckt auch bei Freytag, ebd., S. 119–122.
21 Luther, Weimarer Ausgabe, Bd. 6, S. 450.

22 Aus Simson (wie Anm. 16), S. 185, liesse sich schliessen, dass bereits 1528 erstmals 60 kupferne Bettlerzeichen in der Marienkirche ausgegeben wurden.
23 Freytag (wie Anm. 19), S. 112.
24 Vgl. ebd., S. 114.
25 Simson (wie Anm. 16), S. 185.
26 Zitiert nach Freytag (wie Anm. 19), S. 120.
27 Gleichzeitig wurde das Kinderhaus vom St.-Elisabeth-Hospital abgetrennt und besonders privilegiert.
28 In der Ordnung von 1551 werden die Bettler aufgefordert, sich jeden Freitag um acht Uhr morgens beim Heilig-Geist-Hospital zu versammeln. Deutschsprachige Bettler werden aufgefordert, sich zur Predigt nach St. Gertrud zu begeben, polnischsprachige Bettler sollten die Predigt in St. Jakob oder St. Katharinen hören. Bisher ging die Forschung davon aus, dass es lediglich an St. Annen in der Trinitatiskapelle und an St. Marien Predigten in polnischer Sprache gegeben hat. Aufgrund der Bestimmungen der Armenordnung von 1551 muss diese Annahme revidiert werden.
29 StAD, APG 300 R/Rr9, fol. 12. Eine Abschrift des in Latein verfassten Privilegs ist der Quelle beigefügt. Weitere, königlich-polnische Privilegien für das Elisabeth-Hospital datieren von 1552 und 1570. Muhl (wie Anm. 8), S. 8.
30 Zu Funktion und Struktur von Hospitälern in Mittelalter und früher Neuzeit vgl. exemplarisch Ulrich Knefelkamp, *Das Heilig-Geist-Hospital in Nürnberg vom 14.–17. Jahrhundert. Geschichte – Struktur – Alltag,* Nürnberg 1989 (Nürnberger Forschungen 26); Karl Wellschmied, *Die Hospitäler der Stadt Göttingen. Ihre Entwicklung, Verwaltung und Wirtschaft von den Anfängen bis zum Beginn des 19. Jahrhunderts,* Göttingen 1963; Robert Jütte, *Poverty and Deviance in Early Modern Europe* (New Approaches to European History 4), Cambridge 1996; Carole Rawcliffe, *The Hospitals of Medieval Norwich* (Studies in East Anglian History 2), Norwich 1995; jüngst erschienen Ekkehardt Kaum, *Das Johannes-Spital in Schwäbisch-Hall bis zum Ende des sechzehnten Jahrhunderts,* Schwäbisch-Hall 1998.
31 Zitiert nach Freytag (wie Anm. 19), S. 104.
32 Hier zitiert nach der ebd., S. 122–130, abgedruckten Fassung.
33 Ralf Klötzer, *Kleiden, Speisen, Beherbergen. Armenfürsorge und soziale Stiftungen in Münster im 16. Jahrhundert (1535–1588)* (Studien zur Geschichte der Armenfürsorge und Sozialpolitik in Münster 3), Münster 1997.
34 So die modernistisch anmutende Wortwahl Klötzers, ebd., S. 318.
35 Freytag (wie Anm. 19), S. 128.
36 Ebd., S. 115.
37 Simson (wie Anm. 16), S. 188.
38 StAD, APG 300 R/Rr9, fol. 14 f.
39 Simson (wie Anm. 16), S. 186 f. Bartholomäus Friedrich zeichnete seit 1539 für das Elisabeth- und Peter Lutenberg seit 1545 für das Heilig-Geist-Hospital verantwortlich.
40 Simson (wie Anm. 16), S. 187.
41 StAD, APG 300 R/Rr9.
42 Ebd., fol. 75.
43 Ebd., fol. 17.
44 Das System von 1546 griff offensichtlich nicht mehr. Möglicherweise gab es nunmehr weitere Möglichkeiten, zu politischer Partizipation zu gelangen.
45 Entsprechende Schreiben werden in StAD, APG 300 R/Rr9, fol. 20, erwähnt. Obschon es ganze Folianten mit Beschwerden der Pfarrgeistlichkeit an das Ministerium und den Rat gab, war die Situation des Pfarrers in Rambeltsch in der Tat trostlos.
46 Aus der Liste der Vorsteher ergeben sich für das Jahr 1601 allerdings nur fünf Vorsteher, während 1603 neun Vorsteher amtiert zu haben scheinen; die allein für das Jahr 1603 genannten Wigbolt Haxelberg und Valentin Böttcher können dabei möglicherweise als sich ablösende Vorsteher gelesen werden, so dass sich die Zahl von acht Vorstehern ergäbe. Allerdings wäre dann die Neuordnung nicht 1601, sondern erst 1603 wirksam geworden. Insofern ist die Zuverlässigkeit der Quelle in diesem Punkt zu hinterfragen.

47 StAD, APG 300 R/Rr9, fol. 18.
48 Ebd.
49 Ebd., fol. 19.
50 Vgl. hierzu zuletzt die Arbeit von Michael G. Müller, *Zweite Reformation und Stadtautomie in Danzig. Elbing und Thorn,* Berlin 1998.
51 Zur Geschichte der Mennoniten im Danziger Werder vgl. zuletzt E. Kizik, *Mennonici w Gdańsku, Elblągu na Żuławach Wiślanych w II polowie XVII i w XVIII wieku* (Mennoniten in Danzig, Elbing und im Weichselmündungsgebiet in der zweiten Hälfte des 17. und 18. Jahrhunderts), Gdańsk 1994; daneben Heinrich Gotthelf Mannhardt, *Die Danziger Mennonitengemeinde. Ihre Entstehung und ihre Geschichte von 1569–1919,* Danzig 1919; Horst Penner, *Ansiedlung der mennonitischen Niederländer im Weichselmündungsgebiet von der Mitte des 16. Jahrhunderts bis zum Beginn der preussischen Zeit* (Schriftenreihe des Mennonitischen Geschichtsvereins 3), Danzig 1940, Nachdruck Weierhof/Pfalz 1963; Ders., *Die ost- und westpreussischen Mennoniten,* 2 Bände, Weierhof/Pfalz 1978–1987; Karl-Heinz Ludwig, *Zur Besiedlung des Weichseldeltas durch die Mennoniten,* Marburg 1961.
52 Eduard Schnaase, *Geschichte der evangelischen Kirche Danzigs, actenmässig dargestellt,* Danzig 1863, S. 25.
53 StAD, APG 300 R/Rr9, fol. 20.
54 Die Dritte Ordnung verwies den Pfarrer in seiner Antwort auf dessen Supplik zuständigkeitshalber an die Vorsteher und die Hospitalherren. StAD, APG 300 R/Rr9, fol. 19 f.
55 Ebd., fol. 20.
56 Simson (wie Anm. 16), S. 185 f.
57 Ebd., S. 187.
58 Ebd., S. 189.
59 Es scheint, dass beide Ämter auch in Personalunion geführt werden konnten.

Kathrin Utz Tremp

Barmherzigkeit und Versicherung zugleich

Die Armenfürsorge der Freiburger Heiliggeistbruderschaft an der Wende vom Spätmittelalter zur frühen Neuzeit

Den Ausgangspunkt bildet eine Altartafel, die der Freiburger Maler Hans Fries wahrscheinlich 1505 für den Altar der Heiliggeistbruderschaft in der dortigen Pfarrkirche St. Niklaus gemalt hat, der so genannte Bugnon-Altar (Abb. 1). Hinter einem steinernen Tisch, der sich quer durch das Bild zieht, stehen rechts vier Männer, darunter der hinterste mit einem weissen Stab, welche Gaben an die Menge verteilen, die von hinten nach vorne drängt, darunter eine Frau mit einer Wiege auf dem Kopf und ein Mann mit einer Jakobsmuschel am Hut. Zur Verteilung gelangen (von hinten nach vorn) Tuch, Schuhe, Speck (der in einem Korb aufbewahrt wird) und mächtige Brotlaibe. Eines der Brote wird ganz vorne im Bild und vor dem Steintisch von einem Jüngling in roten Hosen und schwarzen Schuhen (so genannten «Kuhmäulern») mit einem Brettmesser halbiert. Hinter ihm steht eine Frau in grünem Kleid und weissem Kopftuch, die auf dem linken Arm ein Kind und in der linken Hand ein Stück Speck hält und ausserdem auf dem Kopf einen Brotlaib balanciert. Vor ihr sind noch drei Kinder zu erkennen, davon ein ärmlich gekleideter Junge, der ein Stück braunes Tuch über die rechte Schulter und den Kopf geworfen trägt.[1]

Im Folgenden soll gezeigt werden, dass hier nicht nur zwei von sechs Werken der Barmherzigkeit (Matth. 25, 35–36) dargestellt sind, nämlich die Speisung der Hungrigen und die Bekleidung der Nackten, sondern dass diese Altartafel auch einen ganz realen zeitgenössischen und spezifisch freiburgischen Hintergrund hat, der sich erschliesst, wenn man sich mit der Geschichte der Freiburger Heiliggeistbruderschaft befasst. Wir können uns dabei auf Aufsätze stützen, die Jeanne Niquille 1925 und Nicolas Morard 1987 der Bruderschaft gewidmet haben, werden aber auch einen Artikel beiziehen, in dem die Erstere sich mit den sozialen Institutionen der Stadt Freiburg allgemein befasst, und auch direkt auf ungedruckte Quellen des Staatsarchivs Freiburg zurückgreifen.[2]

Die Freiburger Heiliggeistbruderschaft wird erstmals 1264 erwähnt,[3] doch weiss man nicht, wer sie gegründet hat. Es fällt indessen auf, dass sie bereits sehr früh mehr städtische als kirchliche Züge trug, ganz ähnlich wie das Freiburger Spital, das kurz zuvor belegt und von allem Anfang an eine städtische Institution war.[4] Beide Institutionen nahmen einen raschen Aufschwung, der mit demjenigen, den die Stadt Freiburg selber um die Mitte des 13. Jahrhunderts erlebte, weitgehend identisch gewesen sein dürfte.[5] Vom 13. bis zum 15. Jahrhundert gibt es kaum ein Testament in der Stadt, in welchem die beiden Institutionen nicht erwähnt würden. Die Heiliggeistbruderschaft war unbestritten die wichtigste Bruderschaft in Freiburg, sie führte denn auch seit Beginn des 14. Jahrhunderts den Namen «Grosse Bruderschaft» («confraternitas maior videlicet de sancto spiritu dicti Friburgi»).[6] Analog dazu wurden die Spenden, die man durch sie ausrichten liess, seit der gleichen Zeit als «confratrie» oder «confréries» bezeichnet (im 13. Jahrhundert als «done» oder «large»).[7]

Am 23. Juni 1296 vermachte Johannes Velga der Heiliggeistbruderschaft einen jährlichen Zins von 4 Mütt Korn, aus welchem jedes Jahr an seinem Todestag allen herbeiströmenden Armen eine Brotspende («larga de pane») ausgerichtet werden sollte, «wie es in Freiburg mit den Spenden Brauch ist» («ut moris est de largis faciendis in dicto Friburgo»).[8] Im März 1366/67 vermachte Mermet von Asti der Bruderschaft die grosse Summe von 700 Florentiner Gulden, damit den Armen jedes Jahr eine Spende in Schweinefleisch («larga sive confrarie [...] in carnibus porcinis») gereicht werden könne, und zwar am Sonntag vor der Fastenwoche in der Liebfrauenkirche, die als Spitalkirche diente, zwischen Matutin und Hauptmesse.[9] Eine weitere Spende in Schweinefleisch, auszurichten am Dienstag der Fastenwoche, wurde am 6. Juli 1378 von Johannes von Affry mit 400 Goldgulden gestiftet.[10] Am 31. Dezember 1381 schliesslich verfügte Johannes Moudilli neben einer Brotspende, dass der Vorsteher der Heiliggeistbruderschaft jedes Jahr sechs arme Personen mit je drei Ellen Tuch kleiden und sechs weitere Arme mit guten Schuhen versorgen sollte, und zwar beides in den vierzehn Tagen vor dem 24. Juni («Johannis baptiste»), an welchem in Freiburg die Bürgerversammlung tagte und die Räte und Ämter neu besetzt wurden. Diese Vergabung sollte jedoch nicht zu Lasten der Kleider und Schuhe gehen, die der Vorsteher ohnehin bereits jedes Jahr um Allerheiligen an die Armen verteilte.[11]

Die Spenden wurden also durchaus saisongerecht ausgerichtet: das Fleisch vor der Fastenzeit, das Tuch und die Schuhe vor dem Winter. Brot hingegen gab es das ganze Jahr: im 15. Jahrhundert zählte man insgesamt 18 Brotspenden während des Jahres, bei denen jeweils mindestens 2000 runde Brotlaibe (französisch «miches») verteilt wurden – wie sie auf der Tafel mit der Darstellung der Werke der Barmherzigkeit des Bugnon-Altars dargestellt sind. Ausserdem wurde jeden Montag Geld gereicht, jedem Armen ein Pfennig; zu dieser Spende waren nur die Armen der Stadt zugelassen, von denen sich jeweils im Durchschnitt rund 300 einstellten.[12] Dies alles geht aus den Rechnungen der Heiliggeistbruderschaft hervor, die seit 1482 überliefert sind (siehe unten).

Abb. 1: *Hans Fries, Werke der Barmherzigkeit, 1506/07. Aussenansicht des linken Flügels des Bugnon-Altars. Eigentum der Gottfried-Keller-Stiftung, deponiert in Freiburg, Museum für Kunst und Geschichte. – Photo: Primula Bosshard, Freiburg.*

Durch die zahlreichen Vergabungen kam die Freiburger Heiliggeistbruderschaft zu grossem Vermögen und geriet nicht zuletzt deshalb sehr rasch unter die Kontrolle des städtischen Rats. Bereits 1359 ist von zwei «oberen Ratgebern» des Bruderschaftsmeisters die Rede, die diesem bei der Verwaltung zur Seite standen. Der Bruderschaftsmeister selber wurde spätestens seit Beginn des 15. Jahrhunderts von der alljährlichen Bürgerversammlung am 24. Juni gewählt, ebenso wie der Vorsteher des städtischen Spitals und alle anderen städtischen Funktionäre. Entsprechend gehörte die Stelle des Vorstehers der Heiliggeistbruderschaft auch in den «cursus honorum» der städtischen Ämter und wurde seine Amtsdauer wie die aller übrigen städtischen Amtsinhaber 1413 auf drei Jahre beschränkt. Die «oberen Ratgeber», drei an der Zahl, scheinen sowohl für die Heiliggeistbruderschaft als auch für das Spital zuständig gewesen zu sein.[13]

Im Jahr 1445 verfügte die Heiliggeistbruderschaft über ein Vermögen von 20 000 Pfund und war damit nach dem Spital (mit 40 000 Pfund) und Ritter Wilhelm Velga (mit 30 000 Pfund) der drittreichste Steuerzahler der Stadt.[14] Dieses Vermögen wurde gegen Zinsen ausgeliehen, so dass Nicolas Morard von einer «banque du Saint-Esprit» gesprochen hat.[15] Hauptnutzniesser dieser «Bank» war die Stadt Freiburg, die sich insbesondere in ihren Geldnöten um die Mitte des 15. Jahrhunderts ausserordentlich günstige Kredite (zu 2 1/2 statt 5%) gewähren liess.[16] Zum Dank wurde die Bruderschaft am 15. März 1457 ins Bürgerrecht der Stadt aufgenommen, übrigens gleichzeitig wie das Spital und das Zisterzienserinnenkloster Magerau unweit von Freiburg.[17]

Seit 1482 sind (im Staatsarchiv Freiburg) die Rechnungen der Heiliggeistbruderschaft erhalten, allerdings zunächst nur lückenhaft, nämlich für die Jahre 1482/83 (Nr. 3), 1497/98 (Nr. 5), 1498/99 (Nr. 6), 1505/06 (Nr. 7) und 1508/09 (Nr. 8a). Das Rechnungsjahr dauerte, wie nicht anders zu erwarten, jeweils vom 24. Juni bis wiederum zum 24. Juni, wenn der Bruderschaftsmeister ersetzt oder in seinem Amt bestätigt wurde. Die ersten beiden der hier zu betrachtenden Rechnungen sind in französischer, die drei folgenden in deutscher Sprache geschrieben; dieser Wechsel in der «Amtssprache» erklärt sich aus der Hinwendung der ursprünglich zweisprachigen Stadt Freiburg zur Eidgenossenschaft in der zweiten Hälfte des 15. Jahrhunderts.[18]

Die Einnahmen setzen sich zusammen aus den Almosen, den «Bruderschaften», den Zinsen und Ablösungen aus der Stadt Freiburg, den Ausständen früherer Bruderschaftsmeister, dem Erlös aus dem Verkauf von Hafer sowie den Zinseinnahmen aus Stadt und Land; sie stehen nicht immer in der ganz gleichen Reihenfolge, wurden aber für unsere Zwecke in die gleiche Reihenfolge gebracht (Tab. 1). Unter den Almosen sind die Legate aufgeführt, aber auch ganz andere Dinge wie Ehrschätze und Einnahmen aus Zehntversteigerungen, so dass man aus den Summen keinesfalls auf den Umfang der geübten Wohltätigkeit schliessen

Tab. 1: *Einnahmen und Ausgaben der Heiliggeistbruderschaft in Freiburg (1482/83–1508/09)*

Einnahmen

	1482/83 (frz.)	1497/98 (frz.)	1498/99 (dt.)	1505/06 (dt.)	1508/09 (dt.)
Almosen und anderes Bruderschaften (St. Niklaus)	154 lb 14 s 11 d	Summe fehlt	131 lb 7 s 11 d	162 lb 12 s 9 d	47 lb 5 s 11 d
– Allerheiligen	13 lb	11 lb 12 s 2 d	13 lb 2 s 5 d	8 lb 8 s 3 d	7 lb 10 s 8 d
– Weihnachten	17 lb	11 lb 8 s 9 d	12 lb 13 s 6 d	11 lb 5 s	10 lb 8 s 3 d
– Ostern	13 lb 12 s	10 lb 6 s 6 d	7 lb 16 s 10 d	8 lb 1 s 9 d	7 lb 15 s 7 d
– Pfingsten	13 lb 2 s 5 d	10 lb 3 d	9 lb 18 s	9 lb 16 s 8 d	7 lb 15 s 10 d
Total	56 lb 14 s 5 d	Summe fehlt	43 lb 10 s 9 d	37 lb 11 s 8 d	33 lb 10 s 4 d
Verzinsung Stadt	200 lb 4 s 9 d	386 lb 5 s 2 d	186 lb 5 s 2 d + 100 lb	186 lb 5 s 2 d	186 lb 5 s 6 d
Ablösungen	33 lb	Summe fehlt	105 lb 6 s 8 d		190 lb
Ausstände	Summe fehlt	Summe fehlt	137 lb 3 s 5 d	92 lb	Summe fehlt
Verkauf Hafer	82 lb 8 s 3 d	Summe fehlt	106 lb 7 s 3 d	Summe fehlt	22 lb 14 s 5 d
Zinsen Stadt	76 lb 5 s		28 lb 16 s 8 d	10 lb	237 lb 17 s 3 d
Zinsen Land	210 lb 19 s 3 d		331 lb 16 s 5 d	62 lb 11 s 3 d	315 lb 9 s
				329 lb 16 s 2 d	

Tab. 1 (Fortsetzung)

Ausgaben

	1482/83 (frz.)	1497/98 (frz.)	1498/99 (dt.)	1505/06 (dt.)	1508/09 (dt.)
Geldspenden Montag	64 lb 3 s 4 d	Summe fehlt	59 lb 19 s 2 d	61 lb 17 s 8 d	79 lb 14 s 2 d
Opfer Mitglieder †	55 s	32 s 6 d	2 lb 2 s 6 d	2 lb	5 s
(30 d pro Person)	(22 Verstorbene)	(12 Namen)	(33 Verstorbene)	(16 Verstorbene)	(2 Verstorbene)
(Dreissigster)					
Altartafel				Summe fehlt	
Jahrzeiten					
– Montag vor Allerheiligen	4 lb 13 s 6 d	4 lb 8 s 6 d	4 lb 17 s 8 d	3 lb 17 s 4 d	4 lb
– Johann Gambach		75 s	3 lb 17 s 6 d	3 lb	3 lb 15 s
– Montag nach Mittfasten	6 lb 12 s	4 lb 4 s 5 d	4 lb 9 s	3 lb 8 s 8 d	4 lb 5 s 6 d
Total	11 lb 5 s 6 d		13 lb 4 s 2 d	10 lb 16 s	12 lb 6 d
Schuhe (Allerheiligen)	35 lb 15 s 3 d	Summe fehlt	43 lb 17 s 8 d	43 lb 13 s 4 d	42 lb
	(133 Paare)	(54 Paare für Männer)	(137 Paare)	(134 Paare)	(131 Paare)
		(63 Paare für Frauen)			
Tuch (Allerheiligen)	106 lb 9 s	Summe fehlt	91 lb 6 s 2 d	61 lb 6 s	83 lb 2 s 6 d
Schweine (oder Geld)					
– Herren-Fastnacht	125 lb				
– Laien-Fastnacht	69 lb 10 s				
Total	194 lb 10 s	Summe fehlt	157 lb 16 s 3 d	307 lb 13 s 3 d	325 lb 16 s 8 d
		(80 Schweine)	(25 Schweine)	(74 Schweine)	(81 Schweine)

Tab. 1 (Fortsetzung)

	1482/83 (frz.)	1497/98 (frz.)	1498/99 (dt.)	1505/06 (dt.)	1508/09 (dt.)
Brot (18 Spenden)					
- Kauf von Korn	514 lb 15 s 6 d				
- Mahlkosten	46 lb 18 s	Summe fehlt	32 lb 6 s 4 d	25 lb 18 s	24 lb 7 s 4 d
- Backkosten	48 lb 14 s	21 lb 18 s	31 lb 12 s	23 lb 8 s	22 lb 10 s
- Kauf von Brot	45 lb 4 s 10 d	Summe fehlt	3 lb 2 s 2 d	2 lb 4 s 8 d	2 lb 15 s
Altäre					
- Heiliggeistaltar	16 lb	Summe fehlt	16 lb	18 lb 10 s	18 lb 10 s
- Andreasaltar	8 lb	Summe fehlt	8 lb	8 lb	8 lb
- Bonvisin-Altar	10 lb	Summe fehlt	10 lb	11 lb 5 s	11 lb 10 s
- Messe St. Vultus	50 s	Summe fehlt	6 lb	6 lb	6 lb
- Messe Bürglen	32 s 6 d	32 s 6 d	32 s 6 d	3 lb 2 s 6 d	3 lb 2 s 6 d
Zinsen und Pensionen	50 lb 14 s	Summe fehlt	50 lb 14 s 5 d	50 lb 4 s	49 lb 14 s
Allgemeine Ausgaben	124 lb 17 s 9 d	Summe fehlt	309 lb 7 s 5 d	101 lb 9 s 3 d	281 lb 3 s 8 d

Total

	1482/83 (frz.)	1497/98 (frz.)	1498/99 (dt.)	1505/06 (dt.)	1508/09 (dt.)
Total Einnahmen	880 lb 6 s 5 d	Summe fehlt	Summe fehlt	1010 lb 17 s 1 d	846 lb 18 s 11 d
Total Ausgaben	1284 lb 14 s 8 d	Summe fehlt	837 lb 4 d	753 lb 7 s 8 d	1043 lb 1 s
Total	-404 lb 8 s 3 d	Summe fehlt	+333 lb 13 s 11 d	+257 lb 9 s 4 d	-196 lb 2 s

Quelle: Staatsarchiv Freiburg, Rechnungen Heiliggeistbruderschaft 3 (1482/83), 5 (1497/98), 6 (1498/99), 7 (1505/06), 8a (1508/09).

kann. Insbesondere stehen unter diesem Ausgabenposten auch die Einnahmen aus dem Verkauf von Brot, das von einzelnen Spenden übrig geblieben war und deshalb verkauft wurde. Auf diese Weise ist zu erfahren, dass Brotspenden am Jakobstag (25. Juli), an Mariä Himmelfahrt (15. August), im Herbst (?), an Allerheiligen (1. November), am Samstag nach Andreastag (30. November), am Samstag vor Mariä Lichtmess (2. Februar) und an Pfingsten gereicht wurden.[19]
Eine weitere Rubrik der Einnahmen, die uns interessiert, sind die «Bruderschaften». Darunter sind hier nicht die Spenden zu verstehen, die ja auch nicht unter den Einnahmen zu erwarten sind, sondern die Kollekten, die unter den Bruderschaftsmitgliedern, «gemeinen Brüdern und Schwestern», veranstaltet wurden, und zwar offenbar nach den gemeinsam besuchten Gottesdiensten an Allerheiligen, Weihnachten, Ostern und Pfingsten in der Pfarrkirche St. Niklaus,[20] wo auch der Altar der Heiliggeistbruderschaft stand. Hier erscheint die Heiliggeistbruderschaft für einmal wirklich als Bruderschaft und nicht als grosse Organisation und Bank. Bei den Kollekten handelt es sich gewissermassen um die Beiträge der Mitglieder der Heiliggeistbruderschaft, und Jeanne Niquille, die sie über einen längeren Zeitraum verfolgt hat, als wir dies hier tun können, nämlich von 1482 bis 1572, hat einen stetigen Rückgang festgestellt und daraus geschlossen, dass die Bruderschaft um 1572, als die «Mitgliederbeiträge» auf Null gefallen waren, ihren bruderschaftlichen Charakter verloren und zu einer reinen «bourse des pauvres» geworden sei.[21]
Bei den Ausgaben stehen an erster Stelle die Geldspenden, die jeden Montag unter die Armen verteilt wurden; dabei erhielt jeder einen Pfennig. Jeanne Niquille hat aus den Summen die Anzahl der Armen errechnet, die von 296 (im Jahr 1481/82) auf 380 (im Jahr 1529/30) und auf 540 (im Jahr 1549/50) stieg.[22] Während also die Anzahl der Bruderschaftsmitglieder abnahm, nahm diejenige der Armen zu. Für den Dreissigsten der verstorbenen Mitglieder gab der Bruderschaftsmeister jeweils 30 Pfennig aus; im Jahr 1482/83 waren es 22 Verstorbene, im Jahr 1497/98 zwölf, im Jahr 1498/99 33, im Jahr 1505/06 16 und im Jahr 1508/09 zwei (siehe Tab. 1); aus diesen ganz verschiedenen Mortalitätsraten lassen sich indessen keinerlei Schlüsse auf die Gesamtzahl der Bruderschaftsmitglieder ziehen.[23] Für die toten Mitglieder wurden zwei Jahrzeiten abgehalten, die eine an Montag vor Allerheiligen, die andere an Montag nach Mittfasten.
Auf die Jahrzeiten folgen die Ausgaben für die Schuh-, Tuch-, Fleisch- und Brotspenden. Die Schuhe wurden, wie bereits gesagt, an Allerheiligen verteilt, im Jahr 1482/83 waren es 133 Paare, im Jahr 1497/98 117 Paare, im Jahr 1498/99 137 Paare, im Jahr 1505/06 134 Paare und im Jahr 1508/09 131 Paare; sie wurden bei verschiedenen Schuhmachern und, wesentlich seltener, in der Kaufhalle eingekauft. Im Jahr 1497/98 wird für einmal zwischen Männer- und Frauenschuhen unterschieden (54 Paare für Männer und 63 Paare für Frauen), wobei die

Männerschuhe etwas teurer sind als die Frauenschuhe. Das Tuch, weisses und graues, wurde ebenfalls an Allerheiligen ausgeteilt.

Die Fleischspenden, in den Rechnungen auch «confréries» und «Bruderschaften» genannt, fanden an der Herren- und an der Laienfastnacht statt, also an Sonntag und Dienstag vor Aschermittwoch. Die Schweine, um die achtzig an der Zahl, wurden bei den Bauern der Umgebung eingekauft, in die Stadt geführt, hier geschlachtet und gesalzen; daraus kann man schliessen, dass das Fleisch, der Speck, nicht zum sofortigen Verzehr – noch vor der Fastenzeit – bestimmt war, sondern für die Vorratshaltung. Wenn das Fleisch nicht ausreichte, wurden statt dessen Kreuzer oder «Fünfer» gereicht. Auch die Brotspenden wurden als «confréries» und «Bruderschaften» bezeichnet. Hier wurde zunächst das Korn gekauft,[24] dann gemahlen und dann verbacken. Im Zusammenhang mit dem Mahlen und Backen ist in den Rechnungen von 1482/83 und 1497/98 ausdrücklich von 18 «confréries» die Rede,[25] die gleiche Zahl, die auch in der Literatur immer wieder genannt wird (siehe oben bei Anm. 12). Anders als fehlendes Fleisch wurde fehlendes Brot nicht durch Geld ersetzt, sondern auf der Stelle in der Kaufhalle bei verschiedenen Bäckern eingekauft. In diesem Zusammenhang werden in der Rechnung von 1482/83 die Daten genannt, an denen Brot fehlte, nämlich am ersten Freitag nach Johannis baptiste (24. Juni), am Freitag der Fronfasten vor Michael (29. September), am Freitag nach Gallus (16. Oktober), am Freitag der Fronfasten vor Weihnachten, am Freitag vor Mariä Lichtmess, am ersten, zweiten, dritten und fünften Freitag der Fastenzeit, am Freitag vor Pfingsten und am Freitag der Pfingstfronfasten.[26] Während hier der Freitag als Tag der Brotspenden im Vordergrund steht, ist es in der Rechnung des Jahres 1505/06, als Brot übrig blieb und verkauft werden konnte, eher der Samstag (siehe oben bei Anm. 19). Jeanne Niquille schätzt, das bei jeder Spende 2000 Brotlaibe verteilt wurden, bei 18 Spenden jährlich 36 000 Brotlaibe.[27]

Die Heiliggeistbruderschaft hatte ferner fünf Altäre und Messen zu unterhalten: den Heiliggeist-, den Andreas- und den Bonvisin-Altar in der Pfarrkirche St. Niklaus sowie je eine Messe in der Kapelle des hl. Vultus auf den Plätzen und im Siechenhaus von Bürglen (Bourguillon).[28] Wesentlich mehr Geld floss in die «Allgemeinen Ausgaben», wo neben den Löhnen der Bruderschaftsangestellten vor allem individuelle Geldspenden vermerkt sind: an arme, kranke und alte Männer und Frauen und insbesondere an Wöchnerinnen (in der Jahresrechnung 1482/83 rund 25). Zweimal (1497/98 und 1498/99) wird eine Badekur unterstützt, die beim ersten Mal in Bad Bonn (bei Düdingen) stattfinden sollte.[29] Nach der Jahrhundertwende scheint die Unterstützung vermehrt «auf Geheiss meiner Herren», das heisst des städtischen Rats, zu erfolgen.[30] Die gleiche Art von Ausgaben stehen in der Nachbarstadt Bern in den Seckelmeisterrechnungen,[31] also in den städtischen Rechnungen, ohne Zwischenschaltung einer Bruderschaft.

Unter den «Allgemeinen Ausgaben» finden sich im Jahr 1505/06 auch die Kosten für die «Fassung» einer (Altar-)Tafel sowie für die «Erhebung» und «Umzäunung» eines (neuen) Bruderschaftsaltars,[32] die wohl auf den Bugnon-Altar bezogen werden dürfen, unseren Ausgangspunkt. Auf der Tafel mit der Darstellung der Werke der Barmherzigkeit sind die verschiedenen Spenden freilich gleichzeitig dargestellt, obwohl sie, wie wir aus den Rechnungen wissen, nicht gleichzeitig verteilt wurden: die Schuhe und das Tuch an Allerheiligen, das Fleisch vor der Fastenzeit und das Brot in 18 Spenden, verteilt über das ganze Jahr. Der Maler hat all diese Spenden in einen Augenblick konzentriert,[33] anders konnte er sie gar nicht alle auf einem Altarflügel darstellen. Nicht dargestellt sind nur die Pfennige, die jeweils am Montag verteilt wurden und die sich auch nur schwer hätten darstellen lassen. Abgesehen davon findet sich alles, was auf der Tafel abgebildet ist, das Tuch, die Schuhe, der Speck und das Brot, minutiös belegt in den ersten Rechnungen der Heiliggeistbruderschaft wieder.

Mit den ersten Rechnungen der Heiliggeistbruderschaft hat sich auch Nicolas Morard befasst und dabei mit Befriedigung festgestellt, dass die Ausgaben für Kult und Administration nicht 10–15% und diejenigen für den Kult, das heisst die fünf Altäre und Messen, nicht 5% des Totals überschreiten. Es ist ihm ein Herzensanliegen, dass die reichen und wohltätigen Freiburger ihr Geld nicht an Jahrzeiten oder gar Stiftungen von ganzen Kaplaneien mit Altären und täglichen Messen gewendet hätten, sondern eben an Spenden und Almosen, wie die Heiliggeistbruderschaft sie verteilte. Morard geht noch weiter und postuliert, dass die freiburgische spätmittelalterliche Frömmigkeit vor allem auf Werke der Nächstenliebe ausgerichtet gewesen sei und sich dadurch von der von Jacques Chiffoleau beschriebenen «piété flamboyante» grundlegend unterschieden habe. Um seine Hypothese zu beweisen, überliest er nicht selten in den Testamenten die Stiftung von Kaplaneien und stützt sich vor allem auf diejenige von Spenden, so auch beim Testament des Mermet von Asti, der 1367 nicht nur eine Fleischspende, sondern auch eine Kapelle und eine tägliche Messe stiftete.[34] Dabei verkennt Morard, dass die Stiftung von Messen und Almosen für die spätmittelalterlichen Menschen – für die freiburgischen so gut wie für die anderen – gar nicht im Widerspruch standen, sondern sich vielmehr aufs glücklichste ergänzten.

Der beste Beweis für diese Komplementarität von Armen- und Jenseitsfürsorge ist der zweite Flügel des Bugnon-Altars, der in der Forschung nur selten mit dem ersten zusammengesehen wird, obwohl er unzweifelhaft dazu gehört, ja, vielleicht sogar davon abgetrennt worden ist (Abb. 2). Jedenfalls reicht der steinerne Tisch, auf welchem auf der linken Altartafel mit der Darstellung der Werke der Barmherzigkeit beziehungsweise der Spenden der Freiburger Heiliggeistbruderschaft der Korb mit dem Speck steht, bis in die rechte Tafel hinein. Hier sind auf der Tischplatte geviertelte Brote aufgebaut und darunter, auf einem Sockel,

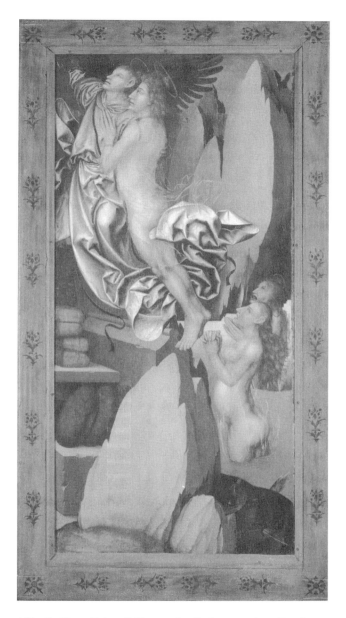

Abb. 2: *Hans Fries, Erlösung der Seelen aus dem Fegefeuer. Aussenansicht des rechten Flügels des Bugnon-Altars. Eigentum der Gottfried-Keller-Stiftung, deponiert in Freiburg, Museum für Kunst und Geschichte. – Photo: Primula Bosshard, Freiburg.*

weitere Brotlaibe aufgereiht. Gleich rechts neben dem Tisch und dem Sockel aber beginnt das Fegefeuer, eine Art Schlucht, die im Hintergrund von mehreren messerförmig zugespitzten Felsen begrenzt wird. Das Fegefeuer selber besteht aus einer glühenden Masse, die an flüssiges Metall oder Lava erinnert. Darin stehen bis zu den Oberschenkeln zwei nackte Gestalten, zwei Frauen, die flehend nach oben blicken, wo ein Engel in einem hellroten Gewand und mit Flügeln eine gerettete Seele – dargestellt als nackter, von einem Schleier umspielter Körper – ins Paradies führt. Diese Bewegung aber findet ihre Fortsetzung wiederum auf der linken Altartafel, wo dem auf der rechten Tafel abgebildeten ein gleich gekleideter Engel vorausfliegt, ebenfalls mit einer geretteten Seele in Form eines Kindes, genau über dem Tisch mit dem Speck und den Spenden verteilenden Angestellten der Heiliggeistbruderschaft.[35]

Dies aber bedeutet, dass die Stiftung von Spenden nicht nur den Armen zugute kam, sondern dass damit zugleich auch Seelen aus dem Fegefeuer erlöst werden konnten, darunter wohl nicht zuletzt die eigene. Für den spätmittelalterlichen Menschen dürfte zwischen den beiden Frömmigkeitsformen weniger Widerspruch bestanden haben als für den neuzeitlichen. Genau dies könnte auch die Attraktivität der Spenden für den mittelalterlichen Stifter ausgemacht haben, der damit zwei Fliegen auf einen Streich schlagen konnte: den öffentlichen Nutzen und das eigene Seelenheil. In diesem Sinn war Barmherzigkeit in der spätmittelalterlichen Stadt Freiburg zugleich Versicherung für die Armen und Versicherung für das eigene Seelenheil. Von dieser Multifunktionalität profitierte insbesondere die Heiliggeistbruderschaft, die sich als Vermittlerin zwischen den Stiftern und den Armen einerseits und dem Himmel andererseits anbot, und zwar in ununterbrochener Kontinuität von der Mitte des 13. bis Anfang des 16. Jahrhunderts, bis zur Verewigung ihrer Vermittlertätigkeit auf dem Bugnon-Altar. Zu dieser Kontinuität und Stabilität trug bei, dass die Bruderschaft schon sehr früh, wenn nicht von allem Anfang an, kommunal verankert war, in dieser und auch in anderer Hinsicht durchaus vergleichbar mit dem Liebfrauenspital. Mittels dieser beiden Kanäle gelang es der Kommune, das Wasser der Barmherzigkeit auf ihre Mühle zu lenken. Ungeachtet dieser grossen Kontinuität zeichnen sich doch an der Wende vom 15. zum 16. Jahrhundert einige Veränderungen ab, die teilweise auch auf dem Bugnon-Altar sichtbar werden. Im Jahr 1498 erhielt der Vorsteher der Heiliggeistbruderschaft vom Rat die Anweisung, den Fremden kein Brot oder Geld mehr zu geben. Von dieser Einschränkung waren einzig die Jakobspilger ausgenommen, von denen einer im Hintergrund der Darstellung der Werke der Barmherzigkeit erscheint (Abb. 1). Um die fremden von den einheimischen Bettlern unterscheiden zu können, wurden die Letzteren mit einem Zeichen versehen, einem «Schild»,[36] der auf der Altartafel nicht zur Darstellung gelangt. Zwei Jahre später wurde den vier Vennern, den Vorstehern der vier Stadtquartiere, befohlen, bei den Verteilungen anwesend zu sein, um diejenigen zu entlarven und zu strafen, die sich ohne Berechtigung eine Spende erschlichen.[37] Demnach könnten die verteilenden Männer hinter dem Gabentisch, aus ihrer reichen Kleidung zu schliessen, Venner sein, und derjenige, der mit einem weissen Stab eine abwehrende Gebärde macht, vielleicht eine Art Büttel, Polizist. So reflektiert der Bugnon-Altar selbst die allerneuesten, restriktiven Entwicklungen im Armenwesen der Stadt Freiburg. Das alles aber sieht wesentlich mehr nach obrigkeitlicher Armenfürsorge und allenfalls Sozialdisziplinierung denn nach Selbsthilfe der Armen aus, auch und gerade in der Praxis, denn der Bugnon-Altar zeigt zwar vielleicht eine geschönte, ästhetische Wirklichkeit, gehört aber doch wohl eher in den Bereich der Praxis als der Norm. Dies hindert nicht, dass man ihn auch als ein Stück Ideologie lesen und verstehen kann, gewissermassen als Spendenaufruf. Das Beispiel der Freiburger Heiliggeistbruderschaft könnte ausserdem zeigen, dass zwischen philanthropischem und obrigkeitlichem Charakter der Armenfürsorge nicht notwendigerweise ein Widerspruch bestehen musste.[38]

Anmerkungen

1 Verena Villiger, Alfred A. Schmid (Hg.), *Hans Fries – ein Maler an der Zeitenwende*, Zürich 2001, S. 140–144, Kat.-Nr. 7c.
2 Jeanne Niquille, «La confrérie du Saint-Esprit de Fribourg au XVme et au XVIme siècle», *Zeitschrift für schweizerische Kirchengeschichte* 19 (1925), S. 190–205; Dies., «Les premières institutions sociales», in: *Fribourg – Freiburg 1157–1481. Ouvrage édité [...] à l'occasion du huitième centenaire de la fondation de Fribourg*, Fribourg 1957, S. 230–259; Nicolas Morard, «Une charité bien ordonnée: la confrérie du Saint-Esprit à Fribourg à la fin du Moyen Age (XIVe–XVe siècles)», in: Agostino Paravicini Bagliani (Hg.), *Le mouvement confraternel au Moyen Age (France, Italie, Suisse)*, Rome 1987, S. 275–296.
3 Staatsarchiv Freiburg, Geistliche Sachen, Nr. 863 (1264, Aug. 16–21), zitiert bei Morard (wie Anm. 2), S. 277 f., Anm. 10.
4 Jeanne Niquille, *L'hôpital de Notre-Dame à Fribourg*, Thèse Fribourg 1921. Siehe auch Helvetia Sacra IV/4, *Die Antoniter, die Chorherren vom heiligen Grab in Jerusalem und die Hospitaliter vom heiligen Geist in der Schweiz*, red. von Elsanne Gilomen-Schenkel, Basel, Frankfurt a. M. 1996, S. 26, und Dies., «Mittelalterliche Spitäler und Leprosorien im Gebiet der Schweiz», in: Institut für Denkmalpflege ETH Zürich (Hg.), *Stadt- und Landmauern*, Bd. 3, Zürich 1999, S. 117–124.
5 Ernst Tremp, «Freiburg, seine Herren und seine Nachbarn. Politische und wirtschaftliche Verhältnisse um 1249», in: Hubert Forster, Jean-Daniel Dessonaz (Hg.), *Die Freiburger Handfeste von 1249*. Kolloquium Freiburg 1999 (im Druck).
6 Staatsarchiv Freiburg, Urkunden des Heiliggeistspitals, 1306/07, März 14, zitiert bei Morard (wie Anm. 2), S. 276 mit Anm. 5.
7 Niquille (wie Anm. 4), S. 89; Niquille, Institutions (wie Anm. 2), S. 239; Morard (wie Anm. 2), S. 283.
8 Staatsarchiv Freiburg, Spital II/4; Morard (wie Anm. 2), S. 283 mit Anm. 23; Niquille, Institutions (wie Anm. 2), S. 236.
9 Staatsarchiv Freiburg, Spital II/79; Morard (wie Anm. 2), S. 285 f. mit Anm. 31; Niquille, Confrérie (wie Anm. 2), S. 200; Niquille, Institutions (wie Anm. 2), S. 238.

10 Staatsarchiv Freiburg, Stadtsachen A, Nr. 80; Morard (wie Anm. 2), S. 287 mit Anm. 34; Niquille, Confrérie (wie Anm. 2), S. 200; Niquille, Institutions (wie Anm. 2), S. 238.
11 Staatsarchiv Freiburg, Spital II/98; Niquille, Institutions (wie Anm. 2), S. 238.
12 Niquille, Confrérie (wie Anm. 2), S. 199 f.; Niquille, Institutions (wie Anm. 2), S. 237 f.
13 Morard (wie Anm. 2), S. 287 f., siehe auch Niquille, Confrérie (wie Anm. 2), S. 197 f., 203 f.
14 Niquille (wie Anm. 4), S. 101; Niquille, Confrérie (wie Anm. 2), S. 196; Niquille, Institutions (wie Anm. 2), S. 231, 234; Morard (wie Anm. 2), S. 291.
15 Morard (wie Anm. 2), S. 290.
16 Im Jahr 1384 schuldete die Stadt Freiburg der Heiliggeistbruderschaft 1920 Pfund, im Jahr 1435 3900 Pfund und im Jahr 1465 7500 Pfund, siehe Morard (wie Anm. 2), S. 289 f. Zum Zinssatz siehe auch Morard (wie Anm. 2), S. 295, und Niquille, Confrérie (wie Anm. 2), S. 204.
17 Niquille (wie Anm. 4), S. 128 f.; Niquille, Confrérie (wie Anm. 2), S. 204. Siehe auch Bernard de Vevey, «Réceptions bourgeoisiales de maisons religieuses», *Mémoires de la Société pour l'histoire du droit et des institutions des anciens pays bourguignons, comtois et romands* 19 (1957), S. 45–58, S. 53 f.
18 Schnetzer Patrick, «Das Eindringen des Deutschen in die Stadtkanzlei Freiburg (1470–1500)», *Freiburger Geschichtsblätter* 62 (1979/80), S. 85–135. Siehe auch Ernst Tremp, «Freiburg um 1480 – eine Zeitenwende», *Freiburger Geschichtsblätter* 76 (1999), S. 123–143.
19 Staatsarchiv Freiburg, Rechnung der Heiliggeistbruderschaft 7 (1505–1506), fol. 1r.
20 Ebd., fol. 4r: «Ingenommen uff den vyer hochzittlichenn tagenn vor Sanntt Niclausen kilchenn».
21 Niquille, Confrérie (wie Anm. 2), S. 195 f.
22 Ebd., S. 199.
23 Ebd., S. 194.
24 Dieser Schritt ist allerdings nur in den Rechnungen von 1505/06 und 1508/09 belegt.
25 Staatsarchiv Freiburg, Rechnung der Heiliggeistbruderschaft, Nr. 3 (1482/83), fol. 11v, 12r; Nr. 5 (1497/98), fol. 13r.
26 Ebd., fol. 12r: «Missions quant pain fault».
27 Niquille, Institutions (wie Anm. 2), S. 239: «Bon an, mal an, la confrérie du Saint-Esprit distribuait, à Fribourg, 36 000 miches de pain, 70 à 80 porcs détaillés en morceaux, plus de cent paires de souliers neufs, quelques pièces de drap et 60 livres en espèces.»
28 Der Bonvisin-Altar war von Heinzli Bonvisin (Teilhaber der Handelsgesellschaft Praroman & Bonvisin, Venner des Burgquartiers 1407–1412, Seckelmeister 1412–1416 und 1419–1422) gestiftet worden, dem hl. Johannes geweiht und befand sich jetzt im Besitz des Stadtschreibers Niklaus Lombard, siehe Staatsarchiv Freiburg, Rechnung der Heiliggeistbruderschaft, Nr. 7 (1505/06), fol. 14r; Nr. 8a (1508/09), fol. 12v. Zur Kapelle des hl. Vultus auf den Plätzen siehe Gustav Schnürer, «Der Kultus des Volto santo und der heiligen Wilgefortis in Freiburg», *Freiburger Geschichtsblätter* 9 (1902), S. 74–105; Ders., «Die Kümmernis- und Volto santo-Bilder in der Schweiz», ebd. 10 (1903), S. 110–181.
29 Zu Bad Bonn, das im späten 15. Jahrhundert aktenkundig wird, siehe Deutscher Geschichtsforschender Verein (Hg.): Prosper Franciscus Dugo, *Fons Aquae Bonae*, Friburgi Helvetiorum 1662. Nachdruck der Originalausgabe, Freiburg i. Ue. 1993, S. 53.
30 Siehe Staatsarchiv Freiburg, Rechnung der Heiliggeistbruderschaft, Nr. 7 (1505/06), fol. 16r; Nr. 8a (1508/09), fol. 17r.
31 Siehe Staatsarchiv Bern, B VII/453a–f, Seckelmeisterrechnungen 1516–1519, und B VII/454a–i, Seckelmeisterrechnungen 1521–1527.
32 Staatsarchiv Freiburg, Rechnung der Heiliggeistbruderschaft, Nr. 7 (1505/06), fol. 8v, 19r–v.
33 Siehe Niquille, Institutions (wie Anm. 2), S. 239; Morard (wie Anm. 2), S. 295, Anm. 54.
34 Morard (wie Anm. 2), S. 279–281, 285–287, 292. Siehe auch Jacques Chiffoleau, *La comptabilité de l'au-delà. Les hommes, la mort et la religion dans la région d'Avignon à la fin du Moyen Age (vers 1320–vers 1480)*, Rome 1980, und Ders., «La religion flamboyante (v. 1320–v. 1520)», in: Jacques Le Goff (Hg.), *Histoire de la France religieuse*, vol. 2, Paris 1988, S. 11–183.
35 Villiger/Schmid (wie Anm. 1), S. 149, Kat.-Nr. 7c. Die beiden Tafeln bilden übrigens nur die Werktagsseite des Bugnon-Altars; auf der Innenseite finden sich (hinter den «Werken der

Barmherzigkeit») eine «Ausgiessung des Heiligen Geistes» und (hinter der «Erlösung der Seelen aus dem Fegefeuer») ein «Abschied der Apostel»; davon passt insbesondere die «Ausgiessung des Heiligen Geistes» sehr gut zum Altar einer Heiliggeistbruderschaft.

36 Staatsarchiv Freiburg, Gesetzgebung, Nr. 26a, fol. 5v; Niquille, Institutions (wie Anm. 2), S. 241.
37 Staatsarchiv Freiburg, Ratsmanual 17, fol. 50v (1500, Jan. 3); Niquille, Confrérie (wie Anm. 2), S. 202.
38 Martin Dinges, «Frühneuzeitliche Armenfürsorge als Sozialdisziplinierung? Probleme mit einem Konzept», *Geschichte und Gesellschaft* 17 (1991), S. 5–29, bes. S. 10. Mit dem Selbsthilfekonzept (ebd., S. 20 ff.) kreiert Dinges unseres Erachtens einen neuen Sozialmythos, der mehr einem Wunschdenken vor dem Hintergrund der heutigen «durchversicherten» Gesellschaft als frühneuzeitlicher Realität entspricht. Für den Mediävisten ist es befremdlich, wenn Familie und Bruderschaften als «Selbsthilfegruppen» bezeichnet und aufgefasst werden. Möglicherweise verläuft die Grenze zwischen öffentlich und privat im Mittelalter anders.

Teil 2 / Partie 2

Der Sozialstaat in der Schweiz (1880–1970)

L'Etat social en Suisse (1880–1970)

Sébastien Guex, Brigitte Studer

L'Etat social en Suisse aux XIXe et XXe siècles
Notes sur quelques pistes de recherche

L'histoire de l'Etat social en Suisse est un vaste chantier sur lequel travaillent un nombre grandissant de chercheuses et de chercheurs.[1] Or, la tâche est de taille grande et les connaissances sont encore fragmentaires. Longtemps cantonné à une histoire des institutions et des organisations, à l'Etat, précisément, et à ses relations avec la société civile,[2] ce thème connaît un regain d'intérêt depuis quelques années sous l'impulsion de plusieurs courants historiographiques, tels que l'histoire du savoir et de la science, l'histoire des genres, l'histoire des pratiques administratives de l'Etat ou encore la sociologie financière. Prenant le relais d'une histoire sociale centrée sur les structures et les acteurs sociaux collectifs, essentiellement le mouvement ouvrier et les partis politiques, et leurs stratégies, ou d'une approche institutionnelle orientée sur les grandes modifications constitutionnelles et légales, les nouvelles approches ne sont pas mutuellement exclusives. Peu ou prou, leurs questionnements en lien avec notre objet s'inscrivent dans une histoire sociale de l'Etat. Celle-ci est entendue ici comme l'histoire de l'intervention du politique dans le social, et donc des instruments mis en action pour cela, des forces politiques impliquées, des intérêts particuliers en jeu, des objectifs poursuivis et enfin des stratégies discursives de légitimation de l'intervention elle-même à partir du droit, de la science médicale, de la psychologie, etc.

Comment gouverner le social? Pour aborder cette problématique centrale qui, depuis la réception des travaux de Michel Foucault par la discipline historique, marque les recherches sur la genèse et l'évolution de l'Etat social, les méthodes, les approches et les thématiques choisies sont devenues plus diverses. On s'intéresse moins aux mécanismes globaux et bien davantage aux processus capillaires. On aborde moins la question du pouvoir sous l'angle politique, à travers l'analyse de l'Etat et/ou des rapports entre grandes forces sociales et politiques, et beaucoup plus sous celui des microdispositifs coercitifs, de l'intégration individuelle de dispositions disciplinées et disciplinantes, bref sous l'angle de ce que l'on peut appeler une microphysique du pouvoir.

Quoi qu'il en soit, l'hypothèse de départ est que le gouvernement du social présuppose un savoir approprié. Comme le relève Giovanna Procacci dans ce volume, le gouvernement du social devient objet de politique et donc de savoir, et ce fait est à la base même de la constitution et du développement de l'Etat social. L'enquête tout autant que la statistique sociale et médicale sont les outils privilégiés à travers lesquels se forme ce savoir faisant appel à l'intervention politique ainsi qu'aux experts et expertes qui sont à son origine et qui savent le manier. Savoir qui s'institutionnalise peu à peu dans le monde académique, mais aussi au sein de l'administration publique et développe des techniques d'intervention spécifiques dans le social.

En réalité, en ce qui concerne la Suisse, on ne sait pas encore grand-chose des agents de ce savoir, hormis quelques pionniers tels l'inspecteur des fabriques Fridolin Schuler ou encore le conseiller fédéral Ludwig Forrer.[3] Quel est, d'abord, le rôle précis joué par la très influente Société suisse d'utilité publique dans la formation des savoirs institutionnels et sociaux légitimant l'intervention des pouvoirs publics, voire des organismes privés? Nous ne disposons ni d'une histoire sociale des terrains d'intervention cantonaux et locaux, ni d'une véritable sociologie de cette élite réformatrice et de ses réseaux. Dans la perspective d'une histoire de l'Etat social helvétique, il faudrait aussi s'interroger sur les influences dont les agents de la révolution hygiéniste sont l'objet, ou qu'ils exercent, au moment où se constituent de nouvelles compétences professionnelles. Dans ce contexte, comme l'a déjà relevé Beatrix Mesmer, il conviendrait de mettre en exergue le rôle des femmes, dont la mobilisation a fourni toute sa dynamique à ce mouvement qui a ouvert la porte de la vie privée à la médecine.[4] Les médecins, précisément, forment un autre groupe d'acteurs centraux encore peu connus de la formation de l'Etat social. S'ils défendent leurs intérêts propres – par exemple dans les discussions autour de la loi sur l'assurance maladie de 1911 ou autour d'une assurance maternité en 1920 –, ils parlent généralement au nom d'un bien commun, la santé publique. Dans ce sens, même s'ils ne sont pas le seul, ils forment incontestablement l'un des principaux vecteurs de la transformation de l'assurance maladie, axée d'abord sur le salariat, vers une assurance populaire. Réciproquement, on peut estimer que c'est justement la menace de l'intervention et du contrôle de l'Etat qui a poussé les médecins à renforcer l'organisation de la profession, particulièrement entre les deux votations sur l'assurance maladie, en 1900 et en 1912.[5] De leur côté, l'Etat fédéral et dans une certaine mesure les Etats cantonaux se dotent d'un personnel apte à générer et à gérer le savoir nécessaire à l'intervention dans le social et sur son objet, le «capital humain». A la suite de leur professionnalisation et de leur spécialisation croissantes depuis le dernier quart du XIXe siècle, le rôle de ces experts ou expertes est fondamental. Mais quelle est l'influence exercée par ces fonctionnaires appointés par rapport à celle d'experts scientifiques mandatés au cas par cas? Et quels sont leurs modes de recrutement, leurs filiations sociales et intellectuelles, leurs positionnements, leurs stratégies de légitimation et leur poids réel?[6]

On le voit, les questions laissées en suspens par l'historiographie suisse relative à l'Etat social sont aussi nombreuses que diverses. Cependant, pour ne pas en rester au stade des seules interrogations, nous aimerions encore esquisser, dans cette introduction, quelques pistes de recherche issues de deux approches encore peu ou insuffisamment explorées et qui nous paraissent particulièrement fructueuses: l'étude de la construction et de l'évolution de l'Etat social à partir de l'histoire des genres et à partir de l'histoire de ses finances.

Le genre de l'Etat social

L'utilité de l'approche du genre dans l'étude de l'Etat social n'est plus à démontrer. Si, au niveau international, la sociologie et les sciences politiques se sont montrées plus productives, l'histoire n'est pas en reste avec des travaux qui ont fait date, notamment ceux de Jane Lewis, de Seth Koven et Sonya Michel ou encore de Gisela Bock et Pat Thane.[7] Pour la plupart, ces travaux ont choisi comme angle d'approche la perspective sociétale, s'interrogeant sur la part des organisations féminines et des femmes prises individuellement dans la conception et la construction de l'Etat social, le choix des domaines protégés et les formes d'assurance accordées. Partant généralement du concept de citoyenneté, ils se sont intéressés aux modalités d'inclusion et d'exclusion produites par les différentes définitions de la citoyenneté pour aboutir à une typologie d'Etats sociaux plus ou moins favorables aux femmes. Ce type de réflexion – fort utile par ailleurs – ne peut cependant pleinement rendre compte des processus de formation de telle ou telle conception de l'Etat social. En outre, il court parfois le risque de se limiter à une interprétation réductrice des causes de l'exclusion plus ou moins prononcée des femmes, en lui imputant une intentionnalité peu compatible en réalité avec la complexité historique ou en n'évitant pas toujours l'écueil d'une lecture morale. Si, en ce qui concerne la Suisse, il semble avéré – autant du point de vue des sciences sociales aujourd'hui que des recherches historiques – que les politiques sociales helvétiques n'ont guère favorisé l'indépendance économique des femmes,[8] nous manquons d'études sur la genèse de ces politiques, sur le *comment* de ce résultat donc.

Une des approches qui nous semble hautement productive dans ce cadre est celle des représentations sociales et scientifiques gouvernant la politique sociale. Celles-ci sont, en effet, à la base des perceptions communes – et en conséquence politiques – des faits sociaux auxquels les assurances sociales veulent apporter une

solution. Une telle approche a été retenue avec succès par Christian Topalov, par exemple, pour l'analyse de la naissance de la catégorie sociale du chômeur.[9] Il a démontré que, pour être opératoire, l'assurance chômage fonctionne sur la base d'une «norme objectivée» qui permet de définir «le chômeur». Mais comment se fait-il que cette nouvelle catégorie sociale soit d'abord définie comme masculine? Ce n'était de loin pas une évidence, comme le montre l'exemple de la Suisse.[10] Lorsque l'Etat fédéral instaure les premières mesures de soutien aux chômeurs vers la fin de la Première Guerre mondiale, notamment par un arrêté du Conseil fédéral daté d'octobre 1919, une assistance financière est accordée à tout Suisse âgé de 16 ans révolus, apte à travailler, à condition qu'il ait jusqu'alors occupé une fonction salariée régulière et que, par la mise au chômage complet ou au chômage partiel sans faute de sa part, il souffre d'une perte de salaire et se trouve par conséquent dans une situation matérielle difficile. Il ne s'agit pas encore d'un principe d'assurance, l'aide est subordonnée à la clause du besoin. Mais c'est sur la base de cette première série de mesures, dont l'assistance fédérale, que seront octroyées des subventions fédérales aux assurances chômage existant en 1924. A la fin de la guerre de 1914-1918, il n'est pas du tout déterminé à qui revient cette aide fédérale. Le législateur postule même qu'il ne sera fait de discrimination ni à propos de l'âge ni à propos du sexe. Or, l'étroitesse des moyens impose d'emblée des restrictions dans la pratique. Contrairement à ce que l'on pourrait penser, les femmes mariées ne sont pas les premières ciblées. En réalité, à cette époque, les autorités politiques et l'administration fédérale hésitent et tentent diverses approches. A certains moments, on opte pour des critères statistiques. Sont ainsi exclues temporairement du soutien plusieurs branches et catégories socioprofessionnelles selon le taux de chômage mesuré dans la branche ou la profession. A d'autres moments, le soutien est refusé à toutes les personnes célibataires, indépendamment de leur sexe. Enfin, l'administration fédérale ferme passagèrement les secours à certaines branches sur le critère qu'il s'agit en majorité d'emplois féminins et que ces chômeuses peuvent trouver du travail dans le service domestique. De manière assez paradoxale, cette hésitation classificatoire prendra fin avec le passage (tout relatif en Suisse) au principe d'assurance après 1924. Il apparaît alors que la catégorie résiduelle de l'assurance chômage est la femme mariée. C'est elle qui se révèle incontestablement de trop sur le marché du travail.
Cette définition de la nouvelle catégorie sociale du chômeur selon le genre et l'état civil se stabilise durant la période de crise économique des années trente, lorsque les mesures de subvention aux caisses de chômage doivent faire la preuve de leur efficacité. Entrent alors en fonction des critères abstraits de définition du droit à l'assurance, tels que le mode de participation au marché du travail, le statut socioprofessionnel ou encore l'état civil. Critères apparemment neutres, mais en réalité fortement sexués. Ainsi, pour ne citer qu'un exemple, la condition imposée

pour toute affiliation à une assurance chômage, celle d'exercer un emploi régulier, ne tient pas compte du mode de participation souvent discontinu au marché du travail des femmes. Si, au niveau de la loi, les principes d'universalité sont apparemment saufs, il n'en va pas de même au niveau des ordonnances, des mesures d'exécution de la loi ou des pratiques administratives. Là, le critère de genre intervient souvent de façon très directe pour marquer l'inclusion ou l'exclusion à des prestations ou à un certain niveau de prestations.

En résumé, l'exemple de la genèse de l'assurance chômage suisse durant l'entre-deux-guerres examinée sous l'angle du genre peut apporter un éclairage sur plusieurs questions. D'une part, l'histoire des pratiques administratives et des représentations sociales et scientifiques qui les légitiment peut aider à expliquer le phénomène du retrait non négligeable, après 1930, des femmes, et notamment des femmes mariées, du marché du travail en Suisse. Le taux de participation au marché du travail subit en effet un recul de 4,6% entre 1930 et 1941 pour l'ensemble des femmes, et l'on estime qu'il s'agit en premier lieu des femmes mariées.[11] D'autre part, une telle approche peut faire apparaître comment, pour reprendre la formule de Christian Topalov, sont réinterprétés des «éléments issus du passé et intégrés dans des configurations inédites».[12] Alors que s'instaure avec l'Etat social et son principe d'assurance (François Ewald) un système fondé théoriquement sur des droits juridiques, applicables sans discrimination à tous ceux et à toutes celles qui sont définis comme éligibles à l'assurance et qui en respectent les conditions, des traditions et des normes culturelles plus anciennes, fondées sur des critères sociaux, y sont en réalité intégrées. L'hypothèse de la discontinuité caractérisant la naissance de l'Etat social – déjà mise en évidence par de nombreuses recherches – prend ainsi de nouveaux reliefs grâce à la perspective de genre. Dans bien des cas, comme l'indique l'exemple esquissé, c'est en effet le genre qui a servi de vecteur pour freiner l'installation d'un Etat social trop coûteux si ces promesses de droits individuels étaient pleinement réalisées. Ou encore trop dangereux pour l'ordre des genres et donc pour l'organisation de la société.

Les finances de l'Etat social

Force est de constater que ce domaine reste, aujourd'hui encore, un champ très peu défriché sur le plan historique. La réticence des historiennes et des historiens à s'engager dans cette voie s'explique probablement par l'aspect rébarbatif d'un terrain vaste, embroussaillé et difficile d'accès. Mais elle provient sans doute aussi d'un problème d'ordre méthodologique. En effet, les instruments analytiques développés par la science traditionnelle des finances publiques se caractérisent par leur formalisme abstrait et leur prédilection pour les aspects techniques. Ils se distinguent par leur indifférence à l'égard du temps, de l'espace, du social et du politique, ou leur refus de prendre en compte ces dimensions de manière réaliste.[13] L'historien ou l'historienne qui s'intéresse aux finances publiques se trouve donc très désemparé-e. C'est pourquoi il est utile de signaler qu'à la marge de la science financière établie, il existe un petit courant de pensée, malheureusement peu connu, qui a élaboré un ensemble de réflexions méthodologiques très stimulantes pour la recherche historique: la sociologie financière.[14]

En dépit des obstacles qui viennent d'être évoqués, l'approche financière de l'Etat social constitue pourtant l'un des chemins les plus féconds pour décrire et comprendre l'évolution de ce dernier. Sans vouloir faire le tour des pistes qu'une telle approche permet d'ouvrir, il vaut la peine d'en mentionner quelques-unes.

Ainsi, l'Etat social se distingue, en Suisse, par un degré de développement moindre que dans les pays comparables. Malgré son caractère sommaire, le Graphique 1 attire immédiatement l'attention sur ce fait.

Comme on peut le constater, cette faiblesse relative des dépenses sociales n'est pas récente: si l'écart s'accentue nettement après le second conflit mondial, il se manifeste déjà au tournant du XXe siècle. Ajoutons que, durant les décennies postérieures à 1970, cet écart tend à diminuer, certes, mais demeure sensible.[15] Un tel constat débouche sur une question centrale: comment expliquer le relatif sous-développement de l'Etat social en Suisse? Jusqu'à maintenant, cette question n'a guère été creusée par l'historiographie helvétique. Pourtant, elle est grosse de perspectives nouvelles et fertiles. Prenons un exemple. Une thèse, résumée par Gøsta Esping-Andersen, tente d'expliquer ce qu'il appelle le «retard» de l'Etat social helvétique «en se référant aux classes sociales et à la structure sociale» de la Suisse, plus précisément au fait que la Confédération est «dominé[e] par de petits propriétaires qui usent de leur pouvoir électoral pour réduire, et non pour augmenter, les taxes».[16]

Certes, on peut regretter l'utilisation du mot «retard» qui, sous-tendu par une vision finaliste, paraît inapproprié. Mais la piste est intéressante. Elle ne demande qu'à être poursuivie. Dans ce sens, un premier pas pourrait consister à examiner ce qui se passe du côté de la structure du financement de l'Etat social en Suisse. Les seules statistiques disponibles mettent en évidence que l'Etat social helvétique semble faire bande à part de ce point de vue également. En effet, parmi les huit pays européens économiquement développés pour lesquels on dispose de chiffres remontant jusqu'à 1950, la Suisse se caractérise par le fait que la part des assurés eux-mêmes dans ce financement est, de loin, la plus élevée, alors que la part cumulée des deux autres ressources recensées, les contributions des employeurs et les versements des collectivités publiques, c'est-à-dire les impôts, est la plus basse.[17] Ainsi, en 1960, la part des assurés s'élève à 32,9% en Suisse alors qu'elle

Graphique 1: *Pourcentage des dépenses sociales de l'ensemble des collectivités publiques par rapport au Produit intérieur brut dans certains pays, 1890-1970*

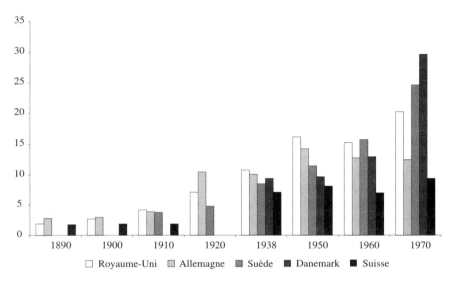

Le graphique a été construit sur la base des données fournies par Peter Flora *et al., State, Economy, and Society in Western Europe 1815-1975,* Frankfurt, London, Chicago, vol. 1, p. 345-443. Les dépenses sociales sont regroupées selon une définition extensive puisqu'elles comprennent les dépenses des collectivités publiques pour l'assistance sociale, les assurances sociales, la santé, le logement, l'éducation et la recherche scientifique. Les chiffres pour la Suisse concernant les années 1890, 1900 et 1910 ont été calculés par nous-mêmes sur la base, d'une part, des données fournies par Patrick Halbeisen, Roman Lechner, *Öffentliche Finanzen in der Schweiz von 1850-1913: Finanzstatistik des Bundes, des Kantons Zürich und des Kantons Bern,* mémoire de licence non publié, Université de Zurich, 1990, p. 32-37, 96-100, 186-189, et, d'autre part, en ce qui concerne le produit intérieur brut, par Heiner Ritzmann-Blickenstorfer, Thomas David, *Le Produit Intérieur de la Suisse, 1851-2000, une nouvelle série,* miméo, Université de Lausanne, 2002. A relever que les parts figurant dans le graphique ne sont pas entièrement homogènes et restent assez approximatives. Elles indiquent des tendances et non des proportions exactes.

atteint 26,2% en Allemagne, 25% en Autriche, 20,5% en Suède, 20% au Royaume-Uni, 18,5% en Belgique, 15,6% en France et 12,1% en Italie. A noter encore que la part des employeurs, 23,8% en 1960, est particulièrement basse en Suisse si on la compare à la plupart des autres pays, notamment l'Allemagne (43,4%), l'Autriche (51,8%), l'Italie (60%) ou encore la France (62,9%). En simplifiant et en résumant à l'extrême, tout se passe comme si l'Etat social helvétique reposait moins

qu'ailleurs sur les employeurs, parmi lesquels se rangent les «petits propriétaires» évoqués par Esping-Andersen, et davantage sur la masse des salariés-es.
Une telle répartition est-elle propre aux décennies qui ont suivi la Seconde Guerre mondiale ou remonte-t-elle plus loin dans le temps? A-t-elle subi des changements au cours du développement de l'Etat social et, si oui, de quelle ampleur et de quelle nature? Quels sont les facteurs qui ont déterminé le choix des différentes sources de financement de la protection sociale en Suisse et qui expliquent sa singularité? De manière plus générale, quel est le bilan net de l'Etat social? Autrement dit, de quels groupes sociaux vers quels groupes sociaux les transferts se sont-ils opérés et ces transferts se sont-ils modifiés avec le temps?
Autant de questions dont l'examen permettrait de vérifier la pertinence de la thèse citée par Esping-Andersen. En effet, il serait alors possible d'estimer si les groupes sociaux regroupés sous la catégorie des «petits propriétaires», décrits comme des freins au développement de l'Etat social en Suisse, ont pâti de celui-ci, ou si, comme il n'est pas interdit de le penser, ils n'ont guère été affectés ou en ont même plutôt bénéficié. Etendue aux autres couches ou classes sociales, cette analyse ouvrirait la voie à une bien meilleure compréhension des déterminants qui ont poussé ces dernières et leurs représentants à se mobiliser pour ou contre les avancées de l'Etat social. A cet égard, on constaterait peut-être qu'il existe maints décalages entre les ressorts matériels et les ressorts idéologiques des différents positionnements à l'égard de l'Etat social, décalages qu'il s'agirait alors d'expliquer. Confrontée à une approche financière, la thèse évoquée par Esping-Andersen pose bien d'autres problèmes. Pour n'en citer qu'un dernier, elle néglige certains facteurs dont l'influence sur l'évolution de l'Etat social helvétique est probablement tout aussi, voire plus considérable. C'est notamment le cas de la structuration fédéraliste de l'Etat en Suisse. Celle-ci mériterait une étude approfondie, qui ne se cantonne pas aux généralités habituelles, souvent désincarnées, atemporelles et donc naturalisantes, sur le fédéralisme. Dans ce sens, il serait utile de procéder à la répartition précise des dépenses sociales entre les trois échelons étatiques – Confédération, cantons et communes – depuis la fin du XIXe siècle. Une telle opération rendrait possible de repérer les continuités, mais aussi les phases de changement, vers la centralisation ou, au contraire, vers la décentralisation. Une étude plus serrée de ces phases, centrée sur les acteurs et leurs conflits, pourrait alors permettre de montrer si les forces que l'on désigne traditionnellement comme «les fédéralistes» (comme dans l'expression si usitée: «les fédéralistes romands») sont effectivement, comme on le sous-entend fréquemment, à l'initiative de tels changements ou si elles n'agissent qu'en tant que troupes d'appoint pour d'autres forces. La compréhension du fédéralisme, mais également d'autres phénomènes peu étudiés sur le plan historique en Suisse, comme le clientélisme ou le corporatisme, en serait grandement enrichie.

Reste à signaler que les contributions réunies dans le recueil présenté ici sont assez disparates. Cette disparité résulte en partie du fait, mentionné plus haut, que l'Etat social helvétique n'a suscité et ne suscite encore qu'un engouement plutôt modéré du côté de la recherche historique. Mais cette hétérogénéité reflète également, et peut-être surtout, l'évolution générale de l'historiographie, en Suisse comme ailleurs, marquée par une démultiplication des domaines explorés et des problématiques abordées.[18] A une petite échelle, cet ouvrage, comme d'autres,[19] en témoigne.

Non seulement l'éventail des objets traités s'est considérablement élargi, mais les approches se sont sensiblement diversifiées. Du point de vue heuristique, le récent foisonnement des objets, des problématiques et des approches s'est révélé fécond sous plusieurs aspects. Mais l'actuel éclatement ou émiettement de l'histoire n'est pas sans poser problème: celui d'aboutir à un relativisme sans rivage, incapable de rendre compte de la structuration hiérarchisée de la société, cela au moment même où – paradoxalement – une telle hiérarchisation se renforce brutalement.

Notes

1. Dans le titre de l'ouvrage aussi bien que dans cette introduction, on remarquera que nous utilisons le concept d'Etat social et non celui d'Etat providence à propos de la situation suisse. Ce choix ne se justifie pas seulement par le fait que la Suisse se caractérise, comme le relève François-Xavier Merrien, par «la moindre importance des prestations sociales publiques comparativement aux autres pays européens» (préface au livre de Gøsta Esping-Andersen, *Les trois mondes de l'Etat-providence. Essai sur le capitalisme moderne,* Paris 1999, p. 2). Plus fondamentalement, il est motivé par les problèmes que pose le concept même d'Etat providence dans la mesure où, comme le rappelle Robert Castel, celui-ci «véhicule davantage d'obscurités qu[e] de lumières», puisqu'il «préjuge des modes d'action de l'Etat dans le domaine social, qui restent à analyser, et de la nature de ses effets qui, ainsi préconçus, ne sauraient manquer d'être pervers» (Robert Castel, *Les métamorphoses de la question sociale. Une chronique du salariat,* Paris 1995, p. 282).
2. Cf., à titre d'exemples, André Lasserre, «L'institution de l'assurance-vieillesse et survivants (1889-1947)», *in* Roland Ruffieux et al., *La démocratie référendaire en Suisse au XXᵉ siècle,* Fribourg 1972, p. 259-326; Jürg Sommer, *Das Ringen um soziale Sicherheit in der Schweiz. Eine politisch-ökonomische Analyse der Ursprünge, Entwicklungen und Perspektiven sozialer Sicherung im Widerstreit zwischen Gruppeninteressen und volkswirtschaftlicher Tragbarkeit,* Diessenhofen 1978; René Knüsel, Félix Zurita, *Assurances sociales: une sécurité pour qui? La Loi Forrer et les origines de l'Etat social en Suisse,* Lausanne 1979; Hanspeter Schmid, *Wirtschaft, Staat und Macht. Die Politik der schweizerischen Exportindustrie im Zeichen von Staats- und Wirtschaftskrise (1918-1929),* Zürich 1983.
3. Sur Schuler, voir Hansjörg Siegenthaler (dir.), *Wissenschaft und Wohlfahrt. Moderne Wissenschaft und ihre Träger in der Formation des schweizerischen Wohlfahrtsstaates während der zweiten Hälfte des 19. Jahrhunderts,* Zürich 1997. Une étude critique sur la vie et l'œuvre de Ludwig Forrer fait encore défaut. Pour des indications biographiques, voir Walter Labhart, *Bundesrat Ludwig Forrer 1845-1921,* Winterthur 1973.
4. Beatrix Mesmer, «Reinheit und Reinlichkeit. Bemerkungen zur Durchsetzung der häuslichen Hygiene in der Schweiz», *in* Nicolai Bernard, Quirinus Reichen (dir.), *Gesellschaft und Gesell-*

schaften. Festschrift zum 65. Geburtstag von Prof. Ulrich Im Hof, Bern 1982, p. 470-494, ici p. 477.
5 Cf. notamment Christian Holliger, «*Il était de notre devoir d'appeler l'attention sur les intérêts matériels des médecins; nous croyons, en le faisant, avoir aussi travaillé pour l'intérêt général.*» *Die Rolle der Schweizer Ärzteschaft im Kontext der Auseinandersetzungen um die Kranken- und Unfallversicherung zwischen 1885 und 1912,* mémoire de licence non publié, Université de Berne, 2001.
6 A ce propos, on attend la publication de la thèse d'habilitation de Martin Lengwiler, Kalkulierte Solidarität. Risikoforschung im Sozialstaat (1870-1970), Zürich 2002 (manuscrit).
7 Jane Lewis (dir.), *Women and Social Policies in Europe. Work, Family and the State,* Aldershot 1993; Seth Koven, Sonya Michel (dir.), *Mothers of a New World: Maternalist Politics and the Origins of Welfare States,* New York, London 1993; Gisela Bock, Pat Thane (dir.), *Maternity and Gender Policies. Women and the Rise of European Welfare States 1880-1950,* London, New York 1991. Voir aussi, plus récemment, Anne Digby, John Stewart (dir.), *Gender, Health and Welfare,* London 1996.
8 Selon Barbara Hobson, qui calcule le taux d'indépendance économique féminine d'après l'apport des femmes au revenu familial, la Suisse se rangeait loin derrière d'autres pays industrialisés comparables, tels que le Canada, l'Allemagne, les Pays-Bas ou encore les Etats-Unis dans les années 1980 («Solo Mothers, Social Policy Regimes and the Logics of Gender», in Diane Sainsbury [dir.], *Gendering Welfare States,* London 1994, p. 170-187, ici p. 172-173). Pour l'AVS, voir Christine Luchsinger, *Solidarität – Selbständigkeit – Bedürftigkeit. Der schwierige Weg zu einer Gleichberechtigung der Geschlechter in der AHV, 1939-1980,* Zürich 1995. Pour un aperçu général sur cette problématique, voir Brigitte Studer, «Der Sozialstaat aus der Geschlechterperspektive. Theorien, Fragestellungen und historische Entwicklung in der Schweiz», *in* Brigitte Studer, Regina Wecker, Béatrice Ziegler (dir.), *Frauen und Staat/Les femmes et l'Etat. Itinera* 20 (1998), p. 184-208.
9 Cf. Christian Topalov, *Naissance du chômeur, 1880-1910,* Paris 1994.
10 Les remarques qui suivent sont tirées d'une communication faite lors du congrès international «Alva Myrdal – Questions to Our Time», qui portait notamment sur l'ingénierie sociale, à l'Université d'Uppsala en mars 2002: Brigitte Studer, «Social policy as gender technology. The social construction of ‹the unemployed› in Switzerland in the first half of the twentieth century» (manuscrit).
11 Sources: recensement fédéral, cf. Käthe Biske, «Frauenarbeit in Beruf und Haushalt. Entwicklung in der Schweiz und in der Stadt Zürich nach den Volks- und Betriebszählungen», *Statistik der Stadt Zürich,* n° 68, 1969. Pour des estimations sur la part des femmes mariées, voir Kurt Stricker, *Die berufstätigen verheirateten Frauen in der Schweiz. Eine statistische Untersuchung auf Grund der Volkszählung von 1941,* Zürich 1952.
12 Topalov (voir note 9), p. 407.
13 Sur ce point, cf. les remarques que Jean Bouvier et Jacques Wolff faisaient en 1973 déjà dans l'introduction du livre de Robert Schnerb, *Deux siècles de fiscalité française. Histoire, économie, politique,* Paris, La Haye 1973, p. 11 ss.
14 Sur ce petit courant, dont les origines remontent au début du XXe siècle, cf., entre autres, Herbert Sultan, «Finanzwissenschaft und Finanzsoziologie», *in* Wilhelm Gerloff, Fritz Neumark (dir.), *Handbuch der Finanzwissenschaft,* Tübingen 1952, vol. 1, p. 66-98; Fritz Karl Mann, *Finanztheorie und Finanzsoziologie,* Göttingen 1959; Sébastien Guex, *L'argent de l'Etat. Parcours des finances publiques au XXe siècle,* Lausanne 1998, p. 257-280. A noter que la sociologie financière semble bénéficier depuis peu d'un regain d'intérêt; cf. Reinhard Blomert, «Sociology of Finance – Old and New Perspectives», *Economic Sociology. European Electronic Newsletter* 2 (January 2001), p. 9-14 notamment.
15 Cf. Pierre Gilland, Stéphane Rossini, *La protection sociale en Suisse. Recettes et dépenses, 1948-1997. Comparaisons avec les pays de l'Union européenne,* Lausanne 1997, p. 141-159.
16 Gøsta Esping-Andersen, *Les trois mondes de l'Etat-providence. Essai sur le capitalisme moderne,* Paris 1999, p. 28.

17 Sur cet aspect et tous les chiffres qui suivent, cf. Flora (voir références à propos du graphique 1), p. 453-548. Ici, l'Etat social est défini comme comprenant les assurances sociales (vieillesse, maladie, accident, chômage, etc.), les allocations familiales, les dépenses de santé, l'assistance sociale et les versements pour les victimes de guerre.
18 Cf. notamment François Dosse, *L'histoire en miettes: des «Annales» à la «nouvelle histoire»*, Paris 1987; Gérard Noiriel, *Sur la «crise» de l'histoire,* Paris 1996; Eric Hobsbawm, *On History,* New York 1997.
19 Cf. par exemple le recueil récemment publié par Hansjörg Siegenthaler (voir note 3).

Giovanna Procacci

Pour une généalogie de l'Etat social

Ce titre nous engage dans une réflexion sur l'Etat social au moment même où le débat politique et des sciences sociales paraît entièrement focalisé sur sa crise, ou prétendue telle. Dans les débats actuels autour de la crise du *welfare* et du renouvellement des politiques sociales, on retrouve de plus en plus souvent l'idée que la responsabilité d'une telle crise touche à la perspective de *socialisation* qui en aurait fait un dispositif difforme, absorbant de manière indue les prérogatives des individus tout comme celles du marché. Par socialisation, j'indique ce processus qui, en particulier entre la fin du XIXe siècle et la Seconde Guerre mondiale, a progressivement limité les bases individualistes de nos systèmes sociaux pour affirmer, au contraire, la nécessité de fonder l'organisation de l'intérêt collectif sur des bases directement sociales, c'est-à-dire référées à des groupes ou des catégories d'individus. C'est un processus qui a trouvé dans la science sociologique ses fondements théoriques, et qui s'est traduit politiquement par des dispositifs à la fois légaux (les droits sociaux) et institutionnels (la protection sociale). Aujourd'hui, on a plutôt tendance à voir dans une telle socialisation un obstacle à l'efficacité économique, une incitation à la croissance incontrôlée de l'Etat, un élément d'oppression de l'individu par excès de protection. A la socialisation, un tel débat oppose des perspectives de marketisation, de contractualisation, en un mot d'*individualisation,* qui devraient rétablir les choses à leur juste dimension. C'est la conjoncture analytique connue sous la devise de «la mort du social».[1] On voit ainsi que l'analyse même des problèmes de pauvreté, à la lumière des nouvelles politiques contre l'exclusion sociale, se retranche volontiers dans la dimension individuelle – les «parcours d'exclusion» dont on parle tant de nos jours. Il reste à s'interroger si l'individualisation est une bonne réponse aux difficultés sur lesquelles la socialisation avait buté, si les politiques sociales qu'elle inspire sont en mesure d'assurer un contrôle politique des problèmes sociaux de la même manière dont les institutions dérivées de la socialisation l'ont fait.

La stratégie de socialisation

La socialisation n'a pas représenté un excès de l'Etat social, elle en a été plutôt sa genèse même. J'ai essayé de montrer, par mes recherches sur le «gouvernement de la misère»,[2] que la naissance des politiques sociales, c'est-à-dire d'une intervention publique en matière de protection sociale, a été liée à une stratégie de socialisation – à vrai dire, à la construction même de la société comme objet de politique et de savoir. La référence au travail de Michel Foucault sur l'art du gouvernement et la biopolitique m'a permis d'inscrire d'emblée ce processus de socialisation dans une idée régulative propre: la *sécurité* (du territoire, de la population). Si la liberté avait été le principe d'une émancipation politique et économique des individus, la sécurité concerne la population: puisque la population fait la richesse d'un Etat, ses transformations, ses besoins, ses régularités, etc., jouent un rôle crucial dans sa sécurité. A partir du moment où les phénomènes propres à une population (santé, hygiène, longévité, race, etc.) ont investi la pratique gouvernementale, la rationalité politique a consisté à remplacer le vieux pouvoir de faire mourir par le pouvoir de faire vivre; le pouvoir politique s'est donné pour tâche de gérer la vie, et la sécurité en est devenue une condition. Ce pouvoir s'est exercé sur deux pôles: le corps individuel et la population, la biologie et la démographie. La rationalisation politique des liens entre ces deux niveaux a obligé à faire les comptes avec la société et ses processus spécifiques, de la même manière dont leur rationalisation scientifique a créé l'espace propre aux sciences sociales.

En effet, la sécurité est une catégorie autre que celles de la loi et du marché; elle a à faire avec des événements possibles, des calculs des risques et des coûts comparés, traite des questions agrégées et estime le poids relatif des différentes composantes. Elle demande une maîtrise des risques qu'une population pourrait encourir, par une capacité de prévention qui consiste avant tout dans le contrôle des facteurs impersonnels qui les rendent probables et l'identification de lieux statistiquement significatifs.[3] Dans son couplage avec la notion de risque, la sécurité a été à l'origine des politiques aussi bien que des sciences sociales: autour de ce couple sécurité-risque s'est organisé le dispositif de gouvernement qui devait prendre en charge les problèmes ouverts par l'ordre libéral, auxquels cependant ce dernier n'était pas en mesure de répondre. On y retrouve les matériaux d'une réaction contre les limites de l'individualisme – charitable, économique et juridique – qui pointent l'insuffisance de la liberté et la nécessité de la sécurité comme condition indispensable pour l'autonomie effective des individus. L'analyse de la pauvreté moderne, liée à l'industrialisation et à la concentration des populations, a été au cœur de cette stratégie politique, dans la mesure où dans une société d'égaux les problèmes d'inégalité soulevaient des difficultés inédites de gouvernement.

Une telle stratégie s'est alimentée à trois sources principales d'inspiration: la science économique, la tradition philanthropique et celle de la police médicale. Elles avaient toutes pour objet un phénomène agrégé: le fait industriel, le contrôle des pauvres, la santé publique. Le savoir composite qui a ainsi pris forme, que j'ai appelé «le savoir de l'ordre» – pour le distinguer des sciences de l'économie et du droit qui ont pour objet l'individu – garde en lui les traces de cette généalogie. L'analyse scientifique et empirique du paupérisme comme une pathologie sociale fait fonction de support à la reconnaissance d'une pauvreté normale, compatible avec l'ordre social; l'inclusion politique des pauvres demande l'expulsion d'un tel excès et des pratiques qui lui sont propres. S'impose le constat que les processus sociaux ont une nature propre, irréductible aux processus individuels; que la nature s'arrête là où la société commence et, partant, que le laisser-faire – principe libéral de critique du gouvernement et de son excès – ne saurait suffire pour passer de l'ordre des droits subjectifs à celui d'une organisation sociale; que si la société n'est pas ordonnée, il faut l'amener à l'ordre, il faut l'y amener politiquement. En un mot, que la «fraternité» que la Révolution avait promise, avec l'égalité et la liberté, restait encore à faire, mais ne saurait être éternellement renvoyée. Le programme éducatif, centré sur l'instruction gratuite mais aussi sur la prévoyance et l'épargne, l'hygiène publique, l'assistance, tout comme les moyens d'encadrement des rapports de travail sont autant de pièces qui accompagnent la construction d'une relation politique autre que celle reposant uniquement sur le droit.

Le déplacement vers le couple sécurité-risque ouvre en effet une autre dimension du politique, parallèle à celle centrée sur le droit et la loi, une dimension centrée cette fois sur la norme. La norme est un concept dynamique et polémique; elle n'est pas originaire comme la loi, mais commence par l'intention de corriger l'infraction: l'anormal la précède logiquement, la norme est un moyen d'unifier des différences qu'on a repérées dans la réalité sociale. La nécessité de normaliser le corps social pousse à intervenir dans les processus sociaux, une intervention qui fait glisser le droit et l'Etat lui-même vers une dimension sociale, administrative, notamment par un dispositif de services publics par lesquels la sécurité va être gérée. François Ewald a analysé ce passage au tournant du XIXe au XXe siècle, marqué par les grandes lois sociales qui devaient poser les bases des services publics modernes en France.[4] Partant de l'accident du travail, on identifie d'autres phénomènes qui représentent des risques dans une situation de salariat industriel: la vieillesse, la maladie, l'incapacité, etc. Ils vont être construits en «risques sociaux» dont on peut répartir les coûts pour en atténuer les conséquences individuelles. Le principe de socialisation du risque afin de garantir la sécurité sociale prend ici la forme d'une technique assurantielle que nous connaissons encore de nos jours; c'est bien l'assurance sociale qui a offert une voie intermédiaire, à mi-chemin entre un modèle strictement libéral de laisser-faire et une option socialiste de tutelle étatique. La société reconnaît des risques qu'elle doit éviter pour sa propre sécurité et en redistribue, par un calcul d'assurance, les coûts; elle fonde ainsi pour les assurés un droit socialement reconnu à la prévention dudit risque et à la protection vis-à-vis de ses conséquences.

Cependant, nos systèmes modernes de protection sociale n'ont jamais été uniquement assurantiels, comme l'a fait remarquer Colette Bec:[5] à côté de l'assurance, l'assistance est restée comme une pièce du dispositif. En définitive, la protection sociale a été organisée comme une sorte d'équilibre entre un dispositif dominant d'assurance sociale (salarié) et un dispositif complémentaire d'assistance, fondée elle aussi sur le besoin d'éviter le risque d'une pauvreté qui pourrait déterminer une condition d'insécurité pour la société tout entière. L'assistance ne relevait donc plus d'une volonté charitable individuelle, mais d'une politique de prévention des risques sociaux; elle perdait le caractère stigmatisant du secours et assumait la figure d'un droit (de la société et par conséquent de l'individu) à être protégé du risque de pauvreté.

A l'autre bout de la chaîne, on voit alors que le droit aussi s'était socialisé, en adoptant la forme des «droits sociaux» dont Thomas Humphrey Marshall a montré la spécificité par rapport aux droits civils et politiques.[6] Le droit s'est socialisé en s'ordonnant à la notion métajuridique de *solidarité:* le droit social comporte un changement dans les rapports entre le tout (la société) et les parties (l'individu). D'abord parce que le tout n'est plus simplement l'Etat, mais la société, laquelle a une existence indépendante des individus qui se lient entre eux seulement par elle, puisque c'est d'elle qu'ils tirent leurs droits et leurs obligations. Les droits sociaux médiatisent les rapports individuels par le collectif, ils fondent l'idée d'interdépendance des individus par leur insertion dans le tout de la société, dans la mesure où les droits et les obligations doivent être référés au fonctionnement social et non, comme dans le contrat libéral et dans la responsabilité individuelle, à des comportements individuels.

Il en découle que, la misère ou les catastrophes n'étant que les conséquences du développement d'un ordre productif, il devient possible de penser les problèmes sociaux comme des aléas ou des accidents par rapport auxquels bâtir des régimes d'indemnisation et de rétribution. L'idée de responsabilité et de faute individuelles est remplacée ici par celle de risque social; ces risques n'entraînent pas une réparation individuelle, mais une protection qui vise les effets sociaux d'un événement; ils se réfèrent à un contrat collectif de solidarité, qui suggère que les conséquences individuelles d'un dommage susceptible de représenter un risque social soient réparées par la société elle-même.

Le droit qui s'établit sur cette base est un droit *sui generis,* supporté par une logique de la libération (du besoin) davantage que par celle de la liberté (comme pour les droits de la personne). Il vise à rétablir un équilibre susceptible d'être troublé; pour ce faire, il ne met pas en place des dispositifs juridiques fondés sur la liberté individuelle, ni sur l'égalité, mais au contraire part du constat d'inégalités de fait, de différences, de discriminations, bref un droit de protection. C'est un droit «réaliste» qui repose sur une sociologie[7] et en particulier sur une sociologie des groupes. Mais qui, de ce fait même, est tout entier traversé par une tension entre sa finalité – réaliser une plus grande égalité afin de mieux intégrer la communauté des citoyens – et sa méthode, qui l'amène au contraire à distinguer des collectifs concrets. Cette tension inspire sa visée universaliste, d'un droit de tout un chacun à la participation et à l'intégration, qui lui permet de dépasser le différentialisme de sa pratique.

A côté donc des acquis politiques dus à la socialisation du risque, à l'origine des politiques sociales, il y a eu aussi un processus de socialisation du droit, dont les droits sociaux sont le résultat et les systèmes de solidarité sociale l'infrastructure institutionnelle. Il est vrai que de tels processus n'allaient pas sans problèmes. D'une part, il y a les difficultés propres au traitement politique des questions de sécurité. Le problème de la sécurité, comme le remarquait déjà Michel Foucault,[8] concerne essentiellement ses rapports avec le couple autonomie-dépendance: les politiques de sécurité s'imposent au nom du besoin de favoriser la réalisation de l'autonomie, là où on décèle des situations susceptibles d'inférioriser; en revanche, un système institutionnel de Sécurité sociale peut avoir un effet pervers par lequel davantage de sécurité se traduit en une plus grande dépendance. Il s'agit d'une contradiction intrinsèque à la logique sécuritaire: la difficulté consiste à concevoir un système de couverture sociale qui se conjugue avec une exigence d'autonomie. Qu'on songe au droit à la santé: le besoin de santé tend inévitablement à se développer indéfiniment, alors que le droit s'insère dans un système de services forcément fini. De telles contradictions ne sont pas éliminables, on peut seulement se donner des critères pour définir à chaque fois la norme du droit social; en revanche, les nouvelles politiques sociales semblent poursuivre l'autonomie individuelle en soi, détachée de toute considération des conditions dont elle dépend.

D'autre part, l'organisation sociale de la solidarité a atteint, elle aussi, ses limites, qui semblent ici venir surtout de son caractère universaliste. La montée des différenciations entre les ayants droit aux services et aux prestations de protection sociale a rendu énormément plus complexe la définition d'une règle d'universalité et a accru les discriminations entre différents groupes ou catégories. Cela demanderait une révision assez fondamentale des rapports entre particularités et universalisme, alors que les nouvelles politiques semblent renoncer à toute visée universelle, accusée d'abstraction, et s'orienter plutôt vers un recentrage de la protection sociale sur les plus démunis, par l'attribution sous conditions d'un nombre accru de prestations.

La crise actuelle de l'Etat social est à situer au point de croisement entre ces deux ordres différents de difficulté, les difficultés propres à une société qui prend en charge la sécurité et qui prétend l'organiser comme un système de solidarité. C'est la raison du succès de la notion d'exclusion sociale: les nouvelles politiques contre l'exclusion, promues par l'Union européenne, en appellent à l'autonomie contre la dépendance et aux particularités contre l'universalisme. Plus concrètement, elles semblent surtout aboutir à une désocialisation de la pauvreté et du droit.

La politique européenne contre l'exclusion sociale

Les politiques anti-exclusion sont de nos jours promues par l'Union européenne qui, depuis l'adoption de la lutte contre l'exclusion sociale comme l'une des priorités de recherche de la Communauté européenne en 1989 et la création de l'«Observatoire européen sur les politiques nationales pour combattre l'exclusion sociale» en 1990, essaie d'amener les Etats membres à adopter une action homogène contre l'exclusion sociale. Elles sont une partie essentielle de ce qu'on appelle, dans la littérature communautaire, le «Modèle Social Européen». Elles offrent ainsi un exemple significatif des orientations prises par les politiques sociales actuelles, du moins sous deux aspects essentiels: par le fait 1) de se centrer sur des mesures dites d'activation du travail, et 2) de se fonder sur un droit fondamental de la personne qui les encadre dans une logique des droits de l'homme.

1) D'une part, la lutte contre l'exclusion sociale identifie dans l'exclusion du marché du travail le mécanisme essentiel d'exclusion et tend pour cela à concevoir les mesures aptes à favoriser la réinsertion comme des mesures d'activation du travail. Du point de vue conceptuel, cela revient à nier, tout d'abord, que dans nos sociétés non seulement le manque de travail, mais le travail lui-même créent souvent des conditions de pauvreté, et tout particulièrement le travail précaire. Qu'on songe au phénomène des *working poor,* bien connu depuis longtemps aux Etats-Unis, mais de plus en plus important aussi dans nos sociétés européennes, où leur nombre croît davantage que toute autre catégorie de pauvres. D'après Eurostat, sur les 65 millions de pauvres (18%) dans l'Union européenne, 53% vivent dans des familles où il y a un emploi quelconque; environ deux tiers des personnes travaillant à plein temps et vivant dans des familles pauvres sont employées à des travaux à bas salaires; plus de la moitié des individus pauvres sont employés (28%) ou retraités (24%).[9] En second lieu, cela revient à nier que les processus qui génèrent l'exclusion ne sont pas uniquement économiques, que l'exclusion dépend aussi de l'accès inégal aux droits, ou de facteurs tels que le genre, l'âge, la solitude ou une protection sociale insuffisante. Du point de vue politique, cette position produit un modèle d'insertion centré sur la réintégration dans le marché du travail à tout prix,

qui se traduit concrètement dans une panoplie de stages et formations divers et variés, incapables pour la plupart de créer véritablement de nouvelles possibilités de travail. En fin de compte, ces politiques contribuent à consolider une «condition intermédiaire» de travail, un espace rempli de travaux atypiques, sponsorisés par l'Etat, sous-payés, sous-productifs, sous-estimés socialement, en un mot du *sous-travail*. Il apparaît alors qu'on qualifie souvent d'exclus les destinataires des politiques sociales, alors qu'il s'agit bien en fait de travailleurs, pour légaliser sous couvert de la lutte contre l'exclusion des formes atypiques de travail, et bien sûr de rétribution, en dérogation aux lois du travail.

On fait recours alors à un double concept d'insertion, à la fois professionnelle et sociale: alors que la première consiste en pratiques de formation, la seconde est largement conçue en termes d'action sur l'individu et son environnement, afin de responsabiliser le pauvre dans sa propre réinsertion. De telle sorte qu'on transforme ce qui relevait d'une fracture des solidarités due aux mécanismes collectifs de fonctionnement d'une société en une intervention sur l'individu; le risque de société devient une carrière personnelle. La réinsertion ne saurait avoir un sens que si elle constitue un objectif transitoire; or, elle devient permanente, elle représente un «transitoire durable».[10] C'est le statut nouveau de quelqu'un qui est constamment sous insertion, statut qui coïncide avec le champ du travail assisté. La désocialisation du salaire s'accompagne ainsi d'une désocialisation de la pauvreté et de l'action politique pour la réduire.

2) D'autre part, à partir de la moitié des années 1970 et pendant toutes les années 1980, on a assisté à la remise en cause de l'équilibre entre assurance et assistance dans les systèmes de protection sociale et au retour en force de l'assistance – y compris surtout de l'assistance privée et religieuse – avec les effets qu'on connaît: stigmatisation, extension de la conditionnalité pour l'attribution de ressources, etc. Cette dérive n'a pas impliqué seulement un changement dans la forme de financement, relevant de plus en plus de la fiscalité générale, mais aussi l'érosion des fondements juridiques des droits sociaux, qui étaient d'ailleurs souvent accusés d'une faiblesse juridique fondamentale, voire même de ne pas être de vrais droits. D'où une déstabilisation du droit, du droit social vers les *droits de l'homme*. Les nouvelles politiques d'assistance s'appuient en effet sur le droit fondamental d'une personne aux moyens minimaux de subsistance. Cela est notamment très clair dans les textes de l'Union européenne à propos du prétendu «Modèle Social Européen»[11] et des politiques sociales qui en découlent. Or, il y a pas mal de sympathisants d'une telle dérive, et de bonnes raisons pour saluer cette nouvelle popularité des droits de l'homme. Le juriste italien Luigi Ferrajoli,[12] à partir d'une conviction progressiste quant à l'importance de la protection sociale, voit dans ce glissement des droits sociaux vers les droits de l'homme la source de nouvelles garanties, dans la mesure où les droits de l'homme offriraient une base plus forte

que les droits sociaux pour les politiques sociales. Mais les droits de l'homme représentent aussi la rhétorique du citoyen émancipé, qui devrait finalement remplacer les catégories collectives telles que classes, femmes, noires, etc.; leurs défenseurs les plus enthousiastes, tel David Beetham,[13] exaltent leur capacité à devenir la véritable base de la politique et souhaitent, par conséquent, qu'ils gagnent une place toujours plus importante.

Mais les droits de l'homme ne sont porteurs d'aucun projet de société, en ce qu'ils ne disent rien sur la manière de créer ou de recréer des liens, ni sur la position des personnes dans le cadre social. C'est pourquoi les droits de l'homme ne sont pas une politique, comme l'explique Marcel Gauchet.[14] En revanche, ils tendent à se substituer au discours social comme au discours politique et ils jouent un rôle important dans l'identification de plus en plus exclusive de la démocratie avec le droit et le juridique. Ils remplacent la recherche d'un équilibre entre les différents groupes sociaux et des bases pour la coexistence politique avec la réparation pragmatique d'injustices que les individus peuvent subir. Ce faisant, ils contribuent à une juridicisation fondamentale de la vie sociale, à une définition toute procédurale de la démocratie, jusqu'à la vider de tout sens; ils re-proposent l'idée d'un individu émancipé du besoin de faire ses choix quant aux arrangements collectifs, de faire des choix éthiques. Il y a donc aussi, à côté de la désocialisation du salaire, un processus de désocialisation du droit, dont nous ne saisissons pas toujours les enjeux parallèles.

Notes

1 Nikolas Rose, «The Death of the Social?», *Economy & Society* 25 (1996), p. 327-356.
2 Giovanna Procacci, *Gouverner la misère. La question sociale en France*, Paris 1993.
3 Robert Castel, *Les métamorphoses de la question sociale*, Paris 1995.
4 François Ewald, *L'Etat providence*, Paris 1986.
5 Colette Bec, *L'assistance en démocratie*, Paris 1998.
6 Thomas Humphrey Marshall, *Class, Citizenship and Social Development*, Westport 1963.
7 Michel Borgetto, Robert Lafore, *La république sociale*, Paris 2000.
8 Michel Foucault, «Un système fini face à une demande infinie», *Sécurité sociale: l'enjeu*, Paris 1983, p. 39-63.
9 Eurostat, *Statistics in Focus* 1 (2000), cité dans *Building an Inclusive Europe*, Commission des Communautés Européennes, COM 79 (2000), p. 17.
10 Richard Roche, «De l'exclusion à l'insertion», *in* Saül Karsz (dir.), *L'exclusion, définir pour en finir*, Paris 2000, p. 81-98.
11 Commission of the European Communities, COM/98/774, Rapport au Conseil sur la mise en œuvre de la Recommandation EEC/92/441.
12 Luigi Ferrajoli, «Cittadinanza e diritti fondamentali», *in* Danilo Zolo (dir.), *La Cittadinanza: appartenenza, identità, diritti*, Bari 1994.
13 David Beetham, *Democracy and Human Rights*, Cambridge 1999.
14 Marcel Gauchet, «Quand les droits de l'homme deviennent une politique», *Le Débat*, mai - août 2000, p. 258-288.

Daniel Gredig

Von der «Gehilfin» des Arztes zur professionellen Sozialarbeiterin

Professionalisierung in der sozialen Arbeit und die Bedeutung der Sozialversicherungen am Beispiel der Tuberkulosefürsorge Basel (1911–1961)

Ein historisch begründetes Modell der Professionalisierung in der sozialen Arbeit

Wer konkretes Wissen darüber sucht, wie in der Schweiz die Entwicklung der sozialen Arbeit zu einer Profession verlief, kommt nicht um die Feststellung herum, dass hierzu bislang erst Einzelfragen aufgearbeitet worden sind. Auf der Suche nach einem übergreifenden Modell der Professionalisierung der sozialen Arbeit insgesamt bietet sich einerseits aus theoriegeschichtlichen Überlegungen und andererseits auch aufgrund des dort erreichten Forschungsstands der Blick auf die Geschichtsschreibung zur sozialen Arbeit in Deutschland an.

Hierbei sind vor allem die Arbeiten von Münchmeier und Sachsse zu berücksichtigen.[1] Ihren Rekonstruktionen der Entwicklungsschritte in der sozialen Arbeit lässt sich ein Modell der Professionalisierung entnehmen.

Münchmeier zeigt an der Entwicklung der Armenpflege zur modernen Sozialarbeit in Deutschland auf, dass sich die Konstitution eines sozialarbeiterischen/sozialpädagogischen Interventionsfeldes der Pädagogisierung des Gegenstandes von sozialer Arbeit verdankt. An der Wende zum 20. Jahrhundert erfuhr das soziale Problem «Armut» eine Transformation in ein primär pädagogisches Problem: im Zentrum fürsorgerischen Handelns sollte nicht mehr länger die materielle, äussere Not stehen wie bislang in der Armenpflege. Soziale Fürsorge sollte sich vielmehr auf das konzentrieren, was ihr als «innere Not» die äussere Not zu begleiten schien. Ihr Gegenstand war fortan dieses innere Leiden an der Armut und die Defizite, welche die materielle Not erzeugte, sowie deren Vorbeugung. Pädagogisierung steht im Weiteren für den Grundsatz, dass zur Lösung der Notlagen in erster Linie ein alternatives Handeln der Betroffenen notwendig sei.[2]

Ohne diese Pädagogisierung des Problems hätte, so Münchmeier, die soziale Fürsorge nebst den Sozialversicherungen, die damals zu den hauptsächlichen Instrumenten der Sozialpolitik im Kampf gegen die Existenzrisiken von Lohnarbeitern und Lohnarbeiterinnen avancierten, sich kein eigenständiges Praxisfeld schaffen und sich darin entfalten können. Insofern stellt sie den ersten Schritt auf dem Weg der sozialen Arbeit zur Profession dar.

Christoph Sachsse schliesst sich dieser Aussage an, wenn auch gleichsam weniger defensiv. In seiner Untersuchung erscheint dieser Prozess der Umdefinition des Gegenstandes und der damit einhergehenden Umorientierung der Armenpflege zur sozialen Fürsorge weniger als Massnahme zur Erhaltung eines eigenständigen Gegenstandsbereichs denn als eine Chance zur Weiterentwicklung des bestehenden armenpflegerischen Tuns zur modernen Sozialarbeit. Er lässt damit deutlicher als Münchmeier hervortreten, dass sich die Armenpflege in jenem Moment zur modernen Sozialarbeit entwickeln konnte, als sie durch die Sozialversicherungen von tradierten Aufgaben, insbesondere von monetären Transferleistungen entlastet wurde.[3]

Im Weiteren gehen beide Historiker darin einig, dass die Schaffung einer Berufsausbildung und die Herausbildung berufstypischer Handlungsmethoden die nächsten wichtigen Schritte zur Professionalisierung sozialer Arbeit darstellten.[4] Ausserdem messen sie den Berufsorganisationen eine entscheidende Bedeutung bei der Anerkennung der sozialen Arbeit als Erwerbsberuf bei.[5]

Vor diesem Hintergrund soll im Folgenden am Beispiel der Entwicklungen in der Tuberkulosefürsorge in der Schweiz der Frage nachgegangen werden, ob dieser Zweig der modernen Fürsorge im Zeitraum von seiner Einrichtung in der Schweiz im Jahr 1906 bis zur Phase seiner Umstrukturierung in den 1960er-Jahren einen Prozess der Professionalisierung durchlief. Zudem soll herausgearbeitet werden, was die Bedingungen dafür waren und ob dieser Prozess sich gleich gestaltete, wie die Professionalisierung der sozialen Arbeit in Deutschland.

Dabei ist zu beachten, dass die Tuberkulosefürsorge in der Schweiz von 25 kantonal zuständigen Organisationen getragen wurde, die zur Zeit ihrer vollen institutionellen Entfaltung in den 1950er-Jahren 90 ärztlich geleitete und 55 nicht ärztlich geleitete Fürsorgestellen führten.[6] Die folgende Untersuchung der Entwicklungen in diesem Zweig der Fürsorge kann daher nicht sämtliche Stellen in den Blick fassen. Die Rekonstruktion der Entwicklungen der Tuberkulosefürsorge wird das Beispiel der Fürsorgestelle Basel ins Zentrum rücken.[7] Aus dieser Wahl ergibt sich auch der Untersuchungszeitraum. Er beginnt mit der Gründung der Tuberkulosefürsorgestelle Basel 1911 und endet mit deren Umstrukturierung 1961.

Soll mit der Rekonstruktion der Entwicklung der beruflichen Handlungsvollzüge der in der Tuberkulosefürsorge in Basel Tätigen die Frage beantwortet werden, ob und aufgrund welcher Voraussetzungen diese Tätigkeit einen Prozess der Professionalisierung durchlaufen hat, setzt dies die Klärung des Professionsverständnisses als leitende theoretische Hinsicht der Rekonstruktion voraus.[8] Deshalb wird zunächst das Professionsverständnis, das dieser Betrachtung zugrunde liegt, geklärt. Zudem werden die Quellen dargelegt, auf denen die Arbeit beruht. Anschliessend wird die Entwicklung der Tuberkulosefürsorge Basel zur Darstellung gelangen, wobei das Wirken der Fürsorgestelle der ersten Jahre nach der Gründung mit dem sozialarbeiterischen Handeln in den 1950er-Jahren kontrastiert wird.[9] Weiter wird herausgearbeitet, inwiefern diese Entwicklung als eine Entwicklung zur Profession verstanden werden darf. Die Ergebnisse werden schliesslich auf den eingangs skizzierten Forschungsstand in dieser Frage rückbezogen.

Professionsverständnis

Die folgende Arbeit schliesst an das Modell einer lebensweltbezogenen Professionalität an. Dies geschieht unter bewusster Distanznahme von den professionstheoretischen beziehungsweise professionssoziologischen Ansätzen, welche die Diskussion um Professionalität seit den 1930er-Jahren vom angelsächsischen Raum ausgehend auch die Diskussion im deutschsprachigen Raum dominiert haben – auch die wissenschaftliche Selbstthematisierung in der sozialen Arbeit.[10] Der lange Zeit diskussionsbeherrschende merkmalstheoretische Ansatz, den die Briten Carr-Saunders und Wilson in den 1930er-Jahren vorlegten, aber auch der strukturfunktionalistische Ansatz, den Parsons in den 1950er-Jahren in den USA entwickelt hat, gehen davon aus, dass Professionen über ein Bündel von charakteristischen Merkmalen einer Berufsgruppe zu definieren sind. Als Vorbilder zur Bestimmung der charakteristischen Merkmale fungieren dabei die klassischen drei Professionen: Ärzte, Anwälte und Pfarrer. Berufsgruppen, die diese Merkmale nicht ausweisen, wurden entweder nicht als Professionen thematisiert oder – wie im Fall der sozialen Arbeit – als Semiprofession[11] bezeichnet. Diese Modelle, so die Kritik, überhöhen eine Vorstellung von Profession, die bereits Ende des 19. Jahrhunderts nicht mehr der Realität entsprochen hat, und bringen damit unangemessene Kriterien in die aktuelle Debatte um Professionalität und Professionalisierungsprozesse ein. Die Kritik hat ausserdem hervorgehoben, dass diese Modelle die Möglichkeit übergingen, dass Professionen auch organisatorisch-administrativ in den Staatsdienst eingebunden oder mit staatlicher Lizenzierung bestehen könnten. Damit erweise sich das Modell als nur beschränkt auf den kontinentaleuropäischen Kontext übertragbar.[12]

Aufgrund dieser Kritik wird hier das Modell einer lebensweltbezogenen Professionalität als leitende theoretische Hinsicht der Rekonstruktion gewählt. Die Rekonstruktion schliesst damit an einem jungen Strang der professionstheoretischen Diskussion an, in dem ausgehend von Oevermanns Figur der «stellvertretenden Deutung»[13] weniger die Merkmale der Berufsgruppe, sondern vermehrt die

Strukturlogik von professionellen Handlungsvollzügen ins Zentrum gestellt werden.[14] Die Rekonstruktion der Entwicklungen der Tuberkulosefürsorge folgt damit einer professionstheoretischen Hinsicht, die in der erziehungswissenschaftlichen Diskussion im deutschsprachigen Raum bislang am konsequentesten vorangetrieben wurde und dem entspricht, wie sich soziale Arbeit seit den 1990er-Jahren selbst theoretisch reflektiert.

Diesem lebensweltbezogenen Modell entsprechend wird die Tuberkulosefürsorge im Folgenden als professionalisiert bezeichnet werden, falls die Sozialarbeiterinnen ein Zuständigkeitsmonopol erringen konnten, sie Autonomie in der Bearbeitung der in der Tuberkulosefürsorge anstehenden Probleme zu erlangen vermochten und sie die spezifische Binnenlogik lebensweltbezogen professionalisierten Handelns und eine auf die (Wieder-)Herstellung der Autonomie der Adressaten und Adressatinnen zielende Berufspraxis zu entfalten vermochten.[15]

Die Rekonstruktion stützt sich zum einen auf nicht veröffentliche wie auch auf publizierte schriftliche Quellen ab.[16] Zum anderen stützt sie sich auf mündliche Quellen. Es handelt sich dabei um Erinnerungen von ehemaligen Tuberkulosefürsorgerinnen der Tuberkulosefürsorgestelle Basel-Stadt. Diese Zeitzeuginnen wurden in drei sich in gewissem Abstand folgenden, so genannten Erinnerungsinterviews[17] von ungefähr 90 Minuten Dauer nach ihrem damaligen beruflichen Alltag und Selbstverständnis befragt. Ihre Aussagen wurden vollständig transkribiert und in einem Vorgang des theoretischen Kodierens[18] ausgewertet.

Die Entwicklung der Tuberkulosefürsorge in der Schweiz unter besonderer Berücksichtigung der Tuberkulosefürsorgestelle Basel-Stadt

Die Konzeption von Tuberkulosefürsorgestellen war entstanden, als sich um die Wende zum 20. Jahrhundert bei den Aktivisten der Tuberkulosebekämpfung eine gewisse Ernüchterung über die Nachhaltigkeit der in den Sanatorien und Volksheilstätten zu erreichenden Heilerfolge breit machte: Die mit Tuberkulosekranken befassten Ärzte, die Mitglieder medizinischer Gesellschaften wie auch philanthropisch engagierte Angehörige bürgerlicher Schichten hatten nämlich in den 1890er-Jahren bis nach der Jahrhundertwende in der so genannten Heilstättenbewegung darauf gesetzt, dass die weit verbreitete Tuberkulose[19] durch die Behandlung in Heilstätten unter Kontrolle gebracht und langfristig ausgelöscht werden könne. Nach einigen Jahren Erfahrung mit Behandlungen in «Volksheilstätten» war aber – wie im übrigen Europa auch – nicht mehr zu übersehen, dass der Effekt, insbesondere aber die Langzeitwirkung der relativ kurz dauernden hygienisch-diätetischen Kur (in gutem Klima, bei guter Ernährung, körperlicher Ruhe und strenger Disziplin) überschätzt worden war.[20] In dieser Situation richtete sich die

Aufmerksamkeit der Aktivisten der Tuberkulosebekämpfung zum einen vermehrt auf die Prävention der Tuberkulose. Zum anderen wuchs das Interesse an den Lebensverhältnissen, in welche die Patienten und Patientinnen nach der Kur wieder zurückkehrten. Der Kampf gegen die Tuberkulose als Volkskrankheit löste sich damit aus seiner anfänglichen Fixierung auf die Volksheilstätten und wandelte sich zu einer breit angelegten Tuberkulosebekämpfung, die an zwei komplementären Punkten ansetzte: Veränderung der Lebens- und Arbeitsverhältnisse zwecks Erhaltung der Abwehrkräfte der Bevölkerung sowie Schutz vor einer Infektion einerseits und Erziehung der Bevölkerung zu einer ansteckungsverhindernden, hygienischen Lebensweise andererseits. Die Bevölkerung sollte dazu gebracht werden, ihr Möglichstes gegen eine Ansteckung mit Tuberkulose vorzukehren und im Krankheitsfall andere vor einem Infekt zu schützen. Es ging zum einen darum, die unterschiedlich weit geheilten Rückkehrer beim «antituberkulösen Lebenswandel» beziehungsweise bei der Disziplin zu behalten, die sie in der Volksheilstätte gelernt hatten, welche sich übrigens genauso als «Erziehungsanstalt»[21] wie als Heilanstalt verstand. Zum anderen sollte ein Weg gefunden werden, Kranke und ihr gefährdetes Umfeld schon vor einem Kuraufenthalt innerhäuslichen Schutzmassnahmen zu unterwerfen und schliesslich zu einer generellen hygienischen Lebensweise zu bringen.

Die Antwort auf diese Herausforderungen bestand in der Schaffung von Tuberkulosefürsorgestellen. So wurden 1906 in Neuenburg, Genf und Lausanne die ersten Tuberkulosefürsorgestellen der Schweiz eröffnet. Als Vorbild diente dabei der erste «dispensaire antituberculeux» Europas, der 1901 in Lille eröffnet wurde. Tuberkulosefürsorgestellen leisteten explizit keine herkömmliche Fürsorge für Kranke. Die Bewältigung der Probleme, die sich aus der Tuberkulose für die Betroffenen und ihre Angehörigen ergaben, wie auch Fragen der Existenzsicherung von Kranken wurden systematisch den darauf spezialisierten Stellen, wie zum Beispiel der Bürgerlichen Armenpflege oder der Allgemeinen Armenpflege, überlassen.[22] Die Tuberkulosefürsorgestellen waren vielmehr als spezialisierte Fachstellen der Prävention von Tuberkulose konzipiert.

Durch diese Verankerung in der Tuberkulosebekämpfung war die Anlage der Tuberkulosefürsorge mitsamt der ihr zugrunde liegenden pädagogisierenden Logik und den daraus abgeleiteten und als sinnvoll erachteten Interventionen schon vorgezeichnet, als die ersten freiwillig fürsorgerisch tätigen Frauen und später die ausgebildeten Fürsorgerinnen auf den Plan traten. Die Fürsorgerinnen bewegten sich somit auf einem Terrain, das sie nicht selbst erschlossen und gestaltet hatten. Die Vorgaben an ihre Arbeit waren die Vorgaben der Mediziner und der philanthropischen Aktivisten der Tuberkulosebekämpfung.

Die Tuberkulosefürsorgestelle Basel nahm ihre Tätigkeit am 1. Dezember 1911 auf und orientierte sich – wie die anderen Tuberkulosefürsorgestellen in der

Schweiz auch – am internationalen Vorbild des «dispensaire antituberculeux ‹Emile Roux›» in Lille. Sie gab sich die Aufgabe,
«1. die an Tuberkulose leidenden, unbemittelten Patienten in Bezug auf Unterkunft und Ernährung in möglichst günstige Verhältnisse zu versetzen.
2. die Weiterverbreitung der Krankheit im Allgemeinen und in der Umgebung eines Patienten im Speziellen zu verhüten».[23]
Damit wird deutlich, dass die Tuberkulosefürsorgestelle ausschliesslich auf die Verhütung der Infektion und aus diesem Grund auch auf die Früherkennung der Krankheit und die Stabilisierung der Kurerfolge ausgerichtet war. Sie bot keine Behandlung. Die Therapie wurde den Heilstätten, den Krankenhäusern und den niedergelassenen Ärzten überlassen.
Der Fürsorgearzt, seines Zeichens Tuberkulosespezialist, hielt Sprechstunden. Die Fürsorgerinnen assistierten ihm dabei. Die Aufgabe des Arztes bestand darin, die Diagnose zu stellen, die Untersuchten aufzuklären und über die weiteren Interventionen der Stelle, so zum Beispiel über die Unterstützungsleistungen an Betroffene und ihre Familien, zu bestimmen.
Hierbei konnte sich der Arzt auf die Ergebnisse der sozialen Erhebung stützen. Diese wurde von den Fürsorgerinnen vorgenommen und bestand aus der «Kontrolle der häuslichen und ökonomischen Verhältnisse der Patienten».[24] Im Anschluss an eine erste Untersuchung durch den Arzt begab sich die Fürsorgerin zu den Patienten und Patientinnen nach Hause.[25] Bei diesem Hausbesuch versuchte sie in Erfahrung zu bringen, wie die Wohnverhältnisse dieser Leute waren. Sie erkundigte sich nach den so genannten Schlafverhältnissen, nach der Lebensweise der Patienten oder Patientinnen und ihrer Angehörigen und erfasste die wirtschaftliche Lage.
Die Intervention der Fürsorgestelle variierte danach, ob es sich bei den Betroffenen aus medizinischer Sicht um Schwerkranke, heilbar Kranke, Gefährdete und Verdächtige oder um Kinder handelte. Im Hintergrund stand aber durchgängig das Prinzip, dass ansteckungsfähige Personen je nach Prognose in Heilstätten oder Krankenhäuser verbracht oder doch zumindest von den übrigen Personen im Haushalt isoliert werden sollten. War dies nicht möglich, wurde darauf gedrungen, ansteckungsgefährdete Kinder aus dem Haushalt zu entfernen. Hierzu konnten notfalls zivilrechtliche Massnahmen getroffen werden.[26] Zur Stärkung der Abwehrkräfte der Menschen im Umfeld der Tuberkulösen konnten Nahrungsmittelbons abgegeben oder kostenlose Mahlzeiten vermittelt werden. Ausserdem war es möglich, Mietzuschüsse an bessere Wohnungen und Hilfen im Haushalt zu finanzieren wie auch praktische Hilfsmittel, wie zum Beispiel Spucknäpfe und Desinfektionsmittel, abzugeben.
Ein entscheidender Bestandteil der Intervention bei allen Patienten und Patientinnen war die Aufklärung über das Wesen der Tuberkulose und die Massnahmen zu

ihrer Verhütung. Gemäss Konzept war dies Sache des Arztes. Die Fürsorgerinnen waren im Nachgang dafür verantwortlich, den Kranken und ihren Nächsten diese Verhaltensmassnahmen in ihren eigenen vier Wänden anlässlich der Hausbesuche beizubringen, die Befolgung zu kontrollieren und gegebenenfalls durchzusetzen.
Die Aufklärung, die von einer Vielzahl von Informationsschriften und Flugblättern mit gleich lautender Botschaft unterstützt wurde, ging von einer Feststellung aus, in der sich die Stossrichtung der gesamten Belehrung in Prophylaxe und hygienischer Lebensweise fassen lässt: Der Kranke stellt zwar «die wichtigste Infektionsquelle»[27] dar, aber trotzdem ist «die Furcht vor dem reinlichen Tuberkulös-Erkrankten ganz unnütz [...]; denn seine Atemluft ist nicht ansteckend, nur sein Auswurf. Der *unreinliche* Tuberkulöse dagegen bildet eine grosse allgemeine Gefahr.»[28] So wurde den Kranken das richtige Niesen und Husten beigebracht. Sie mussten lernen, wie mit dem Auswurf und dem Spucknapf umzugehen war. Sie wurden unterrichtet, wie diese Geräte und andere Gegenstände aus dem Haushalt, bis hin zu Möbeln und Tapeten, zu desinfizieren waren. Grosse Aufmerksamkeit richtete sich auf den Umgang mit der Wäsche und von absolut höchster Priorität waren Sauberkeit und «peinliche Reinlichkeit an der eigenen Person, an den Kleidern, in der Wohnung, bei der Arbeit, kurz überall».[29] In einem in grosser Auflage unter die Leute gebrachten Merkblatt hiess es weiter: «Man wasche sich stets die Hände vor dem Essen, reinige die Fingernägel, pflege Mund und Zähne.»[30] Besondere Beachtung fand immer auch die Art des Reinmachens in der Wohnung. Da dem Staub ein grosses Misstrauen entgegengebracht wurde, musste eine Art der Reinigung propagiert werden, die zu Sauberkeit führte, ohne Staub aufzuwirbeln. Es findet sich dann auch kaum eine Belehrungsschrift, die nicht ermahnt: «Der Zimmerboden soll nicht trocken gewischt werden, sondern mit feuchten Lappen, in Werkstätten auch mit nassem Sägemehl, das nachher verbrannt wird.»[31] Die Ehefrauen wurden angewiesen, ihren Männern ein ordentliches Zuhause zu bereiten, damit diese nicht in die Wirtschaften und die Cabarets gingen, in denen sie ihre Kräfte mit Alkohol und Ausschweifungen schwächten. Zudem sollte auf gute Lüftung, gute Ernährung und einen geregelten Tagesablauf geachtet werden.
Ein Blick auf diese vielfältigen Anweisungen zeigt, dass kaum ein Lebensbereich der Betroffenen ohne Kommentar und Regelung blieb. Die Regeln der «hygienischen Lebensweise» durchdrangen das gesamte Dasein mit einer Normierung, die der infektiologischen und seuchenpolizeilichen Rationalität der Tuberkulosebekämpfung verpflichtet waren. Mit den Ausführungen zu Ordnung und Reinlichkeit transportierten die Vorschriften zu einer «vernunftgemässen Lebensweise» aber gleichzeitig auch bürgerliche Modelle von Sauberkeit und Wohlanständigkeit, von Familie und geschlechterbezogener Arbeitsteilung.[32]
Die Fürsorgerinnen, die für die Durchsetzung dieser Normen zuständig waren,

wurden damit zu den Agentinnen der Übertragung der Lebensregeln der Heilstätten auf das Leben der unterbürgerlichen Schichten und unserer Gesellschaft schlechthin. Diese Regeln waren nicht verhandelbar, sie waren nur erfüllbar: Die Klienten und Klientinnen wurden in unangemeldeten Hausbesuchen auf die Einhaltung der Regeln kontrolliert. Sie wurden als Novizen der antituberkulösen Lebensweise, als Zöglinge im hygienischen Erziehungsprojekt objektiviert. Indizien dafür, dass Massnahmen verhandelt oder auf den besonderen Fall hin differenziert worden oder dass gemeinsam nach angemessenen Lösungen gesucht worden wäre, sind im aufgearbeiteten Material nicht zu finden.

Stiessen die Fürsorgerinnen bei der Durchsetzung ihrer Regeln auf Widerstand, hatten sie zumindest keine legalen Zwangsmittel gegen die Klientel in der Hand, was allerdings ausdrücklich nicht hiess, dass kein Druck ausgeübt oder das Einschreiten des Gesundheitsamtes veranlasst worden wäre. Für ein solches Vorgehen gab es zwar keine gesetzliche Basis, doch handelte man nach der Devise, die selbst 1941 im Organ der Schweizerischen Vereinigung gegen die Tuberkulose noch ausgegeben wurde: «Praktisch kommt man vielleicht in der Grosszahl der Fälle auch ohne eine [gesetzliche] Sondervorschrift durch, weil die betroffenen Personen sich mangels eingehender Kenntnis der Rechtslage häufig fügen werden, wenn die Behörden Zwangsversorgungen unter Anrufung irgendeiner allgemeinen polizeilichen Vorschrift oder auch ohne Angabe gesetzlicher Bestimmungen anordnen.»[33]

Innerhalb der Hierarchie der Fürsorgestelle waren die Fürsorgerinnen ausführende und zudienende Kräfte. Wie schon gezeigt wurde, lag der Entscheid über das Vorgehen in einem Fall beim Arzt. Die Fürsorgerin wurde als seine «Gehilfin»[34] oder gar sein «Hülfsmittel»[35] betrachtet, galt aber als notwendige Kraft und wurde als solche anerkannt.

So kann eine relativ rasche Verberuflichung der Fürsorge festgehalten werden: In Basel war seit der Gründung der Stelle 1911 eine Krankenschwester in einem Halbpensum angestellt. 1914 wurde diese Stelle auf eine Vollzeitanstellung für eine Fürsorgerin erweitert. 1917 wurde eine zweite hauptamtliche Fürsorgerin angestellt und im Gegenzug auf freiwillige Kräfte verzichtet. 1927 und 1930 wurde nochmals je eine weitere Stelle geschaffen.

Diese beiden, später drei beziehungsweise vier Fürsorgerinnen hatten zusammen mit dem Fürsorgearzt eine Frequenz von jährlich mehreren Hundert Klienten/Klientinnen beziehungsweise Patienten/Patientinnen zu bewältigen. Die Graphiken 1 und 2 verdeutlichen, welche Leistungen die Fürsorgerinnen nur schon mit Blick auf die Hausbesuche und die Kurvermittlung erbrachten.

Ab 1917 wurde auch nur noch fachlich einschlägig ausgebildetes Personal angestellt. Abgesehen von einer Krankenschwester, die in den 1950er-Jahren eingestellt wurde, waren ab 1917 nur noch Frauen angestellt worden, die entweder

Graphik 1: *Frequenz der Tuberkulosefürsorgestelle (Tb-F-St) Basel, Anzahl ärztliche Konsultationen und Anzahl Hausbesuche im Zeitraum vom 1911 bis 1930*

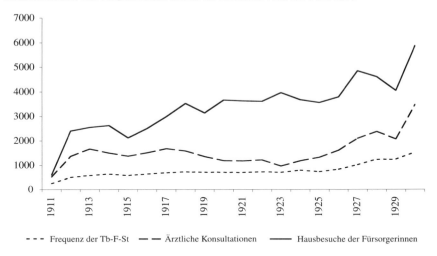

- - - Frequenz der Tb-F-St   — — Ärztliche Konsultationen   ——— Hausbesuche der Fürsorgerinnen

Graphik 2: *Anzahl Kurvermittlungen der Tuberkulosefürsorgestelle Basel im Zeitraum von 1911 bis 1930*

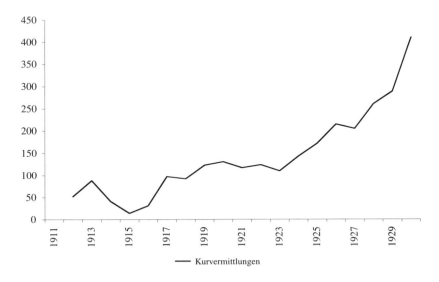

——— Kurvermittlungen

Die zu Reihen zusammengeführten Daten sind den Jahresberichten der Tuberkulosefürsorgestelle der Jahre 1911 bis 1930 entnommen, Schweizerische Landesbibliothek, Ablage V Basel-Stadt 2546. Basler Hilfsverein für Brustkranke Basel-Stadt, Baselstädtische Liga zur Bekämpfung der Tuberkulose.

über eine der damaligen Ausbildungen als Fürsorgerin oder – dies allerdings weniger häufig – als Erzieherin verfügten.

Angesichts dieser rasch verlaufenden Verberuflichung und Verfachlichung darf behauptet werden, dass die Fürsorgerinnen in Basel in kurzer Zeit ein Zuständigkeitsmonopol errichten konnten. Damit war schon früh in der Entwicklung ein wesentliches Merkmal einer Profession erfüllt.

Wie die interne Hierarchie der Fürsorgestelle oder auch nur schon die Bezeichnung der Fürsorgerinnen als «Gehilfinnen»[36] des Arztes deutlich werden lassen, verfügten die Fürsorgerinnen über keine Autonomie über ihr Berufshandeln. Ebenso wenig lassen sich in ihren Handlungsvollzügen – sei es nun im Zusammenhang mit der sozialen Erhebung, der Durchsetzung der Massnahmen anlässlich der Hausbesuche oder den dienenden Arbeiten in der Sprechstunde – Spuren einer Handlungslogik finden, die auf eine Relationierung von Theorieverstehen und Fallverstehen hinweisen. Angesichts der damaligen Ausbildungen muss davon ausgegangen werden, dass die Fürsorgerinnen – bezogen auf ihr eigenes Berufshandeln – vor allem über dogmatisch-normatives Wissen und Erfahrungswissen mit theoretischem Bezug verfügten. Das ihnen zur Verfügung stehende systematisierte, wissenschaftliche Wissen stammte – darauf weisen die Lehrpläne der damaligen Ausbildungsinstitutionen hin – zum grössten Teil aus dem Bereich der Medizin oder allenfalls auch aus der Jurisprudenz.[37] Zudem wurde deutlich, dass nichts auf ein fürsorgerisches Handeln hinweist, bei dem in Kooperation mit einem Klienten oder einer Klientin nach einer dem Fall angemessenen Lösung gesucht worden wäre. Insbesondere mit Blick auf die Hausbesuche gehen die Hinweise deutlich in die Richtung einer rigiden Durchsetzung der Massnahmen zur Verhütung der Tuberkulose – notfalls auch gegen den Willen der Klientel. In disziplinierendem Zugriff wurden die Klienten und Klientinnen als Zöglinge beziehungsweise Unmündige objektiviert, die Erziehung und paternalistischen Schutz brauchten.

Der Wandel in den 1950er-Jahren

Ende der 1950er-Jahre hatte die Arbeit der Fürsorgerinnen der Tuberkulosefürsorgestelle Basel ein anderes Gesicht. Dies war nicht etwa auf eine andere Konzeption der Stelle und entsprechend neue Zielvorstellungen zurückzuführen, sondern auf Neuerungen erstens bei der Früherkennung und Prophylaxe, zweitens der Behandlung und drittens der Unterbringung der Kranken.

Die erste Voraussetzung für den Wandel in der Fürsorge waren die neuen technischen Mittel in der Früherkennung und Prophylaxe. Die Basler Stelle schaffte 1944 eine eigene Schirmbildapparatur an.[38] Anders als die seit den 1930er-Jahren schon eingesetzten technischen Mittel des Röntgens und Durchleuchtens brachte die Einführung des Schirmbildverfahrens die Möglichkeit, in kurzer Zeit sehr viele Personen der Früherkennung zuzuführen. Zudem gelangte ab 1949 die schon in den 1920er-Jahren entwickelte, aber bisher nicht eingesetzte Schutzimpfung (BCG-Impfung) breit zum Einsatz. 1950 wurde in Basel die Impfung in den Schulen eingeführt. 1951 sind in der gesamten Schweiz bereits mehr als 51 000 Schutzimpfungen vorgenommen worden.[39] Die 1950er-Jahre dürfen damit als ein Moment der Entspannung an der prophylaktischen Front in der Tuberkulosefürsorge (selbstverständlich aber nicht in der Tuberkulosebekämpfung insgesamt) angesehen werden.

Die zweite Voraussetzung für den Wandel waren die Neuerungen in der Therapie der Tuberkulose, die einer «Revolution» der Behandlung gleichkamen. 1943 hatten Schatz und Waksman mit Streptomycin einen ersten bakterioziden Wirkstoff entdeckt, der spezifisch Tuberkulosebakterien abzutöten vermochte.[40] Nach 1948 stand PAS (Para-Aminosalycil-Säure) zur Verfügung, das tuberkulostatisch wirkt, und 1952 kam Isoniacid (Rimifon) auf den Markt. Ab diesem Zeitpunkt wurden Kombinationstherapien möglich, die insbesondere bei Tuberkulose ausserhalb der Lunge und früh entdeckten Lungentuberkulosen sehr gute Heilerfolge brachten. Die Medikamenteneinnahme musste über lange Dauer getreu der Verschreibung durchgehalten werden und ersetzte in den 1950er-Jahren den Aufenthalt in der Heilstätte noch nicht. Trotzdem verzeichneten die Fürsorgestellen in diesem Zeitraum bereits eine Abnahme der offen Tuberkulösen und eine Verringerung der Anzahl chronischer Fälle, die für die Fürsorgerinnen bislang den grössten Aufwand an Kontrolle gebracht hatten.[41] Die Tuberkulosefürsorgerinnen sahen sich so vor wesentlich weniger Kontrollaufgaben.

Die dritte Voraussetzung für den Wandel war die Schaffung der Tuberkuloseversicherung. In Umsetzung des «Bundesgesetzes betreffend Massnahmen gegen die Tuberkulose»[42] wurde 1944 die Tuberkuloseversicherung eingeführt: Der Bund bezahlte jenen Krankenkassen, die Tuberkulosekranken von ihm bestimmte Leistungen boten, besondere Beiträge.[43] Ein wesentlicher Punkt dieser Versicherung bestand in der Übernahme der Kurkosten. 1952 standen den Kranken mit Tuberkuloseversicherung nach mehreren Ausbauschritten schliesslich Kurbeiträge an 1080 Kurtage in einer anerkannten Heilstätte innerhalb von fünf Jahren zu. Zudem hatte der Kanton Basel-Stadt die mit dem Kranken- und Unfallversicherungsgesetz von 1911[44] gegebene Möglichkeit umgesetzt und die Pflichtversicherung für Personen mit geringem Einkommen eingeführt.[45] So konnten zum Beispiel 1953 über 90% der Basler Bevölkerung in den Genuss dieser Leistungen kommen. Die Basler Öffentliche Krankenkasse bezahlte zu diesem Zeitpunkt auch Taggelder, die einen «wirklich ausreichenden Schutz vor den wirtschaftlichen Folgen der Tbc-Erkrankung»[46] darstellten. Die Tuberkulosefürsorgestelle Basel hielt fest: «Vielen Familien wird dadurch der Gang zu den Armenbehörden erspart.»[47] So

war die Kurfinanzierung für den grossen Teil der Klienten und Klientinnen der Tuberkulosefürsorgestelle versicherungstechnisch gesichert, was eine bedeutende Entlastung der Fürsorgerinnen von zeitraubenden Finanzierungen bedeutete.[48]
Die skizzierten Veränderungen brachten den Fürsorgerinnen zu Beginn der 1950er-Jahre eine gewisse mentale Freiheit gegenüber dem bisher alles durchdringenden und vereinnahmenden prophylaktischen Denken, eine gewisse Freisetzung von Kontrollaufgaben und – aufgrund der Einführung der Tuberkuloseversicherung – vor allem eine Entlastung von Arbeiten der Kurfinanzierung. Die Frequenz der Tuberkulosefürsorgestelle nahm ab und die Anzahl Kurvermittlungen ging zurück (Graphiken 3 und 4).
Diese Konstellation beinhaltete ein Potential zur Umformulierung der Tuberkulosefürsorge. Die Fürsorgerinnen der Basler Stelle gehörten zu jenen, welche dieses Potential realisierten. Dass dies gelang, ist zwei externen Entwicklungen zuzuschreiben: Der «Psychologisierung» der Tuberkulose und der Einführung des «case work».
Im Diskurs der Aktivisten der Tuberkulosebekämpfung war im Laufe der 1940er-Jahre eine Strömung aufgekommen, die als «Psychologisierung» bezeichnet werden kann. Diese Strömung diskutierte den Zusammenhang von Psyche und Krankheit und machte den Schock der Diagnose, die Gefühle von Ungewissheit und Angst, das Erleben der Krankheit und die erlebte Nutzlosigkeit und Minderwertigkeit seitens der von der Tuberkulose Betroffenen zum Thema. In diesem Zusammenhang wurde unter anderem gefordert, die Tuberkulosefürsorge habe sich diesen Problemen vermehrt zuzuwenden. Damit wurden neue Aufgaben ins Blickfeld der Fürsorgerinnen gerückt: die Hilfe bei der Bewältigung der Lebenssituation, die durch die Krankheit erschwert wurde. Die Tuberkulosefürsorge gewann damit einen Horizont jenseits der Prävention.
Belehrung und Kontrolle hätten der Bewältigung dieser neuen Aufgaben nicht zu genügen vermocht. Insofern war es von grosser Bedeutung, dass die Fürsorgerinnen in den 1950er-Jahren zu einem neuen handlungsmethodischen Instrumentarium kamen: dem «case work». Mit dem «case work» war den Fürsorgerinnen eine Methode gegeben, mit der es ihnen gelingen konnte, die von der Psychologisierung ausgehenden Forderungen nach einem anderen Umgang mit den Klienten und Klientinnen zu erfüllen und den Betroffenen «diejenige Stützung, Aufmunterung und Führung zu geben, die sie vielmals benötigen und wünschen».[49] Fürsorge sollte inskünftig – von einem sozialarbeiterischen Konzept getragen – den Menschen «als Ganzes» sehen, «d. h. nicht nur die materielle, soziale Seite, sondern auch die psychische».[50]
So formierte sich in Basel im Laufe der 1950er-Jahre eine «neue» Tuberkulosefürsorge. Die alleinige Ausrichtung auf die Disziplinierung der Kranken, auf die Durchsetzung der für richtig befundenen Lebensweise und auf die Kontrolle war

Graphik 3: *Frequenz der Tuberkulosefürsorgestelle Basel, Anzahl ärztliche Konsultationen und Hausbesuche im Zeitraum vom 1945 bis 1960*

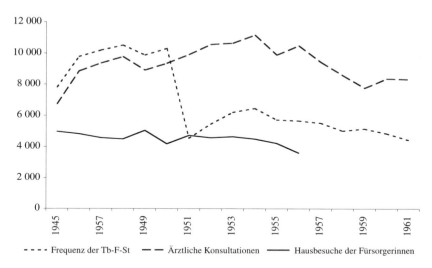

Graphik 4: *Anzahl Kurvermittlungen der Tuberkulosefürsorgestelle Basel im Zeitraum vom 1945 bis 1960*

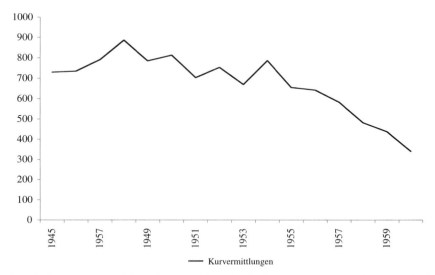

Die zu Reihen zusammengeführten Daten sind den Jahresberichten der Tuberkulosefürsorgestelle der Jahre 1945 bis 1960 entnommen, Schweizerische Landesbibliothek, Ablage V Basel-Stadt 2546. Basler Hilfsverein für Brustkranke Basel-Stadt, Baselstädtische Liga zur Bekämpfung der Tuberkulose.

einem Nebeneinander von zwei Strängen gewichen: Der erste bestand nach wie vor aus Interventionen im Namen der Prävention. Der zweite bestand aus Tätigkeiten zur Unterstützung und Beratung der Betroffenen und ihres Umfeldes zwecks Bewältigung der durch die Tuberkulose ausgelösten Probleme und der (Wieder-)Herstellung von Voraussetzungen für eine selbständige Lebensbewältigung und Gesunderhaltung der Klienten und Klientinnen. Aus einer spezialisierten Fachstelle der Prävention von Tuberkulose hat sich ein polivalenter Sozialdienst für jene mehrfach mit Problemen belasteten Menschen entwickelt, für die ihre Tuberkulose ein Grund darstellte, ihr Bedürfnis nach Unterstützung und Begleitung anzumelden.

So erweiterten sich die angestammten Tätigkeiten um diverse Unterstützungs- und Beratungsleistungen, wie zum Beispiel Schuldensanierungen, die Organisation von Nachbarschaftshilfe oder die Begleitung von Familienangehörigen, die vom Druck der Situation oder den damit verbundenen Unsicherheiten überfordert wurden.[51]

Die Umformulierung der Ziele der fürsorgerischen Arbeit und die Einführung der sozialen Einzelfallarbeit wurden zusätzlich durch drei stelleninterne Momente begünstigt: durch den Generationenwechsel der Angestellten, die Erweiterung des Teams und den erreichten Grad an Verfachlichung. 1955 stand eine neue Generation von Fürsorgerinnen im Dienst und 1952 wurde auch der langjährige Fürsorgearzt durch seinen bisherigen Assistenten ersetzt. Der Stellenetat der fürsorgerischen Abteilung erfuhr zwischen 1951 und 1953 eine Erweiterung um ein Halbpensum. 400 der 450 Stellenprozente waren von Fürsorgerinnen mit fachlich einschlägigen Ausbildungen besetzt: Drei der Stellen wurden mit Absolventinnen der Sozialen Frauenschule/Schule für Soziale Arbeit in Zürich und der Ecole d'Etudes sociales in Genf besetzt, die in ihrer Ausbildung mit den zu ihrer Zeit bestehenden theoretischen Arbeiten zur Sozialarbeit in Kontakt gekommen und im «Höheren Fachkurs für Sozialarbeiter» in «case work» geschult worden waren. Dieses Team war in der Lage, die Neuausrichtung vorzunehmen und auszufüllen.

Hinter der neuen Ausrichtung der Arbeit stand nun die Unterscheidung von Krank*heit* und Krank*sein*, wie sie von der Amerikanerin Elise de la Fontaine in die Sozialarbeit eingeführt worden war. Die Basler Fürsorgerinnen gingen in Übernahme dieser Unterscheidung davon aus: «Die Tuberkulose als Krankheit ist Sache der Ärzte [...] die Frage nach dem Kranksein gehört aber ins Gebiet der Fürsorge. Krank*sein* ist subjektiv: beobachtet, gefühlt und beschrieben von der betroffenen *Person;* währenddem Krank*heit* etwas Objektives ist, festgestellt durch die Beobachtung des *Arztes.*»[52]

Die «neue» Tuberkulosefürsorge zeichnete sich aber nicht nur durch eine Erweiterung der Palette der Tätigkeiten der Fürsorgerinnen aus. Die Übernahme des «case work» führte auch zu einer Veränderung der Haltung gegenüber den Klienten und Klientinnen. Das «case work» basierte auf einer «demokratischen Haltung».[53] Die

Fürsorgerinnen der Basler Stelle interpretierten diese als eine Haltung des Respekts vor der Person und ihrer Besonderheit. Sie nahmen sich in die Pflicht, in ihrer Arbeit die Klienten und Klientinnen zu achten, ihre Persönlichkeit zu akzeptieren, sie zu bejahen. Daraus abgeleitet ergab sich der Grundsatz, sich mit den Klienten und Klientinnen zu beraten und *mit* ihnen zu entscheiden, was geschehen sollte. Ziel wurde, in Zusammenarbeit mit den Klienten und Klientinnen und unter Stärkung ihrer Fähigkeiten angemessene Lösungen zu finden. Eine Bevormundung der Kranken war nicht mehr länger statthaft, ihre Objektivierung als Zöglinge und als schutzbedürftige Unmündige wurde abgebaut. Dies zeigt sich zum Beispiel in einer raschen Abnahme der Hausbesuche. Die soziale Erhebung wich dem Gespräch im Büro der Fürsorgerin, in dem die Klienten und Klientinnen (mit)bestimmten, welche Probleme sie besprechen wollten. Ferner wurden die Massnahmen, die aus Gründen der Krankheitsverhütung angezeigt schienen, mit den Betroffenen verhandelt. Es wurde nach Lösungen gesucht, die zwischen dem infektiologischen Wissen um die Verursachung der Tuberkulose, den fürsorgerischen Grundsätzen der Krankheitsverhütung und den Interessen und den Besonderheiten des einzelnen Falls vermittelten. Die Aufmerksamkeit der Fürsorgerin lag nicht mehr auf der Durchsetzung der Regeln. Vielmehr richtete sie das Bemühen darauf, zu «schauen, was ist möglich».[54] Das Interesse der Fürsorgerin galt nun der Frage, welches Vorgehen für ihr Gegenüber angesichts der zu bewältigenden Probleme «von der Person aus annehmbar»[55] war. Eine Fürsorgerin fasst dies in die Worte: «Und dann hat man aber probiert, […] hat man einmal geschaut, wie sind die Reaktionen, wie sind vielleicht die Argumente vom Patient: Was hat er zu sagen und warum […] warum ist er jetzt so.»[56] Das sind Fragen, die deutlich für ein Bemühen sprechen, das Besondere am Fall zu verstehen und darauf einzugehen.

Tuberkulosefürsorge als professionelle Tätigkeit

Misst man die Entwicklung der Tuberkulosefürsorge der Basler Fürsorgestelle an den oben genannten Kriterien von Professionalisierung, ergibt sich folgendes Bild: Angesichts der frühen Verberuflichung und durchgängigen Verfachlichung der fürsorgerischen Arbeit der Tuberkulosefürsorgestelle und eingedenk der Anerkennung, die den Fürsorgerinnen auch von Seiten der Schweizerischen Vereinigung gegen die Tuberkulose und von staatlicher Seite entgegengebracht wurde, kann von einem Zuständigkeitsmonopol der Fürsorgerinnen gesprochen werden.[57]
In den 1950er-Jahren vermochten die Fürsorgerinnen der Basler Stelle an Autonomie gegenüber der Institution und der das Feld beherrschenden Profession der Medizin («organisation autonomy») zu gewinnen. Die Fürsorgerinnen bestimmten, mit welchen Klienten und Klientinnen sie arbeiteten und nach welchen

Grundsätzen sie das tun wollten. Sie waren nicht mehr einfach Hilfskräfte des Fürsorgearztes.

Die Autonomie gegenüber den Klienten und Klientinnen («client autonomy») hat sich in genau entgegengesetzter Richtung entwickelt. Die Verfügung über die Kranken nahm ab, die Unabhängigkeit von den Klienten und Klientinnen wurde im Laufe der Entwicklung geringer. Damit war zum Ende des Untersuchungszeitraums eine ganz spezifische Form von Autonomie entstanden: Eine grosse berufliche Selbstbestimmung der Fürsorgerinnen gegenüber ihrem Träger und dem formalen ärztlichen Leiter ging mit einer wesentlich geringeren Autonomie gegenüber den Klienten und Klientinnen einher. Es ist dies eine Struktur von Autonomie, wie sie für eine lebensweltbezogene Professionalität bezeichnend ist.

Die fürsorgerische Tätigkeit lässt zudem deutliche Hinweise auf ein Berufshandeln erkennen, das grundsätzlich der spezifischen Binnenlogik einer lebensweltbezogenen Profession folgte und auf die (Wieder-)Herstellung der Selbstbestimmung der Adressaten und Adressatinnen zielte.

Einschränkend ist in diesem Punkt allerdings zu betonen, dass die spezifische Binnenlogik professionellen Handelns die Verfügung über wissenschaftliches Wissen und Theoriekenntnisse voraussetzt. Die Theorieentwicklung in der wissenschaftlichen Sozialarbeit/Sozialpädagogik, die Ausbildungsgänge für Fürsorgerinnen und auch die Fortbildungskurse für Fürsorgerinnen, die von der Schweizerischen Vereinigung gegen die Tuberkulose veranstaltet wurden, lassen aber erkennen, dass die Fürsorgerinnen zwar über wissenschaftliches Wissen verfügten, dieses aber im Wesentlichen aus fremden Disziplinen, vornehmlich aus der Medizin und der Jurisprudenz, stammte. Das mangelnde wissenschaftliche Wissen aus der eigenen Disziplin muss denn auch als ein schwacher Punkt in der Begründung eines eigenständigen professionellen Handelns gesehen werden.

Gleichzeitig muss festgestellt werden, dass die Fürsorgerinnen die faktisch errungene Autonomie nie auf die Probe stellten. Die Fürsorgerinnen drangen nicht auf andere Strukturen. Sie blieben formal gesehen dem Fürsorgearzt unterstellt. Sie forderten auch nicht die Anpassung der Statuten an ihre Arbeit, was einen Konflikt hätte bedeuten können. Sie machten Konzessionen an das hergebrachte Verhältnis und übernahmen weiterhin zum Beispiel die Durchführung von Umgebungsuntersuchungen, die Verwaltung der Akten der Patienten und Patientinnen und die Einladungen zu Kontrolluntersuchungen beim Arzt. Eine Fürsorgerin kommentiert: «Da sind wir gebunden gewesen. Aber für's Fürsorgerische, da sind wir eigentlich frei gewesen.»[58]

Jene Anteile der fürsorgerischen Arbeit, die angesichts der durchlaufenen Entwicklung zur beruflichen Unabhängigkeit als eine Konzession an frühere Zeiten begriffen werden müssen, blieben allerdings der hergebrachten entmündigenden Handlungslogik verpflichtet. Insofern lebten die Fürsorgerinnen das Gleichzeitig-

Ungleichzeitige und konnten so vom Freiraum profitieren, der ihnen aus zwei Gründen erwuchs: Einerseits war die Fürsorgestelle durch die professionelle Autonomie, die dem leitenden Fürsorgearzt zugestanden wurde, von direktiven Eingriffen seitens der zuständigen Kommission wie auch seitens des mitfinanzierenden Staats geschützt. Andererseits kontrollierte der Fürsorgearzt die Arbeit der Fürsorgerinnen nicht.

Mit Blick auf die Berufstätigkeit der Fürsorgerinnen der Basler Tuberkulosefürsorge darf also die These aufgestellt werden, dass die fürsorgerische Arbeit mit Tuberkulosekranken und ihren Angehörigen trotz einer schwachen eigenständigen theoretischen Fundierung und trotz der Konzessionen an die Tradition zu einer Profession nach dem Muster des lebensweltbezogenen Modells geworden war: ihre Tätigkeit hat in diesem Sinne einen Prozess der Professionalisierung durchlaufen.

Ein Blick über die Grenzen von Basel hinaus zeigt aber auch, dass diese These für die Tuberkulosefürsorge in der übrigen Schweiz nur bedingt Gültigkeit hat. Die Diskussionen und Statistiken der Schweizerischen Vereinigung gegen die Tuberkulose, in der fürsorgerische Fragen ein oft diskutiertes Thema waren, vermögen aufzuzeigen, dass der Prozess der Professionalisierung auch bei anderen Tuberkulosefürsorgestellen einsetzte. Allerdings war er bis zum Ende des Untersuchungszeitraums in der Tuberkulosefürsorge anderer Kantone unterschiedlich weit gediehen: Während in Basel – wie gezeigt – zum Ende des Untersuchungszeitraums von einer lebensweltbezogenen Profession auszugehen ist, haben die Tuberkulosefürsorgestellen in anderen Kantonen und Ligen bis Ende der 1950er-Jahre eine stärkere Verberuflichung und Verfachlichung erst eingeleitet und insofern den Professionalisierungsprozess erst dann begonnen.[59] Erst weitere Forschung wird zeigen können, ob die Entwicklung der Tuberkulosefürsorge in den anderen Stellen denselben Weg nahm wie in Basel. Angesichts dieser divergenten Lage kann folglich konstatiert werden, dass die Tuberkulosefürsorge in der Schweiz einen Prozess der regionalisierten Professionalisierung durchlief, der als disparate Professionalisierung zu bezeichnen wäre.

Fazit

Resümierend ist festzuhalten, dass sich «Pädagogisierung» und «Entlastung» auch in der Entwicklung der Tuberkulosefürsorge in der Schweiz als wichtige Momente im Prozess der Professionalisierung erwiesen haben. Dabei ist «Entlastung» – das wurde deutlich – breiter zu fassen als nur im Sinne einer Reduktion der Beanspruchung durch monetäre Transferleistungen. Im konkreten Fall kam die «Entlastung» denn auch von anderer Seite als nur von den Sozialversicherungen:

«Entlastung» ergab sich durch ein Zusammenwirken von Sozialversicherung, medizintechnischen Fortschritten und therapeutischen Neuerungen.
Die Bedeutung, die Münchmeier und Sachsse der Ausbildung für die Professionalisierung beimessen, bestätigt sich auch in der skizzierten Entwicklung der Tuberkulosefürsorge. Die Chance zur Weiterentwicklung der Berufstätigkeit der Fürsorgerinnen konnte nur aufgrund facheigener theoretischer Überlegungen und der Aneignung der Neuerungen im Bereich der Handlungsmethoden genutzt werden. Den berufsständischen Organisationen hingegen kommt im aufgezeigten Professionalisierungsprozess – zumindest aufgrund der greifbaren Quellen – keine nachweisbare Bedeutung zu.
Die Geschichte der Tuberkulosefürsorgestelle Basel zeigt aber auch auf, dass die Entwicklung einer lebensweltbezogenen Professionalität noch von weiteren, wesentlich anderen Punkten abhing. Entscheidende Momente der Professionalisierung scheinen auf der Ebene der einzelnen Institutionen angesiedelt. Im Fall der Tuberkulosefürsorge waren dies einerseits die freie Trägerschaft und andererseits die Aktionsfreiheit im Windschatten der Autonomie des leitenden Arztes, der Verzicht des Arztes auf eine eingehende Kontrolle der Fürsorgerinnen und die Bereitschaft der Sozialarbeiterinnen, einige ihrer hergebrachten administrativen Aufgaben weiterhin zu erfüllen.
Von dem untersuchten Beispiel ausgehend, kann man daher folgern, dass die von Münchmeier und Sachsse bislang herausgearbeiteten Voraussetzungen der Professionalisierung um das Element der freien Trägerschaft zu erweitern und mit einem Hinweis auf die entscheidende Rolle, die institutionsinterne Gegebenheiten spielen, zu ergänzen sind.

Anmerkungen

1 Richard Münchmeier, *Zugänge zur Geschichte der Sozialarbeit,* München 1981; Christoph Sachsse, *Mütterlichkeit als Beruf. Sozialarbeit, Sozialreform und Frauenbewegung 1871–1912,* Frankfurt a. M. 1986.
2 Vgl. Münchmeier (wie Anm. 1). Eine Folge dieser Umformulierung des Problems war allerdings, dass dadurch die Probleme individualisiert, die Notlage der Klientel entpolitisiert und das Ungenügen der sozialstaatlichen Massnahmen verschleiert wurden.
3 Vgl. Sachsse (wie Anm. 1), S. 35, 103 f.
4 Vgl. Richard Münchmeier, «Professionalisierung der Sozialpädagogik in der Weimarer Republik», in: Hans Jürgen Apel et al. (Hg.), *Professionalisierung pädagogischer Berufe im historischen Prozess,* Bad Heilbrunn 1999, S. 347–362, hier S. 353–358.
5 Vgl. Sachsse (wie Anm. 1), S. 286–296.
6 Vgl. Markus Tromp, «Gesetzgebung, Organisation und Finanzierung der Tuberkulosebekämpfung in der Schweiz», in: Schweizerische Vereinigung gegen die Tuberkulose (Hg.), *Die Tuberkulosebekämpfung in der Schweiz,* Basel, New York 1954, S. 88–135.
7 Die Tuberkulosefürsorgestelle Basel eignet sich für diese Untersuchung, da die Stelle relativ früh und damit unter ähnlichen Bedingungen entstand wie die Pionierorganisationen. Zudem beschäftigte die Basler Fürsorgestelle schon kurz nach ihrer Gründung mehrere Fürsorgerinnen,

so dass nicht nur die Praxis einer Einzelperson in die Betrachtung eingeht. Überdies sind die Quellen zu dieser Stelle erhalten und zugänglich, was längst nicht bei allen Stellen der Fall ist.

8   Vgl. Jörn Rüsen, *Zeit und Sinn. Strategien historischen Denkens*, Frankfurt a. M. 1990.
9   Die ausführliche Rekonstruktion findet sich in Daniel Gredig, *Tuberkulosefürsorge in der Schweiz. Zur Professionsgeschichte der Sozialen Arbeit. Die Tuberkulosefürsorgestelle Basel 1906–1961*, Bern 2000.
10 Bezeichnendes Beispiel hierfür ist der Diskussionsbeitrag von Paula Lotmar, «Professionalisierung in der Sozialarbeit», *Sozialarbeit* 1 (1969), S. 3–11. Die machttheoretischen Ansätze, wie sie zum Beispiel von Larson in den 1970er-Jahren oder auch von Fortsyth und Danisiewicz in den 1980er-Jahren vorgelegt wurden, vermochten die Selbstthematisierung der sozialen Arbeit bislang hingegen kaum zu beeinflussen, vgl. Magali S. Larson, *The Rise of Professionalism. A Sociological Analysis*, Berkeley, Los Angeles, London 1977, und Patrick B. Forsyth, Thomas J. Danisiewicz, «Toward a Theory of Professionalization», *Work and Occupation* 12 (1985), S. 59–76.
11 Vgl. Amitiai Etzioni, *The Semiprofessions and Their Organisations*, New York 1969.
12 Vgl. Peter Lundgreen, «Berufskonstruktion und Professionalisierung in historischer Perspektive», in: Hans Jürgen Apel et al. (Hg.), *Professionalisierung pädagogischer Berufe im historischen Prozess*, Bad Heilbrunn 1999, S. 19–34.
13 Vgl. Ulrich Oevermann, «Theoretische Skizze einer revidierten Theorie professionalisierten Handelns», in: Arno Combe, Werner Helsper (Hg.), *Pädagogische Professionalität. Untersuchungen zum Typus pädagogischen Handelns*, Frankfurt a. M. 1996, S. 70–182.
14 Vgl. Roland Merten, Thomas Olk, «Sozialpädagogik als Profession. Historische Entwicklung und künftige Perspektiven», in: Arno Combe, Werner Helsper (Hg.), *Pädagogische Professionalität. Untersuchungen zum Typus pädagogischen Handelns*, 2. Aufl., Frankfurt a. M. 1997, S. 570–613.
15 Merten/Olk (wie Anm. 14), S. 577.
16 Nebst zeitgenössischen Artikeln in der Fachpresse und Büchern stehen vor allem Jahresberichte der Tuberkulosefürsorgestelle Basel und der Zürcherischen Liga zur Bekämpfung der Tuberkulose, Vorträge, Aufklärungsschriften und Flugblätter im Vordergrund. Zudem wurden Gesetzestexte und Verordnungen des Bundes und des Kantons Basel zugezogen. Eine weitere Grundlage der Arbeit bilden unveröffentlichte Quellen. Es sind dies vor allem Statuten und Reglemente der Tuberkulosefürsorgestelle Basel, Briefwechsel und einige wenige aufbewahrte Fallakten. Diese Materialien sind zum einen bei der Beratungsstelle für Lungen- und Tumorkranke Basel-Stadt, im Staatsarchiv Basel (dort vor allem unter: Sanitätsakten Q 3.13; Tuberkulose, Tuberkulosestelle, Vitaminuntersuchungen 1896–1938) und in der Schweizerischen Landesbibliothek (dort vor allem Ablage V Basel-Stadt 2546; Basler Hilfsverein für Brustkranke Basel-Stadt, Baselstädtische Liga zur Bekämpfung der Tuberkulose) zu finden.
17 Vgl. Lutz Niethammer, «Fragen – Antworten – Fragen. Methodische Erfahrungen und Erwägungen zur Oral History», in: Ders., Alexander von Plato (Hg.), *«Wir kriegen jetzt andere Zeiten». Auf der Suche nach der Erfahrung des Volkes in nachfaschistischen Ländern* (Lebensgeschichte und Sozialkultur im Ruhrgebiet 1930 bis 1960, Bd. 3), 1985, S. 392–445.
18 Vgl. Anselm Strauss, Juliet Corbin, *Grounded Theory. Grundlagen qualitativer Sozialforschung*, Weinheim 1996.
19 In der Schweiz starben im Durchschnitt im Jahrfünft von 1891–1895 26,4 Menschen auf 10 000 Einwohner an Tuberkulose; im Durchschnitt des Jahrfünfts von 1896–1900 waren es 25,8; 1901–1905 26,5; 1906–1910 23,8; 1911–1915 20,1 (vgl. Hürlimann, «Die schweizerische Mortalitätsstatistik und ihre Beziehungen zum Kampfe gegen die Tuberkulose», *Zeitschrift für schweizerische Statistik* 38 (1902), S. 362–377, hier S. 363; vgl. A. Sauter, «Die Tuberkulosesterblichkeit», in: Hans Birkhäuser (Hg.), *Die Tuberkulosebekämpfung in der Schweiz*, Basel, New York 1954, S. 40–66, hier S. 42.
20 Vgl. zum Beispiel die Ergebnisse der Untersuchungen von F. Reiche, «Die Dauererfolge der Heilstättenbehandlung Lungenschwindsüchtiger», *Münchener Medizinische Wochenschrift* 49 (1902), S. 1369–1373; Hammer, «Die Heilstättenbehandlung der Tuberkulose», *Münchener*

Medicinische Wochenschrift 49 (1902), S. 1181–1185; Emil Finkbeiner, *Die ersten 1010 Fälle der Basler Heilstätte für Brustkranke in Davos-Dorf,* Basel 1904; Fritz Walther, «Über Dauererfolge bei Sanatoriumsbehandlung und den Wert von Volksheilstätten», *Zeitschrift für schweizerische Statistik* 31 (1905), S. 43–72.

21 Felix Wolff, «Über das Verhältnis der Infectionsgefahr zum wirklichen Erkranken bei Tuberculose», *Münchener Medicinische Wochenschrift* 39 (1892), S. 322–333, hier S. 928.

22 So wurde im Jahresbericht der Tuberkulose-Kommission Zürich-Stadt von 1917, S. 10, beispielsweise erklärt: «Selbstverständlich kann es sich niemals darum handeln, die Leute einfach über Wasser zu halten; unsere Leistungen sind Heil- und Verhütungsmittel, die nur angewendet werden, wenn ein Dauererfolg in Aussicht steht.»

23 Protokolle der Kommission, des Ausschusses und der Jahresversammlung des Basler Hilfsvereins für Brustkranke: Regulativ für die Tuberkulosefürsorgestelle in Basel von 1911, bei der Beratungsstelle für Lungen- und Tumorkranke Basel-Stadt, Mittlere Strasse 35, 4056 Basel, ohne Signatur.

24 Albert Reichen, «Auskunfts- und Fürsorgestellen für Lungenkranke», *Sozialpolitische Zeitfragen der Schweiz* (1909), Heft 4/5, S. 16.

25 Wie Beispiele aus dem Jahresbericht zeigen, konnte es vorkommen, dass der Hausbesuch dem Arztbesuch vorausging. Dies war offenbar dann der Fall, wenn die Fürsorgerin auf ihren zahlreichen Hausbesuchen darauf angesprochen wurde, bei jemandem, der vielleicht an Tuberkulose leide, vorbeizuschauen: «Von privater Seite werden wir gebeten, Familie Z. zu besuchen» (Schweizerische Landesbibliothek, Ablage V Basel-Stadt 2546. Basler Hilfsverein für Brustkranke Basel-Stadt, Baselstädtische Liga zur Bekämpfung der Tuberkulose, Tuberkulosefürsorgestelle Basel, *Jahresbericht,* Basel 1919, S. 12).

26 Vgl. Schweizerische Landesbibliothek, Ablage V Basel-Stadt 2546. Basler Hilfsverein für Brustkranke Basel-Stadt, Baselstädtische Liga zur Bekämpfung der Tuberkulose, Tuberkulosefürsorgestelle Basel, *Jahresbericht,* Basel 1924, S. 13.

27 Friedrich Schmid, «Der Schutz der Kinder gegen die Tuberkulose», *Gegen die Tuberkulose* (1911), S. 57–65, hier S. 59.

28 Heinrich Zangger, *Verbreitungswege des Bazillus. Die Gefährdeten,* Zürich 1911, S. 7 (H. i. O.). Im gleichen Tonfall zum Beispiel auch Walter Sahli, «Wie schützt man sich und Andere gegen Tuberkulose?», *Schweizerische Blätter für Gesundheitspflege* (1891), Beilage zu Heft 7, S. 8, oder Wilhelm von Gonzenbach, *Von der Bazillenangst,* Beilage zum Jahresbericht der Tuberkulose-Kommission Zürich-Stadt 1928, S. 23–31, hier S. 30.

29 Medizinische Gesellschaft, Basler Hilfsverein für Brustkranke, *Merkblatt,* Basel 1903.

30 Medizinische Gesellschaft, Basler Hilfsverein für Brustkranke, *Wie bewahren wir uns vor Tuberkulose? Nützliche Ratschläge für Jedermann,* Basel o. J.

31 Medizinische Gesellschaft, Basler Hilfsverein für Brustkranke (wie Anm. 29). Auch die «Anweisungen» aus Zürich hielten ausdrücklich fest: «Es ist Pflicht der Kranken und ihrer Angehörigen, auf peinliche Reinhaltung der Wohnung zu achten durch fleissige Lüftung, Besonnung, regelmässiges *feuchtes* Aufwischen das Bodens.» (Zürcherische Liga zur Bekämpfung der Tuberkulose [Hg.], «Anweisungen zur Desinfektion zu Handen der Fürsorgestellen», *Gegen die Tuberkulose* [1911], S. 124.) Aufgrund des Staubes am Boden hiess es aber auch im Basler Merkblatt: «Man halte die Kinder stets sauber, vor allem an Händen und im Gesicht und lasse sie nicht auf unreinem Zimmerboden herumrutschen». (Medizinische Gesellschaft, Basler Hilfsverein für Brustkranke [wie Anm. 29].)

32 Vgl. Cornelia Behnke, *«Frauen sind wie andere Planeten». Das Geschlechterverhältnis aus männlicher Sicht,* Frankfurt a. M. 1997, S. 19 ff., bes. S. 27.

33 F. Schneiter, «Die rechtlichen Grundlagen der Zwangsversorgung asozialer Tuberkulöser», *Gegen die Tuberkulose* (1941), S. 88–92, hier S. 92.

34 Walter Kürsteiner, «Die Ausbildung des Tuberkulosefürsorge- und Pflegepersonals, seine berufliche Gefährdung und die zu seinem Schutz zu beobachtenden Massnahmen», *Gegen die Tuberkulose* (1922), S. 4–9.

35 Fritz Egger, «Baselstadt», in: Schweizerische Zentralkommission und die übrigen schweizeri-

schen, kantonalen und kommunalen Vereinigungen zur Bekämpfung der Tuberkulose (Hg.), *Bericht 1908,* Bern 1909, hier S. 34.
36 Kürsteiner (wie Anm. 34), S. 4.
37 Vgl. Barbara Ruf, *Zwischen Integration und Widerstand. Der Einfluss der Frauenbewegung auf die Verberuflichung und Professionalisierung der Sozialarbeit in der Schweiz von der Jahrhundertwende bis 1935,* Lizentiatsarbeit Fribourg 1994; vgl. Schweizerisches Sozialarchiv, Ecole d'Etudes sociales pour Femmes (Hg.), Dossier 361/14 Z1; vgl. Paul Hofer, «Skizzen zur Geschichte der Erzieherausbildung in der Schweiz seit 1900», in: Verein für Jugendfürsorge Basel (Hg.), *Materialien zur Heimerziehung Jugendlicher aus den Jahren 1933–1984,* Zürich 1984, S. 227–253.
38 Vgl. Schweizerische Landesbibliothek, Ablage V Basel-Stadt 2546. Basler Hilfsverein für Brustkranke Basel-Stadt, Baselstädtische Liga zur Bekämpfung der Tuberkulose, Tuberkulosefürsorgestelle Basel, *Jahresbericht,* Basel 1944.
39 Vgl. Robert Kipfer, «Die medizinischen und sozialen Probleme der Tuberkulose-Bekämpfung in der Schweiz», *Gegen die Tuberkulose* (1953), S. 1–23, hier S. 18.
40 Vgl. Pierre Guillaume, *Du désespoir au salut: les tuberculeux aux 19e et 20e siècles,* Paris 1986.
41 Vgl. Schweizerische Landesbibliothek, Ablage V Basel-Stadt 2546. Basler Hilfsverein für Brustkranke Basel-Stadt, Baselstädtische Liga zur Bekämpfung der Tuberkulose Tuberkulosefürsorgestelle Basel, *Jahresbericht,* Basel 1924, S. 14.
42 Bundesgesetz betreffend Massnahmen gegen die Tuberkulose vom 13. Juni 1928, in: Bereinigte Sammlung der Bundesgesetze und Verordnungen 1848–1947, Bern 1950.
43 Vgl. Art. 1 der Verordnung I über Tuberkuloseversicherung vom 19. Januar 1944, in: ebd.
44 Vgl. Bundesgesetz über die Kranken- und Unfallversicherung vom 13. Juni 1911, in: ebd.
45 Gesetz betreffend obligatorische Krankenversicherung vom 19. November 1914, in: Basel-Stadt, Gesamtausgabe der Basler Gesetzessammlung, Basel 1961.
46 Kipfer (wie Anm. 39), S. 11.
47 Schweizerische Landesbibliothek, Ablage V Basel-Stadt 2546. Basler Hilfsverein für Brustkranke Basel-Stadt, Baselstädtische Liga zur Bekämpfung der Tuberkulose, Tuberkulosefürsorgestelle Basel, *Jahresbericht,* Basel 1950, S. 16.
48 Vgl. Schweizerische Landesbibliothek, Ablage V Basel-Stadt 2546. Basler Hilfsverein für Brustkranke Basel-Stadt, Baselstädtische Liga zur Bekämpfung der Tuberkulose Tuberkulosefürsorgestelle Basel, *Jahresbericht,* Basel 1953, S. 11 und Interview IV/161.
49 H. Bächler, «Case-work in der Tuberkulosefürsorge», *Gegen die Tuberkulose* (1953), S. 232 bis 239, hier S. 238.
50 Ebd., S. 234.
51 Vgl. Interview V/992 f.
52 Schweizerische Landesbibliothek, Ablage V Basel-Stadt 2546. Basler Hilfsverein für Brustkranke Basel-Stadt, Baselstädtische Liga zur Bekämpfung der Tuberkulose, Tuberkulosefürsorgestelle Basel, *Jahresbericht,* Basel 1960, S. 19.
53 Hertha Kraus, *Case work in USA. Theorie und Praxis der Einzelfallhilfe,* Frankfurt a. M. 1950, S. 38.
54 Interview IV/821.
55 Interview IV/848, 850.
56 Interview IV/989.
57 Mit Blick auf die gesamte Schweiz ist eine ähnliche Entwicklung festzuhalten. Allerdings konnte gesamtschweizerisch gesehen keine vergleichbar ausgeprägte Annäherung an ein Zuständigkeitsmonopol von Fürsorgerinnen erreicht werden wie in Basel (vgl. die Zusammenstellung der Anzahl Stellen für Fürsorgerinnen und ihre Besetzung bei Tromp (wie Anm. 6), S. 110 ff.
58 Interview IV/374 f.
59 Vgl. Tromp (wie Anm. 6).

Nicole Schaad

Medizin in der Fabrik

Die Rolle der Fabrikärzte in der Basler Chemieindustrie (1874–1940)

Dieser Aufsatz untersucht die Entstehungsgeschichte des fabrikärztlichen Dienstes in der Basler Chemieindustrie und geht folgenden Fragen nach: Über welchen Handlungsspielraum und welche Kompetenzen verfügten die Fabrikärzte im Betrieb? Welche Kriterien spielten für die Beurteilung von Berufskrankheiten eine Rolle? Wie veränderten medizinische Reihen- und Laboruntersuchungen die Wahrnehmung von Berufskrankheiten? Und welche Konsequenzen hatte dies für den betrieblichen Umgang mit Berufskrankheiten?
Zuerst beleuchte ich die ärztlichen Untersuchungsmethoden und die damit verbundene Selektionsmacht bei der Einstellung von Chemiearbeitern. Danach fokussiere ich die Deutungsmacht des Fabrikarztes bei der Diagnose von Berufskrankheiten. Anhand der Auseinandersetzung um die Berufskrankheit Blasenkrebs untersuche ich den medizinischen Diskurs und seinen Einfluss auf die betriebliche Praxis. Abschliessend skizziere ich die Bedeutung medizinischer Reihenuntersuchungen sowohl für die Erfassung, Beurteilung und Wahrnehmung von Berufskrankheiten als auch für die Arbeitsmedizin.[1] Die fabrikärztlichen Aufgaben waren im untersuchten Zeitraum von 1874 bis 1940 einem grundlegenden Wandel unterworfen. In der ersten Phase (1874–1900) konzentrierte sich der Fabrikarzt auf die Eintrittsuntersuchungen und die ambulante Behandlung von verunfallten und erkrankten Arbeitern. In der zweiten Phase (1900–1940) gewannen die Erforschung von Krankheitsursachen und die Prophylaxe allgemein an Bedeutung. Mit dieser zeitlichen Segmentierung möchte ich einleitend zwei Thesen verknüpfen:
1. Im 19. Jahrhundert wurden allgemein ausgebildete Mediziner als Fabrikärzte beschäftigt. Sie spezialisierten sich erst im Laufe ihrer Tätigkeit, in der sie sich Fachwissen über gesundheitsschädliche Wirkungen von chemischen Substanzen aneigneten. Dieses spezifische Wissen und der «exklusive» Zugang zu erkrankten Arbeitern sicherten ihnen einen Expertenstatus. Stärker als in Deutschland kam den Fabrikärzten in der Schweiz eine ambivalente Doppelrolle zu: einerseits als behandelnde und kontrollierende Ärzte im Betrieb, andererseits als beurteilende

Experten in der Krankenversicherung.[2] Aufgrund ihrer vielseitigen Tätigkeiten standen die Fabrikärzte im Spannungsfeld betrieblicher, medizinischer und sozialpolitischer Interessen. Nichtsdestotrotz verfügten sie bei der Beurteilung von Berufskrankheiten über eine relativ unbestrittene Deutungsmacht, die erst durch die staatlichen Arbeitsärzte Ende der 1930er-Jahre Konkurrenz erhielt.

2. Mit dem kontinuierlichen Ausbau des medizinisch-therapeutischen Angebotes war eine gegenläufige Tendenz verbunden. Zwar verbesserten sich die Behandlungsmöglichkeiten von Erkrankten und Verunfallten, gleichzeitig stieg aber auch das Kontroll- und Disziplinierungspotential der Fabrikärzte gegenüber Arbeitern zugunsten einer betrieblichen Effizienz- und Leistungssteigerung. Dieser Leistungsmaxime kamen die neuen wissenschaftlichen Fachrichtungen – wie etwa die Arbeitsmedizin – und die fabrikärztlichen Einrichtungen in ihrem Professionalisierungsstreben entgegen.[3]

Die Suche nach «widerstandsfähigen» Arbeitern

Der fabrikärztliche Dienst ist sowohl Bestandteil jener betrieblichen Sozialpolitik, mit der die Unternehmer im 19. Jahrhundert die materielle Arbeits- und Lebenssituation der Arbeiter verbessern wollten, als auch eine Reaktion auf die zunehmenden staatlichen Kontrollen und die spezifischen Gesundheitsgefahren (Anilin-, Arsen-, Schwefelsäure- und Chlorvergiftungen) in der Chemieindustrie. Analog zur Entwicklung in deutschen Teerfarbenfabriken beschäftigte die Basler Firma Bindschedler & Busch (seit 1884 CIBA)[4] 1874 erstmals einen Arzt im Nebenamt, der die Arbeiter vor dem Eintritt in den Betrieb zu untersuchen hatte: «Beim Eintritte in die Fabrik passirt jeder Arbeiter Visite des Fabrikarztes Herrn Dr. Liechtenhahn und werden nur von ihm als ‹gesund› befundene Arbeiter angestellt. Einige Male per Jahr werden sämtliche Arbeiter nochmals ärztlich untersucht.»[5] Wie oft und wie systematisch Fabrikarzt Fritz Lichtenhahn (1841 bis 1891) solche medizinischen Kontrollen durchgeführt hat, lässt sich aufgrund der spärlichen Aktenlage nicht erschliessen. Regelmässige medizinische Untersuchungen hätten bei den 120 Arbeitern immerhin einen relativ grossen Aufwand – bei einer rudimentären ärztlichen Infrastruktur – bedeutet.[6]

Bei den Eintrittsuntersuchungen ging es vornehmlich um die Selektion «arbeitsfähiger» Arbeiter: «Zum Eintritt als Arbeiter werden nur solche angenommen, welche nach erfolgter Untersuchung durch den Fabrikarzt als tauglich bezeichnet werden.»[7] Die Begriffe «gesund» oder «tauglich» bedeuten in diesem Kontext nicht nur, keine Krankheiten zu haben, sondern auch, kräftig gebaut zu sein. Dies war eine zentrale Voraussetzung für die körperlich anstrengende Arbeit in der chemischen Produktion jener Zeit. Dem liegt auch die Vorstellung zugrunde, dass

muskulöse und gesund ernährte Arbeiter[8] gegenüber gesundheitsschädlichen Substanzen «widerstandsfähiger» seien.
Bei den medizinischen Kontrollen rekurrierten die Fabrikärzte in der zweiten Hälfte des 19. Jahrhunderts auf Zustandsbeschreibungen, Messungen des Körpers (Körperbau, Körpergrösse) und einfache Kontrollen der inneren Organe. Den rudimentären Charakter dieser Untersuchungen verdeutlicht exemplarisch eine Eintrittsuntersuchung von 1884: «Zunge: rein, Zähne: gut, Herz: gut, Rechte Lunge: oben vorn und hinten Dämpfung, und abgeschwächtes Athmen, linke Lunge: Vesiculär athmen (d. i.: normal), Bemerkungen: Phthisis (d. i.: Lungenschwindsucht), Rachenkatarrh.»[9] Der Arzt begutachtete Zunge und Zähne des Arbeiters und tastete, klopfte und hörte die inneren Organe ab. Von besonderem Interesse waren mögliche Funktionsstörungen der Lunge, da die Mediziner bei Atmungserkrankungen und Tuberkulose von einer höheren Krankheitsanfälligkeit (Disposition) ausgingen. Seit 1934 stand dem Fabrikarzt ein Röntgenapparat zur Verfügung, um bei unsicherem Lungenbefund die mehrdeutigen «Krankheitszeichen» präziser erfassen zu können. In den 1940er-Jahren mussten sich alle Arbeiter vor ihrem Eintritt in die Chemiefabrik Röntgenuntersuchungen, Blutsenkungsreaktionen und Hämoglobinmessungen unterziehen.[10] Dieser kontinuierliche Ausbau medizinischer Kontrollen führte zu einer zunehmenden Instrumentalisierung der Arbeiter beziehungsweise ihrer Körper durch die Produktionslogik. Und da der Gesundheitszustand ein zentrales Anstellungs- und Entlassungskriterium war, erhielt der Fabrikarzt durch seine Kontrollen grosse Definitions- und Verfügungsmacht im Betrieb. Dabei entwickelte sich die Gesundheit zu einem zentralen ökonomischen «Tauschwert».
Neben den physiologisch-kausalen Angaben stützte sich der Fabrikarzt bei seiner Untersuchung auch auf persönliche Eindrücke. Dazu gehörten die Beschreibungen des Gemütszustandes, des Verhaltens und der Intelligenz, die er über Gespräche und eigene Beobachtungen zu erfassen versuchte und die für die Beurteilung der Arbeitsfähigkeit ebenfalls eine Rolle spielten.
Grundsätzlich galt das Prinzip: je gefährlicher die Arbeit, desto strenger die Auswahl. Die Ausführlichkeit der Untersuchungen wie auch die Strenge der Selektion variierten indes nach der Arbeitsmarktlage beziehungsweise nach dem Bedarf an Arbeitskräften. Indem die Betriebe bei guter Konjunktur vorwiegend Arbeiter mit befristeter Anstellung beschäftigten, die sie im Erkrankungsfall sofort entlassen konnten, wälzten sie die Kosten einer Erkrankung und das Risiko der Erwerbslosigkeit auf die Arbeiter ab.[11]
Die Frage nach der Krankengeschichte wurde seit der Jahrhundertwende immer häufiger zum Ausgangspunkt der (Eintritts-)Untersuchungen. Um an die notwendigen Informationen zu gelangen, drohten die Firmen bei Verschweigen früherer Krankheiten mit Sanktionen: «Arbeiter, welche frühere Krankheiten, oder körper-

liche Gebrechen verheimlichen, werden beim Bekanntwerden sofort entlassen und haben keinen Anspruch auf Entschädigung.»[12]

Die Krankengeschichte war insofern wichtig, als die Mediziner von einer vererbten oder erworbenen «Krankheitsbereitschaft» (Disposition) ausgingen, die sich in der Industrie zu einem wichtigen Selektionskriterium entwickelte. Die Beurteilung der Disposition durch den Fabrikarzt hing primär vom jeweiligen medizinischen Wissensstand ab. Aufgrund seiner praktischen Erfahrungen mit Erkrankungen erweiterte CIBA-Fabrikarzt Heinrich Riggenbach (1871–1962) in den 1920er-Jahren die Ausschlusskriterien bei der Eintrittsuntersuchung um die Frage, «ob in der Familie des Patienten oder bei ihm selbst Erkrankungen an Krebs, Tuberkulose oder Lues [Syphilis] vorgekommen sind».[13] Arbeiter aus «Karzinom- oder Tuberkulosefamilien» oder andere «ungeeignete Personen» (wie etwa Epileptiker) wurden in der Chemieindustrie nicht angestellt. Für die betriebliche Praxis und insbesondere die Arbeiter bedeutete dies, dass nicht nur frühere Krankheiten, sondern auch familiäre Krankheiten nun meldepflichtig wurden.

Die häufigen Erkrankungen älterer Arbeiter interpretierten die Mediziner mit einer grösseren Widerstandskraft jüngerer. Für gefährliche Arbeiten bevorzugten die Betriebe daher jüngere, gesunde männliche Arbeiter ohne Krebsfall in der Familie.[14] In den 1940er-Jahren änderten sie indes ihre Anstellungspraxis, indem sie in den gefährlichen Produktionslokalen vermehrt ältere Arbeiter beschäftigten. Dies hatte weniger mit der Arbeitserfahrung als mit der hohen Latenz (durchschnittlich 17 Jahre!) bei Blasenerkrankungen zu tun. So sah CIBA-Fabrikarzt Fritz Uebelin (1892–1969) bei der Beschäftigung älterer Arbeiter in der Chemieproduktion ein geringeres Erkrankungsrisiko, gerade weil «die Entstehung von Tumoren nicht mehr erlebt wird».[15] Vielleicht dachte er dabei an die möglichen Leiden, die einem Arbeiter erspart würden. Dennoch wirkt seine Argumentation zynisch, weil er in fatalistischer Manier die Gesundheitsschädigung akzeptierte, anstatt nach einer effizienten Prophylaxe zu suchen. Damit stellte er betriebliche Interessen über den Gesundheitsschutz der Arbeiter.

Zusammenfassend kann man sagen, dass sich das Hauptaugenmerk bei der Einstellungsuntersuchung auf die individuelle Disposition konzentrierte. Bei der Suche nach dem Ideal des «widerstandsfähigen Arbeiters» rekurrierten die Ärzte auf die Krankengeschichte und eine allgemeine medizinische Untersuchung. Neben dem Alter und dem Geschlecht beeinflussten auch körperliche Merkmale (kräftige, gesunde Arbeiter) und charakterliche Eigenschaften (Fleiss, Zuverlässigkeit, Aufmerksamkeit) die Selektion. Das konsequente Ausblenden des Produktionszusammenhanges und die zunehmende Betonung der Disposition von individuellen Faktoren führten zur Individualisierung von Erkrankungsrisiken.[16]

Die Bedeutung der fabrikärztlichen Diagnose

War bei mechanischen Verletzungen oder akuten Vergiftungen ein Zusammenhang zwischen Stoff und Erkrankung meist offensichtlich, so gestaltete sich der Nachweis bei Berufskrankheiten nach wiederholter Einwirkung schädlicher Substanzen schwieriger. Das Kranken- und Unfallversicherungsgesetz (KUVG, 1912) verlangte einen «erwiesenermassen» gegebenen oder «ausschliesslichen» Zusammenhang von Stoff und Erkrankung. Stand die Substanz auf der bundesrätlichen Giftliste, war der Nachweis einer Berufskrankheit wahrscheinlicher als bei Substanzen, die (noch) nicht als schädlich deklariert waren.[17] Vermutete der Fabrikarzt aufgrund seiner Diagnose eine Berufskrankheit, schickte er das Dossier zur Beurteilung an die Schweizerische Unfallversicherungsanstalt (SUVA). Diese hatte nach Abklärungen über die Arbeitsverhältnisse im betreffenden Produktionslokal zu entscheiden, ob eine Berufskrankheit vorlag oder nicht. Da in der Chemieproduktion fortlaufend neue Substanzen zur Anwendung kamen, die noch nicht auf der Giftliste standen oder deren gesundheitsschädliche Wirkung selbst Fachleute nicht kannten, war ein kausaler Nachweis indes schwer zu erbringen. So suchte der Fabrikarzt die Ursachen einer Erkrankung zunehmend in der «Prädisposition», «Hypersensibilität» und fehlenden «Widerstandskraft» der Arbeiter. Erst wenn deren mehrere in einem Lokal erkrankt waren und vergleichbare Erkrankungssymptome zeigten (Reihenerkrankungen), zog er eine gesundheitsschädigende Wirkung chemischer Substanzen in Erwägung.

Bei seiner Tätigkeit unterstand der Fabrikarzt der ärztlichen Schweigepflicht und zudem – wie die Betriebschemiker – dem Fabrikgeheimnis, sobald es um Angaben über Einrichtungen, Verbrauchsartikel und Fabrikate gegenüber Dritten ging. Ob die Fabrikärzte ihre Schweigepflicht gegenüber den Vorgesetzten einhielten, ist angesichts des direkten Anstellungsverhältnisses zu bezweifeln. Schliesslich landeten die Kranken- und Unfallprotokolle mit den Angaben der ärztlichen Diagnose auf dem Tisch der Unternehmensleitung.[18]

Zur Beurteilung von Berufskrankheiten wurden auch Ärzte der Universitätskliniken beigezogen. Vermuteten diese Ärzte eine Berufskrankheit, waren sie zurückhaltend in ihrer Diagnose oder lehnten eine solche gar ab. Gründe dafür erkannte der Zürcher Toxikologe und Gerichtsmediziner Heinrich Zangger in falschen Annahmen oder fehlendem Interesse, die manche Diagnose verhindert hätten: «Einzelne Ärzte haben auch bei Todesfällen trotz telephonischer Mitteilung von mehrfachen Erkrankungen gleicher Art, nicht den sich aufdrängenden Schluss gezogen. [...] Auch nehmen viele Spitalabteilungen gegenüber Verdacht von gewerblichen Vergiftungen eine prinzipiell ablehnende Haltung ein [...].»[19]

Durch das defensive Verhalten der frei praktizierenden Ärzte wuchs den Fabrikärzten grosse Definitionsmacht bei Berufskrankheiten zu. Sie bestimmten mit der

Diagnose die Dauer und den Umfang der Arbeitsunfähigkeit erkrankter Arbeiter. Ihr Deutungsmonopol festigten sie durch den exklusiven Zugang zu betrieblichem Wissen und durch medizinische Reihenuntersuchungen im Betrieb. Diese Kombination von Wissen sicherte ihnen den Expertenstatus und machte ihre Stellung unumstritten, zumal die staatlichen Kontrollorgane in den ersten Jahrzehnten des 20. Jahrhunderts medizinische Zusammenhänge weitgehend vernachlässigten. Erst mit der Schaffung eines ärztlichen Dienstes mit eigenem Forschungsbereich durch staatliche Kontrollstellen entstand den Fabrikärzten allmählich eine Konkurrenz bei der Beurteilung von Berufskrankheiten.[20]

Das interne «Krankenwesen»

Die medizinische Abteilung bei CIBA wurde in der Zwischenkriegszeit durch die bereits erwähnten Fabrikärzte Fritz Uebelin und Heinrich Riggenbach massgeblich ausgebaut. Heinrich Riggenbach hatte während des Ersten Weltkrieges als ehemaliger Sanitätsoberst einschlägige Erfahrungen auf dem Gebiet der Chirurgie gesammelt, bevor er auf Empfehlung seines Vorgängers Hans Burckhardt am 9. September 1927 in die CIBA eintrat.[21] Und Fritz Uebelin hatte während des Studiums in der Studentenverbindung Zofingia erste Kontakte zu Chemikern und Ärzten geknüpft und durch Vermittlung seines Freundes Riggenbach am 8. Juni 1928 eine Anstellung in der CIBA erhalten.[22] Neben ihrer Teilzeitarbeit als Fabrikärzte unterhielten beide eine ärztliche Praxis. Allein als Fabrikärzte verdienten sie in den 1930er-Jahren rund 8000 Franken jährlich, was ungefähr dem Lohn eines Chemikers entsprach, der direkt von der Hochschule kam (Abb. 1).[23]

Die Einrichtung der ärztlichen Praxis war mit jener frei praktizierender Ärzte vergleichbar. Der fabrikärztliche Dienst umfasste damals ein Krankenzimmer, einen Büroraum, ein Sprechzimmer, ein Verbandszimmer, ein Beleuchtungs- und Badezimmer sowie ein Wartezimmer mit Toilette. Ende der 1940er-Jahre gehörten zwei mittlerweile vollamtlich angestellte Fabrikärzte, sechs Sanitäter, zwei Laborantinnen, eine Röntgenassistentin und eine Hilfskraft zum Personalbestand – was durchaus vergleichbar war mit der Sanitätsstation eines Krankenhauses.[24]

Bei der neuen fabrikärztlichen Abteilung wurden zweckmässige Untersuchungs- und Behandlungsmöglichkeiten eingerichtet, die von den Beschäftigten intensiv genutzt wurden. Allein in der Zeit von 1928 bis 1935 verdoppelte sich die Zahl der Konsultationen, wobei sie bei Riggenbach um die Hälfte[25] und bei Uebelin um zwei Drittel stiegen.

Rund zehn Prozent der Konsultationen bestanden bei beiden Fabrikärzten aus Hausbesuchen, die sowohl der medizinischen Betreuung als auch der Kontrolle dienten, ob der erkrankte oder verunfallte Arbeiter sich tatsächlich ausruhte (und

Fabrik-Krankenwesen.

Bekanntmachung.

Wir verweisen auf den **Art. 2** unserer **Fabrikordnung** und bringen zur Kenntniß, daß unser **Fabrikarzt** Herr Dr. **Hans Burckhardt** jeden **Wochentag Vormittags** von **10 Uhr** an im **Krankenzimmer der Fabrik** Sprechstunde hält und in **dringenden Fällen** die übrige Zeit in seiner Wohnung **Freiestraße Nr. 4 (Telephon Nr. 1323)** aufzusuchen ist.

Jeder Arbeiter, der sich **unwohl fühlt**, oder **irgendwie verletzt** ist, hat seinem Vorgesetzten **sofort Anzeige zu machen** und sich zur ärztlichen Behandlung im Wartzimmer einzufinden. Die Herren Chemiker und Meister melden die Erkrankten oder Verletzten, wie bis anhin, bei Herrn Wortmann an, dem das Fabrik-Krankenwesen übertragen und welcher beauftragt ist, in Abwesenheit des Fabrikarztes die nötigen Anordnungen zu treffen.

Schwerer Erkrankte, welche die Anzeige **persönlich nicht machen können**, sollen ihre Erkrankung entweder durch ein Angehöriges, einen Nebenarbeiter oder schriftlich zur Kenntniß der Vorgesetzten bringen.

Es steht **allein** dem Ermessen des **Fabrikarztes** anheim, **anderweitige ärztliche Hilfe herbeizuziehen, für eigenmächtiges Handeln** haftet die Gesellschaft nicht.

Die Arbeiter haben sich den **Weisungen des Arztes** genau zu unterziehen, ansonsten jede Unterstützungspflicht abgelehnt wird.

Basel, den 24. Mai 1895.

Die Direktion
der Gesellschaft für Chemische Industrie
in Basel.

Abb. 1: «Fabrik-Krankenwesen»

nicht einer anderen Arbeit nachging) und die verschriebenen Medikamente einnahm.[26] Mit dem zunehmenden Angebot therapeutischer Behandlungsmethoden im Betrieb verloren die Hausbesuche allerdings an Bedeutung. Von 1934 bis 1941 stiegen die Behandlungen durch die Quarz- und Soluxlampe wegen Rheumaerkrankungen oder Allergien beinahe um das Doppelte (von 837 auf 1502) und gleichzeitig verlängerten sich auch die Behandlungszeiten der Patienten.[27] Diese poliklinische Behandlung im Betrieb führte alsbald zu einem Interessenkonflikt mit den frei praktizierenden Ärzten. In der Folge mussten die Fabrikärzte ihr Therapieangebot nach dem Zweiten Weltkrieg reduzieren und sich vermehrt der Prophylaxe zuwenden.[28]

Das interne Krankenwesen bot den Arbeitern eine prompte und angemessene Behandlung bei Unfällen und Vergiftungen, da die diagnostischen und therapeutischen Einrichtungen auf die betrieblichen Arbeitsbedingungen abgestimmt waren. Zudem ermöglichten die praktischen Erfahrungen des Fabrikarztes und sein Einblick in die Arbeitsabläufe eine angemessene Behandlung, und die frühzeitige Diagnose erhöhte die Heilungschancen bei Berufskrankheiten. Als Nachteil für die Arbeiter könnte allerdings die verstärkte Kontrolle gesehen werden. Denn im Interesse des Betriebes hatte der Fabrikarzt fortlaufend ihre «Arbeitsfähigkeit» zu kontrollieren und bei Erkrankung einen allfälligen Arbeitswechsel oder gar eine Kündigung einzuleiten. Im Unterschied zum frei praktizierenden Arzt war der Fabrikarzt in die betriebliche Hierarchie eingebunden und dem Management rechenschaftspflichtig. Laut Arbeitsvertrag hatte er zwar Vorschläge zur Verbesserung hygienischer Schutzeinrichtungen zu machen, doch fehlten ihm die Möglichkeiten und Entscheidungskompetenzen, seine Vorschläge umzusetzen. Die teilzeitlich angestellten Fabrikärzte beschränkten ihre Arbeit auf medizinische Routinekontrollen, bei denen sie in einem kontinuierlichen Spannungsfeld von behandelnden und kontrollierenden Funktionen standen.

Die wissenschaftliche Erforschung von Berufskrankheiten: das Beispiel Blasenkrebs

Gegen Ende des 19. Jahrhunderts entwickelte sich in den europäischen Ländern allmählich ein medizinischer Diskurs über Berufskrankheiten.[29] Diesen prägten in der Schweiz vorwiegend Ärzte der lokalen Spitäler, die ihre praktischen Erfahrungen systematisch auswerteten und ihre Ergebnisse der Fachöffentlichkeit präsentierten. Im Zentrum ihrer Interessen standen die Wirkungsweise einzelner chemischer Substanzen und die Simulation möglicher Krankheitsursachen im Labor.

1895 konstruierte der deutsche Arzt Ludwig Rehn erstmals einen Zusammenhang zwischen Blasenkrebs und Anilin, nachdem er drei Arbeiter aus der Teerfarbenindustrie untersucht und bei allen eine Blasengeschwulst festgestellt hatte.[30] Mit der Annahme eines ursächlichen Zusammenhangs von Erkrankung und chemischer Substanz löste er in Fachkreisen eine Kontroverse aus, an der sich frei praktizierende Ärzte, Fabrikärzte, Unternehmer und Sozialpolitiker beteiligten. Ihre Positionen oszillierten zwischen betrieblichen, sozialen und wissenschaftlichen Interessen, wobei weitere Erkrankungsfälle neue Fakten schufen und den Verdacht eines ursächlichen Zusammenhangs erhärteten.

Als 1905 der Dornacher Arzt Robert Schedler die ersten zwei «Fälle» von Blasentumoren in der Basler Teerfarbenindustrie präsentierte, war der beruflich bedingte Blasenkrebs aufgrund der empirischen Evidenz durch Medizin, Industrie und Sozialversicherungen mehrheitlich anerkannt. Dank einer Autopsie konnte Schedler genaue Angaben zu den Symptomen und zum Verlauf der Tumore machen. Nach der Abklärung möglicher Zusammenhänge von Substanz und Erkrankung (Ätiologie) zählte er Beta-Naphthylamin und Benzidin zu den krankheitserregenden Substanzen.[31] Sieben Jahre später untersuchte der Assistenzarzt der chirurgischen Klinik Basel, Samuel Leuenberger, achtzehn Fälle von Blasenerkrankungen auf mögliche Entstehungsbedingungen eines Tumors. Unter Einbezug anderer schädlicher Substanzen (wie Teer und Russ) erkannte er, dass alle zu den aromatischen Verbindungen gehörten und als Zwischenprodukte bei der Teerfarbenproduktion angewendet wurden.[32] Offen blieben hingegen zentrale Fragen wie: Welche dieser aromatischen Verbindungen wirkte kanzerogen? Wie gelangten die chemischen Substanzen in den menschlichen Organismus? Und weshalb entfaltete sich die kanzerogene Wirkung vorwiegend in der Blase und nicht in anderen Organen? Diese Fragen sollten die Basler Fabrikärzte und die Spezialisten beschäftigen.

Medizinische Reihenuntersuchungen fördern die Prophylaxe

Als sich Ende der 1920er-Jahre in der Basler Chemiefirma CIBA schwere Blasenerkrankungen häuften, erhielt die Forschung zum beruflich bedingten Blasenkrebs neuen Auftrieb.[33] Dieses vermehrte Auftreten neuer Krebserkrankungen verdeutlichte nämlich, dass die betrieblichen Massnahmen zum Schutz der Gesundheit nicht ausreichten und auch die Arbeitsmedizin die Ursachen und Entstehungsbedingungen solcher Krankheiten zu wenig kannte.

Wenige Zeit später gelang es einem Forscher der Basler chirurgischen Klinik im Tierversuch, einen Tumor mit der Substanz Beta-Naphthylamin zu erzeugen. Dieses Ergebnis erbrachte den naturwissenschaftlichen (kausalen) Nachweis für die kanzerogene Wirkung aromatischer Amine, der von der neuen Kranken- und

Unfallversicherung zur Voraussetzung für eine finanzielle Entschädigung erklärt wurde. Beim «Anilinkrebs» hatten noch andere Beweisgründe ausgereicht: Anilin stand seit 1887 auf der bundesrätlichen Giftliste, und der Kontakt mit dieser Substanz wies statistisch gesehen ein 33-mal grösseres Risiko für Blasenkrebs aus. Zudem bestätigten Untersuchungen in deutschen Teerfarbenfabriken vergleichbare Erkrankungs- und Sterblichkeitsraten.[34]
Der Einfluss der experimentellen Laborpraxis für die Beurteilung und Anerkennung von Berufskrankheiten nahm in der Folge zu. Fortan übernahmen Tierversuche und andere Laboruntersuchungen für neuere, nicht auf der Giftliste stehende chemische Substanzen eine «Beweisfunktion». Der exakte Nachweis der gesundheitsschädlichen Substanzen und die experimentelle Erzeugung von Krankheitsbildern gewann für die Diagnose des Fabrikarztes an Bedeutung.[35]
Ende der 1920er-Jahre führte der CIBA-Fabrikarzt medizinische Reihenuntersuchungen bei «gefährdeten» Arbeitern ein, die er regelmässig auf spezifische Krankheitssymptome kontrollierte. Bis dahin mussten sich die Arbeiter aufgrund subjektiver Beschwerden (Blutharn, Harndrang) eine Krankheit eingestehen. Und da sie bei einer Krankheit ein unter dem Existenzminimum liegendes Krankengeld beziehen mussten und ihnen zugleich ein Stellenverlust drohte, zögerten die Arbeiter das Krankschreiben so lange wie möglich hinaus.[36]
Mit den periodischen Untersuchungen musste nun der Fabrikarzt aufgrund von Symptomen eine Diagnose erstellen und das Vorhandensein einer Krankheit erklären, selbst wenn die Arbeiter noch gar keine Krankheit vermuteten, denn «erst die peinlich durchgeführte ärztliche Untersuchung führte zu dessen Entdeckung».[37] Die Reihenuntersuchungen bestanden vorwiegend aus chemischen und mikroskopischen Urinproben und Bluttests, mit denen die Krankheitssymptome vom Körper der Erkrankten abgelöst wurden: «Der Urin wird alle drei Monate auf okkultes Blut untersucht, bei positivem Befund Wiederholung in einem Monat. Bei dreimaligem Nachweis werden die Leute zur Cystoskopie geschickt.»[38] Da diese prophylaktischen Massnahmen noch nicht genügten, um einen Tumor im Anfangsstadium zu erkennen, schickten die CIBA-Fabrikärzte seit 1937 alle gefährdeten Arbeiter regelmässig zur Blasenspiegelung. Innerhalb von acht Jahren machte der Basler Urologe Müller im Auftrag der Firma 358 Blasenspiegelungen bei 157 Arbeitern, wobei er elf Tumore (also bei jedem 14. Arbeiter!) entdeckte. Bei erkrankten Arbeitern wiederholte er die Untersuchung mehrmals im Monat.[39]
Die schmerzhafte und unangenehme Blasenspiegelung war zwar von den Arbeitern gefürchtet, doch mussten sie sich einer solchen Untersuchung unterziehen, wollten sie im Krankheitsfall von der Versicherung finanzielle Entschädigungen beanspruchen. Die verordneten Untersuchungen hatten eine durchaus ambivalente Wirkung. Einerseits riefen sie den Betroffenen die potentielle Erkrankungsgefahr in Erinnerung und lösten zuweilen panikartige Reaktionen aus: «Die Angst vor

dem Anilinkarzinom nahm zeitweise, wenn wieder ein Todesfall vorgekommen war, direkt den Charakter einer Psychose an.»[40] Andererseits verlangten einige Arbeiter eine Blasenspiegelung, da sie sich davon Gewissheit über ihren Gesundheitszustand erhofften.

Die Fabrikärzte hatten an den medizinischen Reihenuntersuchungen ein wissenschaftliches Interesse, weil sie dadurch die Einwirkung chemischer Substanzen empirisch untersuchen und langfristig die Wirkung therapeutischer Massnahmen beobachten konnten. In gewisser Weise stellten die Bedingungen in der Chemieindustrie eine einzigartige Laborsituation dar. Die gewonnenen Ergebnisse erlaubten den Ärzten einen systematischen Vergleich von Krankheitsursachen und Krankheitsverläufen und dienten ihrem Professionalisierungsbestreben. Nach dem Zweiten Weltkrieg veröffentlichten die Fabrikärzte Alfred Pletscher, Fritz Uebelin und Heinrich Buess erstmals Ergebnisse ihrer Reihenuntersuchungen, wobei sie bei Benzidin und Beta-Naphthylamin explizit eine gesundheitsschädigende Wirkung erwähnten.[41] Bei der Herstellung oder Verarbeitung dieser Substanzen schwankte die Häufigkeit von Erkrankungen (Morbidität) in den einzelnen Produktionslokalen zwischen 23 und 73 Prozent.[42] Diese Zahlen relativieren die Wirksamkeit medizinischer Reihenuntersuchungen und gleichzeitig die Bedeutung der Auswahl «widerstandsfähiger» Arbeiter. Erstaunen mag, dass die Chemiebetriebe trotz der negativen Erfahrungen weiterhin die stark schädlichen Substanzen verwendeten.

Fazit

– Zu den zentralen Aufgaben der Fabrikärzte zählten die Eintrittsuntersuchungen, bei denen sie «arbeitsfähige» und «gesunde» Arbeiter auszuwählen und «kranke» oder «disponierte» Arbeiter auszuscheiden hatten. Anhand der Eintrittsuntersuchungen und der regelmässigen medizinischen Kontrollen lässt sich eine Individualisierung von Gesundheitsgefahren feststellen, die den überindividuellen Ansatz der Sozialversicherung zu unterwandern drohte.

– Parallel zum Ausbau des fabrikärztlichen Dienstes vergrösserten sich das therapeutische Angebot und die Zahl der Konsultationen. Dadurch gerieten die Fabrikärzte in Konflikt mit den frei praktizierenden Ärzten. Unterstützt von der Kranken- und Unfallversicherung verschoben sich die fabrikärztlichen Aufgaben in den 1930er-Jahren von der therapeutischen Behandlung allmählich zur Prophylaxe.

– Die Einführung medizinischer Reihenuntersuchungen ermöglichte eine frühzeitige Diagnose bei Erkrankungen und erhöhte demzufolge auch die Heilungschancen beträchtlich. Dabei wird entgegen der Tendenz zur Individualisierung auch eine «kollektive Logik» sichtbar: Wer in den Lokalen der Beta-Naphthylamin- und Benzidinproduktion arbeitete, gehörte zu einer «Risikogruppe». Die betroffenen

Arbeiter wurden unabhängig von den subjektiven Krankheitssymptomen regelmässig untersucht.

– Ein konsequenter Umgang mit industriellen Gesundheitsrisiken hätte unweigerlich zu einem Verbot gesundheitsschädlicher Substanzen führen müssen und damit das wirtschaftliche Wachstum der Chemiefirmen empfindlich gestört. Stattdessen argumentierten die Unternehmer und Fabrikärzte bei der Beurteilung von Berufskrankheiten monokausal, während sie gleichzeitig komplexere Zusammenhänge mit dem Produktionsprozess konsequent ausblendeten.

– Die zunehmende Anwendung von Laboruntersuchungen bei der Beurteilung von Krankheiten und die Verwissenschaftlichung der Bestimmungsmethoden allgemein vergrösserte die Definitionsmacht der Fabrikärzte. Ihr «exklusiver Zugang» zu erkrankten Arbeitern und die systematische Auswertung von Reihenuntersuchungen sicherte ihnen einen Expertenstatus. Erst mit dem Ausbau arbeitsärztlicher Kompetenzen bei den staatlichen Kontrollstellen (zum Beispiel SUVA) entstanden Ende der 1930er-Jahre konkurrierende Deutungsmuster.

– Zwar wurden durch neue wissenschaftliche Methoden bislang unbekannte Zusammenhänge und Krankheitsursachen erschlossen, doch führte dies nicht automatisch zu einer stärkeren Thematisierung von Gesundheitsgefahren oder einem erhöhten Bewusstsein im Umgang damit. Als gegenläufige Tendenz können vielmehr Verdrängungsmechanismen beobachtet werden, die für die einzelnen Akteure (Unternehmer, Fabrikärzte, Arbeiter) je nach Handlungskontext und Deutungsmacht eine unterschiedliche Bedeutung hatten.

– Was für die Sozialversicherung im Allgemeinen gilt, trifft auch auf den fabrikärztlichen Dienst zu: Die Ursachen und die Folgen einer Erkrankung wurden zunehmend «geregelt» und «bürokratisiert». Insofern sind der Fabrikarzt und das medizinische Angebot innerhalb der Fabrik nicht nur Bestandteil einer betrieblichen Sozialpolitik, sondern auch der Moderne.

Anmerkungen

1 Dieser Artikel beruht auf meiner Doktorarbeit *Chemische Stoffe, giftige Körper. Arbeitsbedingungen und Gesundheitsrisiken in der Basler Chemieindustrie, 1860–1930* (Zürich 2002). Für Diskussion und Lektüre danke ich Monika Dommann, Ralf Michel, Gabriela Stöckli und Jakob Tanner.

2 Dies behinderte allerdings die angestrebte Professionalisierung und die dazu notwendige Unabhängigkeit weitgehend. Zur Professionalisierung der Arbeitsmedizin vgl. Irmgard Müller, Michael Martin, «Institutionalisierung und Professionalisierung der Arbeitsmedizin in Deutschland», *Archiwum Historii I Filozofii Medycyny* 61 (1998), S. 129–145.

3 Zur industriellen Arbeitsdisziplin vgl. Michel Foucault, *Überwachen und Strafen. Die Geburt des Gefängnisses,* Frankfurt a. M. 1976, S. 177 und 255; Rudolf Braun, «Der ‹gelehrige› Körper als wirtschaftlich-industrieller Wachstumsfaktor», in: *Jahrbuch des Wissenschaftskollegs zu Berlin 1989/90,* Berlin 1991, S. 201–226, hier S. 213.

4 Alexander Clavel gründete 1859 die Firma und verkaufte sie 1873 an Bindschedler & Busch. 1884 erfolgte die Umwandlung in die Aktiengesellschaft «Gesellschaft für Chemische Industrie» (CIBA). 1970 fusionierte CIBA mit Geigy zu Ciba-Geigy und diese wiederum 1996 mit Sandoz zu Novartis.
5 Staatsarchiv Basel-Stadt (StABS), Handel und Gewerbe EEE 2, 21 Bindschedler & Busch (1871–1891), Beschreibung der Fabricationsmethoden, vom 30. April 1874. Fritz Lichtenhahn hatte in Basel Medizin studiert und begann nach Auslandaufenthalten in Würzburg und Prag als Arzt zu arbeiten. 1874 erhielt er eine Anstellung als Fabrikarzt in der CIBA.
6 Heinrich Buess, «Anfänge des Umweltschutzes und der Betriebsmedizin in der Basler chemischen Industrie», *Arbeitsmedizin – Sozialmedizin – Präventivmedizin* 11 (1974), S. 252–260, hier S. 256.
7 StABS, Handel und Gewerbe EEE 2, 10 Müller-Pack, J. R. Geigy AG (1886–1930). Fabrikordnung vom Dezember 1896.
8 Der Aufsatz bezieht sich ausschliesslich auf männliche Arbeiter. Die Schutzgesetze verhinderten den stärkeren Einbezug von Frauen in der chemischen Produktion. Argumentiert wurde mit der gesundheitsschädigenden und körperlich anstrengenden Arbeit sowie den unregelmässigen Arbeitszeiten (Nacht- und Schichtarbeit).
9 StABS, Handel und Gewerbe EEE 2, 21 Bindschedler & Busch (1871–1891). Fall August Kreis-Deschwanden aus Oberwinterthur. Bericht des Kreisarztes an das Polizeidepartement vom 27. 11. 1887.
10 Firmenarchiv Novartis AG, Bestand CIBA, PE 12 Fabrikarzt. Jahresberichte Uebelin 1934, 1940.
11 Zu unterscheiden ist zwischen der Position von Hilfsarbeitern und Stammarbeitern: Erkrankte ein langjährig angestellter Arbeiter, versuchte ihn der Betrieb zu «halten», indem die Geschäftsleitung ihm einen anderen Arbeitsplatz im Hof oder Magazin zuwies.
12 StABS, Handel und Gewerbe EEE 2,21 Gesellschaft für chemische Industrie (1891–1935). Fabrikordnung vom 21. 6. 1905. Da auch die Leistungen der Haftpflicht in solchen Fällen gekürzt wurden, waren erkrankte entlassene Arbeiter doppelt benachteiligt.
13 Firmenarchiv Novartis AG, Bestand CIBA, PE 12 Fabrikarzt. Jahresbericht Riggenbach 1932.
14 Achilles Müller, «Rückblick auf die gewerblichen Blasen- und Nierenschädigungen in der Basler Farbstoffindustrie», *Schweizerische medizinische Wochenschrift* 20 (1949), S. 445–450, hier S. 449. Die Bedeutung des Alters bei Berufskrankheiten hing auch von der Altersstruktur der Beschäftigten ab; vgl. dazu Philipp Friedländer, *Über die in den Jahren 1922–1927 in der Schweiz beobachteten gewerblichen Anilinvergiftungen. Aus dem Gesundheitsamt des Kantons Basel-Stadt*, St. Louis 1930, S. 38.
15 Fritz Uebelin, Alfred Pletscher, «Ätiologie und Prophylaxe gewerblicher Tumoren in der Farbstoffindustrie», *Schweizerische Medizinische Wochenschrift* 32 (1954), S. 917–920, hier S. 920.
16 Vgl. dazu Wolfgang Hien, *Chemische Industrie und Krebs. Zur Soziologie des wissenschaftlichen und sozialen Umgangs mit arbeitsbedingten Krebserkrankungen in Deutschland*, Bremerhaven 1994, S. 223–236; Arne Andersen, *Historische Technikfolgenabschätzung am Beispiel des Metallhüttenwesens und der Chemieindustrie 1850–1933* (Zeitschrift für Unternehmensgeschichte, Beiheft 90), Stuttgart 1996, S. 366–368.
17 Die Giftliste existierte seit 1887 und wurde – mit zeitlicher Verzögerung – den neuen industriellen Verhältnissen und wissenschaftlichen Erkenntnissen angepasst.
18 Firmenarchiv Novartis AG, Bestand CIBA, PE 12 Fabrikarzt, Arbeitsvertrag Uebelin vom 31. 1. 1933.
19 Heinrich Zangger, «Ziel, Bedeutung, Notwendigkeit der medizinischen Fabrikinspektion», *Schweizerische medizinische Wochenschrift* 33 (1934), S. 761–765, hier S. 764.
20 Die SUVA eröffnete 1937 einen arbeitsärztlichen Dienst.
21 [Unbek.], «Zum Gedenken an Dr. Heinrich Riggenbach», *Basler Nachrichten*, Nr. 409, 28. 9. 1959; Heinrich Schobel, «Im Ruhestand Dr. Heinrich Riggenbach», *CIBA Blätter* 46 (1946), S. 1067.

22 Heinrich Schobel, «Dr. Fritz Uebelin», *CIBA Blätter* 117 (1953), S. 23, Firmenarchiv Novartis AG, Bestand CIBA, PE 12 Fabrikarzt, Biographische Notizen von H. Buess.
23 Nicole Schaad, «Von der Imitation zur Innovation. Der Aufbau der pharmazeutischen Abteilung in der Basler Chemiefirma Sandoz, 1918–1928», in: Hans-Jörg Gilomen et al. (Hg.), *Innovationen. Voraussetzungen und Folgen – Antriebskräfte und Widerstände,* Zürich 2001, S. 149–171, hier S. 152.
24 Walter Stegmann, «Unser Krankenwesen», *CIBA Blätter* 69 (1949), S. 3–7.
25 Zu Riggenbach liegen die Daten nur bis 1933 vor.
26 Mit der Einstellung einer Fabrikfürsorgerin 1932 fielen die Hausbesuche fortan in deren Zuständigkeitsbereich.
27 Firmenarchiv Novartis AG, Bestand CIBA, PE 12 Fabrikarzt, Jahresberichte Uebelin und Riggenbach 1934, 1941.
28 Firmenarchiv Novartis, Bestand CIBA PE 0.10 Personal, Protokolle Ausschuss für Personalfragen, Sitzung vom 22. 9. 1944. Kritik der Medizinischen Gesellschaft.
29 Zur deutschen Diskussion vgl. Walter Wetzel, *Industriearbeit, Arbeiterleben und betriebliche Sozialpolitik im 19. Jahrhundert. Eine Untersuchung der Lebens- und Arbeitsbedingungen von Industriearbeitern am Beispiel der chemischen Industrie in der Region Untermain* (Europäische Hochschulschriften, Reihe 5: Volks- und Betriebswirtschaft, 2313), Frankfurt a. M. etc. 1998, S. 127.
30 Ludwig Rehn, «Blasengeschwülste bei Fuchsin-Arbeitern», *Archiv für klinische Chirurgie* 50 (1895), S. 588–600.
31 Robert Schedler, *Zur Casuistik der Blasentumoren bei Farbarbeitern,* Dissertation (Medizinische Fakultät), Basel 1905. Rechnet man die zwei neuen Fälle von Schedler zur Gesamtbilanz, so waren insgesamt 28 Arbeiter in der Schweiz und Deutschland an Blasenkrebs infolge Anilinschädigung erkrankt.
32 Samuel G. Leuenberger, «Die unter dem Einfluss der synthetischen Farbenindustrie beobachtete Geschwulstentwicklung», *Beiträge zur klinischen Chirurgie* 80 (1912), S. 208–316.
33 Firmenarchiv Novartis AG, Bestand CIBA PE 12 Fabrikarzt. Bei CIBA starben innert weniger Jahre mehr als zwanzig Arbeiter an den Folgen eines Blasenkrebses.
34 Achilles Müller, «Über Anilintumoren der Blase», *Schweizerische medizinische Wochenschrift* 11 (1934), S. 241–244; Ders., «Über Blasenveränderungen durch Amine», *Zeitschrift für urologische Chirurgie* 36 (1933), S. 202–219; Leuenberger (wie Anm. 32), S. 249. Der damals geläufige Begriff «Anilinkrebs» erwies sich als zu einseitig. Angemessener wäre die Bezeichnung Aminotumoren, da auch aromatische Amine Krebs erzeugen konnten.
35 Vgl. dazu Thomas Schlich, «Die Konstruktion der notwendigen Krankheitsursache. Wie die Medizin Krankheit beherrschen will», in: Cornelius Borck (Hg.), *Anatomien medizinischen Wissens. Medizin Macht Moleküle,* Frankfurt a. M. 1996, S. 201–229, hier S. 211.
36 Zur höheren Erkrankungstoleranz von Unterschichten vgl. Reinhard Spree, *Soziale Ungleichheit vor Krankheit und Tod. Zur Sozialgeschichte des Gesundheitsbereichs im Deutschen Kaiserreich* (Kleine Vandenhoeck-Reihe 1471), Göttingen 1981, S. 13 f. Zur Kaufkraft vgl. Nicolai Wassilieff, *Die Arbeitsverhältnisse in den Basler chemischen Fabriken,* Basel 1905, S. 42–44. Als Krankengeld wurden 14 Franken und als durchschnittlicher Lohn in der Chemieindustrie 24 Franken in der Woche bezahlt. Ein Wochenlohn von 24 Franken reichte einem allein stehenden Arbeiter, der in günstigen Mietverhältnissen lebte, knapp zum Leben. Ein Familienvater mit drei kleinen Kindern und einer Frau, die Hausarbeit verrichtete, verschuldete sich mit 400 Franken pro Monat und musste daher einem Nebenverdienst nachgehen. Schrumpfte dieses bereits ungenügende Einkommen durch das kleine Krankengeld, war die soziale Not absehbar.
37 Publizierte Berichte der eidgenössischen Fabrikinspektorate über ihre Amtstätigkeit (Kreis II), Aarau 1934, S. 39.
38 Achilles Müller, «Über Blasen- und Nierenschädigungen in der Farbstoffindustrie», *Helvetica Chirurgica Acta* 18 (1951), S. 1–42, hier S. 34; Müller (wie Anm. 14), S. 449.
39 Bureau International du Travail, *Le cancer de la vessie chez les ouvriers travaillant dans les fabriques d'aniline* (Etudes et Documents, série F), Genève 1921, S. 1–26, hier S. 18.

40 Achilles Müller, «Die Prophylaxe der Blasenschädigungen in der Farbstoffindustrie», *Schweizerische medizinische Wochenschrift* 34 (1945), S. 742–744, hier S. 743.

41 Alfred Pletscher et al., «Zur chronischen Wirkung der aromatischen Amino- und Nitroverbindungen», *Zeitschrift für Unfallmedizin und Berufskrankheiten* 1 (1952), S. 40–53; Alfred Pletscher et al., «Gesundheitsschäden bei Lösungsmittel-Arbeitern», *Zeitschrift für Unfallmedizin und Berufskrankheiten* 1 (1953), S. 39–50.

42 Uebelin/Pletscher (wie Anm. 15), S. 918.

Martin Lengwiler

Expertise als Vertrauenstechnologie

Wissenschaft, Politik und die Konstitution der Sozialversicherungen (1880–1914)

Die Frage nach den historischen Bedingungen, die im 19. Jahrhundert zur Konstitution der modernen Sozialversicherungen geführt haben, wird innerhalb der Sozialstaatsforschung seit längerem kontrovers diskutiert. Ausgehend von einigen neueren Ansätzen entwirft der folgende Beitrag ein wissenschaftshistorisches Erklärungsmodell, gestützt auf Beispiele aus der Geschichte der schweizerischen Kranken- und Unfallversicherung. Dabei geht es um mehr als um das erste Kapitel aus der Geschichte des Wohlfahrtsstaates. Die Sozialversicherungen gehören zu den frühesten öffentlich-rechtlichen Institutionen, die politisches Handeln durch wissenschaftliche Expertise legitimieren. Sie sind damit ein frühes Beispiel dafür, wie wissenschaftliche Expertise seit der zweiten Hälfte des 19. Jahrhunderts zunehmend an politischer und gesellschaftlicher Legitimationskraft gewonnen hat. Andere Bereiche etwa sind das Gerichtswesen, die staatliche Verwaltung oder die Unternehmensführung.[1] In dieser Hinsicht untersucht der folgende Beitrag auch einen exemplarischen Fall für den säkularen Aufstieg wissenschaftlicher Expertise in Politik und Gesellschaft.

Drei Modelle und eine ungeklärte Frage zur Genese des Sozialstaates

Die historische wie die soziologische Sozialstaatsforschung hat sich in den letzten Jahren stärker auf typologische als auf genetische Fragen konzentriert.[2] Die Entstehungsbedingungen moderner Sozialversicherungen sind deshalb vergleichsweise wenig erforscht und keineswegs abschliessend geklärt.[3] Offen ist insbesondere die Frage, worauf sich die gesellschaftliche Legitimationskraft der frühen Sozialversicherungen gründet, vor allem wenn man bedenkt, dass sowohl in Deutschland wie in der Schweiz die zentralstaatlichen Zwangsversicherungen von der Arbeiterschaft eher bekämpft als unterstützt wurden.[4]
Diese ungelöste Problematik wird besonders deutlich in den Ansätzen der

jüngeren Forschung zur Genese des Sozialstaats. Dabei lassen sich drei Ansätze unterscheiden. Der erste, sozialhistorische Ansatz geht auf die 1970er- und 1980er-Jahre zurück.[5] In diesem Modell wird die Entstehung der Sozialversicherungen als Folge der industriellen Klassenantagonismen und der sozialpolitischen Auseinandersetzungen um die «soziale Frage» begriffen. Für den Fall Deutschlands wird dabei etwa auf die Bedeutung der Arbeiterbewegung und der sozialdemokratischen Parteien sowie auf deren Interesse am Ausbau des Arbeiterschutzes hingewiesen. Den Rahmen bildet die bonapartistische Sozialpolitik von Bismarck – Florian Tennstedt spricht etwa von Bismarcks «Zuckerbrot-und-Peitsche»-Politik –, die das Ziel verfolgte, den Einfluss sozialistischer und sozialdemokratischer Parteien auf die Arbeiterklasse einzudämmen.[6]

Seit den 1980er-Jahren wird der sozialhistorische Ansatz zunehmend kritisiert, vor allem in der amerikanischen Forschung, die stark von der neoinstitutionalistischen Wende der Ökonomie und Politikwissenschaft inspiriert ist. In den Arbeiten der ersten (Theda Skocpol, Dietrich Rüschemeyer) und unterdessen bereits der zweiten Generation (Peter Baldwin, George Steinmetz) dieser institutionalistischen Schule stehen nicht mehr die sozialen Bewegungen oder die Parteien als ihre Vertreterinnen im Mittelpunkt, sondern die Rolle staatlicher und öffentlich-rechtlicher Institutionen als Agentinnen der Sozialstaatsentwicklung.[7] Mit beispielhaften Einzelstudien haben etwa Peter Baldwin und George Steinmetz die verwaltungspraktische Kontinuität zwischen traditionellen Formen öffentlicher Sozialpolitik (etwa kirchliches und bürgerliches Armenwesen) und den modernen Sozialversicherungen sowie die Bedeutung regionaler und lokaler Behörden für die Entstehung und Ausprägung der modernen Sozialstaatsinstitutionen untersucht.[8]

Als Folge der institutionalistischen Wende zeichnet sich seit Mitte der 1990er-Jahre ein drittes Erklärungsmodell für die Konstitution der Sozialversicherungen ab. Verschiedene neuere Beiträge zur Sozialstaatsforschung haben auf die Bedeutung der wissenschaftshistorischen Dimension der Sozialstaatsgeschichte hingewiesen.[9] Im Zentrum dieses wissenschaftshistorischen Ansatzes steht das Anliegen, die Bedeutung institutionellen und sozialen Wissens für die Entstehung des Sozialstaates hervorzuheben. Die auch für diesen Ansatz einflussreichen Arbeiten von Theda Skocpol und Dietrich Rüschemeyer konzentrieren sich etwa auf die «equally important contributions of ideas, of knowledge-bearing groups, and of knowledge-generating institutions».[10]

Dass wissenschaftliche Expertise für die Konstitution der Sozialversicherungen ein entscheidendes Gewicht besass, ist allerdings nur das oberflächliche Anzeichen eines viel fundamentaleren gesellschaftlichen Transformationsprozesses. Denn mit den Sozialversicherungen wird ein grundsätzlich neues Verhältnis zwischen Politik und Wissenschaft institutionalisiert. Politisches Handeln stützt sich nun zunehmend auf wissenschaftliche Expertise, und die Institutionen des Sozialstaates gehören zu den frühesten und modellbildenden Akteuren dieses politischen Expertenregimes. Mit den Sozialversicherungen hat die Politik ihr Engagement zur Lösung der sozialen Frage teilweise abgegeben an sozialwissenschaftliche Expertise, ein bis in die Gegenwart wirkungsmächtiges soziopolitisches Legitimationsmuster. Wie es zu diesem Expertenregime kam und worauf sich die politische Legitimationskraft wissenschaftlicher Expertise gründet, diese Fragen werden in den folgenden Abschnitten am Beispiel der Vorgeschichte der schweizerischen Kranken- und Unfallversicherungsgesetzgebung untersucht. Das Beispiel ist unter anderem deshalb besonders aussagekräftig, weil im schweizerischen Referendumssystem die politische Legitimität wissenschaftlicher Expertise besonders explizit und breit diskutiert wurde.

Zahlen als politisches Argument: die Kalkulationsdebatte im Vorfeld der Sozialstaatsgesetzgebung

Die wissenschaftsgeschichtliche Kritik am sozialhistorischen Erklärungsansatz ist nicht ganz unproblematisch. Auch wenn die politische Initiative für die Sozialversicherungen nicht primär auf die Arbeiterbewegung zurückgeht, so besassen Arbeiterinnen und Arbeiter trotzdem einen nicht unwesentlichen Einfluss auf die Konstitution des frühen Sozialstaates sowohl in Deutschland und Österreich als auch in der Schweiz. Solche Möglichkeiten der Mitsprache bestanden ansatzweise auf der politischen Ebene, im Rahmen der parlamentarischen Beratungen, und vor allem auf der operativen Ebene, im Rahmen der paritätischen Leitungsgremien der neu gegründeten Versicherungsanstalten.[11] Nun stand die sozialdemokratische Bewegung den Sozialversicherungsplänen mehrheitlich skeptisch gegenüber. Sowohl in Deutschland wie in der Schweiz gehörten die Versicherten der sozialdemokratisch dominierten Hilfskassen zu den wichtigsten Opponenten der Sozialversicherungsvorlagen. Zu diesen «gegenseitigen Hilfsgesellschaften», den «Mutualités» des französischen Sprachraums, zählen die verschiedensten Organisationsformen: betriebsspezifische, kommunale, regionale oder berufsspezifische Kranken-, Pensions- oder Sterbekassen.[12] Vor allem in Deutschland zur Zeit des Sozialistengesetzes bildete das Hilfskassenwesen eine wichtige Keimstätte der sozialdemokratischen Bewegung.[13] Fürs Jahr 1888 zählte die Schweiz 1085 gegenseitige Hilfsgesellschaften mit 209 920 Mitgliedern bei einer Gesamtbevölkerung von 2 846 102 Personen.[14] Unter Berücksichtigung allfälliger Mehrfachmitgliedschaften dürften in industriell geprägten Gegenden 20 bis 25% der Bevölkerung einer Hilfskasse angehört haben. Die Hilfsgesellschaften standen dem Sozialversicherungsprojekt deshalb kritisch gegenüber, weil die Zentralisierung und Zwangsmitgliedschaft der geplanten Sozialversicherungen die Autonomie der selbst verwalteten Kassenstrukturen gefährdete.[15] In Frankreich verhinderten die Mutualités die Zentralisation der Sozialversicherungen bis weit ins 20. Jahrhundert.[16] Auch in der Schweiz erzielten die Hilfskassen einen Teilerfolg: sie trugen wesentlich zur überraschend deutlichen Abstimmungsniederlage der ersten Gesetzesvorlage 1900 bei, was dazu führte, dass in der überarbeiteten Vorlage, die 1912/13 angenommen wurde, das Obligatorium im Krankenversicherungsbereich fallen gelassen und auf den Unfallversicherungsbereich beschränkt wurde.[17] Die Frage ist also berechtigt: Wie konnten diese divergierenden Interessen für das Projekt der Sozialversicherungen gewonnen werden?

Die Antwort, die mit der folgenden Argumentation skizziert wird, lautet, dass die politischen Antagonismen durch den Einbezug wissenschaftlicher Expertise gezielt entschärft und neutralisiert wurden. Wissenschaftliche Expertise spielte für die Integration der opponierenden politischen Kräfte und damit für die erfolgreiche Konstitution der Sozialversicherungen eine entscheidende Rolle. Es liegt zwar nahe, die Macht der Experten ganz pragmatisch mit den technischen Erfordernissen der Planungsarbeiten zu erklären. Schliesslich haben Deutschland, Österreich und die Schweiz in den 1880er- und 1890er-Jahren bei der Einrichtung der ersten Sozialversicherungen in vielfacher Hinsicht Neuland beschritten, etwa was die Risikostruktur oder die Prämienkalkulation betrifft. Dabei konnte kaum auf praktische Erfahrungswerte der privaten Versicherungswirtschaft zurückgegriffen werden.[18] Zweifellos diente ein wichtiger Teil der Expertenarbeiten diesem technischen Zweck, in der Schweiz etwa die statistischen Vorarbeiten der 1880er-Jahre des Mathematikers Hermann Kinkelin oder des Arbeitersekretärs Herman Greulich.[19]

In verschiedener Hinsicht reichte aber die Rolle wissenschaftlicher Expertise über die technischen Belange hinaus. Dies lässt sich an zwei Beispielen illustrieren: der Polemik der Schweizerischen Statistischen Gesellschaft gegen die Hilfskassen in den 1860er- und 1870er-Jahren sowie den Diskussionen der Expertenkommission zur Vorberatung des Kranken- und Unfallversicherungsgesetzes 1893.

Die Anhänger der Sozialversicherungsgesetzgebung spitzten den Konflikt mit den Hilfskassen schon früh auf die Frage der Wissenschaftlichkeit zu. Ihr Argument: Nur zentralstaatlich organisierte Sozialversicherungen würden über die notwendige Expertise verfügen, die für eine längerfristige Stabilität des Versicherungsunternehmens notwendig sei. Diese Kalkulationsdebatte geht bereits in die 1860er-Jahre zurück, ist also älter als die ersten Bismarck'schen Sozialversicherungsgesetze. Zu den wichtigsten schweizerischen Akteuren der Kalkulationsdebatte gehörte die Schweizerische Statistische Gesellschaft (SSG). Die 1864 gegründete Vereinigung platzierte die Kritik am technischen Sachverstand der Gegenseitigkeitsgesellschaften ganz oben auf ihrer politischen Agenda.[20] Dabei lieferten die mathematischen und statistischen Normen ein Argument, die Opportunität der Gegenseitigkeitsgesellschaften letztlich auch politisch in Frage zu stellen. Als eine ihrer ersten Aktivitäten gab die SSG eine Studie zu den «gegenseitigen Hilfsgesellschaften» in der Schweiz in Auftrag, um deren Anzahl sowie die Verlässlichkeit ihrer Rechnungsführung festzustellen. Mit der Durchführung der Studie wurde der bereits erwähnte Hermann Kinkelin, damals Professor für Mathematik an der Universität Basel und Mitglied der SSG, beauftragt.[21] Kinkelins Bericht erschien 1868 und enthielt eine Reihe von Ratschlägen zur richtigen Buchhaltung und Rechnungsführung.[22] Johann Jakob Kummer, eine der Gründerfiguren der schweizerischen Sozialstatistik, bemerkte 1902 rückblickend zu Kinkelins Untersuchung: «Die epochemachende Arbeit war nicht eine blosse statistische Zusammenstellung, sondern ein Ratgeber für Kranken- und Sterbevereine. Ja, unsere Centralkommission selbst, bot sich nunmehr den des Rates bedürftigen Sterbevereinen als Führerin an; ganz besonders hat in diesem Sinne ihr Präsident, Herr Professor Kinkelin, verschiedenen ‹Krankenkassen› schätzbare Dienste geleistet.»[23] Kummers Position, die er bei einer anderen Gelegenheit festhielt, war, dass es «Aufgabe der Statistik und der Statistiker [sei], diese Vereine auf den rechten Weg zu führen».[24]

Polarisierung von Wissenschaft und Politik: das Beispiel der KUVG-Expertenkommission

Das zweite Beispiel liefern die Vorarbeiten zur Kranken- und Unfallversicherung. Die politische Bedeutung von Expertenwissen lässt sich besonders gut an einem Schlüsseldokument der Gesetzgebungsarbeiten verdeutlichen, den Protokollen der ausserparlamentarischen Expertenkommission zur Vorberatung des Gesetzes. Für diese Vorlage wählte das Parlament eine neuartige Beratungsprozedur. Bevor das Gesetz überhaupt in die parlamentarischen Kommissionen ging, wurde es von einer Expertenkommission vorberaten, an der neben verschiedenen Parlamentariern vor allem die involvierten Interessenorganisationen und eine Reihe von Fachexperten vertreten waren. Die Expertenkommission zur Vorberatung des Kranken- und Unfallversicherungsgesetzes (KUVG) umfasste 42 Personen: rund ein Viertel Vertreter der Politik (11 Vertreter: zwei Bundesräte, ein Alt-Bundesrat, zwei Regierungsräte, ein Ständerat, fünf Nationalräte), ein Viertel Interessenvertreter (10 Vertreter, vor allem von Arbeitgeber- und Arbeitnehmerorganisationen) sowie die andere Hälfte Fachexperten (21 Vertreter, darunter sechs Vertreter von Versicherungen und Krankenkassen, drei Universitätsprofessoren, zwei Juristen, zwei Vertreter des Versicherungsamtes, ein Vertreter des eidgenössischen statistischen Büros, drei Fabrikinspektoren, zwei höhere Juristen der Bundesverwaltung). Auch Christian Moser nahm als eidgenössischer Versicherungsmathematiker an den Beratungen teil, und obschon er kein formelles Stimmrecht hatte, sind seine Beiträge in vielen Fragen von entscheidender Bedeutung.[25] «Bei der Zusammensetzung der Kommission», bemerkte der präsidierende Bundesrat Adolf Deucher, «haben wir uns in möglichst unparteiischer Weise bestrebt, die verschiedenen sachbezüglich in unserer Bevölkerung herrschenden Anschauungen zum Ausdruck zu bringen und neben den von Amtswegen teilnehmenden Personen, neben Technikern, Rechtskundigen und Ärzten, allen direkt Beteiligten in Industrie, Gewerbe und Landwirtschaft, Arbeitgebern und Arbeitnehmern, sowie den bisherigen freiwilligen Krankenkassen eine entsprechende Vertretung zu sichern.»[26]

Es war bisher unhinterfragt von «Politikern» auf der einen und von «Experten» auf der andern Seite die Rede. Das Beispiel der Expertenkommission zeigt auch, dass diese Unterscheidung für die Zeit um 1900 alles andere als klar bestimmt war. Im Gegenteil: Die Kommissionsarbeiten zeigen, dass diese Polarisierung zwischen interessegeleiteter Politik und neutraler, objektivitätsbestimmter Expertise, auf der die politische Legitimitätskraft wissenschaftlicher Expertise gründet, nicht die Voraussetzung, sondern vielmehr das Produkt des neuen politischen Expertenregimes ist. Die Biographien der Kommissionsmitglieder zeigen, dass sich die Ausdifferenzierung zwischen Politik und Wissenschaft im ausgehenden 19. Jahrhundert erst herausbildet. Kinkelin etwa verfolgte neben seiner wissenschaftlichen zugleich eine politische Karriere, die ihn über das Kantonsparlament Basels bis ins eidgenössische Parlament (Nationalrat zwischen 1890 und 1899) brachte. Auf der Gegenseite steht Ludwig Forrer, der als politischer Vertreter die Expertenkommission präsidierte. Forrer entstammte der demokratischen Bewegung der 1860er-Jahre und trug zuerst als Nationalrat und später als Bundesrat wesentlich zum Zustandekommen des Kranken- und Unfallversicherungsgesetzes bei. Trotzdem lässt er sich nicht einfach in die politische Ecke stellen. Mit dem Versicherungsmathematiker Moser, der ebenfalls in der Kommission Einsitz nahm, war er seit den frühen 1890er-Jahren nicht nur freundschaftlich verbunden, sondern nahm seit 1909 bei ihm Privatstunden in Algebra, Trigonometrie und Mathematik, was so weit ging, dass er in seiner Zeit als Bundesrat die eine oder andere Nacht nicht schlafen konnte, weil ihm ein mathematisches Problem nicht aus dem Kopf ging.[27] Welches die Vorteile dieser Polarisierung zwischen politischem und Expertisenstandpunkt sind, zeigen die Diskussionen der Expertenkommission. Die Eintretensdebatte zu Beginn der Beratungen über den von Forrer, Moser und Kinkelin ausgearbeiteten Gesetzesentwurf ist dominiert von stark divergierenden politischen Stellungnahmen. Dabei werden Positionen bezogen, die sich in wesentlichen Bereichen der Vorlage fundamental widersprechen. Mit anderen Worten, die Kommission steht bereits nach der Eintretensdebatte vor einem potentiellen Scherbenhaufen. Herman Greulich beispielsweise verlangt für den Krankenbereich eine allgemeine Versicherungspflicht, eine «Volksversicherung», statt die Beschränkung des Obligatoriums auf die Arbeitnehmer industrieller Betriebe. Zur Finanzierung der Versicherungsleistungen von Nichterwerbstätigen, bei denen mangels Löhnen keine Lohnkoppelung möglich ist und die deshalb im Forrer-Entwurf ausgeklammert sind, schlägt er neue Steuern, konkret eine Tabaksteuer, vor.[28] Diesen Vorschlägen steht das unmittelbar folgende Votum des Vertreters der Lebensversicherungsgesellschaften, des ehemaligen Rentenanstaltsdirektors Widmer, diametral entgegen. Widmer mäkelt zunächst hier und dort am Vorschlag herum – er spricht von einer «sehr schwierigen Materie» –, findet die «Entwürfe etwas kompliziert», bevor er dann eine radikaloppositionelle Position bezieht. Er ist gegen ein geplantes Versicherungsamt (er befürchtet ein «ungeheures Beamtenheer»), stört sich am sozialistischen Geist des Vorschlages und lehnt schliesslich sowohl das Modell einer Kranken- wie auch einer Unfallversicherung grundsätzlich ab. Wenn schon, dann würde er – nicht ganz uneigennützig – ein Obligatorium für eine allgemeine Lebensversicherung begrüssen, das dann von den bestehenden Lebensversicherern zu erfüllen wäre.[29] Analoges gilt für die Voten von Eduard Sulzer-Ziegler, der vorschlägt, die Krankenversicherung rechnerisch und organisatorisch mit der Unfallversicherung zusammenzulegen – in den Augen Kinkelins schlicht ein versicherungstechnisches Katastrophenszenario, das bereits in der Eintretensdebatte wieder verworfen wird.[30] Schliesslich Numa Droz, Alt-Bundesrat und seit Jahren erklärter Gegner der Krankenversicherungspflicht, der nochmals seine Skepsis gegenüber dem deutschen Sozialversicherungsmodell äussert und meint, die Krankenkassen blieben besser selbst verwaltet.[31]

Um diesen Konfliktstoff erfolgreich zu entschärfen, bezogen sich politische Entscheidungsgremien wie die schweizerische Expertenkommission mit Vorliebe auf Expertenwissen. Wissenschaftliche Expertise erlaubte, politische Kontroversen durch einen als apolitisch und nicht interessegeleitet deklarierten Standpunkt zu neutralisieren. Diese Strategie wird schon in Forrers Einstiegsvotum deutlich. Nach dem Hinweis, dass er Teile der Vorlage in stundenlangen Gesprächen mit dem Versicherungsmathematiker Moser erarbeitet hatte, resümiert Forrer: «Bei meiner Arbeit habe ich mich wohl gehütet – ich kann das mit gutem Gewissen sagen – irgendwie die Interessen einer politischen Partei zu vertreten und in den Vordergrund zu stellen. Ich habe nichts im Auge gehabt als das Werk selbst, und dass es den armen Leuten in der Schweiz zu gute kommen möchte.»[32]

Unter diesen Voraussetzungen erhielten die Expertenstimmen in der Kommission zunehmend an Gewicht. Der Einsitz von Christian Moser beispielsweise war ursprünglich gar nicht als aktive Teilnahme gedacht. Sein erstes Votum eröffnete er mit der Bemerkung: «Erlauben Sie mir ebenfalls ein Wort. Die sogenannte ‹grosse Versicherungskommission› [die Expertenkommission] ist zwar zusammenberufen worden, damit sie die Anschauungen und Meinungen der verschiedenen interessierten Kreise zum Ausdruck bringe, und ich hatte mir vorgenommen, dabei das Wort nicht zu verlangen, es sei denn etwa um über die Studienreise nach Deutschland und Österreich Auskunft zu geben oder um Auseinandersetzungen technischer Natur anzubringen.»[33] Schliesslich aber sprachen die Fachvertreter, vor allem Kinkelin und Moser, daneben auch der Direktor des eidgenössischen Versicherungsamtes und ehemals des statistischen Büros, Johann Jakob Kummer, sowie dessen wichtigster Versicherungsmathematiker Gottfried Schärtlin bei den meisten entscheidenden Traktanden mit. Die Forderung der Arbeitgeberseite, vor allem von Sulzer-Ziegler, nach einer organisatorischen und finanziellen Verschmelzung von Unfall- und Krankenversicherung wurde etwa durch die Interventionen von Kinkelin und Moser, unter Verweis auf das deutsche und österreichische Modell, abgeblockt.[34] Die Idee einer umfassenden Lebensversicherung, die auch das Invaliditätsrisiko umfasst hätte, wurde von Forrer mit einem typischen Expertisenhinweis vom Tisch gewischt: «Ich habe mit Herrn Dr. Moser wiederholt versucht, für uns eine Invaliditätsversicherung zu konstruieren und wir haben versucht, sie durch Ansammlung eines Fonds vorzubereiten, so dass die Invaliditätsversicherung mit Anfang des nächsten Jahrhunderts ins Leben treten könnte, allein wir haben uns gesagt: es ist besser, wenn wir heute davon abstrahieren und der Zukunft auch etwas überlassen.»[35] Greulichs Anliegen einer Volksversicherung ohne soziale Begrenzung des Versichertenkreises wurde aus finanztechnischen Gründen begraben, nachdem sich der Krankenkassenvertreter Göttisheim sowie Kinkelin entschieden gegen eine allgemeine Versicherungspflicht ausgesprochen hatten.[36] Expertenbestimmt verliefen auch die Debatten über die Versicherungsverwaltung, den Prämien- und Leistungskatalog sowie über das Finanzierungsmodell der Versicherungsleistungen.[37] Teilweise setzten sich die Expertenanträge auch gegen den von Forrer eingebrachten Entwurf durch, beispielsweise in der Frage der Gebietseinteilung, in der Kinkelin, Moser und Schärtlin zum besseren Risikoausgleich eine Mindestgrösse der vorgesehenen Krankenkassen forderten, während Forrer aus politischen Überlegungen eine ausschliesslich kommunale Organisation vorzog, auch bei kleinen Gemeinden.[38] Es ist schliesslich auffällig, wie häufig sich Forrer, wohl die einflussreichste Stimme in den Kommissionsverhandlungen, explizit auf Kinkelin bezog, den er unter anderem als «Altmeister seines Fachs» bezeichnete.[39]

Wissenschaftliche Expertise als Antwort auf die soziale Frage

In Anlehnung an einen Begriff von Theodore Porter kann man hier die Rolle des Expertenwissens als eine politische Vertrauenstechnologie («technology of trust») bezeichnen. Porter hat diesen Begriff in seinem Buch «Trust in Numbers» geprägt,

in dem er den Aufstieg quantifizierender Ingenieurs- und Sozialwissenschaften seit Mitte des 19. Jahrhunderts an verschiedenen europäischen und amerikanischen Beispielen untersucht hat. Für Porter gründet sich der Einfluss dieser quantifizierenden Disziplinen darauf, dass sie eine abstrakte, unpersönliche Sprache bereitstellen für Gesellschaften oder gesellschaftliche Bereiche, die politischen und kulturellen Differenzierungsprozessen ausgesetzt sind: Quantifizierung kann sich hier als allgemein anerkannte Kommunikationsform bestätigen.[40]
Porter zielt mit seinem Begriff darauf, Quantifizierungs- und Abstrahierungsprozesse innerhalb der Wissenschaften zu erklären. Das Beispiel der Sozialversicherungen zeigt, dass diese Interpretation auch auf die politische Sphäre übertragbar ist, dass also Quantifizierungsprozesse im Besonderen und wissenschaftliche Expertise im Allgemeinen eine politisch und sozial wichtige Integrationsfunktion ausüben. Dies gilt in besonderer Weise für die sozialpolitischen Debatten des ausgehenden 19. Jahrhunderts. Der Diskurs um die soziale Frage war durch die scharfen politischen Gegensätze der beteiligten Parteien seit den 1880er-Jahren zunehmend blockiert. In dieser Situation öffnete der Einbezug wissenschaftlicher Expertise in die politischen Entscheidungsprozesse einen Ausweg aus der Sackgasse der Klassenantagonismen: die wissenschaftlichen Quantifizierungen und Formalisierungen boten eine Artikulationsweise jenseits der interessebestimmten Politik, die die divergierenden Positionen zu integrieren versprach. Als politische Vertrauenstechnologie trug wissenschaftliche Expertise wesentlich zur Legitimierung politischen Handelns bei und war dadurch einer ausschliesslich politischen Artikulation überlegen. Zugespitzt gesagt: Bei der Konstitution des Sozialstaats standen zwar die soziale Frage und die sozialpolitischen Konfliktparteien im Rampenlicht, doch die historischen Gewinner des Versicherungsmodells waren weder in erster Linie die Unternehmer noch die Arbeiterinnen und Arbeiter, sondern die politisch engagierten Expertinnen und Experten der frühen Sozialwissenschaften.[41]
Ermöglicht wurde der gesellschaftliche Aufstieg wissenschaftlicher Expertise durch einen Differenzierungsprozess zwischen Politik und Wissenschaft, zwei Institutionen, die noch bis Ende des 19. Jahrhundert nur unscharf voneinander abgegrenzt sind. In diesem Sinne verkörpert Ludwig Forrer mit seinem rührigen Ansinnen, sich als Politiker vom Versicherungsmathematiker Christian Moser in Mathematik und Algebra unterrichten zu lassen, eine Übergangsfigur zwischen dem bildungsbürgerlichen 19. und dem expertisebestimmten 20. Jahrhundert. Das neue Modell des politischen Expertenregimes konstituiert sich durch eine klare Arbeitsteilung zwischen den polarisierten politischen und wissenschaftlichen Funktionen. Dieser Ausdifferenzierungsprozess hat Folgen für beide Bereiche. Die Politik verliert einen Teil ihres Deutungs- und Machtanspruchs an die Expertise – ein säkularer Prozess, der sich bis in die Gegenwart erstreckt. Für die frühen

Sozialwissenschaften hingegen tat sich mit dieser Arbeitsteilung eine entscheidende Entwicklungschance auf. Vor allem anwendungsnahe Disziplinen, von der Sozialstatistik bis zur Arbeitspsychologie, haben sich in den sozialstaatlichen Institutionen einen fest verankerten Platz im politischen System geschaffen, was wiederum der akademischen Entwicklung der jeweiligen Disziplinen zugute kam.[42]

Es wäre allerdings falsch, das geschilderte politische Expertenregime als Expertokratie zu verstehen. Die Diskussionen innerhalb der KUVG-Expertenkommission zeigen, dass trotz weitgehender Deutungsmacht wissenschaftlicher Expertise die Entscheidungen letztlich den politischen Gremien zustanden. Expertise bleibt eingebettet in den politischen und gesellschaftlichen Kontext. Dies trifft nicht nur für die Institutionen des Sozialstaats zu, sondern in umgekehrtem Sinne auch für die aktuellen Risikodebatten, bei denen die politische Integration wissenschaftlich-technischen Wissens ein zentrales Problem darstellt. In diesen Beispielen spricht einiges dafür, dass gerade die Gestaltung des politischen Umfelds, innerhalb dessen wissenschaftliche Expertise als handlungsrelevante Ressource zur Geltung kommt, eine wesentliche Bedingung der vertrauensproduzierenden Wirkung ist.[43]

Anmerkungen

1 Lutz Raphael, «Die Verwissenschaftlichung des Sozialen als methodische und konzeptionelle Herausforderung für eine Sozialgeschichte des 20. Jahrhunderts», *Geschichte und Gesellschaft* 22 (1996), S. 165–193.
2 Kritisch dazu Peter Baldwin, «Can We Define a European Welfare State Model?», in: Bent Greve (Hg.), *Comparative Welfare Systems. The Scandinavian Model in a Period of Change*, Basingstoke 1996, S. 29–44.
3 Stephan Lessenich, «Soziologische Erklärungsansätze zu Entstehung und Funktion des Sozialstaates», in: Jutta Allmendinger, Wolfgang Ludwig-Mayerhofer (Hg.), *Soziologie des Sozialstaats. Gesellschaftliche Grundlagen, historische Zusammenhänge und aktuelle Entwicklungstendenzen*, München 2000, S. 51; Christoph Conrad, «Wohlfahrtsstaaten im Vergleich. Historische und sozialwissenschaftliche Ansätze», in: Heinz-Gerhard Haupt, Jürgen Kocka (Hg.), *Geschichte und Vergleich. Ansätze und Ergebnisse international vergleichender Geschichtsschreibung*, Frankfurt a. M. 1996, S. 155–180, hier S. 159. Neben diesen beiden Artikeln sind als Einführung ebenfalls nützlich Gerhard A. Ritter, *Der Sozialstaat. Entstehung und Entwicklung im internationalen Vergleich*, 2. Aufl., München 1991, sowie das ausgezeichnete Einführungskapitel in Peter Baldwin, *The Politics of Social Solidarity. Class Bases of the European Welfare State 1875–1975*, Cambridge 1990, S. 1–54.
4 Ritter (wie Anm. 3), S. 65; David Muheim, «Mutualisme et assurance maladie en Suisse (1893–1912). Une adaptation ambigüe», *traverse* (2000/2), S. 79–94.
5 Klassisch Florian Tennstedt, «Sozialgeschichte der Sozialversicherung», in: Maria Blohmke et al. (Hg.), *Handbuch der Sozialmedizin*, Bd. 3, Stuttgart 1977, S. 385–492. Vgl. auch die Beiträge in Jürgen Kocka, Hans-Jürgen Puhle, Klaus Tenfelde (Hg.), *Von der Arbeiterbewegung zum modernen Sozialstaat*, München 1994.
6 Tennstedt (wie Anm. 5), S. 385–396.

7 Programmatisch: Peter B. Evans, Dietrich Rüschemeyer, Theda Skocpol (Hg.), *Bringing the State Back In,* Cambridge 1985; Baldwin (wie Anm. 3); George Steinmetz, *Regulating the Social. The Welfare State and Local Politics in Imperial Germany,* Princeton 1993. Vgl. auch Ritter (wie Anm. 3), S. 80–87.
8 Baldwin (wie Anm. 3), S. 290 ff.; Steinmetz (wie Anm. 7), S. 216 f.
9 Raphael (wie Anm. 1), S. 171–179. Vgl. auch die Beiträge in Theda Skocpol, Dietrich Rüschemeyer (Hg.), *States, Social Knowledge, and the Origins of Modern Social Policies,* Princeton 1996. Grundlegend auch Adalbert Evers, Helga Nowotny, *Über den Umgang mit Unsicherheit. Die Entdeckung der Gestaltbarkeit von Gesellschaft,* Frankfurt a. M. 1987.
10 Theda Skocpol, Dietrich Rüschemeyer, «Introduction», in: Skocpol/Rüschemeyer (wie Anm. 9), S. 3.
11 Für die Schweiz Bernard Degen, «Haftpflicht bedeutet den Streit, Versicherung den Frieden. Staat und Gruppeninteressen in den frühen Debatten um die schweizerische Sozialversicherung», in: Hansjörg Siegenthaler (Hg.), *Wissenschaft und Wohlfahrt. Moderne Wissenschaft und ihre Träger in der Formation des schweizerischen Wohlfahrtsstaates während der zweiten Hälfte des 19. Jahrhunderts,* Zürich 1997, S. 137–154.
12 Hermann Kinkelin, *Die gegenseitigen Hilfsgesellschaften der Schweiz 1880,* Bern 1888, Tabellenteil, S. 10–12.
13 Thomas Welskopp, *Das Banner der Brüderlichkeit. Die deutsche Sozialdemokratie vom Vormärz bis zum Sozialistengesetz,* Bonn 2000, S. 276 ff.
14 Kinkelin (wie Anm. 12), Tabellenteil, S. 76.
15 Ritter (wie Anm. 3), S. 65 f.; Muheim (wie Anm. 4).
16 Henri Hatzfeld, *Du paupérisme à la sécurité sociale (1850–1940),* Paris 1989, S. 268 ff.
17 Degen (wie Anm. 11); vgl. auch René Knüsel, Félix Zurita, *Assurances sociales: une sécurité pour qui? La loi Forrer et les origines de l'état social en Suisse,* Lausanne 1979, S. 61–66.
18 Karl Erich Born, *Staat und Sozialpolitik seit Bismarcks Sturz. Ein Beitrag zur Geschichte der Innenpolitischen Entwicklung des deutschen Reiches, 1890–1914,* Wiesbaden 1957, S. 37–45; Günther Rosenstock, *Versicherungstechnische Probleme in der Geschichte der Bismarck'schen Sozialgesetzgebung,* Königsberg 1933; Walter Vogel, *Bismarcks Arbeiterversicherung: ihre Entstehung im Kräftespiel der Zeit,* Braunschweig 1951, S. 67–80.
19 Ludwig Forrer, «Denkschrift über die Einführung einer schweizerischen Unfallversicherung», in: *Bundesblatt,* 1889, Bd. IV, S. 855–869.
20 J. Stoessel, «Über die gegenseitigen Hülfsgesellschaften (Sociétés de secours mutuels) und deren Statistik», *Schweizerische Zeitschrift für Statistik* 2 (1866), S. 68 ff.
21 Hermann Kinkelin, «Zur Statistik der gegenseitigen Hülfsgesellschaften in der Schweiz», *Schweizerische Zeitschrift für Statistik* 3 (1867), S. 25 ff.; Johann Jakob Kummer, «Geschichte der Statistik in der Schweiz», *Schweizerische Zeitschrift für Statistik* 21 (1885), S. 1–32.
22 Hermann Kinkelin, *Die gegenseitigen Hülfsgesellschaften der Schweiz im Jahr 1865,* Basel 1868, S. 51 ff.
23 Votum Kummers an der Jahresversammlung der Schweizerischen Statistischen Gesellschaft, *Schweizerische Zeitschrift für Statistik* 38 (1902), S. 13 ff.
24 Referat Kummers an der Jahresversammlung der Schweizerischen Statistischen Gesellschaft, *Schweizerische Zeitschrift für Statistik* 17 (1881), S. 72.
25 Expertenkommission betreffend Kranken- und Unfall-Versicherung, Stenographisches Bulletin der Verhandlungen vom 15.–20. Mai 1893, hg. vom schweizerischen Industrie- und Landwirtschaftsdepartement, Bern 1893, S. 4–6.
26 Expertenkommission (wie Anm. 25), S. 1.
27 Zentralbibliothek Zürich, Ms Z II, 73 e, Nachlass Ludwig Forrer, Private Notizbücher, S. 11 f., 28.
28 Expertenkommission (wie Anm. 25), S. 23 ff.
29 Ebd., S. 29–33.
30 Ebd., S. 33 ff., S. 46.
31 Ebd., S. 36 f.; Muheim (wie Anm. 4).

32 Expertenkommission (wie Anm. 25), S. 20 f., Zitat S. 21.
33 Ebd., S. 150.
34 Ebd., S. 48, 73 ff.
35 Ebd., S. 75.
36 Ebd., S. 114–118.
37 Ebd., S. 172 ff., 219 ff., 243 ff., 294 ff., 500 ff., 520 ff., 602 ff., 649 ff., 657 ff.
38 Ebd., S. 139 ff.
39 Ebd., Zitat S. 127, vgl. auch S. 657 ff.
40 Theodore M. Porter, *Trust in Numbers. The Pursuit of Objectivity in Science and Public Life,* Princeton 1995, S. 145–147, 186–189, 217–231. Auch Bettina Heintz hat Porters Konzept benutzt, um den Aufstieg der theoretischen Mathematik seit Mitte des 19. Jahrhunderts zu interpretieren: Bettina Heintz, *Die Innenwelt der Mathematik. Zur Kultur und Praxis einer beweisenden Disziplin,* Wien 2000, S. 259–272.
41 Ein vergleichbares Beispiel ist die Entwicklung der kommunalen Sozialpolitik, vgl. Nadja Ramsauer, *«Verwahrlost». Kindswegnahmen und die Entstehung der Jugendfürsorge im schweizerischen Sozialstaat 1900–1945,* Zürich 2000.
42 Peter Wagner, Björn Wittrock, Richard Whitley (Hg.), *Discourses on Society. The Shaping of the Social Science Disciplines,* Dordrecht 1991, S. 219–246. Björn Wittrock, «Gesellschaftstheorie und Geistesgeschichte. Für ein neues Verständnis von der Herausbildung der Moderne», in: Hartmut Kaelble, Jürgen Schriewer (Hg.), *Diskurse und Entwicklungspfade. Der Gesellschaftsvergleich in den Geschichts- und Sozialwissenschaften,* Frankfurt a. M. 1999, S. 325–376.
43 Vgl. als Parallelbeispiel Vololona Rabeharisoa, Michel Callon, *Le pouvoir des malades. L'Association française contre les myopathies et la recherche,* Paris 1999, S. 160–167.

Daniela Saxer

Klinik des Sozialen und frühe Sozialwissenschaft

Das Beispiel der gescheiterten Akademisierung der
Armenpflege in Zürich (1900–1914)

In der sozialgeschichtlichen Forschung zur Entstehung des schweizerischen Sozialstaats wurden in den letzten Jahren vermehrt die akademisch geschulten Protagonisten der im letzten Drittel des 19. Jahrhunderts und vor dem Ersten Weltkrieg so wirkmächtigen Diskussion der «sozialen Frage» thematisiert. Die Durchsetzungsfähigkeit moderner wissenschaftlicher Konzepte in neuen Diskursformationen und das Interesse der wissenschaftlich ausgebildeten Sozialstaatsexperten an einem breiten professionellen Wirkungsfeld erscheinen als wichtige Motoren sozialstaatlicher Entwicklung. Neben den naturwissenschaftlichen Feldern Medizin und Sozialhygiene rücken dabei die Angebote der Sozialwissenschaften ins Blickfeld, die in der Schweiz im 19. und frühen 20. Jahrhundert vorwiegend im disziplinären Rahmen der Nationalökonomie institutionalisiert waren.[1] Am Beispiel der Diskussionen um die akademische Institutionalisierung des Fachbereichs Armenpflege in Zürich in der Zeit vor dem Ersten Weltkrieg soll im folgenden Beitrag der Versuch unternommen werden, den Verbindungen zwischen der Entwicklung sozialwissenschaftlicher Wissensbereiche und der Durchsetzung neuer sozialstaatlicher Lenkungsinstrumente nachzugehen.
Nach der Jahrhundertwende bemühte sich Carl Alfred Schmid, Erster Sekretär der Freiwilligen und Einwohnerarmenpflege der Stadt Zürich, mehrfach vergeblich um eine Dozentur für Armenpflege an der Universität Zürich. Er verfolgte damit eine individuelle Karrierestrategie, die ihm neben seiner Tätigkeit als sozialpolitischer Praktiker eine akademische Anerkennung seines Expertenwissens einbringen sollte. Dass der Wissenszusammenhang, den Schmid mit den wechselnden Fächerbezeichnungen «Armenpflege», «Armenrecht» und «soziale Wohlfahrtspflege» ansprach, an der Universität institutionalisiert werden sollte, war aber nicht ausschliesslich Schmids Privatanliegen. Das Vorhaben wurde in verschiedenen Zusammenhängen öffentlich diskutiert, und 1908 schliesslich baten sozialpolitisch engagierte Kreise die Erziehungsdirektion des Kantons in einem Vorstoss, die Frage zu prüfen, ob der Gegenstand an der Universität gelehrt werden könne.

Als Gutachter wurden die staatswissenschaftliche und die theologische Fakultät der Universität eingesetzt, die – wie bereits in den Jahren zuvor – zu einer abschlägigen Beurteilung kamen.[2] Es blieb ausseruniversitären Einrichtungen vorbehalten, in diesem Bereich ausbildend tätig zu werden. In Zürich wurde die Professionalisierung der Sozialarbeit ab 1907 von gemeinnützig orientierten Frauen durch die Einführung von Fürsorgekursen für Frauen in Gang gesetzt, die 1921 in die Schule für Soziale Frauenarbeit in Zürich überführt wurden.[3]
Anhand dieser Institutionalisierungsanläufe soll die Rolle von universitären Nationalökonomen, Fürsorgebeamten und sozialwissenschaftlich interessierten Gruppierungen bei der Diskussion wohlfahrtsstaatlicher Konzepte zur Bekämpfung der Armut untersucht und der Stellenwert der institutionalisierten Wissenschaft in dieser Auseinandersetzung beleuchtet werden. Zunächst sollen die Akteure dieses Prozesses verortet werden, der dazu führte, dass der Fachbereich Armenpflege nicht universitär institutionalisiert wurde (1). Anschliessend sollen die sozialpolitischen Konzepte zur Bekämpfung der Armut zur Darstellung kommen, die in dieser Episode sichtbar werden (2). Nach der Untersuchung der divergierenden Auffassungen sozialwissenschaftlicher Erkenntnis, die in die öffentliche Diskussion um die Verwissenschaftlichung der Armenpflege eingebracht wurden (3), werde ich abschliessend vorschlagen, die über ein Jahrzehnt dauernden Auseinandersetzungen als Verhandlungen über die Grenzen der Sozialwissenschaft zu verstehen (4). Damit rücken die konkreten sozialen Aushandlungsprozesse im Kontext der wissenschaftlichen Institutionen und der kommunalen Sozialpolitik in der Stadt Zürich ins Blickfeld. Über die sozialpolitischen Entwicklungen im Bereich der kommunalen Wohlfahrtspflege und über die Umsetzung wohlfahrtsstaatlicher Interventionsinstrumente auf lokaler Ebene liegen für die Schweiz bisher wenige Forschungsergebnisse vor. Eine Ausnahme für die Zeit nach 1900 bildet die dichte Arbeit von Nadja Ramsauer zur Entstehung der Jugendfürsorge in der Schweiz von 1900–1945, die sich eingehend mit den Handlungsspielräumen der Fürsorgebeamten und Leistungsbezüger beschäftigt.[4]

Akteure und institutionelle Kontexte

Die Auseinandersetzung darum, ob der Gegenstand «Armenpflege» als wissenschaftliches Lehr- und Forschungsthema angemessen sei, wurde von verschiedenen Gruppen und Einzelpersonen geführt, die unterschiedliche Erwartungen an die Universität und divergierende Konzepte von sozialpolitischem Handeln und Wissenschaft einbrachten.
Carl Alfred Schmid, der das Fach Armenpflege als persönliches Habilitationsprojekt verfolgte, war als höchster Beamter einer halböffentlichen Fürsorge-

institution ein Vertreter kommunaler Wohlfahrtsexpertise. Er bemühte sich beharrlich um die Verwissenschaftlichung seines Verwaltungsbereichs: Schmid erkundigte sich erstmals 1901 bei der staatswissenschaftlichen Fakultät der Universität Zürich, an der er seinen juristischen Doktortitel erworben hatte, nach einer Habilitationsmöglichkeit in Armenrecht und Armenpflege. Er erhielt mit dem Hinweis auf die zu enge Fachumschreibung und die fehlende Habilitationsschrift abschlägigen Bescheid. Fünf Jahre später reichte Schmid schliesslich ein formelles Gesuch um eine Venia Legendi in den Fächern «Armenpflege, Armenrecht und soziale Wohlfahrtseinrichtungen» ein, das die staatswissenschaftliche Fakultät der Universität Zürich wiederum ablehnte. Schmid wurde anschliessend bewogen, seinen Antrag zurückzuziehen, wie dies in solchen Fällen üblich war. Trotzdem wagte er 1911 nochmals einen letzten, wiederum erfolglosen Habilitationsversuch.[5]

Schmid begründete seine Vorstösse mit der grossen öffentlichen Relevanz des Gegenstandsbereichs. Dass er im Bereich der kommunalen Wohlfahrtspflege einen zentralen und dynamischen Bestandteil der zeitgenössischen Sozialpolitik sah, widerspiegelt den Stand des sozialstaatlichen Ausbaus in der Schweiz: Die sozialpolitischen Massnahmen auf Bundesebene waren im Untersuchungszeitraum erst für einen Bruchteil der Arbeitnehmer in der schweizerischen Bevölkerung wirksam. Seit den 1890er-Jahren kamen weiterführende Gesetzgebungsprozesse nur mehr schleppend voran, und in der veröffentlichten Meinung machte sich ein wachsender sozialpolitischer Problemdruck geltend.[6] Dagegen übernahmen die hergebrachten Fürsorgebehörden die Unterstützung verschiedenster Bevölkerungsgruppen, wenn die Subsistenzsicherung durch Arbeit oder familiäre Versorgung versagte, allerdings ohne dass die Klienten und Klientinnen einen rechtlichen Anspruch auf Leistungen gehabt hätten. Gerade die stadtzürcherischen Fürsorgebehörden sahen sich in diesem Zeitraum aufgrund des rasanten Anwachsens der städtischen Bevölkerung und der Begleiterscheinungen der industriellen Arbeitsbedingungen mit sozialen Dynamiken konfrontiert, die nach neuen Verwaltungsstrategien und nach einer Professionalisierung der Fürsorgearbeit verlangten. Schmid selbst war als leitender Beamter in einem privat organisierten, teilsubventionierten Zweig der städtischen Fürsorge tätig, der sich selbst in diesem Zeitraum als «grösste[s] und ausgebildetste[s] Institut für moderne rationelle Armenfürsorge in der Schweiz», als Vorreiter moderner kommunaler Sozialdienstleistungen verstand.[7] Weil die Armenpflege im Kanton Zürich nach wie vor nach dem Heimatprinzip funktionierte, waren alle Unterstützungsbedürftigen, die die Hilfe der Bürgerlichen Armenpflege nicht beanspruchen konnten, auf die Zuwendungen der Freiwilligen und Einwohnerarmenpflege angewiesen, die allerdings nur kurzfristige Unterstützungen mit Krisenintervenstionscharakter anbot. Der organisatorische und gesetzliche Arbeitsrahmen dieser grossen Fürsorgeinstitution erfuhr in den Jahren nach 1900 eine rasche Folge von Umstrukturierungen.[8]

Schmids Anfragen richteten sich an die Professoren der staatswissenschaftlichen Fakultät. Neben den Juristen waren dort vor allem die Professoren der Nationalökonomie angesprochen. Die Volkswirtschaftslehre, wie sie in diesem Zeitraum in Zürich vertreten wurde, verstand sich als umfassende, ethisch verbindliche Orientierungswissenschaft. Sie bot seit den 1870er-Jahren zunehmend ökonomische Regulierungskonzepte insbesondere zur sozialpolitischen Rolle des Staates an und verbreitete neue Instrumentarien zur Bearbeitung der «sozialen Frage», beispielsweise qualitative Enqueten und Statistiken.[9] Die universitären Akteure hatten in der untersuchten Auseinandersetzung in zweifacher Hinsicht eine privilegierte Position. Als Vertreter der Akademie verfügten sie über grosse Definitionsmacht, wenn es darum ging, die Wissenschaftlichkeit eines Forschungsgegenstands zu bestimmen, denn sie stellten in Fachzugangsfragen stets die offiziellen Gutachten zuhanden der Behörden aus. Die professoralen Akteure übernahmen durch die Reproduktionskontrolle an der Universität überdies eine Türhüterfunktion für akademische Berufsfelder.[10] Mit ihrer Ablehnung bestimmten die Professoren massgeblich über die Weise mit, in der sich die spätere Sozialarbeit verberuflichte. Die zuständige kantonale Behörde trat hingegen nicht als bildungspolitische Steuerungsinstanz auf. Obwohl der Erziehungsrat in der Mehrheit, wie es im Protokoll heisst, der Angelegenheit «sympathisch» gegenüberstand, anerkannte er in diesem Fall die sachlich begründete Autonomie der Universität.[11]

Daneben lassen sich nach der Jahrhundertwende weitere Gruppen ausmachen, die sich mit der Akademisierung von sozialer Fürsorge befassten. Wichtige Befürworter kamen aus dem Kreis der Schweizerischen Gemeinnützigen Gesellschaft, darunter Theologen, für die die «Liebestätigkeit» ein hergebrachtes Tätigkeitsfeld war.[12] Es engagierten sich darüber hinaus auch studentische Kreise, die sich für eine studentische Armenarbeit oder, wie es mitunter bereits hiess, Sozialarbeit stark machten und die teilweise in der «akademisch-sozialen Vereinigung» organisiert waren, wie auch die Redaktion der «Academia», des offiziellen Organs der schweizerischen Studentenschaften. Die Promotoren bewegten sich in einem breiten Feld interessierter bürgerlicher und sozialdemokratischer Akteure und Akteurinnen, die sich sowohl politisch als auch über die Aneignung sozialwissenschaftlicher Literatur mit der «sozialen Frage» beschäftigten und oft auch im gemeinnützigen Bereich praktisch tätig waren. Wie Ramsauer herausgearbeitet hat, war der Bereich der ehrenamtlichen Armenpflege stark von der Tätigkeit von Frauen mitgeprägt; bürgerliche Frauen erschlossen sich mit dem Beginn der Professionalisierung der Fürsorgetätigkeiten nach der Jahrhundertwende überdies langsam neue Berufsfelder. In der Akademisierungsdiskussion hingegen sind sie kaum aufzuspüren. Dies kann als Hinweis darauf verstanden werden, dass die Verwissenschaftlichungsverläufe für die von Konzepten einer «sozialen Mütterlichkeit» begleitete Vergeschlechtlichung des Berufsfeldes eine wichtige Rolle spielten.[13]

Verschiedene sozial- und bildungspolitische Aktivitäten, in die die staatswissenschaftliche Fakultät der Universität Zürich involviert war, zeigen auf, wie rege der Austausch dieser Gruppierungen, die sich zu Teilen aus Akademikern und Studierenden rekrutierten, mit der universitären Nationalökonomie, aber auch mit der staatswissenschaftlichen Fakultät insgesamt war. Im Untersuchungszeitraum veranstaltete die Fakultät beispielsweise ein von privater Hand finanziertes Preisausschreiben zum Thema Kinderschutz, betrieb eine Rechtsberatungsstelle für allein stehende Frauen mit und unterstützte die Centralstelle für sociale Literatur, das spätere Sozialarchiv, finanziell, das 1904 von Paul Pflüger, einem sozialdemokratischen Pfarrer und Vertreter des Gemeindesozialismus, angeregt worden war.[14] Das breite Feld sozialpolitischer Aktivitäten in Vereinen, Vortragszyklen und Zeitschriften bildete einen wichtigen Resonanzraum für die akademische Nationalökonomie, aber auch für die Jurisprudenz, wie sich anhand der publizistischen Tätigkeit der Professoren aufzeigen liesse.

Trotz dieser Ausrichtung an aktuellen sozialpolitischen Problemen lehnte die staatswissenschaftliche Fakultät die Integration des Wissensbereichs der Armenpflege mit dem Hinweis auf den unangemessenen Praxisbezug ab. Es ist keineswegs trivial, dass sich damit das zweifellos wirkmächtige Selbstverständnis einer primär forschungsbezogenen Universität durchsetzen konnte, die sich gegenüber berufsbezogenen Ausbildungsgängen abgrenzte. Einen ganz anderen Verlauf nahm ja die universitäre Etablierung der Handelslehre, die an der Universität Zürich seit 1903 gelehrt wurde. Ein Vergleich mit dieser gleichzeitig stattfindenden erfolgreichen Akademisierung soll einige Hypothesen darüber ermöglichen, wie sich die institutionellen und politischen Kräfteverhältnisse im Fall der Armenpflege darstellten. Mit den Handelswissenschaften zog ein praxisbezogenes, methodisch-theoretisch ungefestigtes Fächerkonglomerat in die Universität ein, gegen das die staatswissenschaftliche Fakultät gleichfalls massive Bedenken hatte.[15] Der erste betriebswirtschaftliche Studiengang an einer deutschsprachigen Universität wurde auf Druck der Erziehungsdirektion vollständig in die Fakultät integriert, obwohl die Fakultätsmehrheit eigentlich ein eigenständiges Institut aufbauen wollte, um die Gleichstellung der Studierenden der Handelswissenschaften zu verhindern.[16] Die erfolgreiche Institutionalisierung war verschiedenen Faktoren zu verdanken: Einmal setzte die Handelshochschulbewegung in verschiedenen Städten der Schweiz die Kantone unter Konkurrenzdruck, so dass die Zürcher Regierungsbehörden einen Handlungsbedarf sahen. Ausserdem zielte die Forderung nach einer höheren Managementausbildung auf die Verbesserung der Konkurrenzbedingungen der Wirtschaft und konnte entsprechend gewichtige Befürworter unter den Unternehmern und Kaufleuten gewinnen.[17] Dagegen bezogen sich die Promotoren einer Akademisierung der Armenpflege auf soziale Dienstleistungen, die im Untersuchungszeitraum auf dezentrale und heterogene Weise lokal aufgebaut waren und noch kein einheitliches professionelles Handlungsfeld aufwiesen. Noch wurden fürsorgerische Tätigkeiten sehr oft ehrenamtlich, am häufigsten von den lokalen Kirchenpflegen geleistet.[18] Der externe Druck war in diesem Fall nicht ausreichend, um die professorale Expertise zu brechen. Es wäre die Aufgabe einer vergleichenden Professionalisierungsgeschichte der Sozialarbeit in der Schweiz, die institutionellen, geschlechtergeschichtlichen und politischen Aspekte der fehlgeschlagenen Akademisierungsbestrebungen des Berufsfelds im Verlauf des 20. Jahrhunderts eingehender zu untersuchen. Im Folgenden soll nun aber die Wissensdimension des Konflikts thematisiert werden: In der Zürcher Diskussion kamen unterschiedliche Konzeptualisierungen der Armutsproblematik und divergierende wissenschaftliche Erkenntnisstile zur Sprache, die dafür verantwortlich waren, dass die schliesslich ausschlaggebende professorale Ablehnung zustande kam.

Wohlfahrtsstaatliche Konzepte zwischen «Armenpflege» und kommunaler Sozialpolitik

Die staatswissenschaftliche Fakultät schrieb in ihrem ablehnenden Gutachten, dass eine Institutionalisierung des Faches Armenwesen «die sozialen Fragen unter einem ganz falschen Gesichtspunkt sucht, unter demjenigen der Armenpflege. [...] Jene Auffassung ist wissenschaftlich schon längst überwunden. Praktisch vermag sie auch heute noch der richtigen Behandlung von Fragen der allgemeinen Wohlfahrt hinderlich zu werden.»[19] Dies lässt vermuten, dass divergierende Auffassungen über die Fortentwicklung wohlfahrtsstaatlicher Institutionen und Interventionsinstrumente für die gescheiterte Akademisierung verantwortlich gewesen sein könnten. Diese Hypothese soll anhand der Gegenüberstellung der Ansichten Schmids mit den Positionen Heinrich Herkners, eines Nationalökonomen der jüngeren historischen Schule, diskutiert werden, der als Lehrstuhlinhaber in Zürich Schmid negativ begutachtete.
Schmid definierte die Armenpflege als «eine Verwaltungsbranche der Gemeinde», die «es mit der individuellen Not zu tun» hat, «nicht aber mit der Lage der Arbeit oder ganzer grosser Bevölkerungsschichten».[20] In diesem Bereich waren Fürsorgeleistungen angesiedelt, die die «sociale Sanität» einer Gemeinde bildeten und von der Bedürftigkeit des Einzelnen und vom individuellen Verhältnis von Selbst- und Fremdverschulden ausgingen.[21] Schmids Publikationstätigkeit im «Armenpfle-

ger», dem Organ der Armen- und Jugendfürsorgen von Gemeinden und Kantonen, stand ganz im Zeichen polizeilich-ordnungspolitischer und verwaltungstechnischer Fragestellungen. Schmid hatte sich zu dieser Zeit bereits auf eine besondere Klientel der städtischen Fürsorge, die niedergelassenen Ausländer, spezialisiert und arbeitete einer Wahrnehmung der «sozialen Frage» als «Ausländerfrage» zu. Mit seiner Broschüre «Unsere Fremden-Frage» lancierte er 1900 den Begriff «Überfremdung», der später eine ungeheure Popularität in fremdenfeindlichen und rassistischen Diskurszusammenhängen erleben sollte.[22] Schmid verfasste Expertisen, die etwa die Überwälzung der armenpflegerischen Aufwendungen an die Herkunftsorte der ausländischen Armen erleichtern sollten oder eine Zwangsnaturalisation von ansässigen Ausländern forderten. Später trat Schmid der Neuen Helvetischen Gesellschaft bei; in der Zwischenkriegszeit erlangte er mit bevölkerungspolitischen Expertisen auch auf Bundesebene Einfluss.[23] Schmids Arbeiten spiegeln in ihrer Orientierung an öffentlicher Ordnung und Effizienz eine behördliche Wahrnehmung der Armutsproblematik wider.

Der aus Böhmen stammende Herkner hatte sich im Untersuchungszeitraum mit Arbeiten über die so genannte Arbeiterfrage bereits einen Namen gemacht und wurde 1911 als Vereinsvorsitzender und 1912 auch als Lehrstuhlinhaber in Berlin Nachfolger von Gustav Schmoller, dem langjährigen Vorsteher des deutschen Vereins für Socialpolitik. In den Publikationen Herkners erscheint die Armenpflege meistens als Residualkategorie; das Hauptgewicht der aktuellen sozialen Probleme lag für Herkner auf der «Arbeiterfrage», die eine weitgehende Umgestaltung gesellschaftlicher Produktionsverhältnisse erforderte. Armenfrage und Arbeiterfrage waren strikt zu unterscheiden: «Erst nachdem sich die Erkenntnis Bahn gebrochen hat, dass es sich bei der sozialen Frage nicht nur darum handelt, der Arbeiterbevölkerung eine zu ihrem Unterhalte ausreichende physische Ernährung zu verschaffen, dass die soziale Reform vielmehr einen gewaltigen welthistorischen Prozess darstellt, dass sie das Aufsteigen einer neuen, und zwar der zahlreichsten Schicht der Gesellschaft bedeutet: erst dann wird der tiefgehende Unterschied zwischen beiden Problemen allgemein und klar zum Bewusstsein gelangen.»[24] Wie vielen bürgerlichen Sozialreformern erschien Herkner die traditionelle Armenpflege, die auf keinen einforderbaren Ansprüchen, sondern auf karitativ-subsidiären Fürsorgeleistungen beruhte, als überholt, ja geradezu als kontraproduktiv, sofern sie ungleichheitsstabilisierende und entmündigende Effekte hatte. Als Mitglied des sozialliberalen Flügels des Vereins für Socialpolitik, der seit 1873 Universitätslehrer, Unternehmer, Angehörige freier Berufe und hohe Verwaltungsbeamte mit sozialreformerischen Anliegen zusammenschloss, plädierte der Kathedersozialist Herkner in seinen Schriften für Reformmassnahmen, die auf einem Ausbau von Versicherungsmechanismen und auf einklagbaren Rechten beruhten. Folgerichtig bewegte sich Herkners ehrenamtliches Engagement in Zürich denn auch im arbeitsrechtlichen Bereich: Er wurde vom Stadtrat verschiedentlich mit der Schlichtung von Arbeitsstreitigkeiten betraut und wurde schliesslich Mitglied des entsprechenden Einigungsamtes.[25] Herkners Auffassung illustriert implizit die hohen Erwartungen, die er zu diesem Zeitpunkt noch wie viele zeitgenössische deutsche Nationalökonomen an die Weiterentwicklung der Sozialgesetzgebung richtete, und ihr hoher Ton verweist auf das ethische Sendungsbewusstsein der sozialreformerischen Vertreter der akademischen Nationalökonomie, die ihre gemeinwohlorientierten Rezepte im Himmel bürgerlicher Fortschrittsideale verankert sehen wollten.[26]

Mit seiner Favorisierung neuer Sozialrechte widersprach Herkner indessen keineswegs grundsätzlich den sozialpolitischen Ansichten des Sekretärs der Freiwilligen und Einwohnerarmenpflege. Obwohl Schmid nämlich in seinen Akademisierungsvorschlägen der Armenpflege grosses Gewicht beimass, sah er im Ausbau von Versicherungsleistungen in allen Bereichen und von Sozialeinrichtungen mit generalisiertem Anspruch ein vordringliches Desiderat.[27] Und obgleich Herkners Optik vom stärkeren Ausbau der Sozialversicherungen im Deutschen Kaiserreich geprägt war, gestand auch er umgekehrt zu, dass die durch Urbanisierung und Industrialisierung entstandenen sozialen Probleme zusätzliche und individuelle Fürsorgeleistungen auf Gemeindeebene erforderten. In seinem vielfach übersetzten und mehrfach neu aufgelegten Standardwerk «Die Arbeiterfrage» widmete er der zeitgenössischen «kommunalen Sozialpolitik» ein eigenes Kapitel. Damit sprach er den Prozess der Modernisierung der kommunalen Fürsorge an, die über die Ausdifferenzierung spezifischer Armutsrisiken aus der klassischen Armenfürsorge verlief.[28] Diesem Prozess war auch Schmid verpflichtet. Im «Ratgeber für Armenpfleger» etwa erscheint der Interventionsbereich der Armenpflege in die unterschiedlichsten kommunalen Fürsorgedienstleistungen, beispielsweise im Bereich der Gesundheits-, Wohnungs-, Kinder- und Arbeitslosenfürsorge, ausgefaltet.[29] So divergierend die Ansichten der beiden Vertreter sozialpolitischer Expertise in Umsetzungsfragen gewesen sein mögen: beide sprachen sich ganz klar für einen Ausbau sozialstaatlicher Funktionen über die Anwendung des Versicherungsprinzips aus und beide befürworteten über die Ausdifferenzierung der kommunalen Leistungsverwaltung eine professionalisierte Sozialpolitik auf Gemeindeebene. Dass Schmid auf dem älteren Begriff der Armenpflege bestand und gleichzeitig neue Instrumente der wohlfahrtsstaatlichen Intervention propagierte, verweist auf den beträchtlichen Wandel, dem die administrative Umsetzung von Fürsorgeleistungen im Untersuchungszeitraum ausgesetzt war.

Es mag eher die mangelnde Überführung aktueller wohlfahrtsstaatlicher Entwicklungen in eine angemessene wissenschaftliche Terminologie und Systematik als eine grundsätzliche Differenz in der Problemwahrnehmung gewesen sein, die Schmids Anliegen für Herkner als veraltet erscheinen liess. Herkner selbst war sich allerdings bewusst, dass diese Ungleichzeitigkeit nicht zuletzt der zeitgenössischen akademischen Nationalökonomie geschuldet war. Er schrieb, die Gemeinde sei ein wichtiger Faktor der Sozialpolitik. «Trotzdem hat die kommunale Sozialpolitik erst seit verhältnismässig kurzer Zeit grössere wissenschaftliche Beachtung gefunden. Und nichts kann besser beweisen, wie sehr unser ganzes politisches und soziales Denken noch immer vom Staat gewissermassen hypnotisiert wird, wie sehr man bis in die neuesten Zeiten herein geneigt gewesen ist, die Gemeinde nur als Staatsanstalt zu betrachten.»[30] Eine nachholende Aufmerksamkeit für kommunale Wohlfahrtseinrichtungen machte sich nach 1900 auch im Verein für Socialpolitik bemerkbar. Dort machte sich beispielsweise Karl Flesch mit seinem Konzept der «socialen Ausgestaltung der Fürsorge» bekannt, das eine Ausweitung von Massnahmen sozialer Sicherung zu dauerhaften Einrichtungen mit fest umrissenen, verallgemeinerten Anspruchsberechtigungen forderte.[31] An die nationalökonomisch fundierte und begrifflich avancierte Diskussion der Problematik, die in diesem Kontext langsam aufkam, konnte Schmid mit seiner interventionsbezogenen und schwankenden Begrifflichkeit keineswegs anschliessen. Darüber hinaus waren die Differenzen zwischen Herkner und Schmid auch in den unterschiedlichen professionellen Ausrichtungen zu suchen: Während Schmid aus der armenpflegerischen Tradition der ökonomisch-moralischen und ordnungspolitischen Argumente heraus einer rationellen Fürsorge zuarbeitete, verortete sich Herkner rhetorisch im idealen Raum interessenthobener Wissenschaftlichkeit.[32]

Umstrittene Formen sozialwissenschaftlicher Erkenntnis

Dass der Wissensbereich Armenpflege nicht Eingang in die Akademie fand, lag demnach nicht an grundsätzlich divergierenden Vorstellungen von Wohlfahrtsstaatlichkeit und ihren zukünftigen Entwicklungen bei Gegnern und Befürwortern. Im Zentrum der Auseinandersetzung standen vielmehr die unterschiedlichen Erwartungen an die wissenschaftliche Bearbeitung der auf den Ausbau von kommunalen Fürsorgedienstleistungen gerichteten Konzepte, die von der akademischen Nationalökonomie wegen ihrer Präferenz für staatszentrierte Theorien sozialer Wohlfahrt bislang wenig beachtet worden waren.
Welche unterschiedlichen Erwartungen an die Wissenschaft brachten die Akteure ein? Die Universität lehnte den geforderten Lehrstuhl mit der Begründung ab, dass seiner Umschreibung ein nicht inhaltlich begründeter, sondern anwendungsbezogener Spezialisierungsmechanismus zugrunde lag. Die Wissenschaftlichkeit der Behandlung der sozialen Frage war nach Meinung der Gutachter nur durch die «systematische» Anschauungsweise der Nationalökonomie selbst gegeben, die allein eine umfassende Übersicht über alle «sozialen Erscheinungen» gewähren

konnte.³³ Sie sahen die Kernaufgaben der Nationalökonomie in der theoretischen Arbeit, die der deutschen Universitätsideologie entsprechend in einer Atmosphäre gelehrter Forschungsfreiheit stattfinden sollte. Zwar vertraten die in Zürich seit den 1880er-Jahren ansässigen Vertreter der jüngeren historischen Schule keine formal geschlossene, mathematisierte Wirtschaftswissenschaft, sondern boten unter anderem subjekt- und situationsbezogene Arbeitskonzepte an, die in heterogener Weise gesellschaftswissenschaftliches Wissen im weitesten Sinn erzeugten. Die universitären Nationalökonomen beanspruchten explizit sozialreformerische Umsetzungsrelevanz, sie wiesen deshalb eine beträchtliche Nähe zu den Strategien anderer Akteursgruppen in der Diskussion der «sozialen Frage» auf. In ihrer Perspektive bestand die praktische Seite ihrer Arbeit aber in der Überprüfung und Anwendung von Theorien und in der Gewinnung von Daten.³⁴

Dagegen kursierten in den Wortmeldungen der Befürworter Vorstellungen von wissenschaftlicher Arbeit, die eine Aufweichung der traditionellen Grenzen der Akademie nach sich zogen. In publizistischen Beiträgen zur Akademisierung der Armenpflege wurde die angloamerikanische Settlement-Bewegung als Vorbild dargestellt: Die Settlements, Nachbarschaftsheime in Arbeitervierteln, die unterschiedlichsten sozial- und bildungspolitischen Zwecken gewidmet waren und in denen die sozial bewegten, bürgerlichen Betreuer und Betreuerinnen oft selbst lebten, wurden in Zürich in gemeinnützigen Kreisen und im universitären Kontext rezipiert. So berief sich der Friedenspädagoge Friedrich Wilhelm Förster in einem Vortrag über die «soziale Arbeit der studierenden Jugend», den er 1908 vor 300 Zuhörern hielt, aus eigener Anschauung unter anderem auf Jane Addams, eine prominente Protagonistin der Progressive Era, die mit dem «Hull House» in einem Armenviertel von Chicago die bedeutendste Institution dieser Art gegründet hatte.³⁵ Die Bewegung, aus der Exponenten und Exponentinnen der frühen Soziologie hervorgingen, vertrat Vorstellungen von wissenschaftlicher Arbeit, die auf einer Koppelung von sozialer Praxis und theoretischer Reflexion in der Erfahrung der räumlichen Ansiedlung im Arbeitermilieu beruhten. Die Zürcher Promotoren und Promotorinnen dieser Bewegung³⁶ postulierten eine Sozialarbeit, die in eine umfassende Analyse der sozialen Bedingungen von Ungleichheit und Armut eingebettet war. Sie wurden deshalb vom Armenpflegebeamten Schmid mit Skepsis betrachtet, der in seinen Publikationen keine allgemeine, auf gesellschaftliche Gesamtzusammenhänge zielende Beurteilung von Armutsursachen lieferte.³⁷ Dem erweiterten Konzept sozialwissenschaftlichen Wissens war auch die University-Extension-Bewegung³⁸ verpflichtet, die in enger Verbindung mit der Settlement-Bewegung seit den 1890er-Jahren rezipiert wurde und in der an Universitäten angeschlossene Arbeiterbildungsvereinigungen gefordert wurden.³⁹ Die oft studentischen Bildungsinstitutionen, die auch in Zürich angeregt wurden, verschrieben sich nicht nur der Vorbeugung von Armut durch Bildung als Teil der

Sozialarbeit, sondern enthielten eine Möglichkeit des «Selbstlernens», der Selbsterfahrung der gebildeten bürgerlichen Sozialarbeiter und -arbeiterinnen im Austausch mit der ihnen kulturell und sozial fremden Zielgruppe.[40] Dieses Verständnis zielte nicht nur auf eine Akademisierung des Fürsorgewissens, sondern es forderte geradezu einen praktischen und physischen Vollzug sozialwissenschaftlicher Erkenntnis im Feld der sozialen Arbeit.

Dieses Konzept postulierte beispielsweise auch der einflussreiche Sozialarbeitspromotor Albert Wild, wenn er die Armenpflege als Wissenschaft bezeichnete, die analog zur Medizin funktioniert, als «Sanierungsarbeit am sozialen Körper», als «neue Heilmethode, wie ja auch die Medizin verschiedene Heilmethoden kennt».[41] Wilds Vorstellung einer Klinik des Sozialen widerspiegelt nicht nur den zeitgenössischen Einfluss sozialhygienischer Vorstellungen, in denen die Gesellschaft zunehmend in biologischen Kategorien konzeptualisiert wurde.[42] Sie geht auch davon aus, dass sozialwissenschaftliches Wissen aus der praktischen Sozialarbeit spezifische Erkenntnisqualitäten gewinnt. Damit forderte er die akademische Nationalökonomie bewusst heraus: «Wenn Armenpflege und Wohlfahrtspflege keine Wissenschaften sind, dann mangelt dieses Requisit auch der Nationalökonomie und hat sie ebenfalls kein Daseinsrecht an der Universität. Armen- und Wohlfahrtspflege sind Spezialgebiete dieser Disziplin.»[43]

«Boundary work» im Feld der Sozialwissenschaften

Die Wortmeldungen der Promotoren legen nahe, dass die Weise, in der sich der diskutierte Wissensbereich im Feld der akademischen Disziplinen positionieren sollte, und die divergierenden Formen sozialwissenschaftlichen Wissens, die damit zur Debatte standen, für die mangelnde Akzeptanz des Wissensbereichs in der akademischen Nationalökonomie verantwortlich waren. Die Befürworter der universitären Institutionalisierung der Armenpflege verfolgten damit ein Konzept, das auf eine Verwischung der Grenzen zwischen Akademie und Praxis abzielte. Es kann mit Thomas Gieryn als «boundary work»[44] verstanden werden, das eine Verschiebung des Bedeutungsfeldes von Wissenschaft in zwei Richtungen vollzog, indem es den Begriff der Wissenschaft auf die Praxis hin öffnete und indem es die Nationalökonomie als per se praktische Wissenschaft bezeichnete, ihre klinische Ausrichtung geradezu zur Bedingung ihrer Wissenschaftlichkeit machte. Die universitären Vertreter der Nationalökonomie wiederum befestigten mit ihren Gutachten die Demarkationen zwischen Wissenschaft und Nichtwissenschaft, Wissen und Praxis neu und sicherten damit mittelbar auch die soziale Exklusivität und epistemische Autorität ihres Tuns. Die relativ grosse Durchlässigkeit des sozialwissenschaftlichen Wissensfeldes, das auch für Nichtfachökonomen von

Interesse war und sich mit Anliegen von sozialen Bewegungen berührte, nötigte die Fachwissenschaftler zu expliziten Formulierungen ihrer Zuständigkeit. Intrikaterweise musste gerade der Anspruch der zeitgenössischen Nationalökonomie deutscher Provenienz, ethische Leitwissenschaft mit sozialpolitischer Reichweite zu sein, subtile Abgrenzungsstrategien gegenüber einer praktischen Ausrichtung der Sozialwissenschaft herausfordern.

Die Diskussion um die universitäre Vertretung der Armenpflege erscheint als Auseinandersetzung, in deren Verlauf unterschiedliche Formen von sozialpolitischem Expertenwissen in die Waagschale gelegt und schliesslich neu klassifiziert wurden. Sie zeigt auf, wie relevant kommunale institutionelle Bedingungen und lokale Aushandlungsprozesse für die Verwissenschaftlichung sozialpolitisch bedeutsamer Wissensbereiche und damit auch für die historisch vielfältigen wohlfahrtsstaatlichen Entwicklungen waren. Die Gestalt der frühen Sozialwissenschaften, deren Relevanz für die Entwicklung wohlfahrtsstaatlicher Konzepte in der Forschung vielfach unterstrichen wird, erscheint in dieser Mikroperspektive nicht als gegeben, sondern als konkreten sozialen Verhandlungen ausgesetzt.

Anmerkungen

1 Pio Caroni, «Kathedersozialismus an der juristischen Fakultät (1879–1910)», in: Ulrich Im Hof et al. (Hg.), *Hochschulgeschichte Berns 1828–1984. Zur 150-Jahr-Feier der Universität Bern 1984*, Redaktion Piero Scandola, Bern 1984, S. 203–237; Diana Le Dinh (Hg.), *L'avènement des sciences sociales comme disciplines académiques, XIXe–XXe siècles*, Lausanne 1997; Hansjörg Siegenthaler (Hg.), *Wissenschaft und Wohlfahrt. Moderne Wissenschaft und ihre Träger in der Formation des schweizerischen Wohlfahrtsstaates während der zweiten Hälfte des 19. Jahrhunderts*, Zürich 1997; Hansjörg Siegenthaler, «Fridolin Schuler und die Anfänge des modernen Wohlfahrtsstaates», in: Ders. (Hg.), *Wissenschaft und Wohlfahrt. Moderne Wissenschaft und ihre Träger in der Formation des schweizerischen Wohlfahrtsstaates während der zweiten Hälfte des 19. Jahrhunderts*, Zürich 1997, S. 9–33; Brigitte Studer, «Soziale Sicherheit für alle? Das Projekt Sozialstaat», in: Dies. (Hg.), *Etappen des Bundesstaates. Staats- und Nationsbildung der Schweiz, 1848–1998*, Zürich 1998, S. 159–186; Jakob Tanner, «Der Tatsachenblick auf die ‹reale Wirklichkeit›. Zur Entwicklung der Sozial- und Konsumstatistik in der Schweiz», *Schweizerische Zeitschrift für Geschichte* 45 (1995), S. 94–108.
2 Staatsarchiv Zürich (StAZH) U 105f, C. A. Schmid an die staatswissenschaftliche Fakultät der Universität Zürich vom 2. Januar 1900. Universitätsarchiv Zürich (UAZ), Sitzungsprotokoll der staatswissenschaftlichen Fakultät 1836–1901, S. 448, Sitzung vom 18. Januar 1900. StAZH, U 105f, Gutachten von Heinrich Herkner vom 4. November 1906. StAZH, U 105f, C. A. Schmid an den Sekretär der Erziehungsdirektion vom 7. Dezember 1906. StAZH, UU 2:60, S. 8–10, Sitzungsprotokoll des Erziehungsrats des Kantons Zürich 1909, Sitzung vom 13. Januar 1909.
3 Nadja Ramsauer, *«Verwahrlost». Kindswegnahmen und die Entstehung der Jugendfürsorge im schweizerischen Sozialstaat 1900–1945*, Zürich 2000, S. 122. Die Schweizerische Gemeinnützige Gesellschaft nahm das Akademisierungsanliegen in der Zwischenkriegszeit nochmals auf. StAZH, U 102:7, Die Zentralkommission der Schweizerischen Gemeinnützigen Gesellschaft an die Erziehungsdirektion des Kantons Zürich vom 20. Juli 1922. StAZH, U 102:7, Dekan der staatswissenschaftlichen Fakultät der Universität Zürich an die Erziehungsdirektion des Kantons Zürich vom 10. März 1923.

4 Ramsauer (wie Anm. 3).
5 StAZH, U 105f, Carl Alfred Schmid an die staatswissenschaftliche Fakultät der Universität Zürich vom 2. Januar 1900. StAZH, U 105f, Gutachten von Heinrich Herkner vom 4. November 1906. StAZH, U 105f, C. A. Schmid an den Sekretär der Erziehungsdirektion vom 7. Dezember 1906, StAZH, UU 2:60, S. 8–10, Sitzungsprotokoll des Erziehungsrats des Kantons Zürich 1909, Sitzung vom 13. Januar 1909. StAZH, U 105f, C. A. Schmid an den Dekan der staatswissenschaftlichen Fakultät der Universität Zürich vom 17. November 1911.
6 Studer (wie Anm. 1), S. 168–173. Franz Horvath, Matthias Kunz, «Sozialpolitik und Krisenbewältigung am Vorabend des Ersten Weltkrieges», in: Kurt Imhof, Heinz Kleger, Gaetano Romano (Hg.), *Zwischen Konflikt und Konkordanz. Analyse von Medienereignissen in der Schweiz der Vor- und Zwischenkriegszeit,* Zürich 1993, S. 63–65.
7 Albert Wild, «Armenpflege und Wohltätigkeit an der Universität Zürich», *Academia* 17/18 (1908), S. 145 f. und 154, hier S. 146.
8 Y., «Die freiwillige und Einwohner-Armenpflege der Stadt Zürich», *Der Armenpfleger* 1 (1904), S. 92 f., hier S. 93, «Jahresbericht der Zürcherischen Direktion des Innern über das Armenwesen pro 1902», *Der Armenpfleger* 1 (1903), S. 10–13, «Die freiwillige und Einwohnerarmenpflege der Stadt Zürich», *Der Armenpfleger* 3 (1905), S. 1–3; Carl Alfred Schmid, «Zur Frage der Zentralisation und Organisation der stadtzürcherischen Wohltätigkeit», *Der Armenpfleger* 8 (1910), S. 5–7; Albert Wild, «Zentralstellen für Armenpflege und Wohltätigkeit in der Schweiz», *Der Armenpfleger* 10 (1912), S. 2–7 und 9–11. Zum gesetzlichen Rahmen vgl. Ramsauer (wie Anm. 3), S. 51–60.
9 Vgl. Daniela Saxer, *Zur wissenschaftlichen Praxis von Hochschullehrern der Geschichte und der Nationalökonomie in Zürich (1870–1914). Gesellschaftliche Orientierungsangebote, institutionelles Handeln und epistemische Praktiken im Vergleich,* unveröffentlichte Lizentiatsarbeit, Zürich 1999, S. 106–143.
10 Martin Schmeiser, *Akademischer Hasard. Das Berufsschicksal des Professors und das Schicksal der deutschen Universität (1870–1920), eine verstehend-soziologische Untersuchung,* Stuttgart 1994, S. 25.
11 StAZH, UU 2:59, S. 275, Sitzungsprotokoll des Erziehungsrats des Kantons Zürich, Sitzung vom 18. November 1908.
12 Die akademische Theologie bot im Fach praktische Theologie traditionell fürsorgerisches Know-how unter seelsorgerisch-individualisierenden Gesichtspunkten an und propagierte den Ansatz der «inneren Mission» in Seminaren, auch sie war deshalb durch die Akademisierungsbestrebungen der Befürworter herausgefordert. StAZH, U 105a.1:2e, Die theologische Fakultät der Universität Zürich an den Erziehungsdirektor des Kantons Zürich vom 23. Dezember 1908.
13 Ramsauer (wie Anm. 3), S. 97–160.
14 UAZ, Sitzungsprotokoll der staatswissenschaftlichen Fakultät 1901–1916, S. 51, 80, 203, Sitzung vom 10. Februar 1905, Sitzung vom 16. Februar 1907, Sitzung vom 15. Februar 1913.
15 Rudolf Jaun, *Management und Arbeiterschaft. Verwissenschaftlichung, Amerikanisierung und Rationalisierung der Arbeitsverhältnisse in der Schweiz 1873–1959,* Zürich 1986, S. 23 f. und 43 f.
16 StAZH, U 105a.1:2i, Die Erziehungsdirektion des Kantons Zürich an den Regierungsrat des Kantons Zürich vom 10. September 1902. Zur Institutionalisierung der Betriebswirtschaftslehre in Deutschland vgl. Heike Franz, *Zwischen Markt und Profession. Die Betriebswirte in Deutschland im Spannungsfeld von Wirtschafts- und Bildungsbürgertum (1900–1945),* Göttingen 1998, S. 28–36.
17 Jaun (wie Anm. 15), S. 36–40.
18 Vgl. Albert Wild, «Zürich. Der Bericht der Direktion des Innern über das Armenwesen im Jahr 1903», *Der Armenpfleger* 1 (1904), S. 86–88, hier S. 87.
19 StAZH, U 105a1.2e, Der Dekan der staatswissenschaftlichen Fakultät der Universität Zürich an die Erziehungsdirektion des Kantons Zürich vom 12. Dezember 1908.
20 Carl Alfred Schmid, «Über unser zürcherisches Armenwesen de lege ferenda», *Der Armenpfleger* 3 (1906), S. 74–76, hier S. 75.

21 Carl Alfred Schmid, Artikel «Armenwesen: b) Gegenwärtige Organisation», in: Naum Reichesberg (Hg.), *Handwörterbuch der Schweizerischen Volkswirtschaft, Socialpolitik und Verwaltung,* Bd. I, 1903, S. 324.
22 Stefan Mächler, «Kampf gegen das Chaos – die antisemitische Bevölkerungspolitik der eidgenössischen Fremdenpolizei und Polizeiabteilung 1917–1954», in: Aram Mattioli (Hg.), *Antisemitismus in der Schweiz 1848–1960,* Zürich 1998, S. 361.
23 Ebd.
24 Heinrich Herkner, *Die Arbeiterfrage. Eine Einführung,* 4., erweiterte und umgearbeitete Aufl., Berlin 1905, S. 595.
25 Heinrich Herkner, «Der Lebenslauf eines Kathedersozialisten», in: Felix Meiner (Hg.), *Die Volkswirtschaftslehre der Gegenwart in Selbstdarstellungen,* Leipzig 1924, S. 101.
26 Richard Münchmeier, *Zugänge zur Geschichte der Sozialarbeit,* München 1981, S. 38.
27 «Protokoll der I. deutsch-schweizerischen Konferenz von Vertretern von bürgerlichen und privaten Armenpflegen, Mittwoch, den 17. Mai 1905, im Rathaus zu Brugg», Diskussionsbeitrag Carl Alfred Schmid, *Der Armenpfleger* 2 (1905), S. 65–79, 81–95, hier S. 72–76. Carl Alfred Schmid, «Über unser zürcherisches Armenwesen de lege ferenda», *Der Armenpfleger* 3 (1906), S. 73–76.
28 Christoph Sachsse, Florian Tennstedt, «Armenfürsorge, soziale Fürsorge, Sozialarbeit», in: Christa Berg (Hg.), *Handbuch der deutschen Bildungsgeschichte,* Bd. 4: *1870–1914,* München 1991, S. 419.
29 Albert Wild, Carl Alfred Schmid, *Ratgeber für Armenpfleger,* Zürich 1902.
30 Herkner (wie Anm. 24), S. 572 f. Herkner analysierte diese Defizite als Ausdruck eines Spannungsverhältnisses zwischen sozialkonservativer bürgerlicher Sozialreform und mangelnder Demokratisierung im Deutschen Kaiserreich. Ebd., S. 573.
31 Christoph Sachsse, *Mütterlichkeit als Beruf. Sozialarbeit, Sozialreform und Frauenbewegung 1871–1929,* Frankfurt a. M. 1986, S. 98.
32 Herkner und sein Kollege Schollenberger warfen Schmid unter anderem seine politisch motivierte Fixierung auf die so genannte Ausländerfrage im Armenwesen vor. StAZH, U 105f, Gutachten von Heinrich Herkner vom 4. November 1906, Gutachten von Jakob Schollenberger vom 8. November 1906. Zur ökonomisch-moralischen Armenpflegetradition vgl. Ramsauer (wie Anm. 3), S. 54 f.
33 StAZH, U 105a.1:2e, Der Dekan der staatswissenschaftlichen Fakultät der Universität Zürich an die Erziehungsdirektion des Kantons Zürich vom 12. Dezember 1908.
34 Saxer (wie Anm. 9), S. 25–30, 132.
35 W. S., «Über die soziale Arbeit der studierenden Jugend» [Zusammenfassung eines Referates von F. W. Förster vor der Zürcher akademisch-sozialen Vereinigung], *Academia* 15 (1908), S. 87. Zu Addams' Wissenschaftskonzept vgl. Dorothy Ross, «Jane Addams (1860–1935). Häuslicher Feminismus und die Möglichkeiten der Sozialwissenschaften», in: Claudia Honegger, Theresa Wobbe (Hg.), *Frauen in der Soziologie. Neun Portraits,* München 1998, S. 130–153.
36 Ramsauer (wie Anm. 3), S. 110–118. Vgl. die divergierenden Armutskonzeptionen in den frühen amerikanischen Sozialarbeitsinstitutionen, den Charity Organisation Societies und den Settlements: Philip Popple, Nelson P. Reid, «Profession for the Poor? A History of Social Work in the United States», in: Gary R. Lowe, Nelson P. Reid (Hg.), *The Professionalization of Poverty. Social Work and the Poor in the Twentieth Century,* New York 1999, S. 15.
37 Carl Alfred Schmid, «Die sogen. Settlementsbewegung», *Der Armenpfleger* 1 (1903), S. 17 bis 19, hier S. 18.
38 Die Propagierung der «University Extension», die anders als die Hauptströmungen der späteren Volkshochschulbewegung in der Schweiz im Namen sozialpolitischer Reformanliegen erfolgte, orientierte sich nach in England und Skandinavien, sondern vor allem auch an den Erfolgen in Deutschland. Vgl. Markus Zürcher, *Unterbrochene Tradition. Die Anfänge der Soziologie in der Schweiz,* Zürich 1995, S. 203, und Rüdiger vom Bruch, *Wissenschaft, Politik und öffentliche Meinung. Gelehrtenpolitik im Wilhelminischen Deutschland (1890–1914),* Husum 1980, S. 262–264.

39 Vgl. «Die Ausbreitung des Hochschulunterrichts auf weitere Kreise», *Schweizerische Blätter für Wirtschafts- und Socialpolitik* 2 (1894), S. 68 f.; Alexander Reichel, «Bestrebungen für Ausbreitung des Hochschulunterrichts (university extension) im Kanton Bern», *Schweizerische Blätter für Wirtschafts- und Sozialpolitik* 3 (1895), S. 331–335; Trebeis, «University Extension», *Schweizerische Blätter für Wirtschafts- und Sozialpolitik* 3 (1895), S. 399 f.; H. F. Pfenniger, «Student und soziale Fürsorge», *Academia* 19 (1907), S. 151 f., hier S. 151.
40 W. S. (wie Anm. 35), S. 87.
41 Wild (wie Anm. 7), S. 154.
42 George Steinmetz, *Regulating the Social. The Welfare State und Local Politics in Imperial Germany,* Princeton 1993, S. 198.
43 Wild (wie Anm. 7), S. 154.
44 Thomas F. Gieryn, «Boundaries of Science», in: Sheila Jasanoff et al. (Hg.), *Handbook of Science and Technology Studies,* Thousand Oaks 1995, S. 404 f.

Rainer Egloff

Schweizer Modelle im internationalen Diskurs sozialstaatlicher Expertise um 1900

Das Beispiel des amerikanischen Soziologen Charles Richmond Henderson

In seiner Furore machenden Studie *Atlantic Crossings* hat Daniel T. Rodgers für die amerikanische Wohlfahrtsstaatsdebatte vor dem Zweiten Weltkrieg nachhaltig das lang gehegte Bild eines nationalen Autismus – eine ausschliessliche Selbstbezogenheit – widerlegt.[1] Obwohl die exzeptionalistische Vorstellung einer USA als Sonderfall in der nationalen sozialpolitischen Debatte zweifellos sehr stark war, wurde sie doch von einem grossen vergleichenden Interesse an ausseramerikanischen und insbesondere europäischen Fallstudien und Daten zu sozialen Problemen beziehungsweise ihren Lösungsmodellen aufgewogen. US-amerikanische Vertreterinnen und Vertreter der Sozialwissenschaften sowie – in der Frühphase eng damit verknüpft – der Sozialarbeit und Sozialreform rezipierten sehr wohl europäische Entwicklungen und standen im engen Kontakt mit Kollegen und Kolleginnen in Europa. Ein Grossteil der Männer und Frauen, die die erste Generation akademischer Sozialwissenschafter in den Vereinigten Staaten stellten, hatte in Europa – vor allem in Deutschland – studiert, bevor um die Jahrhundertwende entsprechende Studiengänge und Universitäten in den USA aus dem Boden schossen. Diese Generation initiierte ab den 1880er-Jahren bis zum Ersten Weltkrieg einen imposanten Transfer von Wissen von Europa in die Vereinigten Staaten.[2]

Umgekehrt pflegte das europäische Bürgertum in seinen Diskursen der sozialen Frage auch ein beträchtliches Interesse an den USA.[3] In der Tat war sozialstaatliche Expertise in ihrer Frühphase bis zum Ersten Weltkrieg ein genuin international ausgerichtetes Projekt. Insbesondere gilt das für die Sozialwissenschaften. Für die Jahrhundertwende dokumentieren Zeitschriften, Verbände, Kongresse und Korrespondenzen ein transatlantisches Netzwerk, das sozialwissenschaftliche beziehungsweise sozialstaatliche Ideen und Erfahrungen, Analysen und Umsetzungen austauschte, verglich und verhandelte. An dieser transnationalen und transkontinentalen Konzeptbörse konnten die Spezifika der einzelnen Fälle überprüft und transzendiert werden – sie förderte dadurch auch ein Bewusstsein für lokale und nationale Eigenheiten. Nicht selten wurden an den internationalen Kongressen der verschiedenen Organisationen gemeinsame Vereinbarungen getroffen (zum Beispiel im Bereich des Arbeiterschutzes), es wurden Standards gesetzt und Leitbilder sanktioniert.[4]

Die Schweiz ist in dieser sozialwissenschaftlichen Internationale erstaunlich prominent vertreten. Sie stellt zahlreiche Mitdebattierende und dient als häufiger Kongressort, teilweise auch als regulärer Standort verschiedener internationaler Organisationen.[5] Darüber hinaus tritt sie selbst auch als Gegenstand der Debatte auf. In welchen Zusammenhängen, wie und wieso das geschieht, möchte die vorliegende Skizze anhand einer Fallstudie sondieren.

Beschränkt auf das Beispiel des Chicagoer Soziologen und Sozialreformers Charles Richmond Henderson sollen in der Folge einige Repräsentationen von Schweizer Konzepten und Praktiken im Diskurs sozialstaatlicher Expertise aus US-amerikanischer Sicht vorgestellt werden. Die Frage nach den Themen, Darstellungsweisen und Kontexten, in denen die Schweiz bei Henderson auftaucht, soll mit der Diskussion entsprechender Erklärungsmuster verbunden werden. Damit soll ein Beitrag zur Würdigung der prominenten Rolle des Kleinstaates Schweiz in der Internationale der sozialstaatlichen Expertise und umgekehrt des Stellenwerts des Internationalismus für die Sozialstaatsdebatte in der Schweiz geleistet werden.[6]

Charles Richmond Henderson

Charles Richmond Henderson (1848–1915) lehrte von 1892 bis zu seinem Tod 1915 Soziologie an der University of Chicago. Er gehörte zu den ersten Universitätsprofessoren der jungen sozialwissenschaftlichen Disziplin, die in den Vereinigten Staaten bereits ab den 1890er-Jahren, also sehr viel früher als in Europa, nachhaltig institutionalisiert wurde.[7] Vor dem Antritt seiner Professur war Henderson fast zwanzig Jahre als (gross)städtischer Pfarrer tätig gewesen: 1873 bis 1882 in Terre Haute, Indiana, und 1882–1892 in Detroit, Michigan. Auch nach der Aufnahme seines Amts als Soziologieprofessor behielt Henderson als Universitätskaplan geistliche Aufgaben bei.

Wie kein anderer verkörperte Henderson die ambivalente Identität der frühen US-Soziologie, die besonders stark von einem protestantischen Klerus im Umbruch getragen wurde. Sie befasste sich intensiv mit der sozialen Frage, welche durch Wirtschafts- und Bevölkerungswachstum, Urbanisierung, soziale Umschichtung und entsprechende Krisen gegen Ende des 19. Jahrhunderts akut geworden war. Die frühe Soziologie bewegte sich zwischen gelehrter Abstraktion und den praktischen Problemen von sozialarbeiterischen Organisationen, Kirchen, privaten Initiativen und staatlichen Instanzen sozialer Wohlfahrt.

Hendersons Soziologie war genuin religiös-ethisch geprägt, und er sah soziale Solidarität und Harmonie als ihr gottgegebenes Ziel. Soziologische Wissenschaft sollte nach genauer Beobachtung und Dokumentation sozialer Phänomene als erstem Schritt und nach einem zweiten Schritt der vergleichenden Analyse, der Abstraktion, Differenzierung und Synthese letztlich drittens Programme zur gesellschaftlichen Reform formulieren können.

Henderson hat zwischen 1890 und 1915 eine Unmenge von Büchern, Artikeln und Pamphleten veröffentlicht, die die damalige Spannweite der Soziologie dokumentieren. Sie umfassen theoretische und methodische Fragen der Gesellschaftsanalyse ebenso wie konkrete Darstellungen zur «sozialen Frage». Auf eher abstrakte Werke wie das 1898 erschienene *Social Elements* folgten immer wieder praktisch orientierte Schriften wie das im Folgejahr erschienene Handbuch zur Gemeinwesenarbeit von Nachbarschaftszentren *Social Settlements*.[8] Als prominente und wiederkehrende Themen treten im Schaffen Hendersons weiter Kinder- und Jugendfürsorge, Erziehung und Bildung, Delinquenz und Strafsystem sowie Arbeiterversicherungen auf.[9]

Getreu seinem Credo einer anwendungsorientierten «practical sociology» engagierte sich Henderson auch in führender Position in diversen Organisationen und Kommissionen, zum Beispiel als Präsident der National Conference for Charities and Correction (1898), als Präsident der National Prison Association (1901/02) und des International Prison Congress (1910) sowie als Sekretär der Illinois Commission on Occupational Diseases (1907).

Henderson entsprach dem Prototyp des transatlantisch orientierten sozialwissenschaftlichen Wohlfahrtsexperten. Nachdem er bereits 1895 in Berlin bei Adolph Wagner, Gustav Schmoller und anderen Exponenten der deutschen historischen Schule und des Vereins für Sozialpolitik Vorlesungen besucht hatte, legte er 1902 nach einem Gastjahr als Student an der Universität Leipzig eine deutsche Dissertation vor.[10] Henderson verfügte auch über gute Sprachkenntnisse in Französisch und über ein entsprechend weit verzweigtes transatlantisches Netzwerk von Kontakten, welches akademische Sozialwissenschaft und praxisorientierte wohlfahrtsstaatliche Diskurse und Institutionen verklammerte.

Wo, wie und warum tritt nun die Schweiz prominent in Hendersons Veröffentlichungen auf? Drei Beispiele sollen beleuchtet werden.

Wohlfahrtsstatistik

Das erste Beispiel ist ein Artikel von Henderson zur Schweiz, den er 1904 in einer Sammlung mit dem Titel *Modern Methods of Charity. An Account of the Systems of Relief, Public and Private, in the Principal Countries Having Modern Methods* herausgab.[11] Im 715-seitigen Band sind der Schweiz unter der Rubrik «Countries with developed Systems of Public Relief – Northern Europe and America» immerhin 26 Seiten gewidmet.[12] Dagegen ist Holland mit nur 18 Seiten vertreten, und Schweden und Norwegen werden in einem Artikel mit total 13 Seiten abgespiesen. Henderson sieht bezüglich Wohlfahrtsinstitutionen eine generelle Dichotomie zwischen germanischen und lateinischen Völkern, wobei den Ersteren eine Neigung zu staatlichen, den Letzteren eine Präferenz für private und kirchliche Institutionen zugeschrieben wird. Unter «Latin Countries» figurieren Frankreich, Italien und Belgien. Eigene Abschnitte sind Russland und der jüdischen Wohlfahrt gewidmet. Aufschlussreich ist die Bemerkung im Vorwort, die Länder Spanien, Portugal und Griechenland seien im Band deshalb nicht vertreten, weil keine befriedigenden Daten und Darstellungen vorlägen. So banal die Formel klingt: Die Bereitstellung von statistischen Reihen und anderen Daten zum Vergleich sowie die Verfügbarkeit von Übersichten in international geläufigen Sprachen stellen einen überaus wichtigen Grund für die Aufnahme ins internationale Konzert der Wohlfahrtsdebatte dar. Dabei stellen quantitative Statistiken durch ihre sprachübergreifende Qualität besonders attraktive Medien dar.[13] Tatsächlich ist Hendersons Bericht zur Schweiz voller Zahlen. Die Würdigung ist stark problemorientiert. Unter anderem werden die Auseinandersetzungen zwischen Bürgergemeinde und Ortsgemeinde bei Armengenössigkeit thematisiert. Die Schweiz erscheint in Hendersons Beitrag nur selten als eigentliches Vorbild. Der Autor würdigt zwar ihre Pionierrolle für Arbeitslosenversicherung, fügt aber an, die experimentellen Efforts seien vorläufig noch nicht erfolgreich. Neben ihrer Komposition aus deutschen und romanischen Elementen scheint die Schweiz weniger als Pionierin der Sozialstaatlichkeit als durch die Verfügbarkeit von viel Daten- und Darstellungsmaterial – also sozusagen als Pionierin der Sozialwissenschaft – besonders attraktiv zur Behandlung.

Diese Einschätzung passt einerseits zu Brigitte Studers Feststellung, der Schweizer Sozialstaat habe sich komparativ gesehen erst spät entwickelt, anderseits zu Madeleine Herrens Hinweis, die eidgenössische statistische Zentralstelle, deren Gründung auf die Feststellung schweizerischer Rückständigkeit im internationalen Vergleich zurückging, habe zu den im 19. Jahrhundert international aktivsten Verwaltungszweigen gehört.[14]

Strafkolonien

Das zweite Beispiel beleuchtet das erstaunliche Phänomen, dass in einem Rapportband zum Problemkreis der Gefangenenarbeit im Freien, den Henderson 1907 auf Anregung und zuhanden des Gouverneurs von Illinois publiziert hat, unter insgesamt 21 Berichten vier aus der und zur Schweiz sind, neben ebenso vielen Berichten aus Ungarn, Frankreich und den USA und je einem zu Italien, Österreich, Russland, Griechenland und Belgien.[15] Tatsächlich scheint auch in den nicht schweizerischen Berichten immer wieder die landwirtschaftliche Strafkolonie von Witzwil im Kanton Bern mit ihrem Leiter Otto Kellerhals als Vorbild auf. Die schweizerische Vertretungsstärke hat aber – ebenso wie die ungarische – auch noch banalere Gründe. Die präsentierten Berichte sind Übersetzungen von Referaten, die am Internationalen Gefängniskongress 1905 in Budapest vorgetragen wurden. Internationale Kongressorganisationen und -besuche waren zu dieser Zeit eine ausgesprochen aufwendige, stark durch einzelne Persönlichkeiten geprägte und lokal fokussierte Angelegenheit. Da Atlantiküberfahrten strapaziös und zeitraubend waren, blieben transatlantische Gesandtschaften eher spärlich, während geographisch näher liegende Länder proportional übervertreten waren. Neben den geographischen Relationen spielten allerdings auch die Qualität und Dichte sozialer Netzwerke für die Vertretungsstärke, Kommunikationsfähigkeit und Definitionsmacht eine wichtige Rolle. Die grosse ungarische Vertretung am Budapester Gefängniskongress erstaunt jedenfalls ebenso wenig wie der Umstand, dass Henderson, der diesen Kongress als Delegierter der US-amerikanischen Regierung besuchte, die Gunst der Stunde für seine publizistischen Zwecke nutzte und eine Übersetzung und Wiederverwertung der vorgetragenen Papers anbahnte. Da er nun einmal in Europa war, verband Henderson seinen Aufenthalt auch mit Besuchen von Gefängnissen und Strafkolonien in Belgien, England und Frankreich sowie in der Schweiz und in Ungarn.[16] Für die starke Schweizer Vertretung im Berichtsband scheint mir besonders eine Person entscheidend: Louis Guillaume (1833–1924), Dr. med., Grossratspräsident in Neuenburg 1880, Direktor der Strafanstalt von Neuenburg 1870–1889, Professor für Hygiene an der Akademie Neuenburg 1878–1889 und Direktor des eidgenössischen statistischen Amtes 1889–1913.[17] Guillaume verkörperte eine Mischung aus Praktiker, Politiker sowie Wissenschafter der Wohlfahrt und Sozialstaatlichkeit und war damit durchaus ein schweizerisches Pendant zu Henderson.[18] Er befasste sich vor allem mit Fragen des Gefängniswesens und der Statistik. Von besonderer Bedeutung ist, dass er vom Bundesrat wiederholt als Vertreter der Schweiz an die internationalen Kongresse für das Gefängniswesen abgeordnet wurde und seit 1893 als Sekretär der Internationalen Kommission für das Gefängniswesen deren *Bulletin* und die Kongressberichte verfasste. Guillaume stellt eines der in jener Zeit des sozialwissenschaftlichen Internationalismus so wichtigen personalen Bindeglieder zwischen der Schweiz und dem Ausland dar. Als *der* Bundesstatistiker hatte er eine zusätzliche Schlüsselfunktion für die Produktion und Vermittlung von Expertenwissen zu sozialen Fragen. Und als Sekretär der Internationalen Gefängniskommission hat Guillaume Henderson nicht nur gut gekannt, er hat ihn 1909 auch erfolgreich als Präsidenten des internationalen Verbands vorgeschlagen.[19] Es bleibt hier also die entscheidende Rolle einzelner schweizerischer Expertenpersönlichkeiten für die Repräsentation der Schweiz im internationalen sozialstaatlichen beziehungsweise sozialwissenschaftlichen Diskurs festzuhalten.

Arbeiterschutzkongresse

Das dritte und letzte Beispiel betrifft einen kurzen Artikel von Henderson, der im Oktober 1912 im *Survey*, einer der wichtigsten Zeitschriften amerikanischer Wohlfahrtsexpertise, erschien. Unter dem Titel «Social Week at Zurich» berichtete Henderson von vier internationalen Arbeiterschutzkongressen, die aufeinander folgend zwischen dem 6. und 12. September 1912 in Zürich abgehalten wurden.[20] Im Einzelnen handelte es sich bei den beteiligten Organisationen um die Internationale Konferenz zur Bekämpfung der Arbeitslosigkeit, den Internationalen Heimarbeiterschutzkongress, das Internationale Komitee für Sozialversicherung und die Internationale Vereinigung für gesetzlichen Arbeiterschutz.[21]
Sowohl der Bundesrat wie die Regierungen von Kanton und Stadt Zürich unterstützten die Organisation der *Sozialen Woche* im September 1912, und die Verknüpfung mit dem internationalen Arbeitsamt in Basel war eng.[22] Bezeichnend ist auch die damalige Zusammensetzung des Bureaus der Internationalen Vereinigung für gesetzlichen Arbeiterschutz, welche viele internationale Regierungsvertreter vereinigte und federführend in Zürich amtete: Präsident war Heinrich Scherrer, Ständerat und Regierungsrat des Kantons St. Gallen, Vizepräsident war Alt-Bundesrat und Ständerat Adrien Lachenal, und als Generalsekretär amtete der Basler Professor Stefan Bauer.[23] Mit zwölf weiteren amerikanischen Vertreterinnen und Vertretern war auch Charles Richmond Henderson auf der Delegiertenliste für die Versammlung dieser Organisation an der *Sozialen Woche*.[24]
Wir haben es hier mit einem hervorragenden Beispiel jener internationalistischen Strategie des Kleinstaates zu tun, die Madeleine Herren für die Schweiz beschrieben hat.[25] Wie Herren feststellt, betrieb die Schweiz auf staatlicher wie nichtstaatlicher Ebene bewusst eine Politik der grenzüberschreitenden Kooperation. Gerade im sozialpolitischen Bereich investierte sie viel in internationalistische Aktivitäten – etwa in die Organisation internationaler Kongresse. In dieser internationalen Öffentlichkeitsarbeit rivalisierte die Schweiz insbesondere mit Belgien, jenem anderen europäischen Kleinstaat, der die Sitze erstaunlich vieler internationaler Organisationen beherbergt. Herren sieht in der Internationalisierung sozialpolitischer Standards ebenso augenfällige nationale Vorteile wie in der Beteiligung eines kleinen Transitlandes an der grenzüberschreitenden Regelung von Verkehr und Kommunikation.[26]

Sicherlich sind für den sozialstaatlichen Internationalismus in der Schweiz auch Einflüsse von nicht staatlichen institutionellen Traditionen – etwa des sozialistischen oder kirchlichen Internationalismus – zu bedenken.[27] Für den vorliegenden Fall bleibt nichtsdestotrotz festzuhalten, dass die Schweizer Regierung – sowie kantonale und städtische Behörden – die internationale Rolle der Schweiz als Kommunikations- und Verhandlungsort aktiv beförderte und so die schweizerische Präsenz in der Internationale der sozialen Wohlfahrt stärkte.

Fazit

Die vorliegende kleine Fallstudie kann kaum mehr denn illustrativen Charakter beanspruchen. Vor dem Hintergrund aktueller Forschung zur sozialstaatlichen und sozialwissenschaftlichen Internationale können jedoch die folgenden Arbeitshypothesen formuliert werden:
1) Die Schweiz erscheint um die Jahrhundertwende kaum als genereller sozialstaatlicher Modellfall im amerikanisch-internationalistischen Diskurs. Hingegen werden einzelne spezifische und teils lokale Errungenschaften anerkannt – zum Beispiel im Strafwesen.
2) Die Rezeption schweizerischer Problemperzeptionen und Lösungsmodelle wird durch die Verfügbarkeit von Daten und Darstellungen in international kompatibler oder wenigstens verstehbarer Form stark befördert. Hervorragende Dienste leisten diesbezüglich verfügbare Zahlenreihen quantitativer Statistik.
3) Personelle Netzwerke und Initiativen, Kongressbeteiligungen und eigene Kongressveranstaltungen spielen für die verhältnismässig starke Repräsentation der Schweiz in der Internationale der sozialen Wohlfahrt ebenfalls eine ausserordentlich wichtige Rolle, wie das Beispiel von Henderson und Guillaume zeigt.
4) Insgesamt ist die Schweiz im internationalen Vergleich eher als Pionierin im Bereich der Herstellung und Verbreitung von *Wissen* zur sozialen Wohlfahrtsproblematik denn als Vorreiterin bezüglich sozialstaatlicher *Praxis* zu sehen.

Anmerkungen

1 Daniel T. Rodgers, *Atlantic Crossings. Social Politics in a Progressive Age,* Cambridge, Massachusetts 1998.
2 Mit Konzentration auf die Einflüsse von Deutschland Axel R. Schäfer, *American Progressives and German Social Reform, 1875–1920. Social Ethics, Moral Control, and the Regulatory State in a Transatlantic Context* (USA-Studien 12), Stuttgart 2000; Jurgen Herbst, *The German Historical School in American Scholarship. A Study in the Transfer of Culture,* Ithaca, New York 1964.
3 Allgemein zur bürgerlichen Wahrnehmung der USA in Europa um die Jahrhundertwende

Alexander Schmidt-Gernig, «Zukunftsmodell Amerika? Das europäische Bürgertum und die amerikanische Herausforderung um 1900», in: Ute Frevert (Hg.), *Das Neue Jahrhundert. Europäische Zeitdiagnosen und Zukunftsentwürfe um 1900* (Geschichte und Gesellschaft, Sonderheft 18), Göttingen 2000, S. 79–112.

4   Zu den internationalen Arbeiterschutzkongressen vgl. unten das Beispiel der so genannten Sozialen Woche, die 1912 in Zürich abgehalten wurde.

5   Allgemein zum internationalistischen Engagement der Schweiz zwischen 1848 und 1914: Madeleine Herren, «Internationalismus als Aussenpolitik. Zur internationalen Vernetzung des schweizerischen Bundesstaates 1848–1914», in: Brigitte Studer (Hg.), *Etappen des Bundesstaates. Staats- und Nationsbildung der Schweiz, 1848–1998,* Zürich 1998, S. 127–143.

6   Die Reichweite dieser Würdigung wird durch die Beschränkung auf den Schweizauftritt in den Publikationen eines einzelnen amerikanischen Experten eng begrenzt. Insbesondere bleibt damit auch jegliche schweizerische Rezeption ausländischer sozialstaatlicher Modelle unberücksichtigt.

7   Das Department of Sociology and Anthropology an der University of Chicago gilt als weltweit erstes soziologisches Institut überhaupt. Es wirkte als Nukleus der weiteren Institutionalisierung der soziologischen Disziplin in den USA. Zur Vor- und Frühgeschichte des Chicagoer Instituts Rainer Egloff, *«Conventionality is the thesis, Socialism is the antithesis, Sociology is the synthesis». Die Gründung des soziologischen Instituts an der University of Chicago im Rahmen einer Wissenschaftsgeschichte der soziologischen Disziplin,* Lizentiatsarbeit Zürich 1997.

8   Charles Richmond Henderson, *Social Elements, Institutions, Character, Progress,* New York 1898; Ders., *Social Settlements,* New York 1899.

9   Eine Bibliographie und verschiedene Würdigungen von Hendersons vielseitigem Schaffen sind versammelt in *Community Memorial Meeting in Honor of Charles Richmond Henderson, Auditorium Theatre, Sunday, April 11, 1915, 3 p. m.,* Chicago 1915.

10 Charles Richmond Henderson, *Die ökonomische Lage der Collegien im Staate Illinois, Nord-Amerika,* Diss. Leipzig 1902.

11 Charles Richmond Henderson (Hg.), *Modern Methods of Charity. An Account of the Systems of Relief, Public and Private, in the Principal Countries Having Modern Methods,* New York 1904.

12 Ebd., S. 138–164.

13 Allgemein zum Aufstieg statistischen Denkens und quantifizierender Praktiken vgl. Theodore M. Porter, *The Rise of Statistical Thinking 1820–1900,* Princeton 1986; Ders., *Trust in Numbers. The Pursuit of Objectivity in Science and Public Life,* Princeton 1995. Zur Schweizer Sozialstatistik vgl. Thomas Busset, *Zur Geschichte der eidgenössischen Volkszählung,* Bern 1993; Hans Ulrich Jost, *Des chiffres et du pouvoir: statisticiens, statistique et autorités politiques en Suisse du XVIIIe au XXe siècle,* Bern 1995; Jakob Tanner, «Der Tatsachenblick auf die ‹reale Wirklichkeit›. Zur Entwicklung der Sozial- und Konsumstatistik in der Schweiz», *Schweizerische Zeitschrift für Geschichte* 45 (1995), S. 94–108; Ders., «‹… stets brennender werdende Arbeitslohnfrage›. Klassengesellschaft und Sozialstatistik in der Schweiz (bis zum Ersten Weltkrieg)», in: Jean Batou, Mauro Cerutti, Charles Heimberg (Hg.), *Pour une histoire des gens sans Histoire. Ouvriers, exclues et rebelles en Suisse, 19e–20e siècles,* Lausanne 1995, S. 47–62.

14 Brigitte Studer, «Soziale Sicherheit für alle? Das Projekt Sozialstaat», in: Dies. (Hg.), *Etappen des Bundesstaates. Staats- und Nationsbildung der Schweiz, 1848–1998,* Zürich 1998, S. 159 bis 186, hier S. 180; Herren (wie Anm. 5), S. 138.

15 Charles Richmond Henderson (Hg.), *Outdoor Labor for Convicts. A Report to the Governor of Illinois,* Chicago 1907.

16 Zur Nebennutzung von Kongressbeteiligungen vgl. auch Herren (wie Anm. 5), S. 137.

17 «Guillaume, Louis», in: *Historisch-biographisches Lexikon der Schweiz,* Bd. 4, Neuenburg 1927, S. 8 f.

18 Zur paradigmatischen Verkörperung von wohlfahrtsstaatlichen beziehungsweise -wissenschaftlichen Mehrfachrollen vgl. den Sammelband zum Glarner Arzt und ersten eidgenössischen

Fabrikinspektor Fridolin Schuler: Hansjörg Siegenthaler (Hg.), *Wissenschaft und Wohlfahrt. Moderne Wissenschaft und ihre Träger in der Formation des schweizerischen Wohlfahrtsstaates während der zweiten Hälfte des 19. Jahrhunderts* (Prozesse und Strukturen), Zürich 1997.

19 Dr. Gauillaume, Secretary, to the Members of the International Penitentiary Commission, Bern, 26. April 1909. Charles Richmond Henderson, Papers, Special Collections, University of Chicago, Box I, Folder 5.

20 Charles Richmond Henderson, «Social Week at Zurich», *Survey* XXIX, No. I, Oct. 5 (1912), S. 48–50.

21 Im Zentrum der *Sozialen Woche* stand «die gleichzeitige Zusammenkunft der verschiedenen internationalen Organisationen, die sich Fragen des Arbeiterwohles und des Arbeiterschutzes widmen, hier in Zürich, mit der ausgesprochenen Absicht, eine gewisse Annäherung zwischen diesen zu schaffen, ohne dass dadurch die Selbständigkeit der einzelnen Verbände irgendwie benachteiligt würde». Vgl. dazu Ständerat Heinrich Scherrer, Präsident, «Erster Verhandlungstag: Dienstag, den 10. September 1912», in: Bureau der Internationalen Vereinigung für gesetzlichen Arbeiterschutz (Hg.), *Verhandlungen der siebenten Generalversammlung des Komitees der Internationalen Vereinigung für gesetzlichen Arbeiterschutz abgehalten zu Zürich vom 10. bis 12. September 1912 nebst Jahresberichten der Internationalen Vereinigung und des Internationalen Arbeitsamtes* (Schriften der Internationalen Vereinigung für gesetzlichen Arbeiterschutz, No. 8), Jena 1913, S. 27.

22 Vgl. dazu Bureau der Internationalen Vereinigung für gesetzlichen Arbeiterschutz (wie Anm. 20), S 5–12.

23 Ebd., S. 12.

24 Ebd., S. 16.

25 Herren (wie Anm. 5).

26 Ebd., S. 136.

27 Offensichtlich beginnt die schweizerische internationalistische Tradition lange vor Gründung des Bundesstaates. So wurden intensive soziale Vernetzungen etwa durch Solddienste, kirchliche Verbindungen, Verlagsunternehmen oder das Bankwesen getragen. Im Zuge der Etatisierung im letzten Drittel des 19. Jahrhunderts gewann dann die Gestaltung der Aussenbeziehung durch staatliche Instanzen beziehungsweise die Politik auf Bundes- und Kantonsebene an Gewicht – ohne dass deswegen die grosse Bedeutung zivilgesellschaftlicher Instanzen wie Arbeiterorganisationen oder der politische Katholizismus zu vernachlässigen wären. Ich bedanke mich für entsprechende Hinweise bei Hansjörg Siegenthaler.

Luca Pellegrini

Les enjeux du financement de l'assurance vieillesse, survivants et invalidité (1918-1920)

L'émergence de l'assurance vieillesse, survivants et invalidité

Les assurances sociales font leur entrée sur la scène fédérale, certes sur la pointe des pieds, déjà dans le dernier quart du XIXe siècle. L'émergence de l'assurance vieillesse, survivants et invalidité (AVSI) au niveau fédéral depuis la fin du siècle passé est le produit d'un mouvement contradictoire. Tout d'abord, le développement du salariat rend toujours plus actuels les risques d'accident et de maladie courus par les salarié·e·s ainsi que ceux, dans une moindre mesure, d'invalidité et de vieillesse. Ensuite, les crises économiques des années 1870 et 1880 ont des conséquences très importantes sur le tissu économique et contribuent également à l'entrée en crise de l'idéologie radicale-libérale. Enfin, l'urbanisation connaît un premier élan, bien qu'encore modeste en comparaison internationale et par rapport à l'accélération qu'elle connaîtra par la suite.
S'enracinant dans ces phénomènes, le mouvement ouvrier helvétique naissant s'organise peu à peu. Il n'a cependant pas encore la force d'imposer, au niveau fédéral, la prise en compte de la question de l'AVSI. Pour y parvenir, il doit s'appuyer sur le débat ouvert sur l'assurance maladie et accidents et sur l'influence de l'expérience allemande. Pourtant, la possibilité d'intégrer l'assurance vieillesse et invalidité à l'article constitutionnel concernant l'assurance maladie et accidents est écartée sans trop de débats.[1]
En dehors de ce cadre et jusqu'au début de la Première Guerre mondiale, le mouvement ouvrier helvétique n'est pas capable d'imposer cette question, son essor demeurant malgré tout limité. Au cours de la Première Guerre mondiale, aux phénomènes qui se structurent sur une longue durée vient s'ajouter la détérioration des conditions de travail et de vie de la plupart des salarié·e·s tandis que la situation de nombreuses entreprises s'améliore, tout comme celle des paysans. Le parti-Etat radical, qui n'a jamais pu retrouver une assise solide depuis la fin du XIXe siècle, s'achemine vers une crise sans précédent.[2] Le mouvement ouvrier suisse, suivant

la trajectoire du mouvement ouvrier international, se renforce à partir de la deuxième année de guerre.

La Grève générale de 1918 et ses suites immédiates: entre répression et concessions

Les éléments contradictoires que ce développement porte en lui atteignent leur paroxysme avec la Grève générale de 1918. Le gouvernement suisse réagit à cette situation par une double attitude. Pendant la grève, il se montre inflexible et réprime les grévistes. Toutefois, il ne peut pas en rester là. En plus des tensions socio-politiques existantes, il est confronté, d'une part, au fait que la situation économique, entre fin 1918 et début 1919, se révèle particulièrement difficile,[3] et, d'autre part, que des pays comme l'Allemagne, l'Autriche et la Hongrie connaissent des situations révolutionnaires.[4] Il faut donc essayer de calmer le mouvement ouvrier. A cette fin, le gouvernement suisse s'efforce de convaincre ce dernier de sa volonté de réaliser un certain nombre de réformes: en d'autres termes, de faire des concessions, parmi lesquelles l'établissement d'un projet concernant l'introduction de l'AVSI occupe une place centrale.[5]

Sa détermination à établir un projet d'AVSI se traduit à plusieurs niveaux. D'une part, dans la mise en place très rapide de la commission d'experts chargée d'établir un premier projet d'AVSI. Le Conseil fédéral charge, le 26 novembre 1918, le Département de l'économie publique (DEP) d'élaborer un projet constitutionnel et l'Office fédéral des assurances sociales (OFAS) de préparer une large commission d'experts extérieurs à ses services. C'est en effet une caractéristique du système politique helvétique d'attribuer une place centrale à ces commissions: alors que «les partis assument en premier lieu les fonctions d'intégration et de légitimation […] le système extra-parlementaire [qui s'organise autour des commissions d'experts] se charge d'établir des décisions et de promouvoir des innovations».[6] C'est ainsi que dans la seconde partie de février 1919 le conseiller fédéral Edmund Schulthess, chef du DEP, se trouve en mesure de communiquer aux autres membres du gouvernement que la commission d'experts se réunira une première fois du 4 au 7 mars et une seconde fois du 19 au 22 mars.[7] En outre, afin de traiter les principaux problèmes d'une manière plus précise et d'offrir ainsi une réflexion plus étayée servant de base à l'élaboration concrète du Message du Conseil fédéral, une sous-commission restreinte composée d'une dizaine de personnes est mise en place début avril.[8]

D'autre part, la détermination du gouvernement transparaît dans la composition même de la commission d'experts, et surtout de sa sous-commission. L'OFAS, dans la mise en place de cette commission, sous la pression du contexte créé par la

Grève générale, doit rompre avec l'habitude consistant à travailler en collaboration étroite, voire même à déléguer certaines tâches aux associations patronales et économiques les plus importantes, à savoir l'Union suisse du commerce et de l'industrie, l'Union suisse des arts et métiers ainsi que l'Union suisse des paysans, alors que les associations représentant les intérêts des autres couches sociales n'ont pratiquement pas voix au chapitre.[9] Cette habitude doit au moins partiellement être révisée au moment où l'on veut faire d'une commission extra-parlementaire un instrument capable de réaliser des concessions sociales et donc de rétablir un certain consensus au sein du pays. La commission qui se réunit en mars 1919 se révèle donc largement représentative. On trouve, entre autres, les partis politiques représentés aux Chambres fédérales; les grandes centrales du patronat comme l'Union suisse du commerce et de l'industrie, l'Union centrale des associations patronales, l'Union suisse des arts et métiers, l'Association suisse des constructeurs de machines; l'Union suisse des paysans; diverses organisations représentant aussi bien le monde des ouvrier·ère·s que celui des employé·e·s; les représentants d'associations et d'organisations dans le domaine de la vieillesse et de l'invalidité telles que les assurances vieillesse et invalidité cantonales, les caisses d'aide mutuelle; des représentants des caisses d'assurance maladie; un représentant de l'Office suisse de l'assurance accident; un représentant de la Commission suisse des médecins; ainsi que des représentants de l'Association suisse des enseignants et des associations féminines de Suisse.

La sous-commission, quant à elle, se révèle plutôt homogène, dans ce sens que, sur les huit représentants du monde politique au sein de la sous-commission, cinq d'entre eux sont depuis longtemps des partisans convaincus d'un élargissement des assurances sociales. Ils font par ailleurs partie de la mouvance du Parti radical-démocratique suisse et entrent en résonance avec les préoccupations du chef du DEP, E. Schulthess, lui-même radical. Il s'agit de Christian Rothenberger (1868-1938), auteur d'un postulat présenté le 13 décembre 1918 au Conseil national, qui prévoit, entre autres, la création d'un fonds en faveur de l'AVSI alimenté par l'impôt fédéral sur les bénéfices de guerre.[10] L'ancien conseiller fédéral démocrate Ludwig Forrer (1845-1921), principal protagoniste du débat autour de ladite Loi Forrer, sur la concrétisation législative du principe constitutionnel de l'assurance maladie et accidents. L'industriel Eduard Blumer (1848-1925), qui a une longue expérience des batailles sur les diverses facettes de la législation sociale (conditions de travail, temps de travail, sécurité sociale), et cela tant au niveau fédéral que dans son canton d'origine de Glaris où il a joué un rôle central dans l'introduction, en 1916, de la première assurance vieillesse et invalidité obligatoire de Suisse. Est également présent un autre industriel du textile, le Saint-Gallois Albert Mächler (1868-1937), qui s'est fait connaître à la fois au niveau cantonal par la création d'un fonds d'assurance, et au niveau fédéral par son engagement répété en faveur du renforcement de la législation en matière sociale et par sa proposition, en 1908, de créer un Office fédéral pour la statistique sociale. Enfin, l'on remarque la présence de Paul Usteri (1853-1927), auteur d'une motion encourageant un programme de réformes sociales en Suisse et déposée le 5 décembre 1918.[11] Les trois autres membres de la sous-commission n'appartiennent pas à la famille radicale, mais s'insèrent dans l'orientation donnée par les cinq «poids lourds» radicaux. Il s'agit, d'abord, de Jean-Marie Musy, conseiller national catholique-conservateur fribourgeois qui, tout en réclamant davantage de dureté contre les dirigeants de la Grève générale, se montre ouvert à ce moment-là à des concessions sociales. Restent à citer le socialiste Gustave Müller (1860-1921) et le radical vaudois Emile Dind, dont le rôle est réduit puisqu'ils ne participent pas à la seule séance qu'a tenue la sous-commission.

Les premiers blocages: les enjeux du financement de l'AVSI

En mars 1919, dans un contexte encore fortement déterminé par la Grève générale, au vu de la mise sur pied de la commission susmentionnée et des déclarations d'une partie significative de la droite, il semblerait y avoir un front politique suffisamment large pour que le projet d'article constitutionnel se réalise rapidement. La réalité fut tout autre. Pourquoi? C'est l'analyse des débats qui ont lieu de mars 1919 au début de 1920 autour du principe de l'assurance et surtout de son financement ainsi que l'étude de l'évolution du contexte social, économique et politique qui nous permettront de répondre à cette question.

Les débats concernant les questions des branches d'assurance, du principe d'assurance et enfin celles du porteur d'assurance et de risque, comportent d'importants enjeux pour les salarié·e·s, les indépendants et les milieux dirigeants. Des enjeux qui présentent tous des implications financières. Or, le financement d'une «œuvre sociale» dont le coût est si important – notamment l'assurance vieillesse – pose directement la question de la répartition de la richesse, donc des intérêts contradictoires immédiats des classes et couches sociales qui structurent la société helvétique. Chaque mesure fiscale donne lieu, par conséquent, à la défense farouche d'intérêts particuliers et contradictoires. Et cela d'autant plus que l'on se trouve dans un contexte marqué par un accroissement exponentiel des dépenses publiques dû aux conséquences de la «Grande Guerre», accroissement qui n'a de loin pas été suivi d'une augmentation équivalente des recettes publiques.

La contradiction entre la nécessité politique et sociale de l'AVSI et le problème de son financement est clairement explicitée par le Conseil fédéral en ouverture de la partie de son Message consacrée aux questions financières: «Si nécessaire que soit du point de vue de la politique sociale l'introduction rapide de l'assurance invalidité, vieillesse et survivants, les circonstances actuelles ne pourraient être plus défavorables si l'on se place au point de vue financier. Il n'aurait jamais pu être plus difficile à la Confédération de fournir les ressources en vue de cette œuvre sociale qu'à l'époque actuelle.»[12] En effet, au moment de la présentation du Message à l'Assemblée fédérale, en juin 1919, le Conseil fédéral prévoit un déficit pour la Confédération s'élevant à 110 millions de francs. Ce déficit résulte d'une explosion des dépenses due principalement au service de la dette engendrée par les coûts du premier conflit mondial ainsi qu'au renchérissement de la vie.[13] Mais cette explosion se situe également dans le prolongement d'un phénomène apparu depuis le dernier quart du XIXe siècle, l'expansion des compétences attribuées à l'Etat, elle-même liée à l'approfondissement des contradictions économiques et sociales.[14]

Il apparaît donc logique que la question du lien entre le contenu de l'AVSI et son financement *(Koppelungsfrage)* revête une très grande importance. L'établissement d'un tel lien constitue une arme à double tranchant. Pour ceux qui, à l'instar des représentants de la plupart des salarié·e·s, revendiquent une réalisation rapide de l'AVSI, voter le principe sans les moyens de financement, dans un contexte de graves difficultés financières, revient à freiner de fait la réalisation de l'AVSI. C'est pourquoi ils veulent profiter d'un contexte où les rapports de forces leur sont favorables pour asseoir financièrement la mise en place de l'AVSI. Pour ceux qui ne s'opposent pas officiellement, certes, à l'AVSI, mais dans les coulisses, comme une bonne partie des représentants des milieux dirigeants, des fédéralistes romands et des milieux paysans, le fait d'instituer un lien entre le principe même de l'assurance et son financement ouvre la possibilité de faire jouer les contradictions qui ont toujours existé à propos du financement pour retarder, voire empêcher la procédure parlementaire d'aboutir à un projet définitif, dans l'attente de rapports de forces plus favorables. Le destin des mesures fiscales proposées par le Conseil fédéral dans son Message du 21 juin 1919 semble donner raison à la tactique des opposants à l'assurance.

Déjà à fin mars 1919, alors que la *Koppelungsfrage* n'est pas tout à fait tranchée par le Conseil fédéral, E. Blumer, dans une intervention au Conseil national, met le doigt sur la possibilité que l'avancée des travaux sur l'AVSI soit freinée par la volonté de lier la question du principe de l'AVSI avec celle de son financement. Après avoir évoqué l'impôt sur le tabac, le conseiller national glaronais affirme: «D'autres propositions encore ont été mentionnées [pour le financement des dépenses sociales]. Je crois pourtant qu'il n'y a pas de grands espoirs de réaliser l'impôt sur la bière.»[15] En effet, les socialistes, principaux défenseurs de l'adoption rapide du principe de l'AVSI, s'opposent résolument à son financement par des impôts indirects tels ceux taxant la bière ou le tabac.[16] Blumer souligne ensuite que «même si l'on parle d'un impôt sur les successions, il faut dire que celui-ci appartient aux cantons, qui ne seront pas disposés ou ne pourront pas céder des compétences fiscales».[17]

Or, malgré cet avertissement prémonitoire, le Conseil fédéral, sous la pression de l'essentiel des forces politiques et sociales du pays qui, comme nous l'avons vu plus haut, sont favorables, pour des raisons radicalement différentes, à établir un lien entre le principe de l'AVSI et son financement, demande au DEP de présenter un projet de financement. Ce dernier, présenté dans le Message du Conseil Fédéral du 21 juin 1919, comporte les deux volets suivants: d'une part les cotisations des assuré·e·s et les contributions patronales, d'autre part les contributions des collectivités publiques fondées sur deux impôts indirects, l'un sur la bière et l'autre sur le tabac, sur l'élargissement du monopole fédéral de l'alcool à l'eau-de-vie de fruits et enfin sur un impôt direct permanent portant sur les successions.

Concernant le premier volet du projet financier du Conseil fédéral, il est frappant de constater que, malgré le fait que la majorité de la commission se prononce en faveur des contributions patronales et que le Message du Conseil fédéral se révèle explicite sur ce point, l'article constitutionnel proposé demeure dans le non-dit. Pourquoi ce silence? S'il n'est pas possible de répondre avec certitude à cette question, l'on peut néanmoins préciser les deux points suivants. D'une part, l'obligation de cotiser pour l'assuré·e découle logiquement, selon le Message, de l'adoption du système d'assurance aux dépens du système d'assistance.[18] De l'autre, l'obligation de cotiser pour l'employeur est présentée comme une suite logique de la démarche adoptée pour l'assurance maladie dans laquelle cette obligation s'est réalisée sans être mentionnée explicitement dans l'article constitutionnel.

Mais les oppositions se cristallisent surtout sur les propositions relatives aux contributions des collectivités publiques, traduisant ainsi les prémonitions du conseiller national glaronais Blumer. Le Conseil fédéral, avec ce volet de son projet de financement de l'AVSI, se met à dos aussi bien les socialistes que les fédéralistes romands soutenus par la majorité des milieux dirigeants. Autant dire que la *Koppelungsfrage* donne immédiatement une première démonstration de son formidable potentiel d'inertie.

Le tournant

Au cours des quelques douze mois qui suivent la publication du Message du 21 juin 1919 se dessine un tournant qui ne se réalisera vraiment qu'après l'automne 1920.

En août 1919, un début de changement de rapports de forces a lieu entre le mouvement ouvrier helvétique et les milieux dirigeants. La défaite des deux grèves locales à Bâle et à Zurich marque le commencement de cette inversion. Non seulement elle redonne du poids à la droite du mouvement ouvrier, bien que la gauche ne perde pas d'un coup tout le prestige gagné dans la période précédente, mais elle favorise le développement de divisions en son sein, divisions l'affaiblissant encore davantage.

Pourtant, cette modification du contexte politique général ne se traduit encore que très partiellement dans les travaux de la commission du Conseil national sur l'AVSI.[19] D'une part, la composition de la commission est encore l'expression du rapport de forces instauré dans le sillage de la Grève générale. D'autre part, les élections au Conseil National, qui se feront pour la première fois à la proportionnelle, pointent à l'horizon (octobre 1919): même les forces conservatrices opposées sur le fond à l'AVSI doivent continuer à afficher publiquement leur volonté de réaliser des réformes sociales.

La commission du Conseil national pour les assurances sociales se réunit pour la troisième fois au début mars 1920 seulement. Depuis le mois de septembre 1919, des changements importants sont survenus. Au niveau économique, les diverses forces sociales et politiques n'ont pas eu le temps d'apprécier les effets de la reprise s'initiant au printemps 1919. Cette dernière a permis de résorber le chômage en donnant aux entrepreneurs une marge de manœuvre supplémentaire pour faire des concessions à leurs salarié·e·s. Surtout, les élections aux Chambres ont eu les résultats suivants. Les socialistes n'ont pas réalisé la percée espérée. Certes, ils progressent, mais modérément, et, si les radicaux sont en perte de vitesse, les représentants des paysans font un très bon résultat, à l'instar des catholiques-conservateurs. Ainsi, la droite du bloc bourgeois se renforce, ce qui se traduit entre autres par l'entrée au Conseil fédéral d'un second conseiller fédéral catholique-conservateur, à savoir Jean-Marie Musy.

Le renforcement de ces deux pôles, socialiste d'une part et droite conservatrice d'autre part, se traduit, au sein de la commission pour les assurances sociales, par une confrontation plus ouverte. Les socialistes, constatant l'impossibilité de résoudre la question financière à leur avantage, demandent, à la fin de la réunion de mars, la disjonction du principe et du financement: «Si on s'obstine à faire le lien, on contraint notre parti à prendre position contre le projet. Seul le lien serait alors coupable.»[20] Lors des réunions suivantes, cette proposition est réitérée à plusieurs reprises, mais elle se heurte toujours au refus de la majorité bourgeoise de la commission.

Cette majorité focalise son attention sur l'impôt successoral. Les fédéralistes romands engagent toute leur énergie dans la remise en cause de cet impôt. La pression de ces milieux s'exerce également à travers les conférences des directeurs cantonaux, qui se sont déjà «prononcées en son temps à l'unanimité contre l'impôt fédéral sur les successions».[21] J.-M. Musy, fraîchement élu au Conseil fédéral, qui doit les rencontrer à la fin de mai 1920, à l'occasion d'une nouvelle conférence, a peur, dit-il, «qu'ils se refusent à assumer cette responsabilité et que leur opposition entraîne la chute du projet».[22] En s'interrogeant sur les possibilités de remplacer cette source de revenu, Musy écarte l'initiative Rothenberger, ainsi que l'idée d'un impôt sur les augmentations de fortune pendant la guerre et celle d'une prolongation de l'impôt sur les bénéfices de guerre. Il ne reste, selon lui, que la solution consistant à modifier le projet d'impôt successoral pour le rendre acceptable aux yeux des fédéralistes. Il décide alors de présenter aux directeurs cantonaux des finances un projet combinant des contributions cantonales (appelées contingents cantonaux) et un impôt fédéral sur les successions. Ceux-ci refusent la proposition du représentant du Conseil fédéral. Ce dernier décide néanmoins de continuer dans cette voie et présente, dans son Message complémentaire du 14 juin 1920, la formule des contingents.

Quelques jours avant la publication de ce nouveau Message, Paul Graber, député socialiste et membre de la commission, dresse un bilan de l'option choisie: sur ces questions comme sur d'autres, «nous sommes en pleine crise. En repoussant le monopole [du tabac] et l'impôt fédéral sur les successions, on aboutit à une solution qui n'en est pas une. Je préférerais un échec définitif à un enfant mort-né. Nous n'avons aucun intérêt à réaliser l'assurance dans les conditions proposées».[23] Se heurtant à l'opposition socialiste, le destin de l'AVSI est désormais scellé, à moins que ne survienne un changement significatif du rapport de forces en faveur du mouvement ouvrier. Celui-ci n'aura pas lieu. Au contraire, avec la brutale crise économique qui débute à la fin de 1920 s'ouvre une période de contre-réformes sociales.[24] La question de l'AVSI est reprise pour une brève période au début 1923, après deux ans de crise économique qui ont déplacé fortement les rapports de forces en faveur des milieux dirigeants et de la droite politique. Le Conseil fédéral, sur la base des travaux de la commission du Conseil national et des enquêtes de l'Administration fédérale effectués au cours de l'année 1923 et du début de 1924, présente un nouveau Message le 23 juillet 1924. Ce projet sacrifie l'assurance invalidité et, de fait, en limitant les ressources fiscales de l'AVS au seul produit de l'imposition des eaux-de-vie, renonce au règlement du financement de l'AVS. Même si l'imposition du tabac est réintroduite peu après dans le projet, cette correction pèse peu face à la renonciation à l'imposition fédérale de la bière et des successions. C'est donc sous cette forme étriquée que l'article constitutionnel sera finalement approuvé en votation fédérale, le 6 décembre 1925.[25]

Notes

1 Cf. le «Message du Conseil Fédéral (MCF) du 28 novembre 1889 concernant la compétence législative à accorder à la Confédération en matière d'assurance contre les accidents et les maladies», in Feuille Fédérale 1890, vol. 1, p. 322-323.
2 Cf. Rudi Brassel, Der schweizerische Freisinn in den Auseinandersetzungen der ersten Nachkriegszeit 1918-1922, Bâle, mémoire de licence, manuscrit, 1991.
3 Cf. Alexander Stebler, Der industrielle Konjunkturverlauf in der Schweiz 1919-1939, Basel 1946, p. 28.
4 Cf. par exemple «Le ministre de Suisse à Berlin, Ph. Mercier, au Chef du Département politique, F. Calonder», 28 décembre 1918, in Documents diplomatiques suisses, vol. 7/1, Berne 1979, p. 131.
5 Cf. notamment la Neue Zürcher Zeitung, 2 mars 1919.
6 Hans Ulrich Jost, «Critique historique du parti politique», Annuaire Suisse de Science Politique 26 (1986), p. 322.
7 Procès-verbal de la séance du Conseil fédéral du 21 février 1919, Archives Fédérales (AF) 3340 (A) 1, 150, 1er fascicule.
8 Cf. le dossier conservé aux AF, 3340 (A) 1, 150, 1er fascicule.
9 Cf. Leonhard Neidhart, Plebiszit und Pluralitäre Demokratie, Bern 1970, p. 185-187.
10 «Message du Conseil Fédéral (MCF) du 21 juin 1919 concernant l'attribution à la Confédération du droit de légiférer en matière d'AVSI, et la création des ressources nécessaires à la Confédération pour les assurances sociales», Feuille Fédérale 1919, vol. 4, 105-106. Cf. aussi les considérations de la droite fédéraliste romande sur Christian Rothenberger dans L'initiative Rothenberger. Un camouflage de l'impôt direct fédéral, Lausanne 1925, p. 3.
11 «MCF du 21 juin 1919 [...]», Feuille Fédérale 1919, vol. 4, p. 105.
12 Ibid., p. 153.
13 Cf. Gérald Arlettaz, «Les finances de l'Etat fédéral de 1848 à 1939. Structures financières, administratives et documentaires», Etudes et sources, Berne 1977, p. 48 et 53-55; Eugen Grossmann, Finances publiques de la Suisse de 1914 à 1920, Paris 1921, p. 5-7; Sébastien Guex, La politique monétaire et financière de la Confédération suisse 1900-1920, Lausanne 1993, p. 327-335.
14 Sébastien Guex analyse la croissance des dépenses publiques comme, notamment, traduction monétaire de l'augmentation des activités de l'Etat; cf. Sébastien Guex, «Remarques sur quelques origines et quelques enjeux de la crise financière de la Confédération suisse», in Bernard Voutat (éd.), Penser le politique: regards sur la Suisse, Lausanne 1993, p. 89-109.
15 Bulletin sténographique de l'Assemblée fédérale – Conseil National, 31 mars 1919, p. 317.
16 Cf. par exemple le Bulletin sténographique de l'Assemblée fédérale – Conseil National, 1er avril 1919, p. 340 et 348.
17 Bulletin sténographique de l'Assemblée fédérale – Conseil National, 31 mars 1919, p. 317.
18 Cf. «MCF du 21 juin 1919 [...]», Feuille Fédérale 1919, vol. 4, p. 137.
19 Cette commission se réunit pour sa deuxième session les 2 et 3 septembre 1919. La première session a eu lieu du 28 au 31 juillet 1919: elle n'a fait que reformuler toutes les principales questions abordées dans le Message du Conseil fédéral, sans véritablement les discuter. La session du début septembre, par contre, se focalise immédiatement sur les diverses mesures financières et sur la Koppelungsfrage. Cf. les procès-verbaux de ces deux sessions dans AF, 3340 (A) 1, 151, 1er fascicule.
20 Procès-verbal de la session des 8 au 12 mars 1920 de la commission du Conseil National pour les assurances sociales, AF, 3340 (A) 1, 151, 1er fascicule, p. 80.
21 Procès-verbal de la 5e session de la commission du Conseil National pour les assurances sociales, 25-27 mai 1920, AF, 3340 (A) 1, 151, 1er fascicule, p. 8.
22 Ibid.
23 Procès-verbal de la 6e session de la commission du Conseil National pour les assurances sociales, 10 juin 1920, AF, 3340 (A) 1, 151, 1er fascicule, p. 5.

24 Cf. Hans-Peter Schmid, *Wirtschaft Staat und Macht,* Zürich 1983, p. 135-285.
25 Cf. André Lasserre, «L'institution de l'Assurance Vieillesse et Survivants (1889-1947)», *in* Roland Ruffieux (éd.), *La démocratie référendaire en Suisse au XXème siècle,* Fribourg 1972, p. 277-293.

Matthieu Leimgruber

«Réaliser le progrès social sans solutions étatistes»

Les caisses de pension face à l'assurance vieillesse et survivants (1920-1950)

«La solution de façon autonome par l'économie privée des problèmes que pose l'assurance sociale est celle qui apparaît la meilleure, et qui représente à la longue la seule protection possible contre une socialisation envahissante de l'ensemble du secteur de l'assurance.»[1] Cette profession de foi libérale – tirée du rapport de l'Association suisse des caisses de pension pour l'année 1952 – illustre de manière exemplaire comment tout système de prévoyance sociale est issu de la confrontation entre des projets de société antagonistes et concurrents, que l'on peut résumer en une formule lapidaire: prévoyance privée ou sécurité sociale assurée par l'Etat? Cette interaction conflictuelle entre l'Etat et le marché constitue un facteur essentiel dans la formation des systèmes de protection sociale des pays industrialisés.[2]

Si les réticences des milieux économiques envers les assurances sociales sont bien issues de projets de société antagonistes, l'accumulation de fonds considérables dans les caisses patronales répond à des objectifs fiscaux, économiques (constitution de réserves) ou encore liés au contrôle de la main-d'œuvre (politique sociale paternaliste). L'introduction tardive ou le caractère incomplet des régimes publics offre de plus des perspectives de développement importantes pour une prévoyance gérée directement par les entreprises ou les grandes compagnies d'assurance vie. Ces problématiques doivent être abordées de manière approfondie, notamment dans des pays dont les systèmes de sécurité sociale sont caractérisés par un poids important de la prévoyance privée.[3] En Suisse, l'affirmation constitutionnelle du principe des «trois piliers» et le caractère obligatoire du «deuxième pilier» assuré par les caisses professionnelles soulignent l'importance du rôle joué par la prévoyance privée dans notre système de protection sociale. Le simple fait que les avoirs des fonds de pension helvétiques dépassent depuis 1998 le produit national brut[4] confirme la nécessité d'étudier les origines et l'histoire longue du système des trois piliers et de ses composantes privées. Pourtant, force est de constater que cette problématique est encore absente d'une historiographie qui se limite le plus souvent au développement institutionnel et législatif de l'assurance vieillesse et survivants (AVS).[5]

Cet article se propose de dresser un aperçu du développement de la prévoyance privée durant la première moitié du XXe siècle. La question centrale abordée dans ce survol est la suivante: pourquoi les milieux défendant la prévoyance vieillesse privée n'ont-ils pas combattu la loi fédérale sur l'AVS de 1947 avec la même intensité que celle de 1931?

Le développement de la prévoyance privée: quelques repères

L'absence de statistiques représente un obstacle réel pour suivre le développement de la prévoyance privée en Suisse. Les enquêtes fédérales qui lui sont consacrées ne paraissent que depuis 1941. De plus, comme le souligne Denis Varrin, ces enquêtes à la parution irrégulière ne permettent pas des comparaisons précises, notamment avant les années 1990.[6] Pour la période qui précède la Seconde Guerre mondiale, cette carence est encore plus flagrante, puisque nous ne disposons que de quelques enquêtes non exhaustives, dont la plus connue est réalisée en 1925 par l'Union centrale des associations patronales (UCAP).[7] Nous sommes mieux renseignés sur le développement des assurances de groupe contractées par les entreprises auprès des grandes compagnies d'assurances vie, puisque ces contrats apparaissent depuis 1931 dans les rapports du Bureau fédéral des assurances privées.

En nous fondant sur le recensement annuel du nombre des institutions de prévoyance établi par Hans Gerold Wirz, nous pouvons suivre sur le graphique 1 la croissance de la prévoyance vieillesse des entreprises privées entre 1913 et 1953.[8] Cette évolution peut être divisée en trois périodes qui correspondent aux grandes étapes de l'instauration de l'AVS: de la Première Guerre mondiale à l'acceptation de l'article constitutionnel sur l'AVS (1925); l'échec de la loi AVS de 1931 («Lex Schulthess») dans le contexte de la crise économique; et enfin la période de mise en place de l'AVS dans l'immédiat après-Seconde Guerre mondiale (1947).

Entre 1913 et 1925, le nombre d'institutions de prévoyance passe de moins de 50 à plus de 1200. Ce premier «boom» se déroule dans le contexte très particulier engendré par la guerre. L'impôt fédéral de guerre de 1915 et surtout l'impôt fédéral sur les bénéfices de guerre de 1917 prévoient tous deux des exemptions généreuses pour les fonds versés «à des biens de bienfaisance» dans les caisses d'entreprises. Cet encouragement indirect de l'Etat provoque un afflux de versements qui dépasse toutes les estimations. En clair: les institutions de prévoyance constituent un refuge fiscal hautement intéressant durant la guerre,

Graphique 1: *Institutions d'assistance et de prévoyance des entreprises privées (Wohlfahrtseinrichtungen, 1913-1954)*

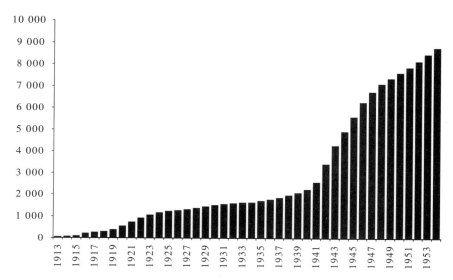

Source: Wirz Hans Gerold, *Die Personal-Wohlfahrtseinrichtungen der schweizerischen Privatwirtschaft. Ihre Stellung im Steuerrecht und ihre Beaufsichtigung*, Universität Bern, Dissertation Rechts- und Wirtschaftswissenschaft, 1955, p. 21.

alors que l'industrie suisse tourne à plein régime et que ses profits explosent. En 1927, le bilan de l'impôt fédéral sur les bénéfices de guerre confirme d'ailleurs que les exonérations ont atteint la somme de 240 millions de francs, soit près d'un tiers du rendement total de l'impôt (761 millions de francs).[9]

En 1916, le secrétaire patronal Arnold Guise insiste quant à lui sur le rôle essentiel de la prévoyance d'entreprise dans une période de mobilisation générale de la production industrielle. Dans ce cadre, la promesse de prestations vieillesse – même si leur obtention dépend le plus souvent exclusivement du bon vouloir patronal – contribue à stabiliser la main-d'œuvre ouvrière et joue un rôle politique: en favorisant certaines catégories de salariés, en particulier les employés au détriment des ouvriers, les caisses d'entreprises participent au quadrillage du mouvement ouvrier et permettent de juguler les revendications sociales.[10]

Ce boom de la prévoyance privée ouvre rapidement un nouveau débouché pour les assurances vie. En 1918, la Rentenanstalt (actuelle Swiss Life) crée ainsi un service spécial chargé d'établir des contrats de groupe auprès des entreprises et publie dès 1921 une revue qui fait une propagande systématique en faveur de la prévoyance d'entreprise. Pour la Rentenanstalt, cette forme de prévoyance, outre ses avantages en matière de fiscalité et de gestion de la main-d'œuvre, contribue à éviter l'écueil de l'étatisation: «Es ist daher von privatwirtschaftlichen Standpunkt aus betrachtet die freiwillige Fürsorgetätigkeit der Sozialversicherung vorzuziehen. [...] Je mehr Unternehmen sich dazu entschliessen können, die Kosten auf sich zu nehmen, desto weniger wird man die Notwendigkeit einer Fürsorge durch den Staat, die doch auch wieder auf Kosten der Produktion ginge, fühlen.»[11]

L'instauration de l'AVS, qui figure parmi les revendications de la Grève générale, est en effet au centre du débat politique de l'immédiat après-guerre. L'opposition de la bourgeoisie suisse face à la réalisation de l'assurance vieillesse se renforce d'ailleurs à mesure que l'écho de la mobilisation ouvrière de 1918 s'estompe. L'acceptation de l'article constitutionnel sur l'AVS en décembre 1925 se fait ainsi quelques mois après le refus net de l'initiative Rothenberger proposant son financement par le biais de la fiscalité directe. Dès le début des années 1920, l'avenir de la prévoyance privée apparaît étroitement lié au destin d'une éventuelle AVS organisée par la Confédération.

Durant l'entre-deux-guerres, le nombre des institutions de prévoyance augmente régulièrement. Malgré la crise des années 1930, on en compte plus de 2000 en 1939. Le secteur privé occupe ainsi un terrain laissé libre par le gel du projet AVS après la défaite de la Lex Schulthess en décembre 1931. Une deuxième période de croissance du nombre de caisses, bien visible sur le Graphique 1, débute dès la seconde moitié des années 1930, notamment à la suite des nouvelles exonérations en faveur des institutions de prévoyance introduites dans l'impôt fédéral de crise (1934).

Le développement croissant de la prévoyance privée ne se traduit pourtant pas par une amélioration réelle des prestations. A la veille de la Seconde Guerre mondiale, la Suisse apparaît en effet à la traîne de la plupart des pays industrialisés en matière de couverture vieillesse.[12] L'impact «social» des caisses d'entreprises est pourtant systématiquement souligné par les commentateurs de l'époque. Lors de la campagne contre l'initiative de crise lancée par l'Union syndicale suisse, un pamphlet patronal intitulé *Kapital und Ethos* met ainsi en avant les «libéralités» patronales en matière de prévoyance comme argument décisif afin de prouver la «conscience sociale» des entrepreneurs.[13]

Le deuxième boom de la prévoyance privée se déroule durant la Seconde Guerre mondiale. La création de nouvelles caisses bat tous les records: leur nombre total dépasse 7000 en 1948, année de l'entrée en vigueur de l'AVS. Comme cela avait été le cas lors du premier conflit mondial, les mesures fiscales constituent un facteur déterminant de cette hausse. Entre 1940 et 1942, les impôts fédéraux de guerre prévoient à nouveau des exonérations importantes pour les entreprises

Tableau 1: *Estimations de la fortune de la prévoyance privée*

	1925	1929	1937	1941	1950	1953	1955
Mios fr. courants[*1]	354	400	900	1047	2300	3498	4283
en % du Produit intérieur brut[*2]	4,0	4,0	9,9	9,1	11,5	14,8	15,9

[*1] Sources: 1925 *Les institutions privées* (voir note 7); 1929 BN/SVPPU (voir note 19); 1937 A. Adler, «Pensionskassen», in *Handbuch der schweizerischen Volkswirtschaft*, Bern 1939, p. 223-225; 1941 et 1955 statistiques fédérales sur les institutions de prévoyance; 1950 Christian Gasser, *Der schweizerische Kapitalmarkt*, Zürich 1952, p. 182; 1953 Wirz (voir note 5), p. 77.

[*2] Cf. Heiner Ritzmann-Blickenstorfer, Thomas David, *Le produit intérieur de la Suisse, 1851-2000. Une nouvelle série,* Université de Lausanne (miméo) 2001.

dotées de caisses de pension. Les milieux patronaux font d'ailleurs pression à plusieurs reprises sur les autorités fédérales afin d'élargir au maximum ces exonérations.[14] Alors que les entreprises bénéficient à nouveau d'une conjoncture extrêmement favorable, les promesses de prestations vieillesse contribuent également à faire passer la pilule amère du plafonnement des salaires. Enfin, cette «mobilisation sociale» des entreprises est à mettre sur le compte de l'accélération des développements en matière d'assurances sociales: après l'introduction de l'assurance perte de gain, le débat sur l'AVS revient sur les devants de la scène politique.

Au plus tard à l'orée de la Seconde Guerre mondiale, les caisses de pension privées sont donc des acteurs incontournables sur le terrain de la politique sociale. Cette influence se confirmera durant les décennies de l'après-guerre, période durant laquelle leur croissance se poursuivra à un rythme soutenu.

La fortune de la prévoyance privée en Suisse: une zone grise

La fortune des institutions de prévoyance privées est encore plus difficile à estimer que leur nombre. Le tableau 1 rassemble plusieurs estimations ponctuelles en la matière. Cette reconstitution indicative nous permet de souligner l'importance des actifs financiers des institutions de prévoyance privées. Même si ces chiffres doivent être maniés avec précaution, ils confirment l'implantation solide des caisses d'entreprises avant même l'avènement de l'AVS.

Il est important de souligner que ces fonds ne sont pas éparpillés dans des milliers de caisses disparates. Les quelques chiffres dont nous disposons soulignent au contraire l'extraordinaire concentration qui caractérise ce secteur. Pour l'année 1952, Hans Gerold Wirz affirme ainsi que dans le canton de Soleure – siège de grandes entreprises comme Von Roll, Bally ou Scintilla – quatre caisses concentrent près de 60% (soit 105 millions de francs) de la fortune totale détenue par 285 institutions de prévoyance. Wirz ne donne malheureusement que deux autres estimations de ce type concernant les cantons de Berne et Lucerne. Là encore, environ 5% des caisses concentrent à chaque fois plus de la moitié de la fortune des institutions de prévoyance.[15] Le même constat s'impose en ce qui concerne les assurances de groupe des assurances vie. Entre 1931 et 1955, la Rentenanstalt concentre ainsi en moyenne 60% des fonds des contrats de groupes. Ses trois concurrents directs (Winterthur, Zurich-VITA et La Bâloise) se partagent la quasi-totalité des fonds restants.[16]

La défense organisée des intérêts des caisses de pension face aux premiers projets AVS (1922-1931)

La première association de défense de la prévoyance privée est créée en juin 1922, alors que le projet d'article constitutionnel sur l'AVS est débattu aux Chambres fédérales. L'Association suisse des caisses de secours et des fondations pour la vieillesse et l'invalidité (Schweizerischer Verband der Unterstützungskassen und Stiftungen für Alter und Invalidität, SVUSAI), qui compte alors une cinquantaine de membres, se donne pour premier but de défendre la prévoyance organisée sur une base patronale et volontaire. La SVUSAI prévoit également de combattre, au niveau fédéral et cantonal, tout projet public remettant en cause l'autonomie et le développement de la prévoyance privée. Jusqu'en 1925, l'Association est intégrée au sein du Schweizerischer Verband Volksdienst, lieu central du «social engineering» patronal développé dans la foulée de la guerre et de la Grève générale.[17] Les premières activités de la SVUSAI se limitent dans un premier temps à la récolte d'informations statistiques et au conseil des nombreuses entreprises désirant mettre sur pied des institutions de prévoyance.[18]

En 1925, la SVUSAI se sépare du Volksdienst pour développer des activités propres. L'Association se targue en 1929 de regrouper une centaine de membres concentrant des fonds avoisinant 200 millions de francs, soit environ la moitié de la fortune des caisses existant à l'époque.[19] La première liste de membres dont nous disposons, datée de 1934, dénombre 120 caisses et indique une forte prépondérance des grandes entreprises bâloises et zurichoises (respectivement 37 et 22 membres). Parmi les affiliés à la SVUSAI, on retrouve en effet les principales compagnies d'assurance vie (Rentenanstalt, Winterthur, VITA), les grandes banques (Société de Banque Suisse, Crédit Suisse, Banque Leu), les géants de la chimie (CIBA, Sandoz, Geigy), ainsi que de grandes entreprises du secteur des machines (Von Roll, Saurer, Landis & Gyr), du ciment (Holderbank, Hürlimann), du textile (Basler Gesellschaft für Seidenindustrie, Viscosa), de l'alimentation (Nestlé, Lindt) ou encore de la distribution (Globus, Jelmoli).[20] En 1929, le comité de l'Association est présidé par Hans Bächtold, secrétaire patronal de l'industrie textile bâloise, et Paul Scherrer, membre de la direction de CIBA. Un directeur de la firme Saurer, un représentant de Viscosa et enfin le futur conseiller fédéral Walther Stampfli, alors membre de la direction de Von Roll, complètent la direction de la SVUSAI.

A la fin des années 1920, la SVUSAI rassemble les grandes caisses de pension de l'industrie et de la finance helvétique qui refusent la loi fédérale sur l'AVS, ou Lex Schulthess. Les positions de l'Association sont résumées en 1929 dans une brochure qui dénonce le caractère «mécaniquement» obligatoire de la future AVS et les dangers que cette dernière représente selon elle pour l'initiative privée: «Weiteste Kreise unseres Volkes wollen nicht, dass man die Fürsorge für alte Leute zu sehr *mechanisiert,* und die *Privatinitiative,* der unser Land vor allem seinem Wohlstand verdankt, lahmlegt oder ausschaltet.»[21]

La SVUSAI s'oppose ainsi résolument à toute solution unifiée en matière d'assurance vieillesse. Le «respect des différences» qu'elle invoque contre toute tentative «niveleuse» lui permet surtout de souligner les résistances au projet Schulthess dans les cantons romands et catholiques, ainsi qu'à Bâle. Dans cette ville qui est le centre de gravité de l'Association, les milieux patronaux sont en effet fortement opposés à toute assurance obligatoire.[22] Aux oppositions de principe à l'assurance publique s'ajoute une critique véhémente des solutions proposées afin de financer l'AVS et notamment un refus de toute hausse de la fiscalité directe.

Même si la SVUSAI estime que le peuple suisse n'acceptera pas que la prévoyance privée soit «soumise et enchaînée» par l'Etat,[23] elle accompagne sa critique d'un contre-projet axé sur la défense des prérogatives du patronat en matière de politique sociale. La SVUSAI exige notamment une égalité complète entre les futures caisses publiques chargées de l'AVS et les caisses de prévoyance privées et affiche ses préférences pour un système d'assurance fondé sur la capitalisation.[24]

Ce contre-projet est suivi de plusieurs appels aux autorités fédérales. Dans une lettre ouverte datée de novembre 1929, le comité de l'Association se déclare cette fois-ci favorable au principe de l'AVS, mais met fortement en doute la solidité de son financement et de son organisation.[25] Cette acceptation de façade se double d'une exigence de garanties pour les caisses privées, en particulier sous forme d'exemptions fiscales. La SVUSAI estime également que les caisses privées doivent être intégrées à la gestion d'une AVS qui devrait rester décentralisée et surtout facultative pour les travailleurs dont les employeurs versent déjà des contributions à des fonds de prévoyance. Toute solution ne prévoyant pas une possibilité d'«opting-out» est ainsi clairement refusée par les caisses privées.

Les différents appels de la SVUSAI restent, selon l'Association, sans réponse, ce qui renforce sa détermination à rejoindre le camp du référendum contre la Lex Schulthess, et cela malgré le fait que le Message du Conseil fédéral du 29 août 1929 indique clairement que la prévoyance privée serait amenée à jouer un rôle important dans le cadre d'une assurance obligatoire dont les montants restent extrêmement modestes.[26] La contribution réelle de l'Association au rejet de la loi sur l'AVS en décembre 1931 est difficilement évaluable. Toutefois, l'opposition de la SVUSAI confirme que, malgré les prises de positions favorables des associations patronales faîtières, un secteur non négligeable du grand patronat suisse a combattu de manière résolue une loi qui risquait selon lui de contrecarrer, voire de limiter le développement d'une prévoyance privée alors en pleine expansion. Le front du refus de 1931 ne peut donc pas être réduit à la seule «opposition en ordre dispersé» des forces réactionnaires, corporatistes et ultrafédéralistes.[27]

Après l'échec de la Lex Schulthess, les activités de la SVUSAI se concentrent essentiellement sur le suivi des révisions fiscales au niveau cantonal. La fragmentation du système fiscal helvétique offre en effet des marges de manœuvre importantes aux grandes entreprises membres de l'Association afin de négocier un maximum d'autonomie et d'exemptions pour les caisses concernées.[28] L'absence de toute réglementation fédérale spécifique en matière de fonds de prévoyance éparpille également la question de leur surveillance, qui dépend alors en grande partie des cantons.

«Réaliser le progrès social sans solutions étatistes»:[29] la prévoyance privée accepte l'AVS du bout des lèvres (1940-1950)

L'opposition déterminée de la SVUSAI à la mise en place de l'assurance vieillesse durant l'entre-deux-guerres ne se répète pas lors de l'instauration de l'AVS en 1947. Ce revirement est important car, comme nous le verrons, les perspectives patronales en matière de prévoyance restent fortement attachées au principe d'une prévoyance privée.

Dès février 1940, le Redressement National (Aktion Nationaler Wiederaufbau), regroupement de la droite ultra-libérale et autoritaire, réunit plusieurs représentants patronaux ainsi que des financiers et des assureurs de la place financière zurichoise dans un groupe de travail consacré à l'AVS. Celui-ci s'inspire largement des perspectives en matière d'AVS énoncées par E. Röthlisberger, directeur à la VITA (division vie de la Zurich Assurances). Selon Röthlisberger, tout projet d'assurance obligatoire étatique ne doit jouer qu'un rôle minimal, voire subsidiaire par rapport à la prévoyance privée.[30] Il est utile de rappeler que le Redressement National participe aux deux campagnes couronnées de succès afin de s'opposer à l'assainissement des caisses de pension de la Confédération (1939) et à l'instauration d'une AVS cantonale à Zurich (1941).[31]

Quant à la SVUSAI, elle est réactivée en 1942 sous le nom d'Association suisse de prévoyance sociale des entreprises privées (Schweizerischer Verband für Personalfürsorge privatwirtschaftlicher Unternehmungen, SVPPU). Cette date correspond à la reprise des débats politiques sur l'AVS et surtout au dépôt d'une motion parlementaire demandant au Conseil fédéral d'étudier l'éventualité d'une loi de surveillance des caisses de pension. Malgré une forte augmentation de ses membres durant la guerre (plus de 400 à la fin des années 1940), la SVPPU demeure l'association de référence des grandes entreprises et collabore étroitement avec le Redressement National et les associations patronales faîtières.

L'essor important des caisses d'entreprises au début des années 1940 et le renforcement des réseaux patronaux décidés à défendre le principe d'une prévoyance privée auraient pu constituer la base d'un front du refus contre l'AVS dont l'ampleur aurait été bien supérieure à celui de 1931. Plusieurs éléments vont pourtant contribuer à changer radicalement la donne et conduire ces milieux à accepter du bout des lèvres le projet AVS.

Il est évident que le rôle symbolique de l'AVS dans la «communauté nationale» forgée par les milieux dirigeants durant la guerre afin d'éviter toute répétition du traumatisme de la Grève générale de 1918 joue un rôle déterminant dans l'acceptation du projet. Malgré quelques échauffourées avec les grandes compagnies d'assurance vie, le conseiller fédéral Walther Stampfli – pendant longtemps réticent face à l'AVS et ancien membre du comité de la SVUSAI – élabore une assurance vieillesse dont les contours sont acceptables pour les milieux patronaux. Le niveau des rentes vieillesse est fixé initialement très bas, ce qui laisse le champ libre pour les prestations complémentaires des caisses d'entreprises. Ces dernières sont d'ailleurs littéralement oubliées du projet final, alors qu'au début de la guerre la question de leur affiliation obligatoire au régime public était encore à l'ordre du jour.[32]

Le projet AVS n'apparaît donc pas comme un concurrent, mais bien comme une assise à partir de laquelle la prévoyance privée pourra se développer.

Contrairement aux années 1930, la SVPPU ne défend ainsi pas l'option de l'«opting-out» des caisses privées. Au vu de la disparité importante des statuts et des situations financières des caisses révélée par la première statistique fédérale de 1941, les caisses existantes hésitent à participer à la gestion de la couverture minimale obligatoire. Cette solution impliquerait en effet un engagement très important de leur part.[33] Les résultats d'une enquête de la SVPPU confirment clairement cette analyse. En effet, 87% des entreprises affiliées à cette association estiment au printemps 1946 que la future loi AVS contient des dispositions

suffisantes pour garantir leur autonomie.[34] En été 1946, la SVPPU donne par conséquent un préavis favorable sur le projet du Conseil fédéral en soulignant implicitement que cette position reste conditionnelle à la non-ingérence de l'Etat dans les affaires des caisses privées.[35]
Lors de la campagne de votation de 1947, la SVPPU ne prend pas position en faveur du référendum contre l'AVS, mais s'abstient également de soutenir explicitement le projet du Conseil fédéral. L'acceptation silencieuse d'autres groupements patronaux comme le Redressement National et la Société pour le développement de l'économie suisse (Wirtschaftsförderung), après des consignes strictes de l'UCAP et du Vorort, contribue à restreindre considérablement l'audience du référendum.[36] Une année après l'entrée en vigueur de l'AVS, la SVPPU se déclare enfin extrêmement satisfaite du résultat obtenu: «Nous nous réjouissons sans réserves au vu de la situation actuelle, qui se caractérise par une séparation nette et claire entre la prévoyance privée dans laquelle les prestations sont fondées sur les cotisations versées, d'une part, et l'assurance sociale officielle, avec ses tendances au nivellement, d'autre part».[37]
L'action de la SVPPU ne se termine pourtant pas sur cette note victorieuse. En effet, la tactique du développement séparé de la prévoyance publique et de la prévoyance privée mobilise dès lors les forces de l'Association.
Afin de consolider la position des caisses d'entreprises, la SVPPU concentre en premier lieu ses efforts afin de faire échouer tout projet de surveillance des caisses de pension. Cette question resurgit en effet en 1942, sous l'effet conjoint de la publication de la première statistique fédérale sur les institutions de prévoyance et du dépôt d'une motion du conseiller aux Etats radical Gottfried Keller. Dans une série d'articles très remarqués, Keller déplore que la Confédération n'ait pas suivi les anciennes recommandations des experts qui proposaient déjà en 1890 une surveillance des caisses d'entreprises sur le modèle de la loi fédérale sur les assurances privées de 1885. Keller estime en effet que le suivi de la situation financière des institutions de prévoyance se révèle désormais indispensable, vu leur rôle et leur nombre croissant.[38] En 1945, une seconde motion proposée par le conseiller national socialiste Valentin Gitermann demande explicitement un contrôle des exonérations fiscales accordées aux institutions de prévoyance et l'instauration d'une loi de surveillance. En mars 1946, l'assemblée générale de la SVPPU considère cette motion comme une véritable déclaration de guerre: «Übergriffen der Staatsgewalt in die Sphäre der betrieblichen und beruflichen Gemeinschaft ist zu wehren.»[39]
Malgré une réponse conciliatrice du Conseil fédéral, qui se déclare prêt à examiner la situation, la question de la surveillance des caisses de pension soulevée par Gitermann va très rapidement quitter la scène publique pour s'enliser dans les méandres des procédures de consultation. Un premier projet de loi échoue en 1948

à cause de l'opposition déterminée des associations patronales. Une deuxième mouture subit le même sort et la question est réglée finalement à la fin des années 1950 par un aménagement du Code des Obligations.[40] L'histoire de l'échec d'une réglementation fédérale des caisses de pension reste en grande partie à faire, mais il est clair que la SVPPU est en première ligne des opposants. En 1951, l'Association défend par exemple la liberté de manœuvre des caisses en arguant que «toutes les prétentions [...] qui font litière de statuts et règlements des institutions, doivent être qualifiées de tentatives d'accaparement et repoussées comme il se doit».[41]

Dès la mise en place de l'AVS, la SVPPU participe enfin aux efforts des milieux économiques ultra-libéraux décidés à circonscrire tout développement futur des assurances sociales. En suivant le principe selon lequel toute augmentation de la politique sociale risque d'obliger les caisses privées à augmenter leurs prestations, l'Association refuse toute extension importante de l'assurance vieillesse. La SVPPU participe dans cette perspective à l'offensive patronale contre le fonds de compensation AVS, accusé tour à tour au début des années 1950 de concurrencer les investisseurs privés, de favoriser une chute des taux d'intérêts ou encore d'alimenter les revendications du Parti socialiste en matière d'assurances sociales.[42]

L'Association insiste également dès la fin des années 1940 sur la nécessité de stopper toute tentative d'assurer des risques supplémentaires comme l'invalidité ou encore l'assurance maternité: «Si des assurances sociales s'étendant à tous les risques et garantissant des prestations très étendues étaient réalisées, nous assisterions alors à la fin même de notre Etat démocratique et fédéraliste. Il est nécessaire que tous les milieux de l'économie privée veillent afin qu'un développement semblable soit arrêté dès son début. Ce ne sont pas là des craintes purement théoriques».[43]

Cet appel à la vigilance fonde les axes d'intervention de la SVPPU durant les décennies qui suivent la Seconde Guerre mondiale. Les conflits autour des parts respectives dévolues à l'Etat et au marché dans le domaine de la politique sociale ne font que commencer. Ces projets antagonistes marquent encore l'actualité la plus récente.

Notes

1. Bibliothèque nationale, V Schweiz 2435, documents du Schweizerischer Verband für Personalfürsorge privatwirtschaflicher Unternehmungen [BN/SVPPU], *Rapport sur l'exercice 1952*, Zürich 1953, p. 8.
2. Gøsta Esping-Andersen, *The Three Worlds of Welfare Capitalism*, Cambridge 1990, ch. 4 (State and Market in the Formation of Pension Regimes).
3. Sur le cas des Etats-Unis, pays «modèle» en la matière, cf. par exemple Jill Quadagno, *The*

Transformation of Old Age Security: Class and Politics in the American Welfare State, Chicago 1988, ch. IV (Pensions in the Market Place), et Jennifer Klein, *Managing Security. The Business of American Social Policy, 1910s-1960*, PhD University of Virginia 1999.

4 *La prévoyance professionnelle en Suisse. Statistiques des caisses de pensions 1998*, Berne 2000.

5 Les rares ouvrages traitant de la prévoyance privée en Suisse se limitent à des thèses juridiques ou de sciences économiques dont les plus complètes sont: Graziano Lusenti, *Les institutions de prévoyance en Suisse, au Royaume-Uni et en Allemagne fédérale*, Genève 1989, et Hans G. Wirz, *Die Personal-Wohlfahrtseinrichtungen der schweizerischen Privatwirtschaft. Ihre Stellung im Steuerrecht und ihre Beaufsichtigung*, Diss. Universität Bern 1955. Il faut également signaler l'essai important de Jean Steiger, *Le deuxième pilier. Service social ou affaire lucrative?*, Genève 1978.

6 Outre la statistique fédérale de 1941, quatre autres enquêtes (1955, 1966, 1970 et 1987) sont parues avant les années 1990. Pour une analyse de leurs limites, cf. Denis Varrin, *La prévoyance professionnelle en Suisse de 1941/42 à 1989: analyse des données statistiques*, Lausanne 1993.

7 *Les institutions privées de prévoyance vieillesse, invalidité et survivants* (Bulletin de l'UCAP, n°26), Zürich 1929. Pour un aperçu des enquêtes réalisées avant 1950, cf. Wirz (voir note 5).

8 Wirz (voir note 5), p. 21.

9 *Rapport de gestion du Conseil fédéral pour l'année 1927*, Berne 1928, p. 499-500.

10 Arnold Guise, *Die Alters- und Invalidenfürsorge im schweizerischen Handel und in der schweizerischen Industrie*, Brugg 1916, p. 30.

11 *Blätter für Angestellte und Arbeiterfürsorge*, 1 (Dezember 1921), p. 8.

12 Peter Flora, Arnold J. Heidenheimer (ed.), *The Development of Welfare States in Europe and America*, New Brunswick 1981, p. 55; Esping-Andersen (voir note 2), p. 83-84.

13 Gerold Ermatinger, *Kapital und Ethos. Die sozialen und kulturellen Taten des schweizerischen Privatkapitals im 19. und 20. Jahrhundert*, Zürich 1936.

14 Wirz (voir note 5), p. 150.

15 *Ibid.*, p. 78.

16 *Les entreprises d'assurances privées en Suisse*, Berne 1931-1955.

17 Jakob Tanner, *Fabrikmahlzeit. Ernährungswissenschaft, Industriearbeit und Volksernährung in der Schweiz*, Zürich 1997, ch. 8.

18 BN/SVPPU, Felix Lotz, *SVPPU. 30 Jahre Verbandstätigkeit*, Basel 1952, p. 2. La SVPPU participe en particulier à l'enquête de l'UCAP de 1925 sur les institutions de prévoyance (voir note 7).

19 BN/SVPPU, *An die Nationalrätliche Kommission zur Beratung des Bundesgesetzes über die AHV*, Basel November 1929, p. 9.

20 Werner Ammann, *Die Altersfürsorge des Bundes und die Durchführung in den Kantonen*, Basel 1934. La liste des membres figure en annexe de cette brochure.

21 Prof. J. Steiger, *Die finanzpolitische Seite der obligatorischen schweizerischen AHV*, Basel 1929, p. 11.

22 En 1930, la chimie bâloise vote contre la Lex Schulthess au sein de la Chambre suisse du commerce; cf. Hanspeter Schmid, *Wirtschaft, Staat und Macht. Die Politik der schweizerischen Exportindustrie im Zeichen von Staats- und Wirtschaftskrise (1918-1929)*, Zürich 1983, p. 230. En 1928, la SVPPU participe à la rédaction d'une étude commanditée par le patronat bâlois afin de combattre un projet cantonal d'assurance vieillesse obligatoire; cf. Max Flury, *Die Alters-, Invaliditäts- und Hinterbliebenenfürsorge privater Unternehmungen im Kanton Baselstadt*, Basel 1928.

23 Steiger (voir note 21), p. 18.

24 BN/SVPPU, *Entwurf zu einem Bundesgesetz über AHV. Abänderungsvorschläge des SVUSAI zum Vorentwurf des Eidg. Volkswirtschaftsdepartementes vom August 1928*, Basel 1929.

25 BN/SVPPU (voir note 19).

26 Cf. le «Message du Conseil fédéral à l'Assemblée fédérale relatif à un projet de loi sur l'assurance-vieillesse et l'assurance-survivants», 29 août 1929, *in Feuille Fédérale 1929*, vol. 2, p. 182-183.

27 André Lasserre, «L'institution de l'assurance-vieillesse et survivants (1889-1947)», *in* Roland Ruffieux (éd.), *La démocratie référendaire suisse au 20ᵉ siècle,* Fribourg 1972, p. 316.
28 BN/SVPPU, *Zur Frage der Besteuerung der privaten Stiftungen, Fonds und Kassen für Alter, Invalidität und Tod,* Basel 1931.
29 BN/SVPPU, *Rapport sur l'exercice 1950,* Zürich 1951, p. 14.
30 Archiv für Zeitgeschichte à Zürich, Redressement National/Aktion Nationaler Wiederaufbau, cote 5.3 AHV-Pensionskassen, Divers documents et en particulier: E. Röthlisberger, «Richtlinien für die künftige Gestaltung der Altersversicherung und -Fürsorge in der Schweiz», *Jahresbericht der Aktion Nationaler Wiederaufbau für 1940,* Zürich 1940.
31 Christian Werner, *Für Wirtschaft und Vaterland. Erneuerungsbewegungen und bürgerliche Interessengruppen in der Deutschschweiz 1928-1947,* Zürich 2000, p. 208-211.
32 Sur la «stampflische Pragmatik» et le projet AVS, cf. Georg Hafner, *Bundesrat Walther Stampfli (1884-1965). Leiter der Kriegswirtschaft im Zweiten Weltkrieg, bundesrätlicher Vater der AHV,* Olten 1986, p. 391 ss.
33 BN/SVPPU, document pour l'assemblée annuelle de la SVPPU à Olten le 30 mars 1944, p. 4.
34 BN/SVPPU, Procès verbal de l'assemblée générale du 18 mai 1946.
35 Archives fédérales à Berne, E 3340 (B) 1985/102, Bd. 253, Prise de position de la SVPPU adressée aux commissions des Chambres fédérales, Zurich, 2 juillet 1946.
36 Werner (voir note 31), p. 224.
37 BN/SVPPU, *Rapport sur l'exercice 1948,* Zürich 1949, p. 3.
38 Gottfried Keller, «Zum Pensionskassen-Problem», *Neue Zürcher Zeitung,* 31 juillet 1942.
39 BN/SVPPU, Procès-verbal de l'assemblée générale du 3 décembre 1946, p. 1.
40 Pour une approche de cette problématique, cf. Wirz (voir note 5), p. 127-138, et Lusenti (voir note 5), p. 76.
41 BN/SVPPU, *Rapport sur l'exercice 1950,* Zürich 1951, p. 7.
42 Christine Luchsinger, «Sozialstaat auf wackligen Beinen. Das erste Jahrzehnt der AHV», *in* Jean-Daniel Blanc, Christine Luchsinger (Hg.), *Achtung: die 50er Jahre! Annäherungen an eine widersprüchliche Zeit,* Zürich 1994, p. 55 ss.
43 BN/SVPPU, *Rapport sur l'exercice 1948,* Zürich 1949, p. 6-7.

Jean-Jacques Monachon

Le plan Beveridge et les débats sur la sécurité sociale en Suisse entre 1942 et 1945[1]

En novembre 1942, William Beveridge (1879-1963),[2] économiste anglais, déposait devant le Parlement britannique le rapport *Social Insurances and Allied Services* qui présentait des propositions concrètes tendant à la mise sur pied – avant la fin de la guerre – d'une sécurité sociale étendue. Ce rapport, qui allait se vendre à plus de 600 000 exemplaires dans la seule Grande-Bretagne, a fait l'objet de nombreuses traductions sous le nom de *plan Beveridge*. Il a permis à son auteur d'entrer dans la légende comme le père de l'Etat-providence moderne en instaurant un modèle de sécurité sociale compréhensive. Ce plan s'inscrivait dans un contexte de réflexion mondiale sur la sécurité sociale. A travers certaines déclarations formelles – le président américain Roosevelt avait proclamé, entre autres, la «libération du besoin» devant le Congrès en janvier 1941, et avait signé la *Charte de l'Atlantique*[3] en août 1941 avec Churchill –, les Alliés prenaient position sur ce problème et de grandes conférences internationales (comme la conférence de Philadelphie de 1944)[4] allaient entériner ces intentions à la fin du conflit.

Ce plan n'a guère eu de conséquences concrètes sur le développement d'une sécurité sociale en Suisse.[5] Toutefois, la presse suisse s'est fait l'écho de cette volonté alliée dans un contexte où, en Suisse aussi, le débat sur la forme qu'allait prendre la sécurité sociale à la fin du conflit tendait à s'amplifier.

Cet article se concentre essentiellement sur les années 1942 à 1944, plus précisément sur la période située entre le dépôt de l'initiative demandant la transformation des caisses de compensation en caisses AVS (juillet 1942) et le tournant incarné par la promesse du Conseil fédéral d'entrer rapidement en matière sur l'AVS (janvier 1944). Ces dix-huit mois au cours desquels aucune déclaration officielle n'est venue répondre aux initiants correspondent au moment où le plan Beveridge est publié et discuté dans la presse. Mais c'est également la période durant laquelle le débat public évoque de nombreuses possibilités, dont le modèle offert par le plan Beveridge, la forme concrète qui sera donnée à l'AVS n'étant pas encore acquise.

Le plan Beveridge

Le rapport déposé fin 1942 devant le Parlement britannique commençait par énumérer les cinq fléaux sociaux qui, selon lui, étaient responsables de la misère des classes laborieuses: le besoin, la maladie, l'ignorance, les taudis (c'est-à-dire les conditions de vie sordides) et l'oisiveté (c'est-à-dire le chômage).

Il posait trois principes de base, préalables à tout système de sécurité sociale: des allocations familiales jusqu'à l'âge de 15 ou 16 ans, un système universel de santé ouvert à tous et une politique de plein emploi.

Ses propositions concernaient une prise en charge universelle et uniforme des besoins. Les prestations sociales seraient ouvertes à tous, sans distinction de revenus, financées en partie par les contributions des intéressés, mais en majorité par l'Etat (donc gérées par lui et contrôlées par le Parlement). Trois méthodes allaient être combinées: l'assurance pour les besoins essentiels, l'aide sociale pour les cas spéciaux et l'assurance privée pour des compléments éventuels. Le système voulu était égalitaire et centralisé. Il insistait sur la solidarité entre les citoyens et tout était prévu pour créer un sentiment d'unité et de solidarité entre tous par la mise en commun des risques.

Le contexte de la guerre et l'accueil du public donneront à ce rapport une résonance très importante. Si ce rapport porte la marque de son auteur, il est indéniablement révélateur de son époque.[6] Pour Beveridge, la guerre créait les conditions favorables à des réformes radicales, donnant ainsi une dimension autre au concept de la démocratie. Non seulement il présentait ses propositions comme un prolongement de la cinquième clause de la Charte de l'Atlantique, mais la victoire sur l'ennemi nazi était indissociable de la victoire sur le chômage et la pauvreté car, pour lui, sécurité sociale et justice étaient indissociables. Enfin, si le plan a paru révolutionnaire à l'époque, c'est parce qu'il semblait offrir «an historic compromise between the competing virtues of collectivism (the communal solidarity which was the attraction of interwar totalitarianism) and individualism (for which interwar democracies had fought)».[7]

Les débats sur la sécurité sociale en Suisse durant la Seconde Guerre mondiale et le contexte socio-politique

Sur le plan politique, c'est sous le régime des pleins pouvoirs accepté par l'Assemblée fédérale le 30 août 1939 que seront adoptés des arrêtés qui changeront le visage de la sécurité sociale en Suisse, comme celui instaurant les caisses de compensation pour les soldats mobilisés. Afin d'éviter les tensions sociales que la perte de gain des mobilisés avait provoquées durant la Première Guerre mondiale, le Conseil fédéral instaura (en décembre 1939) une protection pour les mobilisés. La création des caisses de compensation marqua un tournant important dans le développement des assurances sociales en Suisse. Non seulement les allocations versées permettront aux familles des soldats mobilisés de ne pas tomber dans la pauvreté, ce qui avait été le lot du sixième de la population suisse à la fin du premier confit mondial, mais son régime des cotisations va très vite faire ses preuves, en soumettant tous les travailleurs à une cotisation unique et sans plafond. Le financement de la future AVS saura s'inspirer de ce modèle.

Il faut encore relever que, à part l'assurance maladie et l'assurance accident introduites respectivement en 1914 et 1918 (et qui ne concernaient en 1940 qu'une partie de la population), la seule nouveauté de l'entre-deux-guerres a été l'introduction de l'assurance chômage facultative (qui ne couvrait qu'un petit tiers des salariés de l'industrie en 1939).

L'assurance vieillesse et survivants (AVS)

En ce qui concerne l'AVS, il est nécessaire de se souvenir qu'après l'adoption d'un article constitutionnel en 1925, les choses n'avaient pratiquement plus avancé.[8]

Au seuil de la Seconde Guerre mondiale, les personnes âgées dans le besoin étaient toujours prises en charge par l'assistance, ce qui était contraire à l'esprit de l'article 34 quater mais qui permettait de colmater les brèches de la législation sociale. Les subventions fédérales allaient aux cantons et aux institutions de secours. En novembre 1938, dans le régime transitoire des finances fédérales, figurait une disposition pour l'aide à la vieillesse nécessiteuse et, au cours de la guerre, les subventions seront souvent augmentées pour faire face à une misère croissante.[9]

Mais, dès la création des caisses de compensation, le débat sur l'AVS est à nouveau devenu d'actualité: en juin 1940, l'Union syndicale suisse (USS) proposa de maintenir les cotisations et les caisses de compensation après le conflit et de les utiliser pour une future AVS. Une initiative populaire fut lancée qui aboutit au dépôt, en juillet 1942, de près de 180 000 signatures demandant la conversion des caisses de compensation en caisse AVS. Devant le succès rencontré par cette initiative au niveau fédéral et par les nombreux ralliements enregistrés, le Comité genevois d'action pour l'assurance vieillesse et survivants – à l'origine de l'initiative – se transforma (en 1942) en Comité suisse d'action, chapeauté par la Ligue du Gothard. En 1944, ce comité représentait presque toutes les sensibilités politiques.[10]

De leur côté, les autorités cantonales ont aussi pesé dans le débat: de juillet 1941 à janvier 1944, les cantons de Genève, Neuchâtel, Berne, Argovie, Zurich et des

Grisons feront usage du droit d'initiative cantonal prévu par la Constitution fédérale pour réclamer au Conseil fédéral une AVS au niveau fédéral.

Information par les médias suisses de la parution du plan Beveridge en Grande-Bretagne

Dans la presse quotidienne,[11] c'est surtout l'accueil fait au plan en Grande-Bretagne qui retient l'attention des commentateurs. Les articles concluent tous sur le fait que le plan Beveridge fera inévitablement l'objet d'une longue controverse au sein et en dehors du Parlement britannique. Un horizon d'attente est ainsi très vite installé dans la presse quotidienne suisse: la controverse entre les défenseurs du plan et ses détracteurs, mais sur sol britannique, ce qui permet de ne pas entrer en matière sur la situation suisse.

C'est dans les revues de sensibilités différentes[12] que le plan Beveridge va prendre, dès janvier 1943, une place importante. Pour certaines, il offre une solution à quantité de problèmes; pour d'autres, il représente une dérive dangereuse. Sur le plan idéologique, la proposition britannique passe soit pour trop proche des intérêts capitalistes, soit pour trop révolutionnaire. Par exemple, en avril 1943, quelques jours après la traduction en allemand du plan Beveridge, paraît une présentation bilingue[13] publiée sous les auspices de deux organisations faîtières de syndicats: l'USS et la Société suisse des employés de commerce. Cette publication expose et commente le plan mais ne compare pas la situation suisse avec celle de la Grande-Bretagne. Un chapitre pose «les limites du plan Beveridge». Dans ces quelques pages, le commentaire du rédacteur rappelle que le plan britannique n'est qu'un plan d'assurances et ne préconise aucune réforme de structure de l'ordre économique, à l'exception de l'étatisation des compagnies d'assurances. Le chapitre détaille alors les mesures sans lesquelles la réalisation du plan serait compromise. La principale consiste à offrir des possibilités de travail pour le plus grand nombre possible; aussi longtemps que cette mesure ne serait pas appliquée, de nombreux avantages du plan risqueraient d'être perdus.

Dans la même période, le Parti socialiste passe à la concrétisation de son programme «La Suisse nouvelle»[14] et lance, fin mars 1943, son «Initiative de la réforme économique et des droits du travail». C'est pourquoi l'USS, qui a contribué à éditer la présentation du plan Beveridge, subordonne la concrétisation d'un tel plan à la réalisation de mesures structurelles, ce que projette de faire l'initiative populaire sur le droit du travail et le programme «La Suisse nouvelle». Ainsi, l'USS ne condamne pas, certes, le plan, mais affiche un enthousiasme modéré,[15] lié aux finalités visées par l'initiative, c'est-à-dire une révision profonde du système économique.

Du côté des milieux économiques, les publications essaient surtout de montrer les efforts consentis par la Suisse, en relativisant les propositions de Beveridge.[16] Quant aux revues corporatistes, elles présentent le plan comme étant en désaccord avec les «mœurs authentiquement helvétiques» et critiquent fortement l'étatisation sociale qu'il proposerait.[17] Du côté des revues estudiantines, on dénonce aussi l'étatisme qui sous-tend le plan ainsi que la menace qu'il constituerait pour les syndicats et les organisations professionnelles.[18]

Un rapport du Conseil fédéral sur le plan Beveridge

Fin mai 1943, le professeur Bohren (directeur du Schweizerische Unfallversicherungsanstalt de 1936 à 1942), expert mandaté par le Conseil fédéral, rend un rapport de vingt et une pages présentant les grandes lignes du plan.[19] Son rapport sera repris par le conseiller fédéral Walther Stampfli, chef du Département de l'économie publique, pour répondre aux motions déposées au Conseil national et portant sur l'application d'un plan Beveridge à la Suisse.[20] Il dénonce surtout les dangers pour les compagnies d'assurances privées d'être mises en concurrence avec une assurance étatique qui pourrait beaucoup mieux répartir ses risques. Dans ses conclusions, il reconnaît tout de même que le plan est novateur dans sa volonté d'éradiquer la misère, et mérite pour cela l'attention qu'il avait reçue du monde entier. Le 10 mai 1943, la *Neue Zürcher Zeitung* rend compte d'une conférence faite par le professeur Bohren sur le plan Beveridge, tenue dans le cadre de la Zürcher Volkswirtschaft Gesellschaft.[21] A cette occasion, le conférencier souligne que la protection de la famille a aussi une importance primordiale pour la Suisse,[22] mais que les coûts des mesures prônées par le plan sont très élevés. Il conclut en affirmant qu'il serait plus avantageux pour la Suisse de continuer son propre développement des assurances sociales et qu'il faut aborder ce processus à pas prudents. Il est intéressant de signaler qu'au cours de la discussion qui suit, un directeur de la Rentenanstalt et membre de la future commission d'experts qui statuera sur l'AVS souligne que celle-ci est souhaitée par le peuple mais que sa réalisation bute sur des difficultés insurmontables, qualifiant au passage de légende l'affirmation selon laquelle les sociétés d'assurances seraient opposées à l'AVS.

Une solution «à la suisse»

Quelle influence le plan Beveridge (et son concept de généralisation et d'universalité de la sécurité sociale) a-t-il eue sur les débats sociaux en Suisse durant la seconde moitié de la Seconde Guerre mondiale?

Le dépouillement de la presse et des revues montre que ce plan britannique consacré à la réalisation d'une sécurité sociale ambitieuse est affecté, du point de vue helvétique, de plusieurs vices rédhibitoires: il est britannique, il veut réaliser la sécurité sociale et il est ambitieux…

D'abord, le fait de ne pas être suisse: dans le discours rencontré, la Suisse tient à vivre sa neutralité de manière exemplaire, et ce qui est bon pour le principal résistant au nazisme ne l'est pas forcément pour la Confédération. Mais le plan britannique appelle en réaction des solutions suisses (l'AVS sera perçue comme telle) et le «planisme» helvétique (Wahlen,[23] Zipfel)[24] est revendiqué avec fierté pour faire bonne figure face au planisme allié (plan Beveridge, plan Keynes, plan Roosevelt, etc.).

Ensuite, le fait de vouloir construire la sécurité sociale est perçu en Suisse – où l'on se méfie généralement des solutions étatistes – comme quelque chose d'inacceptable pour le principe politique du fédéralisme. Et enfin, l'ambition affichée par le plan dérange, car elle est contraire au développement «historique» des assurances sociales, mises en place lentement et parcimonieusement.

Quant à la discussion politique, elle a surtout eu lieu au niveau des Chambres fédérales. Aucun parti – à l'exception de l'Alliance des Indépendants – n'a fait de déclarations au sujet du plan Beveridge. Trois postulats ont été déposés, au printemps 1943, par deux radicaux et un socialiste.[25] Tous trois faisaient référence explicitement au plan Beveridge pour demander au Conseil fédéral de se positionner quant à la hiérarchisation des priorités pour l'après-guerre et de proposer un plan général de sécurité sociale. Mais, dans le contexte des pleins pouvoirs, le poids des postulats était moindre, car le Conseil fédéral pouvait agir comme il l'entendait. Ces postulats n'ont d'ailleurs provoqué aucune discussion et donnent l'impression de participer à une démocratie de surface alors que les décisions importantes étaient prises à un autre niveau. Néanmoins, selon Georg Hafner (le biographe de Stampfli), la présentation du plan Beveridge donna une impulsion parmi les plus importantes à la discussion sur l'AVS.[26] Faut-il interpréter le tournant de l'exécutif comme une réaction visant à maîtriser un débat public risquant de devenir trop exigeant? Stampfli a effectivement changé d'avis de manière surprenante, entre ses déclarations de l'année 1943, qui mettaient en avant l'impossibilité de réaliser l'AVS, et son discours du 1er janvier 1944 qui annonçait l'AVS comme prioritaire.

Ainsi, à part quelques rares présentations bienveillantes, les thèses de Beveridge ont donc suscité majoritairement des critiques qui se sont cristallisées autour de quatre thèmes principaux.

1. Le rejet de l'étatisme sous-tendu par le plan: cette opposition provient surtout du camp des corporatistes mais aussi des libéraux, qui dénoncent tout interventionnisme de l'Etat, en particulier celui qui est en train de se dessiner en Grande-Bretagne, jusqu'alors patrie des idées libérales.

2. Lorsque l'étatisme n'est pas rejeté en bloc, ce sont les incompatibilités des options de la démocratie représentative britannique avec celles de la démocratie directe suisse et du fédéralisme qui sont mises en avant. Mais le rejet de l'étatisme et la défense de la démocratie directe peuvent s'additionner, à l'exemple du rapport officiel du Conseil fédéral sur le plan.

3. La place des assurances privées, que l'on dit condamnées à disparaître dans le cas d'une application à la lettre du plan: cette opposition des secteurs de l'assurance privée trouve du répondant parmi les syndicats qui craignent aussi de perdre des avantages si les caisses de retraite des entreprises – cogérées par eux – étaient mises sous la coupe de l'Etat.[27]

4. Enfin, l'opposition traditionnelle des visions gauche-droite de la sécurité sociale: à savoir qu'il n'y a pas de sécurité sociale possible sans une économie saine pour la droite; alors que, pour la gauche, la sécurité sociale doit renforcer l'économie en augmentant le bien-être des citoyens. Mais dans le contexte de la Seconde Guerre mondiale qui voit le Parti socialiste lancer un programme ambitieux de refonte de la structure économique suisse, la gauche et les syndicats trouvent que le plan Beveridge suppose un ordre économique sans permettre de l'esquisser. Et c'est pourquoi ils privilégient les démarches qui s'attellent d'abord à la réalisation d'un nouvel ordre économique.

Ainsi, le discours fonctionne comme l'expression d'une affirmation identitaire face à un modèle redouté ou admiré. Il permet de mettre en évidence les différences qui servent à se percevoir soit en tant que nation, soit dans le cadre d'une idéologie (libéralisme, interventionnisme, planisme, etc.).

Le plan Beveridge a donc bien servi à animer un débat qui est allé au-delà de l'habituel pragmatisme helvétique. Toutefois, c'est davantage le type de réflexion venu d'Angleterre que son contenu qui aura finalement été retenu par les commentateurs suisses. A l'exception de la motion du conseiller national socialiste Willy Spühler, aucune proposition concrète concernant la sécurité sociale ne s'est fondée sur le plan Beveridge, dont les traductions avaient pourtant été pensées afin de nourrir le débat. Mais cette motion ne doit pas tromper sur l'essentiel: ses effets réels en ont été rendus encore plus faibles par la retenue de la gauche et des syndicats en la matière.

Notes

1. Cet article est fondé sur le mémoire du même titre présenté dans la section d'histoire de l'Université de Lausanne (histoire suisse contemporaine, direction du mémoire: Hans Ulrich Jost, automne 2000).
2. Une biographie de William Beveridge existe en anglais: Jose Harris, *William Beveridge. A Biography,* Oxford 1997. Elle montre les racines intellectuelles de l'œuvre de Beveridge et le développement des idées qui contribueront à la naissance du Welfare State dans l'Angleterre de la première moitié du XXe siècle. Cette biographie n'étant pas disponible dans les bibliothèques suisses, on peut se référer à un article qui rend compte des débats politiques sur le Welfare State qui ont lieu entre 1940 et 1945: Jose Harris, «Political ideas and the debate on State welfare, 1940-45», *in* Harold L. Smith (ed.), *War and Social Change,* Manchester 1986, p. 233-263.
3. La *Charte de l'Atlantique* a été un document fédérateur des Alliés en guerre contre les forces de l'Axe. Contresigné en janvier 1942 par l'URSS, la Chine et 22 autres Etats, il déclinait en huit points les conditions pour reconstruire la paix. Deux de ces huit points promettaient l'établissement de la sécurité sociale et la libération du besoin.
4. Eddy Lee, «La déclaration de Philadelphie, rétrospective et prospective», *Revue internationale du travail,* vol. 133 (1994), p. 513-531.
5. Pierre-Yves Greber, «Simplification et rationalisation des systèmes de sécurité sociale: approche générale, internationale et suisse», *in* Pierres-Yves Greber et Jean-Pierre Fragnière (éd.), *La sécurité sociale en Europe et en Suisse,* Lausanne 1996, p. 58.
6. Andrée Shepherd, «Le rapport Beveridge de 1942: Social Insurance and Allied Services», *in* Jean Carré et Jean-Pierre Révauger (éd.), *Ecrire la pauvreté. Les enquêtes sociales britanniques au XIXe et au XXe siècle,* Paris 1995, p. 265-288.
7. Rodney Lowe, *The Welfare State in Britain since 1945,* London 1999, p. 139.
8. Concernant l'histoire de l'AVS, André Lasserre, «L'institution de l'assurance-vieillesse et survivants (1889-1947)», *in* Roland Ruffieux (éd.), *La démocratie référendaire en Suisse au XXe siècle,* vol. 1, Fribourg 1972, p. 259-400, offre un aperçu très détaillé du processus parlementaire et gouvernemental qui a accompagné la longue création de l'AVS.
9. En 1942, la Confédération a dépensé près de 30 millions de francs pour l'aide aux vieillards et aux survivants. En plus, 11 millions. ont été versés directement par les cantons pour les vieillards en 1942 (3 de plus qu'en 1941) et 4 millions aux survivants (3 millions en 1941). 3,2 millions ont été donnés par les cantons à Pro Senectute (2 millions en 1941) et 1 million aux institutions communales (503 000 francs en 1941). Sources: *La vie économique,* Département d'économie publique, Berne novembre 1943, p. 299.
10. Procès-verbal de la réunion du comité fédéral d'action, 28 mars 1944, à Berne, Archives fédérales à Berne (AF), E 3340 (B), -/1, p. 41.
11. Pour cette recherche, deux quotidiens ont été systématiquement dépouillés: *Le Journal de Genève* (libéral) et *Le Peuple* (socialiste, édité à Lausanne). Des articles d'autres quotidiens ont complété cette analyse.
12. Les revues dépouillées pour cette recherche l'ont été principalement pour les années 1941 à 1945. Ce sont: les *Annales de l'économie collective, La Coopération, Curieux, Feuille centrale de Zofingue, Journal des Associations patronales, Journal de statistique et revue économique suisse, La lutte syndicale, Le mois suisse, Monat Rosen, Die Nation, L'Ordre professionnel, Revue de Belles Lettres, Revue syndicale suisse, Rote Revue, Servir, Schweizer Annalen, Suisse contemporaine, Traits, La Vague, La vie économique.*
13. Emil-Friedrich Rimensberger, *Qu'est-ce que le Plan Beveridge?,* Neuchâtel 1943.
14. *La Suisse nouvelle, Le Parti socialiste au peuple suisse,* Zurich, décembre 1942.
15. «Volksbegehren oder Beveridge-Plan?», *Berner Tagwacht,* 16 avril 1943.
16. Par exemple, Walther Roth, «Beveridge und die Schweiz», *Schweizer Handelszeitung,* 1943; G. D. H. Cole, *Der Beveridge-Plan: sein Inhalt und seine Bedeutung,* Zürich, Landesring der Unabhängigen (Hg.), p. 23 (mars 1943).

17 Cf. par exemple «En présence du plan Beveridge. Solutions nationales», *L'Ordre professionnel* 10 (4 juin 1943).
18 Cf. par exemple les articles suivants: «Le plan Beveridge et la politique sociale de la Suisse» et «Progrès social et responsabilités personnelles», *Feuille centrale de Zofingue* 7 (mai 1943), p. 296-303.
19 Dr. A. Bohren, Der Beveridge-Plan. Bericht an das Bundesamt für Sozialversicherung, 31 mai 1943, AF, E 7800, -/1, p. 125.
20 *Bulletin sténographique de l'Assemblée fédérale – Conseil national,* 1943, p. 196-209.
21 «Der Beveridge-Plan und die Schweiz», *Neue Zürcher Zeitung* 752 (10 mai 1943).
22 Sur la place de la femme dans le concept beveridgien, voir Christine Luchsinger, *Solidarität, Selbständigkeit, Bedürftigkeit: der schwierige Weg zu einer Gleichberechtigung der Geschlechter in der AHV, 1939-1980,* Zürich 1995, p. 33-34.
23 Le «plan Wahlen» ou la «bataille des champs», présenté en 1940 par Friedrich Traugott Wahlen, chef de la section de Production agricole de l'Office de guerre pour l'alimentation, commença à être appliqué en 1941. Il consistait à augmenter la surface cultivable afin de rendre la Suisse plus indépendante des importations alimentaires. L'autarcie ne fut jamais atteinte, mais le plan servit à la cohésion nationale.
24 Le plan Zipfel était un projet de lutte contre le chômage par la création d'occasions de travail pour les cinq à dix années à venir. Ce plan a été publié en avril 1942 par Otto Zipfel, délégué du Conseil fédéral pour les problèmes de l'emploi.
25 Postulats Hirzel, Gut et Spühler (voir note 20).
26 Georg Hafner, *Bundesrat Walther Stampfli (1884-1965),* Olten 1986, p. 373; cf. également Hans Ulrich Jost, *Le salaire des neutres. Suisse: 1938-1948,* Paris 1999, p. 304, et Sophie Pavillon, *L'ombre rouge. Suisse-URSS 1943-1944. Le débat politique en Suisse,* Lausanne 1999, p. 227-228.
27 Marcela Hohl-Slamova, *Die wirtschaftspolitischen Vorstellungen von Max Weber (1897-1974) und sein Einfluss auf die Tätigkeit des Schweizerischen Gewerkschaftsbundes,* Diessenhofen 1983, p. 318-323.

Philipp Ischer

Die AHV-Diskussion in der FDP

Die Genese des Sozialliberalismus und die Bemühungen des Freisinns um Orientierung in den 1940er-Jahren

Die allseits wahrgenommene Kriegswende von 1942/43, die in der Niederlage Nazideutschlands vor Stalingrad ihre prägnanteste Verdichtung erfuhr, beeinflusste auch die innenpolitischen Verhältnisse der Schweiz: Die zentrale Differenz bedrohte Schweiz – drohendes nationalsozialistisches und faschistisches Ausland, auf der die die politische Ordnung der Zeit massgeblich bestimmende geistige Landesverteidigung beruhte, überlebte sich zunehmend selbst.[1] Das in den 1930er-Jahren entwickelte Modell der nationalen Integration, das von Kurt Imhof als «identitätsstiftender Loyalitätsverband» charakterisiert wurde, verlor an Kraft.[2] Der allgemeine Gesinnungswandel wird gerade durch das im Dezember 1942 von der SPS vorgestellte Programm der «Neuen Schweiz» und die damit verbundene Rückbesinnung der Linken auf die ihr vertraute politische Oppositionsrolle dokumentiert. Partikularinteressen wurden vermehrt angemeldet, und die Rede von einem neuen Klassenkampf war in aller Munde.[3] Im Hinblick auf die im Oktober stattfindenden National- und Ständeratswahlen gewann das Jahr 1943 zusätzlich an Brisanz, konnten doch allfällige vom politischen Gegenspieler monopolisierte Themenkreise nicht einfach ignoriert werden, da gerade sie im elektoralen Wettbewerb von entscheidender Bedeutung sein konnten.[4] Nicht nur die durch die SPS suggerierte Option einer neuen sozialen und politischen Ordnung, sondern auch das durch das Kriegserlebnis gestärkte Solidaritätsbewusstsein in der Bevölkerung und das positive Erlebnis der Lohn- und Verdienstersatzordnung[5] sowie der international geführte Diskurs zu Fragen der Sozialpolitik bewirkten, dass dieser Themenkreis in den 1940er-Jahren bei der FDP zunehmend eine prominente Rolle einnahm.[6] Dies umso mehr, als er konstitutiver Bestandteil der breit geführten Rede über die helvetische Nachkriegsordnung war.[7]
Die allgemeine internationale wie nationale Entwicklung drängte die FDP immer mehr in die Defensive. Je stärker die geistige Landesverteidigung, zu deren Verteidigerin die FDP wurde, unter Druck geriet, desto grösser wurden die Orientierungsprobleme beim Freisinn.[8] Die Zukunft wurde vermehrt interpretations-

bedürftig, da sie gesellschaftsintern entlang unterschiedlicher und sich konkurrenzierender Interpretationsraster und Erwartungsstrukturen antizipiert wurde. Je vielfältiger die entsprechenden Versionen waren, umso nötiger wurde Orientierung, damit Sicherheit und Vertrauen parteiintern wieder generiert werden konnten. In diesen Zusammenhang ist die freisinnige Rede vom Sozialliberalismus einzuordnen, die zu der Zeit aufkam und die sich sowohl in bürgerlichen Zeitungen als auch in parteiinternen Vorträgen nachweisen lässt. Diese Rede entwickelte sich einerseits als Interpretation freisinnig-helvetischer Geschichte und andererseits als Vorgang der Modifizierung und Rekonstituierung von kognitiven Regeln der Interpretation und Selektion von Informationen, die die Voraussetzung zukunftsorientierten Handelns sind.[9] Ziel des Sozialliberalismus war «die Überwindung der unfruchtbaren Alternative» zwischen freiem, ungehemmtem Kapitalismus und totalitärem Sozialismus/Kollektivismus.[10]

In einer Ansprache, die der Jungfreisinnige A. Schaller an dem am 10./11. April 1943 in Genf veranstalteten freisinnigen Parteitag hielt, verteidigte der Mitinitiator des 14 Punkte umfassenden Sofortprogramms die darin enthaltenen sozialpolitischen Forderungen mit dem Hinweis auf die in der Gesellschaft und speziell in der FDP grassierenden Orientierungsprobleme. So bekamen die Delegierten des Parteitages unter anderem Folgendes zu hören: «Eine latente Unruhe im Schweizervolk, die ihre Hauptursache in dem grossen Zweifel hat, ob die Behörden klar und zielbewusst genug den Weg zu einer neuen wirtschaftlichen und sozialen Ordnung beschreiten oder ob sie nicht am Ende allzu zögernd und mit rückwärts gerichtetem Blick gerade noch das Notwendigste und Unvermeidbare tun, beherrscht nun das Wahljahr 1943. Viele Eidgenossen spüren, dass wir an einer wirklichen Zeitenwende stehen. [...] In den übermächtigen Eindrücken, die auf ihn einstürmen, möchte der Schweizer klare Sicht gewinnen; den Weg, den er und die Gemeinschaft zu gehen haben, wenigstens für die nächsten Schritte aufgehellt haben. Die sogenannte ‹Opposition› in den Gefilden der eidgenössischen Politik, die SPS und der Landesring, haben das latente Bedürfnis des Volkes nach ‹Zielsetzung› erfasst und geglaubt, es in Initiativbegehren auswerten bzw. auffangen zu müssen.»[11]

Mit der Annahme des sozialpolitischen Sofortprogramms, das auch die gesetzliche Umsetzung des 1925 verabschiedeten AHV-Verfassungsartikels vorsah, würde sich die FDP, so der Redner, als eine politische Kraft darstellen, die über ihre eigene Vision der Zukunft verfügt. Sie wäre in der Lage, ihren Parteimitgliedern klare gesellschaftspolitische Richtlinien zu geben, womit sie einerseits Orientierung und Zukunftsvertrauen vermitteln und andererseits ihre strategische Position im Gerangel um die gesellschaftspolitische Deutungsmacht, die gerade in den Diskussionen um die helvetische Nachkriegsordnung von eminenter Bedeutung war, stärken würde.[12] Der Parteitag folgte der Argumentation A. Schallers.

Schon bald stand die Debatte um die AHV im Zentrum der öffentlichen Auseinandersetzung um die Sozialpolitik, und spätestens ab 1944 konnte sich auch der Freisinn diesem Diskurs nicht mehr entziehen. Die der FDP nahe stehende *Neue Zürcher Zeitung* gab sich mit dem ersten Artikel, den sie zum Thema AHV publizierte, als klare Befürworterin der Sozialversicherung zu erkennen. Diese Position hielt sie ohne Abweichungen bis zum Abstimmungskampf vom Sommer 1947 durch.

Im Folgenden wird die Genese des Sozialliberalismus thematisiert. Hierbei interessieren sowohl die im Freisinn vorgenommene Neuinterpretation von Geschichte als auch die parteiinternen Bemühungen um Orientierung. Anschliessend wird nach der Gestalt, nach der normativen Aufladung des Sozialliberalismus gefragt. Die Fragestellung soll zudem auf das Verhältnis FDP – AHV bezogen werden. Dabei wird untersucht, wie viel vom FDP-Gedankengut in die AHV-Konzeption einfloss.

Die Genese des Sozialliberalismus

Die Orientierungssuche beim Freisinn war eingewoben in einen kommunikativ verfassten Interpretationsprozess helvetisch-freisinniger Geschichte. Dieser Prozess war interessengeleitet: Er hatte das Ziel, beschädigtes Orientierungswissen via die Genese neuen historischen Sinns zu reparieren. Mittels eines parteiinternen Lernprozesses, der sich an gemachten Erfahrungen und an virulenten Zukunftsängsten abzuarbeiten hatte, wurde das Vertrauen in eine aktive Gestaltung der Zukunft gestärkt.[13] Hierbei erschien die FDP als eine Partei, die sich von alters her mit Sozialpolitik beschäftigt. In der Stilisierung der eigenen Parteigeschichte charakterisierte sich der Freisinn als eine lernfähige, aber gleichzeitig den eigenen Idealen treu bleibende politische Kraft.[14]

Folgt man den verschiedenen Schriften und Zeitungsartikeln zum Thema Sozialliberalismus, so befand sich dessen Position zwischen den beiden Polen freier, ungehemmter Kapitalismus und totalitärer Sozialismus/Kollektivismus. Dies deckt sich mit dem zur gleichen Zeit durch den Nationalökonomen Wilhelm Röpke popularisierten Begriff des «Dritten Weges». Die Schriften Röpkes wurden gerade durch den Freisinn breit rezipiert.[15] Allgemein wurden der Frühliberalismus und die manchesterlichen Laissez-faire-Doktrinen kritisiert, da sie Individualismus und dadurch Proletarisierung und Vermassung förderten und so indirekt den Boden für den Klassenkampf und für die auf eine Totalisierung und Kollektivierung ausgerichteten Ideologien und Staatssysteme bereiteten.[16] In einer 1943 vom Pressedienst des Generalsekretariates der FDP verfassten Schrift zum Thema Freisinn und Wirtschaftsordnung steht zu lesen: Heute sei die Zeit, «für eine sozial gebundene Wirtschaftsordnung einzustehen, die den Geist der Kameradschaft von Menschen zu Menschen verwirklicht und einer genossenschaftlich-solidaren Gesellschaft des Wirtschaftslebens zum Durchbruch verhilft, unter Wahrung der freien Entfaltungsmöglichkeiten für den wirtschaftenden Menschen.»[17]

Im Erinnerungskanon der FDP nahm die 1848 erfolgte Bundesstaatsgründung einen ganz zentralen Platz ein, wurde damals doch das aus freisinniger Lesart in verschiedenen Bereichen so erfolgreiche Bündnis zwischen dem Nationalstaat Schweiz und dem Freisinn aus der Taufe gehoben. Die politische Entwicklung des Landes, die als eine Erfolgsgeschichte präsentiert wurde, fusse auf den liberalen und freisinnigen Ideen und würde nur durch dieselben ermöglicht. In einer im Oktober 1942 gehaltenen und von der *Neuen Zürcher Zeitung* breit besprochenen Rede bezeichnete der Nationalrat Max Wey die FDP als die eigentliche politische Schrittmacherin.[18] Doch nicht nur in politischen, sondern auch in wirtschaftlichen Belangen waren aus freisinniger Sicht die liberalen Ideen verantwortlich für das Aufblühen und die Prosperität der Schweiz, deren Wirtschaft selbst unter den erschwerten Bedingungen des Zweiten Weltkrieges immer noch funktionsfähig sei.[19] Doch das freisinnige Selbstverständnis mit seiner grossen Affinität zur Wirtschaft musste nun durch eine sozialpolitische Komponente erweitert werden, deren historische Wurzeln tief im freisinnigen Denken verankert zu sein hatten. So schrieb beispielsweise im April 1943 der Pressedienst des Generalsekretariates der FDP unter dem Titel «Liberalismus und Arbeitslosigkeit» 1943 in der *Neuen Zürcher Zeitung*: «Die sozialpolitischen Leitsätze des Genfer Parteitages sind übrigens nicht aus einem Nichts aus dem Boden hervorgestampft worden. Diese Entwicklung lässt sich in der Geschichte der freisinnigen Partei der Schweiz wie ein roter Faden seit Jahrzehnten verfolgen.»[20] Als Wegmarken und eigentliche Früchte freisinniger Arbeit galten im Erinnerungskanon der FDP das 1877 verabschiedete und 1919 durch die Verwirklichung der 48-Stunden-Woche ergänzte Fabrikgesetz sowie die Kranken- und Unfallversicherung von 1912.[21] Über die Realisierung des AHV-Verfassungsartikels von 1925, die gescheiterte AHV-Gesetzesvorlage von 1931 und das im selben Jahr verabschiedete neue Parteiprogramm, das den sozialpolitischen Fragekomplex ausbaute, gelangte man schliesslich zum Parteitag von 1937, an dem Vorkehrungen zur Bekämpfung der Arbeitslosigkeit befürwortet wurden. Es wurde auch erwähnt, dass der Freisinn bei der Ausarbeitung der Lohn- und Verdienstersatzordnung wesentlich beteiligt war.[22] Der Schlusspunkt dieser Erinnerungsreise freisinnig-gouvernementaler Politik bildete die durch die Eidgenössische Zentralstelle für Kriegswirtschaft 1945 erstellte Broschüre «Die Sozialpolitik des Bundes». Nach Ansicht der *Neuen Zürcher Zeitung* unterstrich die Schrift, «dass sich die Schweiz auf dem Gebiet der Sozialpolitik und der Sozialfürsorge seit Jahrzehnten lebhaft betätigt hat».[23] Dieses Verdikt über die vollbrachte sozialpolitische Arbeit des Bundes musste für die

FDP von besonderer Bedeutung sein, kam nach ihrem eigenen Verständnis eine Verteidigung des Bundes doch einer Verteidigung des Freisinns gleich.

Diesem kurz skizzierten freisinnigen Erinnerungskanon stand kontrastierend ein Erfahrungsraum gegenüber, der sowohl die freisinnige als auch gesamtschweizerische kollektive Erinnerung massgeblich prägte: Dieser Erfahrungsraum zeichnete sich vor allem durch seine negativen Bezüge aus und war die Negativfolie der Zeit während des Zweiten Weltkrieges. Er konstituierte sich aus den schmerzlichen Erfahrungen der durch den Frühliberalismus provozierten gesellschaftlichen Verwerfungen und der Weltwirtschaftskrise von 1929. Doch am prägendsten waren die traumatischen Ereignisse von 1918 und die daraus resultierenden innenpolitischen Folgen. Antworten auf die Probleme der Zeit während des Zweiten Weltkrieges hatten vor dieser Negativfolie zu bestehen, die Generierung eines positiv besetzten Erwartungshorizontes konnte nur über die aktive Verarbeitung und über den analytischen Einbezug der damaligen Ereignisse gelingen.[24] Die durch die Erinnerung an die schwierige Zeit von 1918 genährten Befürchtungen liessen die Möglichkeit einer Wiederholung der Geschichte entstehen. Klassenkampfszenarien machten wieder die Runde. Gerade darauf musste der Sozialliberalismus Antworten präsentieren, wollte er seiner Funktion als Orientierungsstifter gerecht werden.[25]

Wie bereits erwähnt, dominierten ab 1943/44 die Auseinandersetzungen um das AHV-Projekt die sozialpolitische Debatte, die zugleich wesentlicher Bestandteil der öffentlich geführten Rede über die Nachkriegsordnung der Schweiz war. Dies wirkte sich auch auf die FDP aus: Das zunächst an letzter Stelle des sozialpolitischen Sofortprogramms, über das am Genfer Parteitag von 1943 befunden wurde, aufgeführte Thema AHV genoss nun parteiintern erste innenpolitische Priorität. Dies umso mehr, als aus der Sicht der FDP und der *Neuen Zürcher Zeitung* die Wahlen von 1943 zeigten, dass die SPS ihre Sitzgewinne zu einem grossen Teil der sozialen Frage zu verdanken hatte, die die Bevölkerung stärker gewichtet wissen wollte.[26] Wie argumentierte man bezüglich dieses Sozialwerkes in der FDP und in der dem Freisinn nahe stehenden *Neuen Zürcher Zeitung?*

In einem von der Zeitung besprochenen, im Februar 1944 veröffentlichten bundesrätlichen Bericht wurde ausgeführt, «dass die Notwendigkeit besteht, auch die Nachkriegsprobleme rechtzeitig vorzubereiten. Dies gilt besonders auch von den sozialen Fragen, die sich für unser Land stellen. Im Kreise dieser Fragen spielt die Alters- und Hinterlassenenversicherung, die seit Jahrzehnten diskutiert wird, und für die seit 1925 die verfassungsrechtliche Grundlage bereits besteht, eine sehr wichtige Rolle. Es ist festzustellen, dass sich breite Volkskreise für dieses Problem sehr stark interessieren.»[27] Diese Argumentation übernahm die *Neue Zürcher Zeitung,* verwies in gewohnter Art und Weise auf das am Genfer FDP-Parteitag verabschiedete sozialpolitische Sofortprogramm und auf den Umstand, dass der

Zentralvorstand der FDP unlängst die baldige Verwirklichung der AHV «als eines der wichtigsten Mittel des sozialen Ausgleiches und als eine unerlässliche Voraussetzung des inneren Friedens» bezeichnete.[28] Ähnlich der Eidgenössischen Expertenkommission, die das allgemeine Volksobligatorium, das Bestandteil der AHV sein sollte, als Beleg für die grosse, nationale Schicksalsgemeinschaft verstanden wissen wollte,[29] sprach die *Neue Zürcher Zeitung* im März 1943 davon, dass dieses Sozialwerk nur der «nationalen Solidarität und Opferbereitschaft entspriessen» könne.[30] Es sei Ausdruck eines Gemeinsinns, der Klassen- und Partikularinteressen übersteige. Mit dem Engagement für die AHV bemühte man sich gleichzeitig um die als bedroht geglaubte nationale Solidarität, die während der letzten Jahre durch die allseits anerkannte geistige Landesverteidigung vermittelt worden war. Der freisinnige Sprachgebrauch, der sich um den Begriff des Gemeinwohls gruppierte, suggerierte eine in sich harmonisch geschlossene Gesellschaft, die nicht durch Klassenschranken getrennt wurde. Er korrespondierte mit einem mythisch-national überhöhten Volksgemeinschaftsbegriff, der konstitutiver Bestandteil der geistigen Landesverteidigung war.[31] Er hatte die Aufgabe, die tief im helvetischen Erfahrungsraum verankerte Furcht vor einer möglichen Wiederholung der Ereignisse, die das Ende des Ersten Weltkrieges begleiteten, besänftigen zu helfen.

Im AHV-Abstimmungskampf kam die enge Verknüpfung von sozialer Frage und Demokratie stark zur Geltung. Im freisinnigen Lager und bei der *Neuen Zürcher Zeitung* ging man davon aus, dass ein Negativentscheid grosse innenpolitische Konsequenzen mit sich bringen und dass die Legitimität des bestehenden politischen Systems arg in Mitleidenschaft gezogen würde.[32] Doch durch einen Positiventscheid in Sachen AHV würde sich die helvetische Demokratie nicht bloss als eine soziale Demokratie zu erkennen geben, sondern zugleich die freie Marktwirtschaft legitimieren.[33]

Kurz: In der Argumentationsweise für das Sozialwerk kamen die zentralen freisinnigen Anliegen zum Ausdruck: keine Wiederholung der Ereignisse von 1918, keine Renaissance des Klassenkampfes, dafür eine Stärkung des dem Vokabular der geistigen Landesverteidigung entnommenen Volksgemeinschaftsbegriffs und eine Legitimation der Demokratie und der freien Marktwirtschaft. Dies hatte durch eine stärkere Berücksichtigung der sozialen Frage zu geschehen.[34]

Zur begrifflichen und ideologischen Konstruktion des Sozialliberalismus

Freisinniger Konsens blieb die gerade von Bundesrat Walther Stampfli bei jeder Gelegenheit wiederholte Ansicht, dass die beste Sozialpolitik eine gesunde Wirtschaftspolitik sei.[35] Gegen diese Position bezogen alleine die Jungliberalen

Stellung; sie wollten den Primat der Wirtschaftspolitik zugunsten einer stärker akzentuierten Sozialpolitik brechen. In der FDP herrschte die Meinung vor, dass nach dem Krieg die zentrale Aufgabe einer verantwortungsbewussten Politik nur der Abbau des Staatseinflusses und damit die Wiederinkraftsetzung der eine freie Marktwirtschaft konstituierenden Mechanismen sein könne.[36] Das Bild eines sich durch die freie Preisbildung und über den Mechanismus von Angebot und Nachfrage selbst regulierenden Marktes blieb weiterhin erhalten. Ziel war die Abkehr von einer nachfrageorientierten und damit die Stärkung einer angebotsorientierten Wirtschaftspolitik. Staatliche Politik wurde in erster Linie als Wettbewerbspolitik verstanden, die einen offenen Markt und die Einhaltung des Konkurrenz- und Wettbewerbsprinzips garantieren sollte.[37] Bezeichnend ist, dass das von Wilhelm Röpke in die wirtschaftstheoretische Diskussion eingeführte Prinzip der Marktkonformität staatlicher Eingriffe im Freisinn auf breite Resonanz stiess. Nach Röpke sind staatliche Eingriffe dann marktkonform, wenn sie «die Preismechanik und die dadurch bewirkte Selbststeuerung des Marktes nicht aufheben, sondern sich ihr als neue ‹Daten› einordnen und von ihr assimiliert werden».[38]

Das hier skizzierte Bild der freisinnigen Wirtschafts- und Gesellschaftsvorstellung muss noch um einige ihm inhärente Prinzipien ergänzt werden. Von zentraler Bedeutung für das liberale Selbstverständnis war das Leistungsprinzip, «dem es zu verdanken ist, dass unser ursprünglich bettelarmes Land sich zu dem heutigen Ansehen entwickeln konnte».[39] Von gleicher Wichtigkeit war das stete Appellieren an die individuelle Selbstverantwortung, die man durch eine Zunahme der staatlichen Sozialpolitik bedroht sah. Daher folgte der Bejahung des AHV-Projekts oftmals die Warnung, dass «der Wille zur Selbstverantwortlichkeit des Bürgers intakt erhalten werden» müsse.[40] Ins selbe Umfeld gehören die klassisch liberalen Tugenden der privaten Initiative und des Privateigentums, die in allen Äusserungen liberaler Politiker zu wirtschafts- oder sozialpolitischen Problemen implizit oder explizit mitschwangen. Der Ansicht Röpkes, dass die Misere des Kapitalismus nicht darin bestehe, «dass die einen Kapital haben, sondern darin, dass die anderen es nicht haben und daher Proletarier sind»,[41] stimmte auch die FDP zu. So wurde denn der Privatbesitz als Naturrecht beschrieben, in dessen Genuss möglichst alle kommen sollten, denn damit würde das mit dem «privatrechtlichen Eigentumsbegriff» verknüpfte «soziale Verantwortungsbewusstsein» gestärkt.[42]

Dem Sozialliberalismus war ein spezifisch «negativer» Freiheitsbegriff eingeschrieben, das heisst, Freiheit verstand man beim Freisinn in erster Linie als Freiheit von etwas. Sie hatte ein Feld abzustecken, das nicht durch staatliche Intervention und Regulierung manipuliert werden durfte.[43] Diese Sicht der Dinge korrespondierte mit der Auffassung, dass der Staat sich nicht in die privatrechtlich verfasste Wirtschaft einzumischen habe, und trug wesentlich zu der gerade auch im Freisinn festzustellenden Überhöhung des «Eigeninteressens zu einem selbst schon gemeinwohlförderlichen Prinzip»[44] bei. Die Crux dieses Freiheitsbegriffs ist einerseits seine Blindheit für die soziale Ausgangssituation des Individuums und andererseits die ihm eingeschriebene Ansicht, dass der Sozialstaat zum liberalen Rechtsstaat in einem Konkurrenzverhältnis steht. Beim Freisinn war die Klage verbreitet, dass die klassisch-liberalen, individuell verfassten Freiheits- und Partizipationsrechte zugunsten einer stärker korporativen Ausformung der Schweiz eingeschränkt würden. Eine Entwicklung, die nach Ansicht der FDP nicht erst in jüngster Zeit, sondern bereits im 19. Jahrhundert mit der Ausformung der Wirtschaftsverbände begann, die sich zusehends zwischen die politische Gemeinschaft und das Individuum schoben.[45]

Berücksichtigt man die starke Gewichtung des eben beschriebenen Freiheitsbegriffs, die ihm eingeschriebene Betonung des Individualprinzips und stellt man in Rechnung, dass der Primat der Wirtschaft ungebrochen bestehen blieb, so kann es nicht erstaunen, dass im sozialpolitischen Diskurs der FDP selten bis gar nie von Sozialrechten die Rede war. Zumeist blieb man in einem diffusen, mythisch-national überhöhten Vokabular stecken, das stets von neuem den historischen Kontext zu erkennen gab, der erst die Erschaffung neuer Sozialwerke ermöglichte. Die allseits anerkannte Wichtigkeit der sozialen Frage wurde im Freisinn ja vor allem im Zusammenhang mit einer als notwendig erachteten Stärkung der «Volksgemeinschaft» diskutiert.[46] Hierbei war nie von sozial benachteiligten Schichten oder Klassen die Rede, denen staatlich garantierte Sozialrechte zur kollektiven Stärkung ihrer Position im Wirtschaftsprozess zugute kommen sollten. Die damalige soziale Betrachtungsweise der FDP und ihr Denken in Kategorien, die einerseits mittels der starken Betonung des Einzelnen soziale Probleme individualisierten und sie so aus ihrem klassen- oder schichtspezifischen Kontext herauslösten und die andererseits die Individuen in einem einigenden Volksgemeinschaftsbegriff einbetteten, waren nicht direkt mit einem Abbau von sozialen, machtstrukturellen Gegensätzen gekoppelt, sondern liessen in erster Linie den Dienst an der Allgemeinheit in den Vordergrund rücken. So hiess es denn in einer Schrift der FDP: «Die Verteilungsfrage des Sozialprodukts rückt damit automatisch in die zweite Reihe, und das ist gut so, weil es der natürlichen Ordnung entspricht und dem sozialen Gegensatz sofort viel von seiner aktuellen Schärfe nimmt.»[47] Daher spielten finanzielle Quertransfere, die die unterschiedlichen Zugangschancen zum Markt und damit auch die divergierenden Erfolgsaussichten der Menschen teilweise kompensieren sollen, nur eine untergeordnete Rolle.

Sozialliberalismus und AHV

Wo finden sich nun Elemente des Sozialliberalismus im ausgearbeiteten AHV-Projekt? Zu nennen sind einmal die vom Freisinn hochgehaltenen Leistungs- und Selbstverantwortungsmaximen, die zu wesentlichen Pfeilern des Versicherungswerks wurden. Diese Prinzipien wurden von einer über zwei divergierende Seiten verfügenden Solidaritätskonzeption flankiert, der sowohl in den Reden der FDP als auch in der gesetzlichen Ausformulierung des AHV-Projekts eine grosse Bedeutung zukam: Beruhte die eine Seite auf den gewollt hierarchischen Strukturen des sozialen Status quo, so suggerierte und förderte die andere die nationale Geschlossenheit und Einigkeit. Es kam zu einem Nebeneinander von hierarchischen und horizontalen Solidaritätsformen, die auf der einen Seite Gesellschaftsschranken bestätigten, um auf der anderen Seite dieselben mit Hilfe des Volksgemeinschaftsbegriffs zu harmonisieren und zu transzendieren. Die These ist die, dass schliesslich der hierarchischen gegenüber der horizontalen Solidaritätsform ein grösseres Gewicht zukam, was sich schon an der auch für damalige Verhältnisse mageren finanziellen Bemessung der Renten ablesen lässt.[48] Die wesentliche Solidaritätsleistung, die die Schöpfer der AHV einforderten, war nicht die wirtschaftliche Solidarität, die Solidarität zwischen Arm und Reich, sondern bloss die Solidarität der Generationen. Ganz zu schweigen davon, dass die Geschlechtersolidarität, die ebenso proklamiert wurde, nur auf dem Papier bestand.[49] So gesehen war die im AHV-Projekt verwirklichte Verschränkung von Versicherungs- und Solidaritätsprinzip nicht ausgewogen. Dem Versicherungsprinzip, das dem Gedanken der Selbstverantwortung Rechnung tragen sollte und dem gerade beim Freisinn grosse Bedeutung beigemessen wurde, kam erste Priorität zu.[50] Dadurch, dass höhere Beitragsleistungen zu einem generell höheren, wenn auch gegen oben begrenzten Versicherungseinkommen berechtigten, sollten die Eigenverantwortung und der wirtschaftliche Anreiz erhalten bleiben. Gerade hier zeigt sich der zentrale Einfluss, den das freisinnige Gedankengut auf die Ausgestaltung des Sozialwerks hatte.

Schlussbemerkungen

Mit dem Brüchigwerden der geistigen Landesverteidigung und dem darin enthaltenen Regelkonsens in den 1940er-Jahren geriet die FDP in die Defensive, was sich in ihren Orientierungsproblemen und in ihrem Bemühen um historische Sinnbildung widerspiegelte. Der Sozialliberalismus war ein Produkt der in diesem Zusammenhang einsetzenden kommunikativ verfassten Lern- und Interpretationsprozesse. Er war jedoch nicht der Ausdruck eines freisinnigen Gesinnungswandels, der die spezifische Situation der 1940er-Jahre überdauerte. Dies lässt sich an mehreren Orten verdeutlichen: Wie die Analyse zeigt, war die normative Verfassung des Sozialliberalismus an entscheidenden Stellen Status-quo-orientiert. Erinnert sei nur daran, dass finanzielle Transferzahlungen nur eine untergeordnete Rolle spielten. Entscheidend hierbei war sicherlich auch die Vorstellung, dass der Staat nur via marktkonforme Eingriffe in den Wirtschaftsprozess intervenieren darf. Der Wirtschaftsethiker Peter Ulrich bezeichnete gerade dieses Prinzip der Marktkonformität als «vitalpolitischen Sündenfall». Denn die Eigenlogik des Marktes bleibt unangetastet.[51] Diese Haltung ging bereits in die Konzeptualisierung des AHV-Projekts ein: So kam aus freisinniger Sicht diesem Versicherungswerk in erster Linie ein hoher symbolischer Wert zu, der sich nicht direkt auf die machtstrukturelle Zusammensetzung der Gesellschaft auszuwirken hatte. Über diesen symbolischen Gehalt konnte sich die helvetisch-liberale Demokratie als eine soziale darstellen, ohne gleichzeitig spürbare Eingriffe in die Einkommens- und Vermögensverteilung der Bevölkerung vornehmen zu müssen. Dieser stark defensive Zug hatte auch Auswirkungen auf die finanzielle Bemessung der Renten, die sich sehr bescheiden ausnahmen, und er wirkte noch bis Ende der 1950er-Jahre nach. Trotz eines nie gekannten Wirtschaftswachstums, das schon bald nach Kriegsende einsetzte, und trotz des alle Prognosen und Berechnungen bei weitem übertreffenden Anwachsen der für die AHV reservierten Gelder standen bei den vier in den 1950er-Jahren vorgenommenen Revisionen eher «finanzielle und finanzpolitische Betrachtungen als soziale Postulate» im Vordergrund.[52] Erst die Übernahme des Eidgenössischen Departements des Innern Ende 1959 durch den Sozialdemokraten Hans Peter Tschudi brachte hier die Wende, und es kam zu einem Ausbau des Sozialwerkes und zu einer starken Erhöhung der Renten.

Anmerkungen

1 Kurt Imhof, «Das kurze Leben der geistigen Landesverteidigung. Von der ‹Volksgemeinschaft› vor dem Krieg zum Streit über die ‹Nachkriegsschweiz› im Krieg», in: Kurt Imhof et al. (Hg.), *Konkordanz und Kalter Krieg. Analyse von Medienereignissen in der Schweiz der Zwischen- und Nachkriegszeit,* Bd. 2, Zürich 1996, S. 51 f.

2 Kurt Imhof, «Lernen von Aussen? Oder: die Betrachtung des Irrationalen als Voraussetzung für Vernunft. Programmatische Mutationen in der Krise der 30er Jahre», in: Kurt Imhof et al. (Hg.), *Zwischen Konflikt und Konkordanz. Analyse von Medienereignissen in der Schweiz der Vor- und Zwischenkriegszeit,* Bd. 1, Zürich 1993, S. 290 f.

3 Gerade in der *Neuen Zürcher Zeitung* und in den Schriften des Pressedienstes des Generalsekretariates der FDP wurde das neue Programm der SPS und die daraus sich ergebenden Konsequenzen für die Parteilandschaft Schweiz breit diskutiert. Siehe hierzu «Soziale Demokratie», *Neue Zürcher Zeitung,* Nr. 1564, 2. 10. 1942; «Sozialdemokratische Zukunftsträume», *Pressedienst des Generalsekretariates der FDP,* Nr. 561, 1. 2. 1943.

4 «Wettrennen um die Volksgunst», *Pressedienst des Generalsekretariates der FDP,* Nr. 582, 4. 3. 1943.

5 Aus der Sicht der *Neuen Zürcher Zeitung* wurde in der Lohn- und Verdienstersatzordung «in vorbildlicher Art und Weise der Grundsatz der geschlossenen Solidarität des ganzen Volkes zugunsten der mobilisierten Mitbürger verwirklicht». Vgl. dazu «Von der Parole zur Wirklichkeit», *Neue Zürcher Zeitung,* Nr. 404, 8. 3. 1944.
6 Der FDP-Parteitag vom 10./11. April 1943, der in Genf stattfand, stand ganz im Zeichen der Sozialpolitik und der National- und Ständeratswahlen vom Herbst 1943.
7 Esther Kamber, «Medienereignishierarchien 1930–1960, Neue Zürcher Zeitung, Tages-Anzeiger, Tagwacht, Vaterland», in: Imhof (wie Anm. 1), S. 264.
8 Siehe auch Imhof (wie Anm. 1), S. 76.
9 Zum weiteren theoretischen Hintergrund siehe Hansjörg Siegenthaler, *Regelvertrauen, Prosperität und Krisen,* Tübingen 1993; Ders., «Entscheidungshorizonte im sozialen Wandel», *Schweizerische Zeitschrift für Geschichte,* vol. 33 (1983), S. 414–431; Philipp Ischer, *Orientierungsprobleme der FDP. Die Genese des Sozialliberalismus und die Rolle der AHV-Diskussion im freisinnigen Selbstfindungsprozess der 1940er Jahre,* Lizentiatsarbeit Zürich 2000, S. 12–27.
10 Wilhelm Röpke, *Die Gesellschaftskrisis der Gegenwart,* Zürich 1942, S. 43.
11 Alfred Schaller, «Grundsätze und Aufgaben schweizerischer Sozialpolitik», *Schriften der Freisinnig-demokratischen Partei der Schweiz. Im Dienste unseres Volkes. Die politische Arbeit und die sozialen Forderungen der Freisinnig-demokratischen Partei der Schweiz* 44 (1943), S. 62.
12 Schaller (wie Anm. 11), S. 63.
13 Zur Bedeutung kommunikativ verfasster Lernprozesse bei der Orientierungssuche siehe Hansjörg Siegenthaler, «Hirtenfolklore in der Industriegesellschaft. Nationale Identität als Gegenstand von Mentalitäts- und Sozialgeschichte», in: Guy P. Marchal, Aram Mattioli (Hg.), *Erfundene Schweiz. Konstruktion nationaler Identität,* Zürich 1992, S. 28. Auf die Rolle, die die Genese neuen historischen Sinns bei der Reparierung von beschädigtem Orientierungswissen spielt, verweist vor allem Jörn Rüsen, «Was ist Geschichtsbewusstsein? Theoretische Überlegungen und heuristische Hinweise», in: Ders., *Historische Orientierung. Über die Arbeit des Geschichtsbewusstseins, sich in der Zeit zurechtzufinden,* Köln 1994, S. 6 ff.
14 «Sozialer Freisinn», *Neue Zürcher Zeitung,* Nr. 1610, 15. 10. 1943, «Liberalismus und Arbeitslosigkeit», *Pressedienst des Generalsekretariates der FDP,* Nr. 597, 30. 4. 1943.
15 Zur Rezeptionsgeschichte von Wilhelm Röpke siehe Katharina Bretscher-Spindler, *Vom Heissen zum Kalten Krieg. Vorgeschichte und Geschichte der Schweiz im Kalten Krieg 1943 bis 1968,* Zürich 1997, S. 37 ff.
16 Röpke (wie Anm. 10), S. 88; «Arbeitsrecht», *Pressedienst des Generalsekretariates der FDP,* Nr. 636, 9. 9. 1943.
17 «Freisinn und Wirtschaftsordnung», *Pressedienst des Generalsekretariates der FDP,* Nr. 662, 19. 10. 1943.
18 «Der Freisinn in Gegenwart und Zukunft», *Neue Zürcher Zeitung,* Nr. 1719, 27. 10. 1942.
19 «Der Freisinn in Zeit und Streit», *Pressedienst des Generalsekretariates der FDP,* Nr. 563, 26. 11. 1942.
20 «Liberalismus und Arbeitslosigkeit», *Pressedienst des Generalsekretariates der FDP,* Nr. 597, 30. 4. 1943.
21 «Sozialer Freisinn», *Neue Zürcher Zeitung,* Nr. 1610, 15. 10. 1943.
22 Fridolin Zweifel, «Die neuere Entwicklung des Sozialliberalismus», *Politische Rundschau,* Heft 3/4 (1943), S. 124 ff., «Bundesrat Stampfli über die sozialen Zukunftsaufgaben der Schweiz», *Neue Zürcher Zeitung,* Nr. 987, 23. 6. 1943.
23 «Die Sozialpolitik des Bundes», *Neue Zürcher Zeitung,* Nr. 1135, 24. 7. 1945.
24 Siehe dazu die Argumentationsweise in «Ein historischer Parteitag», *Neue Zürcher Zeitung,* Nr. 1629, 18. 10. 1943.
25 Die Bedeutung, die den Ereignissen von 1918 auch während des Zweiten Weltkriegs noch zukam, umschreibt André Lasserre wie folgt: «1918 ist nicht geschichtliche Erinnerung, es ist gelebte kollektive Erinnerung.» (Ders., *Schweiz: Die dunklen Jahre. Öffentliche Meinung 1939–1945,* Zürich 1992, S. 428.)

26 «Eidgenössische Ausmarchung im fünften Kriegsjahr», *Neue Zürcher Zeitung,* Nr. 1724, 2. 11. 1943.
27 «Eidgenössische Alters- und Hinterlassenenversicherung. Ein Antrag des Bundesrates», *Neue Zürcher Zeitung,* Nr. 224, 8. 2. 1944.
28 «Von der Parole zur Wirklichkeit», *Neue Zürcher Zeitung,* Nr. 404, 8. 3. 1944.
29 «Alters- und Hinterlassenenversicherung. Der Bericht der Eidgenössischen Expertenkommission», *Neue Zürcher Zeitung,* Nr. 503, 29. 3. 1945.
30 «Von der Parole zur Wirklichkeit», *Neue Zürcher Zeitung,* Nr. 404, 8. 3. 1944.
31 Zum Volksgemeinschaftsbegriff der geistigen Landesverteidigung siehe Josef Mooser, «Die ‹Geistige Landesverteidigung› in den 1930er Jahren. Profile und Kontexte eines vielschichtigen Phänomens der schweizerischen politischen Kultur in der Zwischenkriegszeit», *Schweizerische Zeitschrift für Geschichte* 47 (1997), S. 685–708; Oliver Zimmer, «Die ‹Volksgemeinschaft›. Die Entstehung und Funktion einer nationalen Einheitssemantik in den 1930er Jahren in der Schweiz», in: Imhof (wie Anm. 1), S. 85–109.
32 «Der Alters- und Hinterlassenenversicherung entgegen», *Neue Zürcher Zeitung,* Nr. 1496, 5. 10. 1945.
33 «Die Altersversicherung und die freie Wirtschaft», *Neue Zürcher Zeitung,* Nr. 1303, 4. 7. 1947.
34 Siehe dazu die Rede von Bundesrat Stampfli, «Die Altersversicherung vor dem freisinnigen Parteitag», *Neue Zürcher Zeitung,* Nr. 787, 15. 5. 1945.
35 Walther Stampfli, in: *Schriften der Freisinnig-demokratischen Partei der Schweiz. Im Dienste unseres Volkes,* Nr. 44 (1943), S. 72.
36 «Wirtschaftliche und soziale Probleme der Nachkriegszeit. Vortrag von Bundespräsident Walther Stampfli», *Neue Zürcher Zeitung,* Nr. 124, 23. 1. 1944.
37 Freisinnige Partei des Kantons Zürich (Hg.), *Freiheit für unsere Zeit,* Zürich 1946, S. 28; Gustav Egli, in: *Schriften der Freisinnig-demokratischen Partei der Schweiz. Die Arbeitnehmer und die «Neue Schweiz»,* Nr. 49 (1944/45), S. 16.
38 Röpke (wie Anm. 10), S. 259.
39 «Der Freisinn in Gegenwart und Zukunft», *Neue Zürcher Zeitung,* Nr. 1719, 27. 10. 1942.
40 «Der Genfer Parteitag», *Neue Zürcher Zeitung,* Nr. 604, 13. 4. 1943; siehe auch Freisinnige Partei des Kantons Zürich (wie Anm. 37), S. 45.
41 Röpke (wie Anm. 10), S. 287.
42 Egli (wie Anm. 37), S. 6 f.
43 «Wirtschaft und Kultur», *Pressedienst des Generalsekretariates der FDP,* Nr. 719, 20. 3. 1944. Zur genaueren Bestimmung des Freiheitsbegriffs siehe Isaiah Berlin, «Zwei Freiheitsbegriffe», in: Ders., *Freiheit. Vier Versuche,* Frankfurt a. M. 1995 (1969), S. 207 f., und Charles Tayler, «Der Irrtum der negativen Freiheit», in: Ders., *Negative Freiheit? Zur Kritik des neuzeitlichen Individualismus,* Frankfurt a. M. 1995 (1988), S. 119.
44 Peter Ulrich, *Integrative Wirtschaftsethik. Grundlagen einer lebensdienlichen Ökonomie,* Bern etc. 1997, S. 165.
45 «Rechtsstaat und Sozialstaat», *Neue Zürcher Zeitung,* Nr. 1308, 23. 7. 1946.
46 «Ein historischer Parteitag», *Neue Zürcher Zeitung,* Nr. 1629, 18. 10. 1943.
47 *Schriften der Freisinnig-demokratischen Partei der Schweiz. Grundlagen, Wesen und Ziele der Freisinnig-demokratischen Partei,* Nr. 48 (1944/45), S. 25.
48 Jürgen H. Sommer, *Das Ringen um die soziale Sicherheit in der Schweiz. Eine politisch-ökonomische Analyse der Ursprünge, Entwicklungen und Perspektiven sozialer Sicherheit im Widerspruch zwischen Gruppeninteressen und volkswirtschaftlicher Tragbarkeit,* Dissenhofen 1978 (Reihe Arbeits- und Sozialwissenschaft 1), S. 218 f.
49 Christine Luchsinger, *Solidarität, Selbständigkeit, Bedürftigkeit. Der schwierige Weg zu einer Gleichberechtigung der Geschlechter in der AHV 1939–1980,* Zürich 1995, S. 181.
50 «Die Aufgabe», *Neue Zürcher Zeitung,* Nr. 1093, 6. 6. 1947.
51 Ulrich (wie Anm. 44), S. 355.
52 Sommer (wie Anm. 48), S 287 f.

Jean-Pierre Tabin

L'importance de la question des destinataires de l'assistance publique pour la construction de l'identité nationale

L'exemple de la Suisse[1]

«Die Fremdenfrage als ‹die› Vaterländische Frage»[2]

Le dernier «filet» de la sécurité sociale, l'assistance publique (ou aide sociale), est l'allocation que la collectivité accorde aux personnes dans le besoin.
Diverses interrogations reviennent dans les débats sur l'aide sociale. Une de celles-ci est de savoir s'il faut réserver l'assistance aux «siens» ou la donner à tous ceux qui la sollicitent, indépendamment de leur origine ou de leur statut. La récurrence du problème des destinataires de l'aide sociale ne peut être comprise qu'en référence aux débats sur la citoyenneté et sur l'appartenance à la communauté.
En Suisse, comme dans d'autres pays, cette question est toujours actuelle: pour l'illustrer, il suffit de rappeler que la législation helvétique réserve la possibilité d'un rapatriement des étrangers dans une situation d'indigence durable[3] et que des partis xénophobes, généralement bien relayés par la presse et les autorités, lancent régulièrement des actions contre les «abus» de l'aide sociale des étrangers. La communauté des citoyens suisses semble désormais suffisamment constituée pour identifier l'«étranger» d'abord comme «non national»: cela n'a pas toujours été le cas, loin s'en faut.
A partir notamment de différentes publications d'auteurs (hommes politiques, professeurs, juristes) du début du XXe siècle et de l'analyse de l'évolution des textes de loi, qui reflètent le changement des mentalités, nous allons tenter d'indiquer l'importance de la question des destinataires de l'assistance publique pour la construction de l'identité nationale.

La question des destinataires de l'assistance publique à l'origine du droit de cité en Suisse (avant 1874)

> «Le débat sur les étrangers ne serait donc qu'un volet d'une discussion plus large qui pose comme but ultime une véritable réflexion sur l'existence d'une identité suisse.»[4]

Un regard sur l'évolution du droit de cité helvétique permet de mieux comprendre les liens intrinsèques qui unissent la problématique de l'assistance publique et celle des personnes étrangères dans ce pays.

Il faut pour cela remonter à la période de la Réforme. A cette époque, la mendicité pose particulièrement problème, notamment parce que les cantons se renvoient sans cesse, les uns aux autres, les mendiants (et spécialement lorsqu'ils sont d'une autre confession). La question est portée à la Diète par le canton de Lucerne et celle-ci rend, le 30 septembre 1551, une décision décisive pour l'évolution du droit de bourgeoisie: depuis cette date en effet, chaque commune a l'obligation d'entretenir elle-même et selon ses moyens ses propres indigents. Cette résolution a des conséquences sur l'assistance, mais aussi sur le droit d'établissement et sur la «production de l'étranger», qui englobe dès lors l'ensemble des étrangers à la commune; elle est à l'origine de la prégnance du *jus sanguinis* en Suisse. «Indirectement, le recès de la Diète eut une profonde répercussion sur le droit de cité […]. L'indigénat […] devient perpétuel, héréditaire […]. Notre droit de cité actuel est issu d'une modification du régime de l'assistance publique […]; ces deux institutions sont devenues dépendantes l'une de l'autre, et, de nos jours encore, elles sont connexes.»[5]

L'obligation d'assistance est concentrée sur les communes. Elles établissent une liste des indigents; des «Bourses des pauvres», fondées sur la règle de l'aumône obligatoire,[6] se développent. Dès lors s'enracine le principe du droit à l'assistance qu'une personne a dans sa commune, même s'il ne s'agit pas d'un droit formel mais d'un usage. «L'idée d'une sorte d'assurance mutuelle contre la misère [entre] pour quelque chose dans l'existence des communes.»[7]

La conséquence de ce développement des communes est de formaliser l'indigénat communal et de le rendre moins accessible, de créer une citoyenneté communale. En 1848, le droit de cité en Suisse prend la forme d'un triple lien rattachant l'individu à la commune, à un canton ensuite et à un Etat fédératif enfin. En 1850, l'Etat helvétique ordonne l'attribution des sans-patrie aux communes de leur domicile (Loi du 3 décembre) et impose ainsi à ces dernières de nouveaux citoyens.[8] Mais, avant 1874, il est encore «loisible aux cantons de refuser un permis d'établissement à ceux qui ne pouvaient prouver que leur fortune, leur profession ou leur travail les mettait en état de s'entretenir eux et leur famille».[9]

Des pratiques discriminatoires sont développées. A Lucerne par exemple, en 1870, la mendicité est interdite à tous: mais si les mendiants habitant le canton sont, la première fois, simplement «admonestés sévèrement par le président de commune», les étrangers (au canton) sont traités comme des vagabonds, et déjà lors de la première arrestation le préfet, à qui ils doivent être amenés, leur fait donner 5 à 10 coups de verge; il les fait conduire ensuite à la frontière du canton.[10]

L'assistance sociale dans la Constitution fédérale de 1874: le problème des indigents non bourgeois

> «On reproche souvent à la Suisse d'être l'auberge de l'Europe; elle en est bien plutôt l'hospice.»[11]

La Constitution fédérale de 1874 modifie fondamentalement l'ordre établi en 1848: elle instaure, dans une certaine mesure, la liberté d'établissement en Suisse pour les Confédérés et de ce fait participe à la construction de l'identité nationale suisse. Le passage d'un canton de «bourgeois» à un canton d'habitants peut ainsi s'observer. Par exemple, à la fin des années 1880, l'idée que le peuple neuchâtelois est constitué de l'ensemble des Suisses qui vivent à Neuchâtel prend le dessus sur une conception cantonalisée.[12]

Cependant, la Constitution fédérale confirme le principe de l'assistance par le lieu d'origine, ce qui montre que cette construction d'une identité nationale suisse ne va pas de soi: l'entraide entre citoyens reste ainsi une solidarité entre membres, liés par le sang, d'une même commune.

Les bases de l'assistance sociale se trouvent aux articles 45 et 48 de la Constitution de 1874. L'article 45 règle le droit individuel d'établissement en Suisse et en particulier celui des personnes sans ressources. Le droit à l'établissement dans un canton peut être retiré à ceux qui tombent d'une manière permanente à la charge de la bienfaisance publique, et auxquels leur commune d'origine refuse une assistance suffisante après avoir été invitée officiellement à l'accorder. Relevons qu'il n'y a cependant pas encore de véritable distinction, au niveau de l'assistance sociale, entre non-bourgeois et étrangers;[13] l'étranger, celui à qui l'on ne doit que le strict minimum, c'est aussi bien la personne originaire d'un autre canton que celle originaire d'un autre pays.

Sur la base de l'article 48 de la Constitution, la Loi du 22 juin 1875 règle ce qui concerne les frais de maladie et de sépulture des pauvres d'un canton tombés malades ou décédés dans un autre canton. La Loi fédérale mentionne les «intransportables étrangers au canton, et [...] elle introduit pour eux l'assistance au lieu de domicile».[14] La Confédération subventionne les sociétés suisses de bienfaisance à l'étranger, accorde des tarifs réduits aux transports d'indigents, la franchise de port pour la correspondance des autorités d'assistance, et, depuis 1909, prend entièrement à sa charge les frais de transport de police causés par des étrangers.

En ce qui concerne la maladie et l'accident, le conseiller national radical zurichois Ludwig Forrer[15] propose dès 1889 une assurance copiée sur le modèle allemand de Bismarck. Malgré le soutien de tous les grands partis, la Loi Forrer est repoussée en votation populaire le 20 mai 1900. La Loi sur l'assurance maladie et accidents de 1911 qui la remplace pose directement le problème des destinataires de cette assurance. L'article 90 précise que les prestations sont accordées aux assurés étrangers seulement en cas de réciprocité de leur pays face aux Suisses.

Certains hommes politiques proposent cependant d'introduire une assistance par la commune de domicile. Par exemple, le conseiller national radical zurichois Jakob Lutz dépose une motion le 22 juin 1910 qui demande de mettre en place une loi fédérale sur la question de l'assistance, parce qu'il juge dans l'intérêt de la bonne renommée et de l'honneur de la Confédération de régler par une loi fédérale la question de l'assistance des Suisses indigents qui habitent la Suisse, mais hors de leur canton d'origine. Cette motion sera cependant sans effet.

Les politiques en matière d'assistance des indigents non bourgeois au tournant du siècle: une différenciation progressive

> «Cette répercussion de la question des étrangers sur notre assistance ne constitue pas la moindre des nombreuses difficultés que le législateur aura à vaincre; si le problème n'est pas résolu avec le maximum d'habileté, il faudra prévoir l'hostilité du peuple tout entier à des innovations susceptibles d'augmenter les charges de l'assistance et, par conséquent, d'imposer de nouveaux sacrifices aux contribuables.»[16]

Quelques cantons adoptent une pratique relativement libérale en matière d'assistance publique aux indigents non bourgeois.[17] Zurich, en 1877, supprime toute distinction entre bourgeois et non-bourgeois. Le principe de l'assistance au lieu de domicile n'est cependant introduit que dans deux cantons, ceux de Berne – sauf le Jura bernois – et de Neuchâtel, sous réserve de réciprocité pour les Suisses d'autres cantons.

Dans certains cantons, les frais d'assistance et les conditions de l'entretien, en ce qui concerne les personnes étrangères, sont supportés par la caisse cantonale; dans d'autres, par les communes ou en commun par le canton et la commune; dans d'autres encore, par des institutions ou fondations soit complètement indépendantes, soit subventionnées par le canton ou la commune. Dans d'autres cantons, on demande la participation plus ou moins organisée de la bienfaisance privée (à Glaris, par exemple).[18] Les usages suivis pour la nature et la durée de l'entretien et de l'assistance varient d'un canton à l'autre, voire d'un établissement à l'autre.

On voit cependant se mettre en place des politiques différentes en ce qui concerne les indigents, suivant leur origine. Pour les pauvres non suisses, différentes conventions sont conclues entre certains cantons et des Etats étrangers sur le principe de la gratuité réciproque des secours. Par exemple, en 1878, le canton de Berne conclut des conventions de ce genre avec la Belgique, l'Italie, la Prusse, la Bavière, l'Autriche et le Grand-Duché de Bade.

Sur le plan fédéral, le gouvernement publie le 15 octobre 1875 une Déclaration de réciprocité qui lie la Suisse à l'Italie pour la gratuité des soins aux malades. Des déclarations réciproques du même ordre sont signées entre la Confédération et l'Autriche-Hongrie (1875), l'empire d'Allemagne (1876), la Belgique (1896), le Portugal (1898). Le traité avec la France (1882) ne concerne quant à lui que les enfants et les aliénés. Mais ce type d'accord est financièrement déséquilibré – il y a à l'époque plus d'étrangers en Suisse que l'inverse; c'est pourquoi la Confédération limite l'assistance en fixant un délai après lequel l'étranger indigent doit être pris en charge par son pays d'origine.[19]

Le 6 juin 1899, une motion est déposée au Conseil national demandant que le Conseil fédéral effectue une enquête sur les frais d'hôpital et d'assistance imposés aux cantons par les traités internationaux et examine s'il n'y aurait pas lieu de faire de ces frais l'objet d'une indemnité fédérale ou d'une répartition équitable entre cantons. L'enquête est réalisée par le Conseil fédéral (1891) qui relève que les obligations dans ce domaine découlent, en première ligne, des devoirs d'humanité de tout Etat chrétien. Le Conseil fédéral estime qu'il vaut mieux renoncer à intervenir, car une indemnité fédérale entraînerait un certain contrôle de la Confédération dans un domaine réservé aux cantons. Il juge encore qu'il serait très problématique d'établir une distinction entre «étrangers» et «Suisses d'autres cantons». Il n'y a donc provisoirement pas de mesures spécifiques pour les indigents non suisses: mais la question va resurgir quelques années plus tard.

La *Conférence suisse des institutions publiques d'aide aux pauvres* propose dès sa création en 1905 qu'un concordat intercantonal soit établi pour résoudre les problèmes d'assistance des Confédérés non bourgeois. Le but de ce concordat aurait été de permettre, sous certaines conditions, de remplacer l'assistance due par le canton (ou la commune) d'origine par celle du canton (ou de la commune) de domicile. En contrepartie, le canton d'origine aurait dû rembourser au canton de domicile une partie des frais.

Il faut cependant attendre le début de la Première Guerre mondiale pour voir une avancée dans ce sens. Le 26 novembre 1914, 18 cantons et demi-cantons concluent l'*Entente d'Olten,* relative à l'assistance d'urgence au domicile pour les personnes tombées dans le dénuement des suites de la guerre pour la durée du conflit européen. A l'époque, les soldats mobilisés ne touchaient pas de primes de perte de gain et le départ du foyer des militaires signifiait souvent la misère pour la famille. Cette première entente permit que 7 cantons[20] signent le 27 janvier 1916 un premier *Concordat intercantonal concernant l'assistance au domicile,* qui entrera en vigueur le 1er avril 1920 et qui dispose que le canton ou la commune de domicile doit prendre en charge les citoyens indigents des cantons signataires s'ils sont établis depuis deux ans au moins dans le canton. D'autres concordats suivirent au cours du temps,[21] qui rallièrent finalement en 1967 l'ensemble des cantons suisses. L'assistance intercantonale ainsi mise en place permit de différencier nettement la situation des Confédérés indigents des autres, en d'autres termes de produire l'étranger au sens moderne du terme.

Les rapports entre l'assistance publique et l'émergence de la «*question des étrangers*» dans le premier quart du XXe siècle

> «Pour les étrangers en Suisse, le débat autour de l'assistance aura surtout contribué à préciser le caractère problématique de leur présence.»[22]

Gérard Noiriel fait remarquer avec pertinence que le discours sur la nationalité se réorganise complètement dans toute l'Europe dès la fin du XIXe siècle, sous l'effet d'une part de l'épanouissement de la démocratie parlementaire et d'autre part de l'intensification de la crise économique.[23]

En Suisse, pour que la «question des étrangers» puisse naître, il fallait d'abord que l'on ait «identifié» l'étranger; et une telle identification ne pouvait avoir lieu qu'à partir du moment où les Confédérés étaient considérés comme faisant partie intégrante de la population cantonale.[24]

Le signe de l'étendue de cette discussion est la multiplication de brochures sur la *«question des étrangers»* dans les années 1908 à 1914. L'idée d'une surpopulation étrangère[25] devient objet de dissertation dans les sociétés savantes et philanthropiques, telles la Société suisse d'utilité publique (dès 1910), l'Union des Villes suisses (dès 1911), etc. Et la question de l'assistance est posée de manière répétitive, peu à peu relayée par les autorités politiques.

Un premier signe peut être observé à travers une pétition signée par 23 gouvernements cantonaux et 57 autorités et institutions d'assistance aux Chambres fédérales par la troisième Conférence sur l'assistance, tenue à Bâle le 7 octobre 1907. Les signataires demandent à la Confédération de prendre à sa charge une partie des frais d'assistance des étrangers, en s'appuyant sur le fait qu'en 1907 les cantons avaient dû débourser plus de 850 000 francs pour des étrangers indigents.[26]

Cette pétition aura notamment pour conséquence de faire promulguer le 15 juin 1909 un arrêté fédéral mettant à la charge de la Confédération les frais de renvoi d'étrangers indigents, arrêté toujours en vigueur aujourd'hui.
En 1911, Arthur Achard, ancien député libéral conservateur au Grand Conseil genevois (1878-1886), ancien membre du conseil d'administration du *Journal de Genève,* écrit qu'«il y a aussi d'autres abus consistant en ce que des personnes absolument étrangères à la Suisse par leur naissance et leur véritable domicile, viennent dans notre canton et s'y procurent des apparences de domicile à seule fin de se faire assister hospitalièrement ou pécuniairement».[27] Ce discours est relayé par d'autres intellectuels, comme l'«helvétiste» Gonzague de Reynold, qui, dans ses conférences (1913-1914), affirme que «les étrangers établis en Suisses appartiennent en grande majorité aux classes les moins favorisées du sort. Beaucoup tombent à la charge de l'assistance publique. […] Et il n'y a point de réciprocité.»[28]
Jusqu'à la Première Guerre mondiale, l'établissement des étrangers demeure relativement simple en Suisse, puisque ce pays est lié à 23 autres Etats par des traités d'établissement. Les étrangers peuvent cependant se voir retirer leur droit de résider notamment pour cause d'indigence et de mendicité. Cependant, un commentateur de l'époque, Sauser-Hall, professeur de droit comparé et de droit international privé à l'Université de Neuchâtel, juge que cette expulsion ne va pas sans peine.[29] En 1916, dans son étude sur l'assistance légale des indigents en Suisse, Schmid estime qu'avec ses 3 700 000 habitants, dont 600 000 étrangers, la Suisse officielle dépenserait, bon an mal an, 900 000 francs pour l'assistance aux étrangers, outre une somme égale provenant des particuliers.[30] Il décrit une situation qu'il juge injuste pour la Suisse, parce que ce pays recevrait très vite chez lui ses ressortissants indigents ou malades alors que l'Italie ou la France mettraient très longtemps à rapatrier leurs citoyens.
La problématique ainsi posée devient plus courante vers la fin de la Première Guerre mondiale, et va avoir pour effet de consolider, contre les étrangers, l'identité nationale suisse. Dès cette période, différents éditorialistes, notables et hommes politiques demandent des mesures rigoureuses contre les «indésirables». Le 21 novembre 1917 est édictée une «ordonnance concernant la police à la frontière et le contrôle des étrangers» qui instaure un Office central de police des étrangers. La Grève générale de novembre 1918 et les grèves locales de l'été 1919 sont largement attribuées aux *agitateurs étrangers».*[31] Une pétition, lancée en 1918, recueille 285 000 signatures (30% du corps électoral de l'époque), et demande l'expulsion du pays des étrangers *«indésirables».*[32] La *Gazette de Lausanne,* entre 1920 et 1922, pratique largement le procédé du bouc émissaire qui consiste à rejeter sur les étrangers la responsabilité des difficultés sociales et économiques que connaît la Suisse durant cette période.[33]

Dès lors, comme le montrent Sylvia Arlettaz Burkart et Gérald Arlettaz, il n'est pas étonnant de voir apparaître dans le programme de certains partis une volonté de défendre une «préférence nationale» pour la politique sociale.³⁴ Le programme des radicaux après la guerre se concentre autour de l'idée de développer une politique sociale garantie par l'Etat à usage des nationaux. Une motion du conseiller aux Etats radical zurichois Paul Usteri (5 décembre 1918) pose la question de savoir qui doit être bénéficiaire des assurances sociales: les Suisses ou tous les habitants de la Suisse? L'arrêté du Conseil fédéral sur l'assistance des chômeurs du 29 octobre 1919 sanctionne non seulement un traitement différentiel pour les étrangers, il comporte de surcroît une clause de réciprocité, exigeant que l'Etat dont les chômeurs sont ressortissants garantisse aux Suisses des prestations équivalentes à celles payées pour les nationaux. Dans les années vingt, alors que les débats sur le financement de l'assistance aux chômeurs divisent les opinions quant au rôle des travailleurs étrangers dans la situation économique, l'Union syndicale suisse (USS) reconnaît aux Etats le droit de limiter l'immigration.³⁵

L'identité nationale est ainsi renforcée, et cela se fait de pair avec un durcissement des conditions de naturalisation, elles aussi grandement influencées par la question de l'assistance. La problématique ainsi posée permet en outre de stigmatiser clairement les «indésirables», notamment les ouvriers insoumis d'origine étrangère.

L'évolution du droit de la naturalisation entre 1877 et 1921 et ses rapports avec l'assistance publique

> «Ce sont les pauvres surtout qui cherchent à devenir Suisses pour éviter à leurs enfants les charges militaires plus lourdes ailleurs et parce que les conditions de la vie matérielle sont plus favorables et les institutions philanthropiques mieux comprises et plus larges chez nous. [...] Rendre gratuite la naturalisation ferait que se naturaliseraient uniquement les familles qui désirent bénéficier des secours de l'Hospice général.»³⁶

> «On a vendu la nationalité suisse, des communes ont battu monnaie sur les naturalisations, l'on a en quelque sorte prostitué la nationalité suisse en l'accordant à des gens qui n'auraient pas osé la demander dans le canton de leur domicile.»³⁷

Depuis 1877, tout candidat à la naturalisation devait établir avoir été domicilié en Suisse pendant deux ans avant la requête. Mais le droit de cité ne pouvait être accordé que s'il n'entraînait pour la Confédération aucun préjudice. En 1917, le Conseil fédéral décide de porter la durée de domicile à quatre ans pour les personnes venues en Suisse pendant la Première Guerre mondiale, et, en 1919, de différer l'instruction des demandes de tous les candidats jusqu'à ce qu'il y ait une nouvelle loi. La Loi du 26 juin 1920 exige six années de résidence dans les douze ans qui précèdent la demande. Les deux dernières années doivent avoir été passées en Suisse – conditions allégées pour les étrangers nés en Suisse (trois ans dans les cinq ans) et les personnes qui ne sont pas en mesure de subvenir à leurs besoins et menacent de tomber à la charge de l'assistance publique sont impitoyablement écartées.[38] «L'assistance se fait à la commune, et celle-ci, qui gère avec un soin jaloux la bourse des pauvres, est fermement décidée à ne pas augmenter le nombre de ses créanciers. Elle vote avec décision contre toute naturalisation qui risque de l'entraîner un jour à des charges nouvelles.»[39] Dans plusieurs cantons, les étrangers doivent prouver qu'ils possèdent une certaine fortune pour éviter l'assistance.

A la suite d'une enquête dans les chancelleries cantonales, le chancelier de l'Etat de Vaud Georges Addor conclut qu'un des problèmes posé pour la naturalisation est celui des frais d'assistance des nouveaux ressortissants.[40] La proposition de révision du droit de la naturalisation qu'il soutient avec d'autres est de modifier rapidement le régime de naturalisations (pour les rendre plus faciles) mais prévoit que la naturalisation n'est pas possible, notamment, pour les étrangers qui ont recours à l'assistance bien qu'en âge de travailler.[41]

Le 17 décembre 1912, une commission composée à part égale de radicaux, socialistes et libéraux (3 Bâlois, 3 Zurichois, 3 Genevois) réclame une modification de l'article 44 de la Constitution et l'introduction d'un *jus soli* partiel. La «Commission des Neuf» estime – sans indiquer ses bases de calcul – la moyenne du coût de l'assistance par naturalisé ou incorporé à 600 francs, ce qui porterait à 12 millions par an les nouvelles dépenses à assumer par les communes. Cela soulève des craintes diverses, y compris parmi des membres de la Commission des Neuf, comme Picot: «En premier lieu, la réforme proposée entraîne avec elle une augmentation relativement forte des frais d'assistance publique. L'Etat doit assistance à ses nationaux qui tombent dans le besoin; aux étrangers par contre il ne doit que les secours d'urgence, et, pour le reste, peut rapatrier dans leur pays d'origine le besogneux, l'infirme ou l'aliéné. Si nous naturalisons de nombreux étrangers, nous les prenons naturellement à notre charge. – Sommes-nous prêts et disposés à le faire?».[42]

Les avis de la presse sont partagés sur les propositions de la Commission des Neuf: le *Journal de Genève* et la *Neue Zürcher Zeitung* soutiennent le projet, les *Basler Nachrichten* le jugent trop centralisateur; la *Gazette de Lausanne* ne prend pas position officiellement. La question est directement reliée à celle de l'assistance, comme le remarque Sauser-Hall en 1914. «D'aucuns estiment ce problème si épineux qu'ils désespèrent de le résoudre avant la transformation complète de notre régime d'assistance. […] [Il faudrait] que l'on procédât d'abord à l'introduction de l'assistance par la commune du domicile, ce qui aurait pour conséquence de faciliter l'attribution des étrangers naturalisés et des natifs descendants d'étrangers à une commune, puisque celle-ci n'aurait plus l'obligation d'assister ses ressortissants, et que cette tâche passerait à la commune du domicile.»[43]

Le Département politique fédéral répond à ces propositions le 30 mai 1914 par un rapport relatif à l'«Ueberfremdung».

L'idée de faciliter la naturalisation des étrangers s'enlise cependant peu à peu, pendant et à cause de la Première Guerre mondiale, pour céder le pas à une conception inverse fondée sur un nationalisme désormais clairement xénophobe. «Dans un contexte social et économique se dégradant gravement, la crainte de l'augmentation des naturalisations opportunistes s'intensifie. La bourgeoisie entame une campagne contre les étrangers. Parallèlement, une nouvelle élite patriotique s'engage dans la défense d'une identité suisse de plus en plus située par rapport au concept d'Ueberfremdung. De fait, le mouvement est essentiellement dirigé contre l'Allemagne, considérée comme responsable de l'Ueberfremdung politique, culturelle et économique de la Suisse. Cette tendance s'accentue avec la prise de conscience de la défaite probable du Reich.»[44]

Les années d'après-guerre voient se développer encore la législation contrôlant les étrangers (ordonnances du 17 janvier 1919 et du 21 novembre 1921 sur le contrôle des étrangers). Le développement de cette législation, en parallèle avec celles réglementant et contrôlant le séjour des étrangers, permettra d'identifier clairement les étrangers comme groupe «à problèmes», sociaux notamment.

Les nouveaux principes de l'aide sociale helvétique dès 1974

Passé ce moment charnière, rien ne va changer en ce qui concerne l'assistance publique, au niveau légal, jusqu'aux révisions des articles 45 et 48 de la Constitution fédérale, au milieu des années 1970. Cependant, la question de l'assistance aux étrangers va être régulièrement évoquée dans les discussions concernant les procédures de naturalisation, montrant par là la récurrence de la problématique des destinataires de l'aide sociale et de la citoyenneté. Par exemple, lorsqu'en 1952 la nouvelle Loi fédérale sur l'acquisition et la perte de la nationalité suisse est adoptée, le Conseil fédéral observe un problème dans le fait que les femmes suisses épousant un étranger puissent conserver la nationalité helvétique. Il faut s'attendre, nous dit le Conseil fédéral, «que les autorités d'assistance des cantons et des communes se montreront – à juste titre – réservées lors de l'octroi de l'assistance à la femme suisse d'un étranger. On ne peut pas, en effet, demander à ces autorités qu'elles assistent des familles dont la majorité des membres sont étrangers, d'autant moins qu'en règle générale, c'est avant tout au mari et aux autorités de son pays d'origine qu'incombe l'assistance de la famille.»[45]

Le droit d'établissement cantonal des Confédérés comme des étrangers reste en outre limité encore un siècle après la Constitution fédérale de 1874: il peut être refusé ou lié à des exigences restrictives, en cas d'indigence ou à la suite de condamnations pénales, cela malgré différents postulats déposés au législatif.

Un nouvel article 45 de la Constitution est adopté en 1974 par le législateur, qui prévoit le droit à toute citoyenne et à tout citoyen suisse de s'établir dans un lieu quelconque du territoire. Le nouvel article 48 déclare que l'assistance des personnes dans le besoin incombe au canton sur le territoire duquel elles se trouvent et que les frais d'assistance sont à la charge du canton de domicile. Ces révisions constitutionnelles seront adoptées le 7 décembre 1975 par le peuple et les cantons.[46] La Loi fédérale du 24 juin 1977 sur la compétence en matière d'assistance des personnes dans le besoin règle les cas particuliers. Pour le reste, le droit se limite à quelques dispositions fondamentales.[47]

L'ironie de l'histoire veut que ce soit à des étrangers, clandestins de surcroît, que nous devions finalement la reconnaissance d'un *droit* à l'aide sociale. En effet, le 27 octobre 1995, le Tribunal fédéral a, sur recours de trois ressortissants tchèques clandestins auxquels une commune et le Conseil d'Etat bernois avaient refusé toute assistance, reconnu le droit au minimum d'existence *(Recht auf Existenzsicherung)* comme un droit fondamental non écrit garanti par la Constitution fédérale. Il a en effet considéré que la satisfaction de besoins humains élémentaires tels que se nourrir, se vêtir et disposer d'un abri représentait la condition même de l'existence humaine et du développement de la personne, et que cette satisfaction constituait ainsi un élément indispensable d'un Etat de droit démocratique. Le nouveau droit ainsi reconnu se limite véritablement à une assistance minimale: il ne s'agit pas d'un revenu minimal garanti, mais d'une aide réduite au strict nécessaire en vue de permettre une existence conforme à la dignité et éviter la mendicité, selon des principes reconnus. Les étrangers peuvent également invoquer ce droit, indépendamment de leur statut du point de vue de la police des étrangers.[48]

Aucune loi cantonale d'aide sociale ne prévoit désormais de distinction de traitement entre Suisses et étrangers; mais ce n'est pas le cas des nouveaux régimes d'aide sociale apparus ces dernières années, dans le canton de Genève (RMCAS, dès 1995) ou de Vaud (RMR, dès 1997) qui contiennent des dispositions discriminatoires à l'égard des étrangers. Dans le RMCAS, la durée de séjour dans le canton nécessaire pour ouvrir un droit à ces revenus minimaux diffère entre Suisses et étrangers,[49] tandis que le RMR est limité aux titulaires de permis d'établissement (C) ou de séjour (B) susceptibles de déboucher sur un permis d'établissement.

La législation fédérale réserve en outre, comme on l'a vu dans l'introduction de cet article, la possibilité d'un rapatriement des étrangers dans une situation d'indigence durable. Conformément à la Loi fédérale sur le séjour et l'établissement des étrangers, un étranger peut être expulsé lorsque lui-même ou une personne aux besoins de laquelle elle doit subvenir tombe à la charge de l'aide sociale de manière importante et prolongée. Même si l'étranger vit depuis de nombreuses années en Suisse, il n'a pas droit à une aide permanente. Des prestations peuvent cependant lui être versées pendant une période assez longue s'il y entretient des liens étroits ou si son rapatriement, en raison de circonstances particulières, ne peut raisonnablement être exigé.[50]

Il convient, en conclusion, de rappeler qu'on ne peut être «étranger» que dans la mesure où un groupe commence à se constituer de manière formelle, d'abord en communauté, puis en société, ou, dans un sens plus moderne, en nation. Hier, les ressortissants d'un autre canton étaient considérés comme «étrangers»; aujourd'hui, les «étrangers» sont d'abord les personnes originaires d'un autre pays, et demain, peut-être, les «étrangers» seront extra-communautaires ou seront définis par les rapports Nord-Sud. La formation d'un groupe, national ou supranational, reste cependant un processus très lent. Il s'inscrit dans une dialectique d'exclusion-inclusion qui autorise le groupe à se définir comme différent de tout autre.

La question des destinataires de l'aide sociale a permis – et permet encore! – de concrétiser ce lien d'appartenance en faisant jouer le principe d'exclusion.

Notes

1 Mes remerciements pour leurs commentaires à Joseph Coquoz, Beatriz Rosende et Alain Clavien (que je remercie aussi pour les utiles documents qu'il m'a fournis en vue de la préparation de cet article).
2 Carl Alfred Schmid, *Unsere Fremdenfrage,* Zürich 1915, p. 35. Secrétaire de l'organisation d'assistance des habitants de la ville de Zurich et auteur d'une des premières enquêtes systématiques sur l'assistance en Suisse, c'est aussi un des porte-parole les plus virulents des milieux qui dénoncent la surpopulation étrangère.
3 Art. 10, lettre d, de la Loi fédérale sur le séjour et l'établissement des étrangers du 26 mars 1931.
4 Angela Garrido, *Le début de la politique fédérale à l'égard des étrangers,* Lausanne 1987, p. 5.
5 Georges Sauser-Hall, *La nationalisation des étrangers en Suisse,* Neuchâtel 1914, p. 59 ss. Souvent bien documenté, il a beaucoup écrit sur les étrangers en Suisse, tout en prenant parti dans le débat sur la naturalisation des étrangers.
6 *Enquête sur le paupérisme dans le canton de Vaud en 1840,* Lausanne 1977, p. 103.
7 *Enquête* (voir note 6), p. 106.
8 Sauser-Hall (voir note 5), p. 68.
9 Gottwald Niederer, *Statistique du paupérisme en Suisse pendant l'année 1870,* Zurich 1878, p. 54. Il est l'auteur de la première enquête statistique systématique sur le paupérisme en Suisse.
10 Niederer (voir note 9), p. 17.
11 Sauser-Hall (voir note 5), p. 294.
12 Thierry Christ, «Les voies de l'intégration confédérale: l'exemple de la législation neuchâteloise», *Revue suisse d'histoire* 49 (1999), p. 230 ss.
13 Gérald Arlettaz, «Aux origines de la question des étrangers en Suisse», *in* Bernard Prongué *et al.* (éd.), *Passé pluriel, en hommage au Professeur Roland Ruffieux,* Fribourg 1991, p. 180.

14 Carl Alfred Schmid, *L'assistance légale des indigents en Suisse. Les systèmes d'assistance de la Confédération, des cantons et des grandes villes suisses,* Zurich 1916, p. 20 ss.
15 Qui deviendra conseiller fédéral en 1902.
16 Sauser-Hall (voir note 5), p. 292.
17 L'encyclopédie éditée par Naum Reichesberg, *Handwörterbuch der Schweizerischen Volkswirtschaft, Sozialpolitik und Verwaltung,* Bd. 1, Bern 1903, p. 351, indique, sous la plume de Hans Anderegg, que la Suisse aurait assisté 124 566 indigents nationaux et étrangers en 1870; en 1890, le total des indigents assistés serait de 119 176.
18 Niederer (voir note 9), p. 27.
19 Garrido (voir note 4), p. 60.
20 Berne, Schwyz, Bâle-Ville, les deux Appenzell, les Grisons et le Tessin.
21 Celui du 27 novembre 1916, celui du 15 juin 1923, celui du 16 juin 1937 et celui du 16 décembre 1960.
22 Arlettaz (voir note 13), p. 183.
23 Gérard Noiriel, «Socio-histoire d'un concept: les usages du mot ‹nationalité› au 19e siècle», *Genèses, sciences sociales et histoire* 20 (1995), p. 21 ss.
24 Christ (voir note 12), p. 245.
25 Les discours concernent prioritairement les hommes étrangers.
26 Protokoll der II. und III. Armenpfleger-Konferenz, *in Armenpfleger* 4 (1906-1907), p. 27, et 5 (1907-1908), p. 57, cité par Sauser-Hall (voir note 5), p. 293 ss.
27 Arthur Achard, *L'assistance et la question des étrangers à Genève,* Genève 1911, p. 11.
28 Gonzague de Reynold, *Conférence, La Suisse et le problème de son existence,* publié dans *La démocratie et la Suisse. Essai d'une philosophie de notre histoire nationale,* Berne 1929, p. 231-232.
29 Sauser-Hall (voir note 5), p. 116 ss.
30 Schmid (voir note 14), p. 28.
31 Garrido (voir note 4), p. 16.
32 Gérald Arlettaz, Silvia Arlettaz Burkart, «Naturalisation, ‹assimilation› et nationalité suisse. L'enjeu des années 1900-1930», *in* Pierre Centlivres (éd.), *Adhésion et diversité culturelle des étrangers en Suisse,* Genève 1990, p. 57.
33 Garrido (voir note 4), p. 74.
34 Arlettaz, Arlettaz Burkart (voir note 32).
35 USS, «Zum Schutz der nationalen Arbeitskraft», Gewerkschaftskorrespondenz Nr. 8, p. 9. April 1918, cité par Gérald Arlettaz, Silvia Arlettaz Burkart, «Die schweizerische Ausländergesetzgebung und die politischen Parteien 1917-1931», in Aram Mattioli (Hg.), *Antisemitismus in der Schweiz 1848-1960,* Zürich 1998, p. 334.
36 Edmond Boissier, *Un problème genevois: l'assimilation des étrangers,* Genève 1909, p. 11 ss. Avocat libéral genevois, membre du conseil d'administration de l'Hospice général et député au Grand Conseil entre 1910-1915 et 1919-1923; collabore à la revue «helvétiste» *La Voile latine,* fondée en 1904.
37 *Déclaration d'un député au Conseil national, en 1920,* citée par Garrido (voir note 4), p. 53.
38 Georges Sauser-Hall, *La nationalité en droit suisse: droit fédéral révisé, droit cantonal, droit international,* Berne 1921, p. 12.
39 Albert Picot, *Un problème national: la population étrangère établie en Suisse,* Genève 1914, p. 40. Député libéral conservateur au Grand Conseil genevois de 1923 à 1931; de 1931 à 1954, il siège au Conseil d'Etat genevois; conseiller national de 1935 à 1949; membre du Conseil des Etats de 1949 à 1955.
40 Georges Addor, *De l'assimilation des étrangers en Suisse,* Zurich 1913, p. 23.
41 Addor (voir note 40), p. 25.
42 Picot (voir note 39), p. 39.
43 Sauser-Hall (voir note 5), p. 292-293.
44 Arlettaz, Arlettaz Burkart (voir note 32), p. 97.
45 Message du Conseil fédéral, *Feuille fédérale 1951,* vol. 2, p. 684.

46 Participation, 31%; 75,6% de oui.
47 Il n'y a pas de garantie d'un standard minimal identique en Suisse. Voir *Aspects de la sécurité sociale* 1 (2001).
48 Ce droit est explicitement reconnu par plusieurs constitutions cantonales qui ont fait l'objet d'une révision totale récente. Il est aussi reconnu par la nouvelle Constitution fédérale du 18 décembre 1998.
49 Avoir son domicile et sa résidence effective dans le canton de Genève depuis trois ans pour les Confédérés, pendant sept ans pour les étrangers, réfugiés ou apatrides.
50 Une enquête en ce qui concerne l'application de cet article a été réalisée en 2001 sous la direction de Claudio Bolzman et de l'auteur de la présente contribution. Un ouvrage, intitulé *La précarité contagieuse. Les conséquences de l'aide sociale sur le statut de séjour des personnes de nationalité étrangère: l'exemple des cantons de Genève et Vaud* paraîtra en 2002 (Cahiers de l'EESP et éditions IES).

Gérald et Silvia Arlettaz

L'Etat social et la politique suisse d'immigration et d'intégration (1918-1931)

La situation des Italiens

A partir de 1917, la Suisse est confrontée à une succession d'événements traumatisants: crainte de la défaite du Reich et des révolutions, grève générale, armistice, chômage, risque d'une forte immigration étrangère, menace commerciale et besoin d'insertion dans
un nouvel ordre mondial. Dans ce contexte, la formation nationale,[1] d'abord menacée par le conflit social, évolue progressivement vers une reformulation de ses fondements socio-politiques, de sa gestion collective et de sa représentation identitaire.[2]
L'étude des nombreux programmes élaborés à partir de 1918 par les partis politiques, par l'administration fédérale ainsi que par les groupes de pression patronaux et syndicaux montre que les conceptions sociales tendant à renforcer le rôle de l'Etat constituent une des aspirations de la société politique et civile.[3] Ces conceptions sont cependant très fortement teintées d'une couleur nationaliste traduisant une volonté défensive destinée à renforcer la cohésion sociale contre tout péril extérieur.

Le marché national du travail

D'une manière générale, tout au long de la période 1918 à 1930, un concept s'établit en norme de la gestion sociale, économique, voire politique et culturelle: il s'agit du «marché national du travail». Au début des années 1930, la science du marché national du travail est présentée comme «l'ensemble des mesures tendant à organiser le travail national rationnellement et en fonction de l'intérêt général».[4] Elle serait au centre de l'économie globale, partie de la politique sociale et guide de la politique économique.[5]
Dès la guerre, la généralisation des analyses propres à la notion de marché national du travail est intimement liée aux tensions sur l'occupation des ouvriers suisses,

puis aux angoisses de l'armistice avec le retour des démobilisés des armées étrangères, des Suisses de l'étranger, voire avec l'arrivée de nouveaux immigrants.[6] L'esprit de mobilisation socio-nationale qui sous-tend les perspectives d'édification et de contrôle du marché national du travail repose sur l'idée qu'en dépit de la crise, la Suisse a un potentiel d'occasions de travail qu'il faut désormais réserver en priorité aux Suisses, contrairement à ce qui s'était passé avant 1914. Il convient en conséquence de former et d'adapter la main-d'œuvre indigène aux besoins de l'économie. Pour opérer cette intégration et lutter contre le chômage, quatre solutions sont envisagées: la réglementation des conditions de travail, le service de placement, la création d'emplois et la formation professionnelle. En outre, l'organisation d'une émigration dirigée ou «active», dont les bases légales ne sont pas assurées, doit permettre de détendre le marché du travail, ce qui constitue un élément quelque peu paradoxal par rapport aux autres.

En ce qui concerne la réglementation des conditions de travail, un projet de loi substantiel, du 27 juin 1919,[7] est repoussé le 21 mars 1920. Toutefois, la volonté d'instaurer un Office fédéral du travail, chargé de «préparer et de traiter les affaires rentrant dans le domaine de la législation et du régime du travail» émanant des plans national et international est concrétisée par l'Arrêté fédéral du 8 octobre 1920.[8]

Instrument central de la lutte contre le chômage, contre l'appel de main-d'œuvre étrangère et moyen de prévention contre l'émigration indésirable des Suisses, le service de placement trouve ses origines dans l'Arrêté fédéral du 29 octobre 1909. L'Arrêté du Conseil fédéral sur l'assistance aux chômeurs du 29 octobre 1919 prescrit l'existence d'un organe de placement dans chaque commune et d'un bureau central dans chaque canton. Ces mesures sont complétées, dès 1921, par les prérogatives attribuées à l'Office fédéral du travail et, le 11 novembre 1924, par l'Ordonnance concernant le service public de placement qui oblige les cantons à un service sur leur territoire. Les buts explicites du service de placement sont de faciliter «une vue d'ensemble sur la main-d'œuvre flottante», d'assurer «la compensation entre demandes et offres d'emplois de canton à canton», d'agir contre le chômage et de lutter contre «l'afflux de main-d'œuvre étrangère».[9]

Autre méthode plus directe de lutte contre le chômage, inscrite dans un objectif de consolidation du marché national, la création d'occasions de travail est pratiquée en période de crise aiguë, à savoir de 1919 à 1923. Cependant, les autorités redoutent que l'octroi de crédits ne provoque un appel à l'immigration.[10]

La formation professionnelle est également une priorité du programme de nationalisation du marché du travail. L'inadéquation entre la qualification de la population et les emplois est attribuée à une foule de causes, dont une carence dans l'orientation professionnelle. Cette inadéquation aurait pour conséquence le besoin de recourir à la main-d'œuvre étrangère. L'Office fédéral du travail se préoccupe de la nationalisation de la formation, en vue de trouver «de nouvelles recrues pour les métiers trop fortement tributaires de la main-d'œuvre étrangère».[11]

Depuis la Première Guerre mondiale en particulier, l'émigration est jugée dommageable pour le pays. Il s'agirait, d'une part, d'un facteur contribuant à développer l'«Überfremdung» et, d'autre part, d'une perte de bons éléments autochtones pour le marché du travail. Pourtant, sous la pression du chômage, les autorités décident de prendre en main l'organisation de l'émigration. Par Arrêté du Conseil fédéral du 1er décembre 1922, l'Office fédéral du travail est chargé du placement en Europe, alors que l'émigration à destination des pays d'outre-mer est laissée à l'Office fédéral de l'émigration.[12] Les autorités fédérales adoptent de ce fait une politique d'«émigration active» contraire aux bases constitutionnelle et légale en la matière, en contradiction avec la politique de «nationalisation» du marché du travail pratiquée depuis la fin de la guerre.[13]

En revanche, l'élaboration d'un marché national du travail est l'expression socio-économique et identitaire de la «nationalisation» de la population suisse.[14] Il s'agit là certainement de l'objectif stratégique majeur de la formation nationale pendant l'entre-deux-guerres. Dans cette perspective, parallèlement à la recherche des critères constitutifs propres au fonctionnement du marché, une réflexion se développe sur les moyens de protéger le système et ses acteurs.

Dans la poursuite des préoccupations antérieures à 1914,[15] la notion de protection sociale et nationale va progressivement s'étendre. Après l'assurance en cas de maladie et d'accidents, elle concernera l'assistance, puis l'assurance chômage et l'assurance vieillesse et survivants.

Les notions de marché et de protection du travail se répandent et s'institutionnalisent avec la généralisation de la statistique sociale, en particulier avec la parution, le 10 février 1920, d'un hebdomadaire au titre significatif: *Le Marché du Travail Suisse*.[16] Cette publication est complétée dès 1923 par les *Informations de statistique sociale* éditées par l'Office fédéral du travail. Depuis 1925, cette tribune se diversifie en publiant notamment les résultats de ses relevés mensuels sur la situation du marché suisse du travail, des prix de détail et du coût de la vie, ainsi que les résultats des relevés trimestriels relatifs à la situation de l'industrie.

L'immigration et l'intégration des étrangers

Au cours des années 1920, la stratégie de gestion de la formation nationale s'exprime dans les modes de fonctionnement du marché du travail. Ce marché est régi par les impératifs de la production, mais aussi par ceux de la défense de la cohésion sociale du pays. Un tel constat pose nécessairement la question de l'immigration et de l'intégration des étrangers, souvent nécessaires à la production, mais considérés comme potentiellement dangereux pour l'identité nationale. Faut-il dès lors intégrer les étrangers dans le marché national du travail? En quelle quantité? Dans quelles conditions? En outre, l'intégration dans ce marché suppose-t-elle une participation aux avantages sociaux? Institutionnellement, ces questions apparaissent dès 1917 et ne cessent de se poser jusqu'à aujourd'hui.[17]

Analysant les termes du marché du travail, les publications de l'Office fédéral du travail accréditent l'idée, redondante à partir de 1924, de l'existence d'une «surpopulation étrangère» qui «doit être recherchée dans le manque de corrélation entre la composition professionnelle de la population et les exigences de l'économie nationale».[18] Un premier effort doit donc consister à lutter contre les ouvriers sans métier,[19] ensuite pour la formation professionnelle des Suisses en vue d'emplois mieux qualifiés, enfin pour un meilleur placement. Dans ce contexte général, de référence à l'existence d'un marché national du travail, d'autres dysfonctionnements sont mis en évidence suivant les milieux, les secteurs et la conjoncture. Une plainte très fréquente est dirigée contre le laxisme des patrons, voire des autorités cantonales, qui favorisent l'emploi de saisonniers contre les Suisses. En revanche, les milieux ouvriers défendent souvent la protection du travail national.

En définitive, si le discours de l'Etat et des principales composantes de la société civile s'entend pour considérer qu'il existe une «surpopulation étrangère», donc un problème politique et social, il existe de fortes divergences quant aux conséquences économiques attribuées à ce problème. Faut-il fermer les frontières? Stabiliser la population étrangère à 10% en refusant l'égalité de traitement aux étrangers comme le préconise Carl Alfred Schmid?[20] Faut-il au contraire considérer avec le Département fédéral de l'économie publique:

«Si l'on envisage ce problème uniquement sous son aspect économique, on est obligé de reconnaître qu'aussi longtemps que la main-d'œuvre étrangère travaille au profit d'intérêts économiques suisses et non pas étrangers, la grande affluence des forces productives est un élément fécond dans l'économie du pays, étant donné le lent accroissement naturel de la population indigène?»[21]

Quoi qu'il en soit, le changement d'attitude à l'égard de l'intégration des étrangers survenu au cours de la Première Guerre mondiale, les nécessités d'instaurer un contrôle des entrées à partir de 1917 fondé sur l'instauration d'un Office central de police des étrangers, les besoins de perfectionner ce système et de l'intégrer dans la légalité constitutionnelle, de même que la dialectique entre la formation du marché national du travail et la gestion de la main-d'œuvre étrangère, tous ces facteurs sont à l'origine de l'élaboration d'un système de régulation et de contrôle de l'immigration en Suisse.

La complexité de l'élaboration de ce système au Conseil fédéral, dans l'administration fédérale[22] et aux Chambres fédérales[23] a déjà été étudiée. Après quatre ans de débat, le 29 novembre 1921, les Chambres fédérales acceptent une ordonnance qui marque un tournant décisif sur le contrôle de l'immigration. Désormais, le visa n'est plus considéré comme une autorisation de séjour, laquelle revient à la compétence cantonale. La Confédération se réserve le contrôle du séjour de longue durée et de l'établissement pour prise d'emploi: «Selon l'article 19, l'Office central possède un droit d'opposition contre ces autorisations, lorsqu'il s'agit d'étrangers ayant l'intention d'être domiciliés en Suisse ou d'y exercer une activité professionnelle et lucrative, à l'exception des saisonniers pour la saison courante, et des domestiques du sexe féminin pour une durée allant jusqu'à deux ans».[24]

Ces mesures visent donc à limiter l'immigration, ce qui ne signifie pas se priver de la main-d'œuvre jugée nécessaire, mais ériger le séjour à court terme en principe. Les saisonniers sont admis pour remplir un travail déterminé et doivent impérativement quitter le pays à l'échéance du permis. De ce fait, ils ne participent pas à l'«Überfremdung» et ils ne doivent pas être assistés. Dans l'intérêt de l'économie, les bons saisonniers sont assurés d'un visa pour la prochaine saison. D'une manière générale, se référant implicitement à l'existence d'un marché du travail national, le Conseil fédéral définit l'établissement en fonction de la «capacité de réception du pays», ce qui nie tout droit en la matière.[25]

Le contrôle du marché du travail implique de gérer le mouvement des étrangers, mais également de prendre des options en matière économique et sociale. L'Office central de police des étrangers et l'Office fédéral du travail sont les agents majeurs. Le développement de la protection ouvrière et la régulation du marché du travail mettant directement en cause la main-d'œuvre étrangère, l'Office central de police des étrangers est amené à jouer un rôle prépondérant. Cette situation va parfois le placer en concurrence directe avec l'Office fédéral du travail, dont le directeur, Hans Pfister, défend une politique dure de nationalisation de la main-d'œuvre. Le Département fédéral de justice et police, en revanche, cherche à concilier la lutte contre l'«Überfremdung» et la protection des intérêts de l'économie. A son avis, le but de l'Office central est de protéger le marché du travail contre l'envahissement et contre la concurrence illégale, mais pas d'éliminer toute concurrence.[26]

Pfister ne cesse de réclamer plus de compétences pour son Office et pour les offices cantonaux du travail. A son avis, les décisions à l'égard de l'entrée des étrangers doivent relever essentiellement du marché du travail;[27] en particulier, il s'oppose aux examens globaux des demandes d'entrée et veut maintenir un examen individuel afin de contrôler l'emploi des étrangers par les entreprises.[28] Une harmonisation et une précision du rôle des deux Offices seront formulées par la Loi fédérale sur le séjour et l'établissement de 1931.[29]

Parallèlement à la mise sur pied d'une politique d'immigration se pose la question de l'intégration des étrangers dans un système social en voie d'élaboration. Dans la perspective de «nationalisation» de la société qui prévaut dans les programmes politiques, le développement de l'Etat social n'apparaît guère compatible avec une intégration des étrangers. La définition d'une politique d'immigration, précisant les notions de séjour et d'établissement, permet toutefois d'envisager une politique sociale prenant en compte les étrangers insérés de longue date dans l'appareil économique. De fait, la participation aux acquis sociaux tend à être réservée aux étrangers établis, encore faut-il que leurs Etats accordent la réciprocité aux Suisses.

Après quelques mesures circonstancielles où le critère de la nationalité n'apparaît pas, le Conseil fédéral promulgue, le 29 octobre 1919, un Arrêté fédéral sur l'assistance des chômeurs sanctionnant un traitement différentiel des étrangers. Pour bénéficier des secours à la charge des pouvoirs publics, l'étranger doit justifier avoir travaillé en Suisse ou y avoir fréquenté une école pendant au moins une année dans les cinq ans précédant le 1er août 1914.[30] Le chômeur saisonnier ne peut prétendre à l'assistance que dans des conditions extrêmement restrictives. De plus, l'Etat dont il est ressortissant doit accorder aux Suisses des prestations jugées équivalentes.

Au cours des années 1920-1921, la révision de cet arrêté est réclamée de divers côtés. Le 1er décembre 1920, le Conseil d'Etat de Bâle-Ville demande la suppression de la clause de réciprocité.[31] Il estime que de nombreuses industries dépendent de la main-d'œuvre étrangère et qu'il est injuste de faire supporter à ces étrangers la politique de leur Etat. Cet argument répond à la volonté de stabiliser le marché du travail. Le 28 décembre, l'Union syndicale suisse envoie à son tour une pétition au Conseil fédéral réclamant une amélioration générale des prestations et la suppression des dispositions à l'égard des saisonniers.[32] Soumises à la consultation des cantons, ces propositions sont repoussées à une très forte majorité. En 1922, le Département fédéral de l'économie publique repousse une demande zurichoise d'assister tous les étrangers et d'augmenter les allocations. Le Conseil fédéral estime qu'une telle mesure reviendrait à favoriser la «surpopulation étrangère».[33]

Le 17 octobre 1924, les Chambres fédérales adoptent une loi sur l'assurance chômage. Selon cette loi, le subventionnement des caisses ou le droit de refuser ou d'abaisser les subsides est réservé en fonction du principe de réciprocité.[34] Les conditions d'affiliation deviennent de plus en plus ségrégationnistes. L'égalité de traitement n'est appliquée qu'aux étrangers au bénéfice d'un permis d'établissement. Les possesseurs d'autorisation de séjour temporaire et résidant en Suisse depuis «assez longtemps» peuvent s'affilier à une caisse de chômage, mais sous certaines conditions et restrictions. En revanche, les saisonniers se voient exclus de l'assurance.

Les enjeux de l'immigration italienne

De 552 000 personnes au recensement de 1910 (14,7% de la population du pays) et même de 609 000 personnes à la fin de 1913, le nombre des étrangers en Suisse tombe à 402 000 au recensement de 1920 (10,4%) et à 355 000 en 1930 (8,7%). De ce fait, le discours continu sur la «surpopulation étrangère» dissimule un recul du nombre des étrangers de 254 000 en 17 ans, soit de 42%. Avant comme après 1914, la très forte majorité des étrangers est composée de ressortissants allemands et italiens.

	1910 chiffre abs.	%	1920 chiffre abs.	%	1930 chiffre abs.	%
Allemands	203 000	37	150 000	37	135 000	38
Italiens	203 000	37	135 000	33	127 000	36
Autres	146 000	26	117 000	30	93 000	26

Ces données suggèrent d'emblée l'hypothèse que la stratégie d'intégration nationale dirigée contre l'«Überfremdung» tout au long de l'entre-deux-guerres résulte d'une volonté politique s'appuyant souvent sur une «fausse conscience statistique».[35] Cette hypothèse est d'ailleurs corroborée par l'étude des textes officiels et de ceux émanant de la société civile.[36] En outre, l'action socio-politique de contrôle des étrangers va se porter en premier lieu sur les Allemands et sur les Italiens, dans la mesure où ces deux populations immigrées représentent 70% ou plus du total.

Le problème de la lutte contre l'immigration allemande est particulièrement aigu surtout dans les années d'après-guerre.[37] Les soldats allemands démobilisés sont censés chercher à s'installer en Suisse, en particulier les personnes établies avant 1914. En outre, la Suisse redoute une pénétration de sociétés commerciales cherchant à «helvétiser» leur raison sociale. La peur de la révolution et des populations juives et orientales complète une image où le Reich apparaît comme le symbole de la menace sur le marché du travail et sur l'identité nationale. Dans le courant des années 1920, ces questions seront toutefois gérées dans un contexte moins dramatique.

La question italienne est plus complexe.[38] Dans un premier temps, il existe également une crainte de l'afflux massif de démobilisés et la Suisse n'accepte qu'avec difficulté le retour des personnes ayant de la famille établie dans le pays. Cependant, l'Italie ne représente pas de menace comparable à l'Allemagne et les ouvriers italiens exercent des activités qui font souvent défaut sur le marché suisse, notamment dans le domaine du bâtiment. Un premier indice de la différence de traitement: de novembre 1918 à fin 1923, l'autorisation de s'établir est accordée à 75 557 personnes, refusée à 31 971 autres, soit à 29,8% des requérants, proportion montant à 33,4% pour les Allemands et tombant à 22% chez les Italiens.[39]

Dans ce contexte de crainte d'«invasion étrangère» qui prévaut en 1919, le Conseil fédéral, estimant indispensable «d'instituer en matière d'établissement un droit en harmonie avec les situations nouvelles», décide, le 31 mars, de dénoncer les traités d'établissement conclus en 1868 avec l'Italie et en 1909 avec l'Allemagne.[40] Cependant, dans l'impossibilité de ratifier un nouvel accord avec l'Italie, le traité est prorogé. La Suisse n'entend signer de nouveaux traités que sur la base du respect intégral de sa législation intérieure. Cette législation, fondée sur la «capacité d'accueil», n'est au reste pas encore en vigueur.[41] Cette situation va contribuer à générer un ensemble de problèmes socio-juridiques, de revendications et de négociations sur l'ensemble des questions relevant de l'immigration et de l'intégration des Italiens en Suisse.[42]

A la suite de l'arrêté fédéral du 29 octobre 1919, l'Italie demande un accord spécial sur le chômage. En dépit des réticences de l'Office fédéral d'assistance en cas de chômage, le Département fédéral de l'économie publique accepte de conclure, le 17 mars 1921, un accord avec la légation royale d'Italie.[43] Moyennant réciprocité, la Suisse attribue des secours de chômage aux ressortissants italiens habitant en Suisse depuis le 1er janvier 1920 et à ceux qui ont dû interrompre leur domicile pour raison militaire mais sont revenus avant le 1er janvier 1921, ainsi qu'à ceux qui ont fait une absence courte. En outre, les Italiens ont désormais le droit aux secours incombant à la charge des pouvoirs publics et non seulement à celle des chefs d'entreprise. Cet arrangement, nettement plus favorable que l'arrêté de 1919, va susciter une foule de réactions, en particulier du canton de Genève qui y voit un encouragement à l'immigration, un fardeau pour les charges publiques et un dangereux précédent pour les ressortissants d'autres pays.[44] L'Office fédéral du travail évoque les résolutions des conférences de Washington et la situation des Suisses de l'étranger.[45]

Au cours des années 1921 et 1922, la forte augmentation du chômage en Suisse – 146 000 en février 1922 – tend les relations gouvernementales et exacerbe les passions de l'opinion. Cette dégradation des relations est accentuée par l'intervention dans le débat des fascistes et de la droite nationaliste suisse. Dès octobre 1921, le ministre italien des Affaires étrangères prétend que la Police fédérale des étrangers et les gouvernements cantonaux expulsent arbitrairement des ouvriers en masse.[46] Les Suisses rétorquent qu'il ne s'agit pas d'expulsions, mais de non-renouvellements des permis justifiés par la situation économique. La presse italienne soutient les protestations, commente les mesures incriminées et développe une argumentation sur l'accueil helvétique, les difficultés économiques, la défense du «Schweizertum», la préférence nationale et la xénophobie.[47] Plusieurs journaux suisses répondent avec plus ou moins de passion. Aux Chambres fédérales, Brenno Bertoni dépose une interpellation le 22 mars 1922 à laquelle Häberlin répond que la Suisse n'a aucune obligation: «[…] pas même d'ordre morale de traiter les Italiens et les Suisses en cette matière sur un pied d'égalité parfaite. L'Italie ne nous envoie pas ses travailleurs parce que nous en avons besoin, mais bien parce qu'elle a besoin de les voir émigrer, et les ouvriers italiens viennent chez nous y chercher leur avantage, non le nôtre.»[48]

Le projet de convention de travail italo-suisse

De manière générale, dès 1919, l'Italie adopte une attitude revendicative en matière de relation du travail. Se référant à un décret du 2 mai 1915, elle exige que les industriels étrangers autorisés à recruter de la main-d'œuvre en Italie prennent l'engagement de laisser visiter leurs usines et les locaux d'habitation des ouvriers à l'inspecteur italien de l'émigration ou au consul.[49] En outre, le Commissariat italien de l'émigration exige que les entrepreneurs suisses s'obligent à assurer à leurs propres frais les ouvriers italiens «[…] en sorte qu'eux et les membres de leurs familles qui leur survivent, en cas d'accident, reçoivent un complément de prestations équivalant à la différence entre les prestations qui leur sont accordées aux termes de l'article 90 de la loi du 13 juin 1911 et les prestations accordées par la dite loi fédérale aux citoyens suisses».[50]

Par cette politique, l'Italie cherche à contourner le principe d'équivalence des prestations entre les deux pays prévu par la loi suisse. Il va de soi que les exigences italiennes soulèvent «une vive émotion dans les milieux suisses intéressés».[51] Le Conseil fédéral dénonce une «atteinte à la souveraineté de la Confédération en matière de protection ouvrière»[52] et s'en tient à la loi de 1911 sur l'assurance maladie et accidents.

Dans cette impasse une idée émerge rapidement. Ne faudrait-il pas conclure une convention de travail italo-suisse? Le conseiller fédéral Schulthess pose la question à son administration par notice du 31 décembre 1919.[53] Le 27 janvier 1920, le Ministère italien des affaires étrangères, probablement préparé à cette initiative par la diplomatie suisse, introduit officiellement la demande à la Légation de Suisse à Rome. Il s'agirait en particulier d'aborder les questions relatives à la législation du travail, aux assurances sociales et à l'assistance.[54] La Légation de Suisse transmet cette note en soulignant que la Suisse ne peut se contenter d'une assurance réciproque d'égalité de traitement. «Nous aurons par contre à examiner jusqu'à quel point notre besoin de main-d'œuvre italienne pourrait nous induire à accéder aux desiderata italiens.»[55] Au même moment, c'est-à-dire le 30 janvier, la Société suisse des entrepreneurs fait pression sur le Département politique fédéral pour trouver rapidement une solution. «L'emploi de la main-d'œuvre italienne est pour nous d'une nécessité absolue. Elle n'augmentera pas le chômage. Elle permettrait au contraire d'engager des manœuvres indigènes. Il faut absolument éviter que les Italiens ne se détournent de la Suisse.»[56]

En revanche, à Rome, le ministre Georges Wagnière devient plus circonspect, à un moment où les conceptions italiennes en matière d'émigration restent encore libérales.[57] Cependant, la presse italienne traduit l'évolution des sensibilités en la matière. Ainsi, le *Corriere d'Italia,* du 7 septembre 1920, estime que le temps où les travailleurs italiens étaient un objet de marché pour faire baisser les salaires en Suisse est révolu.

Pendant ce temps, tout au long de l'année 1920, les conférences d'experts et les rapports des administrations fédérales se multiplient à Berne.[58] Même si l'on reconnaît le besoin de main-d'œuvre italienne, dans les secteurs de la construction et des forces hydrauliques en particulier, le ton est généralement à la prudence, voire à la méfiance. Pour certains, les meilleurs immigrants sont des ouvriers célibataires vivant dans des baraques et rentrant chez eux à la fin de la saison.[59] Faudrait-il interdire les familles? A la limite, la Suisse pourrait faire venir la main-d'œuvre italienne par la France pour éviter les prescriptions d'émigration ou entreprendre une campagne de propagande en Italie. L'Office fédéral des assurances sociales, après examen des diverses questions posées par une convention, estime qu'il vaut mieux ne pas entrer en matière, l'Italie n'étant pas en mesure de fournir des prestations équivalentes.[60]

Les négociations sont dès lors mises en veilleuse pendant les années 1921 et 1922. Elles reprennent en 1923, Schulthess n'étant pas opposé à l'idée d'une convention qui réglerait certaines questions relatives au travail et éventuellement à l'assurance accidents.[61] En outre, la Société suisse des entrepreneurs cherche toujours à faciliter l'arrivée de la main-d'œuvre italienne sur des bases libérales.[62] Le 7 août 1923, l'Italie remet un projet de convention qui englobe, en plus des questions relatives au droit et à la protection du travail, des propositions en matière d'établissement, d'assurances et d'assistance.[63] Considérant ce projet très unilatéral, la Suisse refuse de lier les questions d'établissement à la convention[64] qu'elle considère toutefois comme souhaitable. Le 26 avril 1924, le Département fédéral de justice et police s'exprime résolument contre une demande du directeur de l'Office fédéral du travail, Hans Pfister, relative à l'idée d'un éventuel traité d'établissement sur la base de la clause de la nation la plus favorisée.[65] Le département considère qu'une telle démarche est tout à fait prématurée avant que la législation fédérale en la matière ne soit arrêtée. En outre, les relations avec les différents pays concernés, la France et l'Italie par exemple, sont trop disparates. Le 6 mai, le Conseil fédéral présente son contre-projet de convention de travail.[66]

Refusant d'entrée de jeu d'aborder les conditions d'établissement, le gouvernement suisse limite «strictement la convention aux questions de droit ouvrier».[67] L'accès au territoire reste déterminé par le «marché du travail» sous réserve d'accords sur les formalités. L'égalité de traitement est garantie quant à la protection des lois réglant les conditions de travail et le droit d'association, sous réserve de la sûreté intérieure et extérieure de l'Etat. Elle est également garantie en matière d'accidents de travail, ainsi qu'aux ressortissants de l'autre Etat affilié à une caisse maladie ou de chômage. L'Italie doit s'engager pour sa part à accorder les mêmes avantages aux Suisses qu'à ses nationaux en ce qui concerne l'assurance maternité, vieillesse et invalidité. En matière de législation du travail, chaque pays reste souverain sur son territoire, mais accorde un droit d'information aux autorités du pays d'émigration. La voie diplomatique, si nécessaire celle des tribunaux arbitraux, jugera des différends.

En fait, ce texte ne fait guère de concessions, ni sur les conditions de l'immigration et du séjour, ni sur celles de l'établissement et de l'assistance. De ce fait, divers contacts établis entre les représentants suisses, dont Hans Pfister, et le commissaire italien à l'émigration, De Michelis, se révèlent peu fructueux. De Michelis réclame pour le moins la clause de la nation la plus favorisée en matière d'assistance. Ne l'obtenant pas, il rompt les négociations.[68]

La politique d'intégration des Italiens dans le marché suisse du travail est donc brutalement ramenée à l'aune du développement de la législation nationale et accessoirement à celle de l'application des conventions internationales. Sur le plan bilatéral, les négociations vont désormais s'en tenir à des questions sectorielles, sur le plan de l'assurance par exemple.[69] Ainsi, en matière de chômage, les deux pays aboutissent, le 9 février 1927, à la signature d'une déclaration de réciprocité garantissant les droits des personnes établies à l'exclusion notoire des travailleurs saisonniers.[70] Pendant ce temps, la politique migratoire du gouvernement fasciste se durcit. L'Italie revendique l'égalité de traitement pour ses ouvriers,[71] en particulier en matière d'accidents de travail,[72] question que la Suisse lie aux négociations sur les dommages de guerre.

Avec l'adoption de la Loi fédérale sur le séjour et l'établissement des étrangers du 26 mars 1931 et de son Ordonnance d'exécution du 5 mai 1933, la Suisse dispose d'un appareil légal régissant le rôle de l'immigration dans le marché du travail. Elle se montre dès lors plus apte à négocier avec l'étranger sur des bases qui restent toutefois empreintes d'une volonté de contrôle strict. C'est ainsi que, le 1er août 1934, le Conseil fédéral accepte que «les ressortissants italiens, qui ont séjourné sans interruption cinq ans en Suisse au bénéfice d'autorisations régulières, peuvent prétendre à l'octroi d'une autorisation d'établissement».[73] D'autres dispositions règlent le séjour, les passeports de tourisme et l'exercice de certaines professions.[74]

Les négociations sur la main-d'œuvre et la politique migratoire

La période de 1918 à 1931 marque une évolution de la formation nationale. Cette formation se donne une stratégie de gestion de la société et d'intégration des diverses couches sociales dans une perspective de «nationalisation du peuple suisse». Au nombre des instruments fondamentaux de cette stratégie figure l'élaboration d'un marché national du travail incluant des mesures de protection propres à un Etat social au développement concomitant. La promotion des concepts de marché national du travail et d'Etat social implique nécessairement une redéfinition globale de l'ensemble des rapports qui prévalent en matière d'immigration et d'intégration des étrangers. Il s'agit très clairement de limiter l'immigration, ce qui ne signifie pas se priver de la main-d'œuvre nécessaire. Le séjour à court terme est donc érigé en principe.

C'est dans ce contexte que se situent les négociations avec l'Italie. Il s'agit d'une part d'assurer la main-d'œuvre jugée nécessaire par le patronat d'autant que les Italiens travaillent dans des secteurs souvent peu occupés par les Suisses. En outre, sous la pression de l'Italie, il s'agit d'examiner les conditions d'une participation des immigrés au marché du travail et aux assurances qui soient satisfaisantes. Les débats relèvent bien des hésitations suivant les interlocuteurs, la conjoncture, les arguments avancés de part et d'autre. Cependant, dans la mesure où la Suisse est animée d'une volonté plus forte, celle d'élaborer une stratégie d'action sociale, dans la mesure également où elle pense trouver la main-d'œuvre qui lui fait défaut, ces négociations ne peuvent aboutir. Elles relèvent en outre des mentalités administratives très fermées sur la défense des prérogatives nationales qui s'inscrivent dans la lutte contre la «surpopulation étrangère» et contre l'«Überfremdung», c'est-à-dire dans le cadre de concepts dont l'utilisation, qui s'est généralisée depuis la fin de la guerre, n'en est encore qu'à ses débuts.

Notes

1 Sur l'importance de la formation nationale en tant que fait social et sur le processus de nationalisation de la société, voir les travaux de Gérard Noiriel.

2 Pour les questions relatives au rapport entre la formation nationale et les étrangers en Suisse, voir nos travaux, en particulier Gérald et Silvia Arlettaz, «La politique suisse d'immigration et de refuge: héritage de guerre et gestion de paix», in Michel Porret et al. (dir.), *Guerres et Paix. Mélanges offerts à Jean-Claude Favez,* Genève 2000, p. 661 ss.

3 Voir Gérald et Silvia Arlettaz, «Un défi de l'entre-deux-guerres. Les étrangers face au processus de nationalisation et de socialisation du peuple suisse», in Alain Clavien, Bertrand Müller (éd.), *Le goût de l'histoire, des idées et des hommes. Mélanges offerts au professeur Jean-Pierre Aguet,* Lausanne 1996, p. 317 ss. Voir aussi Silvia et Gérald Arlettaz, «Die schweizerische Ausländergesetzgebung und die politischen Parteien 1917-1931», in Aram Mattioli (éd.), *Antisemitismus in der Schweiz 1848-1960,* Zürich 1998, p. 327 ss.

4 «La politique suisse du marché du travail», *La Vie économique* 1 (janvier 1934), p. 3.
5 Carl Bartholdi, *Gegenwartsfragen der schweizerischen Arbeitsmarktpolitik,* Flawil 1932, p. 3.
6 Voir Gérald et Silvia Arlettaz, «La Première Guerre mondiale et l'émergence d'une politique migratoire interventionniste», *in* Paul Bairoch, Martin Körner (éd.), *La Suisse dans l'économie mondiale,* Zürich 1990, p. 319 ss.
7 Voir *Feuille fédérale [FF],* 1919, vol. 3, p. 880 ss.
8 Article 2.
9 *Rapport du Conseil fédéral sur sa gestion en 1923,* p. 793.
10 «Message concernant les mesures à prendre pour obvier au chômage, du 10 juin 1921», *FF,* 1921, vol. 3, p. 406.
11 *Rapport du Conseil fédéral sur sa gestion en 1921,* p. 678.
12 *Rapport du Conseil fédéral sur sa gestion en 1923,* p. 794. C'est en fait l'Association suisse pour la colonisation intérieure qui est chargée d'organiser des projets de colonisation ou de placement à l'étranger.
13 Voir Gérald Arlettaz, «Sommes-nous pour ou contre l'émigration?», *Itinera,* 9 (1992), p. 79 ss.
14 L'expression est souvent utilisée. Ainsi, dans un exposé sur les résultats du recensement de 1930, «la ‹nationalisation› de la population suisse n'a donc pas été un phénomène passager; on voit qu'elle s'est poursuivie après la guerre», *La Vie économique,* 2 (février 1931), p. 51.
15 Voir Gérald Arlettaz, «Aux origines de la ‹question des étrangers› en Suisse», *in* Bernard Prongué *et al.* (éd.), *Passé pluriel, en hommage au professeur Roland Ruffieux,* Fribourg, 1991, p. 179 ss.
16 Publié par la Centrale suisse de placement.
17 Voir note 2.
18 *Informations de statistique sociale* 9 (1925), p. 252.
19 *Idem,* 9 (1926), p. 292.
20 Carl Alfred Schmid, *Nationale Bevölkerungspolitik,* Zürich 1920.
21 *La Suisse économique et sa législation sociale,* exposé du Département fédéral de l'économie publique, Berne 1922, p. 12.
22 Voir Uriel Gast, *Von der Kontrolle zur Abwehr. Die eidgenössische Fremdenpolizei im Spannungfeld von Politik und Wirtschaft 1915-1933,* Zürich 1997.
23 Voir Gérald et Silvia Arlettaz, «Les Chambres fédérales face à la présence et à l'immigration étrangères (1917-1922)», *Etudes et Sources,* N° 16/17, Berne, 1991, p. 9 ss.
24 «Rapport du Conseil fédéral concernant l'Ordonnance du 19 novembre 1921 sur le contrôle des étrangers, du 27 janvier 1922», *FF,* 1922, vol. 1, p. 153.
25 «Message concernant la réglementation du séjour et de l'établissement des étrangers par le droit fédéral, du 2 juin 1924», *FF,* 1924, vol. 2, p. 521.
26 Archives Fédérales [AF], E 4001 (A) 1, bd 26, lettre du Département fédéral de justice et police au Vorort, 26 décembre 1923.
27 AF, *Idem,* Arbeitsamt, Pfister, «Bemerkungen zur kleinen Anfrage des Herrn Schmid zuhanden der Eidg. Fremdenpolizei», 30 janvier 1926.
28 AF, E 4300 (B) 1, Bd. 8, «Notizen zur Besprechung mit dem eidgenössischen Arbeitsamt», Heinrich Rothmund, 11 septembre 1926.
29 Voir article 18. Voir aussi «Ordonnance d'exécution» du 5 mai 1933, article 7.
30 Article 3.
31 AF, E 7169/1, Bd. 12 et 13.
32 *Ibid.*
33 *Ibid.*
34 Article 11.
35 Voir Gérald Arlettaz, «Les effets de la première guerre mondiale sur l'intégration des étrangers en Suisse», *Relations internationales,* 54 (1988), p. 164 ss.
36 Voir les études mentionnées aux notes 2, 3, 6, 23 et 35.
37 Voir note 6.
38 D'une manière générale, sur les différents aspects de l'histoire de l'immigration italienne en

Suisse, voir Mauro Cerutti, «Un secolo di emigrazione italiana in Svizzera (1870-1970), attraverso le fonti dell'Archivio federale», *Studi e Fonti,* 20, Berna 1994, p. 11 ss.

39 (Heinrich), Rothmund «Die berufliche Überfremdung und Vorschläge zu ihrer Abhilfe», *Schweizerische Zeitschrift für Gemeinnützigkeit,* 63 (1924), Heft 10, p. 349.

40 Voir AF, E 1004.1 et E 21/24567.

41 AF, E 21/24567 «Verhandlungen über Niederlassungsverträge», Grundsätzliche Stellungnahme, s. d., probablement de 1921.

42 A ce sujet, voir Gérald Arlettaz, «De la ‹seconda patria› à la nation assiégée. La Suisse et les émigrants italiens après la Première Guerre mondiale», *Cahiers d'histoire du mouvement ouvrier,* 17 (2001), p. 39-54.

43 Voir AF, E 7169/1, Bd. 11.

44 *Idem.* Voir notamment la lettre du conseiller d'Etat chargé du Département du commerce et de l'industrie au Département fédéral de l'économie publique, du 3 mai 1921.

45 *Idem,* réponse du 20 mai 1921.

46 Selon AF, E 2001 (B) 3, Bd. 46, télégramme de la légation de Suisse à Rome au Département politique fédéral.

47 Voir en particulier l'article du *Corriere italiano,* du 14 janvier 1922. Voir étude mentionnée à la note 42.

48 AF, E 1402, I, 5 avril 1922, cité et commenté par l'étude mentionnée à la note 23.

49 AF, E 2001 (B) 2, Bd. 8, lettre de l'Office fédéral de l'assistance chômage au Département politique fédéral, 8 août 1919.

50 *Idem,* note verbale du Ministère royal des affaires étrangères, 24 octobre 1919.

51 *Idem,* procès-verbal du Conseil fédéral, 19 décembre 1919.

52 *Idem,* note verbale de la Légation de Suisse à Rome au Ministère royal des affaires étrangères, 10 septembre 1919.

53 AF, E 7169/1, Bd. 7, Notiz für die Abteilung für Industrie und Gewerbe.

54 AF, E 2001 (B) 2, Bd. 8, Nota verbale del Ministero reale degli affari esteri alla Legazione di Svizzera.

55 *Idem,* Légation de Suisse à Rome au Département politique fédéral, 28 janvier 1920.

56 *Idem,* lettre du 30 janvier 1920.

57 *Idem,* Légation Suisse à Rome au Département politique fédéral, 5 mars 1920.

58 Voir AF, E 7169/1, Bd. 7.

59 *Idem,* voir notices sur une discussion du 9 février 1920.

60 *Idem,* rapport du directeur Rüfenacht, 21 février 1920.

61 *Idem,* lettre du directeur de l'Office du travail, Pfister, à De Michelis, commissaire général à l'émigration, 11 juin 1923.

62 *Idem,* lettre à Pfister, 4 juillet 1923.

63 Voir AF, E 4300 (B) 1, Bd. 9.

64 AF, E 2001 (B) 5, Bd. 5, procès-verbal du Conseil fédéral, 29 août 1923. Voir aussi AF, E 7169/1, Bd. 7, en particulier notice sur un entretien du Département fédéral de l'économie publique, 19 septembre 1923.

65 AF, E 7169/1, Bd. 7, note du Chef du Département fédéral de justice et police, Häberlin, à Pfister.

66 AF, E 4300 (B) 1, Bd. 9.

67 *Idem,* Notes concernant le contre-projet du Conseil fédéral.

68 AF, E 7169/1, Bd. 7, lettre de Pfister au Département fédéral de l'économie publique, 8 juillet 1924.

69 Notamment en matière d'accidents, voir AF, E 4300 (B) 1, Bd. 9.

70 Lucio Boscardin, *Die italienische Einwanderung mit besonderer Berücksichtigung der Jahre 1946-1959,* Zürich 1962, p. 25.

71 Voir revendications italiennes, *in* AF, E 2001 (C) 1, Bd. 21, lettre du ministre de Suisse à Rome au Département politique fédéral, 18 février 1928.

72 En 1927, la Suisse a approuvé la Convention internationale concernant l'égalité de traitement des travailleurs étrangers et nationaux en matière de réparation des accidents du travail.
73 AF, E 4300 (B) 1, Bd. 9, circulaire du Département fédéral de justice et police aux directions de police des cantons, 24 septembre 1934.
74 Sur la politique suisse face à l'immigration italienne après 1945, voir Marc Perrenoud, «La politique de la Suisse face à l'immigration italienne (1943-1953)», *in* Michel Dumoulin (dir.), *Mouvements politiques migratoires en Europe depuis 1945. Le cas italien,* Louvain-la-Neuve 1989, p. 113 ss. Voir aussi l'ouvrage à paraître sur l'histoire de la politique de migration, d'asile et d'intégration en Suisse depuis 1948 par le Forum Suisse pour l'Etude des Migrations et autres dans le cadre du PNR 39.

Regula Stämpfli

Von der Grenzbesetzung zum Aktivdienst

Geschlechterpolitische Lösungsmuster in der schweizerischen Sozialpolitik (1914–1945)

«War – what is it good for?», fragte der britische Historiker Niall Ferguson am 18. Februar 2001 in der *Financial Times* und argumentierte gleichzeitig: «for very nearly everything».[1] Im schweizerischen Fall wäre es vermessen, den Krieg als Ursprung und Motor ökonomischen Wandels und politischen Handelns zu sehen, schliesslich war die schweizerische Eidgenossenschaft seit 1847 nicht mehr in kriegerische Auseinandersetzungen involviert. Trotzdem hat Fergusons Aussage etwas für sich: Die Beziehung zwischen Wirtschaft und Politik wird oft durch Krieg definiert. So hat die Bundessteuer ihren Ursprung in der Wehrsteuer des Ersten Weltkrieges, so stand auch die militärische Lohn- und Verdienstersatzordnung (LVEO) Modell für das Kernstück des schweizerischen Sozialstaates, der Alters- und Hinterlassenenfürsorge (AHV). Im folgenden Aufsatz wird der Krieg auch als Gestalter ökonomischer Staatsinterventionen dargestellt, und zwar unter dem Aspekt der Geschlechterbeziehungen. In drei Schritten wird zu erklären versucht, wie eng die Wehrpflicht, das Ernährerprinzip und die Geschlechterrollen zusammenhängen und sozialpolitische Lösungen beeinflussen. Zunächst wird die materielle Erfahrung und die daraus resultierende Geschlechterdichotomie während des Ersten Weltkrieges unter dem Begriff «Verwirtschaftlichung der Grenzbesetzung» kurz skizziert, um dann zweitens auf die quellengestützte Darstellung der Geschichte der Wehrmannshilfe als Vorläuferin staatlicher Sozialpolitik einzugehen. Drittens wird der Stellenwert der Lohn- und Verdienstersatzordnung bezüglich der Konstruktion von Geschlecht in der schweizerischen Sozialpolitik kurz diskutiert. Nicht zuletzt soll auch die historische Erinnerung im Hinblick auf die politischen Interessen der schweizerischen Frauenbewegung aufgefrischt werden: Es waren nicht zuletzt die gut organisierten Frauenverbände, die während der beiden Weltkriege auf eine ausreichende finanzielle Absicherung des Familienversorgers drängten.[2]

Die Verwirtschaftlichung der Grenzbesetzung

«Wir erwarten von Euch, Wehrmänner, dass jeder freudig seine Pflicht tue, bereit, dem Vaterland Blut und Leben zum Opfer darzubringen. [...] Du Schweizervolk, das du am häuslichen Herd zurückgeblieben bist, bewahre deine Ruhe und Besonnenheit. Vertraue auf deine Behörden [...].»[3] So lautete der bundesrätliche Aufruf an das Schweizervolk im August 1914. Diese Worte wurden nicht von ungefähr gewählt. Der Wehrmann hatte seine Staatsbürgerpflicht zu erfüllen, das Schweizervolk am häuslichen Herd – sprich die Frauen, Kinder und die Alten – mussten die gesellschaftliche und wirtschaftliche Normalität des Kriegsalltags so gut als möglich erhalten. Was der Bundesrat in seinem Aufruf verklausuliert zur Sprache brachte, war nichts anderes als eine Trennung der staatlichen Aufgaben nach Geschlecht. Mit seinen Worten untermalte er die unterschiedliche Staatlichkeit von Mann und Frau.[4]

Die Arbeitsteilung während der Grenzbesetzung war also klar: Die Männer mussten an der Grenze ihr Vaterland verteidigen und die Frauen hatten zu sehen, wie sie mit den knappen Lebensmittelvorräten, den eigenen Lohnarbeiten als Köchin, Krankenschwester, Kindermädchen und Haushälterin, den Kriegswäschereien und dem fehlenden Männereinkommen zu Hause zurecht kommen sollten. Dies war alles andere als einfach, denn der Kriegsausbruch schnitt tief ins Wirtschaftsleben ein. Die öffentliche Hand hatte für den Kriegsfall nicht für die Landesversorgung vorgesorgt und baute auf Improvisation. Mindestens zwei Fünftel des Lebensmittelbedarfs mussten eingeführt werden, dazu Kohle als Betriebsstoff und Roheisen als Rohstoff für die Industrie.[5] Der Bundesrat versuchte zwar aufgrund seiner Vollmachten regulierend zu wirken und eine gleichmässigere Konsumgüterverteilung durchzusetzen, scheiterte aber einerseits an seinem späten Eingreifen und andererseits an der äusserst fragmentarischen Konzeption.[6] Schon in seinem ersten Neutralitätsbericht von 1914 hielt der Bundesrat fest: «Noch nie sind die Folgen unserer ungünstigen geographischen Lage und des Mangels an Rohstoffen in so schwerer Weise zutage getreten, als in der gegenwärtigen Krise.»[7] Tatsächlich war die Situation schwierig. Die nationale Nahrungsmittelvorsorge bestand nach Kriegsausbruch lediglich aus einer Getreidereserve für knapp 14 Tage.[8] Die Nahrungsmittelpreise zogen in der Folge erheblich an und die Preiskurve stieg steil aufwärts: Ein Kilo Brot kostete vor Ausbruch des Krieges 34 Rappen und im Dezember desselben Jahres schon 46 Rappen. Im Dezember 1917 waren es dann 70 Rappen und Mitte 1918, trotz hoher Einfuhren aus Übersee, immer noch 75 Rappen. Der Mangel am täglichen Brot, die massive Verteuerung von Käse und Milchprodukten sowie die unzureichende Gemüseversorgung wogen im einfachen Haushalt mit niedrigem Einkommen schwer. Es handelte sich ab dem zweiten Kriegsjahr nicht mehr nur um die

Einführung fleischloser Tage, sondern um das Durchhalten während fleischloser Wochen. Kartoffeln waren als Brotersatz nur schlecht zu gebrauchen und wegen des teuren Heizmaterials auch nur schlecht zu kochen.[9] Alte Kleidungsstücke waren mangels Stoff nicht mehr ersetz- oder flickbar.

Die Mobilisation der Armee, welcher die Aufgabe des bewaffneten Grenzschutzes im Dienste der Neutralität zufiel, ging reibungslos vonstatten. Dies bedeutete, dass 220 000 Männer ihren Arbeitsplatz und ihre Familien verliessen. Bald wurde der Bestand zwar auf 50 000 bis 60 000 Mann verringert, dennoch bedeutete diese für die damaligen Verhältnisse breite Mobilisierung eine schwere volkswirtschaftliche Belastung für die Schweiz.[10] Zu Hause wog vor allem der Erwerbsausfall der an der Grenze mobilisierten Männer schwer. Es gab keinen Erwerbsersatz, keine Sozial- und allgemeine Krankenversicherung. Es existierte lediglich eine staatliche Notunterstützung, die wegen des Stigmas der Armenfürsorge weder besonders beliebt noch grosszügig ausgestattet war. In einem Brief an den Bauernsekretär Ernst Laur beschrieb der Gewerkschafter Robert Grimm die Situation drastisch: «Die heutige Lage erheischt schwere Opfer jedes einzelnen. Diese Opfer müssen von allen nach Massgabe der wirtschaftlichen Leistungsfähigkeit verhältnismässig getragen werden. Es darf nicht sein, dass die einen auf Kosten der andern Sondervorteile ziehen. Wenn Sie daher ausführen, dass die Produzenten vor Verarmung zu schützen seien, so gilt dies in gleichem Masse für die Konsumenten. Unter diesen werden die Arbeiter am härtesten von den Folgen der eingetretenen Störung des Wirtschaftslebens getroffen. Die Mehrzahl der Arbeiter konnte in den letzten Jahren keine Ersparnisse machen. [...] Jetzt stehen die meisten Arbeiter entweder im Wehrdienst oder erwerbslos auf der Strasse. Für die Familien der Wehrpflichtigen sorgt notdürftig der Staat, hört aber der Dienst auf, so auch die Notunterstützung. Die andern Arbeiter sind mittellos vom ersten Tage der Arbeitslosigkeit an. Sie haben weder Barmittel noch, wie die Bauern, irgendwelche Nahrungsmittelvorräte. Kredit wird keiner gewährt.»[11] Die Preise stiegen in den Jahren 1914-1919 auf mehr als das Doppelte.[12] Davon waren insbesondere die unteren Schichten, die Frauen, Arbeitnehmer und Alte betroffen. Der Bericht «Kinder in der Mobilisationszeit» im historischen Erinnerungswerk «Grenzdienst der Schweizerin» zeigt – wenn auch in verklärter Form – die Armut der damaligen Jahre. Gleichzeitig verdeutlicht der Ausschnitt auch den grossen Unterschied in der Versorgungslage des «Schweizervolkes am häuslichen Herd» im Vergleich zu den mobilisierten Soldaten: Die Kinder liefen durchwegs barfuss zur Schule, im Winter notdürftig mit «Holzzoggeli» bekleidet. Der gut genährte Vater schickte vom Kriegsdienst den «Kriegskäse», der mit Heisshunger von den Kindern verzehrt wurde. «Von allen Lebensmittelkarten gaben uns diejenigen für das Brot am meisten zu schaffen. Oftmals wenn ich sie für den kommenden Monat auf der Kanzlei abholen musste, hoffte ich im stillen, der Mann hinter dem Schalter möchte sich einmal irren [...]. Nun musste halt Mama wieder sehen, dass der Brotlaib für den ganzen Tag ausreichte und jedem noch ein Stück für die Znünipause übrig blieb.»[13]

Überall im Lande wurden von den lokalen Frauenverbänden und den Frauenzentralen unentgeltliche Beratungsstellen gegründet, um die Beschaffung von Lebensmitteln bis hin zu Kochkursen für die kriegswirtschaftliche Küche zu organisieren.[14] «Der Hausfrauenstand als solcher ist zu seiner Bedeutung erwacht und steht im Begriffe, sich zu organisieren», lautete die Bilanz der gemeinnützig-progressiven Frauenbewegung für das letzte Kriegsjahr. «Er hat zwar immer eine bedeutende Stellung im Volksganzen innegehabt, aber diese wird ihm erst jetzt so recht bewusst, da die Versorgung des Landes zu einem grossen politischen Problem geworden ist.»[15] Da von den Behörden punkto Versorgungslage und umfassender kriegswirtschaftlicher Planung wenig zu erwarten war, nahmen es die Frauenverbände selber an die Hand, wenigstens vor Ort die Versorgungshilfe etwas zu organisieren. Den Geschlechterdualismus voll antizipierend mutierte damit auch die politische Agenda der Frauenbewegung während des Ersten Weltkrieges zur eigentlichen Hauswirtschaftsagenda.[16]

Die Versorgungspolitik des Bundesrates hinkte der gesamten Entwicklung nach. Dem Freihandel wurde so lange Priorität eingeräumt, bis der Zeitpunkt für kriegswirtschaftliche Vorsorgemassnahmen verpasst war. Die Konkurrenz zwischen dem Militärdepartement, welches für die Getreideversorgung zuständig war, und dem Volkswirtschaftsdepartement, welches den Inlandanbau betreute, wirkte sich für eine effiziente Organisation alles andere als produktiv aus: «Konzeptlosigkeit und Überforderung der eidgenössischen Behörden führten zu einer Flut von Noterlassen, deren Unübersichtlichkeit die Umsetzung der Massnahmen erschwerte.»[17] Erst im September 1918 kam es zur Einrichtung des von parlamentarischer und gewerkschaftlicher Seite schon lange geforderten «Versorgungsamtes», des eidgenössischen Ernährungsamtes, dessen Leiter Josef Käppeli im Zweiten Weltkrieg das Kriegsernährungsamt organisieren sollte.[18]

Die Erfahrung der Grenzbesetzung hatte schliesslich auch der organisierten Frauenbewegung vor Augen geführt, wie wichtig fortan wirtschaftliche Fragen sein konnten und wie stark die politische «Frauenfrage» mit der wirtschaftlichen zusammenhing. Spätestens seit dem Ersten Weltkrieg war das frauenpolitische Engagement in der Wirtschaftspolitik nicht mehr wegzudenken: Die Erfahrung der Verwirtschaftlichung der Grenzbesetzung führte direkt zur Verwirtschaftlichung der Frauenfrage nach dem Krieg.[19]

Die Wehrmannsfürsorge als Vorläufer staatlicher Sozialpolitik

Die Mischung zwischen staatlicher Überforderung, sozialer Notlage und dem Hilfsangebot der organisierten schweizerischen Frauenbewegung ergab nun während des Ersten Weltkrieges Ansätze einer Sozialpolitik, die einerseits die männliche Wehrpflicht mit den weiblichen Subsistenzleistungen zu kombinieren wusste und andererseits dem gesellschaftlichen Konsens der Referendumsdemokratie gut entsprachen. Einer der Angelpunkte sozialpolitischer Auseinandersetzungen bildete nun die so genannte Wehrmannsfürsorge. Der Zusammenhang zwischen der Wehrmannsfürsorge und der Rolle der Frauen in der Sozialpolitik war offensichtlich: Jeder Schweizer Bürger hatte Militärdienst zu leisten und wurde damit im Kriegsfall für den Grenzschutz abkommandiert. Dieser Bürgerpflicht entsprach eine Kompensation, nämlich diejenige des Bürgerrechts. Nicht kompensiert wurde die Dienstzeit hinsichtlich Erwerbsausfall, Krankheit und Sozialfürsorge. Rund 500 Tage Dienst leisteten die Soldaten durchschnittlich. Der Tagessold von 80 Rappen reichte für drei kleine Gläser Bier und ein Päckchen Zigaretten.[20] Die zurückbleibenden Ehefrauen mussten für das Einkommen, die Versorgung und Infrastruktur zu Hause aufkommen – Aufgaben, deren Ausführung unter den gegebenen Umständen schwierig war. Der Kriegsberichterstatter Jacob Ruchti hielt im Rückblick fest, dass «der lange Aktivdienst an die Leistungsfähigkeit und Ausdauer der Truppen gewaltige Anforderungen stellte [...]. Die Einförmigkeit desselben machte ihn Vielen zur Qual.»[21] Je länger der Krieg dauerte, umso stärker trat die wirtschaftliche Notlage, hervorgerufen durch Rohstoff- und Lebensmittelknappheit und Verdienstausfall, hervor. «Die lange Abwesenheit der Hausväter von ihren Familien wurde in wirtschaftlicher Beziehung besonders drückend empfunden», meinte der Generalstabschef Theophil von Sprecher im Rückblick in milder Untertreibung.[22]

Nun gab es eine ganze Reihe von fürsorgerisch-gemeinnützigen zivilen Hilfsorganisationen, die sich um das Wohl der Truppe auf freiwilliger Basis kümmerten, doch es fehlte ein organisatorisches Netz, welches die diversen Hilfsangebote auch koordinierte. Die professionell ausgewiesenste Organisation unter all den die Armee unterstützenden Hilfsverbänden war diejenige der Soldatenstuben.[23] Sie standen unter der Leitung der Journalistin und späteren Unternehmerin Else Züblin-Spiller und leisteten einen wesentlichen Beitrag an die infrastrukturelle Bewältigung des militärischen Kriegsalltags. Die Leitlinien der Soldatenstuben waren denkbar einfach. Die Verpflegung der Soldaten hatte alkoholfrei, preisgünstig und qualitativ hochstehend zu sein, sie musste gleichzeitig auch die «Wehrkraft und den Wehrwillen der Soldaten stützen».[24]

Mit den von Else Spiller gegründeten Soldatenstuben wurde der weibliche Beitrag zur Lösung einiger Infrastrukturprobleme der Armee geliefert, der im schweizerischen Kontext einen bisher nicht dagewesenen Professionalisierungsschub erfuhr. Else Spillers Engagement war eine Spielart der seit den 1890er-Jahren definierten «sozialen Frage». Die Verbindung von «Vaterland in Mutterhand» war fast unschlagbar.[25] Die Armee, eine ursprünglich männliche Organisation, ging ein «symbiotisches Verhältnis ein mit einer subsidiären, von Frauen getragenen Initiative», den Soldatenstuben: «Wir sollen nicht übersehen: die Soldatenstuben sind nicht aus sich selbst heraus das geworden, was sie sind. Es bedurfte des beseelenden Geistes in jedem einzelnen dieser Refugien – es bedurfte der fraulichen Wärme und Hilfsbereitschaft, welche die Räume erfüllten, und sie zu der Stätte menschlicher Geborgenheit machten, nach der sich auch der rauhste Krieger sehnte. Tausende von selbstlosen Schweizerfrauen haben in tugendhafter Hingabe immer wieder diese Männersehnsucht erfüllt und sich den höchsten Titel verdient, der einer Frau zukommt: der Mutter! Allen schweizerischen Soldatenmüttern sei dafür Dank gesagt!»[26]

Es gelang Else Spiller – im Unterschied zu den Anstrengungen der organisierten Frauenbewegung – die «Demarkationslinie»[27] zwischen bezahlter und unbezahlter Frauenarbeit zu durchbrechen und die ersten bezahlten Hausfrauen als Berufstätige in der Schweiz einzuführen, in dem typisch männlichen Bereich der Armee. Die «Arbeit aus Liebe»[28] wurde für die Soldatenmutter erstmals zur Lohnarbeit und präsentierte damit ein Modell für ökonomische Selbständigkeit, die für die Leiterinnen der Soldatenstuben eine wichtige «Erfahrung von Freiheit»[29] brachte. Der Kochtopf verhalf nun zu einem ausreichenden Einkommen in einem von Frauenhand geleiteten Unternehmen – ein ökonomischer Emanzipationsprozess, der für die betroffenen Frauen nicht zu unterschätzen war. Den in den Soldatenstuben beschäftigten Frauen wurde mit dem Beruf der «Soldatenmutter» ein neuer Lebens- und Wirkungskreis erschlossen, der den überlieferten «Geschlechtercharakteren» entgegenkam. Else Spiller spielte mit der Geschlechtertrennung und wusste sie für ihr Unternehmen zu nutzen. Nicht von ungefähr entschloss sie sich für eine ausschliesslich weibliche Angestelltenschaft: «Nach meiner Erfahrung ist eine Leiterin einem Leiter entschieden vorzuziehen, da diese das häusliche Wesen besser zum Ausdruck bringen kann.»[30]

Die Kriegsgesellschaft organisierte sich nach dem Prinzip der Geschlechterdichotomie: Frauen agierten an der Heimatfront, Männer an der Grenze. Am Ende des Krieges widmete die Schweizer Illustrierte den Frauen eine ganze Serie im Rahmen einer allgemeinen Reihe zum Thema «Schweiz im Krieg». Dabei kamen auch die Soldatenstuben zur entsprechenden Würdigung: «Man überlege sich nur einen Augenblick, was aus all den ‹rohen Soldatenherzen› geworden wäre, wenn nicht hie und da eine weibliche Hand, eine mütterliche Mahnung, tatkräftige Frauenhilfe zur rechten Zeit und am rechten Orte, wo es notwendig erschien, eingegriffen hätte. Und wie oft dies notwendig war, das kann jeder Soldat

beweisen, der draussen gestanden ist, der, auf sich selbst angewiesen, vielleicht ohne Mutter, ohne Bekannte allzuleicht der ‹Verwilderung› anheimgefallen wäre. Die Soldatenstube gab ihm aber Heim und Erholung, die fürsorgenden Flickerinnen und Wäscherinnen im Hinterlande sahen nach seinen sieben Sachen, und kam das Wäschesäckchen zurück, lag oft ein Apfel, ein Päckchen Stumpen, wohl gar ein Brieflein bei den geflickten und ergänzten Socken und Hemden.»[31]
Der Kategorie Geschlecht kam Strukturierungs-, Orientierungs- und Ordnungsfunktion zu.[32] Der Krieg ermöglichte eine eigentliche «Inkarnation des bürgerlichen Frauenideals des 19. Jahrhunderts».[33] Dies trotz neuer Freiheiten und Selbstbestätigung von Frauen in Krisensituationen und gewissen Irritationen des Geschlechterverhältnisses, verursacht durch die populäre Darstellung von Grenzüberschreiterinnen des Geschlechterideals in Rüstungsfabriken, Landwirtschaft und öffentlicher Verwaltung im Ausland. Der Grenzbesetzung wurde aber unbedingte ökonomische, politische und soziale Priorität eingeräumt.[34] Die Historikerin Christa Hämmerle belegte am «Liebesgaben-System» das «Referenzsystem für die Konzeption der sexuellen Differenzen an den Fronten des Ersten Weltkrieges».[35]
Else Spillers Werk beschränkte sich nicht nur auf den Aufbau einer Infrastruktur für die Schweizer Armee, sondern sollte mit der *Wehrmannsfürsorge* weitgehende Wirkung auf die Ausgestaltung des schweizerischen Sozialstaates ausüben. Aufgrund ihrer Beobachtungen in den Soldatenstuben entwickelte Else Spiller zuhanden des Generalstabschefs von Sprecher, mit welchem sie eng befreundet war, einen so genannten Sozialplan, die *Fürsorge für die Wehrmannsfamilien.* Am Modell des Wehrmannes und Ernährers nahm Spiller die Entwicklung des Fürsorgewesens hin zur staatlichen Unterstützung vorweg: «Es liegt im Sinne dieser Fürsorge, eine möglichst gründliche Hilfe zu geben. Besonders sollen Schulden, die durch den Militärdienst des Ernährers entstanden sind und nicht ihre Ursache in der liederlichen Haushaltsführung haben, von der Abteilung Fürsorge Soldatenwohl übernommen werden.»[36] Diese «Abteilung Fürsorge Soldatenwohl» proklamierte nun ein «Recht auf soziale Unterstützung, wenn möglich ein Recht auf vollen Lohnersatz, materielle Unterstützung der Familien beim Wegfall des Ernährers».[37] Gleichzeitig sollte diese Unterstützung kein Almosen, sondern ein Rechtsanspruch eines jeden Wehrmannes und Ernährers sein. Damit fand das Ernährerprinzip in der Ausgestaltung der Fürsorge für die wehrpflichtigen Bürger Eingang in die zunächst für die Armee und später dann für das ganze Land konzipierte Sozialpolitik. «Es ist in der Tat schwer, Militärdienst machen zu müssen, wenn man seine Familie durch seine Abwesenheit in Not kommen sieht. Und dass dem so ist, haben wir aus zahlreichen, bis jetzt gemeldeten Fällen gesehen.»[38]
Deshalb forderte Spiller die «Unterstützung von Wehrmannsfamilien während der Dienstzeit des Wehrmannes (auch bei freiwilligem Dienst) [und] darüber hinaus

bis zum ersten Zahltag oder vier Wochen nach dem Dienst auf Rechnung der Frauenspende».[39] Ausgangspunkt der Wehrmannshilfe war also immer die Familie, wobei diese auch nur aus dem Soldaten und seiner Ehefrau bestehen konnte. Dem Familienernährer, der gleichzeitig Wehrmann und Bürger war, kam also in der Wehrmannshilfe eine herausragende Stellung zu. Else Spiller drängte immer mehr darauf, dass auch der Staat und nicht nur die privaten Institutionen die Unterstützungspflicht für die wehrpflichtigen Familienväter übernehmen sollte. Statt des leiblichen Vaters in der Familie sollte der Staat in Krisen- und Kriegszeiten die Haupternährerfunktion übernehmen. Damit war die Wehrmannsfürsorge eigentliche Vorläuferin der im Zweiten Weltkrieg so erfolgreichen Lohn- und Verdienstersatzordnung LVEO.[40] Im Ersten Weltkrieg setzte sich das aus dem 19. Jahrhundert bekannte Prinzip des Haupternährers mit der Zuverdienerin/ Hausfrau immer stärker durch. Die wehrpflichtbedingte hohe Mobilisierung während der Grenzbesetzung dehnte die konsequente Anwendung dieses Prinzips auch auf die Unterschichten aus. Selbst die Sozialdemokraten unterstützten das System der Familiensozialgesetzgebung. Sie gingen sogar noch ein Stück weiter, indem sie auf eine Arbeitsplatzsicherung für den Wehrmann pochten. Dabei hatten die Sozialdemokraten vor allem die Konkurrenz durch die Frauenlohnarbeit im Auge: «Die Mobilmachung bedeutet die Aufhebung der bisherigen gesellschaftlichen Beziehungen. Die Vorsteher werden der Familie, die Väter den Kindern, die Söhne den Eltern, die Arbeiter den Werkstätten und den Fabriken entrissen.»[41] Die sozialdemokratische *Tagwacht* folgerte daraus, dass es deshalb umso wichtiger sei, die Stellung des männlichen Ernährers zu schützen. Einerseits müsse der Staat den Wegfall des Ernährerlohnes kompensieren und andererseits müssten gerade die Frauen auch den gleichen Lohn wie die Männer erhalten. Denn ansonsten könnten diese als Lohndrückerinnen die Position des Haupternährers untergraben: «Auch die schweizerische Arbeiterklasse muss der Organisation der Frauen mehr Aufmerksamkeit schenken, weil auch hier die Arbeiterin als Lohndrückerin auftritt. Die Arbeiter der Schweiz haben ebenso wie die Arbeiter anderer Länder keine Garantien, dass sie für immer die Ernährer ihrer Familien bleiben. Es ist leider nicht ausgeschlossen, dass anstatt des Mannes die Frau die Brotgeberin sein wird. Und deshalb ist es für die Arbeiterklasse der Schweiz von ungeheurer Wichtigkeit, dass der Arbeitslohn der Frau nicht niedriger als derjenige des Mannes ist.»[42] Nicht nur der Wehrdienst der Männer, sondern auch die relativ hohe Arbeitslosigkeit während des Ersten Weltkrieges liess die Position des Haupternährers als sozialpolitisches Muss ins Zentrum sozialpolitischer Lösungsstrategien rücken. Die Verknüpfung von Wehrpflicht, männlichen Arbeitsplatzsicherungsstrategien und Familienlohn manifestierte sich einerseits in der relativ niedrig gehaltenen Frauenerwerbstätigkeit während des Krieges, anderseits in den Vermittlungsstellen für Arbeitslose in den Kantonen. Diese waren ausschliesslich für die zurückkehrenden Wehrmänner eingerichtet worden, so dass es die Frauenzentralen und später die «Zentralstelle für Frauenberufe» übernehmen mussten, den erwerbslosen weiblichen Arbeitskräften Stellen zu vermitteln.[43] Die kantonalen Arbeitsvermittlungsstellen wurden 1919 im eidgenössischen Arbeitsfürsorgeamt national koordiniert. Dieses wurde nicht von ungefähr zunächst der Verwaltung des Eidgenössischen Militärdepartementes angegliedert, ging es doch vor allem darum, dem wehrpflichtigen Schweizer Manne eine Arbeit zu vermitteln. Aus diesem Arbeitsfürsorgeamt erwuchs 1922 das einflussreiche Bundesamt für Industrie, Gewerbe und Arbeit (BIGA).

Zwischen Wehrpflicht und Sozialstaat: die LVEO

Die Lektionen aus dem Ersten Weltkrieg waren bei Ausbruch des Zweiten Weltkrieges klar: Nicht nur die Armee, sondern vor allem die Kriegswirtschaft entschied über den Weiterbestand der Nation. Der Einsatz aller verfügbaren wirtschaftlichen, militärischen und politischen Kräfte zur Verteidigung des Landes musste so beschaffen sein, dass zwischen Militär, Wirtschaft und Gesellschaft kaum Ungleichgewichte auftraten.[44] Dabei nahm die Sozialpolitik einen wichtigen Stellenwert ein. Nachdem 1931 die erste AHV-Vorlage an der Urne gescheitert war, galt es, für den Krieg sozialpolitische Lösungen zu entwerfen, die auch nach dem Krieg Beständigkeit haben sollten. Gleichzeitig verlangte die umfassende männliche Wehrpflicht nach ökonomischen Abfederungen, sollte das wirtschaftliche Überleben breiter Bevölkerungsschichten gewährleistet sein.
Es war das BIGA, welches zu Beginn des Zweiten Weltkrieges 1939 die für den sozialpolitischen Frieden und die weitere Ausgestaltung der schweizerischen Sozialpolitik so wegweisende Lohn- und Verdienstersatzordnung entwarf.[45] Der Wehrmann sollte versicherungstechnisch und arbeitsmarktrechtlich gegen alle Eventualitäten der kriegswirtschaftlichen Entwicklung und vor allem gegen die Konkurrenz der Frau geschützt werden. Dieser sollte via Ehemann ein ausreichendes materielles Überleben durch Sozialbeihilfen vom Staat garantiert werden. Die offensichtliche Bedürftigkeit als Voraussetzung für die Armenunterstützung machte dem neuen Prinzip des Anspruches auf staatliche Unterstützung Platz.
Die LVEO war eine wichtige kriegswirtschaftliche, volkswirtschaftliche und politische Massnahme. Sie sicherte die Stellung «des Wehrmannes vor den ökonomischen Folgen des Militärdienstes» sowohl in Kriegs- als auch in Friedenszeiten.[46] Mit der Lohn- und Verdienstersatzordnung wurde ein Modell geschaffen, welches nach dem Krieg auch der AHV den Weg weisen sollte. Mehrere Ziele konnten mit der LVEO erreicht werden: Lohnfortzahlung während des Militärdienstes, Arbeitsplatzsicherung für die Wehrmänner, Rückbindung der weiblichen

Erwerbsarbeit bei gleichzeitiger pronatalistischer Politik und sozialpolitische Friedenssicherung zwischen den Klassen. Der Erfolg dieser geschlechterasymmetrischen Sozialpolitik konnte sich an den kriegswirtschaftlichen Statistiken messen: Es wurden während des Krieges 40 000 Ehen mehr geschlossen und 77 000 Kinder mehr geboren als in der Vorkriegszeit.[47] Dieser Babyboom, welcher auch in der wissenschaftlichen Literatur Eingang fand, hing aber weniger mit der Entpolitisierung der Zeit und der Rückbesinnung auf die Familie zusammen[48] als vielmehr mit den gewandelten materiellen Bedingungen für die gesellschaftliche Reproduktion. Der LVEO-Verwaltungsberichterstatter Max Holzer hielt 1941 fest: «Die Lohnausfallentschädigung ist in erster Linie als Familienbeihilfe gedacht. Sie geht deshalb aus vom normalen Fall des verheirateten Wehrmannes, der eine Haushaltungsentschädigung erhält. [...] Die Kinderzulagen sind verhältnismässig hoch angesetzt, so dass Familien mit Kindern in hohem Masse begünstigt werden.»[49] Ökonomisch behinderte die LVEO für Frauen den breiten Zugang zum Arbeitsmarkt, denn wie Holzer richtig feststellte, war die LVEO nicht nur Einkommensausgleich, sondern sogar Einkommenssicherung – für jeden wehrpflichtigen Mann (unter gleichzeitiger Bevorzugung der Ehemänner). «Das Entschädigungssystem war ursprünglich durchaus auf die Bedürfnisse der verheirateten Wehrmänner zugeschnitten. Wehrmänner ohne eigenen Haushalt (Ledige, Verwitwete, geschieden und getrennt Lebende) erhielten anfänglich, ohne Rücksicht auf ihren verdienstlichen Erwerb, eine einheitliche Entschädigung von 50 Rp., die mehr symbolischen Charakter hatte. [...] Aus diesem Grunde wurden die Alleinstehendenentschädigungen mehrmals wesentlich aufgebessert und ebenfalls nach dem Einkommen abgestuft.»[50] Die Belohnung der Verheirateten und die Benachteiligung Lediger, insbesondere lediger Frauen, die in der Folge nicht einmal den Verdienstersatz nach Einkommen beanspruchen konnten, wurde vom Parlament (mit Ausnahme einer kleinen Anfrage des Sozialdemokraten Moser)[51] unwidersprochen hingenommen.[52] Mit der Lohn- und Verdienstersatzordnung fand zudem das aus katholisch-konservativer Provenienz stammende Familienmodell Eingang in die schweizerische Sozialgesetzgebung. Brigitte Studer weist nach, dass sich die konkurrierenden Sozialversicherungsmodelle der Linken und der Katholisch-Konservativen trotz Divergenzen in einem Punkt trafen: Sobald es um die Stellung der verheirateten Frau und Mutter ging, plädierten beide Seiten dafür, «diese möglichst von der Erwerbstätigkeit zu ‹befreien› und sie Haus und Kindern ‹zurückzugeben›».[53]

Diskussion

Der vorliegende Beitrag zeigt die im schweizerischen Kontext enge Verknüpfung zwischen Wehrpflicht, Sozialstaat und der daraus resultierenden Geschlechterpolitik. Die Erfahrungen der Grenzbesetzung während des Ersten Weltkrieges brachten sozialpolitische Lösungsmuster hervor, welche im Aktivdienst des Zweiten Weltkrieges ihren Niederschlag fanden. Dabei fielen Wehrpflicht, Ernährerprinzip, Familienpropaganda und die dualistische Geschlechterpolitik in der Lohn- und Verdienstersatzordnung (LVEO) zusammen. Die dem Geschlechterdualismus folgende schweizerische Sozialpolitik war jedoch nicht einfach das Resultat politischer Machtstrukturen, sondern ein Potpourri von Bemühungen der unterschiedlichsten politischen und gesellschaftlichen Organisationen. Die Sozialpolitik war das geeignete Feld beispielsweise für die organisierte Frauenbewegung, weil in ihr mehrere Geschlechterpolitiken gleichzeitig verfolgt werden konnten: die Sicherung des männlichen Ernährers bei gleichzeitiger Anerkennung des Geschlechterdualismus.

Die starken Grenzziehungen zwischen Männern und Frauen während beider Weltkriege führte zu einem eigentlichen Triumph der Geschlechtertrennung,[54] welche durchaus auch von einem grossen Teil der organisierten schweizerischen Frauenbewegung unterstützt wurde. Für die Ausgestaltung der schweizerischen Sozialpolitik hatte dies weitreichende Folgen. So stellt die Schweiz auch heutzutage in sozialpolitischen Fragen ein eigentliches Entwicklungsland dar. Es gibt in der Schweiz keine staatliche Mutterschaftsversicherung, es gibt kaum Krippen und Tagesschulen, die AHV steht in permanenter Revision, wobei der ungleiche Geschlechtervertrag gerade in dieser Versicherung eine wichtige Rolle spielt. In der Schweiz sind viele Sozialleistungen immer noch ans Geschlecht gebunden und fördern ein Erwerbsarbeitsverständnis, welches im Zeitalter der Globalisierung, Flexibilisierung und Individualisierung stark unter Druck geraten ist und gerade im Hinblick auf die Frauenerwerbsarbeit einer Lockerung bedarf. Die Erfahrungen der beiden Weltkriege haben eine Sozialpolitik hervorgebracht, die auch im aktuellen Kontext Geschlechterasymmetrien begünstigt.

Anmerkungen

1 *Financial Times,* 18. 2. 2001.
2 Die Vorarbeiten für diesen Aufsatz wurden im Rahmen der folgenden, noch unpublizierten Dissertation geleistet: Regula Stämpfli, *Mit der Schürze in die Landesverteidigung 1914–1945. Staat, Wehrpflicht und Geschlecht,* Dissertation Bern 1999.
3 *Berner Tagwacht,* 8. 8. 1914.
4 Die internationale Literatur zur unterschiedlichen Staatlichkeit von Mann und Frau füllt mittlerweile mehrere Laufmeter, hier nur eine Auswahl zur Schweiz: Regula Stämpfli, «Direct

Democracy and Women's Suffrage. Antagonism in Switzerland», in: Barbara Nelson et al. (Hg.), *Women and Politics Worldwide*, Yale 1994, S. 690–704; Dies., «Wehrpflicht und Geschlecht – Sonderfall Schweiz. Überlegungen zur geschlechtlichen Verknüpfung von Wehrpflicht und Staatsbürgertum», in: Veronika Aegerter et al. (Hg.), *Geschlecht hat Methode. Ansätze und Perspektiven in der Frauen- und Geschlechtergeschichte*, Zürich 1999, S. 247 bis 257; Brigitte Studer, «‹L'Etat c'est l'homme›. Politique, citoyenneté et genre dans le débat autour du suffrage féminin après 1945», *Schweizerische Zeitschrift für Geschichte* 46 (1996), S. 356–382; Dies., «Der Sozialstaat aus der Geschlechterperspektive. Theorien, Fragestellungen und historische Entwicklung in der Schweiz», *Itinera* 20 (1998), S. 184–208; Dies., «Alle Schweizer sind vor dem Gesetze gleich». Verfassung, Staatsbürgerrechte und Geschlecht, in: Beat Sitter-Liver (Hg.), *Herausgeforderte Verfassung. Die Schweiz im globalen Kontext*, Freiburg 1999, S. 63–83.

5 Hans von Greyerz, «Der Bundesstaat seit 1848», in: *Handbuch der Schweizer Geschichte*, Bd. 2, Zürich 1980, S. 1127 f.
6 Heinz Ochsenbein, *Die verlorene Wirtschaftsfreiheit 1914–1918*, Bern 1971.
7 Jacob Ruchti, *Geschichte der Schweiz während des Weltkrieges 1914–1919*, Bd. 2: *Kriegswirtschaft und Kulturelles*, Bern 1930, S. 179.
8 Eduard Fueter, *Die Schweiz seit 1848*, Zürich 1928, S. 259.
9 Zur Ernährungssituation der Schweiz während des Ersten Weltkrieges siehe Katharina Lüthi, *Sorglos bis überfordert. Die Brotversorgungspolitik der Schweiz im Ersten Weltkrieg*, Lizentiatsarbeit Bern 1997.
10 Von Greyerz (wie Anm. 5), S. 1125 f.
11 Robert Grimm an Dr. Ernst Laur, Bern, 22. 8. 1914, in: Willi Gautschi, *Dokumente zum Landesstreik – 1918*, Zürich 1988, S. 29. Zum Zusammenhang zwischen der drastischen Verschlechterung des Lebensstandards und der wachsenden Radikalisierung der Arbeiterschaft im Vorfeld des Generalstreiks siehe auch die Einleitung von Marc Vuilleumier in Ders. et al., *La grève générale de 1918 en Suisse*, Genève 1977, S. 7–59, bes. S. 11–17.
12 Lüthi (wie Anm. 9), S. 70.
13 *Grenzdienst der Schweizerin. 140 Frauen schreiben das Buch «Grenzdienst der Schweizerin» 1914–1918*, Bern o. J., S. 138–141.
14 Zur Frauenbewegung im Ersten Weltkrieg siehe Nora Escher, *Entwicklungstendenzen der Frauenbewegung in der deutschen Schweiz 1850–1918/19*, Zürich 1985; Beatrix Mesmer, «Pflichten erfüllen heisst Rechte begründen. Die frühe Frauenbewegung und der Staat», *Schweizerische Zeitschrift für Geschichte* 30 (1996), S. 332–355; Sibylle Hardmeier, *Frühe Frauenstimmrechtsbewegung in der Schweiz (1890–1930). Argumente, Strategien, Netzwerk und Gegenbewegung*, Zürich 1997.
15 *Jahrbuch der Schweizer Frauen 1918*, S. 5.
16 So auch die Bilanz von Sibylle Hardmeier (wie Anm. 14).
17 Lüthi (wie Anm. 9), S. 45.
18 Ebd., S. 63.
19 Zum Zusammenhang zwischen der Verwirtschaftlichung der Grenzbesetzung und der Politik der Frauenbewegung in der Zwischenkriegszeit siehe Regula Stämpfli, «Die Nationalisierung der Schweizer Frauen. Frauenbewegung und Geistige Landesverteidigung 1933–1939», *Schweizerische Zeitschrift für Geschichte* 50 (2000), S. 155–180.
20 Hans-Ulrich Jost, *Politik und Wirtschaft im Krieg. Die Schweiz 1938–1948*, Zürich 1998, S. 135.
21 Jacob Ruchti, *Geschichte der Schweiz während des Weltkrieges 1914–1919*, Bd. 1: *Politischer Teil*, Bern 1928, S. 70.
22 Theophil von Sprecher, «Bericht des Chefs des Generalstabes der Armee an den General über die Mobilmachung und über den Verlauf des Aktivdienstes», in: Ulrich Wille (Hg.), *Bericht an die Bundesversammlung über den Aktivdienst 1914/1918*, Bern 1923, S. 339.
23 Zu den Soldatenstuben siehe Jürg Stüssi-Lauterburg, *Helvetias Töchter. Frauen in der Schweizer Militärgeschichte von der Entstehung der Eidgenossenschaft bis zur Gründung des Frauen-*

hilfsdienstes (1291–1939), Frauenfeld 1989, S. 105–124. Zur Funktion der Soldatenstuben in der Kriegswirtschaftspolitik des Ersten Weltkrieges siehe Jakob Tanner, *Fabrikmahlzeit. Ernährungswissenschaft, Industriearbeit und Volksernährung in der Schweiz 1890–1950,* Zürich 1999, S. 273–331.
24 Else Spiller, *Jahresbericht zu den Soldatenstuben 1917,* Zürich 1917, Archiv des SV-Service Zürich.
25 Siehe Jakob Tanner (wie Anm. 23), S. 287.
26 Hans Rudolf Kurz, «Soziale Arbeit in der Armee und ihre geistigen Grundlagen», in: Schweizerischer Verband Volksdienst Soldatenwohl (Hg.), *50 Jahre Schweizerischer Verband Volksdienst Soldatenwohl,* Zürich 1964, S. 14.
27 Tanner (wie Anm. 23), S. 308.
28 Barbara Duden, Gisela Bock, «Arbeit aus Liebe – Liebe als Arbeit», in: Frau und Wissenschaft (Hg.), *Beiträge zur Berliner Sommeruniversität für Frauen,* Berlin 1977, S. 135–179.
29 Françoise Thébaud, «Der Erste Weltkrieg. Triumph der Geschlechtertrennung», in: Dies. (Hg.), *Geschichte der Frauen. 20. Jahrhundert,* Frankfurt a. M. 1995, S. 33–93, hier S. 52.
30 Else Spiller, *Soldatenwohl. Bericht über die Tätigkeit des Schweizerischen Verbandes Soldatenwohl umfassend den Zeitraum vom 22. 11. 1914 bis 31. 1. 1918,* Zürich 1918, S. 19.
31 *Schweizer Illustrierte,* 31. 8. 1918.
32 Christa Hämmerle, «Von den Geschlechtern der Kriege und des Militärs. Forschungseinblicke und Bemerkungen zu einer neuen Debatte», in: Thomas Kühne, Benjamin Ziemann, *Was ist Militärgeschichte?,* Paderborn 2000, S. 229–264.
33 Thébaud (wie Anm. 29), S. 91.
34 Ebd., S. 57.
35 Hämmerle (wie Anm. 32), S. 235.
36 Else Spiller, *Die schweizerischen Soldatenstuben,* Bern 1917, S. 19.
37 Ebd., S. 20.
38 Ebd., S. 19.
39 Bei der Frauenspende handelt es sich um die Nationale Frauenspende, siehe dazu Mesmer (wie Anm. 14).
40 Zur LVEO siehe Brigitte Studer, «Soziale Sicherheit für alle? Das Projekt Sozialstaat», in: Dies. (Hg.), *Etappen des Bundesstaates. Staats- und Nationsbildung der Schweiz, 1848–1998,* Zürich 1998, S. 159–186, hier S. 178. Zur LVEO als Vorläuferin der AHV siehe Christine Luchsinger, *Solidarität, Selbständigkeit, Bedürftigkeit. Der schwierige Weg zu einer Gleichberechtigung in der AHV. 1939–1980,* Zürich 1995.
41 *Tagwacht,* 27. 6. 1916.
42 Ebd.
43 Zur Zentralstelle für Frauenberufe siehe Barbara Ringeisen, *Frauenberufsbildung. Die Entwicklung der Lehrverhältnisse und -abschlüsse von 1920 bis 1988 unter besonderer Berücksichtigung der Frauenorganisationen,* Seminararbeit (Historisches Institut), Bern 1990.
44 Zum Konzept der strategischen Synthese siehe Stämpfli (wie Anm. 2) und Regula Stämpfli, «Kriegswirtschaft, Militär und Geschlecht. Ein Beitrag zur schweizerischen Debatte zur Geschlechterordnung im Zweiten Weltkrieg», *traverse* (1999/1), S. 118–130.
45 Eidgenössisches Volkswirtschaftsdepartement (Hg.), *Die schweizerische Kriegswirtschaft 1939/45,* Bern 1950, S. 1050.
46 Ebd., S. 1051.
47 Ebd., S. 1054.
48 Jost (wie Anm. 20), S. 19 f.
49 Max Holzer, «Die wirtschaftlichen und sozialen Grundlagen der Lohn- und Verdienstersatzordnung», in: Eidgenössisches Kriegswirtschaftsamt (Hg.), *Die eidgenössische Lohn- und Verdienstersatzordnung,* Bern 1941, S. 75.
50 Kriegswirtschaft (wie Anm. 45), S. 1029.
51 Kleine Anfrage des Nationalrates Moser, Sozialdemokratische Partei, am 21. 5. 1941, zitiert nach Diego Hättenschwiler, *Der Baby-Boom in der Schweiz während des Zweiten Weltkrieges.*

Ein Versuch einer Verbindung von Demographie mit Geschlechter-, Familien- und Mentalitätsgeschichte, Lizentiatsarbeit, Bern 1992, S. 77.
52 So mussten die in der Anbauschlacht beschäftigten Landarbeiterinnen auf einen Lohnersatz verzichten, siehe Regula Stämpfli, «Verlorene Geschichten – Vergangenheit, Erinnerung und Geschlechterpolitik», in: Schweizerisches Bundesarchiv (Hg.), «*... denn alles ist wahr». Erinnerung und Geschichte 1939–1999,* Bern 1999, S. 79–92.
53 Studer (wie Anm. 40), S. 167.
54 Thébaud (wie Anm. 29).

Chantal Magnin

Der Alleinernährer

Eine Rekonstruktion der Ordnung der Geschlechter
im Kontext der sozialpolitischen Diskussion von 1945 bis 1960
in der Schweiz

Gar nicht zufrieden damit, dass «in unserem kleinen Lande Tausende und aber Tausende von Müttern mit minderjährigen Kindern, nebst ihrer vielfältigen häuslichen Arbeit, noch gezwungen sind, mitzuverdienen», war der sozialpolitisch versierte Nationalrat Emil Frei.[1] Indirekt kritisierte er, dass die Männerlöhne auch anfangs der 1950er-Jahre nicht dazu ausreichten, eine Familie zu ernähren. Erst dann, wenn auch Angehörige unterer sozialer Schichten in der Lage sein würden, das einst auf die bürgerliche Lebenswelt beschränkte Alleinernährerkonzept zu realisieren, konnte es für Frei, von Beruf Lehrer und Leiter des Schulwesens der Stadt Winterthur, soziale Gerechtigkeit geben.

Im Folgenden wird danach gefragt, inwiefern es sich bei diesen erwerbstätigen Müttern tatsächlich um ein soziales Problem handelte. In welchem Kontext ist ihre Problematisierung zu verstehen? Manifestiert sich darin die damalige Ordnung der Geschlechter? Und wie hängt diese mit der Diskussion sozialpolitischer Massnahmen in der Schweiz zusammen?

Unklarheiten rund um die Statistik weiblicher Erwerbsarbeit

1955, vier Jahre nach dem Erscheinen der oben zitierten Broschüre «Missbrauchte Mütterkraft», unterbreitete Frei dem Bundesrat im Nationalrat eine kleine Anfrage zur Anzahl erwerbstätiger Mütter in der Schweiz. Die Erwerbstätigkeit bedrohe in hohem Masse die Gesundheit der Mütter, beeinträchtige das Familienleben und schade der Erziehung der Kinder.[2] Dass die Antwort des statistischen Amtes dann aber mit dem Titel «Die berufstätigen Ehefrauen» versehen wurde, verweist auf eine Verwechslung der Kategorien «Ehefrauen» und «Mütter», die nicht ganz zufällig ist. So wurden 1950 mit der Volkszählung Mütter nur als Ehefrauen oder Witwen statistisch erfasst, nicht aber als Geschiedene oder Ledige.[3] Derselbe Austausch wiederholt sich am Schluss der Antwort des statistischen Amtes. Diese endet mit einer Bemerkung zum «Doppelverdienertum», einem Begriff, der sich auf erwerbstätige Ehefrauen bezieht und in der Zwischenkriegszeit sehr beliebt war, um Frauen in zunehmend gut qualifizierten Stellungen zu diskreditieren.[4] Diese Unschärfe hinsichtlich der verwendeten Kategorien zeigt, dass der Kreis der Frauen, deren moralische Berechtigung zur Erwerbstätigkeit in Frage gestellt wurde, allmählich von den «Doppelverdienern» auf die Mütter eingeschränkt wurde. Gemäss Dreiphasenmodell durften sie «wiedereinsteigen», wenn ihre Kinder älter geworden waren. Laut Beatrix Mesmer handelt es sich bei diesem Modell denn auch um nichts anderes als um «eine neue Umschreibung eines alten Sachverhaltes».[5] Das Curriculum der Mütter bleibe gebrochen, ihre zentrale Aufgabe bleibe die unbezahlte Familienarbeit.

Dass sich das statistische Amt in den 1950er-Jahren weiterhin auf die berufstätigen Ehefrauen konzentrierte, lag in seinem bevölkerungspolitischen Interesse begründet. Das Amt interpretierte die Zahlen nämlich nicht dahingehend, dass berufstätige Frauen weniger Kinder hatten, weil sich die werdenden Mütter vielfach aus dem Berufsleben zurückzogen. Vielmehr führte es die Anzahl Kinder ursächlich auf die Berufstätigkeit der Ehefrau zurück, ganz so, als wären berufstätige Frauen weniger fruchtbar: «Ob wir die Ehefrauen im ganzen oder nach ihrer Ehedauer gegliedert betrachten, immer zeigt sich ein sehr grosser Unterschied zwischen den Kinderzahlen der berufstätigen und jenen der nichtberufstätigen Ehefrauen.»[6]

Auf die eigentliche Frage kam das statistische Amt in seiner Antwort schliesslich doch noch zu sprechen, die «für die berufstätigen Ehefrauen selbst und für den Sozialpolitiker» weit wichtiger sei: zu der Frage nach den erwerbstätigen Müttern. Von den insgesamt 104 436 Ehefrauen im Jahr 1950, das sind 16,3% aller erwerbstätigen Frauen, hatten 38 500 Ehefrauen «Mutterpflichten zu erfüllen».[7] In Prozent umgerechnet sind dies 37% der «berufstätigen Ehefrauen» und 6% aller erwerbstätigen Frauen in der Schweiz. Es konnte also entwarnt werden. Alles in allem seien seit 1941 keine «grundlegenden Verschiebungen» gefunden worden,[8] und 1941 lag die Frauenerwerbsquote auf dem Tiefpunkt.[9]

Doch das statistische Amt wollte damit die Angelegenheit offensichtlich nicht auf sich beruhen lassen: «Die wirtschaftliche Konjunktur macht sich insofern bemerkbar, als bereits 1950 auf die Reserve, welche die verheirateten Frauen bilden, gegriffen wurde.» Ob dies wirklich der Fall war, ist fraglich. Die Vermutung liegt nahe, dass das Wirtschaftswachstum hier automatisch mit der Zunahme erwerbstätiger Ehefrauen assoziiert wurde. Tatsächlich aber kann der Anstieg der Frauenerwerbsquote von 1941 bis 1960 vor allem auf die Zunahme der ausländischen Arbeitnehmerinnen zurückgeführt werden. Abzüglich der Ausländerinnen war die Frauenerwerbsquote in dieser Zeitspanne sogar etwas rückläufig. Im Jahr 1960 gab es in der Schweiz 150 969 erwerbstätige Ausländerinnen, dies sind 20% aller in der Schweiz erwerbstätigen Frauen. Dies bedeutet, dass nicht auf die «Reserve» verheirateter Ehefrauen zurückgegriffen wurde, sondern auf diejenige ausländischer Arbeitnehmerinnen, egal ob verheiratet oder unverheiratet. Dafür hatte der staatliche Delegierte für Arbeitsbeschaffung, der nun wider Erwarten statt Arbeit Arbeitskräfte beschaffen musste, denn auch ein einleuchtendes Argument: Im Unterschied zu den eingereisten «Ausländern mit befristeter Arbeitserlaubnis», die bei rückläufiger Beschäftigung abgebaut werden könnten, sei das Problem bei den inländischen Arbeitskräften um einiges heikler: «Irgendwelcher staatlicher Zwang oder Druck kann bei der Rückführung von schweizerischen Arbeitskräften in den Haushalt oder den Ruhestand natürlich nicht ausgeübt werden.»[10] Deshalb schlug er vor, den wachsenden Bedarf an weiblichen Arbeitskräften nicht mit Schweizer Ehefrauen, sondern mit ausländischen Arbeitskräften zu decken. An weiblichen Arbeitskräften hatte es in der Schweiz bereits vor Beendigung des Zweiten Weltkrieges gefehlt, dies vorab in der Textilindustrie.[11]

Keine nationale Familienpolitik

Eine niedrige Frauenerwerbsquote, wie sie die Schweiz stets aufwies, wird in der vergleichenden Forschung zu den unterschiedlichen Sozialstaatsmodellen als Hinweis dafür betrachtet, dass es sich um dessen konservative Variante handelt. Ist der Schweizer Sozialstaat als korporatistisch-konservatives Modell einzustufen? Für das konservative Regime sei typisch, so Gøsta Esping-Andersen, dass nichterwerbstätige Frauen üblicherweise aus der Sozialversicherung ausgeschlossen seien, familienpolitische Leistungen zur Mutterschaft ermutigen würden und Kindertageseinrichtungen sowie andere familienbezogene Dienste unterentwickelt seien.[12] Diese Typenbildung Esping-Andersens wurde bereits des öfteren hinterfragt, im Besonderen aus Geschlechterperspektive. Vor dem Hintergrund der Entstehungsgeschichte des Schweizer Sozialstaats tut dies Brigitte Studer.[13] Mit der geforderten Einführung der Mutterschaftsversicherung verbanden katholisch-konservative Kräfte in der Schweiz tatsächlich die Idee, Frauen zur Mutterschaft zu ermutigen. Diese im «Volksbegehren für die Familie» von 1942 enthaltene Massnahme zielte auf eine Erhöhung der niedrigen Geburtenrate.[14] 1945 wurde die Initiative von den Schweizer Männern zugunsten des bundesrätlichen Gegenvorschlags abgelehnt, der allerdings die drei wichtigsten Anliegen der Initiative enthielt. Damit wurden in der Verfassung zwei Leistungen verankert, die bis heute nicht realisiert worden sind: die Schaffung der Mutterschaftsversicherung und der Familienausgleichskassen. Nur das dritte familienpolitische Anliegen des Gegenvorschlags, die Förderung des Wohnungsbaus durch Bundessubventionen, konnte tatsächlich umgesetzt werden. Damit ist es vorderhand bei einer ansatzweisen nationalen Familienpolitik geblieben.

Von familienpolitischen Leistungen zur Ermutigung zur Mutterschaft, wie dies für das konservativ-katholische Regime typisch sein soll, kann also nicht die Rede sein, vom Ausschluss der nichterwerbstätigen Frauen aus den Sozialversicherungen und der Unterentwicklung familienbezogener Dienste wie Krippen hingegen schon. Der Wunsch, der den Familienschutzbestrebungen zugrunde lag, das Handeln der Menschen durch staatliche Massnahmen zu beeinflussen, konnte sich in der Schweiz letztlich nicht durchsetzen. Doch wie steht es um die beiden anderen Punkte zur Charakterisierung des konservativen Regimes, welche auf die Schweiz durchaus zutreffen? Inwiefern passen sie zum liberalen Modell des Wohlfahrtsstaates, dem Esping-Andersen zufolge die Schweiz am nächsten kommt?[15]

Das Alleinernährerkonzept als politischer Konsens

Dass das Alleinernährerkonzept normative Voraussetzung bildete bei der Diskussion von sozialpolitischen Massnahmen, wird deutlich anhand der im Zusammenhang mit der Familienschutzinitiative im Parlament 1944 und 1945 geführten Debatte.[16] Strittig waren zwar die Massnahmen, die zum Schutz der Familie ergriffen werden sollten, Konsens bestand hingegen darüber, dass das Alleinernährermodell, das heisst eine strikte geschlechtsspezifische Arbeitsteilung in der Familie, die einzig richtige Lebensform sei. So bezichtigten Willy Spühler (SP-Nationalrat) und Walther Stampfli (Bundesrat der FDP) die jeweils gegnerische Ideologie, die Zerstörung der Familie zu verschulden. Anlass zu diesem Streit hatte das Votum von Willy Spühler gegeben, der zur Pflege eines «natürlichen Familiensinns» das Recht auf Arbeit, ausreichenden Lohn und soziale Sicherung forderte. Vor diesem Hintergrund stellte er die «grosse kulturelle Bewegung der Arbeiterschaft» als die eigentliche Förderin des Familiensinns dar.[17] Dem widersprach Walther Stampfli entschieden. Friedrich Engels zitierend, der zwar nicht die Familie, aber doch das Privateigentum abschaffen wollte, was zu einem egalitären Geschlechterverhältnis hätte führen sollen, warf Stampfli dem Sozialismus vor, die Familie im Grunde abzulehnen.[18] Mit Wohlwollen nehme er nun zur Kenntnis, dass eine Abkehr der Schweizer Sozialdemokratie vom Sozialismus stattgefunden habe. Spühler konterte, indem er auf das soziale Elend verwies, das die industriellen Arbeitsbedingungen hervorgerufen hätten. Die kapitalistische Wirtschaft in ihren Anfängen sei der «grösste Zerstörer der Familie» gewesen.[19]
Die Familie, wie sie hier von den beiden politischen Gegnern idealisiert wurde, sollte Grundlage der Gesellschaft sein, auf die sich Sozialpolitik künftig stützen konnte. Nicht das Individuum und dessen in der Verfassung verankerte Grundrechte sollten kleinste Einheit sein. Diese Konzeption wurde gestützt durch das damalige Eherecht, bis 1987 in Kraft, mit klar formulierten Vorstellungen zu

eheinterner Hierarchie und Aufgabenteilung. Indem festgelegt war, dass der Ehemann allein über die Niederlassung bestimmen konnte und die Ehefrau die Einwilligung des Ehemannes brauchte, um erwerbstätig zu sein, und sei dies eine stillschweigende, kam die Eheschliessung für die Frauen dem Verzicht auf die in der Verfassung verankerte Handels- und Gewerbefreiheit sowie die Niederlassungsfreiheit gleich. Sollte aber das mit dem Familienbild unweigerlich verknüpfte Ideal einer allein wirkenden Nurhausfrau in den 1950er-Jahren realisiert werden, dann bedeutete dies nicht nur, dass Frauen unterer Schichten ihre Lebensweise daran anzupassen hatten, sondern auch solche bürgerlicher Schichten, die zu jenem Zeitpunkt über Dienstpersonal verfügten. Schweizer Arbeiterinnen sollten zugunsten familiären Glücks auf Erwerbsarbeit verzichten können und Frauen des Bürgertums den Kaffee fortan selber kochen, wie der sozialdemokratische Nationalrat Kägi ausführte: «Wenn bei diesem Anlass einmal das obligatorische Dienstjahr für die Mädchen – für alle, auch die reichen […] – geschaffen würde, wäre das vielleicht kein Unglück, weil dann vielleicht auch die reichen Frauen selber wenigstens einen Kaffee kochen könnten, sofern der Mann einmal einen kosten will (Heiterkeit).»[20] Diese Äusserung war als Replik auf die Voten bürgerlicher Politiker gedacht, die den Zweck eines obligatorischen Hauswirtschaftsunterrichts für Mädchen darin sahen, nicht den Lohn des Alleinernährers zu erhöhen, sondern dessen Kaufkraft.[21] Kägis Antrag, in den Gegenvorschlag der Familienschutzinitiative die so genannte Mutterhilfe aufzunehmen, «um dem Kinde die Mutter zur Erziehung zurückzugeben und sie der modernen Arbeitsweise zu entziehen», blieb allerdings ohne Erfolg.[22] Dies verweist erneut auf das Fehlen eines politischen Willens zur Förderung direkter staatlicher Unterstützungsmassnahmen für die Familie. Diese hingegen sollte umgekehrt eine wichtige Stütze des Staates sein. Mit der Realisierung des Alleinernährerkonzeptes war es möglich, das Subsidiaritätsprinzip auch auf das Privatleben anzuwenden. Diesem Prinzip zufolge sollte die nächsthöhere Ebene erst dann ins Spiel kommen, wenn die untere mit der Lösung eines Problems überfordert wäre. Indem nun jede Schweizer Familie eine «Sozialarbeiterin» zur Verfügung haben sollte, wurde die Voraussetzung dafür geschaffen, den Bedarf an sozialstaatlichen Leistungen möglichst klein zu halten.

Esping-Andersen macht geltend, dass das Subsidiaritätsprinzip im Rahmen des konservativen Modells eine wichtige Rolle spielt. Dieses ist aber durchaus auch mit dem liberalen Modell des Sozialstaats gut vereinbar. Dies wird umso deutlicher im Kontrast zur emanzipatorischen Politik des «sozialdemokratischen Regimes»: Dort würden idealerweise «nicht die Abhängigkeiten von der Familie, sondern die Möglichkeiten individueller Unabhängigkeit maximiert».[23] Familiale Kosten werden, so Esping-Andersen, vorausschauend vergesellschaftet. Während in den meisten europäischen Ländern die Einführung der Sozialversicherungen in der Nachkriegszeit rasch zum Abschluss gebracht wurde, dauerte dieser Prozess in der Schweiz um einiges länger.[24] 1950 waren die finanziellen Leistungen in Österreich, Deutschland und Belgien ungefähr doppelt so hoch wie in der Schweiz.[25] Dem Modell liberaler Ausprägung entsprechend wurde nicht nur möglichst lange auf private Sicherungsformen gesetzt, sondern auch auf die Familie.

Die Demokratisierung einer bürgerlichen Lebensform

Um zu verstehen, weshalb die einst von bürgerlichen Denkern ersonnene Ordnung der Geschlechter, wonach sich die Zuständigkeit für Familien- und Erwerbsleben aus den so genannten Geschlechtscharakteren ableiten liess,[26] eine derartige Durchschlagskraft hat entwickeln können, müssen deren in der Geschichte hinterlassene Spuren weiter zurückverfolgt werden. Laut Karin Hausen ist es in allen Industrieländern im letzten Drittel des 19. Jahrhunderts zur herrschenden Meinung geworden, dass «auch der Lohnarbeiter genau so wie der Beamte oder Geschäftsmann für seine Familie der alleinige ‹Ernährer› zu sein habe».[27] Dies war auch in der Schweiz der Fall. Als die SPS 1891 per Initiative das Recht «auf ausreichend lohnende Arbeit» forderte, tat sie dies für jeden Schweizer Bürger, nicht aber auch für jede Schweizer Bürgerin.[28] Der Schweizerische Metall- und Uhrenarbeitnehmer-Verband ging im Untersuchungszeitraum von 1945-1980 gemäss Regula Rytz davon aus, dass weibliche Erwerbstätigkeit «temporäres Gastspiel für Alleinstehende oder ergänzende Tätigkeit zur Familienarbeit» sei.[29] Der Schweizerische Gewerkschaftsbund sprach dann erstmals in seinem Arbeitsprogramm von 1960 vom zivilstandsunabhängigen Recht auf Arbeit auch der Frauen.[30]
In den 1950er-Jahren wurde es schlicht zu einer Frage männlicher Ehre, eine Familie allein ernähren zu können und deren materielle Grundlage durch den Tausch von Arbeitskraft gegen Lohn zu sichern. Denn dies legitimierte die Position des Ehemannes als Familienoberhaupt. Doch mit dem Lohn allein war die Familie noch nicht ernährt. Der «Nurhausfrau», die den Alleinernährer komplementär ergänzte, blieb die gesellschaftliche Anerkennung ihrer Arbeit jedoch verwehrt, ihre Existenz an sich brachte lediglich die Tüchtigkeit des Alleinernährers zum Ausdruck. Die Hausfrau wurde zudem zum Beweis für die Integration der «Arbeiterklasse» in die bürgerliche Gesellschaft. Beatrix Mesmer zufolge ist zuvor die Ausgrenzung des Proletariats nicht zuletzt über das Kriterium «der Lohnarbeit auch der Frauen und Mütter»[31] erfolgt. Die «Nurhausfrau» war in den 1950er-Jahren nicht mehr Mythos,[32] sie war klassenneutrale Praxis geworden, dies nicht zuletzt dank der allmählichen Erhöhung der Männerlöhne. Im Rahmen

dieser «Demokratisierung» vormals bürgerlicher Lebenspraxis wurde auch die Haushaltsvorsteherin mit Dienstpersonal ersetzt durch die selbstbewusste, informierte, rational arbeitende und konsumierende Hausfrau, «die allerdings damit selbst zur Dienenden, wenn auch aus Liebe, wurde».[33] Vor diesem Hintergrund ist der «Alleinernährer» durchaus als Schlüsselbegriff zu betrachten zur Charakterisierung der 1950er-Jahre in der Schweiz und die von Jakob Tanner vorgeschlagenen Begriffe wie «Arbeitsfrieden» und «Zauberformel» dahingehend zu ergänzen.[34] Die Zahl dieser Alleinernährer wurde zum Gradmesser für die soziale Wohlfahrt der Schweiz, gerade auch in Abgrenzung zu den realsozialistischen Ländern während des Kalten Krieges.

Erwerbstätige Mütter als Untersuchungsgegenstand

Aus mikrohistorischer Sicht, auf das individuelle Handeln bezogen, stellt sich nun allerdings die Frage, wie diese Standardisierung des privaten Lebens in den 1950er-Jahren erklärt werden kann, galt doch ausgerechnet dieser Bereich als Ort ungehinderter Entfaltungsmöglichkeiten. Warum war die geschlechtsspezifische Aufgabenteilung selbstverständlich, zumal weder staatlicher Zwang ausgeübt wurde noch familienpolitische Massnahmen dazu ermutigten? Obwohl die erwerbstätigen Mütter als Opfer widriger wirtschaftlicher Umstände gelten konnten, gerieten sie in moralischer Hinsicht zunehmend unter Druck. Dass es sich bei der beklagten Misere erwerbstätiger Mütter um eine in Unterschichten allmählich schwindende, flexible Form von Arbeitsteilung handelte, zeigen unter anderem sieben Diplomarbeiten angehender Sozialarbeiterinnen, die in der Zeitspanne von 1945 bis 1960 erwerbstätige Mütter, in wohlmeinender Absicht, zum Gegenstand ihrer Untersuchungen machten.[35] Darin enthaltene Aussagen von Betroffenen machen deutlich, dass das Verständnis der Familie als den Erfordernissen anzupassende «Familienökonomie», wie es im Zusammenhang mit industriellen Arbeitsverhältnissen typisch war,[36] sich für Frauen durchaus positiv auswirkte: Männer halfen im Haushalt mit. Dass dem so war, erfuhren die Diplomandinnen, ohne danach gefragt zu haben, so zum Beispiel Beatrice von Monakow: «Die Männer helfen nicht nur Gemüse rüsten am Abend, sie haben oft bereits gekocht, wenn die Frau mittags von der Arbeit kommt, sie putzen die Böden, sie ziehen morgens die Kinder an und bringen sie in die Krippe, kurz, jeder hat im Haushalt seine Aufgaben, die er mit grösster Selbstverständlichkeit erfüllt.»[37] Den Haushalt gemeinsam zu besorgen, sei in mehr als der Hälfte der insgesamt 50 untersuchten Familien selbstverständlich gewesen. Zu einer ähnlichen Einschätzung gelangten die so genannte Zürcher und die Schaffhauser Studie,[38] wissenschaftlich durchgeführte Befragungen von erwerbstätigen Müttern im Auftrag der beiden Städte. In der Zürcher Studie wird geltend gemacht, dass bei 100 verheirateten Arbeiterinnen 56 Ehemänner Hausarbeit verrichteten, bei den Angestellten deren 49.[39] In der Schaffhauser Studie war dies gesamthaft betrachtet in 34% der Fällen so, bei den Fabrikarbeiterinnen 40%.[40] Diese Untersuchungen relativierten zudem die Annahme, dass Mütter ausschliesslich aus ökonomischen Gründen erwerbstätig waren, obwohl dies natürlich ein wichtiger Faktor war.[41] So hatte das Streben nach ökonomischer Unabhängigkeit durchaus auch eine Rolle gespielt.[42]

Trotz der tatsächlichen Mitarbeit der Väter im Haushalt wurden diese lediglich dahingehend beurteilt, ob sie ihre Pflicht als Ernährer wahrzunehmen in der Lage waren und wenn nicht, was sie daran hinderte. Was die häusliche Pflichterfüllung anbelangt, war das Augenmerk ausschliesslich auf die Mütter gerichtet. Dies kommt besonders gut zum Ausdruck bei einer Diplomarbeit, in welcher auf Pestalozzi Bezug genommen wird: «Erzieherin im engsten Sinne ist die Mutter. Pestalozzi beweist diese Tatsache, indem er schreibt: ‹Alles, was das Kind an Leib und Seele gedeihen machen soll, geht, wie es innerlich vom Kind selbst ausgeht, äusserlich von Vater- und Muttersorgfalt aus und hängt durch tausend Berührungspunkte mit ihr zusammen.›»[43] Pestalozzi wird als Beleg dafür zitiert, dass Mütter die alleinige Verantwortung für die Kinder tragen würden. Davon ist aber im bemühten Zitat nicht die Rede, im Gegenteil: Pestalozzi spricht sogar ausdrücklich von der Erziehungsverantwortung auch der Väter. Dass dieser Beleg nicht zur Aussage passt, zeigt umso mehr, dass die Autorin, Bezug nehmend auf einen geistigen Vater, den realen aus der erzieherischen Verantwortung entlässt. Auch der eingangs erwähnte Emil Frei bezog sich auf Pestalozzi: Indem «Tausende und aber Tausende von Müttern» mitverdienen müssten, würden «wir uns aufs schwerste wider den Geist Pestalozzis» versündigen.[44] Damit stellte er sich in die Tradition aufgeklärt-sozialreformerischen Denkens, das mit moralischer Überzeugungskraft die Welt zu einer besseren machen will. Bei aller Dynamik der modernen Gesellschaft sollte die Familie Stabilität und Harmonie garantieren. Pestalozzis Ausspruch «Vaterland! Heilige wieder dieses alte Fundament deiner Wohnstube» wurde nicht nur von Emil Frei verwendet, der diesen seiner Broschüre als Motto vorangestellt hatte. Auch im Bericht des Bundesrates zum Familienschutz werden diese Worte zitiert.[45]

Das psychische Wohl des Kindes rückt ins Zentrum

Weshalb Mütter nicht erwerbstätig sein sollten, wurde vermehrt mit dem Wohl des Kindes begründet. Dass dieses Schaden nehmen würde, liess sich mit den Erkenntnissen moderner Psychologie belegen. In den Diplomarbeiten war nicht mehr von Verwahrlosung und von «sittlicher Gefährdung»[46] die Rede wie noch 1943, sondern von «schädlichem Einfluss» auf die Psyche.[47] Die Psychologie wiederum gründete ihre Erkenntnisse auf die Annahme, dass Ereignisse in der frühkindlichen Phase Ursache sind für Probleme im Erwachsenenalter. Indem sie das Wissen über Gesetzmässigkeiten dieser Phase für sich in Anspruch nahm, verschaffte sich die Psychologie gegenüber den Eltern einen unüberwindbaren Wissensvorsprung. Damit wurde den Eltern implizit die Fähigkeit abgesprochen, über das Wohl ihrer Kinder urteilen zu können.[48]

Auch Frei stützte sich auf psychologisches Wissen, als er darlegte, weshalb eine Mutter rund um die Uhr zu den Kindern schauen sollte: Nach Ansicht von Jugendpsychiatern sei dies für das psychologische Wohl des Kindes erforderlich.[49] Diese psychologisch fundierte Argumentation wurde in der von der SPS 1957 herausgegebenen, ebenfalls von Frei verfassten Broschüre «Die Erwerbsarbeit der Mütter. Ein brennendes sozialpolitisches Problem»[50] nochmals zugespitzt. So sei Jugendkriminalität als eine Folge des «Wohnstubenraubes» zu betrachten.[51] Zwar stellte Frei zur Lösung dieses Problems Forderungen wie zum Beispiel die Verkürzung der Arbeitszeit, die ganz generell zur Verbesserung der Lebensqualität hätte beitragen können.[52] Doch ihm ging es in erster Linie darum, Mütter von der Erwerbstätigkeit abzubringen, was ihm offenbar auch gelang: «Innert einem Jahr vermochten zwei unserer Hortleiterinnen elf Mütter zum Verzicht auf eine Erwerbsarbeit zu bewegen.»[53]

Dass im Kontext der Sozialpolitik zunehmend auf Ergebnisse der Psychologie zurückgegriffen wurde, verweist auf deren regulierende Funktion als Orientierungswissenschaft. Eine solche würde die Psychologie, so der britische Sozialwissenschaftler Nikolas Rose, ganz allgemein wahrnehmen. Seine These ist, dass ein ursächlicher Zusammenhang besteht zwischen moderner Demokratie in liberalen Staaten und der Funktion von Sozialpsychologie.[54] Denn Sozialpsychologie löse ein Handlungsproblem der modernen Demokratie und des Sozialstaats, indem sie Wissen und Mittel zur «demokratischen» Regulierung von Individuen bereitstelle. Dabei handle es sich nicht im eigentlichen Sinne um eine autoritäre Regulation, sondern um eine Vermittlungsfunktion: Psychologisch fundierte Handlungsanleitungen «klärten» Bürgerinnen und Bürger über ihre Pflichten auf. Gleichzeitig gebe die Psychologie der Regierung Auskunft über die Bedürfnisse der Bevölkerung.

Einen Hinweis darauf, dass die Psychologie auch in der Schweiz eine solche gesellschaftliche Funktion wahrnahm und im Fall der Realisierung des Alleinernährerkonzeptes eine tragende Rolle gespielt hat, gibt die Rezeption der deutschen Studie von Otto Speck «Kinder erwerbstätiger Mütter» aus dem Jahr 1956. Dabei ging der Begriff «Schlüsselkinder» ins Vokabular ein, mit dem Kinder von erwerbstätigen Müttern bezeichnet wurden, so zum Beispiel in der

Schaffhauser Studie, die ein Jahr später als Specks Studie erschienen ist. Dort wird die Bedeutung des Begriffes wie folgt erläutert: «Sie [die Kinder] haben den Schlüssel zur elterlichen Wohnung und gehen allein, ohne beaufsichtigt zu werden, aus und ein.»[55]
Dass jedoch die sozialpolitische, psychologisch fundierte Forderung nach einer Mutter, die rund um die Uhr ausschliesslich um die Bedürfnisse der Kinder besorgt sein sollte, bis zu einem gewissen Grad den Frauen das Recht auf Erwerbsarbeit absprach und damit ihre Stellung auf dem Arbeitsmarkt entschieden schwächte, reflektierten weder die angehenden Sozialarbeiterinnen in ihren Diplomarbeiten noch die Frauenorganisationen.[56] Eine Ausnahme hiervon bildete Iris von Roten, die in ihrem 1958 veröffentlichten Buch «Frauen im Laufgitter» das Alleinernährerkonzept kritisch unter die Lupe nahm. Auch Speck ging äusserst pointiert auf diese Problematik ein. So wies er darauf hin, dass wichtiger als ökonomische Hilfsmassnahmen zum Schutz der Familie «eine systematische Beeinflussung der zukünftigen Müttergeneration im Sinne einer Aufklärung und Hinlenkung zu den unersetzlichen und wesensmässigen familiären Aufgaben der Frau sei». Dies stehe jedoch nicht im Widerspruch zum Recht der Frau auf gleichberechtigte Berufsausbildung: «Beides soll sogar miteinander verbunden werden, und zwar in einer Weise, dass die zunächst aus der Enge der Häuslichkeit hinausführende Berufsausbildung und -erfahrung nicht die Bereitschaft zur Übernahme der eigentlich vorrangigen häuslichen Aufgaben gefährdet.»[57] Es besteht also die Gefahr, dass eine zu weit gehende Ausbildung die Frauen an der Übernahme ihrer häuslichen Aufgaben hindern könnte. Indem er die Häuslichkeit selbst als eng und damit als unattraktiven Aufgabenbereich darstellte, unterlief er seine eigenen Bemühungen, künftige Müttergenerationen für die Hausarbeit zu begeistern. Trotz solch gravierender Nachteile wurde das Hausfrauenmodell für einige Zeit zur Realität.

Schlussfolgerungen

Als in der Sendung «Arena» des Schweizer Fernsehens vom 30. März 2001 VertreterInnen linker und bürgerlicher Parteien, des Schweizerischen Arbeitgeberverbandes und des Gewerkschaftsbundes sich einig waren, dass das Alleinernährerkonzept von der Geschichte nun definitiv überholt sei, stellte sich nur Toni Bortoluzzi (SVP) quer. Bezeichnenderweise warnte er gerade im Zusammenhang mit dem Ausbau von Krippen vor Zuständen wie in der DDR. Dies ist kein Zufall, war doch die Realisierung des Alleinernährerkonzeptes in der Schweiz ein wichtiges Symbol für Wohlstand und Wohlfahrt, gerade in Abgrenzung zu den realsozialistischen Ländern.
Heute wird weitgehend die Ansicht geteilt, dass strukturelle Voraussetzungen

geschaffen werden sollten, um Familien freier über das Organisieren von Erwerb und Haushalt entscheiden zu lassen. Demgegenüber waren die politischen Parteien unmittelbar nach dem Zweiten Weltkrieg durch die Vision verbunden, dass die zur Erhaltung der Familie notwendigen Arbeiten strikt entlang der Geschlechtszugehörigkeit aufzuteilen waren. Uneinig waren sie nur darin, welche Massnahmen zum Schutz dieses Familienmodells zu ergreifen wären. Doch auf nationaler Ebene wurde weitgehend auf familienpolitische Massnahmen verzichtet, obwohl die Verfassungsgrundlage sowohl für die Mutterschaftsversicherung als auch für die nationale Familienausgleichskasse mit dieser Absicht geschaffen worden war. Der Staat sollte zwar auf Eingriffe ins Privatleben verzichten, mit der Realisierung des Alleinernährerkonzeptes aber eine tragfähige Grundlage erhalten. Damit konnte das Subsidiaritätsprinzip nicht nur zwischen Bund und Kantonen, sondern auch zwischen Familie und Sozialstaat zur Anwendung gelangen. Obwohl die «Nurhausfrau» mit ihren Aufgaben der Kinderbetreuung und der Altenpflege dabei eine wichtige Rolle spielte, erlangte sie, trotz rhetorischer Bemühungen seitens der Politiker, kaum Anerkennung. In der vergleichenden Wohlfahrtsstaatsforschung wird das Subsidiaritätsprinzip als typisch für das korporatistisch-konservative Regime betrachtet. Obwohl dessen Wirksamkeit aufgrund der föderalen Struktur des politischen Systems in der Schweiz sehr ausgeprägt ist, behauptet Gøsta Esping-Andersen, dass die Schweiz dem liberalen Modell am nächsten kommt. Dies macht deutlich, dass sich der Schweizer Sozialstaat nicht so einfach einem der drei Typen zuordnen lässt. Der Grund für diesen Widerspruch könnte aber auch darin liegen, dass Esping-Andersen ganz grundsätzlich die Bedeutung des Subsidiaritätsprinzips in liberalen Modellen unterschätzt, bei denen nicht nur solange wie möglich auf private Sicherungssysteme gesetzt wird, sondern auch auf die Familie.

Wird nun die klassenübergreifende Durchsetzung des Alleinernährerkonzeptes als eine elementare Voraussetzung des Makrosystems Sozialstaat Schweiz begriffen, dann stellt sich unmittelbar daran anschliessend die Frage aus mikrohistorischer Perspektive, wie denn die dafür notwendige Standardisierung individuellen Handelns möglich gewesen war. Insbesondere die Eigendynamik der Ordnung der Geschlechter ist erklärungsbedürftig. Denn ihre konkrete Ausformung in den 1950er-Jahren kann weder auf staatlichen Zwang noch, angesichts des Arbeitskräftemangels zu jener Zeit, auf Bedürfnisse seitens der Wirtschaft zurückgeführt werden.

Psychologische Handlungsanleitungen füllten die Lücke zwischen klar formulierten Vorstellungen auf politischer Ebene einerseits und dem Verzicht des Staates anderseits, direkt in den privaten Raum, in das Familienleben einzugreifen, wie dies für liberale Staaten typisch ist. Mit Hilfe der in der sozialpolitischen Diskussion enthaltenen Vorstellungen zur moralisch richtigen Lebensführung, gestützt durch Ergebnisse moderner Psychologie, gelang es, den Müttern Aufgaben in Form von Pflichten zu übertragen, die der erst spät entwickelte Sozialstaat Schweiz nicht zu übernehmen bereit gewesen war.

Anmerkungen

1 Emil Frei, *Missbrauchte Mütterkraft oder Die Erwerbsarbeit der Mütter und ihre Folgen,* Winterthur 1951, S. 1. Als er dies äusserte, stand er bereits mitten in seiner politischen Karriere: Von 1930 bis 1962 vertrat er die SP in der Exekutive der Stadt Winterthur, 1932 wurde er in den Kantonsrat und 1939 in den Nationalrat gewählt.
2 Emil Frei, Kleine Anfrage, Nationalrat, 22. März 1955.
3 Käthe Biske, *Zürcher Mütterbefragung 1957/1958. Tausend unselbständig erwerbende Mütter zu den Hintergründen und Auswirkungen ihrer Erwerbsarbeit,* Sonderdruck aus den Zürcher Statistischen Nachrichten 1961 und 1962, Zürich 1962, S. 4 f.
4 Béatrice Ziegler, «‹Kampf dem Doppelverdienertum!› Die Bewegung gegen die Qualifizierung weiblicher Erwerbsarbeit in der Zwischenkriegszeit in der Schweiz», in: Ulrich Pfister, Brigitte Studer, Jakob Tanner (Hg.), *Arbeit im Wandel. Organisation und Herrschaft vom Mittelalter bis zur Gegenwart* (Schweizerische Gesellschaft für Wirtschafts- und Sozialgeschichte 14), Zürich 1996, S. 85–104.
5 Beatrix Mesmer, «Vom ‹doppelten Gebrauchswert› der Frau – eine Einführung», in: Marie-Louise Barben, Elisabeth Ryter (Hg.), *Verflixt und zugenäht! Frauenberufsbildung – Frauenerwerbsarbeit 1888–1988,* Zürich 1988, S. 15–21, hier S. 21.
6 Eidgenössisches Statistisches Amt, «Die Berufstätigen Ehefrauen», *Die Volkswirtschaft* 1 (1957), S. 2–8, hier S. 5.
7 Ebd., S. 4.
8 Ebd., S. 8.
9 Inwiefern dies auf die Zählweise und weniger auf das tatsächliche Ausmass weiblicher Erwerbsarbeit zurückzuführen ist, kann abschliessend nicht beurteilt werden. Mehr dazu in Chantal Magnin, *Der Alleinernährer. Geschlechtsspezifische Arbeitsteilung im Wirtschaftswachstum der 1950er Jahre in der Schweiz,* Lizentiatsarbeit Bern 1997, S. 31–56.
10 Otto Zipfel, «Die Wirtschaft auf dem Weg zur Normalisierung», *Mitteilungsblatt des Delegierten für Arbeitsbeschaffung* 1 (1949), S. 1–6, hier S. 3.
11 Chantal Magnin, «Der Alleinernährer. Geschlechtsspezifische Arbeitsteilung im Wirtschaftswachstum der 1950er Jahre in der Schweiz», in: Veronika Aegerter et al. (Hg.), *Geschlecht hat Methode. Ansätze und Perspektiven in der Frauen- und Geschlechtergeschichte,* Beiträge der 9. Schweizerischen Historikerinnentagung 1998, Zürich 1999, S. 183–195, hier S. 187.
12 Gøsta Esping-Andersen, «Die drei Welten des Wohlfahrtskapitalismus. Zur politischen Ökonomie des Wohlfahrtsstaates», in: Stephan Lessenich, Ilona Ostner (Hg.), *Welten des Wohlfahrtskapitalismus. Der Sozialstaat in vergleichender Perspektive,* Frankfurt 1998, S. 9–17, hier S. 44.
13 Brigitte Studer, «Der Sozialstaat aus der Geschlechterperspektive. Theorien, Fragestellungen und historische Entwicklung in der Schweiz», in: Dies., Regina Wecker, Béatrice Ziegler (Hg.): *Frauen und Staat, Itinera* 20 (1998), S. 184–208.
14 Sylvia Scalabrino, «Der Schweiss der Edlen floss für die Erbhygiene. Mutterschaftsversicherung vor 50 Jahren: Was sich unsere Grossväter und Urgrossväter vom Verfassungsartikel erhofften», *Weltwoche,* Nr. 51 (1995), S. 27.
15 Gøsta Esping-Andersen (wie Anm. 12), S. 44.
16 Inwiefern sich dies bis heute auswirkt, zeigt Margrith Bigler-Eggenberger, «Probleme um die Gleichstellung der Geschlechter in der Sozialversicherung», in: Abteilung für die Gleichstellung von Frauen und Männern der Universität Bern (Hg.), *Frauen im Recht. Kindsmörderinnen und Richterinnen – Quoten und soziale Sicherheit,* Bern 2000, S. 79–116.

17 Nationalrat, *Amtliches stenographisches Bulletin*, 6. 12. 1944, S. 458.
18 Ebd., S. 530. Stampfli bezieht sich auf Friedrich Engels, *Der Ursprung der Familie, des Privateigentums und des Staats*, Berlin 1969 (1884).
19 Nationalrat (wie Anm. 17), S. 540.
20 Nationalrat (wie Anm. 9), S. 534.
21 Ebd.
22 Ebd., S. 533.
23 Gøsta Esping-Andersen (wie Anm. 12), S. 45.
24 Brigitte Studer, «Soziale Sicherheit für alle? Das Projekt Sozialstaat», in: Dies. (Hg.): *Etappen des Bundesstaates. Staats- und Nationsbildung der Schweiz, 1848–1998,* Zürich 1998, S. 159 bis 186.
25 Hartmut Kaelble, *Auf dem Weg zu einer europäischen Gesellschaft. Eine Sozialgeschichte Westeuropas 1880–1980,* München 1987, S. 126.
26 Vgl. Karin Hausen, «Die Polarisierung der ‹Geschlechtscharaktere›. Eine Spiegelung der Dissoziation von Erwerbs- und Familienleben», in: Werner Conze (Hg.), *Sozialgeschichte der Familie in der frühen Neuzeit Europas,* Stuttgart 1976, S. 363–393.
27 Karin Hausen, *Geschlechterteilung und Arbeitsteilung. Zur Geschichte ungleicher Erwerbschancen von Männern und Frauen,* Göttingen 1993, S. 55.
28 Bernard Degen, «Zur Geschichte der Arbeitslosigkeit in der Schweiz. Eine historische Skizze», *Widerspruch*, Nr. 25 (1993), S. 37–46, hier S. 40.
29 Regula Rytz, *Konkurrentin oder Kollegin? Probleme der gewerkschaftlichen Frauenpolitik am Beispiel des Schweizerischen Metall- und Uhrenarbeitnehmer-Verbandes (SMUV) 1945–1980,* Lizentiatsarbeit Bern 1997, S. 72.
30 Brigitte Studer, «‹... da doch die verheiratete Frau vor allem ins Haus gehört›. Die Stellung der Frauen im SGB und die Gewerkschaftliche Frauenpolitik unter dem Aspekt des Rechts auf Arbeit, 1880–1945», *Widerspruch-Sonderband: Arbeitsfrieden – Realität eines Mythos. Gewerkschaftspolitik und Kampf um Arbeit – Geschichte, Krise, Perspektiven* (1987), S. 37–56, hier S. 49.
31 Mesmer (wie Anm. 5), hier S. 17.
32 Elisabeth Joris, «Die Schweizer Hausfrau: Genese eines Mythos», in: Sebastian Brändli (Hg.), *Schweiz im Wandel. Studien zur neueren Gesellschaftsgeschichte. Festschrift für Rudolf Braun zum 60. Geburtstag,* Basel etc. 1990, S. 99–116.
33 Marianne Braig, «Von der Hausfrau zur doppelbelasteten Halbverdienerin – Familienformen, Frauenarbeit und Sozialstaat», in: Klaus Voy, Werner Polster, Claus Thomasberger (Hg.), *Gesellschaftliche Transformationsprozesse und materielle Lebensweise. Beiträge zur Wirtschafts- und Gesellschaftsgeschichte der Bundesrepublik Deutschland (1949–1989),* Bd. 2, Marburg 1991, S. 127–182, hier S. 140.
34 Jakob Tanner, «Die Schweiz in den 1950er Jahren. Prozesse, Brüche, Widersprüche, Ungleichzeitigkeiten», in: Jean-Daniel Blanc, Christine Luchsinger (Hg.), *achtung: die 50er Jahre!* Zürich 1994, S. 19–50, hier S. 34.
35 Zu den einzelnen Studien vgl. Chantal Magnin (wie Anm. 9), S. 68.
36 Joan W. Scott, Louise A. Tilly, «Familienökonomie und Industrialisierung in Europa», in: Claudia Honegger et al. (Hg.), *Listen der Ohnmacht. Zur Sozialgeschichte weiblicher Widerstandsformen,* Frankfurt a. M. 1981, S. 99–137.
37 Beate von Monakow, *Die ausserhäusliche Erwerbstätigkeit der Mutter und ihre wirtschaftliche, gesundheitliche und erzieherische Auswirkung auf die Familie. Erhebungen in 80 Familien,* Diplomarbeit der Schweizerischen sozial-caritativen Frauenschule, Zürich 1946, S. 29.
38 Zürcher Studie: Biske (wie Anm. 3), Schaffhauser Studie: Maurice Erard, *Mütterarbeit. Untersuchung in einer schweizerischen Industriestadt,* Schaffhausen 1959.
39 Biske (wie Anm. 38), S. 24 f.
40 Erard (wie Anm. 38), S. 108.
41 Magnin (wie Anm. 9), S. 71–75.
42 Erard (wie Anm. 38), S. 161.

43 Margrit Meier, *Die ausserhäusliche Erwerbstätigkeit der Mutter und ihre wirtschaftliche, gesundheitliche und erzieherische Auswirkung auf die Familie. Erhebungen in achtzig Familien,* Diplomarbeit an der sozial-caritativen Frauenschule Luzern, Luzern 1948, S. 37.
44 Emil Frei (wie Anm. 1), S. 1.
45 Prof. Dr. A. Egger, «Die heutige rechtliche Lage der Familie», Beilage 1, in: Bericht des Bundesrates an die Bundesversammlung über das Volksbegehren «Für die Familie» (Vom 10. Oktober 1944), *Bundesblatt,* Nr. 22, Bern, 26. 10. 1944, S. 865–1121, hier S. 1119.
46 Gusti Kaufmann, *Zum Problem der ausserhäuslichen Erwerbsarbeit der Mutter,* Diplomarbeit an der Sozialen Frauenschule, Zürich 1943, S. 16.
47 Biske (wie Anm. 38), S. 30.
48 Detaillierte Ausführungen hierzu in Magnin (wie Anm. 9), S. 78–92.
49 Frei (wie Anm. 1), S. 8.
50 Emil Frei, *Die Erwerbsarbeit der Mütter. Ein brennendes sozialpolitisches Problem,* hg. von der Sozialdemokratischen Partei der Schweiz, Zürich 1957.
51 Ebd., S. 10.
52 Ebd., S. 14.
53 Ebd., S. 12.
54 Nikolas Rose, *Inventing our Selves. Psychology, Power and Personhood,* Cambridge 1998, S. 117.
55 Erard (wie Anm. 38), S. 161.
56 Magnin (wie Anm. 9), S. 106–117.
57 Otto Speck, *Kinder erwerbstätiger Mütter,* Stuttgart 1956, S. 128.

Auswahlbibliographie zum Schweizer Sozialstaat / Bibliographie indicative sur l'Etat social suisse

Die Bibliographie umfasst Quellen und Literatur. La bibliographie comprend des sources et des travaux. Unser Dank geht an Ruth Hagen, Anina Schafroth und Anton-Andreas Speck für die Bearbeitung der Bibliographie.

1848–1998. 150 ans de lutte pour l'Etat social ... et demain? Actes de la journée d'étude du 13 novembre 1998 organisée par l'Union Syndicale Suisse, Genève 1999 (Les cahiers de l'UOG).

Achard, Arthur, *L'assistance et la question des étrangers à Genève,* Genève 1911.

Aebi, Alain, Danielle Dessoulavy, Romana Scenini, *La politique familiale et son arlésienne. L'assurance-maternité ou celle dont on parle et que l'on ne voit jamais ...,* Genf 1994.

Aeschbacher, Monique, Margareta Lauterburg, Barbara Lischetti-Greber, *Durchs Netz gefallen. Eine juristische Analyse der Stellung der Frauen im Schweizerischen Sozialversicherungssystem unter Berücksichtigung der Eigenheiten von Frauenlebensläufen,* Bern, Muri 1994.

Ammann, Werner, *Die Altersfürsorge des Bundes und die Durchführung in den Kantonen,* Basel 1934.

Anderegg, Ernest, Hans Anderegg, *Assistance et bienfaisance. 1er cahier. Assistance et bienfaisance en général. Assistance légale,* Berne 1910.

Anderegg, Ernest, Hans Anderegg, *Assistance et bienfaisance. 2e cahier. Assistance libre – Police de l'assistance,* Berne 1911.

Arlettaz, Gérald, Silvia Arlettaz, «Un défi de l'entre-deux-guerres. Les étrangers face au processus de nationalisation et de socialisation du peuple suisse», in: Alain Clavien, Bertrand Müller (Hg.), *Le goût de l'histoire, des idées et des hommes. Mélanges offerts au professeur Jean-Pierre Aguet,* Lausanne 1996, S. 317–346.

Arlettaz, Gérald, «De la ‹seconda patria› à la nation assiégée. La Suisse et les émigrants italiens après la Première Guerre mondiale», *Cahiers d'histoire du mouvement ouvrier* 17 (2001), S. 39–54.

Arnold, Guise, *Die Alters- und Invalidenfürsorge im schweizerischen Handel und in der schweizerischen Industrie,* Brugg 1916.

Arnold-Lehmann, Silvia, «Die Stellung der Frau in der AHV», *Schweizerische Zeitschrift für Sozialversicherung,* 1974, Nr. 1.

«Aspects de la sécurité sociale», in: *Bulletin de la Fédération suisse des emploiés d'assurances sociales* 1 (2001), S. 4–37.

Baldwin, Peter, *The Politics of Social Solidarity. Class Bases of the European Welfare State 1875–1975,* Cambridge 1990.

Balthasar, Andreas, Erich Gruner, *Soziale Spannungen – wirtschaftlicher Wandel: Dokumente zur Schweiz zwischen 1880 und 1914 – Tensions sociales – transformation économique: documents d'histoire suisse (1880 à 1914),* Bern 1989.

Baumann, Katerina, Margareta Lauterburg, «Sozialversicherungen», in: *Viel erreicht – wenig verändert? Zur Situation der Frauen in der Schweiz. Bericht der Eidgenössischen Kommission für Frauenfragen,* Bern 1995, S. 157–171.

Baumann, Katerina, Margareta Lauterburg, *Knappes Geld – ungleich verteilt! Gleichstellungsdefizite in der Invalidenversicherung,* hg. vom Eidgenössischen Büro für Gleichstellung von Frau und Mann, Basel 2001.

Baumgartner, Walter, *Die Entwicklung der Sozialausgaben des Kantons Zürich (1910–1950),* Zürich 1952.

Berenstein, Alexandre, *L'assurance vieillesse suisse,* Lausanne 1986.

Biedermann, Paul, *Die Entwicklung der Krankenversicherung in der Schweiz,* Diss. Zürich 1955.

Bieling, Hans-Jürgen (Hg.), *Arbeitslosigkeit und Wohlfahrtsstaat in Westeuropa. Neun Länder im Vergleich,* Opladen 1997.

Bigler-Eggenberger, Margrith, «Probleme um die Gleichstellung der Geschlechter in der Sozialversicherung», in: Abteilung für die Gleichstellung von Frauen und Männern der Universität Bern (Hg.), *Frauen im Recht. Kindsmörderinnen und Richterinnen – Quoten und soziale Sicherheit,* Bern 2000, S. 79–116.

Bigler-Eggenberger, Margrith, «Probleme um die zivilstandsunabhängige Alterssicherung der Frau in Gesetzgebung und Rechtsprechung», in: *Le droit à l'aube du XXIe siècle. Mélanges Alexandre Berenstein,* Lausanne 1989, S. 379–408.

Bigler-Eggenberger, Margrith, *Soziale Sicherung der Frau,* Bern, Frankfurt a. M. 1979.

Binswanger, Peter, *Geschichte der AHV. Schweizerische Alters- und Hinterlassenenversicherung,* Zürich 1986 (Pro Senectute Schriftenreihe 3).

Birkhäuser, Hans (Hg.), *Die Tuberkulosebekämpfung in der Schweiz,* Basel, New York 1954.

Biske, Käthe, *Die Aufwendungen der Stadt Zürich für Armenfürsorge und Sozialpolitik 1893–1951,* Zürich 1953.

Blattmann, Lynn, Irène Meier, *Gegen das frauenspezifische Arbeits-Los. Frauen, Arbeitsmarkt und Krise,* Zürich 1992.

Blau, H., «Beschaffung der für die Sozialversicherung erforderlichen Bundesmittel», *Journal de Statistique et Revue économique suisse,* 1919, S. 245–253.

Bosshard, Hansjakob, *Sozialpolitik und Wohlfahrtspflege der Stadt Winterthur,* Winterthur 1962.

Briner, Luise, *Die Armenpflege des Kindes in der Schweiz,* Weinfelden 1925.

Buess, Heinrich, «Anfänge des Umweltschutzes und der Betriebsmedizin in der Basler chemischen Industrie», *Arbeitsmedizin – Sozialmedizin – Präventivmedizin* 11 (1974), S. 252–260.

Bundesamt für Sozialversicherung (Hg.), *Bericht über die Eidgenössische Alters- und Hinterlassenenversicherung im Jahre 1951,* Bern 1952.

Bundesamt für Sozialversicherung (Hg.), *Bericht über die Lage der Familie in der Schweiz,* Bern 1978.

Bundesamt für Sozialversicherung (Hg.), *Bibliographie der Sozialversicherung. Zusammenstellung der in- und ausländischen Literatur über Sozial-, Kranken-, Unfall-, Mutterschafts- und Invalidenversicherung zur Revision des Kranken- und Unfallversicherungsgesetzes,* Bern 1946.

Bundesamt für Sozialversicherung (Hg.), *Familienpolitik in der Schweiz,* Bern 1982.

Bundesamt für Sozialversicherung (Hg.), *Geschichte, Aufgaben und Organisation des Bundesamtes für Sozialversicherung,* Bern 1988.

Bureau der Internationalen Vereinigung für gesetzlichen Arbeiterschutz (Hg.), *Verhandlungen der siebenten Generalversammlung des Komitees der Internationalen Vereinigung für gesetzlichen Arbeiterschutz abgehalten zu Zürich vom 10. bis 12. September 1912 nebst Jahresberichten der Internationalen Vereinigung und des Internationalen Arbeitsamtes,* Jena 1913 (Schriften der Internationalen Vereinigung für gesetzlichen Arbeiterschutz 8).

Bürgi, Eduard, *Der Mutterschutz in der schweizerischen Sozialpolitik,* Zürich 1952.

Caritas Schweiz (Hg.), *Arme Frauen in der Schweiz. Ursachen, Zusammenhänge, Perspektiven,* Luzern 1989.

Caroni, Pio, «Kathedersozialismus an der juristischen Fakultät (1879–1910)», in: Ulrich Im Hof (Hg.), *Hochschulgeschichte Berns 1828–1984. Zur 150-Jahr-Feier der Universität Bern 1984,* Bern 1984, S. 203–237.

Carrupt, Emilia, *Mens sana in corpore sano. L'hygiène à l'école primaire 1860–1920. L'exemple genevois,* unveröffentlichte Lizentiatsarbeit, Genève 1992.

Chaudet, Isabelle (Hg.), *Migrations et travail social. Une étude des problèmes sociaux des personnes de nationalité étrangère en Suisse,* Lausanne 2000.

Conrad, Christoph, «Wohlfahrtsstaaten im Vergleich. Historische und sozialwissenschaftliche Ansätze», in: Heinz-Gerhard Haupt, Jürgen Kocka (Hg.), *Geschichte und Vergleich. Ansätze und Ergebnisse international vergleichender Geschichtsschreibung,* Frankfurt a. M. 1996, S. 155–180.

Cuénoud, François, *Allocations familiales en Suisse et dans les cantons romands,* Lausanne 1994.

Dähler, Emil, *Die Sozialpolitik der Internationalen Arbeitsorganisation und ihr Einfluss auf die Sozialgesetzgebung der Schweiz,* St. Gallen 1976.

Dällenbach, Heinz, *Kantone, Bund und Fabrikgesetzgebung. Die parlamentarische Debatte und die publizistische Diskussion zu den schweizerischen Fabrikgesetzen von 1853–1877,* Bern 1961.

David, Jakob, *Familie und Familienpolitik in der Schweiz,* Winterthur 1966.

De Nicolo, Marco, *Die Sozialpolitik des Schweizerischen Gewerkschaftsbundes (1880–1960),* Winterthur 1962.

Degen, Bernard, Markus Kübler, *Die Gewerkschaften zwischen Integration und Ausgrenzung,* Zürich 1998.

Degen, Bernard, *«... behufs Erzielung besserer Lohnverhältnisse, besserer Behandlung von Seiten der Vorgesetzten und Pflege der Kameradschaft und des Solidaritätsgefühles ...». Der Verband des Personals öffentlicher Dienste (VPOD) Basel 1891–1991,* Basel 1991.

Degen, Bernard, «Arbeitsbeschaffung, sozialer Frieden und Denkmalpflege. Der Basler Arbeitsrappen (1936–1984)», *traverse* (1996/2), S. 64–83.

Degen, Bernard, «Aus Armen wurden Arbeitslose. Eine sozialpolitische Innovation am Beispiel Basels um die Jahrhundertwende», in: Jean Batou, Mauro Cerutti, Charles Heimberg (Hg.), *Pour une histoire des gens sans histoire. Ouvriers, exclues et rebelles en Suisse 19ᵉ–20ᵉ siècles*, Lausanne 1995, S. 89–93.

Degen, Bernard, *Das Basel der andern: Geschichte der Basler Gewerkschaftsbewegung*, Basel 1986.

Degen, Bernard, «Genossenschaft, Verstaatlichung, Staatsintervention oder freier Markt. Vorstellungen der schweizerischen Arbeiterbewegung zur künftigen Organisation der Arbeit im 19. und 20. Jahrhundert», in: Thomas Geiser, Hans Schmid, Emil Walter-Busch (Hg.), *Arbeit in der Schweiz des 20. Jahrhunderts. Wirtschaftliche, rechtliche und soziale Perspektiven*, Bern 1998, S. 511–534.

Degen, Bernard, «Haftpflicht bedeutet den Streit, Versicherung den Frieden. Staat und Gruppeninteressen in den frühen Debatten um die schweizerische Sozialversicherung», in: Hansjörg Siegenthaler (Hg.), *Wissenschaft und Wohlfahrt. Moderne Wissenschaft und ihre Träger in der Formation des schweizerischen Wohlfahrtsstaates während der zweiten Hälfte des 19. Jahrhunderts*, Zürich 1997, S. 137–154.

Degen, Bernard, «Zur Geschichte der Arbeitslosigkeit in der Schweiz. Eine historische Skizze», *Widerspruch. Beiträge zur sozialistischen Politik* 13 (1993), Nr. 25, S. 37–46.

Despland, Béatrice, Jean-Pierre Fragnière (Hg.), *Les politiques familiales*, Lausanne 1999 (Cahiers de l'EESP 26).

Despland, Béatrice, Pierre-Yves Greber, *L'invalidité. Notion d'invalidité, condition d'assurance*, Genève 1987 (Cahiers genevois de sécurité sociale 2).

Despland, Béatrice, *Die Situation der Frau in der Invalidenversicherung*, Bern 1991.

Despland, Béatrice, *Familienarbeit und Arbeitslosenversicherung – ein Widerspruch?*, Basel 2001 (Frau und Recht).

Despland, Béatrice, «Familles et assurances sociales», in: Pierre Gilliand, May Lévy (Hg.), *Familles et solidarité dans une société en mutation*, Lausanne 1990, S. 259–264.

Despland, Béatrice, *Femmes et assurances sociales*, Lausanne 1992.

Despland, Béatrice, «La coordination des régimes de sécurité sociale», *Cahiers genevois de sécurité sociale* (1990), Nr. 7, S. 117–125.

Despland, Béatrice, *La sécurité sociale suisse. Eléments de réflexion*, Lausanne 1996.

Dumons, Bruno, «Vieillesse et ‹état-providence› en Suisse romande dans la première moitié du XXᵉ siècle», *Mouvement social* (2000), Nr. 190, S. 9–31.

Dürr, Karl, *Die öffentliche Arbeitslosenversicherung in der Schweiz. Ihre rechtliche Ordnung und ihr Verhältnis zum Fürsorgerecht*, Bern 1939.

Enquête sur le paupérisme dans le canton de Vaud en 1840, Lausanne 1977.

Ermatinger, Gerold, *Kapital und Ethos. Die sozialen und kulturellen Taten des schweizerischen Privatkapitals im 19. und 20. Jahrhundert*, Zürich 1936.

Erni, Tony, *Die Entwicklung des schweizerischen Kranken- und Unfallversicherungswesens. Dargestellt anhand der Schaffung und Entwicklung des KUVG*, Freiburg i. Ue. 1980 (Wirtschaftswissenschaftliche Beiträge 16).

Farago, Peter, «Armut in der Schweiz. Zum Stand der Forschung», *Widerspruch. Beiträge zur sozialistischen Politik* 12 (1992), Nr. 23, S. 166–171.

Fleiner-Gerster, Thomas, Pierre Gilliand, Kurt Lüscher (Hg.), *Familie in der Schweiz,* Freiburg 1991.
Flury, Max, *Die Alters-, Invaliditäts- und Hinterbliebenenfürsorge privater Unternehmungen im Kanton Baselstadt,* Basel 1928.
Forrer, Ludwig, «Denkschrift über die Einführung einer schweizerischen Unfallversicherung», in: *Bundesblatt,* 1889, Bd. IV, S. 855–960.
Fragnière, Jean-Pierre, *Politiques sociales pour le XXIe siècle,* Lausanne 2001.
Frei, Emil, *Die Erwerbsarbeit der Mütter. Ein brennendes sozialpolitisches Problem,* Zürich 1957.
Frei, Emil, *Missbrauchte Mütterkraft oder Die Erwerbsarbeit der Mütter und ihre Folgen,* Winterthur 1951.
Friedli, Oskar, *Die Grundlagen einer schweizerischen Alters-, Hinterlassenen- und Invalidenversicherung,* Bern 1933.
Furrer, Alfons, *Entstehung und Entwicklung der schweizerischen Sozialversicherung,* Freiburg 1952.
Geiser, Thomas, Hans Schmid, Emil Walter-Busch (Hg.), *Arbeit in der Schweiz des 20. Jahrhunderts. Wirtschaftliche, rechtliche und soziale Perspektiven,* Bern etc. 1998.
Gerber, Michael, *Bestrebungen zur Integration der Landarbeiter in die Sozialversicherung während der Zwischenkriegszeit – Österreich und die Schweiz im Vergleich,* Lizenziatsarbeit Bern 1997.
Gilg, Peter, *Die Entstehung der demokratischen Bewegung und die soziale Frage,* Diss. Bern 1951.
Gilliand, Pierre (Hg.), *Pauvretés et sécurité sociale,* Lausanne 1990 (Collection travail social).
Gilliand, Pierre, Adelrich Schuler (Hg.), *L'assurance sociale entre-t-elle en sommeil? – Dornröschenschlaf der Sozialversicherung?,* Vevey 1978 (Cahiers de la FEAS 2).
Gilliand, Pierre, *La protection sociale en Suisse. Recettes et dépenses 1948–1997. Comparaisons avec les pays de l'Union Européenne,* Lausanne 1997.
Gilliand, Pierre, *Politique sociale en Suisse. Introduction,* Lausanne 1988 (Collection politique sociale).
Gilliand, Pierre, *Solidarité et vieillissement en politique sociale,* Lausanne 1991 (Cahiers de l'IDHEAP 84).
Gilliand, Pierre, *Vers de nouvelles dimensions de la politique sociale,* o. O. 1978.
Giorgio, Hans, «Schweizerische Sozialversicherung», in: Eidgenössisches Volkswirtschaftsdepartement (Hg.), *Volkswirtschaft, Arbeitsrecht und Sozialversicherung in der Schweiz,* Einsiedeln 1925, Bd. 1, S. 617–787.
Gnaegi, Philippe, *Histoire et structure des assurances sociales en Suisse,* Zürich 1998.
Gourd, Marguerite, «Assurances sociales», in: *Bericht über den zweiten Schweiz. Kongress für Fraueninteressen, Bern 2.–6. Oktober 1921,* Bern 1921, S. 354–366.
Graf, Jakob, *Aus der Geschichte der AHV,* Bern 1979.
Greber, Pierre-Yves, *100 ans de sécurité sociale en Suisse,* Genève 1990 (Cahiers genevois de sécurité sociale 7).
Greber, Pierre-Yves, *Le principe de la solidarité dans les branches vieillesse, survivants et invalidité de la sécurité sociale suisse,* Bern 1980.
Greber, Pierre-Yves, «Simplification et rationalisation des systèmes de sécurité sociale.

Approche générale, internationale et suisse», in: Pierre-Yves Greber (Hg.), *La sécurité sociale en Europe et en Suisse*, Lausanne 1996, S. 45–74.

Gredig, Daniel, *Tuberkulosefürsorge in der Schweiz. Zur Professionsgeschichte der Sozialen Arbeit. Die Tuberkulosefürsorgestelle Basel 1906–1961*, Bern 2000.

Grossenbacher, Silvia, *Familienpolitik und Frauenfrage in der Schweiz*, Grüsch 1987.

Gruner, Erich, *Arbeiterschaft und Wirtschaft in der Schweiz 1880–1914. Soziale Lage, Organisation und Kämpfe von Arbeitern und Unternehmern, politische Organisation und Sozialpolitik*, Zürich 1987/88.

Gruner, Erich, *Arbeitsvermittlung und Arbeitslosenversorgung. Das Beispiel der Schweiz*, Tübingen 1989.

Gruner, Erich, *Die Arbeiter in der Schweiz im 19. Jahrhundert. Soziale Lage, Organisation, Verhältnis zu Arbeitgeber und Staat*, Bern 1968.

Gruner, Erich, *Die Arbeiterbewegung in der Schweiz vor der Frage Reform oder Revolution*, Zürich 1975.

Gruner, Erich, *Die Stellung des Schweizer Arbeiters in Fabrik und Familie während des 19. Jahrhunderts*, Zürich 1965.

Gruner, Erich, *Soziale Bedingungen und sozialpolitische Konzeptionen der Sozialversicherung aus der Sicht der Sozialgeschichte*, Berlin 1979.

Gruner, Erich, *Wirtschaftspolitik und Arbeitsmarkt in der Schweiz im 19. Jahrhundert*, Wien 1974.

Guex, Sébastien, Martin Körner, Jakob Tanner (Hg.), *Staatsfinanzierung und Sozialkonflikte (14.–20. Jh.) – Financement de l'état et conflits sociaux (14e–20e siècles)*, Zürich 1994 (Société suisse d'histoire économique et sociale 12).

Guex, Sébastien, *L'argent de l'état. Parcours des finances publiques au XXe siècle*, Lausanne 1998.

Guise, Arnold, *Die Alters- und Invalidenfürsorge im schweizerischen Handel und in der schweizerischen Industrie*, Brugg 1916.

Hafner, Georg, *Bundesrat Walther Stampfli (1884–1965). Leiter der Kriegswirtschaft im Zweiten Weltkrieg, bundesrätlicher Vater der AHV*, Olten 1986.

Hahn, Susanne, «Die Schulhygiene zwischen naturwissenschaftlicher Erkenntnis, sozialer Verantwortung und ‹vaterländischem Dienst›», *Medizinhistorisches Journal* 1 (1994). S. 23–38.

Hasenfratz, Emil, *Geschichte der Schwachsinnigenfürsorge der Schweiz in neuerer Zeit (1880–1928)*, Zürich 1929.

Hättenschwiler, Diego, *Der Baby-Boom in der Schweiz während des Zweiten Weltkrieges. Ein Versuch einer Verbindung von Demographie mit Geschlechter-, Familien- und Mentalitätsgeschichte*, Lizentiatsarbeit Bern 1992.

Head, Anne-Lise, Brigitte Schnegg (Hg.), *Armut in der Schweiz (17.–20. Jh.). La pauvreté en Suisse (17e–20e s.)*, Zürich 1989.

Hedtstück, Heinrich, *Die Sozialpolitik des Kantons Basel-Stadt*, Basel 1936.

Heinzer, Felix, *Die Entstehung des Verfassungsartikels 34bis*, Zürich 1976.

Henderson, Charles Richmond (Hg.), *Modern Methods of Charity. An Account of the Systems of Relief, Public and Private, in the Principal Countries Having Modern Methods*, New York 1904.

Henderson, Charles Richmond, «Social Week at Zurich», *Survey* XXIX, No. 1, Oct. 5, 1912, S. 48–50.

Hoffmann-Nowotny, Hans-Joachim, Charlotte Höhn, Beat Fux (Hg.), *Kinderzahl und Familienpolitik im Drei-Länder-Vergleich,* Boppard am Rhein 1992.

Hohl-Slamova, Marcela, *Die wirtschaftspolitischen Vorstellungen von Max Weber (1897–1974) und sein Einfluss auf die Tätigkeit des Schweizerischen Gewerkschaftsbundes,* Diessenhofen 1983.

Holliger, Christian, *«Il était de notre devoir d'appeler l'attention sur les intérêts matériels des médecins; nous croyons en le faisant avoir aussi travaillé pour l'intérêt général». Die Rolle der Schweizer Ärzteschaft im Kontext der Auseinandersetzungen um die Kranken- und Unfallversicherung zwischen 1885 und 1912,* Lizentiatsarbeit Bern 2001.

Holzer, Max, «Die wirtschaftlichen und sozialen Grundlagen der Lohn- und Verdienstersatzordnung», in: Eidgenössisches Kriegswirtschaftsamt (Hg.), *Die eidgenössische Lohn- und Verdienstersatzordnung,* Bern 1941, S. 39–46.

Holzer, Max, «Eine soziale Tat: Die Lohn- und Verdienstersatzordnung», in: H. R. Kurz (Hg.), Die Schweiz im Zweiten Weltkrieg. Das grosse Erinnerungswerk an die Aktivdienstzeit 1939–1945, Thun 1959, S. 311–316.

Horvath, Franz, Matthias Kunz, «Sozialpolitik und Krisenbewältigung am Vorabend des Ersten Weltkrieges», in: Kurt Imhof, Heinz Kleger, Gaetano Romano (Hg.), *Zwischen Konflikt und Konkordanz. Analyse von Medienereignissen in der Schweiz der Vor- und Zwischenkriegszeit,* Zürich 1993, S. 61–108.

Hotz, Cora, «Les législations cantonales en matière d'assistance et d'aide sociale. Un aperçu», *Sécurité sociale* 4 (1995), S. 219–225.

Hubacher, Edith Maja, *Les allocations familiales et le développement de la politique familiale,* Genève 1981.

Hünerwadel, Hans, *Die Krankenversicherung in der Schweiz 1914–1923,* Zürich 1925.

Imboden, Monika, *Die Tätigkeit von Schulärzten in der Zürcher Volksschule,* unveröffentlichte Lizentiatsarbeit, Zürich 1996.

Imhof, Kurt, «Lernen von Aussen? Oder: die Betrachtung des Irrationalen als Voraussetzung für Vernunft. Programmatische Mutationen in der Krise der 30er Jahre», in: Ders., Heinz Kleger, Gaetano Romano (Hg.), *Zwischen Konflikt und Konkordanz. Analyse von Medienereignissen in der Schweiz der Vor- und Zwischenkriegszeit,* Zürich 1993, S. 289–355.

Immergut, Ellen Margaretha, *The Political Construction of Interests. National Health Insurance Politics in Sweden, France and Switzerland, 1930–1970,* Cambridge 1988.

Jaun, Rudolf, *Management und Arbeiterschaft. Verwissenschaftlichung, Amerikanisierung und Rationalisierung der Arbeitsverhältnisse in der Schweiz 1873–1959,* Zürich 1986.

Keller, Gottfried, «Zum Pensionskassen-Problem», *Neue Zürcher Zeitung,* 31. 7. 1942.

Kinkelin, Hermann, *Die gegenseitigen Hilfsgesellschaften der Schweiz 1880,* Bern 1888.

Kinkelin, Hermann, *Die gegenseitigen Hülfsgesellschaften der Schweiz im Jahr 1865,* Basel 1868.

Kinkelin, Hermann, «Zur Statistik der gegenseitigen Hülfsgesellschaften in der Schweiz», *Schweizerische Zeitschrift für Statistik* 3 (1867), S. 25–27.

Kleger, Heinz, «Sozialpolitik, Staat, soziale Demokratie. Eine Forschungsnotiz zur Krisenpolitik in den 30er Jahren», *Widerspruch. Beiträge zur sozialistischen Politik* 12 (1992), Nr. 23, S. 27–40.

Kneubühler, Helen Ursula, *Die Schweiz als Mitglied der Internationalen Arbeitsorganisation. Ihre unbefriedigende Ratifikationspolitik als Ergebnis strukturell erneuerungshemmender innerstaatlicher Entscheidungsprozesse,* Bern 1982.

Knüsel, René, Felix Zurita, *Assurances sociales, une sécurité pour qui? La loi Forrer et les origines de l'Etat social en Suisse,* Lausanne 1979.

Knüsel, René, «Genèse de l'Etat social en Suisse au XIXe siècle», in: Pierre Gilliand (Hg.), *Les défis de la santé,* vol. 1, Lausanne 1986, S. 247–260.

Kofmehl-Heri Katharina, *Von der Armenspeisung zur Stadtküche. Entstehung und Entwicklung einer sozialen Institution der Stadt Zürich,* Zürich 1997.

Kohler, Nathalie, *La situation de la femme dans l'AVS,* Lausanne 1986 (Collection «Réalités sociales»).

Kohler, Peter A., Hans F. Zacher, M. Partington, *The Evolution of Social Insurance 1881–1981. Studies of Germany, France, Great Britain, Austria and Switzerland,* St. Martins Press 1982.

Koller, Barbara, *Gesundes Wohnen. Ein Konstrukt zur Vermittlung bürgerlicher Werte und Verhaltensnormen und seine praktische Umsetzung in der Deutschschweiz 1880–1940,* Diss. Zürich 1995.

Kuhn, Britta, «Public Welfare and Labour Mobility. The Case of Britain (1349–1834), Prussia (1696–1871), and Switzerland (1848–1975)», *Journal of European Economic History* 21 (1992), Nr. 2, S. 315–324.

Kurz, Hans Rudolf, «Soziale Arbeit in der Armee und ihre geistigen Grundlagen», in: Schweizerischer Verband Volksdienst Soldatenwohl (Hg.), *50 Jahre Schweizerischer Verband Volksdienst Soldatenwohl,* Zürich 1964.

Labhart, Walter, *Bundesrat Ludwig Forrer 1845–1921,* Winterthur 1973.

Lafontant, Chantal, «Zwischen Fürsorge und Versicherung», in: Dies., Jacqueline Milliet, *Arbeite wer kann! Travaille qui peut!,* Zürich, Lausanne 1996, S. 34–47.

Landmann, Julius, «Die schweizerische Volkswirtschaft», in: Eidgenössisches Volkswirtschaftsdepartement (Hg.), *Volkswirtschaft, Arbeitsrecht und Sozialversicherung in der Schweiz,* Einsiedeln 1925, Bd. 1, S. 1–398.

Lane, Jan Erik, «The Public/Private Sector Distinction in Switzerland», *Schweizerische Zeitschrift für Politikwissenschaft* 5 (1999), Nr. 2, S. 94–104.

Lasserre, André, L'institution de l'assurance-vieillesse et survivants (1889–1947), in: Roland Ruffieux (Hg.), *La démocratie référendaire en Suisse au XXe siècle,* Tome 1, Fribourg 1972, S. 259–400.

Le Dinh, Diana (Hg.), *L'avènement des Sciences Sociales comme disciplines académiques, XIXe–XXe siècles,* Lausanne 1997.

Lee, Eddy, «La déclaration de Philadelphie. Rétrospective et prospective», *Revue internationale du travail* 133 (1994), S. 513–531.

Lengen, Joseph, *Die Entwicklung der Sozialausgaben in der Schweiz seit 1948,* Reinheim 1966.

Leuzinger, Paul, *Freiwilligenarbeit und sozialpolitisches Umfeld. Ein Lesebuch: soziale Sicherungen, Sozialversicherungen, soziale Verunsicherungen, unbezahlte Arbeit und Sozialzeit – Dämpfungsmassnahmen in Krisenzeiten und gegen Modernisierungsfolgen. Kirchliche Beiträge und Einschätzungen,* Zürich 2001.

Luchsinger, Christine, *Solidarität – Selbständigkeit – Bedürftigkeit. Der schwierige Weg zu einer Gleichberechtigung der Geschlechter in der AHV, 1939–1980,* Zürich 1995.

Luchsinger, Christine, «Sozialstaat auf wackligen Beinen. Das erste Jahrzehnt der AHV», in: Jean-Daniel Blanc, Christine Luchsinger (Hg.), *achtung: die 50er Jahre! Annäherungen an eine widersprüchliche Zeit,* Zürich 1994, S. 51–69.

Lusenti, Graziano, *Les institutions de prévoyance en Suisse, au Royaume-Uni et en Allemagne fédérale,* Genève 1989.

Lüthi, Katharina, *Sorglos bis überfordert. Die Brotversorgungspolitik der Schweiz im Ersten Weltkrieg,* Lizentiatsarbeit Bern 1997.

Magnin, Chantal, *Der Alleinernährer. Geschlechtsspezifische Arbeitsteilung im Wirtschaftswachstum der 1950er Jahre in der Schweiz,* Lizentiatsarbeit Bern 1997.

Mahon, Pascal, «Etrangers, travailleurs migrants et sécurité sociale suisse (I)», *Aspects de la sécurité sociale* 2 (1993), S. 3–9.

Mahon, Pascal, «Etrangers, travailleurs migrants et sécurité sociale suisse (II)», *Aspects de la sécurité sociale* 3 (1993), S. 1–12.

Mahon, Pascal, «L'aide sociale dans la tourmente. Tensions et tendances actuelles dans la réglementation de l'assistance», *Aspects de la sécurité sociale* 3 (1997), S. 16–34.

Maurer, Alfred, *Geschichte des schweizerischen Sozialversicherungsrechts,* Berlin 1981 (Schriftenreihe für Internationales und Vergleichendes Sozialrecht 6c).

Maurer, Alfred, «Suisse», in: Peter A. Kohler, Hans F. Zacher (Hg.), *Un siècle de sécurité sociale,* Nantes 1982, S. 527–612.

Mesmer, Beatrix, «Die Naturforscher sind die tätigsten Bearbeiter der sozialen Frage», in: Hans Ulrich Germann et al. (Hg.), *Das Ethos der Liberalität. Festschrift für Hermann Ringeling,* Freiburg 1993, S. 29–42.

Mesmer, Beatrix, «Pflichten erfüllen heisst Rechte begründen. Die frühe Frauenbewegung und der Staat», *Schweizerische Zeitschrift für Geschichte,* vol. 30 (1996), S. 332–355.

Mesmer, Beatrix, «Reinheit und Reinlichkeit. Bemerkungen zur Durchsetzung der häuslichen Hygiene in der Schweiz», in: Nicolai Bernard, Quirinius Reichen (Hg.), *Gesellschaft und Gesellschaften. Festschrift zum 65. Geburtstag von Professor Dr. Ulrich Im Hof,* Bern 1982, S. 470–494.

Mesmer, Beatrix, «Umwelthygiene als Gegenstand der Naturwissenschaft. Begründung und Genese einer Programmatik», in: Hansjörg Siegenthaler (Hg.), *Wissenschaft und Wohlfahrt. Moderne Wissenschaft und ihre Träger in der Formation des schweizerischen Wohlfahrtsstaates während der zweiten Hälfte des 19. Jahrhunderts,* Zürich 1997, S. 35–58.

Möckli, Silvano, *Der schweizerische Sozialstaat. Sozialgeschichte, Sozialphilosophie, Sozialpolitik,* Bern 1988.

Muheim, David, «Mutualisme et assurance maladie en Suisse (1893–1912). Une adaptation ambigüe», *traverse* (2000/2), S. 79–94.

Müller, Stefan, *Entstehung und Entwicklung der AHV von 1945 bis 1978. Aus ökonomischer Sicht, dargestellt anhand der Schaffung und Entwicklung des AHV-Gesetzes,* Freiburg i. Ue. 1978 (Wirtschaftswissenschaftliche Beiträge 8).

Nabholz, P., *Die neuesten Bestrebungen zur Einführung der IAH Versicherung in der Schweiz,* Luzern 1919.

Nadig, Leo, *Die Sozialpolitik des SKV,* St. Gallen 1947.

Nicolo, Marco de, *Die Sozialpolitik des Schweizerischen Gewerkschaftsbundes (1880–1960),* Winterthur 1962.

Niederer, Gottwald, *Statistique du paupérisme en Suisse pendant l'année 1870,* Zurich 1878.

Obinger, Herbert, «Institutionen und Sozialpolitik. Das Beispiel Schweiz», *Österreichische Zeitschrift für Politikwissenschaft* 16 (1997), Nr. 2, S. 149–164.

Obinger, Herbert, *Politische Institutionen und Sozialpolitik in der Schweiz. Der Einfluss von Nebenregierungen auf Struktur und Entwicklungsdynamik des schweizerischen Sozialstaates,* Frankfurt a. M. 1998.

Parri, Leonardo, «Staat und Gewerkschaften in der Schweiz (1873–1981)», in: *Politische Vierteljahresschrift* 28 (1987), Nr. 1, S. 35–58.

Perrenoud, Marc, «Aspects de la politique financière et du mouvement ouvrier en Suisse dans les années 1930», *Etudes et sources* 26 (2000), S. 83–121.

Perrenoud, Marc, «Entre la charité et la révolution. Les comités de chômeurs face aux politiques de lutte contre le chômage dans le canton de Neuchâtel lors de la crise des années 1930», in: Jean Batou, Mauro Cerutti, Charles Heimberg (Hg.), *Pour une histoire des gens sans histoire. Ouvriers, exclues et rebelles en Suisse 19e–20e siècles,* Lausanne 1995, S. 105–120.

Pfister, Ulrich, Brigitte Studer, Jakob Tanner (Hg.), *Arbeit im Wandel. Deutung, Organisation und Herrschaft vom Mittelalter bis zur Gegenwart – Le travail en mutation. Interprétation, organisation et pouvoir du Moyen Age à nos jours,* Zürich 1996 (Schweizerische Gesellschaft für Wirtschafts- und Sozialgeschichte 14).

Ramsauer, Nadja, *«Verwahrlost». Kindswegnahmen und die Entstehung der Jugendfürsorge im schweizerischen Sozialstaat 1900–1945,* Zürich 2000.

Reichesberg, Naum, *Bestrebungen und Erfolge der Internationalen Vereinigung für den gesetzlichen Arbeiterschutz und des Internationalen Arbeitsamtes,* Bern 1905 (Schweizerische Vereinigung zur Förderung des internationalen Arbeiterschutzes 11).

Reichesberg, Naum, *Das Recht auf Arbeit in der Schweiz,* Bern 1907.

Reichesberg, Naum, *Der internationale Arbeiterschutz in den letzten 12 Jahren aus Anlass der 7. Delegiertenversammlung der Internationalen Vereinigung für gesetzlichen Arbeiterschutz,* Bern 1913.

Reichesberg, Naum, *Der Kampf gegen die Arbeitslosigkeit in der Schweiz,* Bern 1899.

Reichesberg, Naum, *Die Anwendung des eidgenössischen Fabrikgesetzes,* Bern 1901.

Reichesberg, Naum, *Die Arbeitslosenversicherung in der Schweiz,* Bern 1906.

Reichesberg, Naum, *Die internationale Regelung des Arbeiterschutzes und die VIII. Delegiertenversammlung der Internationalen Vereinigung für den gesetzlichen Arbeiterschutz,* Bern 1920 (Schweizerische Vereinigung zur Förderung des internationalen Arbeiterschutzes 45).

Reichesberg, Naum, *Ergebnisse der Arbeitslosenversicherung in der Schweiz,* Wien 1906.

Reichesberg, Naum, *Soziale Gesetzgebung und Statistik,* Bern 1908 (Schweizerische Vereinigung zur Förderung des internationalen Arbeiterschutzes 24).

Reichesberg, Naum, *Wesen und Ziele der modernen Arbeitergesetzgebung,* Bern 1897.

Reinacher, Rudolf, *Die Unterstützungsinstitutionen im schweizerischen Gewerkschaftsbund und in den ihm angeschlossenen Verbänden,* Diss. Zürich 1929.

Riedi, Anna Maria, *Sozial gesicherte Gleichberechtigung. Eine Untersuchung zur Dialektik von Emanzipation und sozialer Sicherheit,* Chur, Zürich 1995.

Riedmatten, Soun de, Daniel Rosetti, Catherine Fussinger, «La création de l'assurance maladie, un danger pour le corps médical?», *Revue historique vaudoise* (1995), S. 247–292.

Riemer-Kafka, Gabriela, «Die Gleichstellung von Mann und Frau in der schweizerischen

Sozialversicherung», *Schweizerische Zeitschrift für Sozialversicherung und berufliche Vorsorge* 1991, S. 225–240.

Riemer-Kafka, Gabriela, *Rechtsprobleme der Mutterschaft im Sozialversicherungs- und Arbeitsrecht*, Zürich 1987.

Ruf, Barbara, *Zwischen Integration und Widerstand. Der Einfluss der Frauenbewegung auf die Verberuflichung und Professionalisierung der Sozialarbeit in der Schweiz von der Jahrhundertwende bis 1935*, Lizentiatsarbeit Fribourg 1994.

Rutishauser, Hans, *Liberalismus und Sozialpolitik in der Schweiz*, Lachen 1935.

Rytz, Regula, *Konkurrentin oder Kollegin? Probleme der gewerkschaftlichen Frauenpolitik am Beispiel des Schweizerischen Metall- und Uhrenarbeitnehmer-Verbandes (SMUV) 1945–1980*, Lizentiatsarbeit Bern 1997.

Saxer, Arnold, *Die Soziale Sicherheit in der Schweiz*, Bern, Zürich 1970.

Scalabrino, Sylvia, «Der Schweiss der Edlen floss für die Erbhygiene. Mutterschaftsversicherung vor 50 Jahren. Was sich unsere Grossväter und Urgrossväter vom Verfassungsartikel erhofften», *Weltwoche*, Nr. 51 (1995), S. 27.

Schmid, Carl Alfred, *L'assistance légale des indigents en Suisse. Les systèmes d'assistance de la Confédération, des cantons et des grandes villes suisses*, Zurich 1916.

Schmid, Carl Alfred, *Nationale Bevölkerungspolitik*, Zürich 1920.

Schmid, Hanspeter, *Wirtschaft, Staat und Macht. Die Politik der schweizerischen Exportindustrie im Zeichen von Staats- und Wirtschaftskrise (1918–1929)*, Zürich 1983.

Schwarz-Gagg, Margarita, *Ausbau der Mutterschaftsversicherung in der Schweiz. Eine Studie zur Revision der Krankenversicherung bearbeitet im Auftrag der Schweizerischen Vereinigung für Sozialpolitik*, Zürich, Leipzig 1938.

Schweizerisches Industrie- und Landwirtschaftsdepartement, Expertenkommission betreffend Kranken- und Unfall-Versicherung (Hg.), *Stenographisches Bulletin der Verhandlungen vom 15.–20. Mai 1893*, Bern 1893.

Segalman, Ralph, *The Swiss Way of Welfare. Lessons for the Western World*, New York etc. 1986.

Siegenthaler, Hansjörg (Hg.), *Wissenschaft und Wohlfahrt. Moderne Wissenschaft und ihre Träger in der Formation des schweizerischen Wohlfahrtsstaates während der zweiten Hälfte des 19. Jahrhunderts*, Zürich 1997.

Siegenthaler, Hansjörg, «Fridolin Schuler und die Anfänge des modernen Wohlfahrtsstaates», in: Ders. (Hg.), *Wissenschaft und Wohlfahrt. Moderne Wissenschaft und ihre Träger in der Formation des schweizerischen Wohlfahrtsstaates während der zweiten Hälfte des 19. Jahrhunderts*, Zürich 1997, S. 9–33.

Siegenthaler, Jürg, *Die Politik der Gewerkschaften. Eine Untersuchung der öffentlichen Funktionen schweizerischer Gewerkschaften nach dem zweiten Weltkrieg*, Bern 1968.

Siegenthaler, Jürg, «Swiss Industrialization. Its Social Dimensions», *Swiss American Historical Society Newsletter* 20 (1984), Nr. 1, S. 9–20.

Sommer, Jürg H., François Höpflinger, *Wandel der Lebensformen und soziale Sicherheit in der Schweiz. Forschungsstand und Wissenslücken*, Grüsch 1989.

Sommer, Jürg H., *Das Ringen um soziale Sicherheit in der Schweiz. Eine politischökonomische Analyse der Ursprünge, Entwicklungen und Perspektiven sozialer Sicherung im Widerstreit zwischen Gruppeninteressen und volkswirtschaftlicher Tragbarkeit*, Diessenhofen 1978 (Reihe Arbeits- und Sozialwissenschaft 1).

Spiller, Else, *Die schweizerischen Soldatenstuben,* Bern 1917.
Spiller, Else, *Soldatenwohl. Bericht über die Tätigkeit des Schweizerischen Verbandes Soldatenwohl umfassend den Zeitraum vom 22. 11. 1914 bis 31. 1. 1918,* Zürich 1918.
Spycher, Stefan, Tobias Bauer, Beat Baumann, *Die Schweiz und ihre Kinder. Private Kosten und staatliche Unterstützungsleistungen (Schlussbericht NFP 29),* Chur, Zürich 1995.
Stämpfli, Regula, «Kriegswirtschaft, Militär und Geschlecht. Ein Beitrag zur schweizerischen Debatte zur Geschlechterordnung im Zweiten Weltkrieg», *traverse* (1999/1), S. 118–130.
Stämpfli, Regula, *Mit der Schürze in die Landesverteidigung 1914–1945. Staat, Wehrpflicht und Geschlecht,* Dissertation Bern 1999.
Stämpfli, Regula, «Wehrpflicht und Geschlecht – Sonderfall Schweiz. Überlegungen zur geschlechtlichen Verknüpfung von Wehrpflicht und Staatsbürgertum», in: Veronika Aegerter (Hg.), *Geschlecht hat Methode. Ansätze und Perspektiven in der Frauen- und Geschlechtergeschichte,* Zürich 1999, S. 247–257.
Steiger, Jean, *Le deuxième pilier. Service social ou affaire lucrative?,* Genève 1978.
Stirnimann, Charles, *Der Weg in die Nachkriegszeit 1943–1948. Ein Beitrag zur politischen Sozialgeschichte des «Roten Basel»,* Basel 1992.
Stoessel, Johannes, «Über die gegenseitigen Hülfsgesellschaften (Sociétés de secours mutuels) und deren Statistik», *Schweizerische Zeitschrift für Statistik* 2 (1866), S. 68–73.
Studer, Brigitte (Hg.), *Etappen des Bundesstaates. Staats- und Nationsbildung der Schweiz, 1848–1998,* Zürich 1998.
Studer, Brigitte, François Vallotton (Hg.), *Histoire sociale et mouvement ouvrier. Un bilan historiographique 1848–1998 – Sozialgeschichte und Arbeiterbewegung. Eine historiographische Bilanz 1848–1998,* Lausanne, Zurich 1997.
Studer, Brigitte, «‹… da doch die verheiratete Frau vor allem ins Haus gehört›. Die Stellung der Frauen im SGB und die Gewerkschaftliche Frauenpolitik unter dem Aspekt des Rechts auf Arbeit, 1880–1945», in: *Widerspruch-Sonderband: Arbeitsfrieden – Realität eines Mythos. Gewerkschaftspolitik und Kampf um Arbeit – Geschichte, Krise, Perspektiven* (1987), S. 37–56.
Studer, Brigitte, «Alle Schweizer sind vor dem Gesetze gleich. Verfassung, Staatsbürgerrechte und Geschlecht», in: Beat Sitter-Liver (Hg.), *Herausgeforderte Verfassung. Die Schweiz im globalen Kontext,* Freiburg 1999, S. 63–83.
Studer, Brigitte, «Der Sozialstaat aus der Geschlechterperspektive. Theorien, Fragestellungen und historische Entwicklung in der Schweiz», in: Dies., Regina Wecker, Béatrice Ziegler (Hg.), *Frauen und Staat, Itinera* 20 (1998), S. 184–208.
Studer, Brigitte, «Familienzulagen statt Mutterschaftsversicherung? Die Zuschreibung der Geschlechterkompetenzen im sich formierenden Schweizer Sozialstaat, 1920–1945», *Schweizerische Zeitschrift für Geschichte* 47 (1997), S. 151–170.
Studer, Brigitte, «Internationalismus als politische Ressource. Das Schweizer Arbeitsrecht in der Zwischenkriegszeit», in: Birgit Christensen (Hg.), *Demokratie und Geschlecht. Interdisziplinäres Symposium zum 150jährigen Jubiläum des Schweizerischen Bundesstaates,* Zürich 1999, S. 75–100.
Studer, Brigitte, «Soziale Sicherheit für alle? Das Projekt Sozialstaat», in: Dies. (Hg.), *Etappen des Bundesstaates. Staats- und Nationsbildung der Schweiz, 1848–1998,* Zürich 1998, S. 159–186.

Studer, Brigitte, Regina Wecker, Gaby Sutter, «Die unendliche Geschichte der Mutterschaftsversicherung. Zur Konstruktion von Geschlecht durch Sozialpolitik», in: Eva Nadai, Thanh-Huyen Ballmer-Cao (Hg.), *Grenzverschiebungen. Zum Wandel des Geschlechterverhältnisses in der Schweiz,* Chur, Zürich 1998, S. 93–115.

Tanner, Albert, «Arbeiterschaft und Wirtschaft in der Schweiz 1880–1914. Erich Gruners Werk über soziale Lage, Organisation und Kämpfe von Arbeitern und Unternehmern, politische Organisation und Sozialpolitik», *Revue des sciences humaines* 39 (1989), S. 449–466.

Tanner, Jakob, *Fabrikmahlzeit. Ernährungswissenschaft, Industriearbeit und Volksernährung in der Schweiz 1890–1950,* Zürich 1999.

Tanner, Jakob, «Industrialisierung, Familienökonomie und Hungererfahrung. Sozialkonflikte, Arbeitskämpfe und Konsumboykott in der Schweiz 1880–1914», in: Manfred Gailus, Heinrich Volkmann (Hg.), *Der Kampf um das tägliche Brot. Nahrungsmangel, Versorgungspolitik und Protest, 1770–1990,* Opladen 1994, S. 233–257.

Tanner, Jakob, «Der Tatsachenblick auf die ‹reale Wirklichkeit›. Zur Entwicklung der Sozial- und Konsumstatistik in der Schweiz», *Schweizerische Zeitschrift für Geschichte* 45 (1995), S. 94–108.

Teuscher, Hugo, *Die Arbeitslosenunterstützung in der Schweiz, insbesondere während des Weltkrieges und der Nachkriegskrisis,* Lachen 1929.

Thévenoz, Luc, *Les travailleurs migrants et les Suisses à l'étranger face à l'AVS/AI,* Genève 1986 (Cahiers genevois de sécurité sociale 1).

Thomet, Werner, *Commentaire concernant la Loi fédérale sur la compétence en matière d'assistance des personnes dans le besoin (LAS),* Zurich 1994.

Tromp, Markus, «Gesetzgebung, Organisation und Finanzierung der Tuberkulosebekämpfung in der Schweiz», in: Schweizerische Vereinigung gegen die Tuberkulose (Hg.), *Die Tuberkulosebekämpfung in der Schweiz,* Basel, New York 1954, S. 88–135.

Tschudi, Hans Peter, *Entstehung und Entwicklung der schweizerischen Sozialversicherungen,* Basel 1989.

Ueltschi, Kathrin, «Die Fehlgeburt der Mutterschaftsversicherung», in: *D'Studäntin kunnt. 100 Jahre Frauen an der Uni Basel,* Basel 1993, S. 123–133.

Varrin, Denis, *La prévoyance professionnelle en Suisse de 1941/42 à 1989. Analyse des données statistiques,* Lausanne 1993.

Vuilleumier, Marc (Hg.), *Socialisme et syndicalisme en Suisse. Etudes historiques,* Genève 1977 (Cahiers Vilfredo Pareto 42).

Vuilleumier, Marc, «La grève générale de 1918 en Suisse», in: Ders. et al. (Hg.), *La grève générale de 1918 en Suisse,* Genève 1977, S. 7–59.

Wagner, Antonin, *Wohlfahrtsstaat Schweiz. Eine problemorientierte Einführung in die Sozialpolitik,* Bern 1985.

Weber, Max, «Die Sozialpolitik», in: Richard F. Behrendt et al. (Hg.), *Strukturwandlungen der schweizerischen Wirtschaft und Gesellschaft. Festschrift für F. Marbach,* Bern 1962, S. 409–427.

Wecker, Regina, Brigitte Studer, Gaby Sutter, *Die schutzbedürftige Frau. Zur Konstruktion von Geschlecht durch Mutterschaftsversicherung, Nachtarbeitsverbot und Sonderschutzgesetzgebung,* Zürich 2001.

Wirz, Hans G., *Die Personal-Wohlfahrtseinrichtungen der schweizerischen Privatwirtschaft. Ihre Stellung im Steuerrecht und ihre Beaufsichtigung,* Diss. Bern 1955.

Wolffers, Felix, *Fondements du droit de l'aide sociale. Introduction aux législations fédérale et cantonales en matière d'aide sociale,* Berne 1995.

Zimmermann, Hans, *Sozialpolitische Ideen im schweizerischen Freisinn 1914–1945,* Zürich 1948.

Zünd, André, *Familienzulagen und Familienausgleichkassen in der privaten Wirtschaft, ihre soziale und wirtschaftliche Bedeutung und ihre Ausgestaltung im schweizerischen Recht,* Zürich, St. Gallen 1955.

Zürcher, Markus, *Unterbrochene Tradition. Die Anfänge der Soziologie in der Schweiz,* Zürich 1995.

Abstracts / Résumés

Giovanna Procacci
Pour une généalogie de l'Etat social

Cet article porte sur le débat qui accompagne ce qu'on appelle actuellement la crise de l'Etat social. On y regarde, le plus souvent, les acquis de la socialisation (droits sociaux, risques sociaux, protection sociale) comme un obstacle à l'efficacité économique et comme un élément d'oppression de l'individu. Cette vision domine aussi l'analyse des politiques sociales destinées à contrer la pauvreté, ces politiques contre l'exclusion sociale qui se répandent sous l'impulsion de l'Union européenne. A les regarder de plus près, toutefois, ces politiques mettent en œuvre une logique qui nie l'existence d'un risque social de pauvreté et en réduit l'analyse à la responsabilisation du sujet (les parcours individuels d'exclusion). D'une part, une telle approche empêche de voir combien l'exclusion sociale est le produit de processus sociaux, avant tout de la précarisation actuelle du travail; d'autre part, elle pousse à remplacer les droits sociaux par une logique des droits de l'homme, au risque de reléguer la pauvreté dans le cadre étriqué de l'assistance humanitaire.

Daniel Gredig
Von der «Gehilfin» des Arztes zur professionellen Sozialarbeiterin. Professionalisierung in der sozialen Arbeit und die Bedeutung der Sozialversicherungen am Beispiel der Tuberkulosefürsorge Basel (1911–1961)

Die Entwicklung der sozialen Arbeit als Profession ist in der Schweiz bislang kaum untersucht worden. Im Lichte der historischen Forschung zur Professionswerdung der sozialen Arbeit in Deutschland geht diese Arbeit nun am Beispiel der Tuberkulosefürsorge in der Schweiz der Frage nach, ob dieser Zweig der modernen Fürsorge im Zeitraum von seiner Einrichtung im Jahr 1906 bis zur Phase seiner Umstrukturierung in den 1960er-Jahren einen Prozess der Professionswerdung durchlief, was die Bedingungen dafür waren und ob dieser Prozess denselben Linien folgte, wie die Professionswerdung der sozialen Arbeit in Deutschland.
Die Rekonstruktion der Entwicklungen der fürsorgerischen Tätigkeit auf der exemplarisch

untersuchten Tuberkulosefürsorgestelle Basel-Stadt basiert auf schriftlichen, unveröffentlichten und publizierten Quellen sowie verbalen Daten aus Erinnerungsinterviews mit ehemaligen Mitarbeiterinnen dieser Stelle. Sie zeigt auf, dass die Tuberkulosefürsorge einen Prozess der Professionswerdung durchlaufen hat. In Übereinstimmung mit dem in Deutschland beobachteten Prozess nimmt die Tuberkulosefürsorge ihren Anfang bei einem pädagogisch formulierten Problem und folgt bei ihrer Weiterentwicklung einer Linie, die von der Verberuflichung über die Verfachlichung zur Entwicklung einer lebensweltbezogenen Professionalität verläuft. Die Untersuchung lässt überdies erkennen, dass die Professionalisierung von zusätzlichen Bedingungen begünstigt wurde, die auf der Ebene der einzelnen Institutionen anzusiedeln sind.

Nicole Schaad
Medizin in der Fabrik. Die Rolle der Fabrikärzte in der Basler Chemieindustrie (1874 bis 1940)

Im letzten Drittel des 19. Jahrhunderts stellten die Chemieunternehmer Fabrikärzte ein, die erkrankte und verunfallte Arbeiter zu behandeln hatten. Die Erforschung von Berufskrankheiten blieb indes den frei praktizierenden Ärzten vorbehalten. Erst mit der Einführung medizinischer Reihenuntersuchungen (Ende der 1920er-Jahre) erwarben die Fabrikärzte ein Fachwissen, das ihre Position als Experten bei der Beurteilung von Berufskrankheiten stärkte.
In diesem Aufsatz geht es um den ärztlichen Dienst und die Rolle der Fabrikärzte in der Basler Chemieindustrie von 1874 bis 1940. Im Zentrum stehen folgende Fragen: Über welche Handlungsspielräume und welche Kompetenzen verfügten die Fabrikärzte im Betrieb? Welche Kriterien wurden bei der Erfassung von Gesundheitsrisiken und der Beurteilung von Berufskrankheiten angewandt? Beeinflussten die medizinischen Reihenuntersuchungen die Wahrnehmung von Berufskrankheiten und ihren Umgang damit?
Ausgehend von folgenden Thesen wird die Bedeutung ärztlicher Untersuchungen für die industrielle Produktion analysiert: Die Fabrikärzte gerieten mit ihrer betrieblichen Tätigkeit ins Spannungsfeld von Betrieb, Medizin und Sozialpolitik. Mit dem kontinuierlichen Ausbau ärztlicher Dienstleistungen und medizinischer Untersuchungen beanspruchten sie zunehmend das Deutungsmonopol für die Beurteilung von Berufskrankheiten.

Martin Lengwiler
Expertise als Vertrauenstechnologie. Wissenschaft, Politik und die Konstitution der Sozialversicherungen (1880–1914)

Der Beitrag geht von drei neueren Erklärungsmodellen zur Entstehung des modernen Sozialstaates aus: dem sozialhistorischen, dem institutionalistischen und dem wissenschaftshistorischen. In der jüngeren Forschung sind Sozialversicherungen ein frühes Beispiel für die politische und gesellschaftliche Legitimationskraft wissenschaftlicher Expertise in modernen Gesellschaften. Im Mittelpunkt des Beitrags steht die Frage, worauf sich diese Legitimationskraft gründet. Untersucht wird die Vorgeschichte der schweizerischen Kranken- und Unfallversicherungsgesetzgebung, nicht zuletzt weil im schweizerischen

Referendumssystem die politische Legitimität wissenschaftlicher Expertise besonders deutlich wird. Der Beitrag argumentiert, dass wissenschaftliche Expertise im Allgemeinen und Quantifizierungsprozesse ganz besonders eine Vertrauenstechnologie bildeten und dadurch eine politisch und sozial wichtige Integrationsfunktion ausübten. Der Diskurs um die soziale Frage war durch die Antagonismen der beteiligten Parteien seit den 1880er-Jahren zunehmend blockiert. Der Einbezug wissenschaftlicher Expertise ermöglichte in dieser Situation einen Ausweg aus der Sackgasse, scheinbar jenseits der interessebestimmten Politik. Bei der Konstitution des Sozialstaats standen zwar die sozialpolitischen Konfliktparteien im Rampenlicht, die historischen Gewinner des Versicherungsmodells waren dagegen die politisch engagierten Vertreterinnen und Vertreter der frühen Sozialwissenschaften.

Daniela Saxer
Klinik des Sozialen und frühe Sozialwissenschaft. Das Beispiel der gescheiterten Akademisierung der Armenpflege in Zürich (1900–1914)

Sozialpolitisch engagierte Kreise setzten sich vor dem Ersten Weltkrieg für eine universitäre Vertretung des Faches «Armenpflege» an der Universität Zürich ein. Die Befürworter konnten allerdings nicht genügend externen Druck mobilisieren, um die negative Expertise der staatswissenschaftlichen Fakultät zu brechen, die den Gegenstand mit dem Hinweis auf seine interventionsbezogene Prägung als unwissenschaftlich beurteilte. Im Unterschied zur ebenfalls praxisbezogenen, in Zürich aber im gleichen Zeitraum erfolgreich akademisierten Handelslehre verwies die Fürsorge auf ein heterogenes, noch nicht verberuflichtes Handlungsfeld; sie funktionierte in vielen Bereichen ehrenamtlich und konnte auf keine einflussreiche Lobby zählen.
Die Episode erlaubt Einblicke in Konzepte kommunaler Wohlfahrt, die von Fürsorgebeamten und Politikern, sozialwissenschaftlich interessierten Gruppierungen und universitären Nationalökonomen verfolgt wurden. Unterschiedliche Formen von sozialpolitischem Expertenwissen wurden dabei zur Diskussion gestellt und schliesslich neu klassifiziert. Die Institutionalisierungsanläufe zeigen ausserdem exemplarisch auf, wie umstritten der gesellschaftliche und epistemische Status der entstehenden Sozialwissenschaften war. In Absetzung von der universitären Nationalökonomie kursierten in Befürworterkreisen Konzepte, die sich an der angloamerikanischen Settlement- und University-Extension-Bewegung orientierten und eine Klinik des Sozialen als integralen Bestandteil sozialwissenschaftlicher Erkenntnis forderten. Die Gestalt der frühen Sozialwissenschaften erscheint in dieser Mikroperspektive als konkreten sozialen Verhandlungen ausgesetzt.

Rainer Egloff
Schweizer Modelle im internationalen Diskurs sozialstaatlicher Expertise um 1900. Das Beispiel des amerikanischen Soziologen Charles Richmond Henderson

Internationale Wahrnehmungen der Schweiz – Bilder beziehungsweise Narrative des Schweizerischen aus nichtschweizerischer Perspektive – sind ein wenig erforschtes historisches Feld. Umso mehr gilt das für internationale Perzeptionen schweizerischer

Sozialstaatlichkeit. Demgegenüber zeigt die vorliegende Fallstudie zunächst, dass die Schweiz in der US-amerikanischen Wohlfahrtsstaatsdebatte an der Wende zum 20. Jahrhundert erstaunlich oft auftritt. Für die Schriften des frühen Chicagoer Soziologen Charles Richmond Henderson wird erörtert, dass die Schweiz allerdings nur teilweise als positives Beispiel vorgeführt wird – etwa im Bereich des Strafvollzugs. In anderen Bereichen scheint sich der prominente Schweizauftritt dagegen teilweise einfach der relativ hohen Verfügbarkeit von einschlägigen Publikationen mit Statistiken und anderen Daten zu verdanken. Neben der Erhebungs- und Publikationsfülle spielen für die schweizerische Präsenz im internationalen Konzert sozialstaatlicher Expertise persönliche Netzwerke, initiative Expertenpersönlichkeiten in internationalen Wohlfahrtsorganisationen sowie häufige Kongressbeteiligungen und -veranstaltungen wichtige Rollen. Die Schweiz erscheint im internationalen Vergleich zwar kaum als Pionierin sozialstaatlicher Massnahmen, sie darf jedoch als eine Vorreiterin im Bereich der Herstellung und Verbreitung von Wissen zur Problematik sozialer Wohlfahrt angesehen werden.

Luca Pellegrini
Les enjeux du financement de l'assurance vieillesse, survivants et invalidité (1918–1920)

A la fin de 1918, dans le contexte d'après la Grève générale, les milieux dirigeants, les fédéralistes romands, les paysans ainsi que la majorité des catholiques-conservateurs – le front qui s'oppose *de facto* à la réalisation de l'AVSI – n'ont pas la possibilité de revendiquer un article constitutionnel vague, qui permette de renvoyer toutes les questions importantes à la législation, en espérant se trouver alors dans un rapport de forces plus favorable. Dès lors, ils se trouvent contraints de chercher un autre moyen pour se mettre à l'abri de mauvaises surprises: ils le trouvent dans le lien entre le principe de l'AVSI et son financement *(Koppelungsfrage)*. Ce qui leur réussit d'autant mieux, que, pour des motifs tout à fait différents, les socialistes et les radicaux de gauche y sont également favorables. Le front des forces conservatrices est conscient que la prise en considération du problème du financement de l'AVSI, de par le fait qu'il touche directement à la répartition de la richesse et par conséquent aux intérêts spécifiques de chaque classe et couche sociale, cela d'autant plus dans une situation financière difficile, va susciter des affrontements encore plus importants que sur la question du principe de l'assurance.
Comme les forces conservatrices l'ont prévu, la possibilité de trouver une majorité sur un projet de financement se trouve dès le départ compromise. Nous nous efforcerons de montrer en quoi le projet du Conseil fédéral ne pouvait que contribuer au cumul des oppositions à la réalisation de l'AVSI. Nous le ferons en tenant compte du contexte sociopolitique et financier des années 1918-1920.

Matthieu Leimgruber
«Réaliser le progrès social sans solutions étatistes». Les caisses de pension face à l'assurance vieillesse et survivants (1920–1950)

La prévoyance vieillesse privée joue aujourd'hui un rôle clé dans l'agencement des assurances sociales en Suisse, notamment depuis l'ancrage du système des «trois piliers» et l'introduction du caractère obligatoire de la prévoyance professionnelle. L'histoire de ce pan de la prévoyance vieillesse reste pourtant mal connue, malgré la précocité et l'importance de son développement. De même, l'influence politique de ce secteur et les luttes qu'il a menées afin de garantir ses intérêts face au projet AVS sont quasiment absentes de l'historiographie. Cet article présente la structuration d'une association de défense des caisses de pension des grandes entreprises suisses. L'intervention de cette association par rapport aux différents projets de retraite publique amène des éléments nouveaux pour comprendre les destins contrastés de l'AVS de 1931 et 1947. La défense organisée des caisses de pension pour garantir leurs privilèges fiscaux et leur autonomie face aux tentatives régulatrices de l'Etat permet également de mieux comprendre les stratégies patronales et les rapports de forces qui ont caractérisé la mise en place de l'AVS.

Jean-Jacques Monachon
Le plan Beveridge et les débats sur la sécurité sociale en Suisse entre 1942 et 1945

En novembre 1942, la présentation devant le Parlement britannique d'un rapport présentant les grandes lignes d'une sécurité sociale compréhensive a un écho considérable en Grande-Bretagne mais également sur le plan international. La Suisse ne reste pas à l'écart des grandes questions qui occupent les Alliés et qui concernent, au-delà de la victoire contre les forces de l'Axe, la manière dont la société occidentale affrontera les années qui suivront la fin du conflit. La presse helvétique dans son ensemble accorde une grande importance à la «question sociale». Cet article présente ces discussions suisses sur le plan Beveridge qui se prolongent dans différentes revues et dans des numéros spéciaux. Le Conseil fédéral demande également un rapport sur ce plan. Ainsi, les réactions suisses à ce propos donnent une image de la perception helvétique sur la question sociale, dans un contexte international mouvant où s'affrontent deux grands modèles: capitalisme et communisme, unis pendant la durée du conflit contre le nazisme.

Philipp Ischer
Die AHV-Diskussion in der FDP. Die Genese des Sozialliberalismus und die Bemühungen des Freisinns um Orientierung in den 1940er-Jahren

1942/43 kam es in der Schweiz zu einer delikaten Situation: Das in den 1930er-Jahren entwickelte politische Modell der nationalen Integration, das sich am besten mit dem Kürzel «geistige Landesverteidigung» umschreiben lässt, stand zur Disposition. Verschärft wurde die Situation durch die im Herbst 1943 stattfindenden National- und Ständeratswahlen, die die Nervosität noch zusätzlich steigerten. Die FDP geriet zusehends in die Defensive, was sich in ihren Orientierungsproblemen und in ihrem Bemühen um historische Sinnbildung widerspiegelte. Der Sozialliberalismus war ein Produkt der in diesem Zusammenhang einsetzenden kommunikativ verfassten Lern- und Interpretationsprozesse. Er war jedoch nicht der Ausdruck eines freisinnigen Gesinnungswandels, der die spezifische Situation der 1940er-Jahre überdauerte. Wie die Analyse zeigt, war seine normative Verfassung an entscheidenden Stellen Status-quo-orientiert. Der AHV, die integraler Bestandteil des Sozialliberalismusdiskurses war, kam aus freisinniger Sicht in erster Linie ein hoher symbolischer Wert zu, der sich nicht direkt auf die machtstrukturelle Zusammensetzung der Gesellschaft auszuwirken hatte. Über diesen symbolischen Gehalt konnte sich die helvetisch-liberale Demokratie als eine soziale darstellen, ohne gleichzeitig spürbare Eingriffe in die Einkommens- und Vermögensverteilung der Bevölkerung vornehmen zu müssen. Trotz eines nie gekannten Wirtschaftswachstums blieb die finanzielle Bemessung der Renten denn auch während der ganzen 1950er-Jahre bescheiden.

Jean-Pierre Tabin
L'importance de la question des destinataires de l'assistance publique pour la construction de l'identité nationale. L'exemple de la Suisse

Diverses interrogations reviennent dans les débats sur l'aide sociale. Une de celles-ci est de savoir s'il faut réserver l'assistance aux *«siens»* ou la donner à tous ceux qui la sollicitent, indépendamment de leur origine ou de leur statut. L'évolution du droit de cité helvétique permet de mieux comprendre les liens intrinsèques qui unissent la problématique de l'assistance publique et celle des personnes étrangères dans ce pays.
La Constitution fédérale de 1874 prescrit le principe de l'assistance par le lieu d'origine: la solidarité entre citoyens est une solidarité entre membres d'une même commune. Il n'y a pas de véritable distinction, au niveau de l'assistance sociale, entre non-bourgeois et étrangers et il va falloir attendre le milieu des années 1970 pour que la question de l'assistance aux Suisses originaires d'un autre canton soit résolue. Aucune loi cantonale d'aide sociale ne prévoit désormais de distinction de traitement entre Suisses et étrangers; mais ce n'est pas le cas des nouveaux régimes d'aide sociale apparus ces dernières années. La législation fédérale réserve en outre la possibilité d'un rapatriement des étrangers dans une situation d'indigence durable.
La formation d'un groupe, national ou supranational, s'inscrit dans une dialectique d'exclusion/inclusion qui permet au groupe de se définir comme différent de tout autre. La question des destinataires de l'aide sociale a permis de concrétiser ce lien d'appartenance en faisant jouer le principe d'exclusion.

Gérald et Silvia Arlettaz
L'Etat social et la politique suisse d'immigration et d'intégration (1918-1931). La situation des Italiens

La période de 1918 à 1931 marque une évolution des conceptions politiques tendant à renforcer le rôle de l'Etat, ainsi que des perspectives d'intégration des couches sociales de la population suisse. D'une manière générale, un concept s'établit en norme de la gestion socio-économique du pays, celui de «marché national du travail». Cette nouvelle conception des rapports sociaux implique une redéfinition globale des prescriptions en matière d'immigration et d'intégration des étrangers. Il s'agit de limiter l'immigration, ce qui ne signifie pas de se priver de la main-d'œuvre nécessaire. Le séjour à court terme est donc érigé en principe. Dans ce contexte, la Suisse et l'Italie entrent en négociation pour définir les conditions d'immigration de la main-d'œuvre italienne en Suisse. Il s'agit d'une part d'assurer la main-d'œuvre jugée nécessaire par le patronat suisse. Il s'agit d'autre part d'examiner les conditions d'une participation des immigrés au marché du travail et aux assurances. Dans la mesure où la Suisse est animée d'une volonté d'élaborer une stratégie d'action sociale, dans la mesure également où elle pense trouver la main-d'œuvre qui lui fait défaut, ces négociations ne peuvent aboutir. Du côté italien, la problématique sur les objectifs de l'émigration en Suisse se complique en raison de la diversité des objectifs profilés par les divers partenaires. Sur le plan suisse, les négociations relèvent des mentalités administratives très fermées sur la défense des prérogatives nationales qui s'inscrivent dans la lutte contre la «surpopulation étrangère» et contre l'«Ueberfremdung».

Regula Stämpfli
Von der Grenzbesetzung zum Aktivdienst. Geschlechterpolitische Lösungsmuster in der schweizerischen Sozialpolitik (1914–1945)

Wenn es auch vermessen wäre, den Krieg als einzigen Ursprung und Motor ökonomischen Wandels und politischen Handelns in der Schweiz zu sehen, so waren die sozialpolitischen Auswirkungen während der Zeit der Grenzbesetzung (1914–1918) und des Aktivdienstes (1939–1945) dennoch beträchtlich. Im Aufsatz wird der Krieg als Gestalter ökonomischer Staatsinterventionen dargestellt, und zwar unter dem Aspekt der Geschlechterbeziehungen: Die Wehrpflicht, das Ernährerprinzip, die Definition der Frauenerwerbsarbeit und nicht zuletzt das zeitgenössische Verständnis der unterschiedlichen Staatlichkeit von Mann und Frau brachten eine Sozialpolitik hervor, die durch starke Grenzziehungen geprägt war. Die Auswirkungen einer derart verstandenen ungleichen sozialen Absicherung von Mann und Frau zeigen sich bis heute.

Chantal Magnin
Der Alleinernährer. Eine Rekonstruktion der Ordnung der Geschlechter im Kontext der sozialpolitischen Diskussion von 1945 bis 1960 in der Schweiz

Im Laufe der 1950-Jahre wurde die Erwerbstätigkeit von Müttern zunehmend als Ausdruck sozialer Missstände gedeutet, welche es mit Hilfe sozialpolitischer Massnahmen zu beheben galt. Die Zahl dieser Mütter wurde zum Gradmesser für Wohlstand und Wohlfahrt. Handelt es sich dabei um ein für die 1950er-Jahre typisches Phänomen? Manifestiert sich darin die damalige Ordnung der Geschlechter? Und wie hängt diese mit der künftigen Ausgestaltung des Schweizer Sozialstaates zusammen?
Aufgrund der bei Kriegsende (1944/45) geführten Familienschutzdebatte wird deutlich, dass sich Parlamentarier über alle Parteigrenzen hinweg einig darin waren, dass Schweizer Mütter dem Erwerbsleben «entrissen» und der Familie «zurückgegeben» werden sollten. Trotzdem wurde auf Bundesebene weitgehend auf familienpolitische Massnahmen verzichtet. Dieser Verzicht ist vor dem Hintergrund des, im internationalen Vergleich, nur zögerlichen Aufbaus des Sozialstaates zu sehen. Dem Subsidiaritätsprinzip folgend wurde möglichst lange auf private Sicherungsformen gesetzt, auch auf die Familie.
Doch gerade eine möglichst breite Anwendung dieses Prinzips machte es umgekehrt notwendig, dass das Alleinernährerkonzept realisiert wurde, was sich denn auch in einer entsprechenden Standardisierung privaten Lebens in den 1950er-Jahren äusserte. Die

bislang auf die bürgerliche Lebenswelt beschränkte Verwirklichung einer strikt geschlechtsspezifischen Arbeitsteilung sowohl im Erwerbs- wie im Familienleben wurde nun aufgrund von Reallohnerhöhungen auch für untere Schichten greifbar. Mit Hilfe psychologisch fundierter Handlungsanleitungen gelang es, im Rahmen des Wohlfahrtskompromisses, den Frauen «soziale Pflichten» zu delegieren, die dem künftigen Sozialstaat erspart bleiben sollten.